DISCUSSIONS
DU
CODE CIVIL
DANS
LE CONSEIL D'ÉTAT.

TOME PREMIER.

DISCUSSIONS
DU
CODE CIVIL
DANS
LE CONSEIL D'ETAT,

PRÉCÉDÉES

DES ARTICLES CORRESPONDANS DU TEXTE ET DU PROJET;

AVEC DES NOTES PRINCIPALEMENT PUISÉES DANS LES OBSERVATIONS ET LA JURISPRUDENCE DES COURS DE CASSATION ET D'APPEL:

Sur le Plan donné par M. REGNAUD (de Saint-Jean-d'Angely), Conseiller d'État, Président de la Section de l'Intérieur, Procureur-Général de la Haute-Cour Impériale, Membre de l'Institut, Grand-Officier de la Légion d'Honneur.

Par MM. JOUANNEAU, L., C., et SOLON.

TOME PREMIER.

A PARIS,

Chez DEMONVILLE, Imprimeur-Libraire,
Rue Christine, N°. 12.

AN XIII, (1805).

AVERTISSEMENT.

Les Discussions qui ont précédé l'émission d'une Loi, sont sans doute le meilleur commentaire qu'on en puisse offrir ; c'est par elles qu'on découvre l'esprit qui a guidé les Législateurs, et le but qu'ils ont voulu atteindre.

Dès l'an 8, un projet de Code avait été offert à l'examen des Tribunaux supérieurs de la République : leurs observations parvenues au Conseil d'État, la Section de Législation a présenté un nouveau Projet, qui, soumis à la discussion, a produit le Code civil.

Déjà les procès-verbaux des séances du Conseil ont été publiés ; mais l'Editeur n'a point suivi, dans la distribution des matières, le système d'après lequel le Code civil a été classé. Son ouvrage ne présente que l'ordre chronologique de la discussion ; en sorte qu'il arrive que celle d'un chapitre ou d'un titre, déjà entamée à une précédente séance, se continue dans une autre très-éloignée, pour se reproduire de nouveau et se prolonger encore à une distance considérable.

Les divers projets de lois sont, en totalité ou en partie, présentés à la tête de la discussion qui s'y rapporte ; ils se trouvent souvent répétés plusieurs fois, et l'intervalle qui les sépare entre eux ne permet pas d'apercevoir facilement les diverses modifications qu'ont pu subir quelques-unes de leurs parties. Il en résulte que, pour trouver, dans cet ouvrage, la discussion qui peut s'être élevée sur un article, ou s'assurer qu'il n'en a occasionné aucune, il faut s'obliger à de longues recherches, et employer un tems considérable à découvrir ce qu'un ordre nouveau peut offrir au premier coup-d'œil.

C'est cet ordre, ce rapprochement de toutes les parties de la discussion sur la même matière, dont M. REGNAUD (de Saint-Jean-d'Angely) nous a donné l'idée, que nous avons suivi, que nous avons exécuté, et que nous offrons au Public.

Sous chaque article du texte de la loi, se trouve l'article qui lui correspondait dans le projet présenté par la Section de Législation ; à la suite s'offre la discussion à laquelle ce projet a donné lieu, et dont le texte est le résultat.

Lorsque l'article du texte s'est trouvé le même que celui qui lui correspondait dans le projet, nous l'avons seulement indiqué, en rappelant son numéro dans ce projet.

Si cet article n'a subi aucune discussion, nous l'avons également indiqué.

Lorsqu'un autre a été retranché, il a été conservé dans

AVERTISSEMENT. vij

une note, ainsi que les débats qui ont motivé ce retranchement, parce que nous avons pensé qu'on en pourrait souvent tirer des inductions utiles.

Les discussions ont quelquefois roulé sur le principe général qui sert de base à un chapitre, à un titre entier de la loi; d'autres n'ont eu pour objet qu'une disposition précédemment omise, adoptée ou rejetée dans la suite : tout a été conservé. Nous avons placé ces discussions, ou à la tête du titre, ou dans une note, suivant que cet ordre a paru plus conforme au plan adopté.

Nous avons pensé qu'il ne serait pas indifférent de joindre à ces notes, des observations puisées dans les opinions du Tribunal de Cassation et des Tribunaux d'Appel, sur le projet de Code qui leur fut soumis en l'an 8, lorsqu'elles présentent des questions sur lesquelles les Législateurs n'ont pas statué.

Nous avons aussi rapporté les arrêts prononcés par ces tribunaux supérieurs, sur les difficultés qui leur ont été soumises depuis l'émission du Code (1).

Enfin, nous avons indiqué quelques questions, quel-

---

(1) On trouvera de plus grands détails sur les arrêts que nous avons cités, dans l'excellent Journal de la jurisprudence de la Cour de Cassation, publié par M. Sirey, Avocat en cette Cour.

ques points sur lesquels la loi nous a paru avoir gardé le silence.

Quelqu'utilité que puissent offrir les discours prononcés par les orateurs du Gouvernement au Corps législatif, sur chaque projet de loi, ils ne se trouveront point dans le recueil que nous imprimons, parce qu'ils sont déjà dans les mains de tout le monde.

Ainsi, en évitant des répétitions inutiles, et en suivant un ordre dont nous laissons aux Jurisconsultes à apprécier le mérite, nous sommes parvenus à donner une édition qui aura sur la première, l'avantage d'être moins volumineuse et par conséquent moins chère, qui sera aussi complète, et qui présentera une distribution propre à faciliter le travail et l'étude.

DISCUSSIONS

DU

CODE CIVIL

DANS

LE CONSEIL D'ÉTAT.

ARRÊTÉ PRÉLIMINAIRE.

D'après les explications données, au nom de la section de Législation, par M. Portalis, il est arrêté : Séance du 28 Messidor an 9.

1°. Que le projet de Code civil sera divisé en autant de lois que la matière pourra en comporter ;

2°. Que les dispositions du livre préliminaire, qui appartiennent à la Législation, seront rédigées en un seul projet de loi.

Il est également arrêté sur la proposition du consul Cambacérès :

Que, dans la rédaction, on emploiera toujours le futur.

RÉUNION DES LOIS CIVILES.

Séance du 6 Thermidor an 9.

Le Conseil arrête qu'il sera rédigé un projet de loi pour réunir en un seul corps les diverses lois qui seront décrétées, et pour donner à tous les articles du code civil une série unique de numéros.

Séance du 17 Ventose an 12.

M. Bigot-Préameneu dit que la section de législation s'est occupée du projet de loi qu'elle a été chargée de présenter sur le classement des lois qui doivent former le code civil, et sur le numérotage des articles, et qu'elle le soumettra incessamment à la discussion.

La section a reconnu qu'il sera nécessaire de faire disparaître, dans la nouvelle édition qui sera publiée, quelques fautes purement typographiques, qui déparent les articles, et même en altèrent quelquefois le sens.

Le consul Cambacérès dit que la correction des fautes et des erreurs est de droit, et qu'il est inutile d'en parler dans le projet de loi. Il n'en serait pas de même sans doute, si l'on voulait faire quelques changemens au fond des dispositions, alors il faudrait les présenter à la sanction du Corps Législatif ; mais une révision générale aurait de graves inconvéniens. On remettrait en question tout ce qui a été décidé : on en reviendrait à refaire le code civil tout entier ; et, indépendamment du retard qu'entraînerait ce travail, il n'aurait d'autre effet que de substituer à des dispositions arrêtées après un mûr examen, des dispositions dont tout le mérite peut-être serait d'être nouvelles, et qui n'auraient, pas plus que les dispositions réformées, reçu la sanction du tems et de l'expérience.

M. Malleville dit qu'il y a une sanction à mettre à la fin du Code civil, mais que cette sanction exige un profond examen.

Comme ce Code ne renferme pas toutes les décisions justes et raisonnables que l'on trouve dans les lois romaines, les ordonnances et les coutumes, il s'ensuivrait que si on abrogeait toutes ces lois, pour ne donner aux juges d'autre règle que le Code, on serait livré à l'arbitraire pour une infinité de contestations.

Mais, d'autre part aussi, si on laisse subsister ensemble et ce Code et ces lois, en abrogeant seulement ce que ces lois ont de contraire au code, on n'aura fait qu'ajouter à cette immense législation dont nous étions accablés.

Il pense qu'il faudrait dans un article final abroger toutes les lois contraires aux dispositions du code, et ajouter que celles qui, sans y être contraires, statuent sur des matières qui sont l'objet des titres du code, cesseront d'avoir force de loi, et ne pourront plus être citées que comme raison écrite.

Le consul CAMBACÉRÈS ne trouve d'autre inconvénient à la première de ces deux propositions que de surcharger le code d'un article inutile; car c'est un principe incontestable, que les lois nouvelles dérogent aux lois anciennes.

Mais la seconde proposition aurait des suites fâcheuses. Il est impossible que le Code civil contienne la solution de toutes les questions qui peuvent se présenter. Dès-lors on ne doit pas priver les tribunaux de l'avantage de puiser leurs décisions dans d'autres autorités.

M. MALLEVILLE dit que si les lois anciennes conservaient leur force dans les dispositions non rappelées, le tribunal de cassation serait obligé d'en venger l'infraction, en anéantissant les jugemens qui les blessent.

Le consul CAMBACÉRÈS répond qu'il n'y aura infraction à la loi, que lorsque la disposition méconnue par les tribunaux se trouvera rappelée dans le code civil.

ARTICLE PREMIER. Seront réunis en un seul corps de lois, sous le titre de *Code civil des Français*, les lois qui suivent; savoir:

1°. Loi du 14 ventose an 11, *sur la publication, les effets et l'application des lois en général.*

2°. Loi du 17 ventose an 11, *sur la jouissance et la privation des droits civils.*

3°. Loi du 20 ventose an 11, *sur les actes de l'état civil.*

4°. Loi du 23 ventose an 11, *sur le domicile.*

5°. Loi du 24 ventose an 11, *sur les absens.*

6°. Loi du 26 ventose an 11, *sur le mariage*.
7°. Loi du 30 ventose an 11, *sur le divorce*.
8°. Loi du 2 germinal an 11, *sur la paternité et la filiation*.
9°. Loi du 2 germinal an 11, *sur l'adoption et la tutelle officieuse*.
10°. Loi du 3 germinal an 11, *sur la puissance paternelle*.
11°. Loi du 5 germinal an 11, *sur la minorité, la tutelle et l'émancipation*.
12°. Loi du 8 germinal an 11, *sur la majorité, l'interdiction et le conseil judiciaire*.
13°. Loi du 4 pluviose an 12, *sur la distinction des biens*.
14°. Loi du 6 pluviose an 12, *sur la propriété*.
15°. Loi du 9 pluviose an 12, *sur l'usufruit, l'usage et l'habitation*.
16°. Loi du 10 pluviose an 12, *sur les servitudes ou services fonciers*.
17°. Loi du 29 germinal an 11, *sur les successions*.
18°. Loi du 13 floréal an 11, *sur les donations entre-vifs et les testamens*.
19°. Loi du 17 pluviose an 12, *sur les contrats ou les obligations conventionnelles en général*.
20°. Loi du 19 pluviose an 12, *sur les engagemens qui se forment sans convention*.
21°. Loi du 20 pluviose an 12, *sur le contrat de mariage et les droits respectifs des époux*.
22°. Loi du 15 ventose an 12, *sur la vente*.
23°. Loi du 16 ventose an 12, *sur l'échange*.
24°. Loi du 16 ventose an 12, *sur le contrat de louage*.
25°. Loi du 17 ventose an 12, *sur le contrat de société*.
26°. Loi du 18 ventose an 12, *sur le prêt*.

27°. Loi du 23 ventose an 12, *sur le dépôt et le séquestre.*

28°. Loi du 19 ventose an 12, *sur les contrats aléatoires.*

29°. Loi du 19 ventose an 12, *sur le mandat.*

30°. Loi du 24 pluviose an 12, *sur le cautionnement.*

31°. Loi du 29 ventose an 12, *sur les transactions.*

32°. Loi du 23 pluviose an 12, *sur la contrainte par corps en matière civile.*

33°. Loi du 25 ventose an 12, *sur le nantissement.*

34°. Loi du 28 ventose an 12, *sur les privilèges et hypothèques.*

35°. Loi du 28 ventose an 12, *sur l'expropriation forcée et les ordres entre créanciers.*

36°. Loi du 24 ventose an 12, *sur la prescription.*

ARTICLE PREMIER. *Seront réunis en un seul corps de lois, sous le titre de* Code civil, *les lois suivantes, etc.*

Le consul CAMBACÉRÈS propose de rédiger ainsi la première partie de cet article : « Seront réunies en un seul corps de lois, sous le « titre de Code civil des français, les lois qui suivent ».

Cette rédaction est adoptée.

ART. 2. Les six articles dont est composée la loi du 21 du présent mois, concernant les actes respectueux à faire par les enfans aux pères et mères, aïeuls et aïeules, dans les cas où ils sont prescrits, seront insérés au titre *du mariage*, à la suite de l'article qui se trouve maintenant au n°. 151.

(Cet article était le II du projet, il a été adopté sans discussion).

ART. 3. Sera insérée au titre de *la distinction des biens,* à la suite de l'article qui se trouve maintenant au n°. 529, la disposition contenue en l'article qui suit.

(Nous ne placerons pas ici cet article, non plus que la discussion à laquelle il a donné lieu ; on le trouvera sous le titre de la distinction des biens, au n°. 530, ainsi que tout ce qui s'y rapporte. Quant à la disposition que nous avons transcrite, elle était la même dans l'article III du projet, et elle a été adoptée sans discussion).

Art. 4. Le Code civil sera divisé en un titre préliminaire et en trois livres.

La loi du 14 ventose an 11, *sur la publication, les effets et l'application des lois en général*, est le titre préliminaire.

Le Livre premier sera composé des onze lois suivantes, sous le titre *des personnes*.

Le second Livre sera composé des quatre lois suivantes, sous le titre *des biens et des différentes modifications de la propriété*.

Le troisième Livre sera composé des vingt dernières lois, sous le titre *des différentes manières dont on acquiert la propriété*.

Art. IV. Le Code civil sera divisé en trois Livres. Le premier Livre sera composé des douze premières lois ; le second des quatre suivantes ; et le troisième des vingt dernières ; le tout dans l'ordre qu'elles sont énoncées en l'article premier ci-dessus.

Chaque Livre sera divisé en autant de titres qu'il y a de lois qui doivent y être comprises.

(Les changemens qui existent, sur cet article, entre le projet et la rédaction définitive sont le résultat des conférences tenues entre les sections de législation du Tribunat et du Conseil d'État).

Art. 5. Il n'y aura pour tous les articles du Code civil qu'une seule série de numéros.

(Cet article était le V du projet, il a été adopté sans discussion).

Art. 6. La disposition de l'article premier n'empêche pas que chacune des lois qui y sont énoncées n'ait son exécution du jour qu'elle a dû l'avoir, en vertu de sa promulgation particulière.

Art. 7. A compter du jour où ces lois sont exécutoires, les lois romaines, les ordonnances, les coutumes générales ou locales, les statuts, les règlemens cessent d'avoir force de loi générale ou particulière dans les matières qui sont l'objet desdites lois, composant le présent Code.

Art. VI. Le Code civil est exécutoire dans tout le territoire français, en vertu de la promulgation faite ou à faire de chacune des lois qui le composent; et à compter du jour où cette promulgation est réputée connue, les lois romaines, les ordonnances, les coutumes générales ou locales, les statuts, les règlemens cessent d'avoir force de loi générale ou particulière dans les matières qui sont l'objet de ce Code.

Le consul CAMBACÉRÈS propose une addition.

Il est évident, dit-il, que les lois qui entreront dans le Code civil, doivent continuer à avoir leur exécution, à compter du jour où elles ont été réputées publiées. Cependant la nouvelle publication, qui va être faite du Code civil, pourrait laisser quelques doutes sur ce point. Il paraît donc nécessaire d'exprimer formellement que la disposition de l'article premier ne change pas l'époque à laquelle les lois comprises dans le Code civil sont devenues exécutoires.

Cette proposition est adoptée.

En conséquence, M. BIGOT-PRÉAMENEU propose, et le Conseil adopte l'article suivant, qui sera placé avant l'article VI.

« La disposition de l'article 1er n'empêche pas que chacune des « lois qui y sont énoncées n'ait son exécution du jour qu'elle a dû « l'avoir en vertu de sa promulgation particulière ».

Le consul CAMBACÉRÈS reprend et dit, qu'il est sans difficulté que les dispositions nouvelles font tomber les dispositions antérieures; mais qu'il serait utile de réduire l'article VI à ces termes, afin de laisser aux lois anciennes leur autorité par rapport aux questions et aux cas qui ne se trouveraient pas décidés par le Code civil. On ne peut se dissimuler, en effet, qu'il est au-dessus de la prévoyance humaine de tout embrasser dans les lois. C'est donc un avantage de ne pas ôter aux tribunaux le secours qu'ils peuvent trouver dans les lois antérieures pour se fixer, lorsque le Code civil ne leur offrira point de lumières. Déjà même au titre des *services fonciers*, du *louage*, des *conventions en général*, et dans quelques autres, on a été forcé de renvoyer aux lois anciennes sur les développemens et l'application de diverses dispositions du Code civil.

A la vérité, les gens de loi seront forcés de faire des études plus étendues. Mais c'est plutôt là un avantage qu'un inconvénient. La nouvelle loi sur l'enseignement du droit le suppose, car elle oblige d'étudier le droit romain.

M. BIGOT-PRÉAMENEU dit que si on laissait aux lois antérieures leur force, il en résulterait des procès, même sur les cas prévus par le Code civil, dont les dispositions deviendraient moins décisives.

Dans les cas non prévus, on ne peut laisser au droit romain la force qu'il avait dans les pays de droit écrit, sans introduire dans le tribunal de cassation une grande diversité de principes et de jurisprudence. Il serait forcé de prononcer la cassation du jugement rendu par certains tribunaux, parce qu'ils auraient contrevenu au droit romain qui fesait loi dans leur ressort ; tandis que la même décision ne donnerait pas ouverture à la cassation, lorsqu'elle aurait été rendue par d'autres tribunaux auxquels le droit romain a toujours été étranger.

Le droit romain aura toujours par-tout l'autorité de la raison écrite, et, renfermé dans ces limites, il n'en sera que plus utile, en ce que, dans l'usage, on pourra n'employer que les maximes d'équité qu'il renferme, sans être forcé de se servir des subtilités et des erreurs qui s'y mêlent quelquefois ; mais il faut que sur aucun point de la République, il ne fournisse des moyens de cassation.

Le consul CAMBACÉRÈS consent à ce que l'infraction aux lois anciennes ne donne pas ouverture à cassation, pourvu qu'on ne refuse pas d'ailleurs aux juges la faculté de les prendre pour guide.

L'article est adopté dans ce sens.

CODE

CODE CIVIL
DES FRANCAIS.

TITRE PRÉLIMINAIRE.

DE LA PUBLICATION, DES EFFETS, ET DE L'APPLICATION DES LOIS EN GÉNÉRAL.

Décrété le 14 Ventose an 11, et promulgué à Paris le 24 du même mois.

ARTICLE PREMIER. Les lois sont exécutoires dans tout le territoire français, en vertu de la promulgation qui en est faite par le premier Consul.

Elles seront exécutées dans chaque partie de la république du moment où la promulgation en pourra être connue.

La promulgation faite par le premier Consul sera réputée connue dans le département où siégera le gouvernement, un jour après celui de la promulgation ; et dans chacun des autres départemens après l'expiration du même délai, augmenté d'autant de jours qu'il y aura de fois dix myriamètres (environ 20 lieues) entre la ville où la promulgation en aura été faite, et le chef-lieu de chaque département.

Séance du 4 Thermidor an 9:

ART. I. *Les lois seront exécutoires dans toute la République, quinze jours après la promulgation faite par le Premier Consul.*

Ce délai pourra, selon l'exigence des cas, être modifié par la loi qui sera l'objet de la publication.

M. Portalis, rapporteur, dit que, dans le projet de Code civil, on avait distingué les lois en lois administratives, judiciaires et mixtes. Les premières devaient devenir obligatoires du jour où elles auraient été publiées par les autorités administratives ; les secondes, du jour où elles l'auraient été par les tribunaux d'appel ; les troisièmes, c'est-à-dire, les lois mixtes, devaient l'être, en ce qui pouvait être relatif à la compétence de chaque autorité, du jour de la publication par l'autorité compétente.

Le tribunal de cassation et le tribunal d'appel de Paris, adoptent le fond de ce système, et ne proposent que des changemens de rédaction.

La majorité des autres tribunaux regarde ce mode de publication présenté dans le projet de Code, comme insuffisant, contraire aux vrais principes, et sujet aux plus grands abus.

Les uns disent qu'une simple lecture de la loi à l'audience d'un tribunal d'appel, ne saurait autoriser la présomption légale que, dans l'instant même de cette lecture, la loi est connue des tribunaux d'arrondissement, situés souvent à une grande distance des tribunaux d'appel. Ils desireraient que la loi fût publiée par ces tribunaux, qui sont les premiers à l'appliquer et à l'exécuter, et qu'elle ne fût même exécutoire qu'après un certain délai, à dater du jour de cette publication ; lequel délai serait mis à profit pour faire afficher la loi, sinon dans toutes les communes, du moins dans toutes celles où il y a un juge de paix. Ils observent que les frais d'impression et d'affiche seront moins onéreux pour le trésor public dans un ordre de choses qui garantit plus de stabilité aux lois, et que d'ailleurs, dans une matière aussi importante, l'intérêt du fisc ne saurait balancer celui des citoyens de l'Etat.

Les autres tribunaux, en reconnaissant la nécessité d'adresser les lois à toutes les autorités chargées de leur application ou de leur exécution, et même de les faire connaître à tous les citoyens par la voie de l'affiche, proposent de fixer un délai à dater de la promulgation de la loi par le Premier Consul, après lequel la loi sera au même instant exécutoire dans toute l'étendue de la République.

Les divers systèmes que les observations des tribunaux nous présentent, n'avaient point échappé à la section, elle en avait discuté d'avance les inconvéniens et les avantages.

La publication des lois est une conséquence du principe que les lois ne peuvent être obligatoires avant d'être connues ; mais il est impossible de trouver un mode de publication qui ait l'effet d'atteindre personnellement chaque individu ; on est réduit à se contenter de la certitude morale que tous les citoyens ont pu connaître la loi.

Pour peser les divers degrés de cette certitude morale, il faut distinguer les lieux et les tems.

Dans l'ancien régime, la loi était secrètement rédigée ; on l'adressait ensuite aux cours souveraines. Ces cours pouvaient en refuser ou en suspendre l'enregistrement, et délibérer des remontrances. L'enregistrement étant une forme préalable à l'exécution de la loi, cette exécution ne pouvait avoir lieu qu'après que la loi avait été enregistrée.

Nous devons même faire remarquer que, dans la plupart des anciennes provinces de France, la loi n'était exécutoire que du jour de la publication qui en était faite par les tribunaux inférieurs.

Le système de ceux qui voudraient ne rendre la loi exécutoire que du jour de sa publication par les tribunaux d'appel ou par les tribunaux d'arrondissement, se rapproche de cet ancien ordre de choses.

Mais cet ordre n'existe plus. Dans notre droit actuel, la loi a toute sa force et tous ses caractères avant d'être adressée aux tribunaux et aux diverses autorités compétentes. D'autre part, la loi a déjà acquis le plus haut degré de publicité par les discours des orateurs du Gouvernement, par la discussion du Tribunat, et par celle qui est faite en présence du Corps législatif. La loi ne peut être promulguée par le Premier Consul, que dix jours après le décret du Corps législatif ; et pendant ce délai, la connaissance de la loi continue à circuler dans toute la République.

L'envoi officiel de la loi aux autorités compétentes n'est donc plus, dans la hiérarchie des pouvoirs, qu'un moyen régulier de rendre la loi plus intimement présente aux différentes parties de l'État, et d'en assurer le dépôt dans tous les lieux où elle doit être obéie.

Cet envoi pouvant être fait par-tout dans un tems déterminé, pourquoi n'adopterait-on pas la proposition de fixer un délai suffisant après lequel la loi serait, au même instant, exécutoire dans toute la France ?

Une telle idée, qu'il n'eût pas été possible de réaliser tant qu'il existait des cours qui avaient le droit de refuser ou de suspendre l'enregistrement des lois, ne rencontre aujourd'hui aucun obstacle.

Elle aurait, dit-on, l'inconvénient de retarder l'exécution des lois dans certains départemens, et sur-tout dans ceux où il importe quelquefois le plus que les lois soient promptement exécutées.

En retardant l'exécution des lois, lorsqu'elles sont déjà suffisamment connues, elle pourrait donner lieu, dans le tems intermédiaire, à un grand nombre de fraudes contre ces lois.

Mais on peut répondre que dans les cas rares où il serait essentiel qu'une loi nouvelle fût exécutée sans délai à Paris et dans les départemens environnans, cette loi pourrait le déclarer. Nous y avons pourvu par une disposition particulière.

Quant aux fraudes dont le délai peut devenir l'occasion, on ne les préviendra dans aucun système; car la discussion des lois étant publique, ceux qui veulent consommer des arrangemens auxquels la nouvelle loi s'opposerait, auront toujours le tems et la liberté de le faire avant la promulgation de cette loi.

Ce qui est certain, c'est que l'idée d'établir un délai uniforme après lequel la loi serait exécutoire le même jour dans toute la République, préviendrait cette diversité de jugemens sur les mêmes questions et entre les membres de la même cité, qui est un sujet de scandale, et ces incertitudes locales sur l'époque de l'exécution de la loi, qui sont une grande source de difficultés et de procès.

L'idée d'un délai uniforme aurait encore l'avantage de rendre l'exécution de la loi indépendante de la négligence de l'homme, et de mieux constater le principe que, dans notre droit public, le fait des tribunaux et des autres autorités ne peut plus rien ajouter à la force et au caractère de la loi.

Le rapporteur observe en outre que l'idée d'un délai uniforme dispenserait de recourir à la distinction des lois administratives, des lois judiciaires et des lois mixtes. Par-là on préviendrait tous les doutes, toutes les incertitudes qui pourraient naître, dans tout autre système, de la nécessité de faire cette distinction. De plus, l'unité dans le mode de rendre les lois exécutoires, influerait, plus qu'on ne pense, sur le degré de confiance et de respect qu'on doit à toutes les lois.

Le Premier Consul dit que déjà la Constitution suspend de dix jours la promulgation de la loi : ajouter encore quinze jours à ce terme, ce serait souvent manquer le but que s'est proposé le législateur, sur-tout lorsqu'il a porté des lois répressives, ou d'autres lois dont l'exécution ne peut être différée.

Le Consul Cambacérès applique la même objection aux lois civiles.

Il en est qu'on pourrait éluder pendant le délai qui s'écoulerait entre le moment où elles seraient décrétées et le moment où elles obligeraient les citoyens.

M. Portalis répond que, quant aux lois répressives, le remède est dans le projet de loi, puisqu'il accorde la faculté d'abréger le délai général.

Pour ce qui concerne la publication des lois civiles, l'inconvénient qu'on a relevé, subsisterait dans tous les systèmes.

Le Premier Consul dit que la section paraît s'écarter de ses propres principes, lorsque, contre les dispositions du droit romain et l'opinion unanime des jurisconsultes, elle admet que la loi ne sera pas obligatoire aussitôt qu'elle sera connue.

M. Boulay objecte qu'il en est ainsi dans le système de la législation actuelle, puisque la loi ne devient exécutoire que du jour où l'envoi qui en est fait a été mentionné sur le registre de l'administration.

M. Roederer dit que c'est dans la Constitution qu'on doit chercher la solution de la question.

Elle veut, art. 41, que la promulgation soit faite par le Premier Consul. Le mot *promulgation* veut dire *publication*. C'est donc le Premier Consul seul qui publie.

L'enregistrement n'est donc pas nécessaire à la promulgation ; car la promulgation appartenant en entier au Premier Consul, il ne la partage pas avec un préfet. L'enregistrement du préfet est un simple acte de dépôt, qui n'a pas pour objet de faire connaître la loi. Mais cet enregistrement n'est pas connu le même jour dans toute l'étendue de la préfecture, non plus que la promulgation du Premier Consul dans tous les départemens. Que faut-il donc ajouter à la promulgation pour s'assurer que la loi est connue ? un délai dans lequel la notoriété de la promulgation puisse probablement parvenir à tous les citoyens. C'est là la règle suivie en Angleterre et en Amérique. Cependant, comme il serait ridicule d'établir un tarif des distances, on pourrait y avoir égard d'une manière générale, et dire que nul ne pourra prétendre ignorance de la loi, le jour même de sa promulgation dans le lieu où siége le Gouvernement, et dans les autres lieux après un délai de cinq jours par distance de trente lieues.

M. Tronchet dit que, dans cette matière, il faut distinguer le fait de la théorie.

La théorie est que les lois ne sont obligatoires que lorsqu'elles sont connues ; mais, dans le fait, on ne peut trouver de formes pour donner connaissance de la loi à chaque citoyen individuellement : la difficulté augmente même par le peu d'empressement que met le commun des hommes à s'instruire des lois ; lorsqu'ils ont besoin de les interroger, ils s'adressent aux jurisconsultes. On doit donc chercher un moyen qui fasse connaître les lois à ceux qui veulent s'en instruire. On ne pouvait espérer ce résultat des formes usitées jusqu'à présent ; elles avaient d'ailleurs l'inconvénient de varier, suivant les lieux, les époques où les lois devenaient obligatoires. Dans cet état de choses, le mode proposé par la section paraît le seul possible : il n'est pas sans inconvéniens ; quel autre mode en est exempt ? C'est sans doute une grande difficulté que le retard qu'éprouve l'exécution des lois qui commandent et qui défendent ; mais le projet y remédie. Quant aux lois facultatives et à celles qui agissent indépendamment de la volonté de l'homme, comme sont les lois qui règlent les successions, le retard du moment où elles deviennent obligatoires ne blesse que l'intérêt particulier ; mais il sert l'intérêt général, qui veut que les lois deviennent obligatoires par-tout au même moment. Au surplus, ce serait se jeter dans des débats interminables, que de vouloir établir la distinction des lois qui commandent, de celles qui permettent, de celles qui défendent. Il est préférable de choisir, pour rendre la loi obligatoire, l'époque où elle peut être connue de tous. Ce mode cependant ne dispenserait pas d'ordonner, par un règlement, que le ministre de la justice sera tenu d'envoyer la loi aux tribunaux et aux autres autorités dans un tems déterminé. Il faudra aussi mettre quelque différence entre le continent et les colonies, à l'égard du délai général après lequel la loi devra être exécutée.

M. BOULAY propose de donner au Gouvernement le droit de fixer l'époque où la loi deviendra obligatoire dans chaque colonie.

Le PREMIER CONSUL dit qu'on pourrait la déclarer exécutoire du jour de son arrivée.

Il demande pourquoi, en général, les lois ne seraient pas réputées exécutoires du jour où elles seraient présentées à l'audience des tribunaux par le commissaire du Gouvernement ?

M. ROEDERER observe que ce serait faire revivre l'ancienne forme de l'enregistrement.

Le PREMIER CONSUL persiste à penser que ce serait offenser la majesté de la volonté nationale, que de ne rendre la loi obligatoire que vingt-cinq jours après qu'elle est connue.

M. Boulay dit que si l'on datait l'empire de la loi, du jour où elle serait présentée par le commissaire du Gouvernement, on laisserait à ce magistrat la faculté d'en différer l'exécution.

Le Ministre de la justice dit que la publication de la loi n'est complète, que lorsque la loi est physiquement présentée dans le lieu où elle doit être exécutée ; ainsi l'on ne peut s'empêcher d'avoir égard aux distances. Le meilleur moyen à prendre pour règle, est de déclarer la loi exécutoire du jour qu'elle est présentée par le commissaire du Gouvernement.

Le Consul Cambacérès dit que les inconvéniens qu'on croit devoir résulter du mode actuel de publication des lois, ne sont pas jusqu'ici justifiés par des exemples. La seule question que ce mode ait fait naître, est celle de savoir si les tribunaux sont obligés de juger, conformément à la loi avant de l'avoir reçue. Le changement qu'on propose d'apporter au mode actuel de publication est donc sans motifs : pourquoi priver celui qui vit dans un département où la loi est connue, de la faculté d'en user ?

M. Regnier pense que les Français étant égaux en droits, ils doivent tous être soumis au même moment à l'empire de la loi, quelle qu'elle soit, rigoureuse ou favorable.

Le Premier Consul dit que le principe de l'égalité des droits est respecté, lorsque tous les Français sont également soumis à la loi au moment où elle arrive dans le lieu qu'ils habitent.

M. Emmery dit que l'uniformité du délai prévient les effets de la négligence ou de la malveillance des tribunaux qui diffèrent de publier la loi.

Il ajoute que la promulgation de la loi la rend obligatoire, mais qu'elle ne devient exécutoire que par la publication ; qu'ainsi ne pas adopter le système d'un délai uniforme, c'est s'exposer à faire vivre pendant un tems, sous des règles différentes, des contrées même peu distantes l'une de l'autre.

M. Berlier croit que la nature des choses repousse invinciblement un délai général et uniforme ; mais il pense que l'on peut et que l'on doit, d'après une autre donnée, et sur un autre plan, prévenir les effets, soit de la négligence, soit de la malveillance, qui tendraient à priver quelques portions du territoire français du bénéfice d'une prompte publication de la loi. Il n'y a, selon l'idée qu'en a fournie M. Rœderer, qu'à régler par les distances le jour où la loi deviendra obligatoire dans chaque département de la République, sans le secours d'une publication matérielle : ce qui doit tout concilier.

M. Tronchet dit qu'il ne suffit pas, pour que la loi reçoive son exécution, qu'elle soit connue des citoyens ; qu'elle doit encore être dans la main du magistrat, et qu'on ne peut s'en assurer qu'en accordant un délai général.

M. Berlier réplique que ce délai général et uniforme ne donnerait pas l'assurance que la loi fût parvenue aux tribunaux les plus éloignés, au jour où elle deviendrait obligatoire : au surplus, ce n'est pas au moment précis où la loi acquerra ce caractère, que les citoyens seront dans le cas d'en demander l'application au magistrat, du moins en ce qui touche à l'ordre judiciaire ; et la loi sera dans la main des juges, long-tems avant que leur ministère soit invoqué.

Le Premier Consul soutient que le système de la section embarrasserait l'exécution de la loi. Il faudrait sans cesse mettre en délibération l'époque à laquelle la loi deviendrait obligatoire : le délai général ne serait maintenu que pour les grandes lois civiles ; il serait abrogé pour toutes les autres. Il est peu de lois dont l'exécution puisse être différée pendant vingt-cinq jours ; et, lorsqu'elle est très-urgente, il faut que le Gouvernement puisse l'accélérer en envoyant des courriers extraordinaires.

Le Ministre de la justice dit que déjà les tribunaux ont reconnu le principe que la loi, dans les matières civiles, peut être exécutoire du moment qu'elle est connue, et admettent les actes dans lesquels l'une des parties déclare qu'elle stipule d'après une loi promulguée et non encore envoyée à l'administration. La promulgation, en effet, est la vraie publication de la loi ; la publication locale n'a été imaginée que pour en répandre davantage la connaissance.

M. Portalis dit que la promulgation complète le caractère de la loi ; que la publication est la conséquence de la promulgation, et a pour objet de faire connaître la loi.

Il ne pense pas, au surplus, qu'il soit contraire à la majesté de la loi, de la laisser quelque tems sans exécution, lorsque c'est la loi elle-même qui le veut.

PUBLICATION, EFFETS ET APPLICATION DES LOIS.   17

Les difficultés qu'entraîne le retard, n'existent que pour les lois administratives, parce qu'ordinairement elles sont urgentes.

Le Premier Consul propose de regarder le chef-lieu de chaque département comme le point de centre où la loi doit être publiée, et de régler le délai à raison d'un jour par vingt lieues, à partir de la ville où la loi est promulguée. Cependant, la présomption de la notoriété reposant sur le principe que la loi est obligatoire lorsqu'elle est connue, le Gouvernement, dans des circonstances urgentes, pourrait abréger le délai, en envoyant la loi par des courriers extraordinaires.

M. Bigot-Préameneu pense que la publication matérielle peut seule donner au Gouvernement l'assurance qu'il a rempli le devoir de faire connaître la loi. Comment d'ailleurs le tribunal de cassation pourrait-il annuller des jugemens où la loi serait blessée, s'il n'a la certitude qu'elle a été connue par les juges?

Le Premier Consul met aux voix la question de savoir si les lois ne seront obligatoires qu'après un délai général; il invite Messieurs les rédacteurs du Code civil à voter avec les conseillers d'état.

Le Conseil rejette la proposition de fixer un délai général et uniforme à l'exécution des lois.

Le Premier Consul charge la section de présenter un autre projet d'article (1).

---

(1) M. Portalis présente la nouvelle rédaction du projet de loi arrêté à la dernière séance, concernant la publication, les effets, et l'application des lois en général.

M. Boulay propose de ne pas faire, des dispositions du projet, un projet de loi particulier, mais de les placer chacune dans les divers projets auxquels elles peuvent se rapporter. Les articles relatifs à la publication des lois seraient placés à la fin du Code civil.

M. Roederer observe que ces articles n'appartiennent pas spécialement à la législation civile, qu'ils tiennent au droit public, et doivent être le sujet d'une loi particulière et indépendante.

M. Tronchet pense que ce serait trop laisser durer les inconvéniens du mode actuel de publication, que de reléguer, à la fin du Code civil, les dispositions qui établiront un meilleur mode; qu'il importe même de publier, suivant le mode nouveau, les lois qui vont être faites.

Le consul Cambacérès demande s'il est dans l'intention de la section de placer l'article qui défend aux juges d'interpréter les lois par voie de disposition générale et réglementaire.

Séance du 6 Thermidor an 9.

M. Portalis fait lecture de la nouvelle rédaction du projet de loi présenté dans la séance du 4 de ce mois, et *relatif à la publication, aux effets et à l'application des lois.*

L'article Ier. est ainsi conçu :

Les lois seront exécutoires dans tout le territoire continental de la République, à compter de leur promulgation par le premier Consul ; savoir :

Dans le ressort du tribunal de..., après le délai de....

Dans le ressort de....., après le délai de....

M. Defermon observe qu'il serait plus simple de régler le délai sur les distances calculées par vingt-cinq lieues.

Le Ministre de la justice appuie la première partie de l'article ; mais la spécification de chaque ressort lui paraît trop réglementaire, et ne convient pas à une loi.

Le Premier Consul dit qu'on pourrait déclarer la loi obligatoire, dans le lieu où siége le Gouvernement, du jour de la promulgation ; et dans les autres départemens, après un délai qui serait calculé à raison d'une heure par lieue, en prenant le chef-lieu pour point de distance : de manière que quand la loi y serait connue, elle serait réputée l'être dans tout le département. Ce mode de publication aurait l'avantage d'être indépendant de toute division territoriale. Ainsi l'on ne serait pas obligé de le modifier, s'il survenait quelque changement dans les divisions actuellement existantes.

L'évaluation des distances serait fixée par un réglement. Cette mesure laisserait au Gouvernement la facilité de modifier la détermination des distances, toutes les fois que des obstacles naturels, comme un débordement de rivière, la chute d'un pont, ou d'autres causes semblables, intercepteraient les communications ordinaires.

M. Roederer observe que cette disposition, réglant le pouvoir des juges, elle doit être la matière d'une loi séparée.

Le consul Cambacérès dit qu'en adoptant la proposition de M. Boulay, on se trouverait souvent embarrassé sur le classement des articles du projet.

M. Tronchet pense qu'on pourrait sans difficulté les placer dans le Code civil qui sera comme le péristyle de la législation française, lorsqu'elle sera partagée en un petit nombre de Codes.

Le Conseil consulté maintient la délibération par laquelle il avait, dans sa pré-cédente séance, réuni, en un seul projet de loi, les articles relatifs à la publication, aux effets, et à l'application des lois.

PUBLICATION, EFFETS ET APPLICATION DES LOIS.

M. Tronchet objecte qu'il est des chefs-lieux de département tellement rapprochés de Paris, que la loi y deviendrait obligatoire deux heures après la promulgation, c'est-à-dire, dans un délai évidemment trop court pour qu'elle pût être reconnue dans tout le département. Pour échapper à cet inconvénient, il propose de fixer d'abord un délai uniforme et invariable de dix jours, et d'y ajouter ensuite un second délai calculé d'après les distances.

Le Premier Consul dit qu'on pourrait fixer le premier délai à vingt-quatre heures.

M. Malleville trouve la rédaction de la section embarrassée. Il propose la rédaction suivante : « Lorsque les lois auront été promul-« guées, elles seront exécutoires dans les délais ci-après ».

M. Lacuée voudrait que l'article s'expliquât aussi sur la publication des lois dans les départemens non-continentaux.

Le Premier Consul dit que cet objet doit être renvoyé au réglement que le Gouvernement sera autorisé à faire.

L'article de la section est rejeté. Le Premier Consul la charge de rédiger un nouvel article, d'après les amendemens qui ont été proposés.

M. Portalis présente une troisième rédaction du *Projet de loi sur la publication, les effets et l'application des Lois en général.*

Séance du 4 Fructidor an 9.

L'article Ier. est soumis à la discussion ; il est ainsi conçu :

Les lois sont exécutoires dans tout le territoire français, en vertu de la promulgation qui en est faite par le Premier Consul.

Elles seront exécutées dans chaque partie de la République, du moment où la promulgation pourra y être connue.

La promulgation faite par le Premier Consul sera réputée connue dans tout le ressort du tribunal d'appel de Paris, vingt-quatre heures après sa date, et dans tout le ressort de chacun des autres tribunaux, après l'expiration du même délai, augmenté d'autant d'heures qu'il y a de myriamètres entre Paris et la ville où chacun de ces tribunaux a son siége.

M. Fourcroy observe sur cet article que le délai d'une heure par myriamètre est évidemment trop court pour le continent, et qu'il est absolument impossible de l'appliquer aux colonies.

M. Regnaud (de Saint-Jean-d'Angely) propose de porter le délai à deux heures, attendu que le myriamètre est le double de la lieue ancienne.

M. Portalis adopte ce changement.

Il répond à M. Fourcroy, que le délai calculé par heures est précédé d'un délai général de vingt-quatre heures; qu'au surplus, il ne s'agit ici que du continent : le délai de la publication des lois dans les colonies et dans les îles de l'Europe, doit être déterminé par un réglement. Les circonstances et les causes naturelles rendent l'époque de l'arrivée dans ces contrées trop incertaine, pour que le délai puisse être fixé invariablement par une loi.

M. Regnaud (de Saint-Jean-d'Angely) dit qu'alors il devient nécessaire d'exprimer l'exception dans la loi même.

M. Portalis réplique que l'exception découle naturellement de l'article. Il pose en effet trois principes : le premier est que la loi tire sa force d'exécution, de la promulgation qu'en fait le Premier Consul; le second, qu'elle est exécutoire dans chaque partie du territoire français au moment où elle peut y être connue; le troisième, qu'elle est présumée connue dans chaque département après un délai uniforme de vingt-quatre heures, augmenté d'autant d'heures qu'il y a de myriamètres depuis le lieu de la promulgation jusqu'à la ville où siége le tribunal d'appel. Or, il est évident que cette présomption n'est admissible que pour le continent, et non pour les îles et les colonies, dont le chemin peut être alongé ou même entièrement intercepté par la contrariété des vents et des saisons. Il faut se régler, à leur égard, par le second principe.

M. Tronchet dit qu'il laisse de côté les colonies, pour lesquelles un réglement particulier est indispensable; mais que sur le continent, la loi ne devient obligatoire que lorsqu'elle est présumée connue, et qu'elle est arrivée dans la main du magistrat chargé de la faire exécuter. Cette dernière condition ne sera pas accomplie si le délai est trop court. Cependant il est impossible qu'en deux heures la loi parvienne même aux magistrats du département le plus rapproché de Paris. Si elle est publiée par la voie du bulletin, lequel contient toujours plusieurs lois, elle ne sera imprimée quelquefois que long-tems après sa promulgation : si le Ministre de la justice l'envoie en expédition manuscrite, ses bureaux suffiront à peine à l'expédier dans un laps de tems considérable. Les anciennes lois fixaient ordinairement les délais à un jour par dix lieues ou au-dessous. Le calcul des distances par heures entraîne de graves inconvéniens.

Le Consul CAMBACÉRÈS rappelle que le conseil a adopté le principe de calcul par heures.

M. TRONCHET dit que pour prévenir les questions sur les distances, on se propose de les laisser déterminer par le Gouvernement; et que cependant on ne lui donne plus assez de latitude, si on l'oblige de les régler par le calcul des heures.

Le consul CAMBACÉRÈS dit que le délai de vingt-quatre heures est certainement trop court pour que la loi puisse être connue dans tout le ressort du tribunal d'appel de Paris.

M. TRONCHET observe qu'il est impossible d'envoyer la loi dans le délai proposé, aux chefs-lieux des départemens, aux tribunaux d'appel et aux tribunaux de première instance.

M. DEFERMON dit que, puisque l'objet qu'on se propose est d'éviter toute discussion sur le moment où la loi sera devenue obligatoire, la fixation d'un délai déterminé est ce qu'il y a de plus important. L'étendue du délai n'est plus qu'une question secondaire. Il n'y a pas d'inconvénient à ne la pas trop resserrer, d'autant plus que la loi est connue aussitôt qu'elle est décrétée. Quant aux lois d'urgence, il est beaucoup de moyens d'en hâter la publication.

M. PORTALIS dit qu'il s'agit moins, en effet, de trouver des moyens de faire connaître la loi, que de fixer une époque où elle sera censée connue.

Le consul CAMBACÉRÈS fixe l'état de la délibération, et met d'abord aux voix la question de savoir si l'on maintiendra la fixation du délai adopté dans la dernière séance.

Le CONSEIL décide qu'elle ne sera pas maintenue.

Le CONSUL ouvre la discussion sur la durée du premier délai. Sera-t-il de vingt-quatre heures ou de plusieurs jours ? Telle est la question qu'il propose.

M. REGNAUD (de Saint-Jean-d'Angely) propose de le fixer à trois jours, attendu que vingt-quatre heures ne suffiraient pas pour faire connaître la loi dans tout l'arrondissement du tribunal d'appel de Paris.

Le MINISTRE DE LA JUSTICE pense qu'il y a un autre motif de le prolonger : c'est, dit-il, que le moment où l'impression de la loi est achevée ne peut concorder avec le départ de tous les courriers qui doivent la porter dans les départemens.

Le consul CAMBACÉRÈS dit que, dans cette discussion, l'on ne doit pas se borner au seul intérêt du magistrat ; qu'il y a encore à considérer l'intérêt des particuliers, qui, s'appuyant sur le principe que la loi est exécutoire lorsqu'elle est connue, contractent d'après la loi, avant qu'elle soit parvenue aux magistrats.

Le Ministre de la justice observe que la distinction si juste que vient de faire le consul, ne s'applique qu'aux matières civiles ; mais que dans le criminel, on doit prévoir le cas où un délit serait commis entre la sanction et la publication de la loi qui le punit ; que par ce motif, il faut un délai uniforme pour toutes les lois.

M. Portalis dit que, puisqu'on adopte le principe que la loi est exécutoire lorsqu'elle est connue, il suffit, pour qu'elle le devienne, que le délai après lequel il est possible qu'elle soit connue expire, sans qu'il soit nécessaire que le magistrat l'ait reçue.

Le Ministre de la justice propose de fixer le premier délai à quarante-huit heures.

M. Boulay propose trente-six heures.

Cette dernière proposition est adoptée.

Le Conseil arrête ensuite que le second délai sera de deux heures par myriamètre.

L'article est adopté avec ces deux amendemens.

M. Bigot-Préameneu demande qu'on fixe d'une manière précise le moment où écherront les trente-six heures du premier délai.

M. Portalis observe que le mot *après*, qu'il a employé, ne laisse aucun doute sur le *dies termini*; qu'il n'y aurait de doute que si l'on avait dit *dans* les trente-six heures.

(Nous ne trouvons rien qui motive les nouvelles différences que présente, sur cet article, le dernier projet avec ses amendemens, comparé à la rédaction définitive).

<small>Séance du 4 Thermidor an 9.</small>

2. La loi ne dispose que pour l'avenir ; elle n'a point d'effet rétroactif.

II. *La loi ne dispose que pour l'avenir, elle n'a point d'effet rétroactif : néanmoins, la loi interprétative d'une loi précédente aura son effet, du jour de la loi qu'elle explique, sans préjudice des jugemens rendus en dernier ressort, des transactions, décisions arbitrales et autres passées en force de chose jugée.*

M. Portalis expose que le principe de la non-rétroactivité des lois ne peut être contestée.

Tous les tribunaux, continue-t-il, approuvent la première partie de l'article ; mais la seconde est l'objet de plusieurs observations.

Le tribunal d'Agen prétend que les lois, même simplement interprétatives ou explicatives, ne doivent point avoir d'effet rétroactif.

L'opinion de ce tribunal est isolée.

Ceux de Lyon et de Toulouse voudraient que l'on déterminât les bornes dans lesquelles une loi purement explicative doit se renfermer.

Le tribunal de Douai observe que *les jugemens en dernier ressort* ne sont pas les seuls qu'on doive respecter dans l'application d'une loi interprétative ; que les jugemens de première instance qui ont été acquiescés, ou dont on n'a point interjeté appel dans le délai de droit, méritent la même faveur.

L'observation est juste : on pourrait aisément remplir les vues de ceux qui la font, en ajoutant un mot qui pût envelopper toutes les *décisions passées en force de chose jugée.*

Mais il serait plus difficile de déterminer en thèse ce qu'on doit entendre par une loi purement interprétative.

Il serait peut-être sage de supprimer la seconde partie de l'article, en laissant les choses dans les termes du droit commun.

M. Defermon dit que le principe de la non-rétroactivité, quoique incontestable, ne doit pas être réduit en disposition législative, parce qu'il n'établit qu'un précepte pour les législateurs.

M. Boulay répond qu'il établit aussi un précepte pour les juges.

Plusieurs membres demandent que la seconde partie de l'article soit retranchée ; ils la regardent comme inutile.

Le Conseil adopte la première partie de l'article, et retranche la seconde.

(Cet article fut de nouveau reproduit et approuvé dans les séances des 14 du même mois de Thermidor et 4 Fructidor suivant).

3. Les lois de police et de sûreté obligent tous ceux qui habitent le territoire.

Les immeubles, même ceux possédés par des étrangers, sont régis par la loi française.

Les lois concernant l'état et la capacité des personnes régissent les français, même résidant en pays étranger.

III. *La loi oblige indistinctement ceux qui habitent le territoire. L'étranger y est soumis pour les biens qu'il y possède, et personnellement en tout ce qui intéresse la police pendant sa résidence.*

IV. *Le français résidant en pays étranger, continuera d'être soumis aux lois françaises, pour ses biens situés en France, et pour tout ce qui touche à son état et à la capacité de sa personne.*

Après une légère discussion, ces articles sont renvoyés au projet de loi relatif aux personnes qui jouissent des droits civils et à celles qui n'en jouissent pas.

<small>Séance du 14 Thermidor an 9.</small>

Dans la seconde rédaction présentée à la séance du 14 thermidor, l'art. III était ainsi conçu :

La loi oblige indistinctement ceux qui habitent le territoire.

M. Tronchet dit que cette rédaction est trop générale. Elle contredirait l'art. VII du projet *sur les droits civils*, lequel ne soumet l'étranger qu'aux lois de police et de sûreté. On pourrait le rédiger ainsi :

La loi régit les propriétés foncières situées sur le territoire de la République, les biens meubles, et la personne des Français.

M. Regnaud (de Saint-Jean-d'Angely) observe que l'article ne s'entend que des lois civiles, en tant qu'elles prononcent sur les droits personnels et sur la propriété des étrangers.

M. Tronchet répond que l'étranger n'est pas soumis aux lois civiles qui règlent l'état des personnes.

M. Regnier pense qu'on peut laisser subsister la rédaction générale, parce qu'ensuite on établira les exceptions.

M. Regnaud (de Saint-Jean-d'Angely) répond que l'on serait forcé d'aller plus loin, si l'on voulait énoncer ici toutes les exceptions : elles ne concernent pas les étrangers seuls, mais encore les femmes françaises mariées à des étrangers, les françaises veuves d'étrangers, et plusieurs autres personnes. Il suffit donc ici de poser le principe ; les exceptions se trouveront dans les autres projets de loi.

M. Tronchet propose de retrancher le mot *indistinctement*.

L'article est adopté avec cet amendement.

(Rien ne nous offre le motif des différences qui existent entre ces
deux

articles amendés du projet et celui qui leur correspond dans la rédaction définitive)(1).

4. Le juge qui refusera de juger, sous prétexte du silence, de l'obscurité, ou de l'insuffisance de la loi, pourra être poursuivi comme coupable de déni de justice.

5. Il est défendu aux juges de prononcer par voie de disposition générale et réglementaire sur les causes qui leur sont soumises.

VI. *Il est défendu aux juges d'interpréter les lois par voie de disposition générale et réglementaire.*

VII. *Le juge qui refusera de juger, sous prétexte du silence, de l'obscurité ou de l'insuffisance de la loi, se rendra coupable de déni de justice* (2).

M. REGNIER demande que l'art. VII soit placé avant l'art. VI, parce que l'ordre naturel des idées veut qu'on indique aux juges ce qu'ils devront faire, avant de leur dire ce qu'ils ne pourront pas faire.

---

(1) « V. *La forme des actes est réglée par les lois du pays dans lequel ils sont passés* ».
M. ROEDERER dit que, si dans cet article l'on a en vue les actes passés en France, on suppose que la forme des actes ne sera pas la même dans tous les départemens ; que si la disposition s'applique aux actes passés en pays étranger, le législateur sort du cercle où il doit se renfermer, parce qu'il ne lui appartient pas d'étendre son pouvoir au-delà du territoire français. Il conviendrait donc de se borner à dire que les actes faits par des français en pays étranger sont valables, lorsqu'ils sont dans la forme prescrite par les lois du pays.
M. REGNIER observe que de tels actes sont valables en France, même lorsqu'ils ont été faits par des étrangers ; il ajoute qu'au surplus le législateur français ne prononce sur le mérite de ces actes qu'autant qu'on les ferait valoir en France, et que les tribunaux seraient forcés de les juger.
L'article est adopté.
(Cet article se trouvait également dans le premier projet présenté à la séance du 4 thermidor an 9, ainsi que dans le troisième présenté à celle du 4 fructidor suivant, mais il n'a point d'analogue dans le texte, et nous ne trouvons pas de discussion qui motive son retranchement).
(2) Ces deux articles avaient été adoptés sans discussion, à la séance du 4 thermidor. Sur le dernier, M. Portalis avait seulement observé que cet article avait pour objet d'empêcher les juges de suspendre ou de différer arbitrairement leurs décisions par des référés au législateur. Ils sont reproduits.

Il observe que le mot *interpréter*, employé dans l'art VI, pourrait choquer ceux qui ne saisiraient pas le sens dans lequel on l'emploie; et pour prévenir cet inconvénient, il propose la rédaction suivante :
Les juges ne prononceront que sur les causes qui leur seront présentées. Toute disposition générale et réglementaire leur est interdite.

Le consul CAMBACÉRÈS dit qu'il est sage d'empêcher les juges de créer des difficultés sur le sens des lois afin de se dispenser de prononcer; mais que l'art. VII est si impératif, que le juge pourra statuer, quoique la volonté de la loi soit incertaine, ou même avec la conviction qu'il s'en écarte. Ainsi la rédaction proposée peut faciliter les usurpations des tribunaux sur le pouvoir législatif.

M. PORTALIS répond qu'en matière criminelle, le juge ne doit prononcer que lorsque la loi a qualifié de délit le fait qui est déféré à la justice, et qu'elle y attache une peine; qu'en matière civile, au contraire, le juge ne peut se refuser à prononcer indistinctement sur toutes les causes qui lui sont présentées, parce que, s'il ne trouve pas dans la loi de règles pour décider, il doit recourir à l'équité naturelle. Le juge civil est le ministre de la loi, quand la loi a parlé; il est l'arbitre des différends, quand elle se tait. Il s'élèvera toujours beaucoup de contestations qu'on ne pourra juger par la loi écrite. Ce serait trop multiplier les lois que de les faire naître des doutes des juges. On peut donc employer le mot *interpréter* : on peut aussi le retrancher sans inconvénient, pourvu qu'on conserve le principe.

Le MINISTRE DE LA JUSTICE dit qu'il y a deux sortes *d'interprétations*, celle de *législation* et celle de *doctrine*; que cette dernière appartient essentiellement aux tribunaux; que la première est celle qui leur est interdite; que lorsqu'il est défendu aux juges *d'interpréter*, il est évident que c'est de l'*interprétation législative* qu'il s'agit. Il cite l'art. VII du titre Ier. de l'ordonnance de 1667, qui défend aux juges *d'interpréter les ordonnances*. Il en conclut que le sens de ce mot étant fixé, il n'y a aucun inconvénient à l'employer.

M. TRONCHET dit que l'on a abusé, pour réduire les juges à un état purement passif, de la défense que leur avait faite l'Assemblée constituante, d'interpréter les lois et de réglementer. Cette défense n'avait pour objet que d'empêcher les tribunaux d'exercer une partie du pouvoir législatif, comme l'avaient fait les anciennes cours, en fixant le sens des lois par des interprétations abstraites et générales, ou en les suppléant par des arrêts de réglement. Mais, pour éviter l'abus qu'on en a fait, il faut laisser au juge l'interprétation, sans laquelle il ne peut exercer son ministère. En effet, les contestations civiles portent sur le sens différent que chacune des parties prête à la loi : ce n'est donc pas par une loi nouvelle, mais par l'opinion du juge, que la cause doit être décidée. La nécessité d'établir ce principe rend les articles VI et VII indispensables.

On craint que les juges n'en abusent pour juger contre le texte de la loi : s'ils se le permettaient, le tribunal de cassation anéantirait leurs jugemens.

Au reste, pour ne pas laisser d'équivoque, on pourrait rédiger ainsi : *Il est défendu aux tribunaux de prononcer, par voie de disposition générale et réglementaire, sur les causes qui sont portées devant eux.*

L'art. VI est adopté, et placé dans l'ordre proposé par M. Regnier.

M. ROEDERER dit que l'article VII donne trop de pouvoir au juge, en l'obligeant de prononcer même dans le silence de la loi. Par exemple, si le Code civil ne contenait point de dispositions sur la successibilité de l'étranger, et qu'un étranger revendiquât la succession d'un français son parent, le tribunal devant lequel la cause serait portée, serait autorisé par la rédaction de l'article, à décider en législateur une question politique de la plus haute importance. Il appartient au juge d'appliquer la loi ; il ne lui appartient pas de remplir les lacunes de la législation, quand la loi garde un silence absolu.

Qu'on ne craigne pas le retour de l'abus dont a parlé M. Tronchet. Il était né de l'ignorance des juges d'alors, et de la crainte que leur inspiraient les partis qui déchiraient l'Etat. La circonspection n'est pas naturelle aux juges sur-tout lorsqu'ils sont éclairés et qu'ils ont le sentiment de leurs lumières.

M. PORTALIS répond que le cours de la justice serait interrompu, s'il n'était permis aux juges de prononcer que lorsque la loi a parlé. Peu de causes sont susceptibles d'être décidées d'après une loi, d'après un texte précis : c'est par les principes généraux, par la doctrine, par la science du droit, qu'on a toujours prononcé sur la plupart des contestations. Le Code civil ne dispense pas de ces connaissances ; au contraire il les suppose.

M. TRONCHET ajoute que quand, dans le cas proposé par M. Rœderer, le Code civil serait muet, le juge prononcerait, d'après les principes généraux, sur l'état de l'étranger, lesquels, refusant à l'étranger les droits civils, le rendent incapable de succéder.

M. BOULAY dit que la loi ne disposant que pour l'avenir, il est toujours des contestations qu'elle ne peut servir à juger, et qu'il faut décider par les principes généraux : ce sont celles qui sont nées avant la loi.

M. BIGOT-PRÉAMENEU dit qu'il est dangereux de permettre aux tribunaux d'attendre une loi; qu'ils n'en ont pas besoin, parce qu'ils trouvent toujours leur règle ou dans la loi écrite, ou dans les principes de l'équité naturelle ; que, par cette considération, le tribunal de cassation annulle, pour cause de déni de justice et d'excès de pouvoir, tous les jugemens de référé.

Le consul CAMBACÉRÉS dit qu'il est possible d'atteindre le but indiqué par la section, et d'éviter les inconvéniens qui ont été relevés dans la discussion : dans ce dessein, il propose de substituer des expressions facultatives aux termes impératifs de l'article ; en sorte qu'un juge qui n'aura pas prononcé, ne soit pas nécessairement poursuivi. Le consul lit la rédaction suivante :

Le juge qui aura refusé de juger sous prétexte de silence, de l'obscurité ou de l'insuffisance de la loi, pourra être poursuivi comme coupable de déni de justice.

Cette rédaction est adoptée.

(Ces deux articles ont été reproduits et approuvés à la séance du 4 fructidor de l'an 9) (1).

Séance du 4 Thermidor an 9.

(1) M. PORTALIS lit l'article VIII, lequel est ainsi conçu :

Lorsque, par la crainte de quelque fraude, la loi aura déclaré nuls certains actes, ses dispositions ne pourront être éludées sous prétexte que ces actes ne sont pas frauduleux.

M. Defermon objecte que l'article suppose que la loi pourra déclarer nuls des actes non frauduleux.

M. PORTALIS répond que la loi ne pouvant entrer dans l'examen de chaque acte, est obligée, dans certains cas, de statuer d'après une présomption générale de fraude. Il cite pour exemple la déclaration de 1712, qui déclare nuls les transports faits dans les douze jours avant la faillite.

L'article est adopté, avec la substitution du mot *présomption* au mot *crainte*.

Séance du 14 Thermidor an 9.

L'article VIII est reproduit avec l'amendement proposé :

Lorsque, par la présomption de quelque fraude, la loi aura déclaré nuls certains actes, ses dispositions ne pourront être éludées sous prétexte que ces actes ne sont point frauduleux.

M. REGNIER dit que l'intention de la section parait avoir été d'exclure toute preuve contraire à la présomption établie par la loi.

La rédaction ne rend pas assez clairement cette idée.

PUBLICATION, EFFETS ET APPLICATION DES LOIS.

6. On ne peut déroger par des conventions particulières, aux lois qui intéressent l'ordre public et les bonnes mœurs.

Séance du 4 Thermidor an 9.

M. ROEDERER attaque la rédaction sous un autre rapport. Il dit que la loi ne devant contenir que des dispositions générales, elle ne peut déclarer nuls *certains actes*, mais certaines espèces d'actes. Des actes particuliers ne peuvent être suspects que parce que, de leur nature, ils sont susceptibles de fraude.

M. RÉAL dit que l'article concerne non les lois qui proscrivent tous les actes d'une même espèce, mais des actes de toutes les espèces lorsqu'ils sont faits dans certaines circonstances. Ainsi une obligation souscrite par un individu en faillite, dans les dix jours qui précèdent la faillite, est nulle, non parce qu'une obligation serait un acte nul de sa nature, mais parce qu'elle a été souscrite *dans des circonstances* qui la flétrissent d'une présomption de fraude.

M. ROEDERER observe que ce n'est pas à la loi, mais aux tribunaux, qu'il appartient de déclarer nuls certains actes déterminés.

M. REGNIER répond que la nullité doit être prononcée par la loi et appliquée par un jugement.

M. PORTALIS dit que, dans la première rédaction, on avait employé le mot *crainte* pour indiquer que la loi déclarait des actes nuls plutôt pour prévenir la fraude, que parce qu'elle suppose qu'ils sont tous frauduleux : il rappelle que, dans la séance du 4 de mois, ce mot a été remplacé par celui de *présomption*.

M. REGNIER propose la rédaction suivante :

« Lorsque la loi, à raison des circonstances, aura réputé certains actes frauduleux, on ne sera pas admis à prouver qu'ils ont été faits sans fraude ».

LE PREMIER CONSUL trouve cette disposition trop restreinte. La loi peut annuler des actes pour d'autres causes que pour présomption de fraude : c'est ainsi qu'elle proscrit l'obligation surprise par séduction à un fils de famille.

M. PORTALIS dit que c'était pour rendre la disposition aussi générale qu'il serait possible, pour y comprendre tous les actes suspects de fraude, qu'on avait employé l'expression *par la crainte de quelques abus*.

M. REGNIER observe que sa rédaction est dans les termes de la généralité qu'on desire ; qu'au surplus le sort des actes qu'elle n'atteindrait pas, se trouve réglé par d'autres lois ; que l'essentiel est de bien exprimer que l'on n'admettra en aucun cas la preuve contre la présomption établie par la loi.

M. EMMERY dit que la section a voulu qu'on ne mît pas la vérité de la chose en opposition avec la présomption légale : cependant l'expression *sous prétexte*, dont elle se sert, peut laisser au juge l'opinion qu'il lui est encore permis d'examiner.

La rédaction de M. Regnier étant plus absolue, remplit mieux les vues de la section.

M. THIBAUDEAU dit que, dans l'intention de la section, l'article ne s'applique qu'aux actes que la loi annulle, comme les présumant frauduleux, et non aux actes

IX. *La contravention aux lois qui intéressent l'ordre public ou les bonnes mœurs, ne pourra être couverte par des conventions ni par des fins de non-recevoir.*

M. BOULAY propose la rédaction suivante :

Il ne peut être dérogé par des actes particuliers aux lois qui intéressent l'ordre public et les bonnes mœurs.

(Cette rédaction est adoptée ; représentée dans le second projet à la séance du 14 thermidor, elle fut de nouveau approuvée, ainsi qu'à celle du 4 fructidor suivant).

---

nuls pour dol, incapacité des contractans, et autres vices, ce qui sera traité aux contrats et aux obligations.

M. ROEDERER propose la rédaction suivante :

« *Lorsque la loi, par la crainte de quelque fraude, aura prohibé certains actes, sous peine de nullité, on ne sera plus admis à prouver qu'ils ont été faits de bonne-foi* ».

M. TRONCHET observe que la prohibition et la nullité dont il s'agit, ne sont établies qu'en faveur des tiers ; qu'ainsi on ne doit parler ici que des actes frauduleux.

La rédaction de M. Regnier est adoptée.

(Cet article, reproduit dans la seconde et la troisième rédaction avec les changemens arrêtés dans les différentes discussions auxquelles il a donné lieu, n'a point d'analogue dans la rédaction définitive, et rien ne nous apprend comment il a été retranché).

LIVRE PREMIER.

TITRE PREMIER.

DE LA JOUISSANCE ET DE LA PRIVATION DES DROITS CIVILS.

Décrété le 17 Ventose an 12, et promulgué le 28 du même mois.

CHAPITRE PREMIER.

DE LA JOUISSANCE DES DROITS CIVILS.

7. L'exercice des droits civils est indépendant de la qualité de *citoyen*, laquelle ne s'acquiert et ne se conserve que conformément à la loi constitutionnelle.

(Cet article était le troisième du projet).

M. Tronchet dit que cet article est nécessaire, parce que la législation ancienne confondait les droits civils avec les droits politiques, et attachait aux mêmes conditions l'exercice des uns et des autres.

Séance du 14 Thermidor an 9.

8. Tout français jouira des droits civils (1).

Art. Ier. *Toute personne née d'un français et en France, jouit de*

---

(1) Les parens républicoles d'un père étranger mort en France héritent-ils des biens que l'étranger possédait en France, ou bien est-ce la république qui succède par droit de déshérence ?

tous les droits résultans de la loi civile française, à moins qu'il n'en ait perdu l'exercice par les causes ci-après expliquées.

<small>Séance du 6 Thermidor an 9.</small>

Le consul CAMBACÉRÈS demande si l'enfant né d'une mère française et d'un père inconnu, jouira en France des droits civils.

M. TRONCHET répond que lorsque le père est inconnu, l'enfant suit la condition de la mère. Cependant, il trouve les articles I et II incomplets : ils n'ont pour objet que les enfans de Français nés en France ou dans le pays étranger ; il faut prononcer encore sur l'enfant né en France d'un père étranger. La faveur de la population a toujours fait regarder ces individus comme Français, pourvu que par une déclaration ils exprimassent la volonté de l'être.

M. BOULAY ajoute qu'on peut d'autant moins refuser les droits civils au fils de l'étranger, lorsqu'il naît en France, que la Constitution lui donne les droits politiques.

Le PREMIER CONSUL propose de rédiger ainsi : *Tout individu né en France est Français.*

M. TRONCHET observe que le fait de la naissance sur le territoire français, ne donne que l'aptitude d'acquérir la jouissance des droits civils ; mais cette jouissance ne doit appartenir qu'à celui qui déclare la vouloir accepter.

M. BERLIER, pour résoudre la difficulté du consul Cambacérès, propose la rédaction suivante : *Toute personne née en France d'un père ou d'une mère non étrangers, jouit,* etc.

M. TRONCHET insiste pour qu'on statue sur l'enfant né en France d'un père étranger. Il observe qu'un tel individu n'acquiert les droits politiques qu'à l'âge de vingt-un ans ; qu'on ne peut laisser son état en suspens jusqu'à cette époque ; qu'il est même possible qu'il ait les droits civils sans avoir les droits politiques.

Le PREMIER CONSUL demande quel inconvénient il y aurait à le reconnaître pour Français sous le rapport du droit civil. Il ne peut y avoir que de l'avantage à étendre l'empire des lois civiles françaises : ainsi, au lieu d'établir que l'individu né en France d'un père étranger, n'obtiendra les droits civils que lorsqu'il aura déclaré vouloir en jouir, on pourrait décider qu'il n'en est privé que lorsqu'il y renoncé formellement.

M. TRONCHET dit que les rédacteurs du projet de loi se sont conformés aux anciennes maximes sur l'état civil des étrangers, pour ne rien préjuger en faveur des principes de l'Assemblée constituante,

qui

qui a admis tous les étrangers indistinctement à la jouissance des droits civils, sans aucune condition de réciprocité. Autrefois cette dernière condition, même dans ce cas, ne permetait à l'étranger de recueillir des successions, qu'autant qu'il en faisait emploi dans l'étendue du territoire français.

M. ROEDERER dit qu'au 6 août 1789, l'Assemblée constituante trouva le droit d'aubaine aboli à l'égard d'un grand nombre de puissances. Cependant le fisc retenait un dixième des successions que recueillaient les étrangers; c'était ce qu'on nommait *le droit de détraction*. L'Assemblée a aboli le droit d'aubaine, et même le droit de détraction, d'une manière générale et sans condition de réciprocité: alors la France s'est trouvée dans une position singulière à l'égard de plusieurs nations.

Par exemple, les Anglais, qui ont maintenu le droit d'aubaine, venaient recueillir des successions en France, et ne rendaient pas les successions qui s'ouvraient chez eux au profit des Français. Mais il ne s'agit pas encore de cette question; elle se lie à l'article IV du projet. Ce que le Premier Consul propose regarde les enfans nés en France d'un père étranger. La loi civile ne peut leur accorder moins que ne leur donne la loi politique pour l'intérêt de la population.

M. TRONCHET soutient qu'on ne peut donner au fils d'un étranger la qualité de Français sans qu'il l'accepte. Cette condition ne regarde pas le mineur, parce qu'il n'a pas de volonté; mais elle doit être exigée du majeur.

Le PREMIER CONSUL dit que si les individus nés en France d'un père étranger, n'étaient pas considérés comme étant de plein droit Français, alors on ne pourrait soumettre à la conscription et aux autres charges publiques, les fils de ces étrangers qui se sont établis en grand nombre en France, où ils sont venus comme prisonniers, ou par suite des événemens de la guerre. Le Premier Consul pense qu'on ne doit envisager la question que sous le rapport de l'intérêt de la France. Si les individus nés en France d'un père étranger n'ont pas de biens, ils ont du moins l'esprit français, les habitudes françaises; ils ont l'attachement que chacun a naturellement pour le pays qui l'a vu naître; enfin ils portent les charges publiques. S'ils ont des biens, les successions qu'ils recueillent dans l'étranger arrivent en France; celles qu'ils recueillent en France sont régies par les lois françaises ; ainsi, sous tous les rapports, il y a de l'avantage à les admettre au rang des Français.

M. Tronchet dit qu'en envisageant la question sous le rapport de l'utilité, on la réduit à ses vrais termes : mais, ajoute-t-il, il n'y a d'utilité réelle qu'autant que la France acquiert réellement l'étranger ; et elle n'est sûre de l'acquérir que lorsqu'il a exprimé la volonté d'être Français : s'il s'y refuse, les bénéfices qu'il fait en France, les successions qu'il y recueille, tournent en entier au profit de la patrie de son père, à moins qu'il n'y ait une loi de réciprocité. Au reste, cet intérêt n'est relatif qu'aux biens meubles et aux produits de l'industrie ; car la succession et la disposition des immeubles sont toujours réglées par la loi du lieu où ils sont situés.

M. Regnier ne croit pas qu'une déclaration d'intention soit, pour la France, une forte garantie, puisque l'étranger qui l'a faite pourrait néanmoins abandonner ensuite la France.

M. Tronchet répond que si l'enfant né d'un père étranger jouit des droits civils sans faire de déclaration et sans se fixer en France, on ne pourra lui refuser la succession qu'il ne viendra recueillir que pour l'emporter dans sa véritable patrie.

M. Roederer réduit la question à examiner si la plupart de ces fils d'étrangers se retireront dans la patrie de leur père, ou s'ils resteront en France. Il croit que le plus grand nombre restera.

M. Tronchet pense que la condition de la résidence doit être formellement exigée.

M. Portalis observe qu'il n'y a point d'inconvéniens à déclarer Français tout enfant né en France ; ce principe se trouvant nécessairement modifié par les dispositions légales qui règlent la manière dont un Français conserve ou perd la faveur de son origine.

Le Premier Consul met aux voix le principe.

Il est adopté.

M. Boulay présente la rédaction suivante : « Toute personne née « en France jouit des droits résultant de la loi civile française, à « moins qu'il n'en ait perdu l'exercice par une des causes détermi- « nées ci-après ».

M. Regnier dit qu'il suffit de dire : « Tout individu né en France « est Français » ; les conséquences sont suffisamment connues.

M. Regnaud (de Saint-Jean-d'Angely) propose de rédiger ainsi : « Jouiront en France des droits civils, 1°. tous les Français ; 2°. les

JOUISSANCE ET PRIVATION DES DROITS CIVILS.

« étrangers dans les cas prévus par la loi ». On établirait ensuite, 1°. quels sont les individus qui sont Français ; 2°. en quel cas l'étranger jouira du droit civil.

Le Premier Consul renvoie la rédaction à la section.

Art. Ier. Tout Français jouira des droits civils résultant de la loi française. Nouvelle rédaction.

(Après la conférence tenue avec le Tribunat, les mots *résultant de la loi française*, ont été supprimés).

9. Tout individu né en France d'un étranger, pourra, dans l'année qui suivra l'époque de sa majorité, réclamer la qualité de *Français*, pourvu que, dans le cas où il résiderait en France, il déclare que son intention est d'y fixer son domicile, et que, dans le cas où il résiderait en pays étranger, il fasse sa soumission de fixer en France son domicile, et qu'il l'y établisse dans l'année, à compter de l'acte de soumission (1).

10. Tout enfant né d'un français en pays étranger, est français.

Tout enfant né, en pays étranger, d'un français qui aurait perdu la qualité de français, pourra toujours recouvrer cette qualité, en remplissant les formalités prescrites par l'article 9 (2).

Art. II. « *Tout enfant né en pays étranger, d'un français, est français.*
« *Celui né en pays étranger, d'un français qui avait abdiqué sa pa-*

---

(1) Cet article a été ajouté après la conférence tenue avec le tribunat. Voyez la discussion qui a eu lieu sur l'article 8. Il n'y a pas de disposition qui indique où doit être faite la déclaration.

(2) L'enfant né en pays étranger d'un français non marié, sera-t-il français?

Dans le cas de la négative, quelles seront les formalités à remplir pour que cet enfant puisse jouir en France des droits civils?

Sur la demande qu'en fit le consul Cambacérès, M. Tronchet répondit qu'il conviendrait d'obliger le père à remplir en France les formalités exigées par les lois françaises, si l'on n'a pu s'y conformer dans les pays étrangers. Il n'a été rien statué à cet égard.

« trie, peut toujours recouvrer la qualité de *français*, *en faisant la dé-*
« *claration qu'il entend fixer son domicile en France.*
« *Cette déclaration doit être faite sur le registre de la commune où*
« *il vient s'etablir* ».

M. REGNAUD (de Saint-Jean-d'Angely) demande si l'individu né en pays étranger, d'une mère non mariée, est français.

M. TRONCHET répond que tout enfant né hors mariage suit la condition de sa mère.

Le consul CAMBACÉRÈS dit que la difficulté n'existe que pour l'enfant d'un père français non marié ; elle tombe sur la preuve de la paternité ; les enfans nés hors mariage n'étant pas aussi favorisés chez les autres nations qu'en France, on ne trouve nulle part de règles sur la manière dont ils doivent prouver leur filiation, et il est impossible au père de remplir dans le pays étranger les formalités exigées par les lois françaises.

M. TRONCHET répond qu'il conviendra d'obliger le père a remplir en France les formalités qu'il ne peut remplir en pays étranger.

M. DUCHATEL attaque la seconde partie de l'article; il s'oppose à ce que le fils d'un français qui a abdiqué sa patrie, soit considéré comme français; il se fonde sur ce que celui qui est né d'un père qui n'est plus français, ne peut être qu'un étranger soumis aux conditions imposées aux étrangers pour acquérir la qualité de français, qu'on ne peut tenir d'un père qui l'a perdue.

M. REGNAUD (de Saint-Jean-d'Angely) appuie cette opinion ; il dit que la volonté du père décide de l'état du fils.

M. DEFERMON adopte le principe de la section ; il lui paraît favoriser la population.

M. BOULAY observe que la question a été décidée par l'assemblée constituante, à l'occasion des religionnaires fugitifs.

M. REGNAUD (de Saint-Jean d'Angely) répond que les religionnaires n'avaient pas abdiqué la qualité de français, mais qu'ils avaient été forcés de s'expatrier. Il n'en est pas de même, continue-t-il, des français qui ont librement adopté une patrie nouvelle, qui, peut-être, n'ont quitté la France qu'en haine de son régime, qui ont accepté des fonctions chez les puissances ennemies. On ne pourrait sans inconvénient permettre à leurs fils de reprendre le caractère de Français, et de venir en France, recueillir des successions.

M. TRONCHET dit que quand on s'occupe de lois civiles, de lois qui

JOUISSANCE ET PRIVATION DES DROITS CIVILS.

sont pour tous les tems, il faut se placer à une grande distance des circonstances où l'on se trouve; la faveur de l'origine doit l'emporter sur toute autre considération. Ce principe est celui de l'Europe entière; au surplus, il faut ne lui donner ses effets en France qu'autant que l'individu par lequel elle est invoquée est fidèle à la promesse d'établir son domicile sur le territoire français.

M. Regnaud (de Saint-Jean-d'Angely) dit qu'un père, devenu étranger, communique cette qualité à l'enfant né depuis son expatriation. Si cet enfant attache du prix à la qualité de français, il peut l'acquérir par les moyens de naturalisation que la constitution établit.

M. Roederer dit que lorsque la France sera parvenue au degré de prospérité qui l'attend, beaucoup d'étrangers voudront s'associer à ses destinées, et que ce désir s'emparera sur-tout des individus qui en sont originaires; que l'intérêt de la population fera accueillir favorablement ceux qui n'ont jamais appartenu à la France; qu'à plus forte raison, devra-t-on faciliter le retour des enfans des français expatriés; qu'on ne craigne pas la rentrée des enfans d'émigrés; elle ramènera les biens qu'avaient emportés leurs pères.

M. Defermon demande la suppression de la troisième disposition, laquelle, dit-il, est purement réglementaire.

Séance du 14 Thermidor an 9.

M. Berlier attaque la seconde: il observe qu'on ne tient la qualité de français que de deux circonstances, ou de la naissance sur le sol de la République, ou de la naissance d'un père français; or, l'enfant né en pays étranger, d'un père qui a abdiqué la France, n'a ni l'un ni l'autre de ces deux avantages. Ce que l'Assemblée constituante a fait en faveur des religionnaires fugitifs, ne peut servir ici d'exemple; les pères ne s'étaient expatriés que forcément.

Il ne faut pas d'ailleurs perdre entièrement de vue les circonstances: elles obligent quelquefois à modifier le principe général pour des motifs d'intérêt public. Peu d'autres que les enfans d'émigrés profiteront de la seconde disposition de l'article. Peut-être serait-il plus prudent de ne les admettre à devenir Français que suivant le mode établi pour les étrangers: ce ne serait pas les soumettre à des conditions onéreuses et difficiles; et l'on donnerait au Gouvernement la facilité de repousser ceux d'entre eux dont la présence lui paraîtrait dangereuse.

M. Boulay dit que la disposition qu'on attaque est due à la faveur de l'origine, et qu'elle sera d'un usage plus fréquent qu'on ne le suppose. Elle est juste ; car le fils ne doit pas porter la peine d'une abdication à laquelle il n'a pas concouru.

Cependant, si l'on craint que les enfans des émigrés n'en abusent, on pourrait ne leur laisser remplir les formalités prescrites pour devenir français, que lorsqu'ils y auraient été admis par le Gouvernement.

Le consul CAMBACÉRÈS dit que peut-être la possibilité de l'abdication de la part d'un français ne devrait pas être présumée par les lois. Celui qui abdique, et sa postérité, ne se présentent certainement pas sous un aspect bien favorable. Si les enfans de celui qui a abdiqué veulent s'associer aux destinées de la France, qu'ils remplissent les conditions sous lesquelles la Constitution accorde cette faveur aux étrangers.

Voilà pour l'avenir.

Pour le présent, comment repousser les enfans des émigrés s'ils viennent armés de l'article qu'on propose ? Il importe de ne jamais mettre la loi civile en opposition avec les considérations politiques.

M. TRONCHET dit qu'il faut sortir des circonstances, et se reporter à ce qui doit être dans tous les tems. L'expatriation n'est pas en soi un délit ; c'est l'usage d'une faculté naturelle qu'on ne peut contester à l'homme. On quitte souvent sa patrie par des motifs innocens ; le plus souvent on s'y détermine pour l'intérêt de sa fortune. Au surplus, l'abdication ne résulte ni du mariage qu'on contracte chez l'étranger, ni du domicile qu'on y établit, mais seulement des actes qui supposent qu'on s'est incorporé à la nation chez laquelle on s'est retiré : mais jamais l'abdication n'a effacé la faveur de l'origine. Toujours les enfans de l'abdiquant ont pu venir reprendre la qualité de français ; ils étaient même reçus à partager, avec les enfans que l'abdiquant avait laissés en France, les successions qui s'ouvraient à leur profit. Ils tenaient ce droit de la faveur de leur origine, et ils en jouissaient indépendamment des traités faits avec la nation chez laquelle ils étaient nés. Cependant on ne leur en permettait l'exercice que lorsqu'ils se soumettaient à demeurer en France, et qu'ils satisfaisaient à cette soumission.

M. LACUÉE pense qu'il est difficile de ne pas se rendre aux raisons présentées par M. Berlier ; qu'on parviendrait peut-être à concilier toutes les opinions, en disant que le fils du français qui aura abdiqué sa patrie, pourra être admis par le Gouvernement français à faire sa déclaration qu'il veut se fixer en France.

M. Defermon demande que la disposition qu'on discute soit renvoyée au titre *des Etrangers.*

M. Boulay observe qu'au contraire il s'agit de distinguer de l'étranger l'enfant né depuis l'abdication de son père.

M. Berlier dit que tout se réduit à ne l'admettre qu'autant que le Gouvernement jugera convenable de lui donner, en quelque sorte, des lettres de naturalité. Il ajoute que M. Tronchet s'est plus appuyé sur l'histoire que sur les principes; qu'il n'a pas examiné si l'intérêt de l'Etat exige qu'on laisse au Gouvernement le pouvoir d'admettre ou de repousser les individus dont il s'agit.

Le Premier Consul demande ce qu'est aujourd'hui le fils d'un émigré né depuis l'émigration, et s'il succède.

M. Berlier répond qu'il est étranger.

Le consul Cambacérès dit que le fils qui a suivi son père dans son émigration, n'est réputé émigré que lorsqu'il ne rentre pas avant l'âge de puberté; que le fils né dans l'étranger depuis l'émigration, n'est point français, parce qu'il sort d'un père frappé de mort civile, et qui dès-lors n'a pu lui transmettre une qualité que lui-même n'avait plus. Il est d'ailleurs de principe que le fils suit la condition de son père. Cet individu ne recueille pas du chef de son père la succession à laquelle celui-ci eût été appelé s'il eût conservé la vie civile; c'est la République qui succède, comme représentant le père émigré.

Cependant, si la disposition était adoptée, le fils de l'émigré reviendrait de son chef à la succession, en faisant valoir le principe que les délais ne courent pas contre les mineurs.

Le Premier Consul dit que pour décider la question qu'on agite, il convient de se fixer d'abord sur le point de savoir si l'enfant né d'un émigré, depuis son émigration, doit être considéré comme le fils d'un français qui a abdiqué sa patrie, ou comme le fils d'un individu mort civilement; car, dans le dernier cas, la disposition qu'on discute ne s'appliquerait pas aux enfans des émigrés.

M. Tronchet dit que le Code civil n'ayant rien de commun avec les lois de circonstance portées contre les émigrés, ce sera dans ces lois et non dans le Code civil qu'on cherchera toujours la solution des questions relatives aux enfans des émigrés.

Le Premier Consul lit l'art. XV du projet, ainsi conçu :

Les condamnations prononcées par les tribunaux français, à la peine de mort ou aux peines afflictives qui s'étendent à toute la durée de la vie, seront les seules qui emporteront la mort civile.

Le Premier Consul dit que l'article, après avoir énoncé les condamnations qui emporteront la mort civile, sans y comprendre l'émigration, ajoute que ce seront les seules qui opéreront cet effet. Ainsi, pour qu'il ne demeure pas d'incertitude, et pour cependant maintenir les dispositions qui intéressent les propriétés d'un grand nombre de français, il est nécessaire d'ajouter à l'article XV *et les condamnations prononcées par les lois extraordinaires emporteront*, etc.

M. Roederer dit que les lois sur les émigrés ne les frappent pas de mort civile ; qu'elles se bornent à prononcer un bannissement perpétuel, et à punir l'infraction du ban.

Le consul Cambacérès dit que la loi du 3 octobre 1792, ayant banni à perpétuité les émigrés qui ne seraient pas rentrés dans les délais qu'elle détermine, c'est une erreur de croire qu'ils ne sont pas morts civilement. D'ailleurs l'article Ier. de la loi du 28 mars 1793 l'a textuellement décidé.

Le Premier Consul met en délibération si les émigrés doivent être considérés comme morts civilement.

Le Conseil consulté est d'avis que les émigrés sont morts civilement.

Le Premier Consul dit que, d'après le principe qui vient d'être reconnu, l'article ne présente plus de difficultés.

M. Roederer dit qu'il reste à décider si le fils de l'émigré jouira des droits de successibilité accordés aux étrangers.

Le Premier Consul dit que l'émigré étant mort civilement, la loi ne peut reconnaître pour ses enfans que ceux qui existaient au moment de son émigration.

M. Regnaud (de Saint-Jean-d'Angely) demande que ce principe soit énoncé dans la loi, parce que, dans l'usage, on tient pour valable le mariage contracté par l'émigré depuis son émigration, et les enfans qui en naissent sont regardés comme légitimes.

Le Premier Consul dit que cet usage est né de ce qu'il n'existe pas encore de moyens de distinguer les vrais émigrés de ceux qui ont été mal-à-propos inscrits sur les listes. L'inscription sur la liste actuelle

n'étant

JOUISSANCE ET PRIVATION DES DROITS CIVILS.

n'étant pas définitive, puisqu'elle peut être effacée par une radiation, on ne peut empêcher de se marier ceux qui ne sont qu'inscrits; et il en sera ainsi jusqu'à ce qu'on ait séparé les vrais et les faux émigrés, en ne laissant sur la liste que les premiers.

M. TRONCHET pense que la rédaction proposée par le consul *Cambacérès* ferait cesser toute équivoque.

Le PREMIER CONSUL dit que l'article, dégagé de l'équivoque qui l'aurait fait appliquer aux émigrés, est indispensable. La nation française, nation grande et industrieuse, est répandue par-tout; elle se répandra encore davantage par la suite, mais les français autres que les émigrés, ne vivent chez l'étranger que pour pousser leur fortune : les actes par lesquels ils paraissent se rattacher à un autre gouvernement, ne sont faits que pour obtenir une protection nécessaire à leurs projets. Il est dans leur intention de rentrer en France quand leur fortune sera achevée; faudra-t-il les repousser? se fussent-ils même affiliés à des ordres de chevalerie, il serait injuste de les confondre avec les émigrés qui ont été prendre les armes contre leur partie.

M. BERLIER dit que les Français que des raisons de commerce ou de fortune conduisent chez l'étranger, n'abdiquent pas leur patrie.

Le PREMIER CONSUL ajoute à ce qu'il vient de dire, que s'il arrivait un jour qu'une contrée envahie par l'ennemi lui fût cédée par un traité, on ne pourrait, avec justice, dire à ceux de ses habitans qui viendraient s'établir sur le territoire de la République, qu'ils ont perdu leur qualité de Français, parce qu'ils n'ont pas abandonné leur ancien pays au moment même qu'il a été cédé; parce que même ils ont prêté serment au nouveau souverain. La nécessité de conserver leur fortune, de la recueillir et de la transporter en France, les a obligés de différer leur transmigration.

Le consul CAMBACÉRÈS propose la rédaction suivante : « *Tout individu né en pays étranger, d'un Français qui aurait abdiqué sa patrie, pourra toujours recouvrer la qualité de Français, en faisant la déclaration qu'il entend fixer son domicile en France.*

Il ajoute que la loi ne disposant que pour l'avenir, le sort des Français non émigrés qui sont actuellement chez l'étranger, se trouvera réglé par les anciens principes; que même le Code civil ne pourrait changer leur condition.

M. BIGOT-PRÉAMENEU observe qu'il s'élève une multitude de procès dans les familles, sur les droits des enfans soit des émigrés, soit de ceux qui ont obtenu leur radiation; que la législation actuelle étant insuffisante pour décider ces questions, il sera indispensable de faire une loi qui réglera la conduite des juges; qu'on pourrait donc reléguer dans cette loi les dispositions sur la successibilité des enfans d'émigrés, et en dégager entièrement le Code civil.

Le Conseil consulté rejette l'article tel qu'il est proposé par la section.

La discussion est ouverte sur la rédaction présentée par le Consul *Cambacérès*.

Le Premier Consul demande si l'enfant né en pays étranger depuis l'abdication de son père, ne reprend ses droits civils que du jour qu'il a fait la déclaration qu'il veut se fixer en France, ou s'il est réputé ne les avoir jamais perdus.

M. Tronchet répond qu'il recueille les successions ouvertes avant sa déclaration, lorsque la prescription n'est pas acquise contre lui. Le sort de l'individu originaire français, est différent, en ce point, de celui de l'étranger qui obtient la naturalisation.

M. Regnier dit qu'il y a beaucoup d'inconvéniens à revenir sur des successions partagées; car les familles ont fait leurs arrangemens, et se sont liés par des mariages dans la supposition contraire.

Le Premier Consul dit que les questions qu'on agite se lient à l'article XII, lequel est ainsi conçu :

La qualité de Français se perdra par l'abdication qui en sera faite : cette abdication résultera, 1º. de la naturalisation acquise en pays étranger; 2º. de l'acceptation non autorisée par le Gouvernement, de services militaires et de fonctions publiques conférés par un Gouvernement étranger; 3º. de l'affiliation à toute corporation étrangère qui supposera des distinctions de naissance; 4º. enfin, de tout établissement en pays étranger, sans esprit de retour.

M. Roederer observe que cet article ferait résulter l'abdication, du serment et de l'acceptation de fonctions par un Français habitant d'un pays cédé par la République à une autre puissance; qu'il la fait également résulter de la naturalisation en pays étranger. Cependant, comme on l'a déjà dit, de justes motifs peuvent obliger le Français qui habite un pays cédé par la France, à différer son retour sur le territoire de la République; des raisons non moins justes peuvent le forcer à se faire naturaliser chez l'étranger : sans cette précaution, il ne pourrait recueillir les successions qui s'ouvrent à son profit en Angleterre, où le droit d'aubaine existe.

M. Tronchet répond qu'on ne peut supposer dans un Français l'esprit de retour, lorsque des faits clairs annoncent qu'il a abdiqué sa patrie. Au reste, il peut reprendre quand il veut la qualité de Français, pourvu qu'il revienne s'établir en France.

Le Premier Consul dit que si un Français a cette faculté, l'acceptation qu'il fait, sans la permission du Gouvernement, soit de fonctions publiques, soit du service militaire, chez une autre puissance, n'est donc pas une véritable abdication.

M. Tronchet répond que l'abdication est réelle, mais qu'elle n'exclut pas le Français de la faculté de reprendre ses droits. Cette faculté est si certaine, que beaucoup de tribunaux ont critiqué l'article qu'on discute, parce qu'elle n'y était pas exprimée.

M. Berlier observe que la section n'a pas supposé que cette faculté existât, puisque, dans l'article XIII, elle l'accorde spécialement à la femme française qui a épousé un étranger et qui est devenue veuve. Un Français qui a abdiqué sa patrie, ne devrait pouvoir reprendre ses droits civils que de la même manière qu'un étranger est admis à les acquérir.

Le Premier Consul dit que la faculté accordée à l'abdiquant est dans l'intérêt de la République; mais qu'il conviendrait de n'en pas étendre la faveur au Français qui, sans la permission du Gouvernement, a pris du service chez l'étranger, ou s'y est affilié à une corporation militaire : celui-là doit être regardé comme ayant abdiqué sans retour ; le droit commun de l'Europe le considère comme portant les armes contre sa patrie. Il est possible, en effet, qu'en vertu de l'obéissance à laquelle il se soumet, on le dirige contre la France, ou que du moins on le dirige contre les intérêts de la France en le faisant combattre quelque puissance que ce soit; car il ne peut connaître le système politique de son pays. Le condamner à la peine de mort, ce serait le punir avec trop de sévérité ; mais qu'il perde sans retour les droits civils ; c'est d'ailleurs mieux assurer son châtiment : on peut s'en rapporter à l'intérêt personnel, du soin de lui faire appliquer cette peine purement civile. Il est donc nécessaire de ne pas appeler *abdication*, l'affiliation, sans permission du Gouvernement, d'un Français à une corporation militaire chez l'étranger, ou l'engagement qu'il y prend au service militaire.

44 DISCUSSIONS DU CODE CIVIL.

Cet amendement est adopté.

M. Defermon demande si l'enfant dont parle cet article sera autorisé à rentrer de plein droit.

M. Roederer répond qu'il ne peut pas y avoir de difficulté à cet égard, puisque la faculté de rentrer de plein droit est accordée même au père qui a abdiqué.

Le Premier Consul dit que l'article sera incomplet, s'il ne statue pas sur le passé.

MM. Boulay et Portalis observent que l'article ne faisant que consacrer le droit existant, fixe les principes pour le passé.

L'article est adopté et reproduit en ces termes :

Tout enfant né d'un Français en pays étranger, est Français.

Séance du 16 Thermidor an 9.

Tout enfant né en pays étranger, d'un Français qui aurait abdiqué sa patrie, pourra toujours recouvrer la qualité de Français, en faisant la déclaration qu'il entend fixer son domicile en France.

Cette déclaration devra être faite sur le registre de la commune où il vient s'établir.

M. Defermon demande la suppression de la troisième disposition, qui n'est que réglementaire ; d'ailleurs, peut-être trouvera-t-on plus convenable d'ouvrir dans les sous-préfectures les registres pour recevoir ces sortes de déclarations. Il importe donc de ne rien préjuger.

M. Berlier observe que cette disposition n'a été ajoutée que pour exprimer que la déclaration devra être faite en France.

M. Tronchet propose la rédaction suivante :

Cette déclaration devra être faite en France dans la forme qui sera déterminée.

L'article est adopté avec cet amendement.

(Après la conférence tenue avec le tribunat, les mots *d'un Français qui aurait perdu la qualité de Français,* ont été substitués dans la seconde partie de l'article à ceux-ci : *d'un Français qui aurait abdiqué sa patrie*).

Séance du 6 Thermidor an 9.

11. L'étranger jouira en France des mêmes droits civils que ceux qui sont ou seront accordés aux français par les traités de la nation à laquelle cet étranger appartiendra.

IV. *L'étranger jouit en France des mêmes droits civils que ceux accordés aux Français par la nation à laquelle cet étranger appartient.*

M. Tronchet propose d'opter d'abord entre le système de l'Assemblée constituante et le système de n'admettre les étrangers à succéder que sous la condition de la réciprocité.

M. Roederer demande qu'on adopte cet article : il répare l'erreur dans laquelle est tombée l'Assemblée constituante.

M. Defermon observe que les principes abolis par l'Assemblée constituante, seraient plus rigoureux sous une constitution qui limite les pouvoirs du Gouvernement que sous la monarchie, attendu que le roi pouvait modifier à son gré l'usage du droit d'aubaine, et que quelquefois même il en faisait remise.

Le Premier Consul demande quelle était la situation des choses avant le changement introduit par l'Assemblée constituante.

M. Tronchet dit que l'Assemblée constituante a trouvé le droit d'aubaine aboli, ou plutôt modifié, à l'égard d'une grande partie des puissances de l'Europe : ces changemens étaient tous l'effet de traités particuliers, plus ou moins étendus. Néanmoins ceux des étrangers qu'ils favorisaient, ne jouissaient pas d'une successibilité complète : ils excluaient seulement le fisc, parce qu'il ne pouvait faire valoir contre eux le droit d'aubaine ; ils n'excluaient pas leurs parens français, et ne concouraient pas même avec eux, s'ils se trouvaient au même degré, parce qu'ils n'avaient pas la capacité active de succéder : c'est cette capacité que l'Assemblée constituante leur a donnée à tous, sans distinction, et indépendamment des traités. Il s'agit aujourd'hui de savoir si l'on s'en tiendra au droit établi par l'Assemblée constituante, ou si l'on rentrera dans les traités antérieurs à son décret ; traités qui établissent la réciprocité en faveur des Français, et qu'on peut réformer, étendre ou modifier par de nouvelles négociations. Ces traités portent même, presque tous, que l'exemption du droit d'aubaine cessera à l'égard des nations chez lesquelles cesserait la réciprocité stipulée pour les Français. L'article en discussion ne change rien aux rapports établis, par le droit diplomatique, entre les Français et les autres peuples ; il rend, au contraire, un libre cours aux traités.

Le Premier Consul dit qu'on pourrait rédiger ainsi : « *Les droits civils dont les étrangers jouissent en France, sont réglés par le droit diplomatique.*

M. Tronchet propose la rédaction suivante : *L'étranger jouit en France des droits civils qui sont stipulés par les traités.*

Le Conseil adopte le principe de l'article. Les diverses rédactions proposées sont renvoyées à la section de législation.

Le Premier Consul charge M. *Rœderer* de lui présenter le tableau des rapports que les traités ont établis entre la France et les autres nations, en ce qui concerne les droits civils.

(Après la conférence tenue avec le tribunat, l'article fut rédigé tel qu'il est dans le Code).

12. L'étrangère qui aura épousé un français, suivra la condition de son mari.

(Cet article, qui était le Ve. du projet, fut adopté sans discussion).

13. L'étranger qui aura été admis par le gouvernement à établir son domicile en France, y jouira de tous les droits civils, tant qu'il continuera d'y résider.

VI. *L'étranger qui aura fait la déclaration de vouloir se fixer en France pour y devenir Citoyen, et qui y aura résidé un an depuis cette déclaration y jouira de la plénitude de ses droits civils.*

Le Premier Consul dit qu'il conviendrait de le rédiger ainsi : *L'étranger qui aura été admis à faire la déclaration qu'il veut se fixer,* etc. Il demande si l'admission donnera aussitôt à l'étranger le droit de succéder.

M. Emmery répond que c'est dans l'intention d'empêcher cette successibilité prématurée, que la section propose d'assujettir l'étranger à une année de stage politique. Les successions ouvertes après ce stage lui appartiendraient ; il ne recueillerait pas celles qui s'ouvriraient avant l'expiration de l'année.

M. Tronchet propose d'ajouter *et qui continuera de résider.*

Séance du 4 Fructidor an 9.

On propose la rédaction suivante :

L'étranger qui aura été admis à faire en France la déclaration de

JOUISSANCE ET PRIVATION DES DROITS CIVILS.

vouloir devenir Citoyen, et qui y aura résidé un an depuis cette déclaration, y jouira de tous ses droits civils tant qu'il continuera d'y résider.

(Après la conférence tenue avec le Tribunat, l'article fut rédigé tel qu'il a été décrété.)

14. L'étranger, même non résidant en France, pourra être cité devant les tribunaux français, pour l'exécution des obligations par lui contractées en France avec un français ; il pourra être traduit devant les tribunaux de France, pour des obligations par lui contractées en pays étranger envers des français (1).

VIII. *L'étranger, même non résidant en France, peut être cité devant les tribunaux français, pour l'exécution des obligations par lui contractées en France avec un Français; et s'il est trouvé en France* (2), *il peut être traduit devant les tribunaux de France, même pour des obligations contractées par lui en pays étranger envers des Français.*

Séance du 6 Thermidor an 9.

Le consul CAMBACÉRÈS dit qu'il est nécessaire d'ajouter à cet article une disposition pour les étrangers qui ayant procès entre eux, consentent à plaider devant un tribunal français ; que si l'on veut laisser subsister la caution *judicatum solvi*, il est également nécessaire de s'en expliquer formellement.

Le MINISTRE DE LA JUSTICE observe que cette caution est indispensable, qu'elle est la garantie du citoyen qui plaide contre un étranger.

M. TRONCHET observe que la disposition sur la caution trouvera sa

---

(1) L'article VII du projet était ainsi conçu : *L'étranger même, non résidant en France, est soumis aux lois françaises pour les immeubles qu'il y possède ; il y est personnellement soumis, pendant sa résidence ou son séjour, à toutes les lois de police et de sûreté.*

Le PREMIER CONSUL demanda si cet article soumettait l'étranger aux lois criminelles.

M. BOULAY répondit que la section avait entendu comprendre ces lois dans l'expression générique de lois de sûreté.

L'article fut adopté en principe dans la séance du 14 thermidor an 9. Voyez l'article 3 et la discussion.

(2) Les mots *et s'il est trouvé en France* qui étaient dans le projet, ont été supprimés, après la conférence qui a eu lieu avec le tribunat.

place dans le Code de la procédure civile; que jusqu'à ce qu'il soit décrété, la matière sera régie par les lois anciennes.

Le consul Cambacérès dit qu'un article placé à la fin du Projet de code, fait cesser l'effet des anciennes lois; qu'il y aurait donc du danger pour les Français de remettre à un tems plus éloigné à leur donner les sûretés résultant de la caution *judicatum solvi*.

M. Boulay propose de rejeter à l'article suivant, la disposition sur la caution que devra fournir l'étranger, ou d'en faire la matière d'un nouvel article.

M. Portalis dit que cette caution n'était pas exigée dans les contestations pour fait de commerce.

M. Malleville ajoute qu'elle n'était pas exigée de l'étranger qui avait des immeubles en France.

M. Regnaud (de Saint-Jean-d'Angely) propose de dire que les immeubles d'un étranger pourront lui servir de caution.

M. Defermon rappelle la seconde exception proposée par le consul *Cambacérès*, pour les étrangers qui, ayant procès l'un contre l'autre, consentent à plaider devant un tribunal français : il considère ce consentement comme établissant un arbitrage qui doit avoir son effet.

Il demande si un étranger peut traduire devant un tribunal français un autre étranger qui a contracté envers lui une dette payable en France.

M. Tronchet répond que le principe général est que le demandeur doit porter son action devant le juge du défendeur; que cependant, dans l'hypothèse proposée, le tribunal aurait le droit de juger, si sa juridiction n'était pas déclinée (1).

M. Defermon observe que ce serait éloigner les étrangers des foires françaises, que de leur refuser le secours des tribunaux pour exercer leurs droits sur les marchandises des étrangers avec lesquels ils ont traité.

M. Réal répond que, dans ce cas, les tribunaux de commerce prononcent.

M. Tronchet ajoute que la nature des obligations contractées en foire, ôte à l'étranger défendeur le droit de décliner la juridiction des tribunaux français. Mais l'article en discussion ne préjuge rien contre ce principe : il est tout positif; on ne peut donc en tirer aucune conséquence négative; il ne statue que sur la manière de décider

---

(1) Voyez la note sur l'art. III.

JOUISSANCE ET PRIVATION DES DROITS CIVILS.

les contestations entre un français et un étranger, et ne s'occupe pas des procès entre étrangers (1).

15. Un français pourra être traduit devant un tribunal de France, pour des obligations par lui contractées en pays étranger, même avec un étranger (2).

X. *Un français peut être traduit devant un tribunal de France, pour l'exécution d'actes consentis en pays étranger* (3).

M. ROEDERER propose d'ajouter, *avec des étrangers.*

M. DEFERMON craint que l'article proposé ne favorise les fraudes de

Séance
du 6 Thermi-
dor an 9.

---

(1) L'article IX du projet était ainsi conçu : *Le français résidant en pays étranger continuera d'être soumis aux lois françaises pour ses biens situés en France, et pour tout ce qui touche à son état et à la capacité de sa personne.* Voyez l'article 3.

(2) Les jugemens rendus par des tribunaux étrangers contre des français, sont-ils exécutoires en France ?

La cour de cassation a jugé le 17 pluviose an 12, dans la cause de Jean *Sphorri* et *Niel-Noé*, négocians, qu'un jugement rendu, même en matière de commerce par un tribunal étranger, ne pouvait être exécuté, ni avoir aucun effet en France.

Les jugemens rendus par les tribunaux étrangers sont-ils assujétis à la *révision*, ou bien suffit-il d'obtenir du tribunal, dans le ressort duquel l'on veut les exécuter, un jugement qui en permette l'exécution ?

Décidé par la cour de cassation, section des requêtes, le 18 thermidor de l'an 12, qu'ils sont sujets à la *révision*, lorsqu'à l'époque où ils ont été rendus, les lois du pays du condamné lui permettaient de demander la *révision*.

L'article 121 de l'ordonnance de 1626 est ainsi conçu : « .... Nonobstant ces jugemens « (rendus par des tribunaux étrangers) nos sujets contre lesquels ils ont été rendus, « pourront de nouveau débattre leurs droits, comme entiers, par-devant nos officiers ».

Le §. 4 de l'article 2123 du Code porte : « L'hypothèque ne peut pareillement résul- « ter des jugemens rendus en pays étranger, qu'autant qu'ils ont été déclarés exécu- « toires par un tribunal français, sans préjudice des dispositions contraires qui peuvent « être dans les lois politiques ou dans les traités ».

La cour d'appel de Besançon a jugé, le 18 messidor de l'an 12, qu'il suffisait d'obtenir, d'un tribunal français compétent, la faculté d'exécuter un jugement rendu par un tribunal étranger contre un français, et qu'il n'était pas nécessaire de le faire réviser.

(3) Le tribunal d'appel de Lyon demandait qu'il fût énoncé que le tribunal français, qui prononce sur un acte consenti en pays étranger, doit juger selon les lois du pays où l'acte a été contracté.

ceux qui, pour échapper au droit d'enregistrement, passeraient leurs actes chez l'étranger.

M. EMMERY répond que ces sortes de fraudes sont impossibles, parce que les actes passés dans l'étranger n'ont en France que le caractère d'actes sous-seing privé, et ne peuvent y devenir authentiques que par l'enregistrement.

M. TRONCHET ajoute que d'ailleurs les formes établies au titre des donations et des testamens, préviennent de semblables fraudes; qu'enfin l'article ne se rapporte qu'au droit d'actionner, et non au mérite des actes qui forment la base des actions; mais pour le rendre plus précis, on peut substituer le mot *obligations* au mot *actes*.

L'article fut adopté avec cet amendement, et reproduit en ces termes dans le second projet :

Séance du 14 Thermidor an 9.

Un français peut être traduit devant un tribunal de France, pour des obligations par lui contractées en pays étranger, avec un étranger.

M. TRONCHET dit que la disposition de cet article ne doit pas être bornée aux obligations contractées entre étrangers; qu'elle doit avoir également son effet à l'égard des obligations contractées entre un étranger et un français : il propose de dire, *même avec un étranger*.

L'article est adopté avec l'amendement (1).

16. En toutes matières, autres que celles de commerce, l'étranger qui sera demandeur, sera tenu de donner caution pour le paiement des frais et dommages et intérêts résultant du procès, à moins qu'il ne possède en France des immeubles d'une valeur suffisante pour assurer ce paiement.

(Cet article a été adopté sans discussion. *Voyez l'article* 14, *et la discussion qui s'y rapporte*).

---

(1) L'article XI du projet était ainsi conçu : *Les étrangers revêtus d'un caractère représentatif de leur nation, en qualité d'ambassadeurs, de ministres, d'envoyés, ou sous quelqu'autre dénomination que ce soit, ne seront point traduits, ni en matière civile, ni en matière criminelle, devant les tribunaux de France.*

Il en sera de même des étrangers qui composeront leur famille, ou qui seront de leur suite.

Après une légère discussion, l'article est retranché comme étranger au droit civil, et appartenant au droit des gens.

JOUISSANCE ET PRIVATION DES DROITS CIVILS.

CHAPITRE II.

DE LA PRIVATION DES DROITS CIVILS.

SECTION PREMIERE.

DE LA PRIVATION DES DROITS CIVILS PAR LA PERTE DE LA QUALITÉ DE FRANÇAIS.

17. La qualité de français se perdra, 1°. par la naturalisation acquise en pays étranger ; 2°. par l'acceptation, non autorisée par le gouvernement, de fonctions publiques conférées par un gouvernement étranger ; 3°. par l'affiliation à toute corporation étrangère qui exigera des distinctions de naissance ; 4°. enfin, par tout établissement fait en pays étranger, sans esprit de retour.

Les établissemens de commerce ne pourront jamais être considérés comme ayant été faits sans esprit de retour.

XII. *La qualité de Français se perdra par l'abdication qui en sera faite. Cette abdication devra être prouvée par des faits qui supposeront que le Français se sera établi en pays étranger, sans esprit de retour : elle résultera nécessairement,* 1°. *de la naturalisation acquise en pays étranger;* 2°. *de l'acceptation non autorisée par le Gouvernement français, de fonctions publiques conférées par un Gouvernement étranger,* 3°. *de l'affiliation à toute corporation étrangère qui supposera des distinctions de naissance.* Séance
du 6 Thermidor
an 9.

Le Premier Consul propose d'ajouter, *ou de service militaire*, à ces mots, *de l'acceptation non autorisée par le Gouvernement français, de fonctions publiques.*

M. Roederer voudrait que, sans énoncer de cas particuliers, on se bornât à dire que la qualité de Français se perdra par l'établissement en pays étranger sans esprit de retour.

M. Boulay dit que l'article est fondé sur le principe général que les trois cas qu'il énonce ne doivent être considérés que comme des preuves *juris et de jure*, lesquelles deviennent des certitudes ; mais qu'elles n'excluent pas les preuves conjecturales qu'on peut tirer d'autres faits, s'ils sont tels qu'ils caractérisent l'expatriation.

M. BERLIER demande si ce n'est pas ici le lieu de placer une disposition spéciale, relativement à l'individu né en France, d'un père étranger. Si cet enfant, que la loi ne peut regarder comme français qu'autant qu'il reste en France, l'a quittée pour suivre ou rejoindre son père, pourra-t-il, après un laps de tems, invoquer l'esprit de retour comme tout autre français, pour en reprendre l'état et les droits ; et l'abdication par rapport à lui, ne devrait-elle pas résulter sans restriction, du fait matériel de sa sortie ?

M. THIBAUDEAU répond que cette disposition est inutile, parce que l'enfant né en France d'un père étranger, étant devenu français, ne peut plus cesser de l'être que comme tout autre individu à qui cette qualité appartient.

L'article est adopté avec l'amendement proposé par le premier Consul, et reproduit en ces termes :

Séance du 14 Thermidor an 9.

La qualité de Français se perdra par l'abdication expresse qui en sera faite : cette abdication résultera en outre, 1°. de la naturalisation acquise en pays étranger ; 2°. de l'acceptation, non autorisée par le Gouvernement, de services militaires et de fonctions publiques, conférés par un Gouvernement étranger ; 3°. de l'affiliation à toute corporation étrangère qui supposera des distinctions de naissance ; 4°. enfin, de tout établissement en pays étranger, sans esprit de retour.

M. ROEDERER réclame de nouveau contre la disposition qui fait résulter l'abdication, de la naturalisation en pays étranger : il observe que la section applique aux droits civils les conditions que la Constitution n'a établies que pour les droits politiques ; qu'autrefois le Gouvernement tolérait que des Français se fissent naturaliser en pays étranger ; qu'il retirait de cette tolérance l'avantage de voir apporter en France les richesses que les Français avaient été recueillir sous le masque de la naturalisation.

Le consul CAMBACÉRÈS demande à quelle nation appartiendrait, dans le système de M. *Rœderer*, le Français qui, après avoir abandonné son pays, ne se fixerait chez aucune autre puissance.

M. THIBAUDEAU répond qu'un tel individu, n'ayant pas fait l'abdication formelle de sa patrie demeurerait Français.

JOUISSANCE ET PRIVATION DES DROITS CIVILS. 53

Le consul CAMBACÉRÈS dit que la section fait dépendre l'expatriation, d'un certain nombre de faits qu'elle spécifie, et n'exige pas une abdication préalable.

M. BOULAY lit la première rédaction de l'article, et observe qu'elle écartait l'inconvénient relevé par le Consul.

M. DEFERMON appuie l'avis de M. *Rœderer*; il dit que la section, après avoir distingué la qualité de citoyen, qui donne les droits politiques, de la qualité de Français, qui ne donne que les droits civils, les confond ensuite pour les faire perdre l'une et l'autre de la même manière.

M. EMMERY observe que la section a conservé cette distinction, puisqu'elle n'attache pas la perte des droits civils à l'acceptation d'une pension offerte par un Gouvernement étranger, ni à l'acceptation de fonctions publiques chez une autre puissance, lorsqu'elle est autorisée par le Gouvernement français.

M. ROEDERER répond qu'à ces différences près, la section adopte, pour causes de la perte des droits civils, toutes les autres causes qui font perdre les droits politiques; que cependant un Français perdra les successions qui s'ouvriront à son profit en Angleterre, s'il lui est défendu de s'y faire naturaliser.

Le PREMIER CONSUL dit qu'il pourra ensuite reprendre sa qualité de Français en rentrant en France. Il demande si son retour le rendra capable de prendre les successions qui lui seront échues dans l'intervalle.

M. TRONCHET répond que le retour en France ne lui rendrait pas ce droit, parce qu'il ne peut avoir d'effet rétroactif.

Le PREMIER CONSUL demande si les enfans recueilleraient les successions intermédiaires.

Le consul CAMBACÉRÈS dit qu'il ne peut pas y avoir de difficulté pour les enfans qui sont restés en France, attendu qu'ils ont conservé leur successibilité; mais qu'on ne pourrait accorder le même droit aux autres, sans s'exposer à voir les enfans des émigrés se présenter pour recueillir les successions qui ne seraient pas prescrites.

M. TRONCHET dit qu'on ne peut ôter ce droit aux enfans mineurs.

M. BERLIER pense que ce droit n'est pas inhérent à la personne de l'enfant né *en pays étranger*, d'un homme qui a abdiqué sa patrie, et que, s'il réclame ce droit, non comme républicole, mais comme enfant de l'abdiquant, il faut examiner si le père a pu transmettre, pendant l'incapacité légale, résultant de son expatriation, des droits qu'il avait personnellement perdus.

M. Tronchet observe qu'on ne représente pas un homme vivant; que d'ailleurs la France a intérêt de conserver ses membres; que, tout au plus, on pourrait refuser la successibilité aux majeurs, s'ils ne rentraient pas dans l'année de l'ouverture de la succession.

M. Regnier dit que la tranquillité des familles serait troublée, si l'on admettait les enfans à reprendre les successions recueillies et partagées pendant l'expatriation de leur père; qu'il est une foule de cas où la conduite du père cause du préjudice aux enfans.

M. Tronchet dit que la loi naturelle ne permet pas d'exclure les enfans qui sont dans l'étranger, de partager, avec leurs frères demeurés en France, la succession de leur père, ni de la donner, à leur préjudice, à des héritiers collatéraux; qu'on doit seulement exiger qu'ils rentrent dans l'année de l'ouverture de la succession.

M. Regnier dit que du moins on ne devrait pas les admettre à reprendre les biens héréditaires qui auraient été aliénés, afin de ne pas troubler les tiers acquéreurs, et de ne pas causer une longue suite de procès en garantie.

M. Tronchet observe que si cette modification était admise, on pourrait éluder les droits des enfans par des aliénations frauduleuses.

M. Berlier dit que l'on raisonne ici dans une hypothèse infiniment rare, puisque le père qui abdique sa patrie emporte ordinairement sa fortune.

Le Premier Consul renvoie au titre *des Successions* les questions qui viennent d'être agitées.

On reprend la discussion de l'amendement de M. Rœderer.

Le Premier Consul dit que cet amendement contrarie l'intérêt qu'a l'Etat de conserver ses membres.

M. Defermon observe qu'en tems de guerre, les négocians français qui ont des maisons chez une puissance ennemie, ou qui transportent des marchandises par mer, sont forcés, par l'intérêt de leur commerce, de faire naturaliser leurs agens en pays étranger. Il serait dur de priver ces agens, des successions qui leur échoient en France.

M. Tronchet répond que les cas de guerre sont hors de la loi commune, parce que tout ce qui se fait alors est forcé.

M. Boulay, pour rendre cette idée dans sa rédaction, propose

JOUISSANCE ET PRIVATION DES DROITS CIVILS. 55

de dire : *La qualité de Français se perdra par l'abdication volontaire qui en sera faite.*

M. Thibaudeau dit que, dans l'espèce dont parle M. *Defermon*, l'agent naturalisé chez l'étranger prend toujours la précaution de faire en France la déclaration du motif de sa naturalisation ; que cette déclaration lui conserve la qualité de Français.

Le Premier Consul dit que l'un des principaux inconvéniens du système proposé par M. *Rœderer*, est qu'il détruit, dans les habitans des pays cédés à une autre puissance, l'intérêt de revenir dans leur patrie.

Il faudrait même se borner à suspendre en eux, pour un tems, la qualité de Français.

M. Bigot-Préameneu dit que la naturalisation en pays étranger ne doit effacer la qualité de Français que quand il est certain qu'il n'y a pas d'esprit de retour.

M. Lacuée, pour concilier les diverses opinions, propose de donner à la naturalisation en pays étranger, deux sortes d'effets, suivant la cause qui l'a produite. Dans certains cas, elle emporterait la perte de la qualité de Français; dans d'autres elle n'en opérerait que la suspension.

Le Premier Consul dit que la suspension ferait cependant perdre à l'abdiquant les successions qui lui écherraient pendant que ses droits seraient suspendus.

M. Portalis dit que la naturalisation en pays étranger, hors le cas où elle est employée comme fraude de guerre, est par-tout un indice d'abdication. L'intérêt du commerce n'exige jamais qu'un Français se fasse naturaliser chez une autre nation. Beaucoup de négocians français sont depuis long-tems établis dans l'étranger sans y avoir pris de lettres de naturalité. Ils y vivent comme Français; ils succèdent en France ; ils sont sous la protection des agens diplomatiques du Gouvernement français.

Quant à ce qu'on a dit que la naturalisation en pays étranger ne caractérise l'abdication que lorsqu'elle exclut l'esprit de retour, cette maxime ne serait vraie qu'autant qu'on voudrait préférer la probabilité des conjectures à la certitude que donne l'évidence.

L'article est adopté, et reproduit en ces termes :

La qualité de Français se perdra par l'abdication qui en sera faite. Cette abdication résultera en outre, 1°. de la naturalisation acquise en pays étranger ; 2°. de l'acceptation non autorisée par le Gouvernement, de fonctions publiques conférées par un gouvernement étranger ; 3°. de l'affiliation à toute corporation étrangère qui supposera des distinctions de naissance ; 4°. enfin, de tout établissement en pays étranger, sans esprit de retour.

Les établissemens de commerce ne pourront jamais être considérés comme ayant été faits sans esprit de retour.

M DUCHATEL observe que l'article, en se servant de l'expression *en outre*, semble supposer qu'il faudra toujours, d'abord une abdication expresse ; il préférerait qu'on se servît du mot *aussi*.

Le consul LEBRUN attaque le § IV de l'article. Les faits spécifiés dans l'article, dit-il, sont les seuls qui prouvent évidemment qu'un Français a perdu l'esprit de retour. On ne peut aller plus loin, ni entrer dans la pensée de l'homme.

M. BOULAY observe que la preuve retombera en entier sur celui qui alléguera la perte de l'esprit de retour contre un Français, dans une contestation pour des intérêts privés : ce sera au demandeur à voir par quels moyens il arrivera à la faire ; mais elle sera très-difficile.

Le consul LEBRUN dit qu'elle sera impossible, et qu'ainsi l'article contient une disposition illusoire.

M. TRONCHET dit que cette considération avait décidé les rédacteurs du Projet de Code civil à dire que l'abdication ne se présumait pas.

M. CRETET dit qu'on ne peut se dissimuler que dans les contestations sur l'esprit de retour, les juges deviennent des jurés, et que leurs décisions sont arbitraires ; qu'il faudrait donc que la loi ne fût pas tellement incomplète, qu'elle parût avouer elle-même qu'elle ne sait comment s'exprimer, et qu'elle s'abandonne aux tribunaux.

Le consul CAMBACÉRÈS dit qu'il est impossible de faire des lois assez complètes pour qu'elles embrassent toutes les règles ; qu'ici cet inconvénient est d'une moindre importance, puisqu'il ne s'agit que d'intérêts privés.

Le CONSEIL, consulté, maintient l'article tel qu'il est rédigé, avec l'amendement de M. *Duchâtel*.

(Les changemens faits dans la rédaction de l'article, ont eu lieu après la conférence tenue avec le Tribunat.)

18. Le

JOUISSANCE ET PRIVATION DES DROITS CIVILS.

18. Le français qui aura perdu sa qualité de français, pourra toujours la recouvrer en rentrant en France avec l'autorisation du gouvernement, et en déclarant qu'il veut s'y fixer, et qu'il renonce à toute distinction contraire à la loi française.

XIII. *Le Français qui aurait abdiqué sa qualité de Français, pourra toujours la recouvrer en rentrant en France, et en déclarant qu'il veut s'y fixer.* Séance du 4 Fructidor an 9.

M. Defermon dit que puisqu'on a décidé que l'acceptation de fonctions publiques chez une puissance étrangère sans l'autorisation du Gouvernement français, fait perdre les droits civils, on ne doit pas décider que cette autorisation ne sera pas nécessaire à l'abdiquant qui voudra rentrer en France.

M. Roederer dit qu'en général c'est un défaut dans la Constitution, de ne pas autoriser la concession de lettres de naturalité. Il en résultera que des hommes d'un rare mérite, tels que *Francklin* par exemple, ne pourront jamais devenir Français, parce qu'ils seront dans un âge trop avancé pour espérer d'accomplir leur stage politique.

M. Portalis dit que l'abdiquant qui rentre, reprend de plein droit les prérogatives que lui assurait la faveur de son origine.

M. Fourcroy craint que la disposition que l'on discute ne paraisse favoriser ou du moins ne pas défendre assez rigoureusement le retour des émigrés.

M. Boulay répond qu'il est universellement convenu que les lois civiles ne peuvent être invoquées par les émigrés.

Le consul Cambacérès dit qu'il serait également injuste de traiter l'abdiquant qui veut rentrer, plus mal ou mieux que l'étranger qui veut devenir Français. En général, un homme qui, après avoir abdiqué sa patrie originaire, abdique ensuite sa patrie adoptive, ne peut pas inspirer d'intérêt.

D'ailleurs quoiqu'il soit certain qu'on peut être Français sans exercer ses droits politiques, il serait peut-être contre l'intérêt de la république de favoriser l'établissement en France d'une masse d'individus qui, n'ayant point les qualités requises pour exercer les droits de cité, seraient indifférens à cette privation, et auraient cependant toutes les prérogatives des Français. Cette réflexion ajoute le consul, doit être méditée ; et ce serait une erreur que de supposer au législateur, constituant, une volonté dont les effets pourraient avoir de bien grandes conséquences.

L'article est adopté avec l'amendement proposé par M. *Defermon*.

(Les additions faites à l'article, ont eu lieu après la conférence tenue avec le Tribunat.)

19. Une femme française qui épousera un étranger suivra la condition de son mari.

Si elle devient veuve, elle recouvrera la qualité de française, pourvu qu'elle réside en France, ou qu'elle y rentre avec l'autorisation du gouvernement, et en déclarant qu'elle veut s'y fixer.

Séance du 6 Thermidor an 9.

XIV. *Une femme française qui épousera un étranger, suivra la condition de son mari.*

Lorsqu'elle sera devenue veuve, elle recouvrera la qualité de Française, pourvu qu'elle réside en France, ou qu'elle y rentre en faisant sa déclaration de vouloir s'y fixer.

Le Premier Consul demande si la femme devenue veuve pourra, en reprenant la qualité de Française, reprendre aussi les successions qu'elle aurait été appelée à recueillir pendant son mariage, dans le cas où elle n'aurait pas épousé un étranger.

MM. Tronchet et Boulay répondent que l'article lui ôte irrévocablement ces successions ; qu'elle ne peut pas s'en plaindre, attendu qu'elle a renoncé spontanément à ses droits civils par le mariage qu'elle a contracté.

Le Ministre de la Justice observe que ce point devrait se régler par ce qui se pratique chez les nations étrangères à l'égard des femmes qui se marient en France.

L'article est adopté.

M. Portalis demande qu'il soit fait un article additionnel pour conserver les droits civils à la femme française qui suit en pays étranger son mari français, lorsqu'il s'expatrie.

M. Tronchet dit qu'une telle exception donnerait lieu à des fraudes. Le mari expatrié et ses enfans profiteraient des biens de sa femme. Si l'on se décidait à admettre la proposition de M. *Portalis*, il fau-

JOUISSANCE ET PRIVATION DES DROITS CIVILS. 59

drait du moins obliger la femme à donner caution qu'elle ne disposera de ses biens qu'en faveur de Français, et qu'elle rentrera en France dans le cas où elle deviendrait veuve.

M. REGNAUD (de Saint-Jean-d'Angely) pense que la question se trouve décidée par l'article qui vient d'être adopté.

M. BOULAY observe que M. *Portalis* propose une exception à cet article.

Le PREMIER CONSUL dit qu'il y a une grande différence entre une Française qui épouse un étranger, et une Française qui, ayant épousé un Français, suit son mari lorsqu'il s'expatrie : la première, par son mariage, a renoncé à ses droits civils; l'autre ne les perdrait que pour avoir fait son devoir.

La proposition de M. *Portalis* est ajournée.

L'article est reproduit en ces termes :

Une femme Française qui épousera un étranger, suivra la condition de son mari.

Séance du 4 Fructidor an 9.

Si elle devient veuve, elle recouvrera la qualité de Française, pourvu qu'elle réside en France, ou qu'elle y rentre en faisant sa déclaration de vouloir s'y fixer.

M. BOULAY propose d'appliquer à cet article l'amendement adopté pour l'article précédent.

M. DUCHATEL observe que, dans cet article, la femme Française qui épouse un étranger, est traitée avec plus de rigueur que sous l'ancienne législation : elle a été admise à succéder en France par un arrêt de 1630, du parlement de Paris, qui en a rendu plusieurs autres dans la même espèce.

M. BOULAY répond qu'on ne peut donner une prime à l'abdication, en laissant à la femme qui se l'est permise par son mariage, ses droits civils en France et dans sa nouvelle patrie.

M. ROEDERER propose de reconnaître la femme pour Française, dans le cas où elle déciderait son mari à venir s'établir en France.

M. BOULAY observe qu'il est décidé que la femme Française qui épouse un étranger, suit la condition de son mari.

L'article est adopté avec l'amendement proposé par M. *Boulay* : en conséquence les mots *avec l'autorisation du gouvernement* ont été insérés dans l'article.

20. Les individus qui recouvreront la qualité de fran-

çais, dans les cas prévus par les articles 10, 18 et 19, ne pourront s'en prévaloir qu'après avoir rempli les conditions qui leur sont imposées par ces articles, et seulement pour l'exercice des droits ouverts à leur profit depuis cette époque.

(Cet article n'avait point d'analogue dans le projet. C'est après la conférence tenue avec le Tribunat qu'il a été ajouté.)

21. Le français qui, sans autorisation du gouvernement, prendrait du service militaire chez l'étranger, ou s'affilierait à une corporation militaire étrangère, perdra sa qualité de français.

Il ne pourra rentrer en France qu'avec la permission du gouvernement, et recouvrer la qualité de français qu'en remplissant les conditions imposées à l'étranger pour devenir citoyen ; le tout sans préjudice des peines prononcées par la loi criminelle contre les français qui ont porté ou porteront les armes contre leur patrie.

(Même observation qu'à l'article précédent.)

SECTION II.

DE LA PRIVATION DES DROITS CIVILS, PAR SUITE DES CONDAMNATIONS JUDICIAIRES.

22. Les condamnations à des peines dont l'effet est de priver celui qui est condamné, de toute participation aux droits civils ci-après exprimés, emporteront la mort civile.

23. La condamnation à la mort naturelle emportera la mort civile.

24. Les autres peines afflictives perpétuelles n'emporteront la mort civile qu'autant que la loi y aurait attaché cet effet.

JOUISSANCE ET PRIVATION DES DROITS CIVILS.

XV. *Les condamnations à la peine de mort, ou aux peines afflictives qui s'étendent à toute la durée de la vie, seront les seules qui emporteront la mort civile.*

Cet article est reproduit en ces termes :

Les condamnations prononcées par les tribunaux français, à la peine de mort, ou etc.

Le consul CAMBACÉRÈS rappelle l'amendement déjà adopté et qui consiste à dire, *les condamnations prononcées par les tribunaux ou par la loi.*

M. TRONCHET observe que la loi prononce des peines, mais qu'elle ne doit pas les appliquer ; que cette application n'appartient qu'aux juges.

Le consul CAMBACÉRÈS dit qu'on ne peut nier que dans la législation actuelle, il existe des lois qui frappent de mort civile les émigrés et qu'on était convenu de rédiger l'article XV de manière qu'il ne parût pas les affaiblir.

M. TRONCHET répond que la mort civile prononcée par la loi contre les émigrés, ne leur est appliquée individuellement que par un jugement, quoique administrativement rendu. Cependant, si l'on veut une disposition qui prévienne toute équivoque sur la mort civile des émigrés, on peut ajouter à l'article XII. *Le tout sans préjudice des peines prononcées par les lois, pour l'abdication important mort civile.*

M. REGNIER demande que l'amendement nouveau soit la matière d'un nouvel article.

Le PREMIER CONSUL dit qu'on pourrait ajouter à l'article XII. *Sauf les cas prévus par les lois sur les émigrés.* Le Consul ne trouve aucun inconvénient à rappeler les lois sur les émigrés. Dans tous les siècles, et dans tous les états, les circonstances ont appelé des lois extraordinaires.

M. TRONCHET propose de rayer le mot *seules*.

Le consul CAMBACÉRÈS présente la rédaction suivante : *les seules peines qui emporteront la mort civile, sont la peine de mort, les peines afflictives qui s'étendent à toute la durée de la vie, et les autres peines auxquelles la loi attache spécialement la mort civile.*

Le Conseil adopte en principe que l'on exprimera le maintien de la mort civile encourue par les émigrés (1).

Séance du 14 Thermidor an 9.

---

(1) A la suite de cette délibération la section de législation proposait l'article suivant :
Il n'est point dérogé par les dispositions ci-dessus aux lois relatives aux émigrés.
Il a été retranché.

L'article est reproduit en ces termes :

La peine de mort, ou les peines afflictives qui s'étendent à toute la durée de la vie, emporteront la mort civile.

Le Ministre de la Justice dit que la peine de mort emporte plus que la mort civile, et que dès-lors, quand la mort réelle a lieu, il ne peut plus être question de mort civile. Il ajoute que dans le Code pénal actuel, il n'y a pas de peines afflictives qui durent toute la vie.

M. Boulay répond qu'on a dû parler de la peine de mort sous le rapport de l'individu condamné contradictoirement qui parvient à s'évader.

Le Premier Consul dit que pour s'exprimer avec justesse, il faut s'exprimer ainsi ; *la condamnation à la peine de mort, etc.*

M. Tronchet dit qu'on ne peut se dispenser d'énoncer que la peine de mort entraîne la mort civile, attendu que celui qui l'a encourue meurt incapable de divers effets civils, tels, par exemple que la faculté de tester.

Le consul Cambacérès propose la rédaction suivante : *les peines qui emportent la mort civile; sont la condamnation à la peine de mort quoique non exécutée, ou à des peines afflictives qui s'étendent à toute la durée de la vie.*

M. Portalis observe que la condamnation à la peine de mort, n'emporte la mort civile que lorsqu'elle est suivie de l'exécution, au moins par effigie.

Le consul Cambacérès dit que ce principe n'a été adopté autrefois qu'à cause du secret dont la procédure et le jugement étaient alors entourés.

Le Premier Consul demande si la mort naturelle du condamné, avant l'exécution du jugement, le soustrait à la mort civile.

M. Tronchet répond que dans le tems où les jugemens criminels étaient sujets à l'appel, le condamné qui mourait après l'appel interjeté, et avant ou après le jugement d'appel, mais avant l'exécution par effigie, mourait avec tous ses droits civils, et que ses biens n'étaient pas confisqués ; mais qu'aujourd'hui, quoique l'appel ne soit plus admis, le principe peut être encore appliqué au cas du pourvoi en cassation.

Au reste, ce n'était pas à cause du secret de la procédure et du jugement, que la mort civile n'était encourue que du jour de l'exécution par effigie ; c'est parce qu'en matière criminelle, comme en matière civile, un jugement n'est rien tant qu'on n'en fait pas usage et qu'il demeure enseveli dans le greffe du tribunal. Lorsque les lettres de grace étaient en usage, les occasions où il y avait quelque intérêt à suspendre le jugement étaient plus fréquentes : elles se présentent cependant encore quelquefois, comme lorsque la preuve de l'*alibi* survient après la condamnation.

Le Premier Consul demande pourquoi, après la mort naturelle du condamné, on n'exécuterait pas le jugement par effigie.

M. Tronchet répond que c'est parce qu'alors la fiction ne peut plus avoir lieu.

Il ajoute que l'exécution par effigie est suspendue jusqu'au jugement du tribunal de cassation; que si le condamné meurt avant le jugement qui maintient sa condamnation, il meurt encore *integri statûs*. Autrefois il en était ainsi, même quand il se donnait lui-même la mort : mais alors on faisait le procès à sa mémoire pour crime de suicide.

M. Regnaud (de Saint-Jean-d'Angely) observe que le suicide n'étant plus au nombre des actes que la loi punit, les condamnés pourraient échapper à la mort civile, en se donnant eux-mêmes la mort.

M. Tronchet dit que quand on s'occupe d'une loi générale, il ne faut pas se déterminer par quelques cas qui ne sont que des exceptions dans le cours ordinaire des choses.

Le Ministre de la Justice pense que les condamnés devraient être dans l'impuissance d'aliéner, à dater du jour du jugement; que le système de ne faire courir tous les effets de la mort civile que du jour où le tribunal de cassation a prononcé, peut entraîner de graves inconvéniens. En effet, tous les condamnés ont aujourd'hui la faculté de se pourvoir : il s'écoule un mois avant que le tribunal de cassation ait prononcé. Les condamnés, qui la plupart se pourvoient avec la conviction intime qu'ils font une tentative inutile, peuvent employer ce tems à disposer de leurs biens par des actes frauduleux.

M. Boulay dit qu'on remédierait à ce désordre en déclarant frauduleux les actes faits dans le tems intermédiaire.

M. Tronchet dit que les observations du ministre sont justes : qu'elles avaient également toute leur force dans le tems où les jugemens criminels étaient sujets à l'appel, et que cependant la mort civile n'était encourue que du jour de l'exécution.

Quant aux actes frauduleux que le condamné pouvait faire, ils avaient alors pour objet de soustraire ses biens à la confiscation, et néanmoins on n'annullait que les dispositions gratuites. Maintenant la mort civile n'a d'autre effet, par rapport aux biens du condamné, que d'ouvrir sa succession. Il peut se faire que l'époque où commence sa mort civile change la personne de son héritier; mais c'est-là une des chances inséparables de la matière des hérédités.

M. MALEVILLE dit que l'intérêt des tiers peut aussi exiger que le condamné ne divertisse pas sa fortune. Il en est ainsi dans le cas où, indépendamment de la peine imposée pour la vindicte publique, il est condamné à restituer un vol, ou à payer des dommages-intérêts.

M. TRONCHET répond qu'alors les dispositions frauduleuses qu'il aurait faites seraient annullés, parce que tout acte qui fraude un droit acquis est essentiellement nul.

L'article est adopté, et néanmoins reproduit en ces termes:

Séance du 24 Thermidor an 9.

Les peines qui emportent la mort civile, seront celles dont l'effet est de réputer le coupable retranché à jamais du corps social et de le priver, par une conséquence nécessaire, de la participation aux droits que la loi civile ne communique qu'aux membres de la république.

M. DEFERMON dit qu'on ne peut pour toujours réputer le coupable retranché à jamais du corps social, puisque, s'il n'a été condamné que par contumace, il lui est possible de reprendre sa vie civile.

M. TRONCHET répond que lorsque le jugement est révoqué, il est comme s'il n'avait jamais existé; qu'ainsi le condamné n'a jamais été frappé de mort civile.

M. DEFERMON dit que néanmoins le principe de l'article entraînerait trop d'exceptions; car il ne peut être appliqué à celui qui, condamné contradictoirement, meurt avant l'exécution, ni au contumax absous après les cinq ans.

M. TRONCHET répond que, dans tous les cas, le jugement est anéanti rétroactivement.

M. BOULAY dit qu'il y a une apparence de contradiction entre cet article et l'article suivant: l'un suppose que la mort civile sera encourue par la nature de la peine; l'autre, qu'elle ne le sera que par une disposition formelle de la loi.

M. REGNIER dit que l'article est surabondant, attendu que l'article XVI détaillant les effets de la mort civile, il est inutile de la définir en général dans celui-ci.

M. TRONCHET

M. Tronchet observe que la loi doit statuer sur trois choses : sur les cas où il y a mort civile, sur les effets de la mort civile, sur la manière de l'encourir. C'est ce qui oblige à faire plusieurs articles ; celui-ci est destiné à indiquer les peines qui, par leur nature, entraînent la mort civile.

Les condamnations qui emporteront la mort civile, seront celles qui prononceront des peines dont l'effet est de priver celui qui est condamné de toute participation aux droits civils ci-après exprimés.

M. Tronchet dit que cet article lui a paru nécessaire pour décider positivement que la mort civile est maintenue ; principe qu'on avait mis en question.

MM. Boulay et Defermon croyent cet article inutile, parce que les deux suivans peuvent le suppléer : l'un décide quand la mort civile est encourue, l'autre en détermine les effets ; tous deux consacrent le principe que la mort civile est maintenue.

L'article est adopté.

(Voyez la discussion qui a eu lieu sur l'article 28).

25. Par la mort civile, le condamné perd la propriété de tous les biens qu'il possédait ; sa succession est ouverte au profit de ses héritiers, auxquels ses biens sont dévolus, de la même manière que s'il était mort naturellement et sans testament.

Il ne peut plus ni recueillir aucune succession, ni transmettre, à ce titre, les biens qu'il a acquis par la suite.

Il ne peut ni disposer de ses biens, en tout ou en partie, soit par donation entre-vifs, soit par testament, ni recevoir à ce titre, si ce n'est pour cause d'alimens.

Il ne peut être nommé tuteur, ni concourir aux opérations relatives à la tutelle.

Il ne peut être témoin dans un acte solennel ou authentique, ni être admis à porter témoignage en justice.

Il ne peut procéder en justice, ni en défendant ni en demandant, que sous le nom et par le ministère d'un curateur spécial, qui lui est nommé par le tribunal où l'action est portée.

Il est incapable de contracter un mariage qui produise aucun effet civil.

Le mariage qu'il avait contracté précédemment, est dissous, quant à tous ses effets civils.

Son époux et ses héritiers peuvent exercer respectivement les droits et les actions auxquels sa mort naturelle donnerait ouverture (1) (2).

XVI. *Les effets de la mort civile seront la dissolution du contrat civil du mariage, l'incapacité d'en contracter un nouveau; d'exercer les droits de la puissance paternelle; de recueillir aucune succession; de transmettre à ce titre les biens existans au décès; de faire aucune disposition à cause de mort; de recevoir aucune donation, même entre-vifs, à moins qu'elle ne soit restreinte à des alimens; d'être tuteur ou de concourir à une tutelle; de rendre témoignage en justice, ni d'y ester autrement que sous le nom et à la diligence d'un curateur nommé par le mort civilement, ou à son défaut, par le juge.*

Les héritiers du mort civilement seront saisis de plein droit de ses biens et actions, à compter du jour où la mort civile aura lieu.

Séance du 14 Thermidor an 9.

M. MALEVILLE réclame contre la disposition qui exclut la transmission à titre de succession, des biens que le condamné peut avoir à son décès : s'il ne peut ni les transmettre, ni en disposer (et ce dernier point est bien incontestable), ces biens seront donc confisqués ? Mais la confiscation doit être bannie de nos mœurs et de nos lois.

Un tribunal a proposé d'adjuger les biens que le condamné pourrait avoir acquis depuis son jugement, à ceux qui étaient ses plus proches à l'époque de sa condamnation : mais ce serait là une fiction choquante, quoique toujours une transmission; il serait bien plus naturel et plus juste d'accorder ces biens aux enfans que le condamné

---

(1) Si le condamné obtient la commutation d'une peine emportant mort civile en une peine moins grave, reste-t-il dans l'incapacité qui procède de sa mort civile ?

Sous l'ancienne jurisprudence l'on distinguait.

Lorsque le condamné obtenait sa grace entière, il était rétabli dans l'exercice de tous ses droits civils : si la peine n'était que commuée, le condamné restait frappé de mort civile. *Arrêt du parlement de Paris*, du 30 août 1585.

(2) Voyez la note de l'article 30.

JOUISSANCE ET PRIVATION DES DROITS CIVILS.

aurait eus, depuis sa condamnation, d'un mariage existant auparavant, d'autant mieux que ces enfans sont légitimes.

M. Tronchet répond que l'article ne préjuge pas cette question ; qu'il se borne à fixer le moment où la mort civile ouvre la succession du condamné.

M. Emmery atteste que cette idée est celle de la section.

M. Regnaud (de Saint-Jean-d'Angely) observe que si la mort civile n'ôte pas au condamné le droit d'acquérir, il pourra se former un patrimoine nouveau, et qu'alors il est indispensable de statuer sur la seconde succession qui s'ouvrira après sa mort.

M. Boulay dit qu'autrefois il y avait déshérence,

M. Tronchet dit que la capacité d'acquérir dérivant du droit naturel, elle ne peut être refusée au mort civilement ; que la capacité active et passive de succéder étant établie par le droit civil, elle cesse dans celui qui ne jouit plus de ce droit, et qu'alors ses biens retournent à la nation.

Le Ministre de la Justice dit que la mort civile de l'un des époux ne doit ôter au mariage que ses effets civils et pécuniaires ; qu'elle ne peut détruire le contrat naturel sans que l'autre époux y consente. Comment la loi ne verrait-elle plus qu'une concubine dans la femme qui, par principe de conscience, croirait ne devoir pas abandonner son mari ? Comment celle qui a été femme légitime, pourrait-elle cesser de l'être pendant que son mari existe et ne la répudie pas ? Comment déclarer illégitimes des enfans qui naissent d'une union formée, dans le principe, sous les auspices de la loi ? La mort civile de l'un des époux ne doit être qu'une cause de divorce.

M. Boulay dit qu'il avait d'abord embrassé cette opinion : mais on lui a répondu que la loi ne s'occupe pas du contrat naturel du mariage, qu'elle ne règle que le contrat civil ; et que quand elle l'a rompu, elle ne peut plus regarder comme légitimes les enfans qui naissent ensuite.

Le Ministre de la Justice répond que la mort civile n'est qu'une fiction ; qu'une fiction ne peut aller au-delà de la vérité ; qu'ainsi la loi est forcée de reconnaître pour vivant l'individu frappé de mort civile, et, par une conséquence nécessaire, de lui accorder des alimens, de punir les attentats commis sur sa personne, de lui permettre de poursuivre les injures qu'il reçoit : la loi peut donc aussi déclarer ses enfans légitimes.

M. Tronchet dit que le contrat naturel du mariage n'appartient

Séance du 16 Thermidor an 9.

qu'au droit naturel. Dans le droit civil, on ne connaît que le contrat civil, et on ne considère le mariage que sous le rapport des effets civils qu'il doit produire. Il en est du mariage de l'individu mort civilement comme de celui qui a été contracté au mépris des formes légales.

Le Premier Consul dit que, d'après ce système, il serait donc défendu à une femme profondément convaincue de l'innocence de son mari, de suivre dans sa déportation l'homme auquel elle est le plus étroitement unie ; ou, si elle cédait à sa conviction, à son devoir, elle ne serait plus qu'une concubine. Pourquoi ôter à ces infortunés le droit de vivre l'un auprès de l'autre, sous le titre honorable d'époux légitimes ?

M. Tronchet répond que la loi ne défend pas, en ce cas, à la femme, de suivre son mari ; mais elle ne peut plus s'occuper de la nature de son union, tous les effets civils étant détruits. La succession du condamné est ouverte, ses enfans la recueillent, ceux qui lui surviennent ensuite n'y peuvent rien prétendre : sous le rapport du droit civil, ce sont des bâtards dont on ne reconnaît que la mère.

Le Premier Consul objecte que si la loi permet à la femme de suivre son mari sans lui accorder le titre d'épouse, elle permet l'adultère.

M. Tronchet dit qu'il n'y a pas d'adultère, parce que les époux ne vivent plus que sous l'empire de la loi naturelle, et sont désormais étrangers à la loi civile.

Le Premier Consul dit qu'ils vivront cependant sous l'empire des lois positives, si le lieu de la déportation est situé sur le territoire français.

M. Tronchet dit qu'il ne regarde pas comme mort civilement celui qui n'est pas déporté hors du territoire de la République.

Le Premier Consul dit que la société est assez vengée par la condamnation, lorsque le coupable est privé de ses biens, lorsqu'il se trouve séparé de ses amis, de ses habitudes. Faut-il étendre la peine jusqu'à la femme, et l'arracher avec violence à une union qui identifie son existence avec celle de son époux ? Elle vous dirait : « Mieux valait « lui ôter la vie ; du moins me serait-il permis de chérir sa mémoire ; « mais vous ordonnez qu'il vivra, et vous ne voulez pas que je le console ! » Eh ! combien d'hommes ne sont coupables qu'à cause de leur faiblesse pour leurs femmes ! Qu'il soit donc permis à celles qui ont causé leurs malheurs, de les adoucir en les partageant. Si une femme satisfait à ce devoir, vous estimerez sa vertu; et cependant vous ne mettez aucune différence entre elle et l'être infame qui se prostitue.

M. Tronchet pense qu'il convient d'ajourner toutes les questions relatives à la mort civile, jusqu'à la confection du Code criminel, pour éviter les contradictions, et de se borner à dire dans le Code civil : *La mort civile est encourue dans les cas et suivant les formes déterminés par les lois criminelles.*

M. Regnier dit que la mort civile et ses effets sont du domaine de la loi positive, qui peut les modifier, les étendre ou les resserrer à son gré. Rien ne s'oppose donc à ce que la loi admette la restriction proposée par le Premier Consul, si la bienséance et la justice le commandent : l'une et l'autre paraissent exiger que la mort civile de l'un des époux n'établisse pour l'autre que la faculté de faire rompre le mariage.

M. Maleville dit que la raison et la législation romaine le veulent ainsi. Il fait lecture de la loi première au code *de Repudiis*. Cette loi porte : *Matrimonium quidem deportatione, vel aquæ et ignis interdictione, non solvitur, si casus in quem maritus incidit, non mutet uxoris adfectionem. Ideòque dotis exactio ipso jure non competit; sed indotatam esse, cujus laudandum propositum est, nec ratio æquitatis, nec exempla permittunt.*

M. *Maleville* ajoute qu'on ne peut attribuer cette décision à l'idée de sacrement que le christianisme attache au mariage, puisque l'empereur *Alexandre Sévère*, qui l'a donnée, et *Ulpien* le chef de son conseil, étaient tous deux payens. Au reste, jamais en France la mort civile n'a rompu le mariage du condamné, ni rendu bâtards les enfans nés depuis; ils ne succédaient pas directement à leurs père et mère, mais ils étaient légitimes.

M. Regnier dit que le lien du mariage subsistait, parce qu'il était du ressort de la puissance ecclésiastique; mais que cependant la loi civile peut restreindre les effets naturels de la mort civile.

M. Boulay dit qu'il serait contradictoire de regarder des enfans comme légitimes, et de leur refuser néanmoins le droit de succéder.

M. Roederer répond que c'est la position où se trouvent les enfans de tous les individus frappés de confiscation : ils naissent légitimes, mais ils naissent déshérités.

Les difficultés viennent ici de ce qu'on oublie que la mort civile n'est qu'une fiction, dont la loi peut régler les suites comme elle le croit convenable.

M. Regnaud (de Saint-Jean-d'Angely) dit que l'enfant d'un individu frappé de confiscation ne naît pas même déshérité ; qu'il naît d'un père qui n'a plus de patrimoine.

M. Tronchet dit que la difficulté subsistera, du moins pour les successions collatérales.

M. Maleville répond que le parlement de Paris, sur les conclusions de l'avocat-général *Bignon*, a jugé la question en faveur des enfans du condamné, et qu'à cette occasion a été établi le principe, que la mort civile du père ne détruit pas la consanguinité qui unit ces enfans à leurs parens collatéraux : *Jus consanguinitatis non tollitur*.

M. Portalis dit qu'il y a eu de grandes discussions sur le mariage de l'individu mort civilement. On a demandé si les enfans nés depuis, sont légitimes, s'ils succèdent. Lorsqu'en France la loi réunissait dans le mariage, le contrat et le sacrement, le principe religieux de l'indissolubilité entraînait la continuation du mariage, malgré la mort civile de l'un des époux ; en conséquence les enfans étaient réputés légitimes : mais aujourd'hui il impliquerait contradiction que le contrat civil pût survivre à la mort civile de l'un des époux.

Il est encore bon de remarquer que la filiation des enfans que l'on supposerait nés d'un condamné qui se cache, serait presque toujours incertaine ; la présomption *pater is est*, étant principalement fondée sur la cohabitation publique des époux.

Cependant, dans notre législation moderne, nous admettons un genre de peine qui peut comporter des règles particulières. La déportation, par exemple, emporte la mort civile : mais si l'on voulait former, des déportés pour crime, une colonie, pourquoi n'autoriserait-on pas les mariages de ces déportés ? Pourquoi ne garantirait-on pas l'état civil des enfans qui naîtraient de ces mariages, au moins relativement à tout ce que les auteurs de leurs jours auraient possédé ou acquis dans la colonie même et depuis leur déportation ?

M. Maleville dit que l'inconvénient dont parle M. *Portalis* ne pourrait avoir lieu, tout au plus, qu'à l'égard de la femme du condamné contumax, et jamais dans le cas de celui qui subit sa peine, et qui est bien nécessairement sous les yeux du public. Eh ! pourquoi, d'ailleurs, supposer le crime de la part de celle dont on est forcé d'admirer la vertu ? M. *Maleville* ajoute que les dispositions de l'ordonnance de 1639, ne s'appliquent qu'aux mariages contractés depuis la mort civile, et aux enfans qui en sont les fruits ; mais qu'elles ne rompent pas le mariage contracté auparavant, et ne privent pas de leur état les enfans qui en naissent, depuis que leur père est mort civilement. Cette loi était d'ailleurs d'une dureté qui l'a empêchée de recevoir son exécution, même à l'égard des mariages qu'elle avait en vue : elle déclarait incapables de succéder, non-seulement les enfans nés d'un mariage contracté depuis la mort civile, mais encore toute leur postérité.

M. BOULAY dit que c'est pour corriger la dureté du principe, que l'art. XXIV du projet laisse au Gouvernement le droit de disposer de la succession du condamné, après sa mort naturelle.

M. REGNIER dit que cet adoucissement ne rend pas aux enfans les honneurs de la légitimité.

M. BOULAY répond que ce point est du domaine de l'opinion, qui certainement ne flétrira pas les enfans d'un condamné; mais que, si l'on admettait le principe de la légitimité des enfans nés depuis la mort civile de leur père, la mère pourrait introduire des bâtards dans la famille.

Le PREMIER CONSUL dit que la mère n'a pas d'intérêt à commettre cette fraude, puisque les enfans qu'elle supposerait nés de son mari, ne recueilleraient pas la succession de leur père.

M. BOULAY dit que la mère agirait par l'intérêt de leur assurer sa propre succession.

M. REGNIER dit qu'il s'agit sur-tout de sauver l'honneur des enfans, et que la loi en a le pouvoir. Il ne reste donc qu'à examiner si la honte d'une condamnation doit réfléchir sur ceux qui tiennent au condamné. L'humanité et la justice veulent qu'on en restreigne, autant qu'il est possible, les effets.

Le PREMIER CONSUL pense qu'il conviendrait d'adopter la proposition de M. *Tronchet*, et d'ajourner cette discussion jusqu'à celle du Code criminel.

M. TRONCHET persiste d'autant plus dans cette opinion, qu'il est frappé de la nécessité dont a parlé M. *Portalis*, de se régler sur la nature et la durée des peines qui seront établies, et de la distinction qu'il a faite. On conçoit, en effet, que si les déportés doivent vivre dans une contrée française, sous les yeux du public et des magistrats, il n'y a pas d'inconvénient à déclarer légitimes des enfans dont la filiation ne sera obscurcie par aucune incertitude; mais qu'il n'en est pas de même du condamné vagabond, dont la vie entière est cachée aux yeux de la société. M. *Tronchet* propose la rédaction suivante : *La mort civile est encourue par la condamnation à des peines auxquelles la loi criminelle attache cet effet.*

M. Regnier objecte qu'il s'agit ici des effets de la mort civile, et que la loi civile doit seule les déterminer, à moins qu'elle ne prononce que la mort civile sera une privation totale et absolue de toute espèce de droits.

M. Cretet observe que le mariage du mort civilement peut produire deux sections dans sa postérité : l'une comprend les enfans nés avant sa condamnation, l'autre, les enfans nés depuis. On pourrait les regarder toutes deux comme légitimes. La première prendrait à titre d'hérédité les biens qu'aurait le condamné au jour où commencerait sa mort civile : la seconde serait appelée à succéder exclusivement aux biens qu'il aurait acquis depuis. Les deux sections viendraient concurremment à la succession de la mère.

Le Premier Consul dit qu'on pourrait, dans l'article en discussion, passer sous silence les effets de la mort civile, par rapport au mariage, en se bornant à exprimer qu'elle le dissout dans les cas déterminés par la loi criminelle.

M. Tronchet propose de renvoyer au titre *du Mariage* et au titre *des Successions*, les effets que la mort civile opère par rapport au mariage et à l'ordre de succéder.

Le Ministre de la justice attaque l'article en discussion, dans la disposition qui déclare le mort civilement, incapable de contracter mariage. Les droits naturels de l'homme, dit le Ministre, demeurent au condamné, et de ce nombre est le droit de se marier. Cependant, si son mariage n'est pas avoué par la loi, si ce n'est qu'un concubinage, s'il peut quitter arbitrairement son épouse, et changer, comme il lui plaît, de lien, les mœurs et la justice seront également blessées.

M. Boulay dit que ce serait anéantir entièrement la mort civile, que de reconnaître un tel mariage ; la loi ne pourrait l'avouer sans admettre la stipulation de communauté, les conventions matrimoniales, et une grande partie des droits dont la mort civile prive le condamné.

M. Portalis dit qu'autant l'épouse qui n'abandonne pas son mari condamné mérite de faveur, autant en mérite peu la femme qui ne répugne pas à épouser un homme flétri par la justice.

Il ajoute que toutes les difficultés qui embarrassent la discussion, viennent de ce qu'on emploie le mot équivoque de *mort civile*, au lieu

lieu de spécifier la privation plus ou moins étendue des effets civils qu'on veut faire résulter de la condamnation aux diverses peines. On pourrait donc s'exprimer ainsi : *Les effets civils dont sont privés les condamnés à telle ou telle peine, sont, etc.*

Le consul CAMBACÉRÈS dit que cette forme de rédaction pourrait laisser des incertitudes, ou donner lieu à des omissions qui tourneraient à l'avantage du condamné. Le mot *mort civile* est universellement entendu ; il a passé dans le langage des lois et des jurisconsultes.

Au surplus, les questions qui ont été agitées sont prématurées. On n'a pas encore de bases pour asseoir une décision, puisqu'on ignore quelles condamnations emporteront la mort civile. Cette discussion doit donc être rattachée à celle du Code criminel.

Le PREMIER CONSUL dit que ce serait peut-être ici le lieu de régler hypothétiquement l'état des déportés, en supposant qu'ils seront réunis dans une vaste étendue de terrain où ils formeront une colonie. On pourrait leur ôter la vie civile hors du lieu de leur déportation, et la leur rendre dans la contrée où ils seraient déportés. On pourrait alors admettre la distinction établie par M. *Portalis*. On laisserait, au surplus, la loi criminelle prononcer sur les questions relatives au mariage du condamné ; et l'on dirait dans le Code civil, que la mort civile rompt le mariage dans les cas déterminés par la loi criminelle.

M. LACUÉE dit qu'il n'y a de difficulté que dans les mots. On la lèverait, si, distinguant celui qui mérite la peine de mort de celui qui a encouru une peine moins grave, on variait les effets de la mort civile, suivant que le condamné se trouverait dans l'un ou dans l'autre cas.

M. BIGOT-PRÉAMENEU pense qu'il faudrait distinguer les effets que la mort civile du père doit opérer par rapport aux intérêts pécuniaires des enfans nés depuis qu'elle est encourue, de ceux qu'elle opérera par rapport à leur légitimité. Rien ne s'opposerait alors à ce qu'on les reconnût pour légitimes ; et cette disposition serait dans l'intérêt des mœurs.

M. CRETET dit que la distinction proposée est connue en Angleterre.

M. TRONCHET dit qu'il ne sera pas possible de déclarer les déportés morts civilement, par-tout ailleurs que dans le lieu de leur déportation, si ce lieu est placé en France. Autrefois le bannissement à perpétuité hors du terrritoire français, emportait la mort civile, parce qu'il retranchait effectivement le banni de la société ; le bannissement hors d'une province n'ôtait pas la vie civile, parce qu'il ne pouvait effacer la qualité de français. Il en sera de même de la déportation : elle ne sera qu'un exil, si elle n'a d'autre effet que de reléguer le condamné dans une contrée déterminée de la France.

Le Premier Consul dit que si la condamnation à une prison perpétuelle emporte la mort civile, la déportation dans un lieu déterminé doit donc l'emporter aussi, parce qu'il n'y a de différence entre ces deux peines, qu'en ce que la déportation donne au condamné une prison plus vaste et plus commode.

M. Tronchet demande comment succéderaient les enfans que le déporté aurait eus depuis sa mort civile, s'il laissait également des biens dans le lieu de la déportation et dans d'autres parties de la république, et que la loi ne leur donnât pas la même successibilité par-tout.

M. Réal observe que, le lieu affecté à la déportation appartenant au territoire de la république, il est possible que des français non déportés aillent s'y établir ; il est également possible que ces deux espèces d'habitans contractent entr'eux des alliances. Alors, comment régler les effets du mariage, si un individu qui a des biens et la vie civile hors du lieu de la déportation, épouse un individu qui n'a de droits civils que dans ce lieu?

Le Premier Consul répond qu'on pourrait faire un code particulier pour les déportés. Il suffirait même de dire que, hors du lieu de la déportation, les enfans n'auront aucun droit du chef de leur père déporté.

M. Tronchet dit qu'il y aura toujours de grandes difficultés pour les successions collatérales qui s'ouvriraient au profit de ces enfans, hors du lieu de la déportation.

Le Premier Consul dit qu'on peut les prévenir. La loi décidera positivement s'ils viennent ou s'ils ne viennent pas à ces sortes de successions.

Le Premier Consul annonce qu'il va mettre aux voix la question de savoir si on fera une nation particulière des déportés.

M. Réal observe que cette décision préjuge que la peine de déportation sera admise par la loi criminelle.

Le Premier Consul dit qu'il est impossible qu'elle ne soit pas admise, puisqu'elle est tout ensemble humaine et utile. Les lois criminelles et les lois civiles ayant entr'elles des rapports, il est indispensable de les combiner les unes avec les autres; on peut donc déterminer ici les effets qu'aura la déportation hors de France.

M. Tronchet dit que pour rendre la délibération plus claire, il convient d'écarter le mot équivoque de *mort civile*, mot inventé par les jurisconsultes, et de se servir de l'expression proposée par M. Portalis; on pourrait donc rédiger ainsi:

Il y a des peines qui emportent la privation absolue de tous les droits civils; ces peines constituent la mort civile proprement dite. Il y a des peines qui n'emportent la privation que d'une partie des droits civils; ces peines constituent la mort civile imparfaite. On mettrait la déportation au rang des peines de la seconde classe, et on en déterminerait les effets.

Le consul Cambacérès dit qu'il importe de conserver l'expression *mort civile*, laquelle est généralement usitée, et porte avec elle une idée dont l'effet est utile à la société.

Le Premier Consul dit qu'on pourrait distinguer les peines qui emportent la mort civile, de celles qui n'entraînent que la privation des droits civils.

Cette distinction est mise aux voix et adoptée.

On continue la discussion de l'article.

Le consul Cambacérès attaque la disposition qui autorise le mort civilement à nommer un curateur pour le représenter en justice. La demande d'alimens est la seule qu'il puisse former: autrefois elle était présentée par le ministère public.

M. Tronchet dit qu'on pourrait faire toujours nommer ce curateur par le juge, sur la requête que le mort civilement lui présenterait.

Le Ministre de la Justice attaque la disposition qui déclare le mort civilement, absolument incapable de rendre témoignage. Il peut se trouver des circonstances où il devienne témoin nécessaire; et alors la justice doit pouvoir l'entendre, sauf à n'avoir en sa déposition que la confiance qu'elle peut mériter: quelquefois elle interroge même les choses muettes. Il faudrait donc restreindre la disposition au cas où la loi exige la présence de témoins pour la validité d'actes civils.

M. Boulay dit qu'il répugne qu'un homme, flétri par une condamnation, soit entendu pour en faire condamner un autre.

M. Regnier dit que le mort civilement peut être entendu, mais qu'il est reprochable.

10.

M. Réal répond qu'on ne pourrait admettre en témoignage le mort civilement que parce qu'on le considérerait comme témoin nécessaire : mais il est déjà des cas où le juge est obligé de refuser d'entendre même le témoin nécessaire ; par exemple, le fils contre le père. Ce que la piété filiale défend en ce cas, la morale publique doit le défendre, quand il s'agit du mort civilement ; et le témoignage, même nécessaire, d'un homme ainsi flétri, doit être écarté.

M. Cretet observe que, dans le fait, le mort civilement ne peut jamais être entendu : s'il est déporté, il est absent ; s'il est évadé ou contumax, il ne se présentera pas.

Le Ministre de la justice répond qu'il peut arriver qu'un crime commis dans une prison n'ait eu pour témoins que des individus morts civilement.

M. Regnier dit que si l'on entend les morts civilement dans ce cas, il faut décider aussi qu'ils ne pourront être reprochés.

M. Roederer dit que jamais la récusation n'atteint le témoin jugé nécessaire.

M. Regnaud (de Saint-Jean-d'Angely) rappelle qu'autrefois on recevait la déposition d'un individu mort civilement, quand elle était jugée nécessaire ; mais qu'on ne l'assignait pas en confrontation : on pourrait aujourd'hui imiter cet ordre, en faisant entendre les individus morts civilement par le magistrat de sûreté, dont le ministère consiste à recueillir tous les renseignemens, et en ne les faisant pas comparaître devant le jury.

Le Ministre de la justice dit que l'ancien usage était fondé sur ce qu'alors on admettait les témoignages écrits ; qu'aujourd'hui on n'admet que les preuves orales dans le débat.

M. Réal observe qu'on écarte même la déposition du dénonciateur, quoiqu'il soit déclaré témoin nécessaire, lorsqu'il doit profiter de la condamnation.

M. Roederer partage l'opinion du Ministre de la justice ; il voudrait cependant que le principe de l'article fût consacré, afin qu'on n'admît pas indistinctement le mort civilement, comme témoin ; mais il faut une exception dans la loi, pour le cas où il devient témoin nécessaire. La place naturelle de cette exception est dans le Code criminel.

Le Premier Consul demande pourquoi l'on s'est servi, dans l'article, de cette expression, *le contrat civil du mariage.*

JOUISSANCE ET PRIVATION DES DROITS CIVILS. 77

M. Boulay répond qu'on s'est exprimé ainsi, parce que la loi ne voit dans le mariage qu'un contrat civil. L'expression qu'on a employée a paru d'ailleurs la plus propre à faire taire les scrupules des consciences.

Le Premier Consul dit qu'elle semble supposer qu'aux yeux de la loi, il reste encore quelque chose après la dissolution du contrat civil, et qu'elle paraît préjuger la question de la légitimité des enfans.

M. Roederer dit qu'il reste le contrat naturel et le lien religieux.

M. Defermon observe qu'on peut ne pas s'expliquer sur la dissolution du mariage; qu'il suffit d'énoncer en détail les effets que la mort civile opère à l'égard de cet engagement.

M. Roederer adopte la locution employée par la section. Elle préviendra les méprises des consciences, puisqu'il est universellement reconnu que le juge peut rompre le contrat civil du mariage; elle prouve qu'on ne veut offenser aucun culte, et qu'on les respecte tous également. Chez les Romains, le mariage n'était qu'un contrat civil, et néanmoins la loi ne contrariait pas l'opinion qu'il est indissoluble.

M. Réal ajoute à ces observations, que la loi étant faite pour un peuple chez lequel existent déjà diverses opinions formées, et admettant les divers cultes, il faut qu'elle parle de manière à n'en choquer aucun. L'article est reproduit en ces termes :

Les droits dont la mort civile emportera la privation, sont ceux ci-après :

La succession du condamné est ouverte au profit de ses héritiers, auxquels ses biens sont dévolus de la même manière que s'il était mort naturellement.

Il ne peut plus ni recueillir aucune succession, ni transmettre à ce titre les biens qu'il peut acquérir par la suite.

Il ne peut plus ni disposer de ses biens, en tout ou en partie, par donation entre-vifs ou par testament, ni recevoir à ce titre, si ce n'est pour cause d'alimens.

Il ne peut plus être nommé tuteur, ni concourir aux opérations relatives à la tutelle.

Il ne peut plus être témoin dans aucun acte solennel, ni être reçu à porter témoignage en justice.

Il ne peut procéder en justice, ni en défendant, ni en demandant, que sous le nom et par le ministère d'un curateur spécial qu'il se

Séance du 24 Thermidor an 9.

choisit, ou qui lui est nommé par le tribunal où l'action est portée.

Il est incapable de contracter un mariage légal, et qui produise aucun effet civil.

Le mariage qu'il avait précédemment contracté, est dissous quant à tous ses effets civils. Son époux et ses héritiers peuvent exercer respectivement les droits et les actions auxquels la mort naturelle donne ouverture; sauf néanmoins les gains de survie, que l'autre époux ne peut exercer qu'après la mort naturelle du condamné, lorsque la peine qu'il a encourue n'est point celle de la mort. L'autre époux est libre de contracter un nouveau mariage.

M. TRONCHET dit que cet article lui paraît déplacé. La loi projetée ayant pour titre général, *des personnes qui jouissent des droits civils, et de celles qui n'en jouissent pas*, il lui semble que ce serait sous le chapitre Ier. qu'il faudrait placer l'explication des droits civils.

Cela pourrait s'exécuter par un article qui suivrait l'article Ier, qu'on rédigerait ainsi : *L'exercice des droits civils attachés à la qualité de Français, est indépendant de l'exercice des droits politiques attachés à la qualité de citoyen. La loi constitutionnelle règle ceux-ci; la loi civile règle ceux-là.*

III. *Les droits civils attachés à la qualité de français sont ceux qui suivent :*

La faculté de transmettre ses biens à titre de succession, aux parens que la loi y appelle, et celle de recueillir leurs biens au même titre;

La faculté, etc.

Après avoir parlé de celle de contracter mariage, on se contenterait de dire que ses effets civils et les effets de sa dissolution seront expliqués au titre *du Mariage*.

Et il suffirait dès-lors d'avoir dit dans la section II de ce chapitre, que *la mort civile emporte la privation des effets civils ci-dessus expliqués, article III.*

M. PORTALIS dit qu'il est difficile de faire une énumération exacte des droits dont la mort civile prive le condamné, et de n'en omettre aucun; qu'il serait donc préférable de dire en général qu'il est privé de l'état civil.

M. TRONCHET se rend d'autant plus volontiers à cet avis, qu'il dispense de discuter des questions qu'on ne peut décider que par des principes qui sont encore controversés : par exemple, on ne peut décider si le condamné a l'usage de la prescription, qu'autant qu'on décidera d'abord si la prescription est établie par le droit naturel ou par le droit civil; et quoiqu'elle paraisse appartenir à ce dernier, on n'en convient pas universellement.

M. Maleville propose de dire, *Les effets de la mort civile sont, l'ouverture de la succession du condamné, etc.*, au lieu de dire, *Les droits dont la mort civile emportera la privation, sont ceux ci-après: La succession du condamné est ouverte etc.*; parce que l'ouverture de la succession est un *effet* et non un *droit*.

M. Defermon observe que, dans la dernière séance, on a paru généralement d'avis que le condamné ne pourrait se choisir un curateur pour le représenter en justice.

M. Tronchet consent à retrancher cette disposition.

M. Boulay dit que si l'on ne déclare le mariage dissous que quant à ses effets civils et non absolument, on ne peut pas déclarer l'autre époux libre de contracter un nouveau mariage.

M. Tronchet répond que la loi ne voyant dans le mariage qu'un contrat civil, elle doit dire qu'il est dissous à ses yeux par la mort civile de l'un des époux; et que, par une suite nécessaire, elle doit ajouter qu'elle regarde l'autre époux comme libre de former un nouveau contrat, en abandonnant à sa conscience le soin de juger s'il se croit dégagé sous d'autres rapports.

Le Ministre de la justice soutient que le mariage ne peut être dissous par la mort *civile* de l'une des parties, puisqu'il a été contracté, dans l'intention des conjoints, pour durer pendant toute la vie *naturelle*.

M. Regnier observe qu'on a tout dit quand on a déclaré le mariage dissous; qu'il n'est pas besoin d'ajouter que l'autre époux est libre: cette expression pourrait faire croire aux consciences timorées, que la loi civile entend aussi rompre le lien religieux. Il faut laisser l'autre époux tirer la conséquence du principe général, suivant ses principes et ses opinions.

M. Tronchet consent à retirer cette phrase: *L'autre époux est libre de contracter un nouveau mariage.*

M. Duchatel demande pourquoi la mort civile ne donnerait pas ouverture aux gains de survie.

M. Tronchet répond qu'elle n'a jamais produit cet effet, parce qu'elle n'accomplit pas la condition de laquelle dépendent les gains de survie : ils ne sont dus que par la mort naturelle. La mort civile de l'un des époux ne peut ajouter aux droits que l'autre ne tient que d'une convention.

M. Berlier dit que cette doctrine tend à favoriser l'héritier au préjudice du conjoint.

M. Tronchet répond qu'il serait immoral de supposer qu'un contrat a été formé dans la prévoyance de la mort civile de l'un des époux.

M. Berlier réplique que les effets de cet événement sont indépendans de toute prévoyance ; que l'on peut appeler la femme à recueillir ses gains de survie par la même fiction qui appelle les héritiers du condamné à recueillir sa succession.

M. Tronchet observe qu'il y a entre la femme et les héritiers cette différence, que ceux-ci tiennent leurs droits de la loi, et que l'autre ne les tient que d'une convention.

M. Defermon dit que l'intérêt du fisc a seul fait reculer l'ouverture des gains de survie dans le tems où la confiscation existait ; mais qu'aujourd'hui rien n'empêche de traiter la femme avec plus de faveur.

M. Lacuée demande si l'on est tenu de servir une rente viagère à celui qui est mort civilement.

M. Defermon répond que non (1).

M. Lacuée dit qu'alors les gains de survie doivent donc être ouverts.

M. Tronchet dit que les arrérages d'une rente viagère due à un mort civilement, courent au profit des héritiers jusqu'à sa mort naturelle.

M. Réal dit que la loi doit faire ce qu'eût fait la convention si les parties eussent pu prévoir la mort civile du mari : la loi en use ainsi dans une multitude de cas.

M. Tronchet dit que si la disposition qu'on attaque est retranchée de l'article, il est nécessaire d'exprimer la disposition contraire. Dans le silence de la loi, tous les tribunaux prononceraient que les gains de survie ne sont ouverts que par la mort naturelle du condamné.

M. Regnier dit qu'on ne peut confondre avec les héritiers, la femme, qui n'est que créancière. La loi ne peut changer les conventions ; et les héritiers peuvent invoquer contre tout créancier les conditions qui modifient sa créance.

---

(1) Voyez l'article 1982.

M. Bigot-Préameneu

JOUISSANCE ET PRIVATION DES DROITS CIVILS.

M. Bigot-Préameneu dit qu'en admettant que la succession d'un homme vivant puisse être ouverte par une fiction de la loi, il est conséquent et juste d'en faire profiter la femme. Les héritiers ne doivent pas s'en plaindre. En effet, lorsque cette fiction rompt sa communauté et détruit tous les effets de son contrat de mariage, comment lui refuser le droit de l'invoquer pour l'exercice de ses reprises?

M. Berlier dit que, différer à la mort naturelle d'un contumax l'ouverture des gains de survie, ce serait souvent en priver la femme, par l'impossibilité où on la mettrait de prouver l'accomplissement de la condition : elle serait obligée d'attendre, pour jouir, que l'époque, où la loi présume la mort naturelle des individus, fût arrivée.

M. Regnaud (de Saint-Jean-d'Angely) dit que les gains de survie sont ouverts en cas de divorce; qu'il y a donc, dans la législation, des exemples qu'ils peuvent l'être avant la mort naturelle du mari.

Le Ministre de la justice observe que les gains de survie sont une consolation donnée à la femme pour la perte de son mari ; qu'on peut donc les accorder à la femme dont l'époux est frappé de mort civile, puisqu'on répute le mariage dissous.

Le Conseil adopte en principe que la mort civile du mari donne ouverture aux gains de survie.

L'article est adopté, sauf rédaction, avec les amendemens que le Conseil a admis (1).

(Les changemens faits à l'article ont eu lieu après la conférence tenue avec le Tribunat).

---

(1) La section de législation proposait les articles suivans.

XVII. *La déportation emportera contre le condamné, la privation des droits civils dans toutes les parties du territoire français dont l'habitation se trouvera interdite au condamné; il en conservera l'exercice dans le lieu seulement qui lui sera indiqué pour sa résidence.*

Le Premier Consul dit qu'il faudrait faire pressentir, par la rédaction, que le lieu de la déportation sera hors de l'Europe.

M. Roederer dit qu'il est nécessaire de ne rien préjuger par la rédaction contre le bannissement ou la déportation hors d'un département. Il était usité autrefois, et il était dans l'intérêt des mœurs: par exemple, en cas de rapt, de séduction ou d'adultère, on éloignait le coupable du lieu où il s'était permis des désordres, où sa présence perpétuait le scandale, où elle blessait les regards d'un père, d'un mari,

Séance du 14 Thermidor an 9.

26. Les condamnations contradictoires n'emportent la mort civile qu'à compter du jour de leur exécution, soit réelle, soit par effigie.

---

indignement offensés. Les anglais ont aussi une déportation à tems : peut-être faudra-t-il l'admettre parmi nous.

Le consul Cambacérès dit que l'article ne pourrait, en aucun cas, être appliqué à la déportation à tems, puisqu'elle n'emporte pas la mort civile. D'ailleurs, la déportation même à tems n'étant pas la même peine que le bannissement hors d'un département, l'article ne préjuge rien.

Le consul propose la rédaction suivante :
La déportation emportera contre le condamné, la privation des effets civils dans toutes les parties du territoire continental et dans toutes les colonies, hors celle qui aura été désignée pour lieu de déportation.

M. PORTALIS dit qu'il conviendrait de rétablir la déportation à tems, pour remplacer le bannissement à tems, qui n'existe plus.

Le consul CAMBACÉRÈS est aussi d'avis de séparer pour un tems, des autres membres de la société, le coupable condamné pour certains crimes ; mais afin d'éviter toute équivoque, il voudrait qu'on nommât cette peine *relégation*.

Le PREMIER CONSUL pense qu'on devrait éviter le mot *déportation*, pour ne rien préjuger sur le Code criminel, et dire que la mort civile peut avoir lieu pour le continent de la république dans les cas déterminés par le Code criminel.

M. TRONCHET dit qu'il s'est servi du mot *déportation*, parce que cette peine existe actuellement dans la loi criminelle.

M. RÉAL attaque dans l'article cette expression *conserver* ses droits. Il dit que le condamné ne conserve pas, mais recouvre la vie civile dans le lieu de sa déportation.

M. TRONCHET répond que le condamné ayant la vie civile dans toute l'étendue de la France au moment de sa condamnation, il la conserve par-tout où elle ne lui est pas ôtée.

M. RÉAL observe qu'il en résulterait que le condamné conserverait les biens qu'il avait dans le lieu de sa déportation avant la condamnation.

M. REGNIER pense qu'il convient de substituer le mot *reprendre* au mot *conserver*. Le jugement fait mourir civilement le condamné dans les lieux où il exerçait ses droits civils. La vie civile ne lui est rendue que dans le lieu de sa déportation, et seulement au moment où il y arrive.

Le MINISTRE DE LA JUSTICE propose de supprimer cette phrase : *Il en conservera l'exercice dans le lieu seulement qui lui sera indiqué pour sa résidence.* Il dit que la disposition que cette phrase indique, se détruit de la première, *formâ negandi*.

M. TRONCHET adopte l'amendement : *Il en reprendra l'exercice pour l'avenir*, etc. L'article ainsi amendé est adopté.

XVIII. Les § 7 et 8 de l'art. XVI, reçoivent une exception à l'égard du déporté.

JOUISSANCE ET PRIVATION DES DROITS CIVILS.

27. Les condamnations par contumace n'emporteront la mort civile qu'après les cinq années qui suivront l'exé-

---

qui peut contracter mariage, et dont le mariage antérieur n'est point dissous; mais l'un et l'autre mariage ne produisent d'effets civils que dans le lieu de sa déportation, et quant aux biens qu'il peut y posséder. Les enfans nés depuis la déportation, soit du mariage antérieur, soit de celui postérieur, ainsi que tous leurs descendans ne peuvent succéder qu'aux biens situés dans le lieu de la déportation.

Le § 8 reçoit encore une exception à l'égard du contumax, qui sera expliquée ci-après.

M. Tronchet dit que la disposition de cet article relative aux enfans nés depuis le mariage, est une conséquence du principe; mais comme il serait trop rigoureux d'exclure quelques-uns des enfans d'un même père, il paraît juste d'admettre une exception dans le cas du concours des enfans nés depuis la déportation, avec ceux nés avant.

M. Portalis dit que l'article pose sur le principe que tous les enfans dont il parle ont un même père, cependant la rédaction ferait croire qu'il reconnaît à la fois deux mariages.

M. Tronchet répond qu'il résulte de l'article, que le mariage où se trouve le déporté au moment de sa mort civile continue d'avoir ses effets au lieu de sa déportation, et qu'aussi, si le déporté n'est pas marié, il peut contracter un mariage civil dans le même lieu, mais que ce mariage n'a pas d'effets civils ailleurs; également l'ancien mariage ne peut communiquer la capacité de succéder au dehors: cependant, comme il serait trop dur que des collatéraux, que des enfans nés avant la mort civile du père, pussent exclure des parens, des frères et des sœurs nés depuis, il faut déroger en leur faveur au principe par une exception que l'humanité réclame.

M. Boulay dit qu'en général la théorie de cet article présente quelque embarras; qu'il en résulterait qu'une femme serait mariée dans un lieu et ne le serait pas dans un autre.

Le Premier Consul dit que le mariage ne peut pas être regardé comme dissous, puisqu'il est un point du territoire français où il subsiste.

M. Tronchet dit qu'il ne faut pas confondre l'état de la femme avec les effets du mariage. Le mari est dépouillé; la femme exerce ses reprises: cependant elle demeure mariée, puisqu'il est un lieu où son mariage subsiste; mais comme il n'a pas d'effets civils en France, il ne peut y donner aucun droit à ses enfans.

M. Thibaudeau dit que la rédaction de l'article est telle, qu'elle semble permettre au déporté d'avoir deux femmes, puisque le mariage antérieur subsisterait, et qu'il pourrait néanmoins en contracter un nouveau dans le lieu de sa déportation.

M. Roederer observe que cette hypothèse est fausse: le premier mariage subsistant, le déporté ne pourrait en former un second.

Le Premier Consul dit qu'il conviendrait d'obliger la femme à déclarer, dans un délai donné, si elle veut que le mariage subsiste ou soit révoqué; lorsqu'elle déclarerait vouloir maintenir son mariage, elle serait tenue de suivre son mari.

M. Tronchet dit que la disposition n'est pas restreinte à la femme; qu'elle concerne

Séance du 24 Thermidor an 9.

11.

cution du jugement par effigie, et pendant lesquelles le condamné peut se représenter.

---

encore les enfans. Il faut, par un principe unique, déterminer le sort des uns et de l'autre.

La femme reste mariée si elle ne demande pas le divorce après la condamnation de son mari : il en est ainsi, soit qu'elle le suive, soit qu'elle ne le suive pas. Mais restera-t-elle en communauté ? aura-t-elle des droits sur les biens qu'acquerra le déporté ? Voilà ce qu'il faut décider.

Quant aux enfans qui naîtront ensuite du mariage, comme ils n'auront pas d'état civil en France, ils ne pourront ni y succéder aux biens du déporté, ni recueillir, par représentation de leur père, des successions collatérales.

M. RÉAL croit qu'il faudrait donner une autre marche à la discussion, et s'occuper d'abord uniquement des effets que la mort civile produira en France.

Le Code général devra conduire le condamné jusqu'au lieu de sa déportation ou relégation. Arrivé dans ce lieu d'exil perpétuel, le condamné devra y être soumis à des lois d'exception, à un Code spécial, particulier, établi sur d'autres bases, dicté par d'autres intérêts que le Code civil général. C'est dans ce Code particulier qu'on placerait les exceptions dont il ne faut pas hérisser le Code civil. La différence du climat, des mœurs, des habitudes, a toujours exigé, pour les colonies, des exceptions aux lois générales qui régissent la métropole : à plus forte raison un Code particulier est-il nécessaire pour régler le nouvel état civil du condamné.

Revenant à la question, M. *Réal* dit que la disposition contenue au huitième paragraphe de l'article qui vient d'être adopté, s'oppose à l'admission du principe qu'a énoncé M. *Tronchet*: car si le mariage est dissous, si l'époux non déporté peut en contracter un autre, il est impossible d'accorder que la femme qui ne demanderait pas le divorce après la condamnation, reste mariée. Il est également impossible d'admettre que la permanence ou la dissolution du mariage antérieur à la condamnation, dépende de la déclaration ou de la volonté de la femme; un lien que l'une des parties peut rompre, n'est pas celui du mariage. Toutes choses doivent être égales entre les deux époux. Le principe consacré par le paragraphe 8, qui déclare les deux époux libres, ne leur défend pas de contracter, dans le lieu de la déportation, un nouveau mariage, et sauve tous les inconvéniens.

M. BOULAY rappelle la proposition faite dans la dernière séance, par M. *Cretet*, de distinguer la postérité du déporté en deux sections.

Il pense, au surplus, que le mariage est dissous si la femme ne consent pas à suivre son mari déporté.

M. BERLIER dit qu'il serait atroce de séparer avec violence, d'un déporté, l'épouse qui veut le suivre dans sa déportation. Le seul but qu'il faille atteindre, c'est d'assurer l'effet de la volonté de la femme; la rédaction ne remplit pas ces vues.

M. TRONCHET dit qu'on atteindrait le but proposé en déclarant le mariage antérieur dissous. Si les deux époux veulent maintenir leur union, ils contracteront ensemble un nouveau mariage, lequel n'aura d'effet que dans le lieu de la déportation.

XIX. *La mort civile n'aura lieu que du jour de l'exécution réelle ou par effigie du jugement.*

Le Premier Consul demande si la femme qui se sera ainsi remariée, pourra venir en France, où son mariage n'a point d'effet, contracter un autre mariage.

M. Tronchet répond que l'état de la personne se porte partout, même là où il n'a pas tous ses effets; comme en pays étranger.

Le consul Cambacérès dit qu'il partage cette opinion. Mais il demande où la femme qui sera revenue en France, et qui voudra divorcer, poursuivra son divorce.

M. Tronchet répond que ce sera au lieu de la déportation du mari, où est son domicile. La femme revenue en France n'y est qu'en état de voyage.

Le Premier Consul demande ce que seront les enfans nés en France depuis la déportation de leur père, s'ils n'y succèdent ni en ligne directe, ni en ligne collatérale.

M. Tronchet dit qu'ils y suivront la condition des bâtards. Cependant il serait trop rigoureux de ne les pas faire concourir pour la succession de leur mère, avec les enfans nés avant la déportation du père. On admettait autrefois ce concours entre les enfans d'un Français expatrié.

M. Regnier pense au contraire que les enfans nés dans le lieu de la déportation seront légitimes en France. Il suffit qu'ils le soient quelque part, pour qu'ils le soient partout, parce que partout on porte son état avec soi, et que la légitimité est indivisible.

M. Tronchet dit qu'il est disposé à adopter cette opinion comme la plus favorable.

Le Premier Consul dit qu'on doit adopter le système qui donnera le plus intérêt aux enfans de rester dans la colonie.

M. Tronchet observe que sa rédaction est faite dans cet esprit.

M. Réal dit qu'elle place la femme dans la position la plus difficile; qu'une femme qui épouse un étranger, accepte pour elle et pour ses enfans l'état de son mari; mais qu'ici elle demeure Française, et que cependant la condition de tous ses enfans n'est pas la même.

M. Regnier dit qu'il serait contre toute raison d'accorder les mêmes avantages à tous les enfans, sans distinguer s'ils sont nés avant ou depuis la déportation du père; qu'on est donc forcé de les partager en deux familles, et de déclarer que les enfans nés postérieurement à la déportation, ne nuiront pas aux droits de ceux nés antérieurement.

M. Réal observe qu'on traiterait les enfans nés après la déportation, plus défavorablement que les bâtards, qui succèdent du moins à leur mère.

M. Regnier répond qu'il n'est pas encore certain que le Code civil admettra les bâtards à concourir avec les enfans légitimes, même pour la succession de leur mère.

M. Tronchet dit que l'idée de cette distinction est dans la rédaction qu'il propose.

M. Réal insiste sur la nécessité d'une législation particulière pour les déportés et leur famille.

Le Premier Consul dit qu'on ne doit pas hésiter à faire des lois particulières pour peupler un nouveau monde en purgeant l'ancien.

M. Tronchet, revenant à ce qu'a dit précédemment M. Réal, observe qu'on ne peut pas supposer que les enfans nés depuis la déportation du père, n'auront aucun droit sur la succession de leur mère. Ils n'auront pas les droits que donne le titre d'héritier; ils

XX. *En cas de contumace, la mort civile n'aura lieu qu'après l'expiration du délai accordé pour purger la contumace,*
Ce délai ne sera que de cinq ans.

---

auront cependant les droits de créanciers pour l'aliment, comme les ont les enfans naturels.

M. DEFERMON dit que l'objet principal est de se servir de la déportation pour faire une colonie : on n'y parviendra qu'en donnant aux enfans des déportés un grand intérêt à y acquérir, et à n'acquérir que là. C'est ce qui arrivera infailliblement : la mère transportera sa fortune dans la colonie pour y former l'établissement de ses enfans.

M. TRONCHET demande si M. *Defermon* entend conserver à ces enfans, des droits sur les biens que leur mère laisse en France.

M. DEFERMON déclare que c'est son opinion.

M. TRONCHET dit qu'alors le but serait manqué; que si l'on permet à ces enfans de recueillir des successions en France, ils y repasseront, et ne formeront pas d'établissemens dans la colonie.

M. DEFERMON répond que les enfans de déportés ne pourront s'établir dans la colonie, qu'autant que leur mère aura porté à leur père des moyens d'y former un établissement : quand ils y auront trouvé cet avantage, et qu'ils s'en seront servis pour s'enrichir, ils tiendront à la colonie par leurs habitudes.

M. REGNAUD (de Saint-Jean-d'Angely) dit qu'il est impossible de décider les questions qu'on agite, si l'on n'a sous les yeux un Code de déportation. On ne sait encore que très-imparfaitement comment la déportation sera réglée · or il est impossible d'établir des rapports entre des idées positives et de simples conjectures. Il serait donc à désirer qu'on commençât par rédiger le Code de déportation.

Le PREMIER CONSUL dit qu'il est au contraire plus naturel de décider d'abord les questions qui sont agitées. On a, sur la déportation, toutes les notions nécessaires pour résoudre ces questions; et les solutions qu'elles recevront, deviendront les bases du Code de la déportation.

M. REGNAUD (de Saint-Jean-d'Angely) demande quels rapports existeront entre le déporté et sa femme, s'il épouse une personne qui jouisse des droits civils en France.

M. TRONCHET répond qu'il n'y a pas là de question si le déporté épouse une Française, attendu que les lois civiles seront les mêmes partout.

M. REGNIER dit qu'il ne peut y avoir de question que par rapport aux enfans. Ils auront, de plein droit, les mêmes capacités que les autres Français, si la loi ne restreint leur successibilité.

M. BIGOT-PRÉAMENEU pense que les enfans nés depuis la déportation du père sont légitimes, parce qu'ils sont les fruits d'un mariage valable; on ne peut donc les distinguer, sous ce rapport, de leurs frères nés avant la déportation. Il est vrai que le droit de successibilité exercé par ceux-ci au moment de la mort civile du père commun, a absorbé les biens alors existans, et ne laisse plus de prise, sur l'ancien patrimoine, aux enfans postérieurement nés. Mais depuis ce moment, tous les enfans indistinctement, quelle que soit l'époque de leur naissance, sont parfaitement égaux, en supposant que

JOUISSANCE ET PRIVATION DES DROITS CIVILS.

M. TRONCHET dit que l'art. XX suppose un contumace condamné et exécuté par effigie, et lui accorde un terme de cinq ans, pendant le-

Séance du 6 Thermidor an 9.

leur mère ait maintenu le mariage. Si, au contraire, le déporté, devenu libre, a contracté un nouveau mariage dans les colonies, il a commencé une nouvelle famille.

On pourrait donc établir que tous les enfans du déporté, nés de la même mère, auront partout la même successibilité pour l'avenir; que s'il s'en trouve qui soient nés d'un autre mariage et d'une autre mère, ils ne l'auront que dans la colonie.

M. PORTALIS dit que la discussion a deux branches. D'un côté, il s'agit de la femme qui suit son mari déporté; ce cas sera infiniment rare : d'un autre, il s'agit de la femme qui ne le suit pas; ce cas sera le plus ordinaire, et à ce titre il doit devenir la base de la loi. Dans cette dernière hypothèse, les enfans nés depuis la déportation ne succèderont pas à leur père; ils seront légitimes néanmoins, car la légitimité peut exister sans la successibilité : cette distinction était admise par rapport au droit d'aubaine. Quant à la femme qui suit son mari déporté, elle aura le mérite de son action aux yeux de la morale; elle ne l'aura pas aux yeux de la loi, car la loi ne se règle pas d'après ce qui est le plus parfait. Si les enfans sont nés avant la déportation, ils ont la plénitude de leurs droits; s'ils sont nés depuis, ils n'en ont aucun, parce qu'ils naissent d'un homme mort civilement.

M. CRETET dit que la déportation opère, après la peine de mort, le retranchement le plus absolu du condamné; elle le place dans un lieu d'où il ne doit jamais revenir : il devient donc un étranger si complètement séparé de la France, que ce qui vient de lui que ce qui lui appartient ne peut plus y concourir à rien. Sa femme et lui recommencent une nouvelle vie; ils créent une famille nouvelle, qui n'a pas de rapport avec leur première famille.

Le PREMIER CONSUL résume les diverses questions, et les met aux voix.

Le CONSEIL adopte en principe,

1°. Que le contrat civil du mariage est dissous par la déportation;

2°. Que les enfans nés depuis la déportation ne jouissent en France d'aucune successibilité du chef de leur père;

3°. Qu'ils y succèdent du chef de leur mère.

M. TRONCHET présente des observations sur l'article adopté dans la dernière séance.

Il dit qu'ayant réfléchi sur la complication dont a parlé M. *Regnaud* (de Saint-Jean-d'Angely), il a remarqué qu'en effet la question du mariage des déportés se divise en une infinité de branches qu'il importe de saisir toutes. M. *Tronchet* n'en conclut pas néanmoins qu'il soit nécessaire de rédiger un Code de déportation, avant de prononcer sur toutes ces questions, mais seulement que la rédaction qu'on a adoptée n'est pas assez claire, et qu'il faut la remplacer par plusieurs articles. Il s'explique sur les diverses branches de la question.

Séance du 26 Thermidor an 9.

L'individu déporté qui contracte mariage, dit-il,

Ou n'était point marié,

Ou était marié, et épouse, de nouveau, l'individu auquel il était uni,

Ou était marié avant, et épouse un autre individu que celui auquel il était uni.

quel il peut faire tomber son jugement, en se présentant aux tribunaux. Dans l'ancienne législation, un tel délai n'était pas exclusif; seulement,

---

Dans le premier et le troisième cas,
Ou il épouse un individu déporté comme lui,
Ou il épouse un individu qui jouit de la plénitude des droits civils.
Ici question préliminaire : cela sera-t-il permis au déporté?
Dans toutes les hypothèses, il s'agit d'examiner quels sont les effets civils que produira le mariage légitime (puisque la loi l'autorise).
Et cette question doit être envisagée sous deux points de vue différens,
1°. Relativement aux deux époux entr'eux;
2°. Relativement aux enfans; et ici la question a encore deux branches :
1°. Relativement aux enfans nés des mariages contractés depuis la déportation;
2°. Relativement aux enfans nés du mariage antérieur qui est dissous.
M. TRONCHET examine la première question.
Dire que le mariage en question produit entre les époux des effets civils dans le lieu de la déportation, et sur les biens qui y sont situés, c'est présenter une idée qui n'est pas exacte.
Dire simplement qu'il produit entr'eux tous les effets civils d'un mariage légitime, c'est s'expliquer très-exactement; mais il faut bien entendre tout le sens et toute l'étendue de ce principe.
La première proposition ne serait point exacte; en voici la preuve :
Le mariage produit entre les deux époux, 1°. des droits, des devoirs et des effets personnels; 2°. des droits réciproques sur leurs biens.
Les droits, les devoirs et les effets personnels sont connus de tout le monde :
Demeure et co-habitation communes;
Puissance collatérale;
Incapacité de la femme d'ester en jugement, de contracter sans l'autorisation du mari.
Tous ces effets civils étant personnels, étant attachés à l'état général de la personne, sont indivisibles, suivent la personne par-tout.
Il y a une similitude parfaite entre l'état du déporté marié avec un autre individu également déporté, et celui de deux étrangers; entre l'état d'un déporté marié avec un individu non déporté, et celui d'un étranger qui a épousé une Française : avec cette différence seulement, que, dans le second cas, la Française perd ses droits civils en France, tant que le mariage subsiste; au lieu que l'individu non déporté les conserve en France. Mais cette différence ne fait rien à la question. La femme française se soumettant à la loi civile du pays où elle a consenti de contracter mariage, porte cet état en quelque lieu qu'elle se transporte : de même la femme qui a épousé un déporté, demeure soumise à la loi civile française qui autorise son mariage; le mari non déporté qui épouse une femme déportée, acquiert sur elle tous les droits civils que donne le mariage. Cet état personnel est indivisible et se porte par-tout. La femme est obligée de demeurer avec son mari; le mari est obligé de la recevoir et de la traiter maritalement; les actes faits par la femme sans son autorisation sont nuls,

pendant

JOUISSANCE ET PRIVATION DES DROITS CIVILS.

pendant sa durée, le contumax ne jouissait pas des droits civils ; mais à quelque époque qu'il se représentât, on recommençait la procédure,

---

Donc, 1°. il ne serait point exact de dire qu'un pareil mariage ne produit les effets civils que dans le lieu de la déportation;

2°. Il ne serait pas plus exact de dire, quant aux droits respectifs des deux époux, qu'il ne produit des effets civils que sur les biens situés dans le lieu de la déportation.

Les droits réciproques des deux époux sur leurs biens respectifs, sont fixés, ou par la convention qu'ils ont souscrite dans leur contrat de mariage, ou, à défaut de convention, par la loi.

S'ils sont fixés par leur contrat de mariage, l'effet en est universel et indivisible, il s'étend sur tous les biens quelconques que les époux possèdent, parce que l'effet de toute convention est d'obliger la personne par-tout et sur tous ses biens, en quelque lieu qu'ils soient situés.

C'est ainsi, pour suivre toujours la même comparaison, que l'étrangère qui vient épouser un Français pour fixer avec lui son domicile en France, et qui lui donne un droit sur ses biens, soit de co-propriété à titre de communauté, soit de simple jouissance, oblige, par cette convention, non seulement les biens qu'elle a en France, mais encore ceux qu'elle a en pays étranger.

De même, l'individu qui épousera un autre individu déporté, et qui lui donnera un droit de communauté ou un droit de jouissance sur ses biens, y affectera les biens qu'il aura ou qui lui écherront en France.

Il en sera de même si les parties n'ont point réglé leurs droits par une convention et par un contrat de mariage. Il est de principe alors que c'est la loi du lieu où les parties fixent leur domicile matrimonial, qui règle leurs droits respectifs : mais il est aussi de principe, en ce cas, que ces droits sont universels et s'étendent sur tous les biens, quelque part qu'ils soient situés. La raison en est que la loi ne fixe les droits des parties que par l'effet d'une convention tacite présumée. Elles sont censées, dès-lors qu'elles ne se sont point donné une loi particulière, avoir adopté les réglemens établis par la loi, et avoir voulu que les effets attachés au mariage par la loi eussent lieu entr'elles comme s'ils avaient été stipulés expressément dans leur contrat de mariage. De là ce principe établi par *Dumoulin*, et inutilement contesté par son antagoniste *d'Argentré*, que le statut de la communauté est un statut personnel, ou, pour s'expliquer plus exactement, qu'il a le même effet qu'un statut conventionnel, et que cet effet universel s'applique à tous les biens, quelque part qu'ils soient situés.

Il ne serait donc pas plus exact de dire que le mariage dont il s'agit n'a d'effets civils que quant aux biens situés dans le lieu de la déportation, qu'il ne l'était de dire qu'il n'aurait d'effet que dans ce lieu à l'égard des droits et devoirs personnels des deux époux.

Avoir prouvé que la première expression ne serait pas exacte en ce qui concerne les droits des deux époux c'est avoir prouvé que la seconde expression serait la seule exacte; c'est-à-dire qu'il faudrait adopter, au moins en ce qui concerne les deux époux, cette rédaction : *ce mariage produit tous les effets civils que la loi attache au mariage légitime.*

Mais ce qui vient d'être dit indique en même tems quelle serait l'étendue de ce principe et si le condamné était absous, le jugement avait un effet rétroactif : cependant on ne restituait pas les biens qui étaient échus pendant la

---

et c'est au conseil à décider si, dans les vues politiques qui ont conduit à établir cet état mixte et extraordinaire du déporté, il entre de donner à son mariage un effet aussi étendu.

M. Tronchet ajoute, en finissant le premier point de sa discussion, que ce même effet aurait lieu, quoiqu'avec moins d'étendue, à l'égard du mariage contracté entre deux individus déportés : ceux-ci, à la vérité, ne peuvent plus acquérir en France à titre de succession, à titre de donations ni de legs ; mais ils peuvent, comme tous les morts civilement, acquérir par les actes qui ne sont que de droit naturel, tels que la vente, l'échange, le prêt, etc. Il est encore vrai qu'ils ne peuvent transmettre leurs biens à leurs parens à titre successif, et que la nation leur succède à titre de déshérence ; mais ce titre obligeant la nation d'acquitter les créances que le mort civilement a légitimement contractées en vertu du droit naturel, elle serait obligée d'exécuter, à bien plus forte raison, les conventions matrimoniales.

L'opinant passe ensuite à la seconde question, c'est-à-dire, à l'effet du mariage du déporté relativement aux enfans.

Cette question, comme il l'a déjà observé, a deux branches :

1°. Relativement aux enfans nés du mariage contracté depuis la déportation ;

2°. Relativement aux enfans nés du mariage antérieur qui a été dissous.

Le premier point de vue se subdivise encore en deux.

La question doit être examinée,

1°. Relativement aux enfans nés d'un mariage contracté entre deux déportés ;

2°. Relativement aux enfans nés d'un mariage contracté entre un déporté et un individu jouissant de tous les droits civils.

Le mariage légitime produit, à l'égard des enfans qui en sont nés, trois effets principaux.

Il donne à leurs auteurs une autorité légale jusqu'à majorité ;

Il donne aux enfans la légitimité ;

Enfin il leur donne le droit de famille, ce lien de parenté d'où résulte la successibilité réciproque entre eux et les parens de la même famille.

Les deux premiers effets ne peuvent souffrir aucune difficulté, soit qu'il s'agisse d'un mariage contracté entre deux déportés, ou d'un mariage contracté entre un déporté et un individu jouissant de tous ses droits civils.

L'autorité du père ou de la mère aura lieu dès-lors que le mariage est légal : comme elle appartient à l'état personnel de l'enfant, elle le suivra par-tout.

L'enfant est légitime par cela seul qu'il est né sous le voile du mariage, et il porte cette légitimité par-tout.

La difficulté ne peut porter que sur le droit de famille, d'où seul peut dériver le droit de successibilité.

Point de difficulté lorsque le mariage a été contracté entre deux déportés : le père et la mère sont rejetés du corps social en général ; ils sont transportés dans un contumace. La section propose de substituer à ce système, une suspension de la mort civile et des effets qu'elle a pu produire pendant

petit coin du territoire français; et la loi qui leur y donne les droits civils, leur donne véritablement une existence nouvelle, leur confère une nouvelle vie civile dont les effets sont restreints au lieu de leur déportation : par-tout ailleurs ils sont morts civilement; ils n'ont aucun des droits qui résultent de la vie civile; tous les liens de famille sont rompus à leur égard dans tout le reste de la France.

Ils ne peuvent ni l'un ni l'autre, transmettre à leurs enfans plus de droits qu'ils n'en ont; ils ne peuvent donc former qu'une nouvelle famille étrangère à celle dont ils sont séparés; leurs enfans ne peuvent donc avoir d'autre lien de famille qu'avec les membres qui sortiront de cette souche nouvelle, qui tous eux-mêmes n'auront de droit de successibilité qu'entr'eux, et ne pourront *posséder* eux-mêmes *civilement* que des biens situés dans le lieu où ils ont l'existence civile : car la possession du mort civilement qui acquiert, par un acte du droit naturel, des biens qu'il ne peut transmettre à ses parens, n'est qu'une possession de fait et de droit naturel.

Il pourra donc être exact de dire, à cet égard seulement, que le mariage ne leur donne les effets civils que dans le lieu de la déportation de leurs auteurs et sur les biens qui y sont situés; mais l'expression, généralement prise, ne serait pas exacte, puisque le mariage produit à leur égard deux effets qu'ils portent par-tout.

Voilà pour les enfans nés de deux déportés; voyons maintenant quel doit être l'état de l'enfant né d'un individu déporté et d'un individu qui jouit de la plénitude des droits civils.

L'opinant dit *d'un individu*, parce qu'il peut arriver que ce soit une femme qui ait été déportée, et qui épouse un homme jouissant des droits civils, soit parce qu'il se trouve dans le voisinage, soit pour toute autre cause; en sorte qu'il faut généraliser la question, qui, dans la dernière séance, n'avait été envisagée que sous le point de vue d'une femme qui a épousé un déporté.

Généralisant ainsi la question, M. *Tronchet* observe que si le conseil persiste dans la décision qu'il n'avait portée que pour la mère, il faudrait l'étendre, par l'identité de raison, au père non déporté.

En adhérant donc à cette décision par une suite du respect qu'il doit aux arrêtés du conseil, aux lumières duquel il soumettra toujours ses opinions personnelles, l'opinant dit que l'enfant reçoit de l'individu qui jouit des droits civils, le droit de parenté qui en dérive; qu'il ne peut recevoir ce droit de l'individu qui l'a perdu; et que la décision s'applique également au père ou à la mère.

A l'égard des enfans nés d'un mariage, contracté par un individu déporté, avant la déportation, il ne peut pas y avoir de difficulté sérieuse.

Ces enfans ont reçu de ce mariage la plénitude des droits de parenté, soit dans la ligne de l'individu qui a été depuis déporté, soit dans la ligne de l'individu qui n'a point subi la même peine.

Ce mariage étant dissous par l'effet de la peine, et la succession du déporté étant ouverte à cette époque, quant aux biens qu'il possédait alors dans tout le territoire français, cinq ans. Elle n'a pas considéré que la mort civile n'est pas une peine directe, mais seulement un effet et une conséquence de la peine ca-

---

1°. Ils lui succéderont quant aux biens dont il est dépouillé par cette condamnation ;
2°. Ils lui succéderont pour les biens que le déporté pourra acquérir dans le lieu de la déportation ;
3°. Ils ne lui succéderont point quant aux biens qu'il aura pu acquérir dans le reste du territoire, attendu que le déporté n'a plus la capacité de transmettre à titre de succession ;
4°. Ils concourront avec les enfans nés d'un mariage postérieur, quant aux biens situés dans le lieu de la déportation ;
5°. Ils recueilleront toutes les successions collatérales qui pourront s'ouvrir dans la ligne de leur auteur déporté ;
6°. Enfin, ils succéderont à l'autre individu non déporté, eux seuls, si celui-ci ne s'est point remarié ; ou concurremment avec les enfans nés d'un second mariage, soit qu'il ait été renouvelé avec le déporté ou avec un tiers ; et ils recueilleront seuls les successions collatérales qui pourront s'ouvrir en France dans la ligne de leur auteur déporté.

La seule question qui pourrait s'élever, serait celle de savoir s'ils succéderont à leur auteur déporté, pour les biens qu'il aurait pu par hasard posséder dans le lieu de sa déportation.

La solution de cette question dépend du point de savoir si le déporté est censé avoir conservé une partie de ses anciens droits civils, ou si, mort civilement, il ne fait que reprendre une nouvelle vie civile limitée.

M. *Tronchet* pense que c'est une nouvelle vie.

Il se résume ainsi.

Le déporté peut contracter mariage dans le lieu de sa déportation.

Le mariage qu'il avait contracté précédemment est dissous, mais peut être renouvelé avec l'ancien époux, pourvu que celui-ci ait suivi dans l'année son époux dans le lieu de sa déportation.

Le mariage contracté par un déporté, soit avec un individu également déporté, soit avec un individu jouissant de tous ses droits civils, produit à l'égard des deux époux, soit relativement à leurs droits réciproques, soit relativement à leurs droits sur leurs enfans et descendans, les mêmes effets civils que la loi attache au mariage légitime.

A l'égard des enfans du mariage contracté depuis la déportation, il leur procure l'avantage de la légitimité ; mais il ne leur procure les droits de famille et de successibilité qu'avec les modifications suivantes :

Si le mariage a été contracté entre deux déportés, les enfans et descendans qui en sont issus forment une nouvelle famille qui ne jouit du droit de successibilité que quant aux membres de cette famille, et au père et à la mère qui en sont la source.

Si le mariage a été contracté entre un individu déporté et un individu jouissant

JOUISSANCE ET PRIVATION DES DROITS CIVILS. 93

pitale. Aux yeux de la loi civile, le mort civilement n'existe pas plus que celui qui a été privé de la vie naturelle : ainsi, vouloir qu'un

---

de l'intégrité des droits civils en France, les enfans recueillent indistinctement toutes les successions directes et collatérales qui leur sont échues dans la ligne du père et de la mère non déportés ; mais ils ne succèdent à leur père ou mère déporté, et aux collatéraux issus de lui depuis la déportation, que quant aux biens situés dans le lieu de la déportation seulement.

La déportation du père et de la mère n'altère en rien l'intégrité des droits civils des enfans nés avant la condamnation : ils leur succèdent, ainsi qu'à tous leurs parens, de la même manière qu'ils feraient si la déportation n'avait pas eu lieu, à l'exception néanmoins de ceux desdits parens qui forment la nouvelle famille issue du mariage postérieur à la déportation.

Le consul CAMBACÉRÈS demande si l'on statuera particulièrement sur chacun des cas prévus par M. *Tronchet.*

M. DEFERMON pense qu'il faut d'abord une disposition générale sur les déportés ; qu'elle sera expliquée ensuite par les articles que M. *Tronchet* propose de faire.

MM. TRONCHET et PORTALIS partagent cet avis.

M. BOULAY pense aussi qu'il faut présenter d'abord une idée générale : mais, dit-il, la difficulté est de la trouver. Cependant on y parviendra peut-être, si l'on considère que, dans les vues du Premier Consul, la déportation doit opérer un effet politique ; et qu'ainsi il convient de l'envisager sous ce point de vue, bien plus que sous ses rapports avec le droit criminel. Il est ici deux idées qu'il importe de saisir : 1°. on veut délivrer à jamais la France des individus condamnés à la déportation ; ils doivent donc être déchus, sur le continent, de tous les droits qui supposeraient la possibilité de leur présence : 2°. on veut, par la déportation, créer dans le nouveau monde une colonie utile ; les déportés ne doivent donc pas être gênés dans le développement des moyens qui leur sont nécessaires pour se former un établissement.

M. TRONCHET observe qu'on ne peut dire que les déportés ne jouiront en France d'aucun droit civil : dès qu'il leur est permis de se marier dans le lieu de leur déportation, ce mariage, reconnu par la loi, doit avoir par-tout ses effets ; par exemple, un mineur né de ce mariage, ne pourra se marier en France sans le consentement de son père.

On dégagerait la discussion de l'embarras qui l'entrave, si, après avoir décidé ici que le déporté peut se marier légalement au lieu de sa déportation, on se réservait de déterminer, au titre *du Mariage* et au titre *des Successions*, les effets qu'aura son mariage sur le continent ; si, en général, après avoir imprimé les articles qui viennent d'être présentés, on les renvoyait respectivement au titre du Code auquel ils se rattachent naturellement.

Le MINISTRE DE LA JUSTICE dit que l'embarras même de cette discussion prouve que la déportation forme dans les lois une matière essentiellement particulière. Il ne s'agit ici que de régler ce qui concerne la perte des droits civils : il suffirait donc d'expliquer les cas où elle a lieu, et ses effets généraux ; on placerait la déportation parmi homme, contre lequel a été exécutée par effigie une peine qui entraînait la mort civile, ne soit pas réputé mort par rapport aux droits

ces cas, et l'on renverrait l'explication des effets particuliers qu'elle doit produire, à un titre spécial qui présenterait les règles propres à la matière, et contiendrait la législation politique sur les déportés.

M. PORTALIS dit que toutes les questions qu'on agite ne viennent que de ce qu'on veut regarder comme dissous le mariage antérieur à la déportation : on les éviterait, si l'on se bornait à faire de la déportation une simple cause de divorce.

M. BIGOT-PRÉAMENEU observe que cette décision ne terminerait pas les questions relatives aux enfans.

M. TRONCHET ajoute qu'elle ne lèverait pas toutes les difficultés : si un déporté contractait mariage avec un non-déporté, alors toutes les questions qu'on veut éviter se représenteraient.

M. PORTALIS répond qu'on en renverra la solution à une loi spéciale.

M. REGNAUD (de Saint-Jean-d'Angely) pense que le Code civil doit se borner à déclarer que la déportation est une cause de divorce ; qu'aller plus loin, ce serait s'exposer à contredire le Code criminel ; qu'au reste, la matière de la déportation exige une législation particulière, et qu'il persiste dans l'idée qu'il serait utile de la régler dès à présent par une loi.

Le consul CAMBACÉRÈS dit que rien ne s'oppose à ce que cette loi devienne un titre du Code civil.

La question principale, continue le consul, est de savoir si le mariage est dissous, quant à ses effets civils, lorsque l'un des conjoints est mort civilement. Il ne s'agit pas de statuer sur le lien qu'il peut former d'ailleurs, suivant les diverses opinions religieuses.

Si l'on veut ensuite statuer en particulier sur le mariage du déporté, il suffit de dire, pour sortir de toutes les questions, que soit l'ancien mariage, lorsqu'il a continué, soit le mariage que le déporté contracte après sa condamnation, n'auront d'effets civils que dans le lieu de la déportation.

M. BOULAY est aussi d'avis qu'on ferait cesser les difficultés, en déclarant la déportation simple cause de divorce.

Le consul CAMBACÉRÈS dit que ce serait décider que le mariage antérieur subsiste quant à ses effets civils, et que c'est précisément là ce qui est en question : il faut décider positivement si ce mariage conserve ses effets civils, autrement la loi serait incomplète.

M. TRONCHET dit que la question a été décidée négativement. Si l'on revient sur cette décision, sera-ce pour tous les individus frappés de mort civile, ou seulement pour les déportés ?

Le consul CAMBACÉRÈS dit qu'il ne s'agit que des déportés : si on ne les met pas dans la classe des morts civilement, on applanira beaucoup de difficultés.

M. BOULAY pense qu'on ne doit pas placer le déporté au rang des individus qui ont encouru la mort civile absolue : on peut observer qu'en adoptant le système contraire, civils, c'est vouloir qu'un mort soit regardé comme vivant. Ce n'est que par humanité qu'on admet le contumax à se représenter et à sollici-

---

on sera obligé de modifier le principe par une foule d'exceptions, comme le propose M. *Tronchet*.

M. Tronchet répond qu'il a eu en vue la privation des droits civils, et non la mort civile : mais on ne peut plus avoir d'incertitude sur le plus ou moins d'étendue qu'on lui donnera, puisqu'on a décidé que le déporté jouira de tous les droits civils dans le lieu de sa déportation.

M. Defermon dit qu'il serait dangereux de déclarer le déporté mort civilement, s'il peut y avoir une autre déportation que la déportation judiciaire.

M. Réal dit qu'il ne s'agit évidemment que de celle-là.

Le consul Cambacérès ajoute que c'est un point convenu, et que d'ailleurs la rubrique du titre réduit toutes les dispositions qu'il renferme, à la déportation prononcée par un jugement.

M. Réal ajoute qu'il en est de la déportation dont on parle, comme autrefois du bannissement perpétuel, lequel n'avait lieu que par une condamnation judiciaire.

M. Regnier dit que la déportation étant un retranchement absolu du corps social, elle opère inévitablement la mort civile : ainsi, quand on ne prononcerait pas le mot, il faut ou attacher à la déportation les effets de la mort civile, ou changer les effets naturels de la condamnation.

M. Tronchet observe que c'est dans cette vue qu'on a dit que le déporté *reprendra* les droits civils au lieu de sa déportation, et qu'on a évité de dire qu'il les *conservera*.

M. Regnier reprend, et ajoute que le bannissement ne corrige pas le condamné, et que, sous ce rapport, la déportation lui est préférable : mais elle est de la même nature, parce qu'elle sera probablement la peine des crimes qui autrefois étaient punis par le bannissement ; il faut donc qu'elle opère aussi le retranchement irrévocable du condamné, de la société qu'il a troublée par des offenses très-graves.

M. Roederer dit que le principe sur lequel est fondé l'article XVIII, mérite d'être soumis à un nouvel examen. La résolution de rendre la vie civile à tous les déportés indistinctement dans le lieu de leur déportation, ne pourrait produire des effets généralement utiles que dans le cas où la déportation serait réservée pour les individus coupables de délits politiques : il n'en sera pas de même si on l'attache aux actions qui, par-tout et en tous les tems, ont été réputées crimes, et ont mérité la peine capitale. Les déportés ne doivent pas reprendre indistinctement la vie civile ; mais il convient de donner au gouvernement le droit de la leur rendre, quand il le juge à propos. Il en est ainsi chez tous les peuples policés, et particulièrement en Angleterre ; tous les déportés y encourent la mort civile, même dans le lieu de la déportation : le gouvernement a cependant le droit de les en affranchir ; mais il use de ce droit avec une telle circonspection que jusqu'ici on n'en a qu'un seul exemple, c'est celui de *Barington*, voleur fameux qui, dans la traversée, défendit le vaisseau contre les autres déportés, et les fit rentrer dans le devoir. Il serait très-dangereux de donner indistinctement aux déportés le droit d'acquérir, c'est-à-dire les moyens de s'évader, d'exciter

ter un jugement qui efface sa première condamnation. Mais la représentation n'est qu'une condition résolutoire : elle n'a ses effets que

des séditions et des troubles. Dans aucune prison, on ne laisse de semblables moyens aux détenus; encore moins le doit-on souffrir dans une prison non fermée. Cependant il est juste et politique de rendre la vie civile et de donner l'état de colon au déporté qui mérite cette faveur par une conduite sage et laborieuse; ce sera l'encourager à devenir meilleur. Le travail en général améliore les hommes, et sera d'un grand secours pour policer la colonie. Mais le travail produit par la seule crainte du châtiment, n'opère pas cet heureux effet : il faut donner un autre intérêt au déporté; il faut qu'il puisse, par son travail, mériter sa liberté, et se former un pécule qui le rende dans la suite propriétaire. On userait ce ressort si on l'employait indistinctement pour tous.

Ainsi l'on ne doit pas admettre la base de l'article XVIII sans un nouvel examen. Qu'on adopte en principe que la déportation sera au nombre des peines que prononceront les tribunaux, et qu'on décide de quels crimes elle sera le châtiment; qu'on réserve enfin au gouvernement le droit d'éloigner, dans des circonstances extraordinaires, et par voie de haute police, des individus dangereux.

M. RÉAL dit que les observations de M. Rœderer font naître une question nouvelle. Celle dont s'occupe le Conseil consiste seulement à savoir si la déportation entraîne la mort civile. Il y a lieu de le croire, puisque la déportation prend la place du bannissement à vie, et qu'en opérant le retranchement perpétuel du condamné, elle le prive de ses droits civils. C'est l'ancien bannissement rendu utile à la société; c'est la peine qui suit immédiatement la peine de mort, et qui rend plus rare l'application de cette dernière : ce ne serait plus qu'un exil, si elle ne rompait pas les liens qui unissent le coupable avec la société. La déportation doit opérer, dans l'ordre civil, les mêmes effets qu'y produit la mort naturelle.

Quant à la distinction que M. Rœderer voudrait mettre entre les déportés, par rapport à la vie civile, elle est évidemment inadmissible, puisqu'il ne s'agit que de la déportation judiciaire, et que le gouvernement n'aurait le droit de modifier les jugemens criminels, qu'autant qu'on lui accorderait le droit de faire grace. Quand on admettrait l'usage de la relégation, elle n'emporterait pas la mort civile; cette question est donc étrangère à la discussion qui occupe le Conseil.

M. MALEVILLE dit qu'on ne peut se dispenser d'accorder aux déportés les droits civils dans le lieu de leur déportation. Sans cela, que serait la colonie ? une troupe d'esclaves sous un commandeur qui leur distribuerait les fruits du travail commun. Réduire la colonie à cet état, ce ne serait pas l'utiliser. On ne parviendra à constituer une vraie colonie, qu'en donnant aux déportés, dans le lieu où on veut l'établir, tous les avantages et tous les moyens que l'homme trouve dans l'état de civilisation.

M. ROEDERER dit qu'il voudrait que la vie civile ne fût rendue aux déportés que par voie de police coloniale.

M. REGNAUD (de Saint-Jean-d'Angely) dit que le système de M. Rœderer est que le déporté encoure par-tout la mort civile absolue, mais que le gouvernement puisse l'en relever dans le lieu de la déportation seulement. La décision qui serait prise à cet égard, ne

lorsqu

lorsqu'elle s'accomplit : elle ne change rien à ce qui a précédé ce moment : dès-lors il est impossible de supposer que la mort civile n'a pas existé.

---

ferait pas cesser les difficultés relevées par M. *Tronchet*. M. *Rœderer* présente donc une question nouvelle, qui conduit à examiner d'abord si le déporté sera frappé de mort civile par-tout, même dans le lieu de sa déportation.

M. Beaulieu dit qu'il y a plusieurs questions. Si la mort civile ne doit pas devenir la suite de la déportation, les difficultés dont on s'occupe s'évanouissent. Mais M. *Boulay* lui-même pense que le déporté doit être privé d'une grande partie de ses droits civils. Jusqu'à quel point cette privation influera-t-elle sur le mariage actuellement formé ? sera-t-il dissous, ou subsistera-t-il en devenant cependant résoluble par le divorce ? voilà le point en discussion,

L'opinion de M. *Berlier*, est que la condamnation à la peine de mort doit produire la mort civile la plus complète ; mais que le déporté peut-être mis dans une autre classe, et n'être privé que d'une partie de ses droits civils. Il convient donc de régler positivement son état, d'indiquer les droits dont il est privé, d'indiquer également ceux qui lui restent.

Après une longue discussion sur les effets de son mariage, on a décidé que, puisque le déporté est retranché de la société générale, il ne peut plus demeurer dans la société individuelle qui unit deux époux ; qu'en conséquence son mariage est rompu ; que cependant il peut reprendre son épouse, en s'unissant de nouveau avec elle dans le lieu de sa déportation. Il y a peut-être de l'inconvénient à revenir sur des principes adoptés, et à remettre en question ce que le conseil a décidé après le plus mûr examen.

Quant à la successibilité des enfans, il serait peut-être inconvenant de parler des déportés au titre *du Mariage* et au titre *des Successions*, immédiatement après avoir réglé la condition des citoyens. Les dispositions relatives à la famille des déportés seront mieux placées dans un titre particulier.

A l'égard de l'opinion ouverte par M. *Rœderer*, on peut la réduire à des termes très-simples. En effet, il ne s'agit que de la déportation judiciaire, et non de mesures extraordinaires qui, en aucun cas, n'ôtent que la vie civile. Il ne reste donc qu'un point à examiner ; c'est la question de savoir s'il est nécessaire de priver de tous droits civils l'individu que, par précaution, on a séparé de la masse des Français : mais on est déjà convenu que la privation qu'il faut imposer à cet individu, peut être restreinte à certaines limites.

M. Regnier observe qu'il est assez indifférent de déclarer que la mort civile ne sera encourue que par une condamnation à la mort naturelle, pourvu que le déporté ne conserve pas ses droits civils : il doit en être privé en France, puisqu'il est banni à jamais.

Le consul Cambacérès ramène la discussion à des termes simples.

On est convenu, dit le Consul, que la mort civile doit continuer à être en usage, et qu'elle doit être la suite de toute peine perpétuelle. Si l'on établissait une déportation à tems, elle ne ferait pas perdre au condamné sa vie civile ; il est donc indifférent de dire que le déporté sera mort civilement, ou de dire qu'il sera privé des droits civils.

En second lieu, il s'est élevé une difficulté sur le mariage du déporté. Afin de la résou-

D'un autre côté, la mort civile faisant cesser les droits civils, on ne peut laisser au condamné la portion de vie qui lui est nécessaire pour

dre, il est nécessaire de décider d'abord, par une disposition générale, si les déportés recouvreront indéfiniment la vie civile dans le lieu de leur déportation, ou s'ils y seront morts civilement, à moins que le gouvernement ne leur rende l'état civil.

Enfin, soit qu'ils recouvrent la vie civile de plein droit, ou qu'ils l'obtiennent de la bienveillance du gouvernement, toujours est-il vrai qu'ils ne doivent point en jouir hors du lieu de leur déportation.

Ces points une fois établis, les conséquences découleront naturellement de la règle qui aura été adoptée, et dont l'application se fera au mariage, à l'exercice de la puissance paternelle, et autres matières sur lesquelles cette règle pourra agir.

M. Tronchet voit une longue série de questions à décider, et d'autres craignent que, si cet avis est suivi, il n'en résulte des longueurs.

D'abord, il ne faudrait pas craindre de multiplier les dispositions lorsqu'elles sont nécessaires : mais, dans la matière qui occupe le Conseil, cette nécessité n'existe pas; et il est possible de résoudre toutes les difficultés par quelques décisions fort simples. Par exemple, on peut dire qu'il n'y aura pas de communauté entre le déporté et sa femme, ou qu'elle n'aura d'effet que dans le lieu de la déportation. On peut dire que l'enfant mineur d'un déporté se mariera en France sans le consentement de son père, parce que là il est le fils d'un homme mort, et qu'aux yeux de la loi il n'a de père que dans la colonie; que le consentement de sa mère est cependant nécessaire, si elle a conservé la vie civile. Le consul ajoute qu'il n'a cité ces exemples que pour faire sentir qu'en embrassant l'opinion de M. Tronchet, il ne s'ensuivrait pas autant d'articles qu'on le fait entrevoir; qu'au surplus, il estime que tout doit se réduire à poser un principe dont l'application se ferait naturellement à tous les cas ; ce principe pourrait être ainsi présenté : *Le déporté ne recouvre la vie civile et n'en jouit que dans le lieu de sa déportation.*

A l'égard de la relégation et de l'exil, ce n'est pas dans le Code civil qu'il convient d'en parler. Peut-être même y aura-t-il de l'inconvénient à organiser des mesures dont l'usage sera toujours rare, et qui n'auront lieu que dans des circonstances très-extraordinaires.

M. Boulay propose, pour remplir l'idée du Consul, de supprimer l'art. XVIII, et de s'en tenir à l'article XVII.

Le consul Cambacérès trouve l'article XVII très-clair.

M. Berlier voudrait qu'on y ajoutât ces mots, *et pour les biens qu'il y possédera.*

M. Tronchet dit que la rédaction de l'article XVII est régulière, si l'on se borne à la disposition qu'elle exprime; mais qu'en restreignant ainsi la loi, on laisse en suspens une infinité de contestations qui sont inévitables. On ne décide pas, par exemple, si le mariage du déporté est dissous, s'il peut se marier.

M. Boulay répond que le mariage continue de subsister, non plus en France, où le déporté n'a plus la vie civile, mais au lieu de sa déportation, où il en jouit.

devenir successible, et pour le devenir au préjudice de parens honnêtes ; ce serait donner à celui contre lequel s'élève la présomption d'une

---

M. Tronchet observe que l'article XVI attache à la mort civile en général, l'effet de rompre le mariage.

M. Defermon répond que cet effet est restreint à la France.

M. Tronchet en convient ; mais il dit que si un déporté se marie au lieu de sa déportation avec une personne qui jouisse par-tout des droits civils, il restera des difficultés sur l'effet que produira son mariage par rapport aux époux et aux enfans, et sur-tout par rapport aux droits de parenté de ces derniers hors de la colonie.

M. Defermon dit qu'on réglera ces difficultés par une loi.

Le consul Cambacérès dit qu'il ne faut pas, en effet, laisser la loi incomplète ; et qu'on ne tombera pas dans cet inconvénient, si l'on énumère avec exactitude les droits civils dont la déportation prive le condamné, et qu'on dise ensuite qu'il les conserve néanmoins dans le lieu de sa déportation : l'exception sera claire.

Quant aux droits de famille des enfans, on pourra dire qu'en conséquence de la disposition précédente, ils sont restreints au lieu de la déportation ; de manière qu'à ce titre les enfans n'aient aucune prétention en France..

M. Tronchet dit que la difficulté naît de ce que les dispositions relatives au déporté vont plus loin que sa personne, et qu'elles feront naître des questions dans toute sa descendance. On simplifierait le travail, si, ne parlant ici que des effets de la mort civile en général, on rejetait, comme l'a proposé M. *Berlier*, les effets de la déportation dans un titre particulier.

Le consul Cambacérès y consent, pourvu qu'on s'occupe sans délai de ce titre. Il croit cependant que l'article XVII satisfait à tout. Quand on aura dit que le déporté sa femme et ses enfans ne pourront exercer et réclamer leurs droits civils que dans le lieu de la déportation, les tribunaux du continent repousseront les prétentions que ces individus porteraient devant eux. On ne voit ici de l'embarras que parce qu'on revient toujours à des idées particulières, au lieu de s'attacher uniquement au principe général d'après lequel la déportation crée une nouvelle famille.

M. Tronchet se rend à cette opinion, si on ôte tous les droits civils, hors de la colonie, aux enfans nés depuis la déportation ; autrement il deviendrait indispensable de régler leurs droits sur le continent par une loi particulière.

M. Portalis dit qu'il est d'autant plus de l'avis du consul, que jamais les lois qui ont privé de la vie civile les bannis à perpétuité, n'ont donné la noclamenture des divers cas auxquels ce principe pouvait être appliqué : tout doit être décidé par un principe simple. La femme qui a suivi son mari dans sa déportation, a partagé sa condition, et les enfans qu'elle procrée ensuite ne sont rien sur le continent. Il faut s'en tenir à cette maxime ; les détails ne font qu'appeler les détails.

Les diverses propositions sont mises aux voix.

Le Conseil adopte le principe de l'article XVII, rejette la proposition de faire un titre particulier des effets de la déportation, et retranche l'article XVIII.

(Malgré cette décision, l'article XVII a été supprimé après la conférence tenue avec le Tribunat.)

condamnation, la préférence sur celui qui jouit de la plénitude de la vie civile.

M. Boulay répond que la section a dû prendre pour guide la loi criminelle, telle qu'elle existe aujourd'hui : cette loi ne frappe pas d'abord le condamné, d'une mort civile absolue, et telle qu'elle lui enlève tous ses droits; mais d'une quasi-mort civile, qui ne lui imprime que quelques incapacités. Ce système a été introduit en faveur de l'innocence : en effet, l'homme le moins coupable peut avoir de justes motifs de craindre les préventions; il peut vouloir se mettre à l'écart pour apprendre, par la procédure, s'il doit se confier à l'impartialité de ses juges, ou redouter les manœuvres de ses ennemis.

La question, au surplus, n'a d'intérêt que pour les héritiers appelés, à défaut du condamné, à recueillir les successions qui peuvent s'ouvrir pendant le délai de cinq ans. C'est en leur faveur que la section propose de suspendre pendant un tems les effets de la mort civile, afin que leur sort ne dépende pas de l'hypothèse de la révocation du jugement.

Le consul Cambacérès dit que la section, dans son projet, suppose toujours que l'accusé est innocent et doit se représenter. Ce raisonnement repose sur une base souvent fausse : la présomption s'élève en faveur de la justice; il faut croire que l'accusé fugitif a eu de puissans motifs de prendre ce parti.

Un délai n'est pas nécessaire à l'intérêt des enfans du condamné, puisqu'ils prennent directement les successions que leur père aurait recueillies s'il eût conservé ses droits civils.

Le Ministre de la justice observe qu'un jugement, même par défaut, doit toujours s'exécuter, tant qu'il n'y a pas d'opposition; que le jugement par contumace n'est qu'un jugement par défaut, qui doit avoir tout son effet (et qui l'a réellement par l'effigie) tant qu'il n'est pas attaqué; que suspendre ces effets pendant cinq ans, indépendamment de toute opposition, ce serait s'écarter des principes reçus.

Le Premier Consul dit que cette loi serait un scandale, qui, en frappant un homme de mort civile, lui laisserait cependant la faculté de vendre, de donner, de disposer, dans l'espérance que des conjonctures favorables lui permettront, dans la suite, de se faire absoudre, et de valider ainsi ce qu'il aurait fait d'une manière illégale.

M. Emmery observe que, dans le système de M. *Tronchet*, la propriété demeure incertaine : il n'est pas permis aux tribunaux de repousser un contumax qui se représente, même long-tems après le délai accordé pour purger la contumace.

Si donc il ne se représente que dix ans après sa condamnation, et qu'il soit absous, il reprend ses biens; et toutes les dispositions faites dans l'intervalle se trouvent rétroactivement annullées.

M. MALLEVILLE dit qu'il ne croit pas que d'après les anciennes lois, ni d'après les nouvelles, il fût libre à un condamné de se représenter après les délais pour purger sa contumace et faire tomber son jugement; que, d'après l'ordonnance de 1670, le condamné n'avait régulièrement que cinq ans, et que ce n'était que par une faveur particulière que le roi accordait quelquefois des lettres pour purger la contumace ou la mémoire après les cinq ans; que le nouveau Code pénal a mal-à-propos étendu ce délai à vingt ans, mais qu'il est bien clair au moins qu'il est de rigueur; qu'un contumax ne peut pas plus aujourd'hui qu'autrefois, prétendre aux successions échues depuis, ni troubler ceux auxquels sa condamnation avait acquis des droits.

M. ROEDERER observe que l'absolution n'a cet effet que pendant le laps de cinq ans.

M. EMMERY répond que dans notre législation actuelle, à quelque époque que se représente le contumax, il rentre immédiatement dans l'exercice de tous ses droits, et récupère tous ses biens, à l'exception des fruits. Le système de la section tend à faire cesser les inconvéniens d'une trop longue suspension, en fixant un délai de cinq ans, pendant lequel le contumax, n'étant pas irrévocablement condamné, ne serait frappé que d'une sorte d'interdiction légale, mais après lequel la condamnation, devenue irrévocable, produirait la mort civile. On est d'accord que si le contumax se représente ou est arrêté dans ce délai, il doit recouvrer à l'instant la plénitude de ses droits. On convient que s'il meurt naturellement avant l'expiration des cinq ans, il doit mourir *integri statûs*; et cependant on veut le déclarer mort civilement du jour où le jugement par contumace aura été exécuté en effigie. Il y a dans ce système une contradiction qui serait sauvée dans le système de la section. L'intérêt des enfans du contumax serait aussi plus respecté; et il doit l'être, puisqu'ils sont innocens. Ils ne pourront pas toujours prendre de leur chef les successions que leur père aurait recueillies. Si la représentation à l'infini est restreinte, comme il y a toute apparence, il arrivera souvent que les enfans n'auront pas le degré qui leur donnerait la capacité de succéder par eux-mêmes.

Le consul CAMBACÉRÈS dit que l'article, en suspendant la mort civile pendant cinq ans, contredirait l'article précédent, qui la déclare encourue du jour de l'exécution par effigie, quoique peut-être ces sortes d'exécutions, instituées pour faire connaître le jugement, ne devraient plus avoir lieu depuis que la procédure est publique, et qu'il serait convenable de donner au jugement tous ses effets aussitôt qu'il a été prononcé.

Au reste, la loi ne peut accorder une protection spéciale à un individu, précisément parce qu'il est condamné. Elle ne peut tolérer qu'il dispose au mépris de sa condamnation, ni prendre sous sa sauve-garde les actes qu'il fait, en lui ménageant la faculté de se présenter pour se faire absoudre lorsqu'il sait que les preuves de son crime ont péri. L'intérêt des enfans doit toucher, sans doute; mais l'ordre public a aussi ses droits : et d'ailleurs, l'intérêt des enfans est bien plus respecté dans le sytème de M. *Tronchet*, où ils succèdent, que dans le système de la section, où ils perdent les fruits pendant cinq ans.

M. REGNIER dit que toute condamnation par contumace est essentiellement conditionnelle.

M. TRONCHET répond qu'elle n'est modifiée que par une condition résolutoire, qui dépend ou de l'absolution du contumax, ou de sa mort pendant le délai de cinq ans.

M. BOULAY dit que si la section propose une suspension, ce n'est qu'afin de ne pas mettre sur la même ligne l'individu condamné sans retour, et l'individu qui peut revivre à la société.

Il ajoute qu'au surplus le système de M. *Tronchet* serait aussi suspensif à l'égard de divers effets civils : par exemple, il n'entraînerait pas la dissolution du mariage pendant les cinq années de délai.

M. TRONCHET dit que le contrat de mariage a des règles toutes particulières ; qu'il ne demeure en suspens que parce qu'au moment de la condamnation il avait toute sa perfection, et qu'un pareil contrat ne peut pas être anéanti conditionnellement.

Le consul CAMBACÉRÈS dit que le jugement par contumace a les mêmes effets qu'un contrat modifié par une clause résolutoire. Un tel contrat s'exécute jusqu'à ce qu'il soit détruit : il en doit être de même d'un jugement qui opère l'expropriation.

Le PREMIER CONSUL renvoie à la section les articles discutés, et la charge de présenter le tableau des conséquences de son système.

JOUISSANCE ET PRIVATION DES DROITS CIVILS.

L'article est reproduit en ces termes :

La mort civile n'aura lieu que du jour de l'exécution du jugement contradictoire.

En cas de jugement par contumace, le condamné sera frappé d'interdiction.

Les effets de l'interdiction seront, l'incapacité de contracter mariage, d'exercer les droits de la puissance paternelle, de pouvoir aliéner ses biens, d'en avoir l'administration ni la jouissance; d'être tuteur, ou de concourir à une tutelle; de rendre témoignage en justice, ni d'y ester autrement que sous le nom et à la diligence d'un curateur, le tout sans préjudicier aux autres dispositions portées par la loi criminelle contre les contumax.

L'interdiction aura lieu dès le moment de l'exécution du jugement.

M. Boulay dit que la section, d'après la théorie adoptée par le Conseil sur la mort civile, se borne à proposer l'interdiction du contumax.

Séance du 14 Thermidor an 9.

L'opinion qui le fait mourir civilement avant le délai que la loi lui accorde pour se présenter est injuste, parce que, dans une procédure par contumace, l'accusé ne peut ni se défendre ni être défendu ; qu'on entend à peine quelques témoins ; qu'on ne leur permet pas de se corriger ; que tous les doutes sont interprétés contre le contumax ; qu'enfin, une procédure traitée avec tant de légéreté, n'est que de forme, et ne doit pas dès-lors avoir des effets aussi graves qu'une procédure solennelle. Il est même possible qu'un absent qui ignore qu'il est accusé, se trouve cependant condamné par contumace ; il se peut aussi qu'ayant des ennemis puissans ou des préventions à craindre, il fuie une instruction où il ne peut avoir une confiance entière dans la justice de sa cause.

D'un autre côté, il est contre les principes d'appliquer à ce qui concerne la vie, l'usage des clauses résolutoires que l'essence des choses ne permet d'employer que dans les contrats. Il est contre toute vraisemblance de ressusciter civilement celui qui meurt naturellement dans un délai de cinq ans.

Enfin, le système de M. Tronchet porterait le trouble dans les familles. En effet, les héritiers d'un condamné sont saisis de ses biens, du moment où il encourt la mort civile ; il faudra donc anéantir, peut-être, une longue suite de transmissions, si, en se faisant absoudre, il reprend rétroactivement ses droits civils. Dans le système de la section, au contraire, la propriété ne repose irrévocablement sur la tête de ses héritiers qu'au moment où il en est dépouillé sans retour : ce système, au surplus, ne lui conserve ses droits que passivement; il suspend la mort civile pendant un délai suffisant pour que le condamné fasse valoir son innocence, mais pas assez long pour prolonger trop l'incertitude de sa propriété.

M. Troncher répond que pour bien faire entendre la question, il se voit forcé de tracer d'abord l'histoire des progrès de la législation, et sur-tout de comparer l'ordonnance de 1670 avec le Code pénal du 3 brumaire de l'an 4.

Il observe que c'est à la mort civile parfaite que la section ne veut pas donner les mêmes effets, lorsqu'elle est encourue par un contumax, que lorsqu'elle l'est par un individu condamné contradictoirement.

On a douté autrefois, continue M. Tronchet, si la peine capitale, et sur-tout la peine de mort, devait être prononcée contre le contumax. Les Romains ne le condamnaient pas à mort; mais aussi sursoyaient-ils à toute condamnation. Il leur paraissait absurde d'infliger à un coupable, parce qu'il a fui, une peine plus douce qu'à un coupable mis en présence de la justice. Les capitulaires de Charlemagne prouvent que ce système a été suivi en France.

Depuis, on en a senti les inconvéniens; et les établissemens de Louis IX ont autorisé la condamnation d'un accusé absent. Ce changement était fondé sur les raisons les plus solides. La punition d'un coupable a pour objet l'intérêt public et l'intérêt de la partie civile : la justice due à la partie civile ne permet pas d'éloigner la réparation qui lui appartient, parce que celui qui l'a offensée s'est dérobé à la vengeance des lois; l'intérêt public exige que l'exemple du châtiment infligé au coupable, retienne les pervers qui pourraient se porter à le suivre dans la carrière du crime. C'est pour cette fin, et pour cette fin seulement, que les peines sont établies. Certes, s'il existait d'autres moyens de retrancher, sans retour, de la société, l'homme corrompu qui l'a troublée, et de la garantir de ses attentats, il faudrait abolir la peine de mort et les peines perpétuelles.

Mais l'exemple ne produit pas le même effet, si la punition ne vient que long-tems après le crime. Voilà pourquoi l'on ne diffère plus ni le jugement ni l'exécution des coupables.

Cependant il serait contre la justice et contre l'humanité, de donner la même force au jugement rendu contre un accusé absent,

qu'au

qu'au jugement rendu contre un accusé qui a pu se défendre. A cet égard, on a distingué entre la peine capitale d'où résulte la mort civile, et les peines purement pécuniaires. La faveur de l'innocence a fait admettre le condamné à se représenter en tout tems pour se faire absoudre de la peine capitale. Il pouvait provoquer un jugement nouveau, même après avoir prescrit la peine. Cependant cette faveur n'était que pour le condamné qui se présentait volontairement. Le contumax saisi était exécuté sans nouvelle procédure : la formule du jugement l'énonçait. On était plus sévère par rapport aux peines pécuniaires, qui consistaient sur-tout dans la privation des biens au profit du fisc, presque dans toutes les provinces, et au profit des héritiers seulement, dans quatre où la confiscation n'avait pas lieu. L'ordonnance de Moulins de 1563, en substituant un délai de cinq ans au délai d'un an qui jusque-là avait été accordé au condamné pour se représenter, maintint néanmoins le droit alors existant ; elle ne rendit, en cas d'absolution, ni les biens qu'avaient recueillis soit le fisc soit les héritiers, ni les restitutions ou dommages-intérêts que la partie civile avait touchés. L'ordonnance de 1670 a conservé le délai de cinq ans, et admis le contumax à se représenter même après ce délai : elle a décidé que le contumax, saisi même après les cinq ans, ne pourrait être aussitôt exécuté, mais que la procédure serait recommencée. Mais l'ordonnance de 1670 ne rendait au contumax absous tout ce que sa condamnation lui avait fait perdre, que lorsqu'il s'était représenté dans les cinq ans. L'intérêt des tiers, de la partie civile, des héritiers, avait dicté cette disposition. Le jugement par contumace était comme en matière civile un jugement par défaut, qu'on exécute provisoirement et tant qu'il n'est pas attaqué. Les héritiers ne succédaient aux droits du condamné qu'en donnant caution : ainsi ils ne pouvaient abuser de leur possession ; et comme ils ne possédaient que par provision, il était impossible qu'on acquît d'eux de bonne foi. Si le condamné ne se représentait pas pendant les cinq ans, il perdait définitivement tous les biens dont il avait été dépouillé, mais il reprenait tous ses biens pour l'avenir. Il n'y avait là rien de choquant. La mort civile est une fiction : la loi peut donc faire mourir et faire revivre un condamné par rapport à ses droits civils, et l'en priver pour un tems.

L'ordonnance de 1670 veut aussi que le contumax soit exécuté par effigie dans les vingt-quatre heures du jugement : le Code du 3 brumaire contient la même disposition. L'exécution emporte de plein droit la mort civile ; et cependant la section propose d'en détacher cet effet nécessaire. Elle voudrait que le contumax subît l'exécution par effigie, et que néanmoins il conservât la vie civile. Elle objecte que dans le système de l'ordonnance de 1670, le contumax peut anéantir la mort civile ; qu'ainsi, autant vaut-il la suspendre jusqu'à l'époque où ses effets passés ne peuvent plus être détruits. Mais puisque la mort civile est certainement encourue par l'exécution, elle doit à l'instant produire tous ses effets, donner aux tiers les mêmes droits que si elle ne devait plus cesser, et ne pouvoir plus être anéantie que résolutoirement.

Mais pour quel intérêt la section propose-t-elle de s'écarter des principes? Est-ce pour l'intérêt du condamné? non, puisqu'il n'a pas la possession de ses biens. C'est pour donner au fisc les fruits échus pendant la contumace. Il est difficile de se rendre à un pareil motif. C'est ainsi que le Code du 3 brumaire rétablit aussi une sorte de confiscation, en donnant au fisc les fruits pendant vingt ans, et même pendant cinquante, si les héritiers ne justifient auparavant la mort naturelle du contumax.

Maintenant, à quels héritiers, dans le système de la section, la succession du condamné sera-t-elle dévolue, s'il encourt la mort civile faute de s'être représenté dans les cinq ans? Est-ce à ceux qui se trouvaient appelés lors de la condamnation? mais à ce moment la succession n'est pas ouverte, puisqu'il n'y a pas encore de mort civile. Est-ce à ceux qui se trouveront en ordre de succéder après l'expiration des cinq ans? alors on prive d'abord des fruits les parens qui devaient les recueillir par provision, et on expose en outre leurs héritiers à se voir enlever la succession, si ces parens viennent à mourir pendant les cinq ans.

M. Tronchet propose, en finissant, d'accorder la provision aux héritiers du condamné, à la charge par eux de donner caution ; et de décider que si le contumax ne se représente pas dans les cinq ans, les effets pécuniaires qu'aura produits sa condamnation seront irrévocables.

M. Roederer dit qu'en effet les biens du contumax seront mieux conservés par sa famille que par le fisc ; et que d'ailleurs, en accordant la provision à ses parens, on les met en état de lui faire passer des secours.

JOUISSANCE ET PRIVATION DES DROITS CIVILS.

Le Premier Consul demande si la femme du contumax pourra se remarier dans les cinq ans.

M. Tronchet répond que le mariage du condamné n'est pas dissous pendant le délai de cinq ans, parce que l'importance de ce contrat exclut toute provision, et que le nouveau mariage de la femme ne peut être conditionnel : mais ce n'est là qu'une exception commandée par la nature des choses.

M. Defermon observe que puisqu'il y a des exceptions nécessaires, les principes sur la mort civile sont donc susceptibles de modification ; que la peine sera modifiée, si le condamné se représente dans les cinq ans ; qu'ainsi toute la question est de savoir si l'on appellera *mort civile*, l'effet d'une peine qui peut être modifiée.

M. Thibaudeau dit que l'idée de faire remonter les effets de la mort civile au jour de l'exécution, était une combinaison de fiscalité dans l'ordonnance de 1670. Aujourd'hui que le fisc est sans intérêt, il ne s'agit plus que de décider si les successions qui, pendant les cinq ans, s'ouvriront au profit du condamné, appartiendront à ses enfans ou à des collatéraux.

M. Tronchet dit que les enfans nés avant la mort civile de leur père, les recueilleront de leur chef ; que ceux nés depuis n'y peuvent rien prétendre, puisque la loi ne les reconnaît pas.

M. Regnier observe qu'il est cependant un cas où la mort civile du père nuit aux enfans s'ils ne viennent plus par représentation ; c'est lorsque l'héritier collatéral appelé se trouve au même degré que le condamné. Il est évident qu'il emportera la succession seul et sans le concours des enfans, puisque ceux-ci ne peuvent plus, par représentation, se placer dans le même degré que lui.

M. Boulay dit que tout se réduit à décider à qui il convient d'accorder la jouissance provisoire pendant les cinq ans. Si on la donne à des héritiers, quelquefois éloignés, qui craindraient de se voir dépouillés par l'absolution du contumax, on lui suscite des adversaires dans sa propre famille, d'autant que l'ancien préjugé ne balancera pas l'intérêt des héritiers. On échappe à cet inconvénient en laissant la jouissance provisoire au fisc.

Le consul Cambacérès dit que, pour décider entre les deux systèmes, il faut d'abord les comparer.

On convient des deux côtés, 1°. que la mort civile encourue par un contumax est conditionnelle pendant les cinq ans que la loi lui donne pour purger la contumace ; 2°. qu'après l'expiration de ce délai, il doit, à la vérité, être encore admis à se constituer en jugement, mais que l'absolution qu'il obtient ne fait plus cesser rétroactivement les effets que sa condamnation a opérés par rapport à ses biens.

On se divise en ce que la section ne regarde le contumax que comme frappé d'interdiction pendant le délai de cinq ans, et ne fait commencer sa mort civile qu'après ce délai, tandis que M. Tronchet, sans s'occuper de l'avenir et de l'absolution possible du condamné, veut que le jugement produise d'abord tous ses effets par rapport aux biens, sauf la condition résolutoire. Et en effet, il est reconnu en droit que la condamnation à la peine forme l'essence du jugement ; que les condamnations pécuniaires ne sont que des accessoires : aussi n'a-t-on jamais anéanti ces accessoires tant que le principal a existé.

Le système de M. Tronchet est le plus naturel ; car tout jugement doit recevoir son exécution, à moins qu'elle ne soit différée par des obstacles de droit.

On objecte que le jugement pouvant être anéanti pendant les cinq ans par la représentation du condamné, il paraît naturel de ne lui donner tous ses effets qu'après l'expiration du délai pendant lequel ils demeurent incertains.

Ce raisonnement est fondé sur la supposition que le contumax se représentera, et prouvera son innocence ; mais la présomption est pour le jugement, et l'intérêt de la société réclame un prompt exemple. Il faudrait même, pour être conséquent, surseoir à toute condamnation, rassembler les preuves, et attendre jusqu'à l'expiration du délai pendant lequel le contumax peut se représenter, afin de ne pas rendre un jugement dont le sort soit incertain : ce système serait préjudiciable à la société. Le coupable doit donc être jugé par contumace ; et s'il est jugé, le jugement doit être exécuté aussitôt.

Le système de *M. Tronchet* ne rend pas, comme on l'a dit, la propriété incertaine. Les biens du condamné passent à l'instant même à ses héritiers : ses enfans les prennent de leur chef ; ils prennent par représentation les successions collatérales qui s'ouvrent au profit de leur père ; et l'on ne sait encore si la représentation sera restreinte de manière qu'en aucun cas elle puisse s'arrêter au condamné. S'il se représente et se justifie, il reprend son patrimoine, et ne le trouve pas détérioré par un séquestre, qui est, de toutes les possessions précaires, celle qui dégrade le plus les biens. Mais du moins l'exemple de son exécution par effigie aura produit son effet moral : on doit donc exécuter le jugement, sans s'embarrasser si le condamné se représentera ; et cependant le jugement ne serait pas exécuté dans son entier, s'il ne l'était sur les biens. La personne est absente ; le jugement ne peut l'atteindre, il la frappe par effigie : les biens sont là ; on peut les saisir, il faut donc en dépouiller le condamné.

M. PORTALIS observe qu'autrefois, quoiqu'un jugement par contumace eût été exécuté par effigie, le fisc néanmoins ne pouvait se mettre en possession des biens avant les cinq ans.

L'inconséquence qu'on reproche à la section, ajoute-t-il, se rencontre dans tous les systèmes ; il n'en est aucun où le jugement par contumace ait exactement les mêmes effets qu'un jugement contradictoire. Indépendamment de la différence qu'on vient d'indiquer par rapport à la confiscation, il y en a encore par rapport au mariage : si le condamné se marie pendant les cinq ans, qu'il se représente dans ce délai et soit absous, son mariage est valable. Il y en a par rapport à la réhabilitation : si le condamné meurt dans les cinq ans, il meurt *integri status*. L'exécution par effigie n'a donc pas des effets nécessaires sur les biens. Elle est établie pour donner un exemple à la société ; mais la société n'a pas d'intérêt à la manière dont la loi dispose du patrimoine du condamné ; peu lui importe qu'on intervertisse l'ordre de succéder, ou qu'on lui laisse son cours pendant cinq ans ; il n'y a là qu'un intérêt de famille. Or la condamnation du coupable ne doit pas réfléchir sur ses parens. Puisqu'on est forcé de s'écarter en tant de choses de l'exécution complète du jugement par contumace, pourquoi l'établirait-on dans le seul point où la société est sans intérêt? Pourquoi plus favoriser l'âpreté des héritiers qu'on ne favoriserait celle du fisc? Il y aurait encore moins de pudeur de leur part à s'emparer avec précipitation des dépouilles de leur parent.

Tout se réduit donc à savoir si on laissera subsister, pendant cinq ans, l'ordre naturel des successions.

On doute si le condamné se représentera : la présomption est en sa faveur. C'est par la faveur de cette présomption que l'ordonnance de Moulins a porté à cinq ans le délai qui, avant, n'était que d'une année.

Le PREMIER CONSUL met aux voix les deux systèmes.

Le CONSEIL adopte celui de M. *Tronchet*.

L'article est reproduit en ces termes :

Séance du 26 Thermidor an 9.

Toute condamnation, soit contradictoire, soit par contumace, n'emporte la mort civile qu'à compter du jour de son exécution, soit réelle, soit par effigie.

L'accusé qui meurt dans l'intervalle entre la prononciation et l'exécution du jugement, meurt dans l'intégrité de ses droits, si ce n'est qu'il se soit donné la mort lui-même.

M. Portalis demande la suppression de ces mots : *si ce n'est qu'il se soit donné la mort lui-même.* Il se fonde sur ce que les lois actuelles gardent le silence sur le suicide. Le suicide peut être un crime dans certaines occasions; mais celui du condamné n'a rien de dangereux : il débarrasse la société, il ne profite qu'aux héritiers, et il a pour cause ou la conservation de l'honneur, ou l'intérêt des enfans.

M. Tronchet dit que le suicide d'un condamné peut porter préjudice à ses héritiers, en validant son testament.

M. Defermon observe que l'article XVI paraît pourvoir à ces fraudes, quoiqu'il ne parle pas formellement du testament.

M. Tronchet dit que la disposition de l'article XVI n'embrasse pas toujours les testamens, parce qu'ils peuvent avoir été faits long-tems avant la condamnation.

M. Defermon dit que, dans ce dernier cas, il ne peut pas y avoir de raison de les infirmer.

M. Tronchet répond qu'un testament ne peut être que l'expression de la volonté dans laquelle le testateur est mort; il faut donc, pour qu'un testament soit valable, que le testateur, au moment de sa mort, ait encore eu la capacité de disposer par l'effet de sa volonté.

M. Tronchet consent, au surplus, au retranchement demandé par M. Portalis.

L'article est adopté avec ce retranchement.

M. Boulay observe que, d'après cette décision tout le §. II devient inutile.

Le Conseil adopte la suppression.

L'article est reproduit comme il suit :

Séance du 6 Brumaire an 11.

Toute condamnation, soit contradictoire, soit par contumace, n'emporte la mort civile qu'à compter du jour de son exécution, soit réelle, soit par effigie.

M. Bigot-Préameneu dit que la section de législation du Tribunat a combattu le système que le Conseil d'Etat a adopté.

La section du Tribunat pense que les fictions ne doivent pas être multipliées. La condamnation par contumace, a-t-elle dit, n'opère pas réellement la mort civile au moment même, puisque le condamné peut s'y soustraire en se représentant dans les cinq ans. Il n'est donc ni juste, ni naturel que son mariage soit d'abord dissous, qu'il cesse d'être successible, que ses biens passent à ses héritiers. Le contumax n'est qu'un absent, auquel on ne doit dès-lors appliquer que les lois relatives à l'absence.

M. Bigot-Préameneu lit les articles proposés par la section du Tribunat dans ce système.

Ils sont ainsi conçus :

Toute condamnation contradictoire emportera la mort civile, à compter du jour de l'exécution du jugement : la condamnation par contumace n'emportera la mort civile qu'après les cinq années qui suivront l'exécution du jugement par effigie, et pendant lesquelles le condamné peut se représenter.

Le condamné par contumace sera privé des droits civils pendant les cinq ans, ou jusqu'à ce qu'il se représente, pendant ce délai ; mais leur exercice ne sera que suspendu, et il ne sera considéré comme les ayant perdus définitivement qu'après l'expiration des cinq années.

Tous les biens qui appartiendront aux condamnés par contumace, seront, jusqu'à l'expiration du délai, administrés comme les biens des absens.

Le consul Cambacérès ouvre la discussion. L'objet de cette délibération, dit-il, est de savoir si le Conseil persiste dans l'opinion que la majorité avait précédemment adoptée, ou s'il entend faire prévaloir l'avis de la minorité, auquel la section du Tribunat a cru devoir se ranger.

M. Boulay dit que la différence essentielle entre les deux opinions, consiste en ce que le Conseil regarde la mort civile comme absolue du moment de l'exécution par effigie, et que la section du Tribunat pense qu'il ne doit y avoir d'abord et pendant les cinq ans de la contumace qu'une interdiction légale.

M. Tronchet dit que la question a été approfondie dans le Conseil, et qu'il importe que les discussions aient un terme.

Au surplus, voici les raisons qui ont déterminé le Conseil.

On a considéré qu'un jugement par contumace est au criminel ce qu'un jugement par défaut est au civil. Il peut être anéanti ; mais jusqu'à ce qu'il le soit, il subsiste avec tous ses effets. Il est donc difficile de ne pas regarder comme mort civilement l'individu exécuté en effigie.

Le système contraire présente de grandes difficultés ; il laisserait au condamné la capacité de succéder pendant les cinq ans qui lui sont accordés pour purger sa contumace : ainsi les héritiers qui, à son défaut, eussent été appelés, se trouveraient privés de sa succession, et si cependant la condamnation devient définitive faute par le contumax de s'être représenté dans les cinq ans, l'ordre de succéder aura été irrévocablement dérangé, dans l'espérance illusoire que le condamné serait acquitté.

Les enfans du condamné pourraient eux-mêmes être privés de sa propre succession : car s'ils meurent dans les cinq ans, ce seront les collatéraux qui viendront hériter à leur place.

M. BIGOT-PRÉAMENEU dit que le même inconvénient existe dans le système opposé. Il est possible en effet que les enfans du condamné se trouvent exclus par un parent plus proche, d'une succession collatérale à laquelle leur père eût été appelé, s'il eût conservé la successibilité pendant les cinq années de sa contumace.

M. TRONCHET dit que puisque tous les systèmes ont leurs inconvéniens, il convient de ne se déterminer que par l'autorité des principes.

M. BIGOT-PRÉAMENEU dit que la dissolution du mariage du condamné dans l'intervalle des cinq ans, est la plus grande des difficultés que présente le système adopté par le Conseil. En effet, les enfans nés pendant ce laps de tems seraient illégitimes.

On répond que le père, après avoir purgé la contumace, pourra, en les reconnaissant, leur rendre les prérogatives de la légitimité ; mais cette nécessité de les reconnaître supposerait qu'ils sont nés illégitimes, et les exposerait à perdre leur état, si leur père, ou par négligence ou par ignorance de ce que la loi prescrit à cet égard omettait de les reconnaître.

M. TRONCHET dit que, dans l'ancien droit, ces enfans auraient été incapables de succéder.

Mais quels sont à cet égard les principes ?

La légitimité n'est pas un effet de la filiation, mais de la volonté de la loi. La loi, pour l'accorder, a besoin de la certitude morale que les enfans sont en effet les fruits de l'union des époux : elle a cette certitude à l'égard des époux qui portent sous les yeux du public

JOUISSANCE ET PRIVATION DES DROITS CIVILS.

les liens du mariage ; mais l'a-t-elle également lorsque l'un des époux est errant et caché ?

Comment d'ailleurs un homme retranché de la société, pourrait-il communiquer à ses enfans des droits civils dont lui-même est privé ?

M. Boulay demande comment on peut concilier le principe que la mort civile dissout le mariage aussitôt après l'exécution en effigie, avec la défense faite à la femme de se remarier avant l'expiration des cinq ans donnés au condamné pour purger la contumace. Il est plus naturel de laisser le mariage en suspens.

M. Tronchet répond que la défense faite à la femme vient de ce que, pendant cinq ans, il existe une condition résolutoire de la condamnation. Il est donc impossible de permettre à la femme de se remarier en quelque sorte provisoirement ; car le mal serait sans remède, si ensuite la condamnation venant à cesser, le premier mariage devait reprendre son cours.

M. Jollivet dit que puisqu'on est d'accord de ne pas permettre à la femme de se marier, il est évident qu'on ne peut regarder le mariage comme dissous, de quelques expressions qu'on se serve pour qualifier l'état du contumax.

M. Berlier dit qu'il répugne à la raison de regarder, pour certains cas, comme mort le même individu que, pour d'autres cas, on veut faire considérer comme vivant.

C'est cependant cette contradiction que comporte le système de M. *Tronchet*, et qui ne peut cesser qu'en substituant à la mort civile la suspension de certains droits civils, durant le temps donné pour purger la contumace.

Il faut bien remarquer d'ailleurs que, nonobstant ce qui fut dit à ce sujet dans les précédentes discussions, la contradiction ne serait pas levée par la faculté qu'aurait la femme du condamné de demander le divorce ; car cette voie même suppose le mariage subsistant et les deux époux vivans : or, dans le système de la mort civile, la femme du condamné devrait être considérée comme veuve, et son mariage comme dissous de plein droit.

Ainsi, dans une matière qui ne peut être raisonnablement scindée, on ne saurait admettre une fiction de mort qui n'opérerait qu'un effet partiel.

Au contraire, tout se concilie dans le système de la section du

Tribunat : le mariage subsiste, parce que le condamné n'est réputé mort civilement qu'après les cinq ans.

À l'égard des enfans nés depuis la contumace, si leur légitimité peut être contestée, dans les cas où il aura été impossible aux époux de s'approcher, du moins ils ne seront pas illégitimes de plein droit, et leur état ne dépendra plus de conditions résolutoires. Ce système est tout-à-la-fois plus simple et plus favorable à l'ordre social.

M. RÉAL dit que le système de suspension ménage mieux l'intérêt des enfans : il empêche qu'ils ne soient exclus d'une succession collatérale par un parent plus proche qu'eux en degré, et qui aurait cependant concouru avec leur père, si celui-ci eût conservé le droit de succéder. Il est vrai que la représentation à l'infini, qui existe maintenant, garantit les enfans de ce danger ; mais il ne faut pas oublier que, suivant le projet de Code civil, elle serait restreinte.

Le consul CAMBACÉRÈS répond que le droit qui doit exister étant encore incertain, le Conseil ne peut le prendre pour base de ses délibérations. Le cas dont vient de parler M. *Réal* est d'ailleurs le plus rare.

M. TRONCHET dit que la difficulté qu'on a élevée par rapport au mariage ne doit pas arrêter : la femme du condamné sera précisément dans la même position que la femme de l'absent.

M. TREILHARD dit qu'il admettrait avec peine un système où il trouve une mort provisoire, et d'après lequel un individu réputé mort légalement, pourrait cependant un jour être déclaré vivant.

On a fondé ce système sur le principe incontestable qu'un jugement par défaut doit être exécuté ; mais on a oublié que le juge a le droit de suspendre pour un tems l'exécution totale ou partielle de ses jugemens : ce droit appartient à plus forte raison au législateur.

Le système suspensif, qui sauve toutes ces contradictions, n'a été combattu que par une seule objection grave : on l'a prise de la nécessité de rendre plus imposant et plus utile en ne le retardant pas, l'exemple de la peine infligée au crime. Aussi cette considération importante doit-elle décider à conserver tout l'appareil de l'exécution du jugement rendu par contumace ; mais elle n'exige pas que l'exécution soit en tout complète ; elle ne s'oppose pas à ce que le condamné soit mis d'abord dans un état d'interdiction, qui, après cinq ans, se convertisse en privation définitive des droits civils. Par-là l'exemple du châtiment ferait l'impression qu'il doit produire ; et cependant les dif-

JOUISSANCE ET PRIVATION DES DROITS CIVILS. 115

ficultés que présentent la dissolution du mariage, l'illégitimité des enfans, s'évanouiraient.

M. Maleville dit que ce n'est pas par la considération de ce que le juge ou même le législateur ont le pouvoir d'ordonner, qu'il faut se décider pour l'une ou l'autre des opinions qui partagent le Conseil, mais par la considération de ce qui est plus équitable: or, il est constant que si l'opinion de M. *Tronchet,* est la plus conforme à la rigueur des principes, l'avis contraire l'est davantage à l'équité et à l'immense faveur que méritent les enfans; mais le législateur n'est pas obligé de se modeler sur cette rigueur de principes, ni de s'assujettir à une série de conséquences qui pourraient aboutir à la fin à une extrême iniquité.

Le Conseil adopte le système proposé par la section de législation du Tribunat.

Le tout est renvoyé à la section, pour présenter une rédaction conforme à ce système.

(Les articles furent rédigés ainsi qu'ils ont été décrétés).

28. Les condamnés par contumace seront, pendant les cinq ans, ou jusqu'à ce qu'ils se représentent ou qu'ils soient arrêtés pendant ce délai, privés de l'exercice des droits civils.

Leurs biens seront administrés, et leurs droits exercés de même que ceux des absens.

XIX. *Lorsque la condamnation emportant mort civile n'aura été rendue que par contumace, la partie civile et les héritiers du condamné ne pourront se mettre en possession de ses biens pendant les cinq années qui suivront l'exécution qu'en donnant caution.*

L'exécution provisoire a lieu, même quant à ce qui concerne les actions qui résultent de la dissolution du mariage, entre l'époux du condamné et ses héritiers, sauf que l'époux ne peut contracter un nouveau mariage qu'après l'expiration des cinq ans.

M. Tronchet dit que la provision que cet article accorde aux héritiers, est une conséquence du principe adopté par le Conseil; que les actions de l'autre époux sont ouvertes, parce qu'il ne peut demeurer en communauté avec des héritiers avec lesquels il n'a pas

Séance du 26 Thermidor an 9.

contracté; que la dissolution du mariage est suspendue, parce que l'importance de ce contrat exclut toute idée de provision. Ce serait d'ailleurs favoriser une supposition immorale, que d'admettre celle que ferait la femme, que son mari demeurera sous le poids de sa condamnation; ce serait exposer les enfans qu'elle aurait d'un nouveau mariage à devenir bâtards, si le premier mari de leur mère venait à recouvrer ses droits civils.

M. Bigot-Préameneu demande qu'on prévoie le cas où les héritiers du condamné ne pourraient donner caution, et qu'alors on substitue le séquestre à la possession provisoire qui leur est accordée par l'article.

M. Tronchet dit que ce n'est pas ici la place des règles qui décident pour ce cas; on les trouvera ailleurs. Au surplus, ces règles sont connues; on sait qu'à défaut de caution, les fonds deviennent inaliénables, et qu'il doit être fait emploi des meubles.

M. Boulay dit que, dans le système de l'article, le mariage est regardé comme dissous, et que néanmoins il ne l'est pas parfaitement, puisque la femme ne peut en contracter un nouveau. Mais les enfans qui en naîtraient pendant les cinq ans de la contumace, ne seront pas légitimes, si leur père se fait absoudre après ce délai: ils seraient donc bâtards, quoique leur père fût reconnu innocent? On préviendrait cette contradiction, en ne déclarant le mariage dissous qu'après les cinq ans, c'est-à-dire, lorsque le jugement par contumace aurait acquis la même force qu'un jugement contradictoire.

M. Tronchet dit qu'il a été décidé qu'un jugement par contumace doit être exécuté provisoirement; mais que la nature du contrat de mariage n'admet pas de provision.

M. Boulay convient que la femme ne peut pas se remarier dans les cinq ans; mais la difficulté porte sur l'état des enfans qu'elle a eus de son mari pendant ce délai.

Le consul Cambacérès dit qu'il n'y a pas de certitude légale que ces enfans appartiennent au père. Le mariage étant dissous, ils ne peuvent plus invoquer la règle, *Pater is est quem justæ nuptiæ demonstrant.*

M. Boulay observe que la règle reprend sa force, lorsque le père revient dans les cinq ans et est absous.

Le consul Cambacérès dit qu'on peut se placer aussi dans l'hypothèse où le père ne se fait absoudre qu'après les cinq ans; et qu'alors les enfans nés entre la condamnation et l'absolution ne seraient certainement pas légitimes; qu'au reste, l'inconvénient dont parle M. Boulay, paraît exister dans le système qu'avait proposé la section.

M. Tronchet ajoute que quand la loi a frappé le mari de mort civile et déclaré son mariage dissous, elle ne peut plus voir, dans la fréquentation entre les époux, qu'un concubinage qui l'offense.

M. Defermon dit que, dans le système de M. Tronchet, la femme demeure, pendant les cinq ans, dans les devoirs que le mariage lui impose envers son mari; qu'elle ne peut donc refuser de le fréquenter s'il l'exige, et qu'il est naturel de prévoir que, de ce commerce, pourront naître des enfans. La loi se contredirait si elle flétrissait ensuite des enfans nés en quelque sorte sous ses auspices; et cependant elle les déclarerait bâtards, si elle décidait que, même à l'égard de son mariage, le contumax qui se fait absoudre après les cinq ans, ne reprend ses droits civils que pour l'avenir.

M. Tronchet dit que l'exception demandée par M. Defermon pourra être discutée avec l'article XXI.

Le consul Cambacérès dit que, comme la filiation ne sera pas certaine, il combattra cette exception.

M. Defermon déclare qu'il se réduit à demander l'exception pour les enfans que le père reconnaîtra.

Le consul Cambacérès dit qu'il admet l'exception ainsi restreinte.

M. Boulay fait une autre observation: il dit qu'en donnant aux héritiers la possession provisoire des biens du contumax qui a encouru la mort civile, on leur donne aussi les fruits; que cependant la loi criminelle prononce le séquestre de ces biens au profit de la nation, même lorsque le contumax n'a pas été condamné à une peine emportant la mort civile; qu'elle a fait de ce séquestre la peine générale de tout contumax. Il résulterait cependant de la dérogation qu'on ferait en faveur du contumax mort civilement, qu'il serait mieux traité que celui qui a mérité une peine moins grave. On ne peut donc se dispenser de généraliser la disposition, et de faire cesser le séquestre à l'égard de toute espèce de contumax.

Le consul Cambacérès dit que cette disposition est étrangère au Code civil; qu'elle appartient au Code criminel, dont on ne s'occupe pas encore.

M. Boulay observe que la contradiction subsistera cependant jusqu'à la réformation du Code criminel.

Le consul Cambacérès dit qu'il est possible de la faire cesser par une loi particulière ; mais que, sous aucun rapport, on ne peut insérer de disposition sur ce sujet dans le Code civil.

M. Defermon dit qu'il importe encore d'examiner si la partie civile doit donner caution pour toucher ses dommages-intérêts.

M. Tronchet tient pour l'affirmative, parce que, si le contumax se représente dans les cinq ans, il est déchargé, même des condamnations pécuniaires, et que le jugement est mis au néant. Ce n'est qu'après l'expiration des cinq ans que la partie civile n'est plus exposée à rendre les dommages-intérêts.

M. Regnier dit qu'exiger dans tous les cas une caution de la partie civile, ce serait la priver quelquefois de ses dommages-intérêts. Il en serait ainsi, par exemple, dans le cas où ils auraient été adjugés à des enfans pauvres et en bas âge, comme réparation de l'assassinat de leur père. On devrait donc laisser à la prudence du juge d'exiger ou de ne pas exiger une caution de la partie civile.

Le conseil consulté, retranche de l'article la disposition relative à la partie civile.

M. Boulay déclare qu'il retire son amendement, si l'on se propose de le placer dans une loi particulière.

L'article est adopté.

29. Lorsque le condamné par contumace se présentera volontairement dans les cinq années, à compter du jour de l'exécution, ou lorsqu'il aura été saisi et constitué prisonnier dans ce délai, le jugement sera anéanti de plein droit ; l'accusé sera remis en possession de ses biens : il sera jugé de nouveau ; et si, par ce nouveau jugement, il est condamné à la même peine ou à une peine différente emportant également la mort civile, elle n'aura lieu qu'à compter du jour de l'exécution du second jugement.

XX. *Lorsque le condamné par contumace, se présentera volontairement dans les cinq années, ou lorsqu'il aura été saisi et constitué prisonnier dans le même délai, le jugement sera anéanti de plein droit ; l'accusé sera jugé de nouveau en la forme prescrite par la loi criminelle ; et s'il est absous, ou s'il n'est point condamné, soit à la même*

JOUISSANCE ET PRIVATION DES DROITS CIVILS. 119

peine, soit à une autre emportant mort civile, *tous les effets de la première condamnation seront anéantis avec effet rétroactif.*

L'article fut d'abord adopté à la séance du 26 Thermidor, et néanmoins reproduit en ces termes :

Lorsque le condamné par contumace se présentera volontairement dans les cinq années, à compter du jour de l'exécution, ou lorsqu'il aura été saisi et constitué prisonnier dans ce délai, le jugement sera anéanti de plein droit ; l'accusé sera remis en possession de ses biens ; il sera jugé de nouveau en la forme prescrite par la loi criminelle : dans le cas, où par le nouveau jugement, il serait condamné à la même peine, ou à une peine différente, emportant également la mort civile, elle n'aura lieu qu'à compter du jour du second jugement.

Séance du 4 Fructidor an 9.

M. Shée observe, que s'il est de la souveraine justice, que le condamné par contumace, rentre dans la plénitude de ses droits, après un jugement contradictoire où il a été reconnu innocent, il paraît inconséquent dans le cas contraire, de ne donner d'effet à sa condamnation qu'à dater du second jugement : car le coupable en fuite et qui ne se proposait pas de réclamer contre une condamnation justement méritée, aurait pendant cinq ans la chance de venir recueillir une succession, de la dénaturer et de l'emporter ensuite dans le lieu de déportation où le jugement contradictoire le reléguerait.

L'article est adopté.

30. Lorsque le condamné par contumace, qui ne se sera représenté ou qui n'aura été constitué prisonnier qu'après les cinq ans, sera absous par le nouveau jugement, ou n'aura été condamné qu'à une peine qui n'emportera pas la mort civile, il rentrera dans la plénitude de ses droits civils, pour l'avenir, et à compter du jour où il aura reparu en justice ; mais le premier jugement conservera, pour le passé, les effets que la mort civile avait produits dans l'intervalle écoulé depuis l'époque de l'expiration des cinq ans jusqu'au jour de sa comparution en justice.

XXI. *Lorsque le condamné par contumace, qui ne se sera représenté ou qui n'aura été constitué prisonnier qu'après les cinq ans, sera absous par le nouveau jugement, ou n'aura été condamné qu'à une peine qui n'emportera point la mort civile, il rentrera dans la plénitude de ses droits civils pour l'avenir, et à compter du jour où il aura reparu en justice; mais le premier jugement conservera tous ses effets pour le passé.*

(Cet article fut adopté dans la séance du 26 thermidor an 9, avec l'amendement que *les enfans nés entre la condamnation et l'absolution d'un mort civilement, seront légitimes, s'ils sont reconnus par leur père*).

Séance du 20 Brumaire an 11.

(L'article est reproduit avec l'amendement, ainsi conçu : *néanmoins les enfans nés de son époux dans l'intervalle des cinq ans seront légitimes*).

Le consul Cambacérès pense que la disposition qui termine cet article est trop absolue, et qu'il faut pouvoir opposer aux enfans des condamnés, toutes les exceptions admises contre la règle *pater is est*.

M. Maleville dit que l'article tel qu'il est rédigé, n'empêche point d'opposer aux enfans nés de la femme du contumax les exceptions dont le Consul vient de parler; cet article les place seulement dans la règle générale; il serait peut-être trop dur d'aller plus loin, et de faire dépendre leur état de l'aveu du père.

M. Béranger demande si les enfans nés pendant les cinq ans, seront légitimes, même lorsque le père ne se sera pas fait acquitter.

M. Tronchet répond qu'ils sont légitimes de plein droit, puisque la mort civile du père n'est acquise qu'après l'expiration des cinq ans.

Ceci prouve que la disposition sur laquelle on discute est inutile; puisque ces enfans ont la légitimité de plein droit; et par une conséquence nécessaire du système adopté à l'égard des condamnés par contumace, il est oiseux de la leur accorder par une disposition particulière.

Le consul Cambacérès dit qu'il y aurait peut-être quelque dureté à faire dépendre l'état de ces enfans de l'aveu ou du désaveu de leur père; qu'il convient d'examiner si les exceptions à la règle *pater is est* suffisent à leur égard, ou s'il ne faut pas y ajouter.

M. Tronchet pense que les exceptions ordinaires à la règle *pater is est*, doivent être conservées pour les enfans dont il s'agit; que cependant on ne peut se dissimuler qu'elles seraient ici illusoires par les motifs que le consul *Cambacérès* a développés. Cette considération semble

demander

demander qu'on exige l'aveu du père : lui seul sait si l'exception d'impossibilité physique existe.

Le consul Cambacérès dit que la loi ne peut pas abandonner l'état de l'enfant aux caprices du père; que si l'on admet le désaveu de ce dernier, il convient d'exiger, du moins, qu'il le motive.

M. Bigot-Préameneu dit que l'un des inconvéniens de la disposition qui exigerait la reconnaissance du père, serait de priver les enfans de leur état, si le père venait à mourir avant de les avoir reconnus.

Le consul Cambacérès dit que la difficulté vient de la disposition trop restreinte qui réduit à la seule impossibilité physique les exceptions à la règle *pater is est*. Lorsque cette disposition a été adoptée, on ne pensait pas qu'elle dût être appliquée aux enfans du contumax.

M. Bigot-Préameneu propose d'ajouter à l'article : *Néanmoins leur légitimité pourra être contestée suivant les circonstances.*

M. Tronchet dit que faire dépendre des circonstances l'état de ces enfans, ce serait le rendre inébranlable. Quelles circonstances, en effet, les tiers intéressés pourraient-ils alléguer? Un contumax qui se cache n'est pas comme un absent dont on peut reconnaître et vérifier les traces : l'aveu du père semble donc indispensable.

M. Bigot-Préameneu dit que la mort possible du père avant la reconnaissance sera toujours un obstacle au système de M. *Tronchet.*

Le consul Cambacérès dit que pour échapper à la difficulté, il conviendrait de ne pas exiger la reconnaissance positive du père, mais de lui donner seulement la faculté de désavouer les enfans.

Le consul Lebrun dit que le cas dont le Conseil s'occupe est si rare, qu'on peut s'en tenir au droit commun.

Le consul Cambacérès dit qu'il n'y a pas d'hypothèse où la supposition d'enfant soit plus facile.

M. Tronchet propose d'accorder au père le désaveu en la manière qu'il a été réglé au titre *de la Paternité*, et d'appliquer aux héritiers du contumax, les dispositions du même titre qui se rapportent aux héritiers du père : car, dit-il, les enfans supposés ne se présentent ordinairement qu'après la mort de celui dont ils prétendent être nés.

M. Bérenger pense que le contumax ne doit plus être traité que comme l'absent, puisque l'exécution en effigie n'a plus aucun résultat.

Le consul Lebrun dit qu'elle produit encore le séquestre et l'administration des biens avant le terme où ils ont lieu pour simple fait d'absence.

Le consul CAMBACÉRÈS propose de substituer à la dernière partie de l'article une disposition qui porte que la légitimité des enfans du contumax, nés pendant les cinq ans, sera réglée par le titre *de la Paternité*.

La proposition du consul Cambacérès est renvoyée à la section pour la rédiger en article (1).

Séance du 26 Thermidor an 9.

(1) La section de législation proposait l'article suivant :
Tous les actes d'aliénation qui sont faits par l'accusé d'un délit auquel la loi attache une peine emportant mort civile, sont réputés frauduleux, dans le cas où il est condamné à cette peine.

M. TRONCHET propose d'ajouter à cet article : *Il en est de même des actes faits par le contumax, dans le cas de l'article précédent.*

M. PORTALIS dit que les actes dont il s'agit sont annullés, non parce qu'on regarde leur auteur comme incapable, mais parce qu'on les suspecte de fraude. Ces actes jusqu'ici n'ont pas été proscrits indistinctement et par une présomption générale de fraude : on les a toujours anéantis individuellement, et seulement lorsque les circonstances les accusaient de fraude, et qu'ils blessaient les droits de tiers. Une disposition générale contre ces actes ferait peser sur l'accusé une incapacité qui ne doit pas lui être imprimée, et le priverait, lui et sa famille, des moyens d'arranger leurs affaires.

M. TRONCHET dit que l'objet de l'article est de prévenir, par une disposition générale, les procès multipliés que produirait la faculté d'attaquer chaque acte en particulier. Cette disposition, au surplus, ne blesserait aucun intérêt : les créanciers de l'accusé demeurant dans leurs droits, s'ils peuvent prouver qu'ils le sont devenus pendant le cours de la procédure par une cause juste et nécessaire, les acquéreurs ne peuvent se prétendre de bonne-foi, puisque la loi les avertissait que la vente qu'on leur ferait serait nulle.

Le consul CAMBACÉRÈS dit que la disposition est néanmoins trop sévère; qu'elle paralyserait souvent des transactions légitimes et indispensables.

M. PORTALIS ajoute qu'il serait étonnant qu'on laissât à l'accusé la puissance paternelle, les droits du mariage, tous ses droits enfin, à l'exception de celui que réclame le plus fortement l'intérêt de sa famille.

Il faut sans doute que la loi s'applique à prévenir les procès et à uniformiser la jurisprudence des tribunaux; mais c'est par rapport au droit, qui concerne toujours l'intérêt général, et non par rapport aux faits, qui ne concernent jamais que les intérêts individuels. S'agit-il du droit? l'individu n'est rien, la société est tout : s'agit-il de faits? chaque individu est la société tout entière.

L'article est supprimé.

M. BOULAY propose de déclarer par un article nouveau, que les actes faits par un mort civilement, entre sa condamnation et sa mort naturelle, sont nuls.

M. THIBAUDEAU dit que ce serait violer le principe qui absout le contumax s'il meurt dans les cinq ans; que, dans cette hypothèse, on ne peut donner aucun effet à une condamnation entièrement anéantie.

M. LACUÉE dit que cette doctrine est trop indulgente; qu'elle donnerait au condamné la facilité de vendre ses biens et de se retirer de France.

JOUISSANCE ET PRIVATION DES DROITS CIVILS.

31. Si le condamné par contumace meurt dans le délai de grace des cinq années sans s'être représenté, ou sans avoir été saisi ou arrêté, il sera réputé mort dans l'intégrité de ses droits. Le jugement de contumace sera anéanti de plein droit, sans préjudice néanmoins de l'action de la partie civile, laquelle ne pourra être intentée contre les héritiers du condamné que par la voie civile.

XXII. *Le condamné par contumace, qui meurt dans le délai de grace des cinq ans, est réputé mort dans l'intégrité de ses droits civils; le jugement de contumace est, en ce cas, anéanti de plein droit.*

M. Boulay observe que cet article est fondé sur la présomption que

Séance du 26 Thermidor an 9.

Le Premier Consul dit qu'il ne peut pas y avoir de question, puisque le mort civilement n'a pas la capacité de faire des actes civils.

M. Réal répond qu'il n'en est empêché, dans l'état actuel de la législation, que par le séquestre apposé sur ses biens; mais qu'il le pourra d'après le système que le conseil a adopté.

Il ne faut pas croire, au surplus, que personne ne traitera avec lui à cause de sa condamnation: un contumax peut aller contracter dans des lieux où l'on ignore qu'il est condamné.

M. Tronchet dit qu'il est impossible, dans le système adopté par le conseil, qu'un condamné soustraie ses biens à ses héritiers par des aliénations frauduleuses, à moins qu'il ne les vende immédiatement après la condamnation; car les héritiers étant saisis aussitôt, et se faisant inscrire, on ne peut plus leur enlever leur propriété: une loi est donc inutile, puisqu'il y a une impossibilité de fait.

Au surplus, la question ne peut s'élever que par rapport au contumax qui meurt dans les cinq ans. Pourquoi déroger au principe qu'il meurt *integri statûs*, en faveur d'héritiers éventuels, et qui ne seront peut-être pas les mêmes à l'expiration de la cinquième année, qu'au moment de la condamnation?

Le consul Cambacérès dit que, si l'on veut adopter la proposition de M. *Boulay*, il faut supprimer le délai de grace pour le contumax qui meurt dans les cinq ans, et prononcer qu'il meurt sous le poids de sa condamnation.

M. Boulay dit que le principe qu'il meurt *integri statûs* n'a été introduit qu'en haine du fisc, et que ce motif n'existe plus.

M. Réal dit que, puisque l'individu condamné contradictoirement meurt *integri statûs*, lorsqu'il meurt avant l'exécution de son jugement, la justice ne permet pas de refuser le même avantage au contumax qui meurt avant l'expiration du délai que lui donnait la loi pour se justifier.

La proposition de M. *Boulay* est mise aux voix et rejetée.

le contumax se serait représenté et aurait prouvé son innocence : il résulte de ce principe, que les actes qu'il a faits pendant sa contumace deviennent valables par sa mort ; or, une telle conséquence ne peut se concilier avec la saisie accordée aux héritiers depuis le moment de la condamnation ; car il implique contradiction, que les héritiers aient été saisis, et que le condamné ait pu disposer.

M. Tronchet soutient qu'il n'y a pas de contradiction. En général, le contumax qui se fait absoudre dans les cinq ans, reprend rétroactivement la vie civile. S'il meurt pendant le délai, il meurt absous, parce qu'on suppose qu'il se serait représenté, et que, s'il n'a pas jusque-là usé de cette faculté, c'est que des obstacles insurmontables l'en ont empêché. Au reste, il n'était pas en faute, puisque le délai n'était pas expiré. Son absolution ayant un effet rétroactif, ses héritiers doivent lui rendre sa succession, et sont réputés n'en avoir jamais eu la propriété : il a donc pu disposer valablement.

M. Defermon observe que l'article prive la partie civile des droits qui lui sont acquis par le jugement, et qu'il n'est pas juste que les frais qu'elle a faits pour obtenir des dommages-intérêts soient perdus, et son action périmée.

Le consul Cambacérès dit que les condamnations pécuniaires n'étant que des accessoires des condamnations pénales, elles tombent nécessairement avec elles. Un arrêt de la cour des aides, de 1673, rapporté dans le supplément du Journal du Palais, a fait l'application de ce principe.

M. Defermon demande comment la partie civile obtiendra ses dommages-intérêts.

M. Portalis répond que la mort naturelle du contumax pendant les cinq ans, en désarmant la vengeance publique, n'éteint pas néanmoins l'action en dommages-intérêts. La réparation civile peut encore être poursuivie par la partie contre les héritiers de celui qui a fait le dommage : on poursuit alors par la voie civile, et la preuve se fait par enquête.

M. Tronchet, pour prévenir toute équivoque, propose d'ajouter à l'article : *Le tout sans préjudice de l'action civile de la partie intéressée.*

M. Bigot-Préameneu dit qu'il est inutile d'exprimer cette maxime, attendu que, dans l'usage actuel, la réparation civile est poursuivie par la voie civile.

M. Réal observe qu'avant la procédure sur laquelle le jugement est intervenu, les parties intéressées ont eu le droit de se pourvoir à leur choix, au criminel ou au civil ; qu'on peut donc les renvoyer à poursuivre au civil, après que la condamnation est anéantie.

M. Defermon dit que cependant cette doctrine leur porterait préjudice, si les preuves avaient péri.

Le Ministre de la justice répond qu'au civil on fait valoir les preuves écrites, qu'ainsi la partie intéressée pourra se servir de celles que lui offriront les procès-verbaux de la police judiciaire.

L'article est adopté avec l'amendement proposé par M. *Tronchet.*

M. Berlier propose d'examiner si ce ne serait pas le cas d'arrêter par un article additionnel, que, si le contumax repris est condamné de nouveau à une peine emportant la mort civile, cette mort civile datera de l'expédition du premier jugement : cette disposition, qui s'écarte, il est vrai, des idées reçues, ne blesserait point la justice, et simplifierait peut-être beaucoup le système, par rapport aux actes intermédiaires.

M. Tronchet dit que tous les tribunaux se sont élevés contre cette disposition.

Il est de principe que le premier jugement est anéanti dans toutes ses parties, lorsque le contumax se présente : sa condamnation ne résulte donc plus que du second jugement ; ainsi, c'est de l'exécution de ce dernier jugement que doit dater la mort civile.

32. En aucun cas la prescription de la peine ne réintégrera le condamné dans ses droits civils pour l'avenir.

XXIII. *Dans aucun cas la prescription de la peine ne pourra réintégrer le condamné dans ses droits civils.*

M. Maleville dit que cet article est pris de Richer, lequel appuie son opinion d'un arrêt rendu par le parlement de Paris en 1738 : mais un arrêt isolé ne fait pas une jurisprudence ; et Richer lui-même en cite deux de Toulouse, qui consacrent l'opinion contraire à la sienne. Lapeyrère en rapporte d'autres du parlement de Bordeaux conformes à ceux de Toulouse ; et Serres, dans ses institutions au droit français, dit que l'opinion commune est que le condamné qui a prescrit la peine, recouvre pour l'avenir la capacité de succéder.

Mais la raison proscrit aussi l'opinion de Richer. On ne condamne pas un homme à la mort civile ; seulement la mort civile est la suite de la peine : mais comment maintenir l'effet, quand l'abolition de la peine fait cesser la cause? L'intérêt politique veut aussi qu'on diminue, autant qu'il est possible, le nombre des vagabonds : or, ce serait l'augmenter, que de livrer à un vagabondage perpétuel les condamnés qui ont prescrit leur peine. La misère est la cause la plus générale des crimes.

Richer objecte qu'on ne prescrit contre un jugement que dans la partie qui n'a pas encore reçu son exécution. Mais la mort civile n'étant qu'un accessoire de la peine, elle ne peut pas plus subsister après que la peine est anéantie par la prescription, que des intérêts ne peuvent être dus lorsque la dette principale est prescrite.

Enfin, quand les deux opinions seraient problématiques, pourquoi, entre deux jurisprudences contraires, préférer précisément la plus rigoureuse? Il ne faut pas apporter dans les lois cette inflexibilité de caractère, cette dureté qui contraste si fort avec la douceur des mœurs nationales. Il faut, sans doute, que les coupables soient punis; mais vingt ans passés dans les privations, dans les transes, dans l'agonie de la crainte, ne suffisent-ils pas pour l'expiation des plus grands crimes? Nous avons éprouvé, dans la révolution, que la trop grande sévérité des peines ne fait que révolter les esprits et dépraver les cœurs; essayons ce que produira la clémence.

M. BERLIER dit qu'il ne faut point accorder prime sur prime à la contumace, et qu'il n'y a pas ici entre les deux effets qu'on rapporte, considérés relativement à leur cause, une connexion telle, que le législateur ne puisse conserver l'un en effaçant l'autre; que si l'ordre social veut bien, en adoptant la prescription de la peine, ne pas tenir le glaive perpétuellement suspendu sur la tête du condamné, cette disposition libérale dégénérerait beaucoup en restituant au contumax tous les droits de la vie civile, dans les cas où il a encouru la mort civile; et qu'il serait vraiment bizarre que, par le seul fait de sa contumace, un homme condamné judiciairement à la déportation, par exemple, pût rendre purement *temporaire* une privation de droits civils qui lui était infligée à perpétuité.

M. DEFERMON demande si l'article XX empêcherait les tribunaux d'admettre à se justifier, le condamné qui se présenterait après avoir prescrit la peine?

M. TRONCHET dit que toutes les lois, et même celle du 3 brumaire, décident qu'on ne peut refuser de l'entendre. Ce serait une injustice que de repousser un homme qui veut se justifier, ne fût-ce que pour sauver son honneur; et s'il parvient à prouver son innocence, il serait atroce de ne lui pas rendre ses droits civils. Mais cette faveur n'est pas due au condamné qui se cache pendant vingt ans; la prescription lui mérite sa grace, mais elle ne le justifie pas par la force d'un droit acquis. L'intérêt de la société ne permet pas d'adopter une doctrine qui n'imposerait aux grands coupables d'autre peine que l'embarras de se tenir cachés.

L'article est adopté.

M. DEFERMON demande, sur cet article, qu'on établisse le principe que le condamné qui aura prescrit la peine, pourra se représenter pour subir un nouveau jugement.

Séance du 4 Fructidor an 9.

MM. BOULAY et REGNIER observent qu'on ne peut autoriser à se mettre en jugement celui qui ne peut plus être condamné.

M. TRONCHET dit que, dans une des précédentes séances, il avait été d'une opinion contraire, parce qu'il lui paraissait dur de repousser un individu qui demande à se justifier; mais qu'il se rend aux raisons de MM. Boulay et Regnier; que, tout considéré, c'est assez de donner vingt ans à un condamné pour venir faire reconnaître son innocence: aucune présomption ne favorise celui qui n'a pas profité d'un si long délai, et qui ne se présente que lorsqu'il ne peut plus qu'être absous.

La proposition de M. de Fermont est rejetée.

33. Les biens acquis par le condamné, depuis la mort civile encourue, et dont il se trouvera en possession au jour de sa mort naturelle, appartiendront à la nation par droit de déshérence.

Néanmoins le gouvernement en pourra faire, au profit de la veuve, des enfans ou parens du condamné, telles dispositions que l'humanité lui suggérera.

XXIV. *Les biens que le condamné à une peine emportant mort civile pourra avoir acquis depuis l'exécution du jugement, appartiendront à la nation, par droit de déshérence.*

Néanmoins, le gouvernement en pourra faire, au profit de la veuve,

Séance du 26 Thermidor an 9.

des enfans ou parens du condamné, telle disposition que l'humanité lui suggérera (1).

M. Tronchet dit qu'il a cru nécessaire de limiter la faculté que l'article donne au gouvernement, afin de ne pas rétablir l'usage des dons de confiscation.

Séance du 4 Fructidor an 9.

(Une nouvelle rédaction est proposée; elle est la même, à l'exception des mots : *et dont il se trouvera en possession au jour de sa mort naturelle*, qui ont été ajoutés après ceux : *depuis l'exécution du jugement*.)

M. Duchatel demande qu'on retranche de l'article le mot *déshérence*, qui semble annoncer une confiscation, ou plutôt qui est la confiscation prononcée sous le simple mot de *déshérence*.

M. Tronchet observe qu'on pourrait au contraire croire qu'il y a confiscation, si le mot *déshérence* était retranché. Ce mot, en effet, indique la cause pour laquelle les biens sont dévolus à la nation; c'est parce que l'état succède à tout homme qui n'a pas d'héritier, et que le mort civilement ne peut en avoir.

L'article est adopté.

---

(1) Voyez à la page 71 l'opinion de M. Boulay.

TITRE

TITRE II.

DES ACTES DE L'ÉTAT CIVIL.

Décrété le 20 Ventose an 11, et promulgué le 30 du même mois.

CHAPITRE PREMIER.

DISPOSITIONS GÉNÉRALES.

34. Les actes de l'état civil énonceront l'année, le jour et l'heure où ils seront reçus, les prénoms, noms, âge, profession et domicile de tous ceux qui y seront dénommés.

(Cet article, qui était le Ier du projet, a été adopté sans discussion.)

Séance du 6 Fructidor an 9.

35. Les officiers de l'état civil ne pourront rien insérer dans les actes qu'ils recevront, soit par note, soit par énonciation quelconque, que ce qui doit être déclaré par les comparans.

II. *Les officiers de l'état civil chargés de recevoir ces actes, ne pourront y rien insérer, soit par note, soit par énonciation quelconque, que ce qui doit être déclaré par les comparans.*

M. Fourcroy demande qu'on exprime que les actes seront écrits en français, afin que dans quelques départemens réunis, on ne se croie pas autorisé, par le silence de la loi, à se servir d'une langue étrangère à celle de la République.

M. Regnaud (de Saint-Jean-d'Angely) observe qu'il importe de savoir d'abord quels officiers seront chargés de recevoir ces actes, parce que, si cette fonction est confiée aux maires dans les départemens réunis, les actes ne pourront être rédigés qu'en flamand ou en allemand.

Le Premier Consul dit que les formules des actes seront si simples, qu'il deviendra facile de les copier dans tous les départemens ; qu'il est même avantageux d'accoutumer tous les Français à se servir de la langue nationale.

M. Regnaud (de Saint-Jean-d'Angely) dit que déjà des formules d'actes, rédigées par la section de l'intérieur, ont été envoyées aux officiers de l'état civil ; et que néanmoins, dans les départemens réunis, on a continué à rédiger les actes en flamand ou en allemand.

M. Boulay observe que l'objet dont le Conseil s'occupe, est purement réglementaire.

Le consul Cambacérès demande s'il ne serait pas nécessaire de s'expliquer sur l'application de la loi du timbre aux actes de l'état civil.

M. Duchatel rappelle que la loi s'en est elle-même expliquée.

L'article est adopté.

36. Dans les cas où les parties intéressées ne seront point obligées de comparaître en personne, elles pourront se faire représenter par un fondé de procuration spéciale et authentique.

(Cet article était le IIIe du projet ; il fut adopté sans discussion.)

37. Les témoins produits aux actes de l'état civil ne pourront être que du sexe masculin, âgés de vingt-un ans au moins, parens ou autres ; et ils seront choisis par les personnes intéressées (1).

IV. *Les témoins appelés aux actes de l'état civil, ne pourront être que du sexe masculin, âgés de vingt-un ans au moins, et choisis par les personnes intéressées.*

Le Ministre de la justice demande pourquoi l'article dit que les témoins seront choisis par les personnes intéressées. Ce choix ne peut avoir lieu dans les actes de naissance et de décès.

---

(1) Les témoins doivent-ils être citoyens français ? Le tribunal d'appel de Lyon faisait cette question ; la loi a gardé le silence.

M. Thibaudeau répond qu'il n'y a pas un acte à la rédaction duquel il n'y ait quelqu'un d'intéressé.

M. Tronchet observe qu'il n'y en a pas lorsqu'un individu meurt loin du lieu de son domicile, et dans un pays où il est inconnu, et qu'il en est de même lorsqu'un enfant nouveau-né a été exposé.

M. Roederer demande pourquoi les hommes seuls sont admis à être témoins; autrefois les femmes y étaient également admises.

M. Thibaudeau répond qu'autrefois on ne distinguait pas, dans les actes de naissance, les témoins d'avec les déclarans; le parrain et la marraine remplissaient les deux ministères : c'est la disposition formelle de l'article 4 de la déclaration de 1736. Mais depuis, la loi du 21 septembre 1792 a établi un nouveau système; elle a exigé la déclaration de la naissance, et la présence de témoins pour la solennité de l'acte. La déclaration peut-être faite par une femme; mais la loi veut que les témoins soient mâles. Il n'y a aucun motif de changer ces dispositions; les actes de l'état civil sont aussi importans que les testamens, pour lesquels les lois l'ont ainsi ordonné.

M. Roederer dit que les femmes sont celles qui, ordinairement, peuvent le mieux attester le fait de la naissance.

M. Boulay dit qu'elles le certifieront comme déclarantes.

M. Thibaudeau observe qu'il faut toujours en revenir à distinguer les déclarans qui attestent le fait de la naissance et l'origine de l'enfant, et les témoins appelés pour donner à l'acte la forme solennelle.

M. Cretet rappelle l'observation de M. Tronchet sur le choix déféré aux parties intéressées.

M. Boulay dit que les hypothèses présentées par M. Tronchet sont rares.

M. Bigot-Préameneu dit que, pour prévenir toute difficulté, on avait proposé de faire appeler les témoins par les déclarans. Il serait utile aussi de prononcer formellement que les parens pourront servir de témoins. Les officiers de l'état civil ne les ont pas repoussés jusqu'ici; mais les tribunaux demandent que la capacité des parens soit déclarée par une disposition expresse.

M. Boulay objecte qu'il est des actes qui, par leur nature, n'admettent pas de déclarans; qu'ainsi la rédaction que rappelle M. Bigot-Préameneu ne serait pas assez générale; que l'expression *les parties intéressées* n'exclut pas les parens.

M. Regnaud (de Saint-Jean-d'Angely) dit que l'amendement de

M. Bigot-Préameneu tend à prévenir les caprices des officiers de l'état civil.

Il faudrait ajouter *ou appelés par l'officier public*, afin que cet officier ait une règle sûre pour les cas où personne ne serait intéressé à présenter des témoins, comme, par exemple, lorsqu'on trouve un cadavre ou un enfant exposé.

M. ROEDERER demande qu'on substitue le mot *produits* au mot *appelés*, lequel suppose une autorité que n'exercent pas les particuliers par qui les témoins sont présentés.

Le consul CAMBACÉRÈS propose de rédiger ainsi : « *Les actes de l'état civil seront reçus en présence de témoins.*

M. DUCHATEL propose de retrancher le mot *que*, en tant qu'il s'applique à ces mots, *choisis par les personnes intéressées*.

L'article est adopté avec les amendemens de M. Bigot-Préameneu ; l'amendement de M. Duchâtel et la substitution du mot *produits* au mot *appelés*.

38. L'officier de l'état civil donnera lecture des actes aux parties comparantes, ou à leurs fondés de procuration, et aux témoins.

Il y sera fait mention de l'accomplissement de cette formalité.

(Cet article était le VIe du projet ; il fut adopté sans discussion).

39. Ces actes seront signés par l'officier de l'état civil, par les comparans et les témoins ; ou mention sera faite de la cause qui empêchera les comparans et les témoins de signer.

V. *Ces actes seront signés par l'officier de l'état civil et par toutes les parties comparantes, ou mention sera faite de la cause qui les empêche de signer.*

Le consul CAMBACÉRÈS dit que ces mots, *ou mention sera faite de la cause qui les empêche de signer*, semblent, d'après la forme de la rédaction, s'appliquer aussi à l'officier de l'état civil ; qu'il convient de faire disparaître cette ambiguïté.

L'article est adopté avec l'amendement du Consul.

ACTES DE L'ÉTAT CIVIL.

40. Les actes de l'état civil seront inscrits, dans chaque commune, sur un ou plusieurs registres tenus doubles.

VII. *Il y aura dans chaque commune, pour chaque espèce d'actes de l'état civil, un registre double, dont l'un restera dans les archives de la commune, et l'autre sera déposé au greffe du tribunal de l'arrondissement : ils seront clos et arrêtés par l'officier de l'état civil, à la fin de chaque année* (1).

Le consul CAMBACÉRÈS dit que la multiplicité de registres occasionnera beaucoup d'embarras et d'erreurs.

M. THIBAUDEAU dit que les rédacteurs du Code civil avaient proposé trois registres pour chaque nature d'actes; que la section, pour prévenir la confusion et l'embarras, les a réduits à deux; mais qu'elle a cru que ce nombre était nécessaire, afin que la perte d'un registre ne détruisît pas la preuve de l'état civil.

Le consul CAMBACÉRÈS dit qu'on pourrait opérer d'une autre manière la réduction des registres, en faisant inscrire sur le même, des actes de nature différente.

M. THIBAUDEAU observe que la diversité des formules pourrait s'y opposer.

M. REGNAUD (de Saint-Jean-d'Angely) dit que cet obstacle n'est pas réel, parce que les formules ne sont pas imprimées dans les registres qu'on distribue aux petites communes; on se contente de les placer au premier feuillet. Mais il y aurait un autre inconvénient à n'employer que deux registres pour les actes de l'état civil; il en résulterait un conflit entre les autorités administratives et judiciaires. Les tribunaux prétendront avoir, comme autrefois, le droit de prononcer sur les questions qui s'élèveront sur la réception et la rédaction des actes non encore attaqués devant eux, et de devenir dépositaires de l'un des registres : ainsi les préfets se trouveraient privés des élémens dont ils ont besoin pour former les tables décennales. Indépendamment du registre qui reste à la commune, il en doit être remis un au tribunal, et un autre à l'administration; si l'on persiste à n'établir que deux registres, le double qui ne reste pas à la commune doit être remis aux autorités administratives.

---

(1) Cet article du projet a encore formé l'article 43.

Le consul Cambacérès dit qu'il existe des règles certaines pour faire cesser le conflit dont a parlé M. *Regnaud* ; que d'ailleurs, en substituant les officiers civils aux ministres du culte, rien n'a été changé dans la législation à l'égard du jugement des questions d'état, qui reposent toujours sur la validité des actes de l'état civil. Les fonctions des officiers de l'état civil se réduisent à recevoir les actes ; c'est à l'autorité judiciaire qu'il appartient de prononcer sur les difficultés qui s'élèvent à raison de ces mêmes actes.

Quant à la confection des tables décennales, jusqu'ici on l'a tentée sans succès, et les efforts qu'on a faits pour y parvenir n'ont servi qu'à prouver qu'elle est très-difficile.

M. Regnaud (de Saint-Jean-d'Angely) convient que le jugement des questions d'état n'appartient qu'aux tribunaux : mais il pense que la signature et le paraphe des registres n'appartiennent qu'à l'administration. La section déroge à ce dernier principe : c'est une innovation qui peut être utile, mais qui mérite d'être mûrement examinée.

M. Roederer dit que les officiers de l'état civil seront nécessairement pris parmi les agens de l'administration. On ne voit dans l'ordre judiciaire que les juges de paix qui pourraient recevoir les actes de l'état civil ; mais ces fonctionnaires ne sont pas assez nombreux pour qu'il soit possible de les en charger. Si donc il est inévitable de confier ces fonctions à des agens administratifs, on ne peut se dispenser aussi de faire déposer les registres entre les mains d'administrateurs, parce qu'il faut les porter à ceux qui ont caractère pour en surveiller la tenue, et que des agens d'administration ne sont soumis qu'à la surveillance de leurs supérieurs dans l'ordre administratif.

Les contestations sur l'état civil sont rares ; mais quand il s'en élèvera, les tribunaux pourront les décider sur les extraits de registres que leur délivrera l'administration.

Si autrefois les registres étaient déposés au greffe des bailliages royaux, c'est qu'alors ils étaient tenus par les curés, et que les bailliages étaient les autorités auxquelles la loi déférait la réception des curés : ainsi l'analogie, en sens inverse, renvoie aujourd'hui le dépôt des registres aux supérieurs administratifs. Les préfets d'ailleurs ont intérêt de connaître la population de leurs départemens respectifs, et de la faire connaître au Gouvernement.

M. Portalis répond que les tribunaux sont aussi dans la république, et ont autant d'intérêt que toute autre autorité à la servir avec zèle.

Il faut distinguer la police d'administration, qui n'appartient pas aux autorités judiciaires, d'une autre police qui ne peut leur être contestée : c'est cette dernière police qui doit veiller à la conservation d'un dépôt permanent, tel qu'est celui des registres de l'état civil ; elle le doit, parce que les tribunaux sont des corps permanens qui ne sont pas exposés à changer comme les préfets. Il est même naturel que les registres soient déposés près de l'autorité qui prononce sur les altérations. On n'ôte rien par-là aux préfets ; car les fonctions de la police administrative se bornent à pourvoir les communes de registres. Si ensuite ces registres sont altérés, il s'élèvera ou un procès criminel ou une contestation civile qui ne regarde plus que les tribunaux. L'état civil, en effet, est une propriété qui, comme toutes les autres, est sous la protection de la justice : c'était cette considération seule qui, dans le tems que les registres étaient tenus par les curés, avait déterminé à les faire déposer dans les bailliages ; c'était afin qu'ils fussent conservés par l'autorité chargée de protéger l'état des citoyens. Cette protection sera d'ailleurs bien plus efficace que celle d'un préfet, qui n'a pas, comme les commissaires du gouvernement, le pouvoir de dénoncer les officiers négligens ou prévaricateurs, et qui, distrait par d'autres soins, n'userait pas de ce pouvoir s'il lui était donné.

Mais, dit-on, le préfet peut avoir besoin de connaître la population de son département.

Quand ce besoin existera, le commissaire du gouvernement requerra que les registres et tous les renseignemens nécessaires soient communiqués au préfet ; et l'on ne doit pas craindre que le commissaire ne fasse pas son devoir, car il peut être destitué.

M. Regnaud (de Saint-Jean-d'Angely) observe que M. Portalis raisonne dans les principes du système ancien, où la haute police d'administration était confiée aux sénéchaussées et aux parlemens : aujourd'hui cette police appartient aux autorités administratives, lesquelles ne sont pas moins permanentes que les tribunaux.

Les maires sont nommés ou installés par les préfets, et ne peuvent être mis en accusation sans l'autorisation du préfet : celui-ci a donc sur eux la surveillance et la police ; et dès-lors il a le droit de les dénoncer s'ils prévariquent ou sont négligens dans la tenue des registres de l'état civil. En suivant dans toutes ses conséquences le système de M. Portalis, il faudrait en conclure aussi que les tribunaux, comme chargés de punir les prévarications, doivent avoir le dépôt des archives des communes où sont un grand nombre d'actes relatifs aux droits civils et politiques, et à la propriété des citoyens.

Cependant, si le Conseil décidait que le double du registre sera déposé aux tribunaux, il serait nécessaire de faire recevoir les actes de l'état civil, non par les maires, mais par les notaires, afin qu'ils le fussent par un officier placé naturellement sous la surveillance judiciaire.

M. Boulay dit que les notaires ne sont pas assez multipliés pour qu'on puisse les charger de ces fonctions.

Il ajoute qu'autrefois on ne tenait que deux registres, dont un était déposé aux tribunaux, et que la législation nouvelle n'a rien changé à cet ordre. Il faudrait donc aujourd'hui, si l'on voulait l'intervertir, ou dépouiller les tribunaux, ou faire tenir un troisième registre : or les tribunaux continuant de prononcer sur les questions d'état, il n'y a pas de motif de leur ôter le moyen de s'éclairer ; il n'y en a évidemment pas qui justifie l'utilité d'un troisième registre.

Le Ministre de la Justice dit que la tenue d'un second registre n'est pas fondée sur des raisons de juridiction ; qu'elle n'est établie que pour la sûreté de l'état des citoyens : il convient donc de ne l'ordonner que dans cette vue, et pour que la perte d'un registre n'entraîne pas celle des droits de famille. Les raisons de juridiction écartées, une autorité n'est pas plus appelée qu'une autre à devenir dépositaire du second registre ; et alors on ne doit plus se déterminer, dans son choix, que par la sûreté et par la commodité des citoyens. Le dépôt dans un greffe permanent, bien organisé, bien surveillé, présente une grande sûreté ; il est aussi plus commode pour la majorité des citoyens, d'aller interroger les registres dans un tribunal placé près d'eux qu'au chef-lieu de leur département. Pour leur ménager la même facilité, il faudrait déposer le registre dans les sous-préfectures, si l'on préférait de le confier aux autorités administratives.

M. Defermon observe que, sous la précédente constitution, il n'y avait qu'un tribunal civil par département, et par conséquent un dépôt unique des registres : en multipliant davantage les dépôts, on en affaiblirait la sûreté.

M. Roederer dit que les chefs-lieux de département sont aussi immobiles

mobiles que les siéges des tribunaux; que d'ailleurs les grandes attributions dont les préfets sont chargés aujourd'hui, exigent qu'ils aient des archives organisées.

M. Tronchet dit que la commission, en s'occupant des registres de l'état civil, a eu sur-tout en vue d'assurer l'état des citoyens. Cette propriété précieuse repose, comme les autres, sous l'égide des tribunaux; c'est pourquoi les tribunaux doivent viser et parapher les registres qui en sont le fondement : si on leur ôtait ce droit, ils seraient réduits à faire vérifier la signature et le paraphe du préfet à chaque difficulté qui leur serait soumise.

Pour tout concilier, la commission avait proposé de faire tenir le registre triple, afin qu'un exemplaire donnât à l'administration des élémens de statistique; un autre serait resté à la commune pour que les citoyens pussent lever, sans se déplacer, les extraits dont ils auraient besoin. Elle avait pensé que ce registre pourrait être transmis d'un maire à un autre, de la même manière qu'il l'était sous les curés, et comme les minutes des notaires le sont à leurs successeurs : elle avait considéré encore que les fonctions de maire étant gratuites, on y attachait une légère indemnité, en laissant à ces fonctionnaires la rétribution que produit la levée des extraits; et que cette rétribution leur échapperait, si on leur enlevait les registres des années antérieures à l'année courante; que peut-être cette privation les rendrait moins soigneux dans la tenue des registres.

M. Roederer observe,

1º. Que si l'état civil est une propriété, l'état politique en est une aussi, et que cependant l'administration est dépositaire des registres qui le constatent;

2º. Que puisque, dans tous les systèmes, il doit demeurer un registre dans la commune, la crainte d'occasionner des déplacemens aux citoyens ne peut influer sur le choix du lieu où sera déposé le second;

3º. Que l'intérêt de suppléer un registre perdu n'est pas le seul motif qui en fasse établir un double; que ce mode est exigé par la nécessité d'inspecter les registres, et de les inspecter fréquemment, sur-tout aujourd'hui que les fonctionnaires chargés de les tenir n'ont pas encore acquis l'habitude de leurs fonctions; cette inspection ne peut être faite que par l'administration, si les officiers de l'état civil sont de l'ordre administratif;

4º. Qu'il serait impossible à un préfet de donner de fréquens documens sur la population, s'il était obligé de les rassembler ; que même il deviendrait difficile de les rassembler, parce qu'un greffier, comme tout autre dépositaire, ne pouvant perdre de vue son dépôt, le préfet serait obligé d'envoyer prendre des renseignemens sur les lieux ;

5°. Que si on allègue devant les tribunaux des altérations de registres, ou qu'il y ait d'autres doutes, on fera devant eux la même preuve que lorsqu'il s'agit d'une question d'état politique.

Le consul CAMBACÉRÈS dit qu'on n'a point encore prononcé sur les fonctionnaires qui tiendront les registres de l'état civil. La loi du 19 vendémiaire an 4, en chargeait les maires ; l'expérience a prouvé que ce mode présentait de graves inconvéniens. Peut-être établira-t-on des fonctionnaires *ad hoc* ; et alors il sera facile de les placer soit dans la hiérarchie administrative soit dans la hiérarchie judiciaire.

Au surplus, la question se divise.

Il y a quelque avantage à faire parapher les registres par les préfets ou par les sous-préfets, et à les autoriser à diriger, par des instructions, les officiers chargés de tenir ces registres. Lorsque les actes sont dressés, ils doivent être tout-à-fait étrangers à l'administration : si elle en conservait l'inspection, bientôt elle réclamerait le droit de les rectifier ; et, par ce moyen, elle acquerrait le droit de prononcer sur les questions dont la solution ne peut appartenir qu'aux juges.

Il est vrai que la difficulté de former des tableaux statistiques subsistera ; mais, comme on l'a déjà observé, l'expérience a découvert que cette mesure serait presqu'impossible à exécuter : comment, d'ailleurs, réunir à la préfecture tous les élémens des tables décennales ? Un département composé de quatre mille communes fournirait par an douze mille registres, et par dix ans cent vingt mille : quel vaste local il faudrait pour placer une collection si immense, laquelle, d'ailleurs, exigerait l'institution d'un garde des archives particulier.

Enfin le dépôt des registres à une autre autorité qu'à celle qui les prend pour base de ses décisions, produit des contestations perpétuelles : les administrations se refusent souvent à livrer ces registres aux tribunaux.

M. TRONCHET dit qu'il n'est pas indifférent de laisser ou d'ôter aux tribunaux le droit de parapher les registres. Lorsque le signataire est pris dans leur sein, ils ne peuvent être ni trompés ni en doute sur sa signature.

ACTES DE L'ÉTAT CIVIL.

M. Boulay observe que le Conseil a été forcé d'autoriser beaucoup de mises en jugement pour altérations de registres faites par des maires.

On passe à la discussion de la question de savoir si l'on inscrira plusieurs espèces d'actes sur un même registre.

M. Thibaudeau dit qu'en inscrivant tous les actes sur un même registre, il conviendrait peut-être de les classer suivant leur différente nature, pour en prévenir la confusion.

M. Defermon dit que le nombre des registres est un objet purement réglementaire ; que la loi doit se borner à decider s'ils seront tenus en double ou en triple.

M. Duchatel dit que les registres de l'état civil ne doivent pas être clos et arrêtés par celui qui les tient ; qu'il convient aussi de déterminer l'époque où se fera le dépôt.

M. Bigot-Préameneu propose de donner à l'officier de l'état civil la garde des registres, et de ne pas les déposer dans les archives des communes, où la garde en est toujours négligée.

L'article est adopté.

41. Les registres seront cotés par première et dernière, et paraphés sur chaque feuille, par le président du tribunal de première instance, ou par le juge qui le remplacera.

VIII. *Les registres seront cotés par première et dernière, et paraphés sur chaque feuille, sans frais, par le président du tribunal de l'arrondissement: ou par le juge qui le remplacera* (1).

42. Les actes seront inscrits sur les registres, de suite, sans aucun blanc. Les ratures et les renvois seront approuvés et signés de la même manière que le corps de l'acte. Il n'y sera rien écrit par abréviation, et aucune date ne sera mise en chiffres.

IX. *Les actes seront inscrits sur ces registres, de suite, sans aucun blanc,*

---

(1) Cet article fut adopté sans discussion, mais dans la rédaction on a retranché les mots *sans frais*.

et conformément aux modèles. Les ratures et les renvois seront approuvés et signés de la même manière que le corps de l'acte. Rien n'y sera écrit par abréviation, ni aucune date mise en chiffres.

Le consul CAMBACÉRÈS dit que le projet de code civil qui fut présenté au conseil des Cinq-cents, portait aussi que les actes seraient rédigés conformément aux modèles : on réclama contre cette disposition, sur le fondement que le remplacement d'un mot par un mot équivalent, entraînerait la nullité de l'acte.

M. THIBAUDEAU observe que la section ne s'est pas encore occupée de la nullité des actes, et qu'elle se propose même de soumettre au Conseil la question de savoir s'il faut admettre des nullités.

M. TRONCHET dit que les tribunaux ont demandé des lois sur les nullités : mais il est impossible d'établir sur ce sujet des règles générales; car ce sera toujours par les circonstances qu'il faudra juger de la nullité des actes. On peut cependant donner quelques règles sur les actes de mariage, parce que le contrat de mariage est précédé et accompagné de formalités et soumis à des conditions ; mais les nullités qu'on établirait pour les actes de naissance et de décès, ne détruiraient, en aucun cas, la certitude de la date, laquelle en est une des parties les plus essentielles. S'il y avait dans la date même une erreur, si, par exemple, on avait exprimé une année pour l'autre, la méprise devenant évidente par la contexture du registre entier, il y aurait lieu de rectifier et non d'annuller l'acte.

L'article est adopté (1).

43. Les registres seront clos et arrêtés par l'officier de l'état civil, à la fin de chaque année ; et dans le mois, l'un des doubles sera déposé aux archives de la commune, l'autre au greffe du tribunal de première instance (2).

44. Les procurations et les autres pièces qui doivent

---

(1) Quoique la proposition du consul CAMBACÉRÈS n'ait pas été adoptée, les mots *conformément aux modèles* ont été retranchés de l'article, sans discussion.

(2) Cet article dans le projet n'en formait qu'un seul avec l'article 40. Voyez la discussion qui a eu lieu sur ce dernier article.

demeurer annexées aux actes de l'état civil, seront déposées, après qu'elles auront été paraphées par la personne qui les aura produites, et par l'officier de l'état civil, au greffe du tribunal, avec le double des registres dont le dépôt doit avoir lieu audit greffe.

X. *Les procurations, ou les autres pièces dont la représentation sera exigée pour la rédaction des actes de l'état civil, demeureront annexées au registre, qui devra être déposé au greffe du tribunal, après qu'elles auront été paraphées par la personne qui les aura produites et par l'officier de l'état civil.*

M. TRONCHET observe qu'autrefois on se bornait à faire certifier les procurations; que ce serait engager les parties dans des frais inutiles que d'exiger d'elles des procurations authentiques.

M. THIBAUDEAU répond que les frais des procurations sont peu considérables, et que les tribunaux demandent qu'elles soient authentiques.

L'article est adopté.

45. Toute personne pourra se faire délivrer par les dépositaires des registres de l'état civil, des extraits de ces registres. Les extraits délivrés conformes aux registres, et légalisés par le président du tribunal de première instance, ou par le juge qui le remplacera, feront foi jusqu'à inscription de faux.

XI. *Toute personne pourra se faire délivrer, par les dépositaires des registres de l'état civil, des extraits des actes inscrits sur ces registres. Ces actes, et les extraits qui en seront délivrés conformes auxdits registres, feront foi jusqu'à inscription de faux.*

Le consul CAMBACÉRÈS dit qu'il est nécessaire de parler dans cet article, de la légalisation des signatures apposées aux extraits délivrés.

M. THIBAUDEAU répond qu'on ajoutera cette formalité; mais que c'est ici que se présente naturellement l'amendement relatif à la délivrance des extraits du registre et à l'indemnité qui sera payée.

M TRONCHET dit que la fixation de l'indemnité est un objet purement réglementaire; que la loi doit se borner à indiquer les dépositaires du registre.

La formalité de la légalisation ayant été ajoutée à l'article, M. *Jollivet* observe que jusqu'ici les actes ont fait foi en justice sans légalisation, dans l'étendue de l'arrondissement où ils ont été reçus.

M. EMMERY dit que l'article ne contredit point ce principe. Il n'exige en effet la légalisation que dans le cas où le tribunal ne connaît pas la signature de l'officier public par lequel l'acte a été reçu.

L'article est adopté.

Séance du 22 Fructidor an 10.

46. Lorsqu'il n'aura pas existé de registres, ou qu'ils seront perdus, la preuve en sera reçue tant par titres que par témoins; et dans ces cas, les mariages, naissances et décès, pourront être prouvés tant par les registres et papiers émanés des pères et mères décédés, que par témoins.

XII. *S'il n'a pas existé de registres, ou s'ils sont perdus, la preuve en sera reçue tant par titres que par témoins; et, dans ces cas, les mariages, naissances et décès, pourront être justifiés tant par les registres ou papiers domestiques des pères et mères décédés, que par témoins; sauf la vérification du contraire par les parties intéressées.*

Séance du 6 Fructidor an 9.

Le consul CAMBACÉRÈS dit que le tribunal d'appel de Lyon a demandé si la preuve admise par cet article dans le cas de la non-existence ou de la perte des registres, le serait également pour réparer l'omission des actes.

M. THIBAUDEAU répond qu'il serait très-dangereux que la loi prévît le cas de l'omission, et qu'il était plus convenable que les contestations auxquelles les omissions pourraient donner lieu, fussent portées devant les tribunaux, qui y statueraient suivant les circonstances.

M. REGNIER ajoute qu'il n'est d'ailleurs aucun moyen de réparer les omissions sur les registres.

Le consul CAMBACÉRÈS dit qu'il faudra voir au titre *de la Paternité et de la Filiation*, si cet article ne contrarie pas les principes sur la possession d'état.

L'article est adopté (1).

---

(1) Dans la rédaction définitive on a retranché sans discussion la dernière disposition, *sauf la vérification du contraire par les parties intéressées*. Voyez l'article 325.

ACTES DE L'ÉTAT CIVIL. 143

47. Tout acte de l'état civil des Français et des étrangers, fait en pays étranger, fera foi, s'il a été rédigé dans les formes usitées dans ledit pays.

(Cet article était le XIIIe. du projet.)

M. Tronchet propose d'ajouter à l'article, *que les actes faits en pays étranger seront reportés sur les registres tenus en France*, attendu que ces registres doivent contenir tout ce qui concerne l'état civil des Français.

M. Bigot-Préameneu demande si l'omission de cette formalité opérerait la nullité de l'acte.

M. Tronchet répond que non ; mais qu'il est utile de prescrire la transcription.

M. Berlier observe qu'il serait toujours impossible de reporter l'acte à sa date sur les registres.

M. Tronchet retire sa proposition.

L'article est adopté.

48. Tout acte de l'état civil des Français en pays étranger sera valable, s'il a été reçu, conformément aux lois françaises, par les agens diplomatiques, ou par les commissaires des relations commerciales de la république.

(Cet article n'était pas dans le projet).

49. Dans tous les cas où la mention d'un acte relatif à l'état civil devra avoir lieu en marge d'un autre acte déjà inscrit, elle sera faite à la requête des parties intéressées, par l'officier de l'état civil, sur les registres courans ou sur ceux qui auront été déposés aux archives de la commune, et par le greffier du tribunal de première instance, sur les registres déposés au greffe ; à l'effet de quoi l'officier de l'état civil en donnera avis dans les trois jours au commissaire du gouvernement près ledit tribunal, qui veillera à ce que la mention soit faite d'une manière uniforme sur les deux registres.

XIV. *Dans tous les cas où la mention d'un acte relatif à l'état civil, en marge d'un autre acte déjà inscrit, sera ordonnée, elle sera faite par l'officier de l'état civil lorsque les registres seront encore entre ses mains, et par les dépositaires des registres lorsqu'ils auront été déposés.*

(Les changemens faits à cet article n'ont donné lieu à aucune discussion).

50. Toute contravention aux articles précédens de la part des fonctionnaires y dénommés, sera poursuivie devant le tribunal de première instance, et punie d'une amende qui ne pourra excéder cent francs.

XV. *Toute contravention aux art. I et II, de la part des officiers de l'état civil, sera punie d'une amende qui ne pourra excéder cent francs.*

XVI. *Les condamnations aux amendes et aux dommages-intérêts, dans les cas prévus, seront prononcées par le tribunal de l'arrondissement dans le ressort duquel les actes auront été rédigés, à la diligence des parties intéressées, ou du commissaire du Gouvernement, sauf l'appel.*

Le consul CAMBACÉRÈS propose d'ajouter, *sans préjudice des peines plus graves s'il y a lieu.*

Le MINISTRE DE LA JUSTICE propose d'ajouter, *et des dommages-intérêts des parties.*

Séance du 22 Fructidor an 10.

M. LACUÉE demande si les commissaires du Gouvernement près les tribunaux, seront aussi soumis aux peines que prononce l'article XV. Cet article, en effet, est tellement absolu, qu'il paraîtrait s'appliquer aux commissaires du Gouvernement, à raison des fonctions qui leur sont confiées par l'art. XIV. Une telle disposition ne porterait-elle pas atteinte à la dignité du caractère dont ils sont revêtus ?

Le consul CAMBACÉRÈS dit que, suivant les anciennes ordonnances, les juges étaient soumis à des amendes, lorsqu'ils se montraient négligens dans l'exercice de leurs fonctions.

M. BÉRENGER ajoute que la loi perd toute sa force, si on l'affaiblit par une dispense de l'exécuter.

L'article est adopté.

51. Tout dépositaire des registres sera civilement responsable

ACTES DE L'ÉTAT CIVIL.

ponsable des altérations qui y surviendront, sauf son recours, s'il y a lieu, contre les auteurs desdites altérations.

XVII. *L'officier de l'état civil sera responsable des altérations qui surviendront aux registres pendant qu'ils seront en sa possession.*

La même responsabilité aura lieu à l'égard des dépositaires desdits registres.

M. REGNIER reproche à cet article d'établir une responsabilité indéfinie, et qui serait la même pour tous les cas, quoique toutes les fautes ne soient pas également graves, et ne doivent pas être punies indistinctement avec la même rigueur.

M. THIBAUDEAU dit que l'article XVIII fait les distinctions réclamées par M. Regnier.

Le consul CAMBACÉRÈS demande si la section n'a pas intention de proposer un article qui défende d'admettre la preuve outre et contre ce qui est contenu aux actes.

M. TRONCHET répond que la place naturelle de cet article est au titre *des Preuves*, et que sa disposition doit être étendue à toutes les espèces d'actes authentiques.

L'article est adopté.

Séance du 6 Fructidor an 9.

52. Toute altération, tout faux dans les actes de l'état civil, toute inscription de ces actes faite sur une feuille volante et autrement que sur les registres à ce destinés, donneront lieu aux dommages-intérêts des parties, sans préjudice des peines portées au code pénal.

XVIII. *Toute altération ou faux dans les actes de l'état civil, toute inscription de ces actes faite sur une feuille volante et autrement que sur les registres publics à ce destinés, seront punis des peines portées au Code pénal, sauf les dommages-intérêts des parties.*

M. REGNIER dit qu'en rapprochant cet article de l'article qui vient d'être adopté, on pourrait en induire que la responsabilité indéfinie, établie par le premier, doit être poursuivie, en vertu du second, contre le dépositaire des registres, lorsque l'auteur du faux n'est pas connu; qu'il serait juste de rédiger l'article de manière à prévenir cette équivoque.

L'article est adopté avec cet amendement.

53. Le commissaire du gouvernement près le tribunal de première instance sera tenu de vérifier l'état des registres lors du dépôt qui en sera fait au greffe; il dressera un procès-verbal sommaire de la vérification, dénoncera les contraventions ou délits commis par les officiers de l'état civil, et requerra contr'eux la condamnation aux amendes.

Cet article est composé des articles XLVII et XLVIII du projet.

XLVII. *Le commissaire du Gouvernement près le tribunal, au greffe duquel est déposé l'un des doubles des registres, sera tenu, lors du dépôt, d'en vérifier l'état.*

Le consul CAMBACÉRÈS demande comment se fera la vérification.

M. THIBAUDEAU dit qu'il doit être dressé procès-verbal de la clôture et de la vérification des registres.

L'article est adopté avec cet amendement.

XLVIII. *En cas de contravention aux formes prescrites par les actes de l'état civil, il en dressera procès-verbal, et requerra que les parties et les témoins soient tenus de comparaître devant le même officier de l'état civil, pour rédiger un nouvel acte; ce qui sera ordonné par le président du tribunal, et exécuté, dans les dix jours, par l'officier de l'état civil.*

Si les témoins sont morts, ou qu'ils ne puissent comparaître à cause de leur absence ou d'autres empêchemens, ils seront remplacés par d'autres témoins.

L'effet du dernier acte se rapportera à la date du premier, en marge duquel il en sera fait mention.

Le consul CAMBACÉRÈS dit que le mode de rectification établi par cet article donnerait lieu à des fraudes, en ce que des individus pourraient se présenter à la place et sous le nom des personnes appelées.

M. THIBAUDEAU dit que la fraude serait sans succès, attendu que, soit que la rectification ait été faite d'office, soit qu'elle l'ait été d'après les réclamations des parties intéressées, elle ne pourra être opposée aux tiers qui n'y auront pas été appelés.

Le consul CAMBACÉRÈS dit qu'il y a plusieurs points à régler, si l'on veut prévenir les conséquences qui semblent naître du système proposé. Quand y aura-t-il nécessité de rectifier? quelles peines encourront ceux qui refuseront de comparaître lors des rectifications faites d'office ? pourra-t-on, par ces rectifications, priver les parties intéressées, de l'effet des nullités qui leur seront acquises ? Ce dernier objet mérite sur-tout une grande considération.

M. Portalis dit qu'on ne doit rectifier d'office que les erreurs évidentes, comme serait celle sur l'orthographe des noms.

M. Bigot-Préameneu dit que tant qu'il n'y a pas de réclamation, il n'y a pas de droit acquis par les nullités ; il n'y a qu'une violation de formes que l'autorité peut réparer.

M. Boulay dit que quand il y a nullité réelle, il n'y a pas même lieu à rectification.

M. Tronchet observe que les actes de naissance ne peuvent être nuls que lorsqu'ils sont entachés de faux : les vices de forme n'empêchent pas la vérité du fait ; mais les nullités absolues vicient les mariages, quoiqu'on puisse les réparer par la réhabilitation. Il faudrait donc restreindre l'article aux actes de naissance et de décès, et ajouter, *sauf ce qui sera réglé sur la nullité des mariages et des divorces.*

M. Bigot-Préameneu dit que l'office du commissaire est de requérir la réformation de l'acte ; que l'époux qui voudra profiter de la nullité, fera alors sa réclamation.

M. Portalis dit qu'on ne peut prononcer la nullité d'un mariage qu'en donnant aux époux l'option de le réhabiliter.

L'article et les observations sont renvoyés à la section.

(Ces deux articles, réunis en un seul, n'ont plus donné lieu à aucune discussion).

54. Dans tous les cas où un tribunal de première instance connaîtra des actes relatifs à l'état civil, les parties intéressées pourront se pourvoir contre le jugement.

(Cet article n'était pas dans le premier projet ; il fut présenté dans la séance du 24 fructidor an 9, et adopté sans discussion.

CHAPITRE II.

DES ACTES DE NAISSANCE.

55. Les déclarations de naissance seront faites, dans les trois jours de l'accouchement, à l'officier de l'état civil du lieu : l'enfant lui sera présenté.

XIX. *Les déclarations de naissance seront faites, dans les vingt-quatre heures, à l'officier de l'état civil du lieu de l'accouchement : l'enfant lui sera présenté.*

Séance
du 6 Fructidor
an 9.

Le consul CAMBACÉRÈS dit qu'il importe de donner à l'officier de l'état civil une règle de conduite pour le cas où un enfant lui serait présenté long-tems après sa naissance. La preuve d'une inscription tardive ne laisserait pas d'avoir quelque force.

M. TRONCHET dit que les tribunaux des départemens réunis demandent une disposition sur ce sujet pour le passé. Ils se fondent sur ce que la tenue des registres de ces départemens a été fort négligée. Le principe général est que les tribunaux prononcent entre l'individu qui réclame son état sans produire d'acte, et les personnes intéressées à le lui contester.

Le MINISTRE DE LA JUSTICE fait observer que l'on a omis dans l'article une disposition sage de la loi du 20 septembre 1792 : cette loi autorisait le transport de l'officier en cas de péril imminent.

M. RÉAL dit qu'en général la présentation de l'enfant à l'officier est inutile, parce que l'acte ne tire sa force que de la déclaration.

Le MINISTRE DE LA JUSTICE soutient que l'officier doit se convaincre par ses yeux de l'existence de l'enfant.

M. RÉAL répond que quelquefois des obstacles naturels s'opposent à l'accomplissement de cette formalité ; comme par exemple, la mort de l'enfant.

Le MINISTRE DE LA JUSTICE dit que, dans ce cas, on dressera un procès-verbal, dans lequel on insérera la déclaration de la naissance.

Le PREMIER CONSUL demande si le délai de vingt-quatre heures n'est pas trop court : il préfère un délai de trois jours.

L'article est adopté avec l'amendement du Ministre de la justice et celui du Premier Consul.

56. La naissance de l'enfant sera déclarée par le père, ou, à défaut du père, par les docteurs en médecine ou en chirurgie, sages-femmes, officiers de santé ou autres personnes qui auront assisté à l'accouchement ; et lorsque la mère sera accouchée hors de son domicile, par la personne chez qui elle sera accouchée.

L'acte de naissance sera rédigé de suite, en présence de deux témoins.

XX. *La naissance de l'enfant sera déclarée par le père, ou à défaut du père, par les officiers de santé ou autres personnes qui auront assisté à l'accouchement, ou par la personne qui commandera dans la maison, lorsque la mère sera accouchée hors de son domicile.*

XXI. *Les actes de naissance seront faits de suite, en présence de deux témoins, lesquels signeront avec le père ou autres personnes qui auront fait la déclaration, et autres officiers de l'état civil* (1).

Le Consul CAMBACÉRÈS dit qu'il serait utile d'ordonner que dans l'acte il sera fait mention du mariage du père.

M. RÉAL répond que ce mariage n'est pas toujours connu.

Le consul CAMBACÉRÈS dit que l'omission de la formalité qu'il propose d'établir, peut donner lieu de supposer à l'enfant un autre père que le sien.

M. THIBAUDEAU observe que la paternité est certaine par la règle, *Pater is est quem justæ nuptiæ demonstrant.*

Le consul CAMBACÉRÈS dit que cette règle n'introduit qu'une présomption qui tombe devant la preuve résultant d'un acte authentique; que, pour justifier ce qu'il vient de dire, il faut supposer qu'un enfant soit inscrit sous le nom d'un autre père, et qu'il n'ait pas été reconnu ni même connu du mari de sa mère : dans ce cas, supposons que tous les actes justificatifs de la maternité de l'épouse, indiquent tout-à-la-fois et indivisément, comme l'énoncé du registre public, que l'enfant est le fils d'un autre père que le mari ; supposons encore qu'il ait été continuellement soigné, élevé en secret, tant par la mère que par celui que l'acte désigne pour être le père ; dans ces circonstances, l'état ne se trouverait-il pas suffisamment établi ? et pourrait-il être question d'invoquer la règle, *Pater is est*, etc. Au surplus, on pourra s'occuper de cet objet lorsqu'on discutera le titre *de la Paternité et de la Filiation.*

Le MINISTRE DE LA JUSTICE rappelle que la loi du 20 septembre 1792 punissait l'omission de faire la déclaration de naissance dans le délai prescrit ; sans cette précaution, la disposition qui l'ordonne sera éludée (2).

---

(1) Le tribunal de cassation demandait que les deux témoins fissent leur déclaration sur la naissance et l'état de l'enfant ; cette disposition qui paraissait très-sage, n'a pas été adoptée, peut-être parce qu'elle eût été difficile à exécuter et à concilier avec la disposition de l'article 57.

(2) Les tribunaux d'appel d'Agen et de Bruxelles demandaient aussi qu'il fût établi des peines contre les contrevenans.

M. Thibaudeau dit que la crainte d'encourir la peine pourra empêcher ceux qui auraient été témoins de la naissance, de la déclarer lorsque le délai sera écoulé ; qu'une trop grande sévérité pourrait compromettre la vie ou au moins l'état de l'enfant.

M. Réal répond que cette crainte est peu fondée pour les enfans nés dans de petites communes, et que, dans les grandes villes, les lois de police imposant aux accoucheurs l'obligation de déclarer les enfans qu'ils reçoivent, on ne doit pas craindre de manquer de déclarans.

L'article est adopté.

57. L'acte de naissance énoncera le jour, l'heure et le lieu de la naissance, le sexe de l'enfant, et les prénoms qui lui seront donnés, les prénoms, nom, profession et domicile des père et mère, et ceux des témoins.

Cet article était le XXIIe. du projet.

Le Ministre de la Justice observe que l'expression, *l'heure de la naissance*, est inutile, et que jusqu'à présent on ne l'avait pas consignée dans les registres.

M. Fourcroy dit qu'elle est nécessaire pour distinguer l'aîné des deux jumeaux.

L'article est adopté.

58. Toute personne qui aura trouvé un enfant nouveau-né, sera tenue de le remettre à l'officier de l'état civil, ainsi que les vêtemens et autres effets trouvés avec l'enfant, et de déclarer toutes les circonstances du tems et du lieu où il aura été trouvé.

Il en sera dressé un procès-verbal détaillé, qui énoncera en outre l'âge apparent de l'enfant, son sexe, les noms qui lui seront donnés, l'autorité civile à laquelle il sera remis. Ce procès-verbal sera inscrit sur les registres.

XXIV. *Tout individu qui aura trouvé un enfant nouveau-né, sera*

ACTES DE L'ÉTAT CIVIL.

tenu de le remettre à l'officier de l'état civil, et de lui déclarer les vêtemens et signes extérieurs trouvés avec l'enfant, et toutes les circonstances du tems et du lieu où il aura été trouvé. Il en sera dressé procès-verbal détaillé ; il demeurera annexé à l'acte de remise de l'enfant, qui énoncera son âge apparent, son sexe, le nom qui lui sera donné, et qui sera inscrit sur le registre des naissances.

Le Premier Consul dit qu'un enfant qui n'a pas de père, devenant l'enfant de la République, le commissaire du Gouvernement près le tribunal, ou le préfet, doivent aussi être avertis par celui qui l'a trouvé.

M. Tronchet observe qu'il est néanmoins nécessaire de remplir d'abord, devant l'officier de l'état civil, les formalités que prescrit l'article ; mais que l'article est incomplet, en ce qu'il ne dit pas ce que l'enfant deviendra ensuite : cependant on ne doit pas autoriser la police à faire des recherches sur le père ou sur la mère, de peur de donner lieu à des infanticides.

Le Premier Consul dit qu'il faut imposer à l'autorité publique l'obligation d'envoyer l'enfant dans un hospice.

M. Thibaudeau observe qu'il ne s'agit dans cet article que de ce qui concerne l'état de l'enfant ; les soins nécessaires à sa conservation doivent être prescrits par les réglemens d'administration.

Le Premier Consul dit que si l'on n'explique de suite ce que l'enfant devient, on fait disparaître les traces de son état, et on rend difficiles les recherches que ses parens pourront en faire un jour.

M. Bigot-Préameneu dit qu'un réglement de 1679 oblige l'autorité civile à remettre à l'hospice de Paris les enfans trouvés dans cette ville, et l'hospice à faire une déclaration ; on pourrait étendre ce réglement à toutes les villes où il y a des hospices ; dans les villes où il n'y en a pas, l'officier de l'état civil ferait porter l'enfant à l'hospice le plus voisin.

Le Premier Consul dit qu'il est indispensable d'exprimer dans le procès-verbal, le lieu où l'enfant a été trouvé, afin que sa famille puisse le retrouver.

M. Tronchet partage cette opinion.

L'article est adopté avec les amendemens du Premier Consul.

59. S'il naît un enfant pendant un voyage de mer, l'acte de naissance sera dressé dans les vingt-quatre

heures en présence du père, s'il est présent, et de deux témoins pris parmi les officiers du bâtiment, ou, à leur défaut, parmi les hommes de l'équipage. Cet acte sera rédigé, savoir, sur les bâtimens de l'état, par l'officier d'administration de la marine; et sur les bâtimens appartenant à un armateur ou négociant, par le capitaine, maître ou patron du navire. L'acte de naissance sera inscrit à la suite du rôle d'équipage.

60. Au premier port où le bâtiment abordera, soit de relâche, soit pour toute autre cause que celle de son désarmement, les officiers de l'administration de la marine, capitaine, maître ou patron, seront tenus de déposer deux expéditions authentiques des actes de naissance qu'ils auront rédigés, savoir, dans un port français, au bureau du préposé à l'inscription maritime; et dans un port étranger, entre les mains du commissaire des relations commerciales.

L'une de ces expéditions restera déposée au bureau de l'inscription maritime, ou à la chancellerie du commissariat; l'autre sera envoyée au ministre de la marine, qui fera parvenir une copie, de lui certifiée, de chacun desdits actes, à l'officier de l'état civil du domicile du père de l'enfant, ou de la mère, si le père est inconnu: cette copie sera inscrite de suite sur les registres.

XXIII. *Si l'enfant naît pendant un voyage de mer, il en sera dressé, dans les vingt-quatre heures, en présence de deux témoins pris dans l'équipage ou parmi les passagers, un double acte, dont un sur le livre-journal du bâtiment, et l'autre sur une feuille particulière: les deux actes seront signés par le capitaine ou maître, par le père s'il est présent, et par les deux témoins. Si le père ou les témoins appelés ne savent ou ne peuvent signer, ou refusent de le faire, il en sera fait mention.*

L'acte écrit sur une feuille particulière restera dans les mains du maître, lequel sera tenu de le remettre, dans les vingt-quatre heures

de

ACTES DE L'ÉTAT CIVIL.

de l'arrivée du navire en France, à l'officier de l'état civil du lieu où abordera le navire : il sera inscrit, le même jour, sur le registre des naissances ; et cette inscription sera signée par celui qui se trouvera être le maître du bâtiment dans le tems de l'arrivée, et par l'officier de l'état civil.

Le consul CAMBACÉRÈS dit qu'il est nécessaire de prévoir les accouchemens qui ont lieu dans les camps et aux armées.

M. THIBAUDEAU répond que la section a cru devoir renvoyer cet objet aux réglemens militaires.

La section est chargée de prendre note de cette observation.

M. TRONCHET dit que les tribunaux d'appel séant à Bordeaux et à Besançon, ont demandé qu'on prévît le cas où le vaisseau, après avoir touché à un port étranger, périrait ensuite en revenant en France. Pour remédier à cet accident, qui compromettrait la preuve de l'état de l'enfant, ces tribunaux proposent d'obliger le capitaine à déposer une expédition de l'acte de naissance dans le premier port étranger où il aborderait, et d'en remettre une seconde au lieu de l'arrivée du navire en France ; d'ordonner ensuite l'envoi d'une expédition de l'acte de naissance au domicile des père et mère, pour être inscrit sur les registres de l'état civil.

M. THIBAUDEAU dit que la section a examiné cette proposition ; qu'elle n'a pas cru devoir l'admettre, parce qu'il est difficile de trouver dans un port étranger un fonctionnaire qui reçoive la déclaration du capitaine, attendu qu'il n'y a pas, dans tous les lieux de relâche, d'agent du Gouvernement français ; qu'au surplus ce cas est très-rare.

M. BERLIER ajoute que d'ailleurs cette précaution deviendrait inutile si le navire faisait naufrage, puisqu'on ne saurait pas en France qu'il a touché à un port étranger, ni quel est ce port, ni à quels officiers l'expédition de l'acte aurait été déposée.

M. TRONCHET dit que le commerce connaît les événemens arrivés aux navires.

M. CRETET dit qu'il est d'usage de faire une déclaration de relâche et des événemens de mer dans les ports étrangers où l'on trouve un fonctionnaire français ; le fait de la naissance d'un enfant se place naturellement dans cette déclaration.

Le PREMIER CONSUL dit qu'il convient d'obliger le capitaine à transmettre sa feuille particulière à son arrivée en Europe, et de l'autoriser à l'envoyer à l'officier de l'état civil, lorsqu'il ne pourra la lui remettre.

M. Thibaudeau observe que l'article n'exclut point cette précaution ; mais qu'il peut y avoir de l'inconvénient à en faire une obligation.

Le Premier Consul dit qu'il suffit de ne pas contrarier, par la rédaction de l'article en discussion, ce qui pourrait être ensuite déterminé par les réglemens de la marine sur les cas qu'on prévoit.

L'article est adopté, sauf rédaction (1).

61. A l'arrivée du bâtiment dans le port du désarmement, le rôle d'équipage sera déposé au bureau du préposé à l'inscription maritime, qui enverra une expédition de l'acte de naissance, de lui signée, à l'officier de l'état civil du domicile du père de l'enfant, ou de la mère, si le père est inconnu : cette expédition sera inscrite de suite sur les registres.

(Cet article n'était pas dans le projet.)

62. L'acte de reconnaissance d'un enfant sera inscrit sur les registres, à sa date ; et il en sera fait mention en marge de l'acte de naissance, s'il en existe un.

(Ct article n'était pas dans le projet).

CHAPITRE III.

DES ACTES DE MARIAGE.

63. Avant la célébration du mariage, l'officier de l'état civil fera deux publications, à huit jours d'intervalle, un jour de dimanche, devant la porte de la maison commune. Ces publications, et l'acte qui en sera dressé, énonceront les prénoms, noms, professions et domiciles des futurs époux, leur qualité de majeurs ou de mineurs, et les prénoms, noms, professions et domiciles de leurs pères et mères. Cet acte énoncera, en outre, les

---

(1) Dans la rédaction on a formé les deux articles 59 et 60 de l'article proposé.

ACTES DE L'ÉTAT CIVIL.

jours, lieux et heures où les publications auront été faites : il sera inscrit sur un seul registre, qui sera coté et paraphé comme il est dit en l'article 41, et déposé, à la fin de chaque année, au greffe du tribunal de l'arrondissement.

XXV. *Avant la célébration du mariage, l'officier de l'état civil fera deux publications, un jour de décadi, devant la porte de la maison commune. Ces publications, et l'acte qui en sera dressé, énonceront les prénoms, noms, professions et domiciles des futurs époux, et ceux de leurs pères et mères, si les époux sont majeurs ou mineurs. Cet acte énoncera en outre les jours, lieu et heure où les publications auront été faites, et il sera inscrit sur un seul registre, qui sera déposé, à la fin de chaque année, au greffe du tribunal de l'arrondissement.*

M. REGNAUD (de Saint-Jean-d'Angely) demande qu'à ces mots *pères et mères*, on ajoute ceux-ci, *aïeuls ou aïeules, à défaut de père et de mère*.

Séance du 14 fructidor an 9.

M. BOULAY propose de généraliser la rédaction, et de dire, '*et ceux des personnes dont le consentement est requis pour la validité du mariage.*

M. THIBAUDEAU dit qu'il faut éviter de multiplier les énonciations de cette espèce dans les actes, et en simplifier au contraire la rédaction ; quant au mode de publication, la section a pensé qu'on leur donnerait plus de publicité en les faisant devant la porte de la maison commune qu'en les faisant dans le lieu des séances.

M. REGNAUD (de Saint-Jean-d'Angely) dit qu'il n'existe pas dans tous les lieux une maison commune, et que cette considération a déterminé la disposition de l'arrêté du 7 thermidor an 8, qui ordonne que les publications seront faites devant la porte du maire, à défaut de maison commune.

Le MINISTRE DE LA JUSTICE demande qu'on établisse un moyen d'obtenir des dispenses de publication. Il est des circonstances tellement pressantes, que le délai des publications porterait préjudice aux parties, ou pourrait même faire manquer le mariage ; tel est le cas où un officier près de se marier reçoit l'ordre de partir. Le droit d'accorder des dispenses pourrait être confié aux préfets (1).

---

(1) Cette observation du Ministre de la justice a donné lieu à l'article 169.

M. Portalis dit que cette section n'est destinée qu'à régler la forme des actes ; que la question des dispenses doit être renvoyée au titre *du mariage*, où l'on fixera les conditions sous lesquelles ce contrat pourra être formé.

Le Premier Consul demande s'il est nécessaire de ne permettre les publications que le décadi.

M. Thibaudeau répond qu'il faut bien un jour déterminé ; car le but des publications est de donner de la publicité au mariage avant qu'il soit célébré. Le mariage serait clandestin, il ne pourrait y être formé d'opposition, si le public n'était instruit d'avance, par la loi, du jour auquel les publications doivent être faites exclusivement. On a toujours choisi des jours solennels pour remplir cette importante formalité, tels que les fêtes et dimanches. C'est aussi la raison qui a fait proposer le décadi comme le seul jour solennel aux yeux de la loi civile. On a même cru devoir ajouter encore l'affiche des publications, pour prévenir les abus.

Le Premier Consul dit qu'il conviendrait peut-être de n'indiquer aucun jour déterminé.

M. Boulay pense qu'en laissant aux parties le choix du jour, on leur épargnerait le tems qu'ajoute souvent au délai la nécessité d'attendre le jour fixé pour commencer les publications.

M. Tronchet dit qu'il faut sans doute apporter le moins de retard possible aux mariages ; mais qu'il faut cependant laisser aux personnes intéressées le tems de les connaître avant qu'ils soient célébrés. On autorisera sans doute les citoyens à se marier hors du lieu de leur domicile et dans les lieux où ils auront une résidence de six mois : si le délai était trop court, ils pourraient abuser de cette autorisation, et aller établir leur résidence dans un lieu tellement éloigné, qu'une opposition formée au lieu de leur domicile ne pût les y atteindre avant la célébration du mariage. De tous les moyens d'accélérer les mariages, les dispenses motivées sont celui qui présente le moins d'inconvéniens.

Le Premier Consul dit que la question ne porte pas sur le délai, mais sur le jour où se feront les publications. Si ce jour est libre, un grand nombre de citoyens disposeront les publications de manière que leur mariage puisse être célébré le jour qui s'accordera avec leur croyance religieuse, et au sortir de l'église ils iront à la municipalité ; si le jour n'est pas libre, on fera consacrer son mariage par les ministres de la religion, et l'on différera ensuite à le contracter devant l'officier civil.

M. Réal dit que le jour de la publication n'est pas indifférent; qu'il faut ou se borner à faire connaître les mariages par les affiches, ou déterminer un jour fixe pour les publier, afin que ceux qui y ont intérêt puissent aller entendre les publications. Jusqu'à ce jour, la disposition qui les place au décadi n'a produit aucun inconvénient.

Le Premier Consul dit qu'il en peut résulter l'inconvénient dont il a parlé. La religion a aussi ses lois sur les publications; si la loi civile sur le même sujet les contredit, l'exécution de la loi civile sera différée.

M. Réal dit que la publication des mariages a toujours été exclusivement du domaine des lois civiles, et les canonistes n'ont jamais douté que le prêtre qui faisait la publication ne fût en ce moment un délégué de la puissance civile.

M. Portalis dit que les lois civiles ne doivent pas contrarier les lois religieuses; mais on peut concilier les unes avec les autres.

Le principe religieux est que le sacrement bénit le mariage, et que le contrat civil est tellement la matière du sacrement, que le sacrement ne peut pas être administré s'il n'y a pas de contrat civil : la loi doit donc former d'abord le contrat. Si le sacrement pouvait être reçu d'abord, et qu'ensuite le contrat ne fût pas formé, les enfans ne seraient que des bâtards.

Mais cette discussion se rattache à celle de la nature et des conditions du mariage; il est donc convenable d'ajourner la question sur la fixation du jour, pour faire marcher ensemble les deux discussions.

M. Regnaud (de Saint-Jean-d'Angely) propose, pour prévenir l'inconvénient dont a parlé le Premier Consul, d'ordonner qu'aucun culte ne pourra appliquer au mariage les cérémonies de son rite, avant qu'on lui ait justifié que le contrat civil a été formé selon la loi.

M. Tronchet dit que la détermination d'un jour fixe est essentielle à la formalité des publications, parce qu'autrement les tiers intéressés n'ont plus de moyen de vigilance. Cet intérêt doit l'emporter sur l'intérêt d'abréger le délai, lequel d'ailleurs ne serait diminué que de peu de jours, et pourrait l'être par des dispenses.

L'article est adopté.

64. Un extrait de l'acte de publication sera et restera

affiché à la porte de la maison commune, pendant les huit jours d'intervalle de l'une à l'autre publication. Le mariage ne pourra être célébré avant le troisième jour, depuis et non compris celui de la seconde publication.

XXVI. *Un extrait de l'acte de publication sera et restera affiché à la porte de la maison commune pendant les dix jours d'intervalle de l'une à l'autre publication. Le mariage ne pourra être célébré que trois jours après la seconde.*

M. Tronchet propose d'expliquer que le délai pour la célébration du mariage sera de trois jours francs.

L'article est adopté avec l'amendement.

65. Si le mariage n'a pas été célébré dans l'année, à compter de l'expiration du délai des publications, il ne pourra plus être célébré qu'après que de nouvelles publications auront été faites dans la forme ci-dessus prescrite.

Avant de passer à la discussion de l'art. XXVII du projet, le consul Cambacérès rappelle que le projet de Code civil présenté au Conseil des Cinq-cents, portait que les affiches et les publications seraient réitérées, même quand il ne serait pas survenu d'opposition, si le mariage n'était célébré qu'après le laps d'une année.

M. Tronchet dit que cette disposition est inutile, parce que si des tiers ont intérêt à empêcher le mariage, ils auront formé une opposition qui subsistera.

Le Ministre de la justice observe qu'il peut être survenu de nouvelles causes d'opposition, qu'on négligerait, si l'on croyait le projet de mariage abandonné.

L'amendement du consul Cambacérès est adopté ; il a formé l'article 65, qui n'était pas dans le projet.

66. Les actes d'opposition au mariage seront signés sur l'original et sur la copie par les opposans ou par leurs fondés de procuration spéciale et authentique ; ils seront signifiés, avec la copie de la procuration, à la

ACTES DE L'ÉTAT CIVIL.

personne ou au domicile des parties, et à l'officier de l'état civil, qui mettra son *visa* sur l'original.

(Cet article était le XXVII du projet).

Le Ministre de la justice demande qu'on maintienne la disposition de la loi du 20 septembre 1792, qui veut que les motifs de l'opposition soient exprimés, et que l'original et la copie soient signés par l'opposant.

M. Thibaudeau dit que l'expression des motifs est inutile, puisque l'officier n'en est pas le juge; qu'ils ne doivent être déduits que devant le tribunal; d'ailleurs, cette formalité serait illusoire, parce que l'opposant serait libre de ne pas exprimer ses véritables motifs; qu'il pourrait d'ailleurs en exister auxquels, par des raisons d'honnêteté publique, il serait inconvenant de donner ainsi une sorte de publicité.

Le Ministre de la justice répond qu'elle contiendrait ceux qui seraient portés à former opposition trop légèrement, pour nuire, ou par des motifs évidemment frivoles.

M. Thibaudeau répond qu'on ne doit pas craindre d'oppositions téméraires, puisque toute personne ne sera pas admise à former opposition, et qu'il faudra avoir, pour user de cette faculté, les qualités exigées par la loi.

M. Réal dit que le vœu de la section a été qu'on pût former des oppositions sans motifs. Une pareille opposition suffira souvent pour enlever l'inexpérience à un moment de faiblesse et de séduction; et s'il existe des motifs graves, il est toujours tems de les développer devant le juge de paix. Si l'exposant en reconnaît la faiblesse, si le demandeur en main-levée en reconnaît la validité, la conciliation empêchera une diffamation inutile : dans ces sortes d'affaires, la publicité n'est permise que quand elle devient indispensable; et elle n'est indispensable qu'au moment où tout espoir de conciliation est perdu. D'ailleurs, une opposition sans motifs se retire avec facilité; aucun sentiment d'amour-propre ne peut conseiller une persévérance opiniâtre. Mais une opposition motivée, outre qu'elle place souvent l'opposant dans l'impossibilité de faire un désaveu qui l'accuserait de mensonge ou de légèreté, paraîtra toujours une injure publique qu'on croira ne pouvoir effacer que par un jugement.

M. Tronchet dit que l'expression des motifs est inutile, puisque, comme on l'a observé, l'officier de l'état civil n'en est pas juge; qu'elle serait dangereuse, parce qu'elle obligerait quelquefois d'énoncer dans un acte permanent, des causes diffamatoires, tandis que souvent l'objet de l'opposition est de se ménager le tems de ramener des jeunes gens égarés, à la raison et au devoir.

L'article est adopté.

67. L'officier de l'état civil fera, sans délai, une mention sommaire des oppositions sur le registre des publications; il fera aussi mention, en marge de l'inscription desdites oppositions, des jugemens ou des actes de mainlevée dont expédition lui aura été remise.

(Cet article était le XXVIII du projet).

Le consul CAMBACÉRÈS dit qu'un registre particulier, destiné à recevoir les oppositions, pourrait gêner; qu'il serait préférable de les inscrire sur le registre des mariages.

M. TRONCHET pense aussi qu'il est avantageux de placer sur un même registre tous les actes relatifs au mariage; que cependant, si l'on veut établir un registre particulier pour les oppositions, il est nécessaire qu'il soit coté et paraphé.

M. DEFERMON craint que l'inscription des oppositions sur le registre des mariages, ne rende ce registre trop volumineux.

M. THIBAUDEAU dit que la législation actuelle prescrit la tenue de ce registre particulier, et que cela est nécessaire à cause des mentions à faire des oppositions; et sur la dernière proposition de M. Tronchet, il observe qu'aux dispositions générales l'art. 41 ordonne que tous les registres contenant les actes de l'état civil seront paraphés.

M. TRONCHET dit qu'on doit craindre que le registre des oppositions ne soit pas mis, dans l'usage, au rang des registres de l'état civil.

M. RÉAL dit qu'au lieu de cumuler sur un même registre tous les actes relatifs au mariage, il serait plus moral de placer sur un registre séparé tous les actes qui éternisent le souvenir des contestations : on pourra y recourir au besoin; mais il est au moins inutile de présenter au public, aux autres époux dont le mariage se célèbre sans difficulté, le tableau des contestations qui auront retardé, et quelquefois environné de soupçons flétrissans, d'autres mariages.

M. REGNAUD (de Saint-Jean-d'Angely) dit que le registre des publications ne sera pas tenu en double; qu'au contraire, les registres de mariage

riage le seront; qu'ainsi on multiplierait sans nécessité le travail, en y inscrivant les oppositions.

L'article est adopté.

68. En cas d'opposition l'officier de l'état civil ne pourra célébrer le mariage, avant qu'on lui en ait remis la main-levée, sous peine de trois cents francs d'amende, et de tous dommages - intérêts.

XXIX. *En cas d'opposition, l'officier de l'état civil ne pourra célébrer le mariage avant qu'on lui en ait remis la main-levée, sous peine de destitution, de 300 fr. d'amende, et de tous dommages-intérêts.*

M. Defermon demande qu'on substitue le mot *notifié* au mot *remis*, afin que l'opposant puisse, avant la célébration du mariage, interjeter appel du jugement qui prononce la main-levée.

M. Thibaudeau observe que la main-levée peut aussi être donnée volontairement, et qu'alors il n'est pas besoin de notification; que si la main-levée est prononcée judiciairement, elle n'a pas d'effet tant que le jugement n'est pas passé en force de chose jugée.

M. Réal dit que cette difficulté pourra être applanie par une disposition qu'on trouvera au titre *du Mariage*.

M. Regnaud (de Saint-Jean-d'Angely) dit qu'aucun article n'explique assez clairement que la main-levée n'existe que par un jugement non susceptible d'appel.

M. Tronchet pense que l'expression *remis* est exacte dans tous les cas. Cependant, pour lever toute difficulté, il propose d'ajouter, après le mot *main-levée*, ces mots, « ou donnée volontairement, ou « prononcée par un jugement suivi d'un acquiescement, ou rendu en « dernier ressort. »

M. Regnaud (de Saint-Jean-d'Angely) dit que les tribunaux ont demandé quelle autorité appliquera les peines prononcées par l'article contre l'officier civil, et sur-tout sa destitution.

M. Bigot-Préameneu dit qu'il y sera pourvu par le Code de la procédure.

M. Thibaudeau observe qu'il ne peut y avoir de doute sur la destitution de l'officier de l'état civil : elle appartient au Gouvernement, comme sa nomination.

L'article est adopté avec l'amendement de M. Tronchet (1).

69. S'il n'y a point d'opposition, il en sera fait mention dans l'acte de mariage; et si les publications ont été faites dans plusieurs communes, les parties remettront un certificat délivré par l'officier de l'état civil de chaque commune, constatant qu'il n'existe point d'opposition.

Cet article, le XXXe. du projet, fut adopté sans discussion.

70. L'officier de l'état civil se fera remettre l'acte de naissance de chacun des futurs époux. Celui des époux qui serait dans l'impossibilité de se le procurer, pourra le suppléer en rapportant un acte de notoriété délivré par le juge de paix du lieu de sa naissance, ou par celui de son domicile.

XXXI. *L'officier de l'état civil se fera remettre l'acte de naissance de chacun des futurs époux. Celui qui serait dans l'impossibilité de se le procurer, pourra le suppléer en rapportant un acte de notoriété délivré par le juge de paix du lieu de sa naissance, ou par celui de son domicile lorsque le lieu de sa naissance ne sera pas connu.*

M. Bigot-Préameneu demande la suppression de ces mots, *lorsque le lieu de sa naissance ne sera pas connu*, parce que le juge de paix du lieu de la naissance ne sera pas toujours celui qui pourra le mieux attester le fait: l'individu peut n'y être pas connu.

M. Tronchet dit que les rédacteurs du Projet de Code civil avaient indiqué le juge de paix de la résidence. Cette disposition était insuffisante: on doit plus de confiance aux attestations qui viennent du lieu de la naissance; mais si l'individu y est inconnu, il faut recourir au lieu de son domicile.

M. Defermon dit qu'il serait trop rigoureux d'obliger un citoyen à s'adresser au lieu de sa naissance. Ce lieu peut être situé au-delà

---

(1) Quoique l'amendement de M. Tronchet eût été adopté, il n'a pas été inséré dans l'article. Ne peut-on pas penser néanmoins que ce mot *remis* doit être entendu dans le sens de l'amendement de M. Tronchet?

Les mots sous peine de destitution ont été retranchés sans discussion.

des mers, et l'individu avoir la possession d'état dans le lieu de sa demeure.

L'article est adopté avec les amendemens de MM. Bigot-Préameneu et Defermon.

71. L'acte de notoriété contiendra la déclaration faite par sept témoins de l'un ou de l'autre sexe, parens ou non parens, des prénoms, nom, profession et domicile du futur époux, et de ceux de ses père et mère, s'ils sont connus ; le lieu, et, autant que possible, l'époque de sa naissance, et les causes qui empêchent d'en rapporter l'acte. Les témoins signeront l'acte de notoriété avec le juge-de-paix ; et s'il en est qui ne puissent ou ne sachent signer, il en sera fait mention.

XXXII. *L'acte de notoriété contiendra la déclaration par sept témoins, de l'un ou de l'autre sexe, parens ou non parens, des prénoms, nom, profession et domicile du futur époux, et de ceux de ses père et mère; le lieu et le tems, ou au moins l'année de sa naissance, et les causes qui empêchent d'en rapporter l'acte. Les témoins signeront l'acte de notoriété avec le juge de paix, et s'il en est qui ne puissent ou sachent signer, il en sera fait mention.*

Le consul CAMBACÉRÈS propose d'ajouter à l'article « *l'acte de noto-* « *riété contiendra le nom des père et mère du futur époux, s'ils sont* « *connus.* »

L'article est adopté avec cet amendement.

72. L'acte de notoriété sera présenté au tribunal de première instance du lieu où doit se célébrer le mariage. Le tribunal, après avoir entendu le commissaire du gouvernement, donnera ou refusera son homologation, selon qu'il trouvera suffisantes ou insuffisantes les déclarations des témoins, et les causes qui empêchent de rapporter l'acte de naissance.

XXXIII. *L'acte de notoriété sera présenté avec une requête au tribunal de l'arrondissement du lieu où doit se célébrer le mariage : le tribunal, après avoir entendu le commissaire du Gouvernement donnera ou refu-*

21.

sera son homologation, selon qu'il trouvera suffisantes ou insuffisantes les déclarations des témoins, et les causes qui empêchent de rapporter l'acte de naissance.

Le consul CAMBACÉRÈS demande s'il y aura appel.

M. THIBAUDEAU répond que cela doit être, mais qu'il serait inutile de faire mention de cette faculté, dans tous les cas où les tribunaux connaissent de l'état civil ; que la section proposera à cet égard un article général (1).

L'article est adopté.

73. L'acte authentique du consentement des pères et mères ou aïeuls et aïeules, ou, à leur défaut, celui de la famille, contiendra les prénoms, noms, professions et domiciles du futur époux, et de tous ceux qui auront concouru à l'acte, ainsi que leur degré de parenté.

Cet article, le XXXIVe. du projet, fut adopté sans discussion.

74. Le mariage sera célébré dans la commune où l'un des deux époux aura son domicile. Ce domicile, quant au mariage, s'établira par six mois d'habitation continue dans la même commune.

Cet article était le XVII du projet du titre de mariage.

Séance du 4 Vendémiaire an 10.

Le PREMIER CONSUL demande pourquoi cet article parle du domicile, puisque cette matière est réglée par un autre titre.

M. TRONCHET répond qu'il s'agit ici de la simple habitation, qui n'est pas toujours le domicile.

Le PREMIER CONSUL dit qu'il faut donc changer la rédaction, et ne parler que d'une habitation de six mois, afin que l'article n'apporte aucune modification aux dispositions sur le domicile.

M. MALEVILLE dit qu'il est nécessaire d'expliquer que la loi entend parler de la dernière résidence, et d'une résidence continue.

M. TRONCHET répond que la rédaction ne laisse aucun doute à cet égard.

Le consul CAMBACÉRÈS propose de réunir les articles XVI et XVII (2)

---

(1) Voyez l'article 54.
(2) Voyez pour l'article XVI du projet du titre du mariage, sous l'article 165.

du titre du mariage, en supprimant dans le XVIe. ces mots, *dans les formes ci-après établies.*

M. Tronchet adopte cette proposition ; il préférerait cependant que l'article XVIe. se bornât à dire que le mariage sera célébré publiquement, et que l'article XVIIe indiquât le lieu où il sera célébré, ce sont en effet deux règles différentes.

M. Réal propose de rédiger ainsi.

Le mariage sera célébré dans la commune où l'un des époux aura son domicile ; il pourra l'être également dans la commune où l'un des deux époux aura six mois d'habitation.

M. Bigot-Préameneu demande qu'on ne se serve pas du mot *pourra* pour ne pas paraître déroger à la règle générale.

Le Premier Consul demande si une personne pourra célébrer son mariage dans le lieu de son domicile, quoique depuis six mois elle ait résidé ailleurs.

M. Tronchet répond qu'elle le pourra, parce qu'on ne perd pas le droit de célébrer son mariage dans le lieu de son domicile, pour avoir acquis le droit de le célébrer ailleurs.

M. Bigot-Préameneu observe que la célébration du mariage est entourée d'une plus grande publicité, lorsqu'elle est faite dans le lieu de la résidence.

M. Tronchet répond que la publicité du mariage a pour objet de donner aux personnes intéressées à l'empêcher, le moyen de former leur opposition : or le domicile d'un homme est toujours plus certain et plus connu que sa résidence. La disposition qui permet de célébrer le mariage dans le lieu de la résidence, n'est qu'une exception à la règle générale : d'ailleurs les publications sont faites et au lieu de la résidence et au lieu du domicile.

M. Réal observe que si l'on substitue dans l'article le mot *habitation* au mot *domicile*, on renverse la jurisprudence reçue, parce qu'il est de principe que le domicile, par rapport au mariage, s'établit par six mois de résidence.

M. Tronchet répond que ce principe n'a été introduit que pour garantir que le mariage serait célébré en présence du propre curé. Cette raison ne subsiste plus ; les six mois de résidence ne sont exigés maintenant que pour empêcher les mariages clandestins, faciliter les oppositions, et donner aux parens le tems de ramener des jeunes gens que la passion égare.

Le Premier Consul dit que ce but ne serait atteint qu'autant qu'on mettrait un intervalle d'un mois entre la publication au lieu du domicile et le mariage ; car il est possible, par exemple, qu'un jeune homme domicilié à Lyon forme une inclination à Paris ; et qu'après y être resté six mois, il envoie à Lyon la publication du mariage qu'il projette, dans un tems tellement mesuré, qu'aucune opposition ne puisse arriver à Paris avant qu'il soit marié.

M. Tronchet observe que les publications entraînent nécessairement un délai de treize jours ; mais que d'ailleurs le terme de six mois permet aux parens de suivre la conduite de leurs enfans.

M. Regnaud (de Saint-Jean-d'Angely) dit qu'en autorisant les oppositions à la délivrance des certificats de publication, on forcerait le fils à venir plaider en main-levée au lieu où est le domicile du père, avant de passer outre au mariage.

M. Réal dit que le mariage n'a une véritable publicité que dans le lieu où il est célébré.

M. Regnaud (de Saint-Jean-d'Angely) répond que par le fait cette publicité n'existe plus, puisqu'on peut se présenter devant l'officier de l'état civil à toutes les heures ; que le public ne va pas voir célébrer les mariages, et que la célébration ne demande qu'un moment.

Le Premier Consul dit que les oppositions sont trop tardives si elles arrivent après le mariage ; qu'il est donc très-important de placer un délai entre les publications et la célébration.

M. Tronchet dit qu'en effet un délai de treize jours n'est pas suffisant. Il voudrait qu'on fixât un délai plus long lorsque le mariage est célébré hors du lieu du domicile.

L'article est adopté sauf rédaction, et renvoyé au titre des actes destinés à constater l'état civil.

(Néantmoins l'article a été maintenu tel qu'il avait été proposé).

75. Le jour désigné par les parties, après les délais des publications, l'officier de l'état civil, dans la maison commune, en présence de quatre témoins parens ou non parens, fera lecture aux parties, des pièces ci-dessus mentionnées, relatives à leur état et aux formalités du mariage, et du chapitre VI du titre *du Mariage,* sur *les droits et les devoirs respectifs des époux.* Il rece-

vra de chaque partie, l'une après l'autre, la déclaration qu'elles veulent se prendre pour mari et femme ; il prononcera, au nom de la loi, qu'elles sont unies par le mariage, et il en dressera acte sur-le-champ.

XXXV. *Le jour désigné par les parties, après les délais des publications, l'officier de l'état civil, en présence de quatre témoins, parens ou non parens, fera lecture aux parties des pièces ci-dessus mentionnées, relatives à leur état et aux formalités du mariage. Il recevra de chaque partie, l'une après l'autre, la déclaration qu'elles veulent se prendre pour mari et femme ; il prononcera, au nom de la loi, qu'elles sont unies par le mariage ; et il en dressera acte sur-le-champ, qui sera signé par lui, par les époux et par les témoins. Si quelques-uns d'entre eux ne savent ou ne peuvent signer, il en sera fait mention.*

M. BIGOT-PRÉAMENEU dit que le projet de Code civil fixait le lieu où serait célébré le mariage : la section a omis cette disposition.

Elle a également omis de dire que les témoins seront *parens ou non parens, sachant signer s'il peut s'en trouver*. Cette dernière clause ne serait qu'un simple avertissement, et n'introduirait pas une condition rigoureuse. La déclaration de 1736 avait employé ces expressions.

M. BOULAY répond que le domicile, sous le rapport du mariage, est fixé par une disposition qui se trouve ailleurs ; (art. 165) que la clause de la préférence des témoins qui savent signer, exclurait souvent les parens les plus proches.

L'article est adopté (1) (2).

(1) La disposition de cet article relative à la lecture que doit faire l'officier de l'état civil aux époux, du chapitre 6 du titre du mariage, a été insérée d'après une observation faite par le PREMIER CONSUL sur l'article 76. Voyez la discussion qui a eu lieu sur cet article.

(2) L'article suivant qui était le XXXVIe. du projet a été retranché.

En cas d'empêchement, le sous-préfet pourra autoriser l'officier de l'état civil à se transporter au domicile des parties, pour recevoir leurs déclarations et célébrer le mariage.

M. THIBAUDEAU dit que cet article n'était pas dans le projet de code civil. La section a pensé que l'officier de l'état civil devait pouvoir se déplacer ; mais qu'une autorité supérieure à cet officier et au maire devait être juge de cette nécessité. Le préfet est, le plus souvent, trop éloigné ; la section ap référé le sous-préfet.

Le consul CAMBACÉRÈS dit qu'il est des cas tellement urgens, que les parties n'ont pas même le tems d'aller prendre une autorisation ; il faudrait n'obliger à l'obtenir

76. On énoncera dans l'acte de mariage,
 1°. Les prénoms, noms, professions, âge, lieu de naissance et domiciles des époux ;

qu'en supposant qu'il n'y eût pas d'empêchement. La force de l'obstacle serait jugée avec la contestation sur la validité du mariage.

M. Thibaudeau dit qu'on abuserait d'une disposition si générale ; elle pourrait induire les parties en erreur, et donner ouverture à des contestations.

Le consul Cambacérès dit que si l'un des futurs époux est malade dans une ville éloignée de la résidence du sous-préfet, le danger peut être tel, qu'il ne laisse pas le tems d'aller chercher la permission. L'obstacle augmente encore si le sous-préfet la refuse ; et il peut même avoir intérêt à ne pas la donner. On prévoit qu'alors le mariage ne sera probablement pas célébré. Rien n'est encore décidé sur la validité des mariages *in extremis* : il ne faut pas que l'article qu'on discute, les rende impossibles dans le fait, si l'on croit devoir les admettre dans le droit.

M. Defermon observe que l'intérêt public est entièrement à couvert par la formalité des publications faites après des délais ; qu'on peut donc, sans inconvénient, donner des facilités sur la célébration des mariages, et s'en rapporter à l'officier de l'état civil sur la nécessité de se déplacer.

M. Réal dit que la publicité est essentielle au mariage : si on l'en dépouille, ce ne doit être que par voie d'exception ; mais il faut que la règle générale soit maintenue. On peut autoriser l'usage des dispenses : cependant le droit de les accorder serait mal placé dans la main d'un maire ; elles pourraient, comme on ne l'a que trop vu jadis, devenir le patrimoine privilégié de la richesse et de la puissance.

Le consul Cambacérès dit que, dans son opinion, la validité des mariages célébrés hors du lieu ordinaire, doit dépendre de l'exigence des cas.

Le Ministre de la justice propose de rédiger ainsi : *En cas de nécessité, l'officier de l'état civil pourra se transporter.*

M. Cretet propose la rédaction suivante : *Quand les parties ne pourront se rendre au lieu destiné à la célébration des mariages, l'officier public se transportera*, etc.

M. Tronchet dit que si la loi autorise le transport de l'officier public, elle doit exiger que la cause du transport soit exprimée dans l'acte.

M. Emmery objecte que la mention de la cause compromettrait quelquefois l'honneur des parties ; au surplus, pour prévenir les abus du transport, il est nécessaire qu'il y ait à cet égard une autorité régulatrice.

Le consul Cambacérès propose de renvoyer cette discussion au titre *du Mariage*, parce qu'il ne s'agit, dans cette section, que de la forme matérielle de l'acte.

M. Réal observe que cette section doit aussi régler les fonctions de l'officier qui reçoit les déclarations de mariage.

Le consul Cambacérès dit qu'il est nécessaire de régler les effets du transport de l'officier, ce transport fût-il même prohibé ; ainsi la question rentre dans la classe de celles qu'on peut proposer sur la validité du mariage.

Le renvoi proposé par le Consul est adopté.(Voyez l'art. 165.)

2°. S'ils

2°. S'ils sont majeurs ou mineurs ;

3°. Les prénoms, noms, professions et domiciles des pères et mères ;

4°. Le consentement des pères et mères, aïeuls et aïeules, et celui de la famille, dans les cas où ils sont requis ;

5°. Les actes respectueux, s'il en a été fait ;

6°. Les publications dans les divers domiciles ;

7°. Les oppositions, s'il y en a eu ; leur main-levée, ou la mention qu'il n'y a point eu d'opposition ;

8°. La déclaration des contractans de se prendre pour époux, et le prononcé de leur union par l'officier public ;

9°. Les prénoms, noms, âge, professions et domiciles des témoins, et leur déclaration s'ils sont parens ou alliés des parties, de quel côté et à quel degré.

XXXVII. *On énoncera dans l'acte de mariage,*
1°. Les prénoms, noms, âge, lieux de naissance, professions et domiciles des époux ;
2°. S'ils sont majeurs ou mineurs ;
3°. Les prénoms, noms, professions et domiciles des pères et mères ;
4°. Le consentement des pères et mères, aïeuls et aïeules, et celui de la famille, dans les cas où ils sont requis ;
5°. Les publications dans les divers domiciles ;
6°. Les oppositions, s'il y en a eu ; leur main-levée, ou la mention qu'il n'y a point eu d'oppositions ;
7°. La déclaration des contractans, de se prendre pour époux ; et la prononciation de leur union par l'officier public ;
8°. Les prénoms, noms, âge, professions et domiciles des témoins, et leur déclaration s'ils sont parens ou alliés des parties, de quel côté et à quel degré.

Le Premier Consul dit qu'il conviendrait d'ajouter au n°. 7 de l'article, que la femme déclarera qu'elle reconnait son époux pour chef de la famille, et que le mari déclarera qu'il la prend pour sa compagne; qu'il faudrait enfin énoncer les droits et les devoirs des époux, et leur faire connaître les engagemens qu'ils prennent l'un envers l'autre.

M. Thibaudeau observe qu'on trouve dans le Projet de Code, un titre formel sur les droits et sur les devoirs des époux.

M. Réal dit que lorsque les mariages étaient contractés devant les ministres du culte, les déclarations que demande le Premier Consul entraient dans la cérémonie de la célébration, mais que l'acte ne les relatait pas ; qu'on pourrait de même aujourd'hui les insérer dans la formule.

Le Premier Consul dit que le mariage étant parfait aux yeux de la loi, et ayant tous ses effets après la cérémonie civile, l'officier civil doit expliquer aux parties les conditions de leur contrat.

M. Thibaudeau dit que l'amendement du Premier Consul doit être reporté à l'article XXXV (75).

Le Premier Consul dit que s'il ne fallait que constater le mariage, il suffirait d'employer le ministère d'un notaire public, mais qu'un contrat qui crée une nouvelle famille doit être formé avec solennité.

M. Tronchet dit qu'on peut ordonner que l'officier de l'état civil fera lecture aux futurs mariés, du titre *sur les Devoirs des époux*, et leur fera prononcer la promesse de les remplir.

Le Premier Consul adopte d'autant plus volontiers cette idée, que la lecture proposée donnerait à une fille dont on aurait forcé les inclinations, le tems de réclamer à la face du public ; que d'ailleurs elle laisserait dans l'esprit des époux, des souvenirs qui les porteraient à interroger la loi comme leur régulatrice, lorsque, pendant le cours de leur mariage, il surviendrait entre eux quelques difficultés.

Le consul Cambacérès dit que les devoirs d'obéissance et de fidélité que le mariage impose à la femme, ne sont pas exprimés dans le titre *sur les Droits et les Devoirs des époux*. Le Consul propose d'obliger l'officier de l'état civil à les énoncer.

L'article est adopté avec les amendemens du Premier Consul et du consul Cambacérès. Ces amendemens seront reportés à l'art. XXXV (75).

CHAPITRE IV.

DES ACTES DE DÉCÈS.

77. Aucune inhumation ne sera faite sans une autorisation, sur papier libre et sans frais, de l'officier de

l'état civil, qui ne pourra la délivrer qu'après s'être transporté auprès de la personne décédée, pour s'assurer du décès, et que vingt-quatre heures après le décès, hors les cas prévus par les réglemens de police.

XXXVIII. *Aucune inhumation ne sera faite sans une ordonnance de l'officier de l'état civil, qui ne pourra la délivrer qu'après s'être transporté auprès du cadavre, pour s'assurer du décès, et que vingt-quatre heures après le décès.*

M. Maleville rappelle que les tribunaux ont demandé des exceptions à la disposition qui ordonne que l'inhumation sera faite dans les vingt-quatre heures.

M. Thibaudeau répond que la section a cru ces exceptions inutiles, parce qu'il existe des lois de police sur les cas où il pourrait être dangereux de différer les inhumations.

M. Portalis ajoute qu'on abuserait des exceptions si elles étaient consacrées par la loi.

Le consul Cambacérès dit qu'on ne voit pas comment ces abus pourraient avoir lieu; qu'au surplus, la sûreté publique doit l'emporter sur toute autre considération; qu'après la publication du Code, elle ne sera plus garantie par les lois de police, puisque le Code les abrogera.

M. Portalis propose d'ajouter, « *hors les cas prévus par les lois de police* ».

Le consul Cambacérès adopte cette rédaction.

M. Fourcroy demande qu'on ajoute à l'article, que « *l'officier de l'état civil, pour constater le décès, sera assisté d'un officier de santé,* » parce qu'il y a des cas où il est difficile de s'assurer de la mort sans une connaissance réelle de ces signes, de sa certitude; parce qu'il est à craindre qu'on la confonde avec une léthargie; et parce que des exemples assez nombreux prouvent qu'on a enterré des corps vivans. Il cite plusieurs ouvrages sur *le danger des inhumations précipitées*, sur *les morts apparentes*, sur *la certitude* ou *l'incertitude des signes de la mort*.

M. Boulay répond qu'il n'est pas toujours possible de trouver des officiers de santé; que d'ailleurs ces précautions sont du ressort de la police.

L'article est adopté avec l'amendement de M. Portalis.

78. L'acte de décès sera dressé par l'officier de l'état civil, sur la déclaration de deux témoins. Ces témoins seront, s'il est possible, les deux plus proches parens ou voisins, ou, lorsqu'une personne sera décédée hors de son domicile, la personne chez laquelle elle sera décédée, et un parent ou autre.

XXXIX. *L'acte de décès sera dressé par l'officier de l'état civil, sur la déclaration de deux témoins qui signeront avec lui; ou mention sera faite qu'ils n'ont pu ou su signer.*

Ces témoins seront, s'il est possible, les deux plus proches parens ou voisins de la personne décédée, ou la personne qui commande dans la maison, et un témoin, parent ou autre, lorsque le défunt n'est pas décédé dans son propre domicile ».

Cet article est adopté, sauf rédaction, avec le retranchement du mot *commande*.

79. L'acte de décès contiendra les prénoms, nom, âge, profession et domicile de la personne décédée; les prénoms et nom de l'autre époux, si la personne décédée était mariée ou veuve; les prénoms, noms, âge, professions et domiciles des déclarans; et, s'ils sont parens, leur degré de parenté.

Le même acte contiendra de plus, autant qu'on pourra le savoir, les prénoms, noms, profession et domicile des père et mère du décédé, et le lieu de sa naissance.

Cet article, le XLe. du projet, fut adopté sans discussion.

80. En cas de décès dans les hôpitaux militaires, civils ou autres maisons publiques, les supérieurs, directeurs, administrateurs et maîtres de ces maisons, seront tenus d'en donner avis, dans les vingt-quatre heures, à l'officier de l'état civil, qui s'y transportera pour s'assurer du décès, et en dressera l'acte, conformément à l'article précédent, sur les déclarations qui lui auront été faites, et sur les renseignemens qu'il aura pris.

Il sera tenu en outre, dans lesdits hôpitaux et maisons, des registres destinés à inscrire ces déclarations et ces renseignemens.

L'officier de l'état civil enverra l'acte de décès à celui du dernier domicile de la personne décédée, qui l'inscrira sur les registres.

XLI. *En cas de décès dans les hôpitaux militaires, ou autres maisons publiques, les supérieurs, directeurs, administrateurs et maîtres de ces maisons, seront tenus d'en donner avis, dans les vingt-quatre heures, à l'officier de l'état civil, qui dressera l'acte de décès sur les déclarations qui lui auront été faites, et sur les renseignemens qu'il aura pris concernant les mentions à faire dans l'acte de décès, suivant l'article précédent.*

Il sera tenu, en outre, dans les hôpitaux, des registres destinés à inscrire ces déclarations et ces renseignemens.

(Les changemens que cet article a subi, ont eu lieu sans discussion.)

81. Lorsqu'il y aura des signes ou indices de mort violente, ou d'autres circonstances qui donneront lieu de le soupçonner, on ne pourra faire l'inhumation qu'après qu'un officier de police, assisté d'un docteur en médecine ou en chirurgie, aura dressé procès-verbal de l'état du cadavre, et des circonstances y relatives, ainsi que des renseignemens qu'il aura pu recueillir sur les prénoms, nom, âge, profession, lieu de naissance et domicile de la personne décédée.

XLII. *Quand il y aura des signes ou indices de mort violente, ou autres circonstances qui donnent lieu de le soupçonner, le cadavre ne pourra être inhumé qu'après qu'un officier de police, assisté autant que possible d'un officier de santé, aura dressé procès-verbal de l'état dudit cadavre, et des circonstances y relatives; ainsi que des renseignemens qu'il aura pu découvrir touchant les prénoms, nom, âge, profession, lieu de naissance et domicile de la personne décédée.*

Le consul CAMBACÉRÈS propose une disposition additionnelle, conçue à-peu-près dans les termes suivans :

Dans les cas extraordinaires, comme tremblemens de terre, éboule-

mens, incendies, inondations, s'il vient à périr ou disparaître des personnes dont on ne puisse reconnaître ou retrouver les cadavres, il en sera dressé procès-verbal.

Ce procès-verbal sera suivi d'une enquête faite pour constater la mort certaine des personnes qui ont disparu depuis l'événement.

L'officier public fera mention sur le registre des décès, de l'enquête et du procès-verbal.

M. TRONCHET dit que ce cas rentre dans celui de l'absence.

Le consul CAMBACÉRÈS répond que les deux cas qu'il a indiqués ne peuvent être confondus avec l'absence. Un individu peut être tué par la chute de sa propre maison; dans cette hypothèse, il n'est pas absent; et cependant il faut s'assurer s'il est décédé.

M. REGNAUD (de Saint-Jean-d'Angely) demande que les mots *autant que possible* soient retranchés.

Il observe que jamais l'officier de police ne peut dresser en pareil cas son procès-verbal sans l'assistance d'un officier de santé; que l'importance de ces fonctions est telle, qu'autrefois il y avait un chirurgien et un médecin près de chaque bailliage ou sénéchaussée, qui en étaient spécialement chargés.

L'article est adopté avec cet amendement.

82. L'officier de police sera tenu de transmettre de suite à l'officier de l'état civil du lieu où la personne sera décédée, tous les renseignemens énoncés dans son procès-verbal, d'après lesquels l'acte de décès sera rédigé.

L'officier de l'état civil en enverra une expédition à celui du domicile de la personne décédée, s'il est connu: cette expédition sera inscrite sur les registres.

XLIII. *L'officier de police sera tenu de transmettre de suite, à l'officier de l'état civil du domicile de la personne décédée, et, dans le cas où son domicile ne serait pas connu, à l'officier de l'état civil du lieu où elle sera décédée, tous les renseignemens nécessaires pour la rédaction de l'acte de décès, qui sera inscrit sur les registres.*

M. THIBAUDEAU dit qu'il doit exposer un système différent de celui des rédacteurs du Code, adopté par la section, et dont l'application commence dès cet article.

Les rédacteurs du projet voulaient que, dans le cas de mort vio-

ACTES DE L'ÉTAT CIVIL.

lente, en prison, ou par suite de condamnation, les procès-verbaux de l'officier de police et du greffier criminel fussent envoyés à l'officier de l'état civil, et inscrits sur les registres pour tenir lieu d'acte de décès.

La section a pensé, au contraire, que cette inscription ne devait pas être faite sur les registres, à cause de l'espèce de flétrissure qui pouvait en rejaillir sur les familles, et qu'il serait impolitique et injuste de rétablir à cet égard l'ancienne législation, dont la réforme a été un bienfait de la révolution.

En effet, les lois ont déjà statué sur deux de ces cas.

1°. Pour l'exécution à mort, la loi du 21 janvier 1790 porte qu'il ne sera plus fait sur les registres civils aucune mention du genre de mort.

2°. Pour le cas de mort violente (ce qui comprend le suicide, le duel, etc.) l'article VIII du tit. V de la loi de septembre 1792, porte que l'officier de police enverra à l'officier de l'état civil un extrait de son procès-verbal, contenant les renseignemens nécessaires, sur lesquels l'acte de décès sera rédigé.

3°. Pour le cas de mort dans les prisons ou autres lieux de détention (ce qui comprend l'état d'arrestation, d'accusation, la condamnation à mort non exécutée, les fers, la détention, etc.), les mêmes motifs subsistent dans toute leur force.

Dans ces trois cas, ce serait une rigueur inutile que de faire mention sur les registres, du genre de mort; il ne faut pas même que les procès-verbaux soient adressés à l'officier de l'état civil, qui pourrait les annexer au registre; il suffit qu'il ait les renseignemens nécessaires pour rédiger l'acte de décès dans les formes prescrites pour tous les autres individus.

M. TRONCHET dit que l'article n'a aucun rapport avec les individus exécutés; que ce genre de mort ne doit pas être confondu avec les autres morts violentes. Cette distinction admise, on doit penser qu'il n'y a rien d'infamant dans la mort d'un homme assassiné; qu'ordinairement, quand on trouve un cadavre, il est difficile de savoir si l'individu est mort par un assassinat, par un duel ou par un suicide; qu'il est nécessaire de faire connaître à une famille, qu'un de ses membres a péri de mort violente, afin qu'elle puisse discerner s'il y a assassinat, et en poursuivre les auteurs.

M. BOULAY dit que la famille puisera ces renseignemens dans le procès-verbal.

M. Tronchet répond que l'acte de décès est seul connu de la famille du décédé.

M. Réal insiste pour que les détails relatifs au genre de mort soient étrangers à l'acte de décès ; c'est dans le procès-verbal seul que ces détails doivent se trouver. Qu'un homme, par exemple, se tue en s'ouvrant les veines dans un bain public ; ne suffira-t-il pas que cette circonstance, que quelquefois l'aveu même du suicidé expirant, soient consignés dans le procès-verbal dressé par l'officier de police, pour que la cause de la mort cesse d'être douteuse? Comment se pourrait-il et pourquoi faudrait-il que ces faits, ces déclarations, entrassent dans l'acte de décès? L'acte de décès est pour le public aussi-bien que pour la famille. Le procès-verbal n'est utile qu'à la famille ; il lui servira sans la déshonorer. Au lieu que le suicide constaté sur le registre public des décès, en éternisant le souvenir des causes souvent peu honorables qui l'ont provoqué, flétrirait sans utilité la mémoire du décédé. C'est pour constater un *décès*, et non pour spécifier un genre de mort, que ces registres sont établis : on ne les appelle pas registres de *morts*, mais registres de *décès*.

Le Ministre de la justice dit qu'il est naturel qu'un cadavre soit inhumé dans le lieu où il a été trouvé, que là aussi soit dressé l'acte de décès, et qu'on n'envoie à son domicile qu'une expédition de cet acte ; que cependant l'article en discussion ne fait dresser l'acte dans le lieu de décès que quand le lieu du domicile ne sera pas connu.

M. Thibaudeau répond que telle a été aussi l'intention de la section en rédigeant l'article.

M. Crefet pense aussi que l'acte doit être dressé dans le lieu de l'inhumation, et qu'il suffit d'en envoyer la note au lieu du domicile.

L'article est adopté.

83. Les greffiers criminels seront tenus d'envoyer, dans les vingt-quatre heures de l'exécution des jugemens portant peine de mort, à l'officier de l'état civil du lieu où le condamné aura été exécuté, tous les renseignemens énoncés en l'article 79, d'après lesquels l'acte de décès sera rédigé.

Cet article, le XLIVe du projet, fut adopté sans discussion.

ACTES DE L'ÉTAT CIVIL.

84. En cas de décès dans les prisons ou maisons de réclusion et de détention, il en sera donné avis sur-le-champ, par les concierges ou gardiens, à l'officier de l'état civil, qui s'y transportera comme il est dit en l'article 80, et rédigera l'acte de décès.

XLV. *Les concierges des prisons feront mention sur le registre d'écroux, du décès des détenus, et ils enverront, dans les vingt-quatre heures, un extrait de ce registre à l'officier de l'état civil du lieu où est la prison, qui rédigera l'acte de décès, et l'inscrira le même jour sur les registres.*

M. REGNAUD (de Saint-Jean-d'Angely) demande que l'officier de l'état civil ne s'en rapporte pas au concierge; qu'il soit tenu de se transporter dans la prison pour constater le décès, et le concierge obligé de l'appeler.

MM. EMMERY et BRUNE appuient cette proposition; il leur paraît très-important que l'officier de l'état civil s'assure de la manière dont l'individu est mort.

L'article est adopté avec l'amendement.

85. Dans tous les cas de mort violente ou dans les prisons et maisons de réclusion, ou d'exécution à mort, il ne sera fait sur les registres aucune mention de ces circonstances, et les actes de décès seront simplement rédigés dans les formes prescrites par l'article 79.

XLVI. *Dans tous les cas de mort violente ou en prison ou d'exécution à mort, il ne sera fait aucune mention de ces causes sur les registres; et les actes de décès seront simplement rédigés dans les formes prescrites par l'article 79.*

Le consul CAMBACÉRÈS dit qu'aucun autre titre du Code civil n'appelant des dispositions relatives au décès, il y a lieu d'insérer dans le projet un article qui se trouve dans l'ancien Projet du code civil, et dont le but a été approuvé. Cet article pourrait être ainsi conçu: *Quelle qu'ait été l'opinion religieuse du défunt, il doit être inhumé dans les cimetières publics: néanmoins chaque individu ou chaque famille peut choisir un lieu destiné à son inhumation particulière et exclusive.*

M. Réal dit que cette disposition appartient aux lois de police : le Code civil règle la manière de constater le décès ; la police dispose du cadavre.

Le consul Cambacérès dit que réunir toutes les dispositions de la matière, c'est les faire mieux connaître et en mieux assurer l'exécution.

Le Premier Consul charge la section de prendre note de la proposition du consul *Cambacérès*, et le conseil adopte l'article.

86. En cas de décès pendant un voyage de mer, il en sera dressé acte dans les vingt-quatre heures, en présence de deux témoins pris parmi les officiers du bâtiment, ou, à leur défaut, parmi les hommes de l'équipage. Cet acte sera rédigé, savoir, sur les bâtimens de l'état, par l'officier d'administration de la marine ; et sur les bâtimens appartenant à un négociant ou armateur, par le capitaine, maître ou patron du navire. L'acte de décès sera inscrit à la suite du rôle de l'équipage.

87. Au premier port où le bâtiment abordera, soit de relâche, soit pour toute autre cause que celle de son désarmement, les officiers de l'administration de la marine, capitaine, maître ou patron, qui auront rédigé des actes de décès, seront tenus d'en déposer deux expéditions, conformément à l'artile 60.

A l'arrivée du bâtiment dans le port du désarmement, le rôle d'équipage sera déposé au bureau du préposé à l'inscription maritime ; il enverra une expédition de l'acte de décès, de lui signée, à l'officier de l'état civil du domicile de la personne décédée : cette expédition sera inscrite de suite sur les registres.

Ces deux art. paraissent formés de l'art. XLVII du projet ainsi conçu.

En cas de décès pendant un voyage en mer, il en sera dressé, dans les vingt-quatre heures, en présence de deux témoins pris dans l'équipage ou parmi les passagers, un double acte, dont un sur le livre-journal du bâtiment, et l'autre sur une feuille particulière : les deux actes seront signés par le capitaine ou le maître, et par les deux témoins; s'ils ne savent ou ne peuvent signer, ou s'ils refusent de le faire, il en sera fait mention.

L'acte civil, sur une feuille particulière, restera dans les mains du maître, lequel sera tenu de le remettre, dans les vingt-quatre heures de l'arrivée du navire en France, à l'officier de l'état civil du lieu où abordera le navire; il sera inscrit le même jour sur les registres de décès, et cette inscription sera signée par celui qui se trouvera être le maître du bâtiment dans le tems de l'arrivée, et par l'officier de l'état civil.

Cet article fut renvoyé à la section pour être rédigé autrement.

M. THIBAUDEAU présente la rédaction définitive.

M. TRUGUET demande comment les décès seront constatés dans le cas où un bâtiment aurait péri.

Séance du 22 Fructidor an 10.

M. THIBAUDEAU répond que quand les circonstances ne fourniraient pas de preuves, tout se réglerait par les dispositions relatives aux absens

Les deux articles sont adoptés.

CHAPITRE V.

DES ACTES DE L'ÉTAT CIVIL CONCERNANT LES MILITAIRES HORS DU TERRITOIRE DE LA RÉPUBLIQUE.

88. Les actes de l'état civil faits hors du territoire de la république, concernant des militaires ou autres personnes employées à la suite des armées, seront rédigés dans les formes prescrites par les dispositions précédentes; sauf les exceptions contenues dans les articles suivans.

XLVIII. Les décès des militaires de terre et de mer seront constatés de la manière prescrite par les articles ci-dessus, sauf les cas prévus par les réglemens militaires.

M. THIBAUDEAU dit que le décès des militaires doit être en général constaté de la même manière que celui des autres citoyens, hors les circonstances particulières où les militaires peuvent se trouver; mais

Séance du 14 Fructidor an 9.

qu'alors leur décès doit être constaté dans les formes prescrites par les réglemens militaires.

Le Premier Consul charge les sections de législation et de la guerre, de s'occuper sans délai de la rédaction des articles des réglemens relatifs à la manière de constater le décès des militaires.

Le Premier Consul observe sur l'article, qu'il ne pourvoit pas au cas où un militaire meurt dans un hôpital en France; alors son acte de décès peut être dressé au lieu où il est inhumé; mais il faut que copie de l'acte soit envoyée au lieu de son domicile. Il est également nécessaire de prévoir comment seront envoyés au lieu du domicile, les actes de décès des militaires morts sur le champ de bataille. Tous ces cas ne sont pas de simples accidens qui se répètent rarement, ce sont des cas ordinaires dans le cours naturel des choses.

Le drapeau, dans quelqu'endroit qu'il se trouve, fixe la résidence du militaire; c'est de là que l'acte de son décès doit passer à son domicile réel. Il est un moyen facile d'assurer son envoi, c'est de ne permettre aux parens de prendre la succession qu'en représentant l'acte de décès.

La section a également omis de régler la manière de constater les mariages contractés à l'armée par les militaires.

M. Thibaudeau dit que quand les militaires sont en France, ils se marient comme les autres citoyens, et qu'il y a aux dispositions générales un article qui porte que tous actes de l'état civil des Français, en pays étranger, sont valables lorsqu'ils ont été rédigés dans les formes qui y sont usitées.

Le Premier Consul dit que le militaire n'est jamais chez l'étranger lorsqu'il est sous le drapeau: où est le drapeau, là est la France. On se marie à l'armée devant les commissaires des guerres, et l'acte de mariage demeure inconnu; il est nécessaire qu'une loi statue à cet égard sur le passé, mais il faut des articles pour l'avenir, sur les naissances, les mariages et les décès à l'armée.

M. Tronchet dit qu'il faut confirmer les mariages contractés à l'armée, d'après les usages qui ont pu s'introduire, et proposer à cet effet une loi transitoire.

M. Portalis dit qu'il est important de statuer sur l'avenir.

M. Emmery dit qu'on pourrait désigner dans l'armée un fonctionnaire pour remplir les fonctions d'officier de l'état civil.

M. Boulay propose de placer dans le projet une section particulière sur les actes de naissance, de mariage et de décès des militaires de terre et de mer.

Ces observations sont renvoyées aux sections réunies de législation et de la guerre (1).

89. Le quartier-maître dans chaque corps d'un ou plusieurs bataillons ou escadrons, et le capitaine commandant dans les autres corps, rempliront les fonctions d'officiers de l'état civil : ces mêmes fonctions seront remplies, pour les officiers sans troupes et pour les employés de l'armée, par l'inspecteur aux revues attaché à l'armé, ou au corps d'armée.

M. PÉTIET dit que les quartiers-maîtres ont des fonctions trop multipliées pour qu'ils puissent encore s'occuper de la rédaction des actes de l'état civil ; que cette attribution appartenait précédemment aux *majors*, et qu'il serait conséquemment plus convenable d'en charger le chef de bataillon ou d'escadron, qui remplace les majors dans les corps à pied et à cheval.

M. THIBAUDEAU observe que l'article a été rédigé d'après l'avis de la section de la guerre.

L'article est adopté.

Séance du 22 Fructidor an 10.

90. Il sera tenu dans chaque corps de troupes, un registre pour les actes de l'état civil relatifs aux individus de ce corps, et un autre à l'état-major de l'armée ou d'un corps d'armée, pour les actes civils relatifs aux officiers sans troupes et aux employés : ces registres seront conservés de la même manière que les autres registres des corps et états-majors, et déposés aux archives de la guerre, à la rentrée des corps ou armées sur le territoire de la république.

Cet article a été adopté sans discussion.

91. Les registres seront cotés et paraphés, dans chaque corps, par l'officier qui le commande ; et à l'état-major, par le chef de l'état-major général.

(1) C'est d'après ce renvoi que les articles 89, 90, 91, 92, 93, 94, 95, 96, 97 et 98, qui n'étaient pas dans le projet, ont été ensuite présentés dans la séance du 22 Fructidor an 10.

(Cet article fut adopté sans discussion.)

92. Les déclarations de naissance à l'armée seront faites dans les dix jours qui suivront l'accouchement.

(Cet article fut adopté sans discussion.)

93. L'officier chargé de la tenue du registre de l'état civil devra, dans les dix jours qui suivront l'inscription d'un acte de naissance audit registre, en adresser un extrait à l'officier de l'état civil du dernier domicile du père de l'enfant, ou de la mère si le père est inconnu.

(Cet article fut adopté sans discussion.)

94. Les publications de mariage des militaires et employés à la suite des armées seront faites au lieu de leur dernier domicile : elles seront mises en outre, vingt-cinq jours avant la célébration du mariage, à l'ordre du jour du corps, pour les individus qui tiennent à un corps ; et à celui de l'armée ou du corps d'armée, pour les officiers sans troupes, et pour les employés qui en font partie.

(Cet article fut adopté sans discussion.)

95. Immédiatement après l'inscription sur le registre de l'acte de célébration du mariage, l'officier chargé de la tenue du registre, en enverra une expédition à l'officier de l'état civil du dernier domicile des époux.

(Cet article fut adopté sans discussion.)

96. Les actes de décès seront dressés, dans chaque corps, par le quartier-maître ; et pour les officiers sans troupes et les employés, par l'inspecteur aux revues de l'armée, sur l'attestation de trois témoins ; et l'extrait de ces registres sera envoyé, dans les dix jours, à l'officier de l'état civil du dernier domicile du décédé.

(Cet article fut adopté sans discussion.)

97. En cas de décès dans les hôpitaux militaires ambulans ou sédentaires, l'acte en sera rédigé par le direc-

teur desdits hôpitaux, et envoyé au quartier-maître du corps, ou à l'inspecteur aux revues de l'armée ou du corps d'armée dont le décédé faisait partie : ces officiers en feront parvenir une expédition à l'officier de l'état civil du dernier domicile du décédé.

(Cet article fut adopté sans discussion.)

98. L'officier de l'état civil du domicile des parties, auquel il aura été envoyé de l'armée expédition d'un acte de l'état civil, sera tenu de l'inscrire de suite sur les registres.

(Cet article fut adopté sans discussion.)

CHAPITRE VI.

DE LA RECTIFICATION DES ACTES DE L'ÉTAT CIVIL.

99. Lorsque la rectification d'un acte de l'état civil sera demandée, il y sera statué, sauf l'appel, par le tribunal compétent, et sur les conclusions du commissaire du gouvernement. Les parties intéressées seront appelées, s'il y a lieu.

(Cet article, le XLIXe. du projet, fut adopté sans discussion.)

100. Le jugement de rectification ne pourra, dans aucun tems, être opposé aux parties intéressées qui ne l'auraient point requis, ou qui n'y auraient pas été appelées.

(Cet article, le L^e. du projet, fut adopté sans discussion.)

101. Les jugemens de rectification seront inscrits sur les registres par l'officier de l'état civil, aussitôt qu'ils lui auront été remis ; et mention en sera faite en marge de l'acte réformé.

(Cet article, le LIe. du projet, fut adopté sans discussion.)

TITRE III.

DU DOMICILE.

Décrété le 23 Ventose an 11, promulgué le 3 Germinal suivant.

102. Le domicile de tout français, quant à l'exercice de ses droits civils, est au lieu où il a son principal établissement.

 I. *Les conditions et les effets du domicile, relativement à l'exercice des droits et des actions civiles, dépendront uniquement de la loi civile.*
 II. *Le domicile, considéré sous ce rapport, sera, pour tout individu français, le lieu où il a son principal établissement.*

Séance du 16 Fructidor an 9.

 Le consul CAMBACÉRÈS dit qu'il n'est peut-être pas exact de donner deux domiciles au même individu.
 M. EMMERY répond qu'autrefois on en distinguait deux; l'un de droit, l'autre de fait; les rédacteurs du projet de Code civil ont aussi distingué le domicile politique du domicile civil; et la section, pour ne laisser aucune équivoque, propose de décider que le domicile civil sera réglé par la loi civile.
 M. TRONCHET dit qu'en principe chaque individu n'a qu'un domicile; quoiqu'il puisse avoir plusieurs résidences; il est utile de rappeler et de poser d'abord ce principe. Au surplus, il ne s'agit ici que du domicile civil; le domicile politique est hors du Code civil. Le principal intérêt des questions de domicile portait autrefois sur les successions, à cause de la diversité des coutumes locales; désormais les questions de domicile ne s'élèveront plus que relativement aux actions, et pour savoir devant quel juge elles doivent être intentées : or, sous ce rapport, un individu ne peut avoir qu'un domicile; tous les autres lieux qu'il habite tour-à-tour, ne sont que de simples résidences.
 M. EMMERY dit que la section n'a voulu déterminer qu'un point dans l'article 1er; c'est que le domicile civil n'est pas essentiellement le même que le domicile politique. L'unité du domicile est établie par l'article suivant:

suivant : si cependant on veut l'exprimer d'une manière plus formelle, c'est à l'art. II que se place naturellement la définition ; la section ne l'a supprimée que pour éviter les répétitions.

M. Tronchet dit qu'il ne faut pas négliger les définitions : elles sont utiles, parce qu'elles deviennent des lois auxquelles les juges doivent se conformer. Il convient donc d'établir une distinction formelle entre le domicile et la résidence ; puis de fixer les caractères du domicile.

La règle du droit est certaine : les lois appellent *domicile*, le lieu où un individu a établi *larem rerumque ac fortunarum suarum summam*, Il n'y a jamais eu de procès et de questions que sur le fait. Lorsqu'un citoyen avait plusieurs habitations également importantes, et qu'il se partageait entre elles, on pouvait douter dans laquelle il avait fixé son domicile. Alors on recourait aux actes qu'il avait souscrits, parce que la déclaration du domicile y était insérée : mais souvent cette formule, *demeurant ordinairement*, était appliquée à plusieurs lieux dans les divers actes ; et le juge demeurait embarrassé. C'est pour prévenir de semblables difficultés que les rédacteurs du projet du Code civil avaient proposé de décider que le principal établissement d'un citoyen est là où il exerce ses droits politiques : tout citoyen actif ayant nécessairement une résidence, la règle avait ses effets à l'égard du plus grand nombre. Cependant la commission ne s'était pas dissimulé que cette règle ne recevrait pas d'application à l'égard d'un certain nombre d'individus qui ne peuvent avoir de domicile politique ; telles sont, par exemple, les femmes non mariées ou divorcées : mais du moins cette disposition faisait tomber la plupart des procès. La section, pour les extirper entièrement, voudrait obtenir de chacun un acte déclaratif du domicile qu'il se choisit. Cette disposition serait bonne, si l'on pouvait imaginer des moyens d'en assurer l'exécution ; mais il n'en existe pas ; et dès-lors elle laisserait subsister toutes les difficultés qu'on se propose de faire cesser. La règle simple que les rédacteurs du Code civil ont proposée, paraît donc préférable.

M. Emmery dit que les réclamations des tribunaux ont beaucoup contribué à déterminer la section à s'écarter de l'opinion des rédacteurs. Elle a discuté leur système ; et elle a reconnu qu'outre l'inconvénient de ne pouvoir être appliqué qu'aux citoyens actifs, il présente des difficultés qui le rendraient inapplicable même à une partie des personnes de cette classe. En effet, l'article II de la constitution reconnaît pour citoyen français, tout homme qui, né en France et âgé de vingt-cinq ans, s'est fait inscrire sur le registre civique de son canton. L'art. VI cependant ne lui permet l'exercice des droits de cité dans un arrondissement communal que lorsqu'il y a acquis domicile par une année de résidence, et ne l'a pas perdu par une année d'absence. Il peut donc arriver qu'un individu soit citoyen français, sans avoir de domicile politique. Il en est ainsi de celui qui se trouve inscrit dans un arrondissement, et qui, après avoir établi son domicile dans un autre, le quitte sans en reprendre un nouveau, ou sans l'avoir encore acquis. D'où il suit que les contestations sur le domicile politique deviendraient des incidens dans les procès sur le domicile civil, et que les tribunaux en demeureraient les juges; ce qui peut n'être pas sans inconvénient. Cette considération a porté la section à faire la part de la loi politique et celle de la loi civile. Quant à la preuve de l'intention, c'est toujours une question de fait qui dépend des circonstances. La section n'exige pas une déclaration pour preuve; mais elle propose de décider que, quand cette déclaration existera, elle fera preuve : à défaut de ce genre de preuve, on recourrait aux circonstances, de la manière spécifiée dans l'art. VI du projet.

M. TRONCHET réduit la question à savoir s'il faut sur le domicile une seule règle commune à tous, ou si l'on doit en admettre plusieurs.

Il pense qu'une seule suffit, et qu'en décidant qu'un individu a son domicile civil au lieu où il est inscrit pour exercer ses droits politiques, on fait tomber cette foule de difficultés que la section avoue elle-même, puisqu'elle propose diverses mesures pour reconnaître l'intention. Il resterait, il est vrai, des doutes à l'égard d'une partie des citoyens; mais ce serait beaucoup obtenir que de les faire cesser à l'égard du plus grand nombre.

On objecte que l'inscrit peut changer de domicile, et que, d'après l'art. VI de la constitution, il n'acquiert de domicile nouveau que par une résidence d'une année.

Mais le domicile peut être formé en une heure, si l'intention n'a rien d'équivoque. Que cette circonstance ne donne qu'après un an la faculté d'exercer les droits de cité dans le domicile nouveau, c'est une précaution sage pour prévenir les fraudes et les brigues; cependant il n'en est pas moins constant que le domicile est formé aussitôt que l'intention et le fait de la résidence concourent pour l'établir.

M. EMMERY observe que la constitution exige si impérieusement une année de résidence pour acquérir le domicile politique, qu'il est impossible de supposer qu'on puisse en changer en une heure.

Il ajoute qu'on peut être citoyen actif, sans avoir, pendant toute sa vie, de domicile politique. Cependant, où traduirait-on un individu qui serait dans cette position, si son domicile politique et son domicile civil devaient être nécessairement le même ? La constitution à la main, il déclinerait tous les tribunaux.

M. Roederer dit que le système de la section ferait naître des procès innombrables. Il y aura toujours beaucoup de difficulté à distinguer où un homme a placé la masse de ses affaires. Par exemple, un citoyen nommé à une fonction importante à Paris, aura eu jusque-là sa famille et la masse de ses affaires dans un département. Persuadé qu'il sera conservé long-tems dans ses fonctions, il appelle auprès de lui sa femme et ses enfans; il vend la maison qu'il habitait dans le lieu de son domicile : où sera la masse de ses affaires ?

Il y a même eu, sur ce sujet, des variations qui dépendaient des vues du gouvernement. Quand on a voulu obliger les évêques à la résidence, on a jugé qu'ils étaient domiciliés dans leurs diocèses, quoiqu'ils fussent réellement établis à Paris. C'est cette variété qu'il faut faire cesser. Les premiers rédacteurs du projet de Code civil en ont trouvé le moyen, en s'attachant fortement à une institution nouvelle, celle du domicile politique.

Lorsque la constitution a voulu que nul ne pût élire ni être élu que dans un lieu déterminé, elle a entendu que le domicile civil et le domicile politique seraient le même. Pourquoi, en effet, exige-t-elle un domicile politique ? c'est afin que chacun soit connu dans le lieu où il exerce les droits de cité ; c'est pour empêcher les intrigans, repoussés par ceux sous les yeux desquels ils vivent, de parcourir successivement les lieux où, à la faveur d'une résidence passagère, ils pourraient espérer plus de succès de leurs brigues. On n'est parfaitement connu que là où l'on est toujours, que là où l'on a ses affaires. Le domicile politique est donc là où se trouve le domicile civil ; il n'en est pas divisible : la loi et le bon sens veulent qu'ils soient les mêmes. Le domicile civil aide à remplir l'objet du domicile politique, qui est de faire connaître les citoyens qui ont droit d'élire et d'être élus : le domicile politique aidera à son tour à constater le domicile civil ; et, par ce moyen, une source d'innombrables procès sera fermée : il faut donc qu'ils soient les mêmes. Il n'a jamais été dans les vues de la constitution, qu'un citoyen pût dire hautement devant la loi, devant les tribunaux, *Mon domicile civil est à Bayonne, mon domicile politique est à Paris*;

ce serait un scandale. Le bon sens répondrait à cet homme, qu'il ne peut élire et être élu que là où il connaît et est connu ; que son domicile politique ne peut donc être que dans le lieu où il est censé résider habituellement, c'est-à-dire, dans son domicile civil. Encore une fois la loi ne peut en autoriser deux.

Mais, dit-on, beaucoup d'individus, les femmes, les mineurs, les prolétaires, n'ont pas de domicile politique.

Leur domicile n'en est pas moins certain : les premiers partagent celui de leur père, de leur mari, de leur tuteur; quant au prolétaire, son domicile est au lieu où est son titre de Français.

M. REGNAUD (de Saint-Jean-d'Angely) pense que le système de la section embarrasserait les juges. La section leur offre trois caractères, dont chacun indique le domicile : mais si ces trois caractères se trouvent séparés, auquel s'arrêtera le tribunal? Un individu peut être né dans un arrondissement, exercer ses droits politiques dans un autre, et payer ses contributions personnelles dans un troisième : laquelle de ces circonstances prévaudra? On l'ignore : les tribunaux décideront donc arbitrairement. Ce serait un scandale s'ils préféraient un indice quelconque à celui qu'offre l'exercice des droits politiques. Le système de *M. Tronchet*, beaucoup plus simple, écarte l'arbitraire et les embarras : s'il ne s'applique pas à tous, il s'applique au moins au plus grand nombre.

M. PORTALIS voudrait aussi qu'on pût arriver à découvrir une règle unique et simple ; mais celle qu'on propose ne préviendrait les procès ni à l'égard des veuves, ni à l'égard des filles, ni à l'égard des étrangers, ni à l'égard des individus non inscrits sur le registre civique, ni par conséquent à l'égard d'une portion considérable de la masse des Français.

En examinant la proposition sous le nouveau rapport sous lequel on l'a envisagée, sous son rapport moral, on y trouvera également de grandes difficultés.

Il est dans l'esprit de la constitution, a-t-on dit, de fixer chacun dans le lieu où il est connu.

Forcer la résidence, ce serait blesser la liberté.

On doit être aussi libre dans le choix et dans le changement de son domicile, que dans ses autres actions. D'ailleurs, à quoi servirait la contrainte? L'ambitieux qui voudra se faire élire, ira s'inscrire dans une petite commune où il croira pouvoir parvenir avec plus de facilité, et cependant il établira le centre de ses affaires dans une ville plus considérable, plus populeuse, et où il travaillera mieux à sa fortune.

D'un autre côté, si celui qui s'est fait inscrire abandonnait son inscription, il pourrait être assigné dans un lieu où il ne serait plus, et avec lequel il n'aurait pas conservé de rapports.

Enfin, quand on voit un individu former dans un lieu un grand établissement, on ne soupçonne pas que c'est ailleurs et dans un petit lieu où il s'est fait inscrire, qu'il faut l'assigner.

Puisque, dans le système de *M. Tronchet*, on est forcé de respecter dans quelques-uns la liberté naturelle et civile de résider où l'on veut, pourquoi ne la respecterait-on pas dans tous ?

M. Roederer observe que la question n'est pas de savoir si chacun résidera où le conduira sa volonté ou son goût ; la loi lui a déjà assuré cette liberté dans toute son étendue : mais il s'agit de décider si le domicile civil sera nécessairement où est le siége des affaires.

M. Boulay dit qu'on tombe dans l'erreur, lorsqu'on soutient que le système de *M. Tronchet* prévient les procès à l'égard de la majorité des Français ; sur trente millions d'individus dont la nation se compose, quatre millions seulement sont aptes à jouir des droits de cité et à avoir un domicile politique.

A l'égard des fonctionnaires publics, ils ont le droit de choisir ou de conserver leur domicile politique loin de leur résidence et dans un lieu où ils ne sont pas.

M. Roederer dit que personne n'a jamais eu le droit de se donner un domicile politique idéal et purement de fantaisie ; que quand les membres des autorités actuelles ont déclaré où ils voulaient établir le leur, ils ont entendu indiquer le lieu où ils se proposaient d'avoir leur existence civile et où ils l'avaient précédemment eue.

M. Boulay dit que l'intention constitue le domicile civil ; qu'il faut ensuite le fait, qui n'exige qu'un instant ; mais qu'il n'en est pas de même du domicile politique ; il n'est constitué que par une résidence d'un an. Ainsi, si les deux domiciles étaient confondus, un individu pourrait être un an sans domicile civil.

Le Premier Consul dit qu'il ne voit aucun inconvénient à ce qu'un individu ne puisse acquérir de domicile civil qu'après le laps d'une année ; qu'au surplus il est persuadé que la constitution a voulu placer le domicile civil où est le domicile politique.

M. Tronchet répond au calcul de *M. Boulay*. Il dit qu'on a trop resserré le nombre des citoyens actifs en le bornant à quatre millions ; mais quand ce nombre serait exact, il faudrait reconnaître, d'après les règles de la statistique, que chacun de ces quatre millions de chefs de famille fixe le domicile de cinq personnes au moins.

M. CRETET dit qu'il n'y a pas d'inconvénient d'admettre une double règle pour la fixation du domicile, et qu'en l'adoptant on donne une règle fixe à tous les citoyens, ce qui est conforme à l'égalité ; qu'en se réduisant à une règle unique, qui ne peut être appliquée à tous, on blesse l'égalité des droits, attendu qu'on règle l'action des tribunaux à l'égard des uns, et qu'on abandonne les autres à l'arbitraire.

Le système de M. Tronchet entraînerait des inconvéniens dans l'exécution : on peut avoir son domicile politique dans un lieu où l'on n'habite pas. Il suit de là qu'il serait quelquefois très-difficile de former une demande judiciaire. Le demandeur serait forcé d'abord de découvrir où est le domicile politique : or il est possible que la trace en soit perdue.

La proposition de déclarer que le domicile civil suit toujours le domicile politique, est mise aux voix et rejetée.

Le consul CAMBACÉRÈS dit que la faculté de prendre un domicile d'élection répond aux difficultés que prévoit M. Cretet.

M. TRONCHET dit que l'article en discussion abolirait cette faculté.

M. EMMERY dit que cet article se borne à mettre le domicile civil sous l'empire de la loi civile, sans rien préjuger sur ce qu'elle statuera ; que le Code de la procédure, faisant partie des lois civiles, pourra déterminer à quel domicile les assignations seront valablement données.

Le PREMIER CONSUL dit qu'à proprement parler, il n'y a pas de domicile politique ; qu'il n'y a que la détermination d'un lieu où chacun exerce ses droits de cité pendant un an ; que l'article Ier. contrarie cette idée, en supposant qu'il y a un domicile politique ; qu'il convient donc de le retrancher.

Le MINISTRE DE LA JUSTICE observe que tout serait expliqué, si l'article II était rédigé ainsi : *Le domicile d'un Français est le lieu où il a son principal établissement.*

Le consul CAMBACÉRÈS partage cette opinion : il dit que l'exercice des droits politiques étant un des caractères du principal établissement, ce caractère sera appliqué à ceux auxquels il pourra convenir ; qu'on déterminera par les autres indices, le domicile de ceux qui ne jouissent pas des droits de cité.

L'art. I est adopté. L'article II est adopté sauf rédaction, et dans le sens fixé par le consul Cambacérès et par le ministre de la justice.

(Ces deux articles ont été, après la conférence avec le Tribunat, refondus en un seul, l'article 102.)

103. Le changement de domicile s'opérera par le fait d'une habitation réelle dans un autre lieu, joint à l'intention d'y fixer son principal établissement.

III. Le domicile se formera par l'intention jointe au fait d'une habitation réelle.

Il se conservera par la seule intention.

Il ne changera que par une intention contraire, jointe au fait de l'habitation réelle.

Le Ministre de la justice demande que la loi explique ce qu'elle entend par habitation réelle ; il pense qu'il serait nécessaire de ne la réputer constituée qu'après un délai.

M. Emmery dit que les tribunaux ont aussi proposé un délai ; mais que la volonté étant le principal moyen d'établir le domicile, on ne pourrait, sans contrarier la liberté, n'admettre les effets de la volonté qu'après un délai.

Le Premier Consul voudrait que l'habitation réelle, jointe à l'intention, ne pût changer le domicile que lorsque l'intention aurait été manifestée trois mois d'avance. La possibilité de former brusquement un domicile nouveau, pourrait devenir un moyen de se soustraire à ses créanciers.

M. Emmery dit que cette opinion ramène à la question de savoir si le domicile doit être constitué par une déclaration. Le domicile dépendant de la volonté, la volonté doit suffire pour le conserver. C'est ainsi qu'on a jugé, au parlement de Paris, qu'un individu absent depuis quarante ans de la ci-devant province d'Anjou, où il était né, y avait néanmoins conservé son domicile, parce qu'il avait constamment manifesté, par sa correspondance, l'intention d'y revenir.

Le consul Cambacérès dit que l'article est trop absolu ; qu'il est nécessaire de distinguer le domicile de naissance, du domicile de choix ; de régler comment on conservera le premier, et comment on acquerra le second.

Le Premier Consul dit que cette expression, *le domicile se formera*, n'est pas exacte. Le domicile est formé, de plein droit, par la naissance. C'est dans le lieu où un homme naît, qu'est d'abord l'établissement principal auquel l'article précédent attache l'effet de constituer le domicile : il faut donc expliquer, non comment le domicile se forme, mais comment il peut changer. L'article devrait être rédigé dans cet esprit, et contenir une disposition qui déciderait que le domicile ne change que lorsque l'intention de le transférer a été déclarée trois mois d'avance.

M. CRETET pense que le délai de trois mois devrait être attaché au fait de la résidence plutôt qu'à la déclaration d'intention.

M. REGNIER répond que, dans les questions de domicile, le fait n'est considéré que comme une preuve de l'intention, parce qu'à cet égard la volonté est tout.

On ne pourrait, au surplus, exiger une déclaration d'intention sans gêner considérablement ceux que la nature de leurs affaires, ou des motifs raisonnables et imprévus, obligeraient à changer souvent de domicile.

Le PREMIER CONSUL dit qu'on ne pourrait aussi admettre les changemens brusques et fréquens, sans blesser l'intérêt de tiers.

M. REGNIER observe que tout changement frauduleux de domicile serait sans effet, parce que la fraude vicie tout acte quelconque.

Le PREMIER CONSUL dit qu'un premier mouvement de volonté n'est qu'un caprice, et qu'on ne peut regarder l'intention comme formée, que lorsqu'elle a été réfléchie, et qu'elle s'est maintenue pendant un tems suffisant pour qu'on puisse la croire solide ; qu'ainsi on peut l'éprouver par un délai.

M. DEFERMON dit que l'intérêt public et l'intérêt de tiers sont des motifs suffisans pour assujettir à des règles les effets du changement de volonté.

Certes, on n'autorisera pas les citoyens à se marier au bout de vingt-quatre heures dans le lieu qu'ils auront déclaré adopter pour leur domicile : cette prohibition peut être étendue à d'autres cas.

M. BOULAY dit que c'est dans cette vue qu'on exige l'*habitation réelle*.

Le MINISTRE DE LA JUSTICE dit que le transport de quelques meubles dans le lieu de la nouvelle résidence pourrait être réputé habitation réelle ; qu'il est donc nécessaire de s'exprimer d'une manière plus positive.

Le consul CAMBACÉRÈS dit que, dans cette matière, il est difficile de s'expliquer avec une précision parfaite. D'une part, on n'exigera pas une résidence continue pendant un tems déterminé, comme indice nécessaire de l'habitation réelle ; et, d'un autre côté, il serait difficile d'en trouver un autre. En général, les changemens de domicile, quand ils ne sont pas réels, sont presque toujours frauduleux : tantôt on se propose d'échapper à des créanciers, tantôt de masquer la célébration de son mariage. Mais il y a des dispositions suffisantes pour réprimer la fraude ; et c'est tenter l'impossible que de vouloir trouver des dispositions tellement absolues, qu'elles préviennent tous les procès : cette impuissance a d'ailleurs aujourd'hui moins de danger, puisque le domicile n'influe plus sur l'ordre des successions.

Le Premier Consul dit qu'il est frappé de ce qu'on modifie, par une exception relative au mariage, le principe sur le changement du domicile. Il serait à desirer que la section trouvât le moyen de rendre le principe assez général pour que cette exception devînt inutile.

Le Ministre de la justice objecte, contre l'opinion du consul Cambacérès, que ce n'est pas pour l'intérêt de celui qui change son domicile que l'habitation réelle est exigée, mais pour l'intérêt des tiers : il est donc nécessaire que le tiers soit averti par quelque chose de sensible.

L'article est adopté.

104. La preuve de l'intention résultera d'une déclaration expresse, faite tant à la municipalité du lieu que l'on quittera, qu'à celle du lieu où on aura transféré son domicile.

IV. *La preuve de l'intention dependra des circonstances, si elles sont telles, qu'elles supposent de la part de l'individu la volonté de se fixer dans le lieu par lui habité.*

M. Boulay demande la suppression de cet article comme inutile, à raison des deux articles suivans.

M. Emmery dit que l'objet de l'article est d'empêcher qu'on ne s'arrête exclusivement aux circonstances énoncées dans les art. V et VI. Il propose de le refondre avec l'article V, lequel porte :

Cette preuve résultera nécessairement d'une déclaration expresse qui aurait été faite au secrétariat de la municipalité.

M. Brune propose d'expliquer que la déclaration devra être faite également à la municipalité du domicile qu'on quitte, et à la municipalité du domicile qu'on prend.

Les articles IV et V sont adoptés avec la proposition de M. Emmery et l'amendement de M. Brune.

105. A défaut de déclaration expresse, la preuve de l'intention dépendra des circonstances (1).

VI. *A défaut de déclaration, l'intention sera suffisamment manifestée dans chacun des cas qui suivent :*
   1°. *Si l'individu a son habitation dans la commune où il est né ;*
   2°. *S'il exerce ses droits politiques dans le lieu où il a son habitation ;*
   3°. *S'il y acquitte ses charges personnelles.*

M. Emmery observe qu'on a parlé ailleurs du fait de l'habitation, laquelle est toujours nécessaire ; qu'ici l'on spécifie les indices de l'intention. Cette réflexion répond à l'objection qu'a faite précédemment M. Regnaud, contre la difficulté de préférer un indice à un autre. La circonstance de l'habitation détermine la préférence.

Le Premier Consul dit qu'en partant du principe que le domicile est là où est l'établissement principal, et que le lieu de la naissance est toujours le lieu du premier établissement, on doit retrancher de l'article ce qui est dit sur le domicile d'origine, et se borner à fixer les indices du changement.

Il convient aussi, si la déclaration d'intention n'est pas forcée, de la remplacer par la nécessité d'une résidence d'un an, appuyée de preuves supplétives de la volonté. La facilité de changer subitement son domicile, donnerait lieu à beaucoup de fraudes : on en abuserait même pour se soustraire aux contributions.

M. Berlier dit qu'il est indispensable, pour mettre l'intérêt des tiers à couvert, de ne donner à l'habitation réelle l'effet de changer le domicile qu'après un délai déterminé. S'il en était autrement, où le créancier assignerait-il son débiteur, et devant quel tribunal le traduirait-il en matière personnelle ? Dans ce passage d'un domicile à un autre, il serait trop facile à un débiteur de mauvaise foi de se rendre maître

---

(1) D'après l'article 104, la preuve de l'intention du changement de domicile doit résulter d'une déclaration expresse faite, tant à la municipalité du lieu que l'on quitte, qu'à celle du lieu où on transfère son domicile. Jusqu'à ce que cette preuve est rapportée aux tribunaux, ils peuvent, sans contrevenir à aucune loi, n'avoir aucun égard aux circonstances qu'on leur offrirait comme preuve d'intention.

Tels sont les motifs d'un arrêt de la cour de cassation, qui rejette le pourvoi contre un jugement de la cour d'appel de Paris, déboutant M. Simonos de ses moyens de nullité contre une assignation à bref délai, à lui signifiée à Paris, quoique dans l'exploit d'appel il se fût dit habitant d'Anvers. (Arrêt du 13 germinal an 12, section des requêtes.)

de la condition de son créancier, en présentant une résidence fortuite et passagère comme un nouveau domicile, ou en soutenant qu'il n'en a pas changé, et qu'il conserve l'esprit de retour dans son ancien domicile ; alternative qui tournerait au détriment de ses créanciers.

Si donc on peut changer de domicile sans une déclaration authentique qui précède le changement, au moins faut-il que ce changement soit signalé par d'autres caractères, par un délai suffisant pour avertir les tiers de cette volonté constante, qui seule peut convertir une résidence en un vrai domicile.

M. Emmery dit que la condition d'un délai sera elle-même une source de contestations : si un individu meurt, avant l'expiration du délai, dans la ville où il veut transporter son domicile, devant quel tribunal actionnera-t-on ses héritiers?

Le Premier Consul dit que la succession doit s'ouvrir dans le lieu où l'individu habitait, parce qu'il est utile que ses créanciers puissent agir là où il a ses meubles.

M. Réal dit que si, jusqu'à l'expiration du délai, un individu demeurait justiciable du tribunal de son ancienne résidence, il faudrait actionner à Marseille pour des dettes contractées à Versailles, celui qui aurait transféré de Marseille à Versailles ses meubles et sa résidence, dans l'intention d'y établir son domicile.

Le Premier Consul dit que cet individu aurait son domicile à Versailles, au moment même qu'il y arriverait, parce que, trois mois d'avance, il aurait déclaré qu'il veut l'y transférer.

La question, continue le Consul, se réduit à ces termes : Doit-on permettre de changer de domicile, comme on change de résidence? Est-ce blesser la liberté que de ne donner d'effet à la volonté de changer de domicile que trois mois après qu'elle est manifestée?

M. Regnier observe que des circonstances qu'on n'a pu prévoir trois mois d'avance, telles que l'ouverture d'une succession, peuvent déterminer une personne à changer de domicile.

Le Premier Consul dit que si, dans ces cas, la volonté ne peut venir trois mois avant les événemens, le domicile peut ne venir que trois mois après la volonté. La loi ne peut attacher d'effets à cette volonté versatile, qui changerait de domicile, pour ainsi dire, à chaque poste : le domicile est là où se trouve le principal établissement ; et pour se résoudre à le changer, pour effectuer ce changement, il ne faut pas moins de trois mois.

M. Réal dit que supposer fictivement un homme dans une ville qu'il a quitté, c'est l'obliger à y avoir un fondé de pouvoir, pour empêcher que des jugemens par défaut n'opèrent sa ruine.

Le Premier Consul dit que c'est précisément parce que cet individu est exposé à des condamnations dans le lieu d'où il sort, qu'il faut y laisser son domicile pendant trois mois après son départ. Cette disposition est indifférente à celui qui n'a pas de dettes. On peut d'ailleurs éviter le déplacement qu'elle entraîne, en faisant sa déclaration trois mois avant de quitter la résidence. Enfin il faut nécessairement ou que le créancier ou que le débiteur se déplace : dans cette alternative, les incommodités du changement doivent tomber sur celui qui l'opère, et qui a pu même par une déclaration les épargner et aux autres et à lui.

M. Réal dit que le créancier a pu aussi prévoir que son débiteur changerait peut-être de domicile, et prendre ses précautions ; que pour obtenir l'effet qu'on desire, il faudrait que la déclaration fût double, et qu'on la publiât ; que la loi sera d'une exécution difficile à l'égard des personnes qu'elle trouvera déplacées au moment de sa promulgation ; qu'elle ne sera jamais assez précise ; qu'il vaudrait mieux laisser subsister ce qui existe, puisqu'il n'en est résulté que peu de procès.

Le Premier Consul dit que rien ne s'oppose à ce qu'on prenne toutes les mesures nécessaires pour assurer l'effet de la déclaration ; qu'une loi sur les questions de domicile est indispensable, puisque les caractères distinctifs du domicile ne sont expliqués par aucune ; que cette loi aura de la précision si elle détermine quel est le domicile primitif, et comment il peut changer ; que l'article proposé laisse subsister de grandes difficultés.

M. Regnier dit qu'il n'y a pas de règles sûres pour juger quand il y a changement de domicile ; qu'il est urgent d'en donner, parce que les tribunaux ne savent comment prononcer sur la validité des assignations, lorsqu'on allègue qu'elles n'ont pas été données au domicile actuel.

Le Premier Consul dit que, si l'on croyait inutile d'expliquer comment s'opère le changement de domicile, il suffirait de l'article II.

Le Consul Cambacérès dit que l'arbitraire du juge est souvent moins à craindre que l'arbitraire de la loi ; et que cette assertion, qui paraît un paradoxe, sera vérifiée dans plusieurs cas.

M. Regnier dit que c'est parce que les questions de domicile dépendent des circonstances, que jusqu'ici l'on n'a pas fait de loi sur cette matière.

Le consul Cambacérès dit que l'on pourrait borner le projet de loi aux articles II, III, VII et suivans, et supprimer en entier les articles intermédiaires.

M. Bigot-Préameneu préfère, pour l'établissement du domicile, une habitation de trois mois à une déclaration d'intention faite trois mois d'avance, parce qu'il peut survenir des raisons justes et imprévues qui déterminent à changer subitement de domicile : l'habitation donne de la notoriété au changement, et laisse aux créanciers le tems de prendre leurs mesures.

Le Premier Consul renvoie à la section les observations qui ont été faites, et la charge de revoir la totalité du projet.

106. Le citoyen appelé à une fonction publique temporaire ou révocable, conservera le domicile qu'il avait auparavant, s'il n'a pas manifesté d'intention contraire.

(Cet article fut ajouté après la conférence avec le Tribunat, et adopté sans discussion).

Séance du 4 Frimaire an 11.

107. L'acceptation de fonctions conférées à vie, emportera translation immédiate du domicile du fonctionnaire dans le lieu où il doit exercer ces fonctions.

(Cet article, le IXe. du projet, fut adopté sans discussion).

108. La femme mariée n'a point d'autre domicile que celui de son mari. Le mineur non émancipé aura son domicile chez ses père et mère ou tuteur ; le majeur interdit aura le sien chez son curateur.

(Cet article, le VIIe. du projet, fut adopté sans discussion).

109. Les majeurs qui servent ou travaillent habituellement chez autrui, auront le même domicile que la personne qu'ils servent ou chez laquelle ils travaillent, lorsqu'ils demeureront avec elle dans la même maison (1).

---

(1) La cour d'appel de Bruxelles demandait qu'on ajoutât à l'article :
Cependant ceux qui sont mariés et qui ont une habitation particulière pour leurs

(Cet article, le VIIIe. du projet, fut adopté sans discussion).

110. Le lieu où la succession s'ouvrira, sera déterminé par le domicile.

X. *Le lieu où les successions s'ouvrent, celui où les exploits non remis à la personne doivent être adressés, seront déterminés par le domicile civil. C'est devant le juge de ce domicile que seront portées les actions personnelles, lorsque la loi n'en aura pas autrement disposé.*

(Les changemens qui existent dans cet article, ont eu lieu après la conférence tenue avec le Tribunat).

111. Lorsqu'un acte contiendra, de la part des parties ou de l'une d'elles, élection de domicile pour l'exécution de ce même acte dans un autre lieu que celui du domicile réel, les significations, demandes et poursuites relatives à cet acte, pourront être faites au domicile convenu, et devant le juge de ce domicile (1)(2).

(Cet article fut ajouté après la conférence tenue avec le Tribunat).

épouses ou leurs enfans, conservent leur domicile dans le lieu où est leur ménage.

Il ne paraît pas qu'on ait eu égard à cette observation, et cet article ainsi que l'article 107 paraissent impératifs ; cependant, ne devrait-on pas les considérer comme établissant une présomption légale qui devrait céder devant une preuve contraire, telle, par exemple, qu'une déclaration faite aux termes de l'article 104 ?

(1) Deux étrangers qui contractent en France, et y font élection de domicile pour l'exécution du contrat, se soumettent-ils par cette élection à la juridiction française.

Cette question a été décidée affirmativement par la cour d'appel de Paris, dans l'espèce ou un hollandais avait vendu à un de ses compatriotes, un domaine situé en France, avec élection de domicile à Paris, pour l'exécution du contrat. (Arrêt du 23 thermidor an 12.)

Il n'est pas inutile de remarquer que l'objet du contrat était un immeuble situé en France. Cette circonstance a fourni un motif à l'arrêt de la cour d'appel de Paris.

(2) Lorsque l'exploit introductif d'instance contient élection de domicile chez un avoué, le défendeur peut faire au domicile élu les significations, poursuites et demandes relatives à l'instance, ce qui est en contradiction avec l'article 3 du titre 2, de l'ordonnance de 1667, mais en harmonie avec l'article 111 du Code civil.

Ainsi jugé par arrêt de la cour de cassation, du 13 germinal an 12, section des requêtes.

TITRE IV.

DES ABSENS.

Décrété le 24 Ventose an 11, promulgué le 4 Germinal suivant.

CHAPITRE PREMIER.

DE LA PRÉSOMPTION D'ABSENCE.

112. S'il y a nécessité de pourvoir à l'administration de tout ou partie des biens laissés par une personne présumée absente, et qui n'a point de procureur fondé, il y sera statué par le tribunal de première instance, sur la demande des parties intéressées.

IV. *S'il y a nécessité de pourvoir à l'administration de tout ou partie des biens laissés par une personne éloignée de son domicile, et non encore déclarée absente, ou à la conservation des droits qui lui sont échus depuis son départ, il y sera pourvu par le tribunal de première instance, sur les conclusions du Commissaire du Gouvernement.*

M. TRONCHET dit qu'il est dangereux d'autoriser qui que ce soit à fouiller dans les secrets de la fortune et de la maison de l'absent ; il serait intolérable qu'une simple demande en déclaration d'absence, ou même une absence de six mois, donnât ce droit à des héritiers. La loi doit donner à chacun la faculté de défendre sa propriété ; elle ne doit administrer pour personne ; *vigilantibus jura succurrunt.* Ce principe ne souffre qu'une seule exception ; c'est lorsque la culture des terres est abandonnée. C'est avec raison que l'ordonnance de 1667 a fait cesser l'usage de nommer des curateurs aux absens.

M. BOULAY dit que le procès-verbal de conférence explique que c'est par rapport aux ajournemens que l'ordonnance a retranché les curateurs comme inutiles : d'ailleurs, le tribunal juge avant tout s'il y a nécessité d'en nommer.

Séance du 24 Fructidor an 9.

Le Premier Consul dit qu'il est dangereux aussi de laisser à l'abandon les affaires d'un individu qui s'est absenté sans constituer un fondé de pouvoir : ses lettres de change seront protestées, son crédit perdu, ses débiteurs deviendront insolvables ; sa ruine enfin sera consommée. Il y aurait du danger, sans doute, à laisser ses héritiers prendre connaissance de sa situation ; mais pourquoi l'autorité publique, qui protége les orphelins et les veuves, parce qu'ils ne peuvent se défendre, ne protégerait-elle pas le majeur qui n'est pas là pour veiller à ses intérêts ? Qu'elle l'abandonne à lui-même lorsqu'il est présent et qu'il est capable d'administrer, rien de plus juste ; et c'est en ce sens qu'on peut entendre l'adage cité par M. Tronchet : mais s'il est absent, la société devient sa tutrice, et doit le mettre à l'abri des vols et des dilapidations.

M. Tronchet répond qu'il n'y a qu'un cas réellement difficile ; c'est celui où les lettres-de-change faites par l'absent sont échues : mais alors la loi offre un remède ; elle donne aux créanciers le droit de faire apposer les scellés, parce que le non-paiement, joint à la disparition, caractérise la faillite. Il est toujours dangereux de donner un curateur à l'absent.

Le Premier Consul dit que les motifs qui font donner un tuteur au mineur, doivent décider à faire administrer les biens de l'absent : l'un et l'autre, quoique par des causes différentes, sont également hors d'état de régir leur patrimoine. L'intérêt public exige aussi quelquefois qu'on ne laisse pas dépérir les biens de l'absent. Il est de l'intérêt public que les pensions dues par l'absent soient payées, que les marchandises qu'il a vendues soient livrées, que les denrées qu'il a emmagasinées ne soient pas perdues pour la consommation. Au surplus, on ne propose de pourvoir à l'administration des biens de l'absent, que lorsqu'il n'a pu y pourvoir lui-même, ou lorsque les précautions qu'il a prises deviennent inutiles.

M. Tronchet dit qu'il n'a pu être empêché d'y pourvoir que quand un accident est la cause de son absence.

Le Ministre de la Justice dit que ce cas est le moins ordinaire ; que la loi a sur-tout intention de pourvoir à la conservation du patrimoine abandonné par l'effet d'une absence dont la cause n'est pas connue : car celui qui s'absente avec intention, laisse presque toujours un fondé de pouvoir.

Au reste, les biens mobiliers de l'absent, les provisions qu'il a faites en en grains, en denrées, sont du nombre des choses dont la République a besoin, et que par cette raison elle doit conserver. Aussi tous les Projets de Code civil ont-ils jusqu'à présent admis la nomination de curateur à l'absent.

M. Portalis dit que lorsque des pièces appartenant à un tiers, sont déposées dans la demeure d'un absent, la justice peut en ordonner la recherche et la restitution. Cet exemple prouve qu'on ne compromet pas les intérêts de l'absent en s'introduisant chez lui, lorsque la nécessité ou l'intérêt d'un tiers le commande. Il serait difficile de fixer le délai dans lequel on doit pourvoir à la conservation de ses biens ; c'est par la nécessité et par les circonstances qu'il faut en juger : mais il n'y a pas de danger à ce que les tribunaux aient le droit de se régler à cet égard par l'urgence, et à prononcer suivant les cas.

M. Tronchet dit que le danger d'exposer l'absent à des condamnations contradictoires qui le ruinent, s'il a un curateur perfide, ne laisse pas de subsister ; que des jugemens par défaut ne l'exposent pas de même, puisqu'ils ne l'empêchent pas de revenir contre la condamnation.

M. Portalis observe que les jugemens par défaut deviennent définitifs, après un certain tems.

Peut-être cependant conviendrait-il de donner à l'absent la faculté de se pourvoir contre les jugemens contradictoires rendus avec son curateur : une institution qui a pour objet l'intérêt de l'absent, ne doit pas tourner contre lui. On pourra donc la modifier sous ce rapport ; mais la nomination d'un curateur est nécessaire dans une foule d'autres circonstances. On doit penser d'ailleurs que le tribunal prendra le curateur de l'absent parmi les personnes qui s'intéressent à son sort. En tout cas, il y a beaucoup moins de dangers, si le juge ne donne de curateur que lorsque les circonstances l'exigeront.

M. Tronchet dit que si l'on ne donne aux jugemens contradictoires rendus contre le curateur, tous les effets qu'ils ont ordinairement, l'ordonnance de 1667 a donc eu raison de rejeter les curateurs comme inutiles.

M. Regnier dit que les curateurs aux absens sont nécessaires sous d'autres rapports. L'absent peut avoir besoin de payer ses créanciers, de poursuivre ses débiteurs ; et alors, et dans beaucoup d'autres cas, il faut qu'il soit représenté. On exagère au surplus les dangers de cette institution. Le système de la section, expliqué par M. Portalis, n'est pas qu'il soit nommé des curateurs indistinctement à tous les absens, mais seulement lorsque les circonstances l'exigent. Tous les absens n'ont pas intérêt que leurs affaires demeurent absolument ignorées ; et d'ailleurs le curateur ne fouille pas arbitrairement dans les papiers de l'absent ; la justice lui donne communication de ceux qu'il a besoin de connaître pour remplir le ministère qu'elle lui confie. Dans tous les cas, le plus grand des dangers est que les affaires de l'absent demeurent abandonnées à la merci des événemens. L'ordonnance de Lorraine, dont on connaît la sagesse, a statué d'après ce principe.

M. Maleville dit, à l'appui de l'opinion de M. Portalis, que si un absent a été mal défendu par son curateur, il doit avoir, comme le mineur, la faculté de se pourvoir par requête civile ; l'analogie entre les deux cas est parfaite, et l'équité répugne à ce qu'un absent soit puni de la négligence et peut-être de la perfidie d'un curateur qui n'est pas de son choix.

M. Réal dit que l'avis de M. Maleville conduit à prononcer que l'absent sera assimilé au mineur, et que l'absence aura tous les priviléges de la minorité.

M. Regnier dit que le curateur de l'absent serait une sorte de fondé de procuration, dont la justice réglerait les pouvoirs.

M. Emmery dit que quand on nommerait un curateur pour chaque cas qui paraîtrait l'exiger, il n'en faudrait pas moins faire un inventaire, constituer un gardien, et occasionner ainsi à l'absent des frais considérables ; qu'il serait possible même que les circonstances obligeassent à nommer successivement plusieurs curateurs à l'absent.

M. Regnier répond qu'un inventaire ne sera pas nécessaire ; que le juge se transportera, visitera les papiers, et remettra au curateur les papiers et les titres dont il aura besoin pour remplir sa mission.

M. Tronchet dit que l'expérience a prouvé avec quelle négligence on procède à ces opérations.

M. Réal ajoute qu'on peut juger combien elles seront dispendieuses par les frais qu'elles entraînent, même lorsque les parties sont présentes ; qu'on ne se bornera jamais à de simples recherches, et qu'on n'arrivera jamais aux papiers nécessaires aux curateurs, qu'après avoir inutilement consulté tous les autres.

M. Regnier dit qu'on n'aura pas à craindre ces inconvéniens lorsque l'ordonnance du juge n'ordonnera qu'une simple distraction.

M. Portalis ajoute que les distractions ont lieu pour d'autres cas, et qu'elles n'entraînent pas les suites fâcheuses qu'on prévoit.

M. EMMERY dit que les recherches qui ont lieu dans d'autres cas, sont ordonnées pour l'intérêt de tiers qui ne doivent pas souffrir de l'éloignement de l'absent; mais qu'il est inutile que la loi les ordonne généralement pour l'intérêt de l'absent, parce que sa famille, ses amis, ses voisins, prendront soin de ses affaires, et demanderont aux tribunaux les autorisations que les circonstances pourront exiger.

M. REGNIER répond qu'il n'est pas certain qu'ils prennent tant de soins : il pourrait d'ailleurs n'être pas toujours dans l'intérêt de l'absent qu'ils entrassent dans le secret de ses affaires. Il n'en est pas de même de la justice, qu'on suppose impartiale et désintéressée. Tout se réduit donc à savoir si l'absent a intérêt d'être défendu. Or son absence ne doit pas lui être plus nuisible qu'à des tiers.

M. EMMERY se rend à l'opinion de M. Portalis, si la loi exprime clairement que la mesure proposée n'aura lieu que dans le cas d'une extrême nécessité.

M. BIGOT-PRÉAMENEU rend compte de l'usage.

A Paris, principalement, le tribunal ordonne l'ouverture, en présence du juge-de-paix, de la porte de la personne absente. Si le juge-de-paix trouve des papiers, il en réfère au tribunal; et le tribunal nomme un curateur à l'absent, lorsque les circonstances l'exigent. L'ordonnance de 1667 ne s'oppose pas à cet usage; elle n'exclut pas en général les curateurs aux absens. La section ne propose donc que ce qui se pratique.

On donne des curateurs aux absens; mais il faut que les circonstances le rendent indispensable.

M. PORTALIS dit que ce n'est que dans l'intérêt de tiers que l'ordonnance de 1667 a supprimé comme inutiles les curateurs aux absens.

L'article est adopté sauf rédaction : le conseil décide que les mots, *réputés absens*, seront substitués à ceux-ci, *éloignés de leur domicile*.

(Voyez la discussion des articles 113 et 114).

113. Le tribunal, à la requête de la partie la plus diligente, commettra un notaire pour représenter les présumés absens, dans les inventaires, comptes, partages et liquidations dans lesquels ils seront intéressés.

III. *S'il y a lieu de faire des inventaires, comptes, partages et liquidations dans lesquels se trouvent intéressés des individus non encore dé-*

clarés absens, et qui n'ont pas de fondé de procuration, la partie la plus diligente s'adressera au tribunal de première instance, qui, après avoir entendu le Commissaire du Gouvernement, commettra d'office un notaire pour procéder à la confection desdits actes.

(Voyez la discussion de l'article 112, et celle qui a eu lieu sur tout le premier chapitre, qui est rapportée à la suite de l'article 114).

114. Le ministère public est spécialement chargé de veiller aux intérêts des personnes présumées absentes; et il sera entendu sur toutes les demandes qui les concernent.

V. *Les commissaires du Gouvernement près les tribunaux sont spécialement chargés de veiller, dans tous les cas, aux intérêts des personnes éloignées de leur domicile, et non encore déclarées absentes.*

Ier. *Lorsqu'une personne décédera, laissant pour héritiers des individus éloignés de leur domicile et non encore déclarés absens, le juge compétent apposera le scellé sur les effets de la succession.*

II. *Le maire de la commune ou la personne sera décédée; sera tenu de donner avis sans délai, au juge, s'il ne réside pas dans la commune.*

Séance du 24 Fructidor an 9.

M. TRONCHET observe que l'article Ier., et en général le chapitre, est restreint aux individus éloignés de leur domicile, quoique non encore déclarés absens; que cependant il envelopperait dans ses dispositions ceux qui sont seulement éloignés du lieu où s'ouvre la succession.

Pour sentir la difficulté qui en résulterait, il faut considérer que la jurisprudence distingue entre les absens dont l'existence est incertaine, et ceux dont l'existence est certaine. Les premiers sont ceux dont l'absence a été légalement déclarée : les seconds sont dans la même position que les autres citoyens; on n'agit pour eux que dans le seul cas où une succession à laquelle ils sont appelés, s'ouvre hors du lieu qu'ils habitent. Le ministère public veille à leurs intérêts, et fait apposer les scellés; on les cite ensuite à son domicile. S'ils ne se présentent pas, on procède par défaut : le juge ordonne ou suspend, suivant sa prudence, la levée des scellés et les opérations subséquentes; s'il les ordonne, l'héritier absent est représenté par un notaire : telles sont les dispositions de la loi du 11 février 1791.

Les précautions qu'elle prend tomberaient avec les dispositions qui les prescrivent, si l'article qu'on discute pouvait être appliqué à tout homme absent du lieu où s'ouvre la succession.

Il faut donc changer la rubrique du chapitre (1), et comprendre les deux cas dans l'article Ier.

M. Thibaudeau répond que l'article III rappelle et maintient les dispositions de la loi de 1791 ; que cependant il adopte l'amendement.

M. Regnier croit le changement et l'addition qu'on propose inutiles. Le titre entier n'est relatif qu'aux absens ; or, un absent est celui qui a quitté son domicile, et non celui qui n'est pas présent au lieu où s'ouvre une succession à laquelle il est appelé : l'article Ier. n'abroge donc pas la loi de 1791.

M. Tronchet dit que le Code civil manquerait son but, s'il n'abrogeait toutes les lois civiles dont il n'aura pas recueilli les dispositions ; qu'il abrogera donc aussi la loi de 1791 ; qu'ainsi il n'y aura plus de dispositions sur celui qui ne se trouve pas au lieu de la succession, si l'on n'étend expressément à lui celles qu'on discute. A la vérité, dans la langue, le mot *absent* a deux acceptions, dont une s'applique à l'homme qui n'est pas dans un lieu où sa présence serait nécessaire ; mais, dans le langage des lois, on n'entend par absent que celui dont on ignore la résidence et dont l'existence est incertaine.

M. Regnier répond que le chapitre entier ne concerne évidemment que les absens proprement dits ; qu'il ne peut donc être appliqué à ceux dont parle la loi de 1791 ; qu'ainsi il laisse à cette loi tous ses effets ; que le Code civil ne l'abroge pas en ne répétant pas ses dispositions, attendu qu'il n'abrogera implicitement que les dispositions contraires à ce qu'il décide.

M. Boulay dit que la disposition finale du projet de code civil est rédigée dans le sens que lui donne M. Regnier.

M. Bigot-Préameneu pense que, pour prévenir toute équivoque, on pourrait exprimer, dans le chapitre, qu'il concerne également ceux qui, sans être absens du lieu de leur domicile, sont absens du lieu où s'ouvre une succession qu'ils sont appelés à recueillir.

M. Regnier dit qu'alors il faudrait changer la rubrique du chapitre ; mais que ce changement est inutile ; que la loi de 1791 pourvoit au cas qui n'est pas prévu ici.

M. Thibaudeau dit que la loi du 11 février 1791 ne fait pas de distinction entre les absens ; qu'il n'y a pas d'inconvénient à donner

---

(1) La rubrique du chapitre était ainsi conçue : « *des individus éloignés de leur domicile, et non encore déclarés absens* ».

l'explication que M. Bigot-Préameneu demande ; qu'elle établit une mesure conservatoire qui a de l'analogie avec la matière ; qu'on changerait la rubrique du chapitre, si la proposition était adoptée.

Le Premier Consul dit que la rubrique du chapitre semble indiquer qu'on ne veut parler que des individus présumés absens, et qu'ainsi elle ne s'accorde pas avec les articles I et II. Si la section a eu en vue, indépendamment des absens présumés, les personnes seulement éloignées de leur domicile, elle n'a pas réglé tout ce qui les concerne.

M. Thibaudeau répond que la section pour se conformer aux bases adoptées dans la dernière séance, s'est attachée à pourvoir à la conservation des droits, et à l'administration des biens des absens qui n'ont pas laissé de procuration : mais celui qui donne de ses nouvelles ne peut être réputé absent, quoiqu'il soit éloigné de son domicile.

Le Premier Consul dit qu'alors la rubrique est exacte ; mais que la section devait se borner à parler des prévenus d'absence, et non des personnes qui ne sont pas présentes à leur domicile : et même les mots *éloignés de leur domicile*, ne désignent pas exactement ces derniers sous le rapport sous lequel les voit la section ; car elle n'a pas voulu, sans doute, par cette dénomination, désigner l'homme qui n'est éloigné que de dix lieues de la ville qu'il habite. Il aurait fallu, dans tous les cas, que le projet de loi expliquât plus dogmatiquement à quelles personnes ses dispositions doivent s'appliquer.

M. Tronchet pense qu'en effet il faudrait s'expliquer plus précisément : ce projet de loi serait très-clair s'il débutait par la définition de l'absent et du prévenu d'absence.

Le Premier Consul dit qu'il partage cette opinion.

Il voudrait encore que la section pût écarter l'expression *absent*, laquelle, dans l'usage, ne désigne que celui qui n'est pas actuellement présent dans un lieu, et qu'elle trouvât un mot technique qui fût exempt d'ambiguité.

(L'article est adopté. Le conseil décide que les mots *réputés absens*, seront substitués à ceux-ci : *éloignés de leur domicile*. Voyez la discussion de l'article 112.)

CHAPITRE II.

DE LA DÉCLARATION D'ABSENCE.

115. Lorsqu'une personne aura cessé de paraître au lieu de son domicile ou de sa résidence, et que depuis quatre ans on n'en aura point eu de nouvelles (1), les parties intéressées pourront se pourvoir devant le tribunal de première instance, afin que l'absence soit déclarée.

VI. *Celui qui, après avoir quitté le lieu de son domicile ou de sa résidence, n'aura point reparu depuis cinq années, ou dont on n'aura reçu aucune nouvlle depuis ce tems, pourra être déclaré absent.*

M. DEFERMON dit que le délai de cinq ans est trop long; qu'il est de l'intérêt de l'absent que l'administration de ses biens ne demeure pas abandonnée pendant un si long espace de tems.

M. TRONCHET pense qu'on blesserait au contraire les intérêts de l'absent si l'on abrégeait le délai. Il est dangereux de donner connaissance par un inventaire, à des collatéraux avides, des affaires d'un absent. Les tribunaux ont demandé qui administrera cependant les biens, s'il n'y a pas de fondé de pouvoir. La réponse à cette objection est que la loi protége la propriété des citoyens, mais qu'elle ne dirige pas leurs affaires : elle n'est le tuteur que de ceux qui sont incapables de gouverner leurs biens. L'absent majeur, lorsqu'il ne veille pas à ses intérêts, est, par rapport à la loi, dans le même cas que l'individu présent qui les néglige. Il n'y a qu'une circonstance où la loi doive agir pour lui; c'est lorsque la culture de ses terres demeure abandonnée : alors les lois de police rurale veulent qu'il y soit pourvu; mais cette disposition n'a pas pour but l'intérêt de l'absent; elle est fondée sur l'intérêt qu'a la société d'assurer ses propres subsistances.

M. REGNIER dit que l'humanité et la justice réclament le secours de la société pour le citoyen dont l'absence est forcée, et qui n'a pu

---

(1) Le délai doit-il commencer à courir de la date des dernières nouvelles, ou seulement de l'époque à laquelle on les aura reçues ?

prévoir la durée de son éloignement. Il serait trop dur de laisser ses biens à l'abandon. Personne n'en doit avoir la jouissance ; mais on doit veiller à leur conservation.

M. RÉAL observe qu'on ne peut pourvoir à l'administration des biens de l'absent immédiatement après son départ, qu'on ne pourra demander l'ouverture de ses portes le lendemain de son absence ; qu'il faudra laisser écouler un laps de tems, et que, pendant ce délai quelconque, toutes les difficultés qu'on veut prévenir subsisteront. Il est facile à l'absent de pourvoir à la conservation de ses biens en laissant une procuration. Il faut au surplus distinguer entre les biens d'un absent et les biens abandonnés.

M. REGNIER dit que, dans l'ancien ordre de choses, le procureur du roi était le défenseur des absens, et veillait à leurs intérêts. La loi existe encore ; il serait utile d'en répéter ici la disposition.

M. TRONCHET dit que le ministère public n'intervenait dans les affaires de l'absent que dans le cas où il lui était échu une succession. L'ordonnance de 1667 avait avec raison supprimé l'usage de donner un curateur à l'absent. Cet usage était dangereux, 1°. parce qu'il nécessitait la confection d'un inventaire qui découvrait le secret de ses affaires ; 2°. parce que les jugemens rendus contre le curateur étant réputés contradictoires et ayant force de chose jugée, il suffisait de corrompre le curateur pour ruiner l'absent.

Le PREMIER CONSUL dit que le mot *reçu* qu'emploie l'article, est trop exclusif : on peut avoir des nouvelles de l'absent, sans les recevoir directement de lui.

L'article est adopté avec le retranchement du mot *reçu*.

Il est reproduit en ces termes :

Séance du 24 Fructidor an 9.

Celui qui, après avoir quitté le lieu de son domicile ou de sa résidence, n'aura point reparu depuis quatre années, ou dont on n'aura eu aucune nouvelle depuis ce temps, pourra être déclaré absent.

Le consul CAMBACÉRÈS trouve la disposition insuffisante ; il reconnaît qu'il est avantageux de ne pas trop se hâter de remettre les biens de l'absent, soit à sa famille, soit à l'autorité publique ; mais il voit beaucoup de difficultés à les laisser pendant quatre ans dans un état de vacance et d'abandon.

M. BOULAY observe qu'on a remédié à cet inconvenient dans le chapitre Ier.

Le PREMIER CONSUL dit que ceux qui poursuivent la déclaration d'absence d'absence doivent être soumis à prouver que celui qu'ils veulent faire déclarer absent, a quitté son domicile. Il peut arriver en effet qu'on ait, sur la mort d'un individu qui n'est pas sorti de son domicile, des indices très-forts, quoiqu'on n'ait pas retrouvé son cadavre. On peut dire de cet homme qu'il a disparu, mais on ne peut pas dire qu'il est absent.

L'amendement du Premier Consul est adopté.

Le MINISTRE DE LA JUSTICE demande qu'on substitue la conjonctive *et* à la disjonctive *ou*, dont se sert l'article.

Cet amendement est adopté ainsi que l'article (1).

116. Pour constater l'absence, le tribunal, d'après les pièces et documens produits, ordonnera qu'une enquête soit faite contradictoirement avec le commissaire du gouvernement, dans l'arrondissement du domicile, et dans celui de la résidence, s'ils sont distincts l'un de l'autre (2).

---

(1) Il y avait dans le projet deux articles ainsi conçus :

Les dernières nouvelles de l'absent doivent résulter d'actes authentiques ou d'actes privés, signés de lui ou écrits de sa main, en cas de contestation, vérifiés par expert.

L'existence à une époque déterminée, de l'individu prétendu absent, pourra néanmoins être constatée par témoins, ou même par la représentation de lettres écrites par des tiers dignes de foi, et dont l'écriture pourrait être vérifiée.

Dans la séance du 16 fructidor de l'an 9, le PREMIER CONSUL dit que ces articles étaient trop précis ; qu'il pouvait exister une opinion générale et une masse de certitudes résultant d'autres circonstances que de celles énoncées dans ces deux articles ; qu'il convenait donc de s'abandonner à l'arbitrage des juges.

M. PORTALIS observa que le juge n'appelle des témoins que quand la loi l'y autorise ; qu'il était nécessaire de lui permettre d'employer tous les moyens qu'il croirait propres à opérer la conviction.

M. THIBAUDEAU dit qu'il partageait l'opinion du Premier Consul. Il proposa de supprimer les deux articles, et de dire que l'absence serait prouvée par une enquête appréciée par le tribunal, suivant les circonstances.

La proposition de M. Thibaudeau fut adoptée.

(2) Pour faire constater l'absence d'un *militaire*, doit-il être fait deux enquêtes, l'une dans le lieu de son domicile, et l'autre dans celui de sa dernière garnison ?

Le tribunal civil de Reims a jugé, le 4 prairial de l'an 11, qu'il suffisait de faire une enquête dans l'arrondissement du domicile, sur le motif que l'on ne pouvait regarder *comme résidence*, le séjour qu'un militaire aux armées fait dans une place de guerre où il n'est toujours qu'accidentellement.

VII. *L'absence sera constatée par une enquête ordonnée par le tribunal de première instance de l'arrondissement où l'absent avait son domicile, et par celui de l'arrondissement où il avait sa résidence. S'il en avait une distincte de son domicile, l'enquête sera faite contradictoirement avec le Commissaire du Gouvernement.*

<small>Séance du 16 Fructidor an 9.</small>

Le consul CAMBACÉRÈS demande par qui l'enquête sera provoquée.

M. TRONCHET répond que ce sera par les personnes intéressées qui poursuivront la déclaration d'absence.

Le consul CAMBACÉRÈS demande si la section a entendu accorder aux héritiers d'un dégré postérieur le droit de provoquer la déclaration d'absence, lorsque ceux du premier dégré négligeraient de le faire.

M. TRONCHET répond que ce droit doit appartenir à tout parent, quel que soit son dégré.

M. BIGOT-PRÉAMENEU propose d'ajouter : *le jugement qui statuera sur la question d'absence, sera rendu sur les conclusions du Commissaire du Gouvernement, sauf l'appel.*

La proposition de M. Bigot-Préameneu est adoptée.

L'article est reproduit en ces termes.

<small>Séance du 24 Fructidor an 9.</small>

L'absence sera constatée, à la diligence des parties intéressées, par une enquête ordonnée par le tribunal de première instance de l'arrondissement où l'absent avait son domicile, et par celui de l'arrondissement où il avait sa résidence, s'il en avait une distincte de son domicile. L'enquête sera faite contradictoirement avec le Commissaire du Gouvernement.

Le MINISTRE DE LA JUSTICE observe que l'article suppose qu'il y aura une double enquête ordonnée et faite par deux tribunaux; que le tribunal du domicile doit être le seul juge de l'absence; qu'on peut cependant, par une commission rogatoire et par les moyens usités, recueillir des preuves dans d'autres lieux; mais que, provoquer deux jugemens par des tribunaux différens, c'est s'exposer à avoir deux résultats.

M. BOULAY répond que l'article suivant prouve qu'un seul tribunal doit juger.

M. DEFERMON dit que l'intention de la section paraît avoir été qu'il serait fait deux enquêtes, mais qu'elles seraient ordonnées toutes deux par le tribunal du domicile.

MM. BOULAY et THIBAUDEAU disent que cette intention est celle de la section.

M. TRONCHET dit qu'il doit être fait une enquête dans tous les lieux où le prévenu d'absence avait coutume de résider; autrement, la fraude aurait trop d'avantage : on ferait une enquête au lieu où l'existence de l'individu serait douteuse, et l'on négligerait le témoignage de ceux qui ne l'ont pas perdu de vue.

Les tribunaux ont demandé, ajoute M. Tronchet, que les héritiers présomptifs ne pussent être témoins dans l'enquête.

M. Thibaudeau dit que la section n'a pas cru devoir les exclure, parce que les parens les plus proches sont présumés ordinairement être plus en état d'avoir des nouvelles de l'absent : il n'y a d'ailleurs nul inconvénient, puisque le tribunal jugera de la validité des dépositions contenues dans l'enquête, et qu'il pèsera le résultat des preuves.

L'article est adopté avec l'amendement de M. Tronchet.

117. Le tribunal, en statuant sur la demande, aura d'ailleurs égard aux motifs de l'absence, et aux causes qui ont pu empêcher d'avoir des nouvelles de l'individu présumé absent.

VIII. *Le tribunal statuera sur la demande en déclaration d'absence suivant qu'il trouvera suffisantes ou insuffisantes les preuves résultant de l'enquête, ou de toutes autres pièces et documens. Le jugement sera rendu sur les conclusions du Commissaire du Gouvernement.*

L'article est adopté (Voyez la discussion de l'article précédent).

118. Le commissaire du gouvernement enverra, aussitôt qu'ils seront rendus, les jugemens tant préparatoires que définitifs, au grand-juge, ministre de la justice, qui les rendra publics.

119. Le jugement de déclaration d'absence ne sera rendu qu'un an après le jugement qui aura ordonné l'enquête.

Ces deux articles sont formés de l'article IX du projet, ainsi conçu : *le Commissaire du Gouvernement enverra le jugement définitif au ministre de la justice pour être rendu public ; il ne sera exécutoire qu'un an après sa date.*

Le Ministre de la Justice demande quel sera le mode de donner de la publicité au jugement.

M. Boulay répond que le mode est arbitraire, et que la loi l'abandonne à la sagesse du ministère.

L'article est adopté.

CHAPITRE III.

DES EFFETS DE L'ABSENCE.

SECTION PREMIERE.

DES EFFETS DE L'ABSENCE, RELATIVEMENT AUX BIENS QUE L'ABSENT POSSÉDAIT AU JOUR DE SA DISPARITION.

120. Dans les cas où l'absent n'aurait point laissé de procuration pour l'administration de ses biens, ses héritiers présomptifs au jour de sa disparition ou de ses dernières nouvelles, pourront, en vertu du jugement définitif qui aura déclaré l'absence, se faire envoyer en possession provisoire des biens qui appartenaient à l'absent au jour de son départ ou de ses dernières nouvelles, à la charge de donner caution pour la sûreté de leur administration.

X. Dans le cas où l'absent n'aura point laissé de procuration pour l'administration de ses biens, ses héritiers présomptifs pourront, après cinq années révolues depuis cette époque, ou depuis les dernières nouvelles, se faire envoyer en possession provisoire, des biens qui lui appartenaient au jour de son départ.

Séance du 16 Fructidor an 9.

Le Premier Consul pense qu'il conviendrait de faire insérer au Bulletin le jugement qui déclare l'absence, et de ne lui donner d'effet qu'après un an. Ces précautions sont nécessaires pour en assurer la notoriété, sur-tout dans les villes éloignées et peu populeuses, où cependant on peut avoir des nouvelles de l'absent.

M. Thibaudeau dit que, dans des tems où il y avait moins de relations entre les peuples et où les communications étaient moins faciles et moins fréquentes, cette précaution eût pu être nécessaire; mais actuellement que toutes les parties du monde sont ouvertes, que le commerce et les relations politiques ont lié toutes les nations, que la civilisation s'est étendue sur toute la terre, un absent a une foule de moyens de donner de ses nouvelles : la publication du jugement n'est donc pas si utile.

Le Premier Consul dit que l'envoi en possession provisoire accordé aux héritiers, est indispensable ; mais qu'il doit être entouré de la plus grande publicité, afin d'éveiller l'attention dans les villes de commerce. Le retour est quelquefois si difficile, qu'il n'est pas permis de négliger les précautions.

M. Tronchet demande si l'on suspendra l'envoi en possession pendant l'année de la publication ; ce qui le reculerait à six ans.

Le Premier Consul dit qu'il tient moins au nombre des années qu'à la grande publicité. Il voudrait que l'enquête fût faite après quatre ans, la publication de l'absence prononcée aussitôt après l'enquête ; qu'elle fût ordonnée par le tribunal, et que l'envoi en possession fût accordé un an après.

Le consul Cambacérès ne voudrait pas qu'on fût toujours obligé d'attendre l'expiration du premier délai pour prononcer l'envoi en possession. Il est des immeubles qui dépérissent faute d'entretien, comme sont les maisons, les usines. Le Ministre de la justice pourrait donc faire publier, après deux ans, que tel citoyen est absent et a laissé des propriétés immobilières qui se dégradent : ensuite, et après un second délai, on prononcerait l'envoi en possession de ses biens.

La distinction que fait le projet de loi entre l'absent qui a laissé un fondé de pouvoir, et celui qui n'en a pas laissé, est sage. Il en est de même de la disposition qui donne les fruits aux héritiers après dix ans : mais celle qui, après trente ans, leur donne la propriété incommutable, est injuste. A quelque époque qu'un absent se représente, lui ou ses enfans, ils ne doivent pas être expropriés par fin de non-recevoir. Il est d'ailleurs contradictoire de n'admettre qu'après cent ans, la présomption de la mort de l'absent, et de le dépouiller cependant après trente, comme s'il n'existait plus. Le respect dû à la propriété, exige qu'en tout tems l'absent reprenne son patrimoine, mais seulement en l'état où il le trouve, de manière qu'il ne puisse même revenir sur les aliénations qui auraient été faites.

Il est encore une autre question, qu'il sera nécessaire d'examiner : c'est celle de savoir si la déclaration d'absence donne lieu à l'ouverture du testament.

Le Ministre de la justice fait lecture de différens articles du Code prussien, desquels il résulte, 1°. que l'État doit nommer des tuteurs aux absens, pour veiller à la conservation de leurs biens, lorsque pendant une année entière on n'a pas eu de nouvelles de l'absent ; 2°. qu'après dix années d'absence sans nouvelles de l'absent, on peut requérir la sentence de déclaration de mort ; 3°. que l'effet de cette déclaration de mort, est de faire passer les biens à ceux à qui ils appartiennent, d'après les dispositsons de la loi sur les successions ; de faire ouvrir et exécuter le testament de l'absent, s'il en a déposé un en justice ; 4°. que si l'absent se présente après la déclaration de mort, il peut redemander son bien, en tant que le bien lui-même, ou le prix qu'on en aurait reçu, existerait encore ; 5°. que s'il ne reparaît qu'après trente ans depuis la déclaration de mort, il n'a droit d'exiger du possesseur des biens, en tant qu'ils y peuvent suffire, que l'entretien nécessaire d'après les convenances de son état; 6°. que dans les mêmes délais, les descendans de l'absent ont les mêmes droits que lui.

Il en conclut que le projet de la section n'a pas pourvu à tous es cas qui peuvent résulter de l'absence.

M. Tronchet dit que le système du Code prussien a tous les inconvéniens de cette ancienne jurisprudence, qu'on a sagement réformée, et, en outre, des vices qui lui sont particuliers.

Il est ridicule de déclarer l'absent mort : un absent n'est, aux yeux de la loi, ni mort ni vivant. L'absence peut être une présomption de la mort ; mais hors les cas de fraude, la loi n'admet de certitude que d'après des preuves. Il est également bizarre de faire ensuite revivre celui qu'on a déclaré mort.

Un principe et plus naturel et plus simple, c'est de regarder la vie et la mort de l'absent comme également incertaines. Tout demandeur doit prouver ; or l'héritier de l'absent, ou veut lui succéder, ou veut le faire succéder ; dans le premier cas, il est tenu de prouver que l'absent est mort; dans le second, qu'il vit : dans les deux, il est exclu, jusqu'à ce qu'il ait fait cette preuve. Cependant, comme il est nécessaire de régler le sort des biens qui sont là, et qui forment le patrimoine actuel de l'absent, il faut ou les déclarer vacans, ou les mettre sous le séquestre. Il est utile à l'absent que le séquestre de ses biens soit déféré à ceux qui ont le plus d'intérêt à les conserver : c'est pourquoi, après un certain tems, on accorde l'envoi en possession à ses héritiers. Comme néanmoins l'absent peut avoir négligé de donner de ses nouvelles, et que cette négligence, ainsi que le séquestre, ne doivent pas tourner à sa ruine, on ne laissait autrefois que les fruits aux héritiers, et l'on exigeait d'eux une caution pour toutes les restitutions qu'ils auraient à faire, si l'absent reparaissait.

Cette jurisprudence avait l'inconvénient de faire les héritiers administrateurs indéfiniment et pour toujours. On y a pourvu sur-tout à Paris, en leur accordant, après un tems, l'envoi en possession définitive. Cependant l'absent n'était pas privé irrévocablement de ses biens : les héritiers ne possédant que comme dépositaires, ils ne pouvaient changer le titre de leur possession, et devenir propriétaires ; d'un autre côté, leur possession n'étant fondée que sur la présomption de la mort de l'absent, et toute présomption cédant aux preuves, les droits des héritiers cessaient nécessairement quand l'absent se représentait. Aussi tous les auteurs s'accordent-ils à dire que les effets de l'envoi en possession définitive sont de décharger la caution fournie par les héritiers, d'autoriser ceux-ci à vendre les biens ; mais qu'ils ne les dispensent pas de rendre à l'absent son patrimoine, si l'absent reparaît. Les tribunaux demandent que la possession des héritiers ne soit pas irrévocable, même après cent ans.

Les héritiers n'acquièrent pas d'abord, puisqu'ils ne peuvent prouver que la succession est ouverte ; mais ils acquièrent ensuite par la prescription. Cette voie leur est ouverte, attendu que leur possession est fondée sur un titre légal.

La section ne s'est écartée de la jurisprudence ancienne, beaucoup plus simple et plus naturelle que le Code prussien, que par rapport aux effets de l'envoi en possession définitive. En modifiant son système par les amendemens du Premier Consul et du consul Cambacérès, on le rendra parfaitement exact.

Le Premier Consul demande si, après l'absence déclarée, on ouvrira le testament.

M. Tronchet dit que comme le provisoire profite à tous ceux qui ont quelque intérêt, le testament de l'absent doit être ouvert aussitôt que l'absence est déclarée, afin que les légataires jouissent par provision.

Le Premier Consul demande quels héritiers seront admis à l'envoi en possession provisoire. Seront-ce ceux qui étaient appelés à la succession, au moment où l'individu s'est absenté, ou ceux qui l'étaient au moment du jugement par lequel l'absence a été déclarée ?

M. Tronchet répond que ce seront ceux qui se trouvaient héritiers au moment de l'absence.

Le Premier Consul demande si cet ordre subsistera même dans le cas où l'on recevrait des renseignemens sur la mort de l'absent, et où l'on saurait qu'elle est arrivée à une époque où il aurait eu d'autres héritiers que ceux qui ont été envoyés en possession provisoire de ses biens.

M. Tronchet répond que l'époque de la mort étant certaine, elle règle l'ordre de la vocation.

M. Maleville dit que l'article XVIII semble exclure l'idée que la succession puisse être ouverte avant cent ans écoulés depuis la naissance de l'absent, si d'ailleurs on n'a pas reçu de nouvelles certaines de sa mort.

M. Thibaudeau répond que l'âge de cent ans acquis à l'absent vient au contraire comme une exception en faveur des héritiers, qui sont, dans ce cas, dispensés de tous les délais que le projet oppose à leur envoi en possession; qu'au surplus, si l'on trouve quelque ambiguité dans la rédaction, il est facile de la faire disparaître.

Le Premier Consul demande si l'on nommera un curateur à l'absent lorsqu'il lui écherra une succession.

M. Thibaudeau répond que les inconvéniens qui, dans cette matière, ont fait rejeter en général les curateurs, s'opposent aussi à ce que l'on en nomme dans le cas prévu par le Premier Consul; que les droits de l'absent, lorsqu'il s'ouvre une succession à son profit, se confondent avec ses autres biens et suivent le même sort; qu'en un mot, la section a pensé qu'il valait mieux que, jusqu'à la déclaration de l'absence, les biens et droits de l'absent souffrissent un peu, que d'introduire quelqu'un dans le secret de ses affaires, et d'y porter souvent le désordre, sous le prétexte de veiller à ses droits.

M. Tronchet dit que quand on est certain que l'absent existe, un officier public le représente dans les succesions auxquelles il est appelé; que le projet pourvoit au cas où l'existence de l'absent est douteuse.

Le Premier Consul dit qu'il est nécessaire de pourvoir aussi à l'administration des biens avant la déclaration d'absence.

M. Bigot-Préameneu rend compte de ce qui se pratique. Ceux qui se trouvent dans la nécessité d'agir contre l'absent non déclaré, ou d'exercer des droits qui leur sont communs avec lui, lui font nommer

un

un curateur spécial. Il en est de même quand il s'ouvre une succession à son profit et qu'aucun fondé de pouvoir ne se présente.

M. Tronchet dit que, dans ce dernier cas, l'absent est représenté par un notaire; qu'au surplus les dispositions sur ces divers points appartiennent à la loi qui sera faite sur les absens connus.

Le Premier Consul dit que quand un absent a laissé un fondé de pouvoir, tout est terminé; mais que si ce fondé de pouvoir vient à mourir, ou si l'absent, étant pauvre, n'a pas donné de procuration, et que cependant il s'ouvre ensuite une succession à son profit, il est nécessaire de donner un administrateur à ses biens.

M. Cretet dit que, pour rendre la loi précise, il faut établir une distinction entre l'absence présumée et l'absence constatée.

L'article est reproduit en ces termes :
Dans le cas où l'absent n'aura pas laissé de procuration pour l'administration de ses biens, ses héritiers présomptifs, au jour de son départ ou de ses dernières nouvelles, pourront, un an après le jugement définitif qui aura déclaré l'absence, se faire envoyer en possession provisoire des biens qui appartenaient à l'absent au jour de son départ.

L'article est adopté.
(Les changemens faits ont eu lieu sans discussion.)

Séance du 14 Fructidor an 9.

121. Si l'absent a laissé une procuration, ses héritiers présomptifs ne pourront poursuivre la déclaration d'absence et l'envoi en possession provisoire, qu'après dix années révolues depuis sa disparition ou depuis ses dernières nouvelles.

122. Il en sera de même si la procuration vient à cesser; et, dans ce cas, il sera pourvu à l'administration des biens de l'absent, comme il est dit au chapitre Ier du présent titre.

XI. *Si l'absent a laissé une procuration, ses héritiers présomptifs ne pourront demander l'envoi en possession provisoire, qu'après dix années révolues depuis sa disparition ou depuis ses dernières nouvelles, et qu'après avoir fait déclarer l'absence dans les formes prescrites par les articles ci-dessus.*

XII. *Si après les cinq ans de la disparition ou des dernières nouvelles de l'absent, la procuration vient à cesser par la mort, la renonciation du procureur fondé, ou toute autre cause, les héritiers présomptifs pourront se pourvoir pour faire déclarer l'absence.*

Séance du 24 Fructidor an 9.

Le Premier Consul demande sur quoi est fondée la différence établie, quant à l'envoi en possession, entre l'absent qui a laissé un fondé de pouvoir et celui qui n'en a pas laissé.

M. Thibaudeau répond qu'elle l'est sur ce que l'administrateur constitué par la volonté de l'absent, doit être préféré à celui que la loi pourrait lui donner.

Le Premier Consul dit qu'elle peut être fondée sur la présomption du retour de l'absent. Cette espérance existant, si la procuration vient à cesser pendant les cinq ans qui précèdent la déclaration d'absence, les héritiers seront-ils admis à provoquer, dans les délais ordinaires, le jugement d'envoi en possession, et ce jugement aura-t-il son effet un an après qu'il aura été rendu?

M. Tronchet répond que les dispositions sur le cas où il y a un fondé de pouvoir, sont une exception à la règle générale, et que cette exception cessant, le droit commun reprend son cours.

M. Defermon dit que la loi n'a qu'un seul objet, c'est de veiller à l'intérêt de l'absent; qu'ainsi, lorsqu'il y a un fondé de pouvoir, à quelque époque que la procuration ait cessé, les héritiers ne doivent être envoyés en possession qu'après dix ans; que jusque-là, ils ne peuvent réclamer que l'application de l'article IV.

M. Tronchet dit qu'en principe général, l'administration des biens de l'absent appartient aux héritiers; que ce principe doit avoir tous ses effets lorsque l'exception qui en suspendait l'application vient à cesser.

M. Thibaudeau dit qu'avant de continuer la discussion, il faut bien préciser la question résultant de l'observation du Premier Consul. Elle est de savoir si, dans le cas de cessation de la procuration après les cinq ans, les héritiers peuvent, du jour même où la procuration a cessé, poursuivre la déclaration d'absence et l'envoi provisoire, ou s'ils sont obligés d'attendre pendant un délai de quatre ans, comme à l'article VI.

M. Tronchet dit que, s'ils étaient obligés d'attendre ce délai, les biens de l'absent demeureraient trop long-tems abandonnés.

Le Premier Consul dit que, d'après le projet, la condition des héritiers ne serait pas la même dans les deux cas. Lorsqu'il n'y a pas de procuration, ils perçoivent et consomment les fruits, sauf restitution, après un laps de cinq ans ; ils ne les perçoivent et ne les consomment qu'après dix ans, lorsqu'il y a une procuration. Or, si l'on ne veut accorder aucune faveur à l'absent qui a pourvu à l'administration de ses biens pendant son absence, il faut livrer aux héritiers les revenus de tous les absens indistinctement après le même délai. Si l'on pense, au contraire, que la prévoyance d'un absent doit lui donner quelque avantage, on ne doit pas le priver de ses revenus parce qu'un accident fait cesser la procuration et rend inutiles les mesures qu'il a prises. Il serait injuste de ne le pas traiter mieux que l'absent imprévoyant, et de ne pas convertir, pendant dix ans, ses revenus en une masse de capitaux qu'il retrouverait à son retour.

M. Emmery dit que l'on accorde à la prévoyance de l'absent tout ce qu'elle peut produire, lorsqu'on respecte sa procuration pendant cinq ans, et qu'on double le tems après lequel l'envoi en possesion pourrait être obtenu si elle n'existait pas.

M. Regnier dit que, suivant le projet, les héritiers de l'absent qui a laissé une procuration, ne peuvent être envoyés en possession provisoire qu'après dix ans ; qu'ils n'acquièrent les fruits que dix ans après l'envoi en possession ; qu'ainsi l'absent n'est privé de ses revenus qu'après vingt ans. Il serait injuste de lui ôter ces avantages, parce que la mort de son fondé de pouvoir trompe sa prévoyance : l'absent n'en a pas moins fait ce qu'il a pu pour échapper à la disposition qui donne les fruits aux héritiers quinze ans après la disparition.

M. Tronchet répond que l'absent n'a pas fait tout ce qu'il a pu, lorsque, dans la procuration, il n'a pas substitué, ou donné à son fondé de pouvoir le droit de substituer.

M. Réal objecte que le procureur substitué pourrait aussi venir à mourir.

M. Emmery dit que l'exception qui fait respecter la procuration de l'absent pendant dix ans, est une faveur qui n'oblige pas de lui en accorder une seconde, en ne donnant les fruits aux héritiers qu'après vingt ans.

M. Réal dit qu'il n'y a pas là faveur, mais justice : l'absent est parti avec sécurité, dans la confiance qu'il avait pourvu à ses affaires.

M. Defermon dit qu'il est difficile de concilier entre elles les dispositions sur l'absent qui n'a pas laissé de procuration, celles sur l'absent qui en a laissé, et celle qui le répute mort après cent ans de vie.

L'autorité publique veille pendant cinq ans pour celui qui n'a pas laissé de procuration ; on ne présume l'absent mort qu'après cent ans : or, par quelle présomption traite-t-on l'absent qui a laissé une procuration, mais dont le fondé de pouvoir est mort, autrement qu'on ne traite, pendant cinq ans, celui qui n'a pas constitué de fondé de pouvoir ?

M. Emmery répond que la déclaration d'absence établit le doute et non la présomption de la mort de l'absent.

Le Premier Consul dit qu'on se propose, sans doute, de mieux traiter l'absent qui a laissé une procuration, parce qu'il a prévu son absence, et qu'on peut espérer son retour. Il ne faut donc lui donner, pendant quinze ans, que des administrateurs de son bien, si ceux qu'il a constitués viennent à manquer. Mais alors on ne doit pas dire que ses héritiers seront envoyés en possession avant quinze ans ; on doit dire qu'ils prendront la place de son fondé de pouvoir. Si ce n'est là le but du projet, la distinction entre les deux espèces d'absens devient inutile.

Mais l'uniformité des dispositions à l'égard des absens conduirait à des injustices. Certainement celui qui n'est absent que parce qu'il a entrepris un voyage de long cours, et a pourvu à ses affaires, doit jouir de plus de faveur que celui qui a disparu subitement. Il convient donc ou que la loi le distingue des autres, ou qu'on laisse les tribunaux décider, suivant les circonstances, si la procuration doit être prorogée, et pendant combien de tems elle doit l'être.

M. Cretet dit que les procurations données en vue d'absence, ont des caractères particuliers auxquels il est facile de reconnaître si l'absent les a données par prévoyance et dans l'espoir du retour ; elles sont générales, et souvent elles expriment le motif qui a déterminé à les donner.

M. Tronchet dit que l'embarras de cette discussion vient de ce que l'on confond deux choses très-distinctes, la déclaration d'absence, et l'envoi en possession.

La déclaration d'absence est fondée sur l'incertitude de la vie de l'absent ; elle doit être prononcée après cinq ans, soit qu'il y ait, soit qu'il n'y ait pas de fondé de pouvoir : le silence de l'absent y autorise.

Ensuite, il faut prendre un parti sur les biens de l'absent : cette mesure est très-distincte de la déclaration d'absence. Le fondé de pouvoir qu'a laissé l'absent, doit avoir la préférence sur tout autre administrateur ; mais lorsqu'il n'en existe pas, l'administration doit être confiée aux héritiers, parce que ce sont eux qui ont le plus d'intérêt à la conservation des biens.

Cet ordre d'administration établi, les dispositions sur les fruits doivent être les mêmes pour tous les absens; aucun ne doit être privé de ses revenus, avant un laps de quinze ans.

M. Regnier adopte la partie de cette opinion qui tend à uniformiser les dispositions sur la jouissance des héritiers de tout absent indistinctement; mais il pense que fixer cette jouissance à quinze ans dans tous les cas, c'est se montrer plus rigoureux que le projet envers le propriétaire, puisque le projet recule la jouissance à vingt ans, lorsque l'absent a laissé un fondé de pouvoir : or, comme l'intérêt du propriétaire doit prédominer sur celui des héritiers, et qu'il convient d'admettre les mêmes dispositions dans tous les cas, M. Regnier demande que les héritiers ne puissent acquérir les fruits que vingt ans après le départ de l'absent, soit qu'il ait laissé une procuration, soit qu'il n'en ait pas laissé.

M. Boulay observe que si les héritiers étaient obligés de restituer les fruits perçus pendant vingt ans, ils rendraient une somme égale au capital.

M. Tronchet dit que, s'il est juste de favoriser l'absent, il est juste aussi de ne pas ruiner ses héritiers pour avoir conservé et administré ses biens. La négligence de l'absent qui, pendant quinze ans, n'a pas donné de ses nouvelles, est rarement excusable.

M. Regnier pense, au contraire, qu'il est rare qu'on puisse reprocher avec justice à un absent, de n'avoir pas donné, pendant quinze ans, de ses nouvelles. Peu d'hommes sont assez indifférens sur la conservation de leurs biens, pour négliger de s'informer de l'état où ils se trouvent. Leur long silence est ordinairement causé par l'impossibilité de donner de leurs nouvelles.

M. Portalis observe que la discussion ne porte plus sur l'idée proposée par le Premier Consul.

Le Premier Consul ne propose pas d'uniformiser les dispositions sur l'administration des biens des absens, puisque toutes les absences ne sont pas accompagnées des mêmes circonstances; mais de laisser à l'arbitrage du juge de proroger la procuration donnée par l'absent.

Toute la faveur doit être pour l'absent; ses héritiers n'en peuvent avoir que dans la considération de son intérêt : il ne faut donc pas les soumettre à restituer vingt années de jouissance; ils ne voudraient pas se charger d'administrer, s'ils étaient exposés à une semblable restitution. Or, comme on mène les hommes par leur intérêt, il convient de donner aux héritiers de l'absent quelques avantages qui les déterminent à se rendre administrateurs de ses biens.

Mais ceci est étranger à l'idée mise en avant par le Premier Consul. Il peut être dans l'intérêt d'un absent, tantôt que la procuration qu'il a laissée soit prorogée, tantôt qu'elle cesse d'avoir ses effets : il convient donc de donner au tribunal le droit de proroger la procuration, ou d'appeler les héritiers à la place du fondé de pouvoir.

M. REGNIER observe que les héritiers trouvent toujours de l'avantage à recueillir les fruits, puisqu'ils en jouissent et les rendent sans en payer d'intérêts ; que d'ailleurs leur intérêt principal est de conserver et d'améliorer un patrimoine auquel ils sont appelés à succéder.

Le PREMIER CONSUL dit qu'un citoyen, dont les dernières nouvelles sont datées des Indes, ne doit être déclaré absent que long-tems après qu'il a cessé d'en donner ; car il ne peut revenir qu'après beaucoup de tems, et en surmontant une multitude d'obstacles.

M. BOULAY dit que cet individu ne peut pas être réputé absent après un espace de dix années.

M. TRONCHET dit que la loi pourrait ne pas donner de règle fixe au juge, mais l'autoriser à prononcer l'absence d'après les circonstances.

Le PREMIER CONSUL dit que l'article VI ne donne pas cette liberté au juge. On pourrait laisser subsister le droit commun, qui est qu'en général l'absence peut être déclarée après cinq ans, et le modifier en ajoutant, *à moins que des circonstances particulières ne fassent penser au tribunal que l'absent n'a pu donner de ses nouvelles.*

M. BOULAY observe que dans le droit commun, tel qu'il a été adopté, l'absence peut être déclarée après quatre ans, parce que l'envoi en possession provisoire n'a lieu qu'après la cinquième année ; que pour reculer la déclaration d'absence à cinq ans, il faut mettre en dehors de ce terme l'année de délai.

Le PREMIER CONSUL ne trouve aucun inconvénient à cette modification ; il voudrait que le juge ne fût pas forcé de prononcer la déclaration d'absence, pour la seule raison que depuis quatre ans l'absent n'a pas donné de ses nouvelles ; mais qu'on laissât à sa conviction et à sa conscience à décider si les circonstances caractérisent l'absence.

Le consul CAMBACÉRÈS propose la question suivante :

Un homme que des spéculations commerciales doivent conduire loin de sa résidence, prévoit qu'il ne pourra de très-long-tems donner de ses nouvelles : pour empêcher que ses héritiers ne s'immiscent dans ses affaires jusqu'à l'époque où ils peuvent demander l'envoi en possession définitive, il organise pour trente ans l'administration de son patrimoine. L'acte qu'il fera, aura-t-il ses effets ? La loi doit s'en expliquer, si l'on veut qu'il reçoive son exécution, attendu qu'en pareil cas ce n'est ni un testament, ni une disposition de dernière volonté.

M. PORTALIS dit que cet acte ne serait pas exécuté dans le système qui, après un terme, fait cesser l'effet d'une procuration.

M. TRONCHET dit que la loi ne peut, sous aucun rapport, valider un tel acte. Si c'est un acte à cause de mort, il blesse les dispositions qui défèrent la succession à l'héritier ; si c'est un acte entre-vifs, il ne peut durer que tant qu'on administre la preuve de la vie de l'absent.

M. PORTALIS dit que l'acte serait bon dans le système actuel.

Ce serait une procuration ordinaire de trente ans, si l'absent n'avait nommé que des administrateurs, et les administrateurs seraient comptables envers lui.

On ne peut gêner un absent, au point de ne lui pas permettre de graduer ses fondés de pouvoir. Le principe est que l'absent ne peut être réputé ni vivant ni mort. L'acte qui doit avoir ses effets, si l'absent est vivant, ne peut donc les perdre que quand la preuve de la mort de l'absent est acquise.

On objectera que l'absent a pu faire des dispositions en haine de ses héritiers ; mais, à cet égard, les prohibitions seraient inutiles, car il lui resterait d'autres moyens de signaler cette haine.

(Les changemens faits ont eu lieu sans autre discussion).

123. Lorsque les héritiers présomptifs auront obtenu l'envoi en possession provisoire, le testament, s'il en existe un, sera ouvert à la réquisition des parties intéressées, ou du commissaire du gouvernement près le tribunal ; et les légataires, les donataires, ainsi que tous ceux qui avaient sur les biens de l'absent, des droits subordonnés à la condition de son décès, pourront les exercer provisoirement, à la charge de donner caution.

(Cet article est le XVIIIe. du projet.)

124. L'époux commun en biens, s'il opte pour la

continuation de la communauté, pourra empêcher l'envoi provisoire et l'exercice provisoire de tous les droits subordonnés à la condition du décès de l'absent, et prendre ou conserver par préférence l'administration des biens de l'absent. Si l'époux demande la dissolution provisoire de la communauté, il exercera ses reprises et tous ses droits légaux et conventionnels, à la charge de donner caution pour les choses susceptibles de restitution.

La femme, en optant pour la continuation de la communauté, conservera le droit d'y renoncer ensuite.

Ces deux articles sont formés de l'art. XIII ainsi conçu :

Lorsque les héritiers présomptifs auront obtenu l'envoi en possession provisoire, l'époux de l'absent pourra demander la dissolution provisoire de la communauté, et exercer, également à titre de provision, tous les droits résultant de son contrat de mariage, à la charge de donner caution.

Le Premier Consul dit que le projet de loi doit s'occuper aussi des femmes des absens, et empêcher que les héritiers envoyés en possession provisoire, ne les excluent de la maison de leurs maris.

M. Boulay dit que le sort de la femme de l'absent est le même que celui de ses héritiers ; qu'elle exerce provisoirement les droits et les avantages que la mort de son mari lui aurait donnés.

Le Premier Consul dit que cette disposition ne suffit pas ; qu'il faut encore pourvoir à ce que la femme ne soit pas arrachée à ses habitudes et à ses affections, pour l'intérêt d'héritiers collatéraux : elle ne saurait être tout-à-la-fois mariée et non mariée ; et il ne doit pas être au pouvoir des héritiers de son mari, de lui enlever son nom et son état, si elle veut le conserver.

M. Portalis demande si les héritiers seront contraints de demeurer en communauté avec la femme.

M. Boulay dit qu'il faut ou que la femme administre les biens de son mari, ou qu'elle les cède aux héritiers.

M. Thibaudeau dit que l'art. XIII est positif ; la femme seule peut demander la dissolution de la communauté, ou la continuer : c'est une option que la loi doit lui donner.

M. Tronchet dit qu'il est impossible d'obliger les héritiers à demeurer malgré eux dans un contrat de société.

M. Thibaudeau

M. Thibaudeau répond que les héritiers n'ont, dans ce cas, aucun droit personnel ; ils ne jouissent encore que pour l'absent ; ils entrent provisoirement dans ses droits, ils sont tenus de ses obligations : la continuation de la communauté n'est donc pas, au moins sous ce rapport, contraire aux principes.

M. Defermon dit que ce principe ne s'accorde pas avec les suites que l'art. XV donne à l'envoi en possession, qu'il sera donc nécessaire de modifier cet article.

Le Premier Consul dit que le sort de la femme serait trop affligeant, si l'absence de son mari lui faisait perdre les avantages de leur union.

M. Tronchet dit qu'au lieu de donner l'administration des biens de l'absent à ses héritiers, on pourrait la donner à son épouse.

M. Defermon observe que si un mari s'absente pour des opérations relatives à un commerce que sa femme conduit avec lui, les héritiers de l'absent pourraient venir, après cinq ans, détruire le commerce, et ruiner à-la-fois la femme et le mari.

M. Lacuée dit que la femme cesse d'être exposée, lorsque les héritiers sont les enfans.

Le Premier Consul répond que ses intérêts n'en sont pas moins blessés ; que d'ailleurs elle peut avoir de justes sujets de plainte contre ses enfans ; qu'il est d'autant plus bizarre d'appeler les héritiers de sa femme, que peut être le testament qu'on n'ouvre pas, transmet à la femme toute l'hérédité de son mari.

M. Tronchet dit que le testament de l'absent sera ouvert.

M. Thibaudeau dit que dans un premier projet, la section avait pensé qu'il était conséquent d'ouvrir les droits des légataires, au moment de l'envoi provisoire des héritiers : mais on trouva qu'il était inconvenant d'ouvrir le testament d'un homme contre lequel il n'y avait encore que de légères présomptions de mort. C'est d'après cette observation que la section a proposé de renvoyer à un plus long délai l'ouverture du testament.

M. Boulay dit que le remède à l'inconvénient dont a parlé le Premier Consul, est de donner à la femme l'administration des biens de l'absent.

M. Portalis dit que l'absent n'étant réputé ni mort ni vivant, il en résulte qu'on est obligé de prouver la vie ou la mort de l'absent, suivant que l'action qu'on exerce est fondée sur l'hypothèse de son existence ou de sa non-existence. Il s'agit de savoir si, sans blesser ce principe, on peut ouvrir le testament de l'absent et pourvoir au sort de son épouse. L'ouverture du testament contredirait le principe, puisqu'un testament n'a de date et de force que par la mort du testateur.

A l'égard de la femme, toutes les fictions qui la favorisent, peuvent être adoptées ; son mariage conserve de plein droit tous ses caractères: mais on peut, suivant son intérêt, laisser subsister la communauté ou la rompre, ouvrir son douaire, enfin admettre tout ce qui lui conserve ses avantages.

M. Tronchet dit qu'on pourrait lui donner l'option d'être envoyée en possession des biens de son mari, ou de rompre sa communauté.

Le Premier Consul dit qu'on arrive infailliblement à un terme où le principe que l'absent n'est réputé ni mort ni vivant ne peut plus être suivi, et où sa mort est présumée. La marche de la loi est combinée en conséquence de ce système. Après cinq ans, il est déclaré absent ; après dix ans, ses héritiers jouissent de ses revenus ; après trente ans ils disposent des biens, parce qu'on présume l'absent mort. Pourquoi donc, après un délai donné, la présomption de sa mort ne serait-elle pas admise pour autoriser l'ouverture de son testament ? Il ne faut pas que ses malheurs éteignent en lui la capacité de tester.

M. Boulay dit que le principe que l'absent n'est réputé ni mort ni vivant, est sans doute bizarre ; mais qu'il est le produit de la sagesse des siècles ; qu'on n'a pu parvenir à en trouver un meilleur.

Le Premier Consul dit que le système de la matière repose tout entier sur des inductions.

Pourquoi l'article X appelle-t-il les héritiers présomptifs de l'absent ? C'est parce qu'on suppose qu'il ne se représentera pas. Mais s'il a laissé un testament que la même supposition permet aussi d'ouvrir, il se peut que ceux qu'on regarde comme ses héritiers, cessent d'être appelés à recueillir ses biens. En appelant les héritiers de l'absent, on se propose de donner à sa mort présumée les effets que sa mort réelle aurait par rapport à sa succession ; mais alors, pour être conséquent, il faut établir aussitôt un ordre de choses qui ne puisse plus changer dans la suite par l'ouverture du testament.

M. Maleville dit qu'en effet il n'y a pas plus de motif de donner la possession provisoire des biens aux héritiers présomptifs qu'au légataire universel.

M. Thibaudeau rappelle que la section avait proposé l'envoi en possession provisoire des légataires, et qu'elle n'a modifié son projet que parce que sa proposition a été combattue. On peut d'ailleurs revenir sur ce point, la matière des absens étant toute arbitraire et uniquement fondée sur des présomptions.

M. TRONCHET dit que les rédacteurs du projet de Code civil avaient aussi proposé l'envoi en possession provisoire des légataires. Le légataire est fondé en effet à réclamer pour lui-même la provision qu'on accorde à l'héritier d'après la présomption de la mort de l'absent.

Le PREMIER CONSUL dit que si l'on part de la supposition que le mari est vivant, il ne s'agit que de l'administration de ses biens, et qu'il n'y a pas de difficulté à la confier à la femme ; que si l'on part de la supposition que l'absent est mort, les lois règlent le sort de ses biens et de la communauté ; mais si l'on ne considère le mari ni comme mort, ni comme vivant, il peut être dangereux d'abandonner absolument à sa femme l'administration de son patrimoine.

M. MALEVILLE dit que s'il y a communauté, la femme doit avoir l'option dont on a parlé ; que s'il n'y en a pas, les héritiers doivent être envoyés en possession.

M. BOULAY dit que, dans le système de M. Portalis, la provision pourrait être accordée à la femme, même quand il y aurait communauté.

M. TRONCHET dit qu'elle doit lui être accordée, même quand il n'y en a pas, parce que la femme non commune, profite des revenus de son mari.

Le consul CAMBACÉRÈS propose de charger la section de rédiger deux projets, un dans chaque système.

Cette proposition est adoptée.

(Les changemens faits ont été adoptés sans discussion).

125. La possession provisoire ne sera qu'un dépôt, qui donnera à ceux qui l'obtiendront, l'administration des biens de l'absent, et qui les rendra comptables envers lui en cas qu'il reparaisse ou qu'on ait de ses nouvelles.

XIV. *L'envoi en possession provisoire des héritiers présomptifs de l'absent, ne sera qu'un sequestre et un dépôt qui leur donnera l'administration de ses biens, et qui les rendra comptables envers lui, en cas qu'il reparaisse.*

(Les changemens faits à l'article ont eu lieu sans discussion).

126. Ceux qui auront obtenu l'envoi provisoire, ou l'époux qui aura opté pour la continuation de la communauté, devront faire procéder à l'inventaire du mobilier et des titres de l'absent, en présence du commissaire du gouvernement près le tribunal de première instance, ou d'un juge de paix requis par ledit commissaire.

Le tribunal ordonnera, s'il y a lieu, de vendre tout ou partie du mobilier. Dans le cas de vente, il sera fait emploi du prix, ainsi que des fruits échus.

Ceux qui auront obtenu l'envoi provisoire, pourront requérir, pour leur sûreté, qu'il soit procédé par un expert nommé par le tribunal, à la visite des immeubles, à l'effet d'en constater l'état. Son rapport sera homologué en présence du commissaire du gouvernement; les frais en seront pris sur les biens de l'absent.

XV. *Les héritiers présomptifs de l'absent devront faire procéder à l'inventaire de son mobilier et des titres, en présence du commissaire du Gouvernement près le tribunal de première instance, ou d'un juge-de-paix commis par ledit commissaire.*

Ils devront faire vendre le mobilier, et en faire emploi, ainsi que des fruits et revenus échus à l'époque de l'envoi en possession (1).

---

(1) Sur l'observation que fit le PREMIER CONSUL, dans la séance du 24 fructidor an 9, que l'article fixait un délai trop court pour la vente des meubles de l'absent, les mots, *le tribunal ordonnera, s'il y a lieu, de vendre tout ou partie du mobilier*, furent substitués à ceux-ci : *ils devront faire vendre le mobilier.... à l'époque de l'envoi en possession.*

Le tribunal d'appel de Paris avait dit dans ses observations, qu'il pouvait être intéressant de conserver le mobilier de l'absent, comme s'il s'agit d'une bibliothèque précieuse, d'une collection rare d'antiquités ou d'histoire naturelle, que l'absent se serait peut-être formées avec beaucoup de soins et de dépenses, et dont il serait injuste de le dépouiller par provision, dans l'incertitude où l'on est de son retour; qu'il valait mieux mettre cette exception : *à moins que le tribunal, en connaissance de cause, et après avoir entendu le commissaire du gouvernement, n'autorise les envoyés en possession à conserver le mobilier.*

Les héritiers présomptifs pourront requérir, pour leur sûreté, qu'il soit procédé, par un expert nommé par le tribunal, à la visite des immeubles, à l'effet d'en constater l'état. Son rapport sera homologué en présence du commissaire du Gouvernement : les frais en seront pris sur les biens de l'absent,

Les héritiers présomptifs ne pourront se mettre en possession qu'après avoir donné caution pour sûreté de leur administration, et des restitutions mobiliaires dont ils pourraient être tenus (1).

127. Ceux qui, par suite de l'envoi provisoire, ou de l'administration légale, auront joui des biens de l'absent, ne seront tenus de lui rendre que le cinquième des revenus, s'il reparait avant quinze ans révolus depuis le jour de sa disparition ; et le dixième, s'il ne reparait qu'après les quinze ans.

Après trente ans d'absence, la totalité des revenus leur appartiendra.

XVI. *Si l'absence a continué pendant dix années révolues de l'envoi en possession provisoire des héritiers présomptifs, ils seront déchargés de l'obligation de lui rendre compte des fruits échus pendant leur jouissance. Le tribunal devra seulement, dans le cas où l'absence aura cessé, accorder à l'absent une somme convenable pour subvenir à ses premiers besoins.*

(Les changemens faits à l'article ont eu lieu sans discussion).

128. Tous ceux qui ne jouiront qu'en vertu de l'envoi provisoire, ne pourront aliéner ni hypothéquer les immeubles de l'absent.

129. Si l'absence a continué pendant trente ans depuis l'envoi provisoire, ou depuis l'époque à laquelle l'époux commun aura pris l'administration des biens

---

(1) Les dispositions du paragraphe IV de l'article du projet se trouvent insérées dans l'article 120. (Les changemens faits à l'article ont eu lieu sans discussion. Voy. pag. 225 l'opinion de M. Defermon.)

de l'absent, ou s'il s'est écoulé cent ans révolus depuis la naissance de l'absent, les cautions seront déchargées ; tous les ayant-droit pourront demander le partage des biens de l'absent, et faire prononcer l'envoi en possession définitif par le tribunal de première instance.

Ces deux articles ont été formés de l'art. XVII du projet, ainsi conçu :

Les héritiers présomptifs, tant qu'ils ne jouiront qu'en vertu de l'envoi provisoire, ne pourront aliéner ni hypothéquer les immeubles de l'absent.

Néanmoins, si l'absence a continué pendant trente ans depuis l'envoi provisoire, ou s'il s'est écoulé cent ans révolus depuis la naissance de l'absent, les cautions seront déchargées, et les héritiers présomptifs pourront, à l'expiration de ce délai, faire prononcer l'envoi en possession définitif par le tribunal de première instance, en présence et du consentement du commissaire du Gouvernement.

(Les changemens faits à l'article ont eu lieu sans discussion).

130. La succession de l'absent sera ouverte du jour de son décès prouvé, au profit des héritiers les plus proches à cette époque ; et ceux qui auraient joui des biens de l'absent, seront tenus de les restituer, sous la réserve des fruits par eux acquis en vertu de l'article 127.

XIX. *L'ouverture de la succession remontera au jour de la disparition, des dernières nouvelles, ou du décès prouvé de l'absent, au profit de ceux qui, à l'une ou l'autre de ces époques, étaient ses héritiers présomptifs.*

Les parens, et ceux qui ayant des droits suspendus par la condition du décès de l'absent, auraient joui de ses biens, et se trouveraient évincés, ne devront point la restitution des fruits.

Dans le cas du décès prouvé de l'absent pendant l'envoi provisoire, sa succession sera ouverte du jour de son décès au profit des héritiers les plus proches à cette époque, et les parens qui auraient joui des biens de l'absent seront tenus de les restituer sous la réserve des fruits par eux acquis par l'article XVI.

(Les changemens faits à cet article ont eu lieu sans discussion).

131. Si l'absent reparaît, ou si son existence est prouvée pendant l'envoi provisoire, les effets du jugement qui aura déclaré l'absence, cesseront ; sans préjudice, s'il y a lieu, des mesures conservatoires prescrites au chapitre premier du présent titre pour l'administration de ses biens.

(L'article XX du projet était le même. Il fut adopté sans discussion).

132. Si l'absent reparaît, ou si son existence est prouvée, même après l'envoi définitif, il recouvrera ses biens dans l'état où ils se trouveront, le prix de ceux qui auraient été aliénés, ou les biens provenant de l'emploi qui aurait été fait du prix de ses biens vendus.

XXI. Si l'absent reparaît, ou si son existence est prouvée, même après l'envoi définitif, il recouvrera ses biens dans l'état où ils se trouveront, et le prix de ceux qui auraient été aliénés, à moins qu'il n'en ait été fait emploi.

(Les changemens faits à l'article ont eu lieu sans discussion).

133. Les enfans et descendans directs de l'absent pourront également, dans les trente ans, à compter de l'envoi définitif, demander la restitution de ses biens, comme il est dit en l'article précédent.

XXII. Si les enfans et descendans que l'absent avait emmenés avec lui, ou qu'il a eus depuis son départ, se représentent dans les trente années de l'envoi provisoire accordé à ses autres héritiers présomptifs, sans pouvoir justifier de la mort de leur père, ils seront mis en possession provisoire, à la place des héritiers, ou concurremment s'ils sont au même degré.

XXIII. Si les enfans et descendans de l'absent ne se représentent qu'après que ses autres héritiers présomptifs auront obtenu l'envoi défi-

nitif, ils ne pourront réclamer les biens de leur auteur, qu'autant qu'ils justifieront de sa mort à une époque certaine, et qu'à cette époque ils étaient mineurs.

Dans ce cas ils ne seront remis en possession des biens de leur auteur, qu'autant qu'en réunissant le tems écoulé depuis leur majorité à celui qui avait couru avant la mort du père, il ne se trouvera point un laps de trente années révolues, qui ait rendu irrévocable l'envoi en possession définitive des autres héritiers présomptifs de l'absent.

(Ces deux articles ont été refondus en un seul sans discussion).

134. Après le jugement de déclaration d'absence, toute personne qui aurait des droits à exercer contre l'absent, ne pourra les poursuivre que contre ceux qui auront été envoyés en possession des biens, ou qui en auront l'administration légale.

XXIV. *Après l'envoi des héritiers présomptifs en possession provisoire ou définitive, toute personne qui aurait des droits à exercer contre l'absent, ne pourra les poursuivre que contre lesdits héritiers.*

(Les changemens faits à l'article ont eu lieu sans discussion).

SECTION II.

DES EFFETS DE L'ABSENCE RELATIVEMENT AUX DROITS ÉVENTUELS QUI PEUVENT COMPÉTER A L'ABSENT.

135. Quiconque réclamera un droit échu à un individu dont l'existence ne sera pas reconnue, devra prouver que ledit individu existait quand le droit a été ouvert : jusqu'à cette preuve, il sera déclaré non-recevable dans sa demande.

(Cet article, le XXVe. du projet, a été adopté sans discussion).

136. S'il s'ouvre une succession à laquelle soit appelé un individu dont l'existence n'est pas reconnue, elle sera dévolue exclusivement à ceux avec lesquels il aurait

aurait eu le droit de concourir, ou à ceux qui l'auraient recueillie à son défaut.

(Cet article était le XXVIe. du projet. Voyez la fin de la discussion de l'art. 120.) (1)

137. Les dispositions des deux articles précédens auront lieu sans préjudice des actions en pétition d'hérédité et d'autres droits, lesquels compéteront à l'absent ou à ses représentans ou ayant-cause, et ne s'éteindront que par le laps de tems établi pour la prescription.

138. Tant que l'absent ne se représentera pas, ou que les actions ne seront point exercées de son chef, ceux qui auront recueilli la succession, gagneront les fruits par eux perçus de bonne foi.

(Cet article, le XXVIIe. du projet, fut adopté sans discussion).

SECTION III.

DES EFFETS DE L'ABSENCE, RELATIVEMENT AU MARIAGE.

139. L'époux absent dont le conjoint a contracté une nouvelle union, sera seul recevable à attaquer ce mariage par lui-même, ou par son fondé de pouvoir, muni de la preuve de son existence (2).

---

(1) L'article XXIV du projet soumis aux tribunaux portait : *s'il s'ouvre une succession à laquelle l'absent soit appelé par la loi, elle est dévolue exclusivement aux seuls parens avec lesquels il aurait eu le droit de concourir, ou aux parens du degré subséquent.*

Le tribunal d'appel *de Liège* observa qu'il résultait de l'article que l'absent et les enfans présens de l'absent étaient exclus du droit de recueillir une succession dans laquelle ces mêmes enfans auraient eu le droit de prendre de leur chef une part, si leur père absent ne les avait pas exclus. Par exemple, si le père absent laisse des enfans et des frères, et que pendant son absence l'un des frères vienne à mourir sans descendans, dans ce cas, l'article donne la succession aux frères de l'absent, et les enfans de ce dernier sont exclus.

(2) Les articles XXVII et XXVIII du projet soumis aux tribunaux étaient ainsi conçus : Article XXVII. *L'absence de l'un des époux, sans que l'on ait reçu de ses nou-*

140. Si l'époux absent n'a point laissé de parens habiles à lui succéder, l'autre époux pourra demander l'envoi en possession provisoire des biens.

(Ces deux articles sont formés de l'art. XXVIIIe. du projet).

CHAPITRE IV.

DE LA SURVEILLANCE DES ENFANS MINEURS DU PÈRE QUI A DISPARU.

141. Si le père a disparu laissant des enfans mineurs issus d'un commun mariage, la mère en aura la surveillance, et elle exercera tous les droits du mari, quant à leur éducation et à l'administration de leurs biens (1).

(Cet article, le XXIXe. du projet, fut adopté sans discussion).

---

velles ne suffit point pour autoriser l'autre à contracter un nouveau mariage; il n'y peut être admis que sur la preuve positive du décès de l'autre époux, à moins que l'absent ne soit parvenu à l'âge de cent ans accomplis.

Article XXVIII. Si néanmoins il arrivait qu'il eût contracté un nouveau mariage, il ne pourrait être dissous sous le seul prétexte de l'incertitude de la vie ou de la mort de l'absent, et tant que l'époux qui avait disparu ne se présente point, ou ne réclame point par un fondé de procuration spéciale muni de la preuve positive de l'existence de cet époux.

Le tribunal d'appel de Paris demanda la suppression de la fin de l'article XXVII, à partir des mots : *à moins que l'absent, etc.*

Il observa que dans l'article XXVIII, après les mots : *tant que l'époux qui avait disparu ne se présente point*, il fallait ajouter : *et ne fait pas valoir la qualité d'époux;* car s'il se représentait sans réclamer le droit de son mariage, il n'y avait pas de raison pour que le second mariage fût dissous.

Le tribunal d'*appel de Lyon* dit qu'il était essentiel de fixer le sort des enfans qui seraient nés de cette union résolutoire, dans le cas où elle serait dissoute par le retour de l'absent; sans doute qu'ils devront jouir de tous les effets d'un mariage de bonne-foi; mais qu'il paraissait essentiel de le dire.

(1) L'article XXX du projet soumis aux tribunaux portait : *Si l'absent laisse des enfans issus d'un mariage commun, la mère en a la surveillance; elle exerce à leur égard tous les droits que la loi attribue au père; elle est néanmoins obligée de convoquer le conseil de famille, à l'effet de faire nommer aux enfans un subrogé tuteur.*

Le tribunal de cassation observa que ce chapitre n'avait évidemment pour but que

ABSENS.

142. Six mois après la disparition du père, si la mère était décédée lors de cette disparition, ou si elle vient à décéder avant que l'absence du père ait été déclarée, la surveillance des enfans, sera déférée, par le conseil de famille, aux ascendans les plus proches, et, à leur défaut, à un tuteur provisoire.

143. Il en sera de même dans le cas où l'un des époux qui aura disparu, laissera des enfans mineurs issus d'un mariage précédent (1).

(Ces deux art. étaient les XXX°. et XXXI°. du projet).

---

le cas de *disparition* non encore devenue *absence légale*; ainsi qu'il fallait substituer au mot *absence* le mot *disparu* dans les articles XXX et XXXI.

Le tribunal d'appel d'*Angers* demandait, de quel jour commencerait cette autorité illimitée de la mère? Quelle serait la forme de constater cette disparition?

(1) Les articles XXXI et XXXII du projet soumis aux tribunaux étaient ainsi conçus :

Article XXXI. *Si la mère est décédée lors du départ du père, après six mois d'absence de sa part, la surveillance des enfans est déférée, par le conseil de famille, aux ascendans les plus proches, et à leur défaut, à un tuteur provisoire, suivant les règles prescrites au titre des tutelles.*

Il en est de même si la mère vient à décéder dans le cours des cinq années requises pour déterminer la qualité de l'absent.

Article XXXII. *Dans le cas où l'un des époux laisse des enfans mineurs issus d'un mariage précédent, ces enfans passent sous l'administration de leurs ascendans, ou du tuteur provisoire nommé par la famille.*

Le tribunal d'appel d'Orléans demandait qui serait chargé de la surveillance des enfans de l'absent pendant les six mois d'intervalle que la loi met entre l'absence et l'assemblée du conseil de famille, pour déférer la surveillance? Les parens ne devaient-ils pas être autorisés, même chargés de prendre soin des enfans, de faire apposer les scellés, et à leur défaut, le juge de paix ou officier de police, dès qu'une maison était entièrement abandonnée?

Voyez ce qu'a dit M. Tronchet au commencement de la discussion de l'article 115.

D'après l'article 142, la surveillance des enfans devra être déférée par le conseil de famille aux ascendans les plus proches; le conseil de famille sera-t-il astreint de se conformer aux dispositions de l'article 402, ou bien pourra-t-il choisir entre l'ascendant paternel et l'ascendant maternel qui seront au même degré?

TITRE V.

DU MARIAGE.

Décrété le 26 Ventose an 11, promulgué le 6 Germinal suivant.

CHAPITRE PREMIER.

DES QUALITÉS ET CONDITIONS REQUISES POUR POUVOIR CONTRACTER MARIAGE.

144. L'homme avant dix-huit ans révolus, la femme avant quinze ans révolus, ne peuvent contracter mariage (1).

II. *L'homme ne peut se marier avant l'âge de quinze ans révolus, et la femme avant celui de treize ans aussi révolus.*

L'article Ier du projet a été supprimé; il était ainsi conçu :
La loi ne considère le mariage que sous ses rapports civils.

M. RÉAL dit que le projet des rédacteurs présentait, sous le titre de *Dispositions générales*, trois articles ainsi conçus :

I. *La loi ne considère le mariage que sous ses rapports civils et politiques.*

II. *Elle ne reconnaît que le mariage contracté conformément à ce qu'elle prescrit.*

III. *Le mariage est un contrat dont la durée est, dans l'intention des époux, celle de la vie de l'un d'eux ; ce contrat peut néanmoins être résolu avant la mort de l'un des époux, dans les cas, ou pour les causes déterminés par la loi.*

La section, partageant l'opinion du tribunal de cassation et du tribunal d'appel de Paris, a cru devoir supprimer l'article II, comme énonçant une règle qui n'est point rigoureusement exacte. En effet, on verra la loi reconnaître des mariages qui n'ont point été contractés conformément à tout ce qu'elle prescrit.

La section a cru devoir aussi supprimer l'article III. En thèse générale, elle respecte la règle *omnis definitio in jure periculosa*; et, dans l'espèce particulière, elle a cru que la définition n'était pas d'absolue nécessité. Elle a d'ailleurs pensé, avec le tribunal de Paris, que la définition que donnait le projet n'était pas complète. Il est bien vrai que la durée de ce contrat est, dans l'intention des époux, celle de la vie

M. Réal dit que notre ancien droit français, conforme au droit romain, fixait la puberté à quatorze ans pour les hommes, et à douze pour les femmes. Les auteurs du projet ont suivi les dispositions de la loi de 1792, conformes aux constitutions de l'empéreur *Léon*. Mais puisqu'on consacre une innovation, faut-il se borner à exiger une seule année de plus? Pourquoi ne pas exiger que la femme ne puisse se marier avant quinze ans, et l'homme avant dix-huit? Des motifs puisés dans l'ordre moral aussi-bien que dans l'ordre physique, approuveraient cette innovation. Celle qui est proposée est sans utilité.

En fixant la puberté présumée à douze ans et à quatorze ans, ou à treize et à quinze, les Romains, les empereurs *Justinien* et *Léon* faisaient une chose raisonnable, et obéissaient à la nature, qui, dans les climats brûlans de l'Italie et de la Grèce, de Rome et de Constantinople, donne une puberté très-précoce. Devons-nous suivre en ce point leurs lois, nous habitans de pays froids ou tempérés, où la nature est plus tardive? On serait plus près de la nature et de la raison, en fixant la puberté présumée, pour l'homme à dix-huit ans, et pour la femme à quinze. C'est le vœu des tribunaux de Paris, de Bourges, de Lyon, et d'un des membres de la commission du tribunal de cassation.

M. Maleville appuie cette proposition. Il observe que des époux

---

de l'un d'eux ; mais il a cela de commun avec d'autres contrats, et ce caractère ne le distingue pas suffisamment.

Enfin, la section aurait même proposé la suppression de l'article Ier, bien convaincue que, si la loi ne considère le mariage que sous ses rapports civils et politiques, ce n'est pas en vertu d'une disposition qui lui soit particulière ; mais que, suivant l'observation du tribunal de Paris, c'est par une conséquence nécessaire du pacte social, qui, n'excluant pas de culte, n'en reconnait cependant aucun.

Cependant elle l'a conservé, comme renfermant une déclaration solennelle qu'il est encore utile de proclamer.

Le consul Cambacérès dit que cet article peut être supprimé, parce qu'il est évident que le Code civil ne considère le mariage que sous ses rapports civils.

L'article est retranché.

M. Bigot-Préameneu demande qu'on conserve le second des articles que les rédacteurs du projet de Code civil avaient proposés, attendu qu'il exclut l'idée que le mariage, qui n'est consacré que par le culte, est aussi reconnu par la loi.

Le consul Cambacérès propose de renvoyer cette disposition au chapitre *des Nullités*.

Cette proposition est adoptée.

trop jeunes n'ont pas la maturité d'esprit et l'expérience nécessaires pour conduire leur maison et élever des enfans; que d'ailleurs, ces enfans sont ordinairement d'une constitution faible, et que la femme elle-même, dont le corps n'est pas encore formé, est en danger de périr aux premières couches.

La loi qui fixait la nubilité à douze ans pour les filles, et à quatorze pour les mâles, a été originairement portée pour Athènes, plus méridionale que Paris d'environ six dégrés : elle n'aurait jamais dû être reçue en France; mais elle lui serait sur-tout nuisible, maintenant qu'elle a considérablement reculé ses limites au nord. En Prusse, les hommes ne peuvent se marier avant dix-huit ans, et les filles avant quatorze ans accomplis.

Le consul CAMBACÉRÈS dit que la question de l'âge ne doit être envisagée que sous le rapport du consentement réfléchi que les personnes qui se marient doivent donner à leur mariage. Les suites physiques du mariage sont trop incertaines pour devenir les bases de la loi.

M. MALEVILLE observe qu'en effet c'est le consentement des parens qui forme le mariage, lorsque les époux n'ont point assez de discernement pour donner un consentement réfléchi; mais que cette considération n'est pas la seule qu'il faille envisager dans la question actuelle; qu'il importe certainement à l'Etat que les mariages lui donnent des enfans robustes et bien conformés, et que les parens de ceux-ci aient la capacité nécessaire pour les conserver et en diriger la conduite.

M. BERLIER dit que l'article proposé est en harmonie avec les usages reçus; que la puberté, à laquelle on a toujours attaché la capacité du mariage, est ici à considérer principalement; qu'il s'agit d'une simple faculté dont, comme par le passé, l'on n'usera sans doute que bien rarement; qu'il est pourtant des individus chez lesquels les développemens de la nature précèdent ceux de la raison ou d'un discernement parfait, et qu'il importe de laisser aux familles le soin d'en prévenir ou d'en réparer les effets prématurés; qu'enfin, le consentement des parens, condition sans laquelle le mariage du mineur est invalide, offre une garantie suffisante contre les abus qu'on paraît craindre.

Le PREMIER CONSUL dit que, s'il ne serait pas avantageux que la génération tout entière se mariât à treize et à quatorze ans, il ne faut donc pas l'y autoriser par une règle générale; mais qu'il est préférable d'ériger en règle ce qui est conforme à l'intérêt public, et de ne permettre que par une exception dont l'autorité publique serait juge, ce qui ne sert que l'intérêt particulier.

M. Roederer dit que l'usage des dispenses, loin de sauver l'honneur des familles, le compromettrait. Plusieurs causes morales préviendront ordinairement l'abus qu'on peut faire de la faculté de former des mariages entre des individus trop jeunes. Les parens tendent naturellement à conserver le plus long-temps possible leur autorité; ils veulent que l'éducation de leurs enfans s'achève; ils diffèrent de les doter.

Le Premier Consul dit que, dans un pays où le divorce est reçu, on ne peut espérer la durée des mariages si on permet de les contracter presqu'au sortir de l'enfance. Même avant que le divorce fût usité en France, on mariait rarement des enfans de treize à quatorze ans; ou si de grands intérêts déterminaient à former de telles unions, on séparait les époux jusqu'à ce qu'ils eussent atteint l'âge d'une maturité plus avancée. Il serait bisarre que la loi autorisât des individus à se marier avant l'âge où elle permet de les entendre comme témoins, ou de leur infliger les peines destinées aux crimes commis avec un entier discernement.

M. Roederer observe que l'extrême liberté du divorce sera probablement restreinte; et que, quand elle existerait, elle deviendrait pour beaucoup de familles un motif de ne pas consentir à des mariages prématurés; que, d'un autre côté, les principes religieux seront un frein contre les abus.

Le Premier Consul dit que ce système serait peut-être le plus sage, qui n'autoriserait le mariage qu'à vingt-un ans pour les hommes et à quinze pour les filles.

M. Tronchet dit que la loi pourra sans inconvénient différer le mariage jusqu'à ces âges, si, d'ailleurs, elle établit un moyen de faire des exceptions à la règle générale.

L'article est rejeté; et le Conseil adopte en principe que le mariage ne sera permis qu'à dix-huit ans aux hommes et à quinze ans aux femmes, à moins qu'ils n'obtiennent des dispenses pour le contracter plutôt.

145. Le gouvernement pourra néanmoins, pour des motifs graves, accorder des dispenses d'âge.

(Cet article n'était point dans le projet, il est le résultat de l'opinion de M. Tronchet sur l'article précédent, adoptée par le Conseil).

146. Il n'y a pas de mariage lorsqu'il n'y a point de consentement.

(Cet article est composé des articles III et IV du projet).
III. *Sont incapables de contracter mariage,*
1º. *L'interdit pour cause de démence ou de fureur;*
2º. *Les sourds-muets de naissance, à moins qu'il ne soit constaté qu'ils sont capables de manifester leur volonté;*
3º. *L'individu frappé d'une condamnation emportant mort civile, même pendant la durée de tems qui lui est accordé pour purger la contumace.*

Le Premier Consul demande pourquoi le mariage serait interdit au sourd-muet.

M. Réal répond qu'il est admis à se marier lorsqu'il est capable de donner un consentement.

M. Defermon observe que la section exclut, par une disposition générale, le sourd-muet de naissance, et ne l'admet que par exception, quoique tous les sourds-muets sachent exprimer leur volonté.

Le Premier Consul dit que le mariage étant un contrat, et tout contrat se formant par le consentement, on conçoit que celui qui ne peut exprimer son consentement ne peut pas se marier; mais le sourd-muet de naissance, en voyant son père et sa mère, a connu la société du mariage; il est toujours capable de manifester la volonté de vivre comme eux; et alors, pourquoi aggraver son malheur en ajoutant des privations à celles que lui a imposées la nature?

Le consul Cambacérès dit que, puisque l'article n'a pour objet que d'expliquer que les sourds-muets ne peuvent se marier que lorsqu'ils peuvent consentir, sa disposition se confond avec celle de l'article IV. On peut donc se borner à ce dernier.

M. Regnaud (de Saint-Jean-d'Angely) dit que l'article est devenu encore plus inutile, depuis que l'on a découvert l'art de faire expliquer les sourds-muets.

Le Premier Consul demande pourquoi la privation de l'ouïe et de la parole serait un empêchement au mariage plutôt que d'autres infirmités qui peuvent également y avoir rapport.

M. Fourcroy dit qu'il y aurait plus de motif de déclarer incapables de mariage ceux qui sont atteints de maladies héréditaires ou de vices de conformation, à l'instar de quelques législateurs anciens, qui défen-

daient

daient le mariage aux infirmes, aux hommes contrefaits, de peur qu'il n'en provînt des enfans faibles, malades, à charge à eux-mêmes et à la société.

M. Réal répond que la section a suivi la déclaration de 1736, qui parle des sourds-muets de naissance.

M. Bigot-Préameneu dit que l'article est inutile, s'il n'explique le mode suivant lequel le sourd-muet pourra donner son consentement.

M. Réal répond que la disposition qui réglera ce mode, pourra être placée parmi les dispositions qui déterminent la forme de la célébration des mariages.

M. Portalis dit que la rédaction de l'article doit être renversée ; qu'au lieu d'établir en principe général que les sourds-muets ne pourront pas se marier, et de ne leur en donner la capacité que par voie d'exception, il conviendrait, au contraire, de poser la règle générale que les sourds-muets sont capables de se marier, et de convertir ensuite en exceptions les incapacités particulières où ils peuvent se trouver.

Au surplus, la jurisprudence n'a jamais eu de difficultés à lever que par rapport à la comparution des sourds-muets en justice. Leur mariage n'a pas causé d'embarras. Ils sont entourés d'une famille, d'amis, qui attestent le consentement qu'ils expriment par leurs signes.

M. Réal dit qu'on ne pourra se dispenser de régler la manière dont ils devront exprimer leur consentement.

M. Regnaud (de Saint-Jean-d'Angely) observe que depuis la découverte de l'art de faire expliquer les sourds-muets, on suppose tellement la possibilité de les comprendre, qu'on ne leur nomme plus de curateurs lorsqu'ils sont traduits en justice; mais seulement un interprète pour expliquer aux juges les signes qui suppléent en eux à l'organe de la parole.

M. Portalis blâme cet usage, parce que, dit-il, il importe de maintenir les formes instituées pour la sûreté des accusés. Mais il serait injuste de frapper les sourds-muets d'interdiction dans les facultés que leur a laissées la nature : il vaudrait mieux que la loi gardât le silence sur leur mariage.

M. Tronchet dit que la loi ne peut se dispenser de s'en expliquer. Les sourds-muets ne pouvant être admis indistinctement à contracter, il est impossible de leur donner, pour le plus important des contrats, la capacité indéfinie qu'on ne peut leur laisser à l'égard des autres.

Et même, si on suivait rigoureusement les principes, il faudrait, pour les y admettre, exiger la preuve qu'ils connaissent les suites que doit avoir, par rapport à la femme, aux enfans, à la société, l'engagement qu'ils contractent, et qu'ils se soumettent à toutes ces obligations. Les sourds-muets éduqués ont sans doute ce degré d'intelligence ; mais tous doivent manifester qu'ils sont instruits de la nature de l'engagement qu'ils contractent ; car l'intérêt détermine plus souvent que le goût, à épouser un individu affecté d'une infirmité aussi gênante : on doit donc être en garde contre cet intérêt, et contre les séductions qu'il essaie pour extorquer un consentement dont les conséquences ne sont pas aperçues par celui qui le donne.

Le Premier Consul dit qu'il ne suffit pas d'être en garde contre l'intérêt que des étrangers peuvent avoir de séduire le sourd-muet ; qu'il convient également de ne pas perdre de vue l'intérêt que peut avoir sa famille à l'empêcher de se marier.

M. Portalis dit que la loi n'a pas le pouvoir de changer la nature ni la destinée des hommes. Celle du sourd-muet l'expose inévitablement, par rapport au mariage, à divers dangers dont la loi ne l'affranchira jamais. Elle doit donc se borner à le déclarer incapable de se marier, lorsqu'il ne peut manifester son consentement : si elle se rend plus difficile, elle met le sourd-muet dans un état d'interdiction plus pénible même qu'un mariage hasardé.

M. Roederer dit qu'un sourd-muet qui serait privé de sa famille, se trouverait trop heureux d'avoir le secours d'une compagne : elle l'abandonnera toujours moins que des mercenaires.

Le Premier Consul dit que l'article pourrait se taire sur les sourds-muets, puisqu'ils sont capables de se marier sous la condition commune à tous de donner leur consentement, qu'il pourrait se borner à dire comment ils exprimeront qu'ils consentent au mariage.

Le consul Cambacérès propose de supprimer l'article. Les dispositions qu'il contient, ne sont que des conséquences naturelles de la règle générale, qui exige pour le mariage un consentement valable.

L'article est retranché. Il sera remplacé par une disposition sur la manière dont les sourds-muets de naissance exprimeront leur consentement.

Cette disposition sera placée au chapitre relatif à la célébration des mariages (1).

---

(1) Néanmoins le chapitre relatif à la célébration des mariages ne renferme rien sur

IV. *Le mariage n'est pas valable, si les deux époux n'y ont pas donné un consentement libre.*

Il n'y a point de consentement,
1°. *S'il y a eu violence;*
2°. *S'il y a eu erreur dans la personne que l'une des parties avait eu intention d'épouser;*
3°. *S'il y a eu rapt, à moins que le consentement n'ait été donné par la personne ravie, après qu'elle a recouvré sa pleine liberté.*

M. ROEDERER observe que les lois anciennes ne donnaient au consentement de la personne ravie l'effet de valider son mariage, que dix ans après qu'elle avait recouvré sa pleine liberté.

Cette disposition était sage. Le mot *rapt* est générique; il désigne également le rapt de violence et le rapt de séduction. L'un et l'autre, tant qu'il dure, doit être un empêchement au mariage; mais le rapt de violence est le seul dont on puisse reconnaître la cessation d'une manière certaine.

M. RÉAL répond que, depuis cinq ans, on ne reconnait plus en France le rapt de séduction.

Le consul CAMBACÉRÈS dit qu'il faudra examiner s'il ne convient pas de rendre leur force aux anciennes lois relatives à ce délit.

M. PORTALIS convient de la distinction établie par M. Rœderer : mais, ajoute-t-il, le rapt de séduction ne peut avoir lieu qu'à l'égard du mineur. Il est commis contre la famille de la personne séduite. Le rapt de violence est donc le seul que la loi doive reconnaître d'une manière absolue; elle ne doit voir le rapt de séduction que par rapport à la famille : or, comme il ne peut avoir lieu qu'en la personne d'un mineur, la loi a pourvu à l'intérêt de la famille, en décidant que le consentement du mineur ne suffit pas pour valider son mariage. La disposition de l'article a donc toute l'étendue qu'elle doit avoir; elle ne doit s'appliquer qu'au rapt proprement dit.

Un motif politique a été le principe de la disposition qui ne permettait le mariage entre le ravisseur et la personne ravie que dix ans après la cessation du rapt; on a voulu empêcher ce qu'on nommait alors des *mésalliances*. Cette incapacité avait été substituée, par le

---

la manière dont les sourds-muets doivent exprimer leur consentement; on a pensé, et avec raison, que l'article 146 était suffisant. De quelque manière que le consentement soit exprimé, s'il est libre, il est valable.

chancelier d'Aguesseau, à la jurisprudence vicieuse qui, laissant au ravisseur l'option entre le mariage et l'échafaud, le favorisait par cette alternative même. La peine de mort était trop forte : cependant, comme il était nécessaire de conserver la terreur qu'elle inspirait, M. d'Aguesseau la laissa subsister, en déclarant seulement qu'elle n'était point applicable au simple commerce illicite, qu'il distingua du rapt ; et il donna au rapt l'effet d'annuller le mariage. Le motif d'empêcher les mésalliances telles qu'on les concevait alors, ne subsiste plus ; mais il est encore nécessaire d'empêcher que des aventuriers ne viennent troubler les familles honnêtes : or, la loi veille autant qu'elle le doit à l'intérêt des familles ; elle prévient le vol qui leur est fait par la séduction d'un mineur, lorsqu'elle déclare nul le mariage que ce mineur a contracté sans l'aveu de ses parens. L'article que l'on discute, ne devait donc plus s'occuper que du rapt proprement dit.

M. ROEDERER dit que, puisque l'intérêt de s'introduire dans une famille opulente est encore aujourd'hui un appât pour les intrigans, il convient de leur opposer une barrière plus forte que la nécessité d'obtenir le consentement du tuteur. Ce tuteur peut se laisser corrompre.

M. RÉAL observe que le consentement du tuteur seul ne suffit pas pour valider le mariage du mineur.

M. ROEDERER se rend à cette observation.

Le PREMIER CONSUL dit que la rédaction de l'article n'est pas exacte. Il n'y a pas de mariage, où il n'y a pas de consentement libre ; l'article semble cependant supposer qu'il y a, en ce cas, un mariage ; mais qu'il n'est pas valable.

M. BOULAY propose de rédiger ainsi : *Il n'y a pas de mariage, si les deux époux n'y ont pas donné un consentement libre.*

M. PORTALIS observe qu'il y a un consentement apparent toutes les fois que les parties ont contracté en présence de l'officier public ; que si ce consentement se soutient après que la personne ravie a recouvré sa liberté, il valide le mariage ; qu'il ne serait donc pas exact de dire que, dans ce cas, il n'y a pas de mariage, puisqu'il y a un principe de mariage qui rend le mariage valable après un certain tems.

Le PREMIER CONSUL dit que la rédaction semble ne concerner que les mariages faits hors de la présence de l'officier civil ; que cependant il est possible que le consentement donné devant cet officier n'ait pas été libre.

Le Ministre de la Justice dit que cette considération avait porté les rédacteurs du Projet de code à employer l'expression *consentement libre et formel*.

M. Tronchet dit qu'en effet les menaces faites par des parens avant qu'on se présente à l'officier civil, ont pu forcer le consentement de l'un des époux : c'est ainsi qu'autrefois on ne laissait à une jeune fille que l'option entre un couvent et la personne qu'on lui offrait pour époux.

Le Premier Consul dit que l'article devrait être rédigé de manière à prévenir ces sortes de violences. Quand elles ont eu lieu, il y a un acte civil ; mais il est nul, car il n'y a pas de mariage là où il n'y a pas de consentement libre ; et l'on ne peut pas regarder comme tel le consentement d'un individu violenté par sa famille : il faudrait même chercher une expression qui rendit mieux cette idée que l'expression *consentement libre*.

Le consul Cambacérès préfère l'expression des rédacteurs du Projet de code civil à celle qui a été employée par la section.

M. Réal dit que le mot *formel* est inutile, parce que l'officier de l'état civil ne célébrerait pas le mariage, si le consentement n'était exprimé dans la forme établie par la loi ; et que c'est là tout ce que signifie le mot *formel*.

M. Portalis dit que la nécessité du consentement formel est déjà établie par le titre relatif aux actes de l'état civil ; mais qu'un consentement formel n'étant pas toujours un consentement libre, le mot *formel* ne rendrait pas l'idée qu'on veut exprimer.

Le Premier Consul dit qu'on pourrait décider d'abord qu'il n'y a pas de mariage, quand le consentement n'a pas été donné dans les formes prescrites par le titre relatif aux actes de l'état civil ; ensuite, qu'il n'y a pas de consentement lorsqu'il y a violence, séduction ou erreur.

M. Réal observe que, dans la jurisprudence actuelle, l'erreur ne vicie le mariage que lorsqu'elle porte sur l'individu, et non quand elle ne tombe que sur le nom ou sur les qualités.

Le Premier Consul dit que le nom, les qualités, la fortune, entrent dans les motifs qui déterminent le choix d'un époux ou d'une épouse.

L'erreur sur ces circonstances détruit donc le consentement, quoiqu'il n'y ait pas d'erreur sur l'individu.

Ainsi, tout se réduit à ceci :

Le mariage est valable lorsque les formes ont été observées, et qu'il n'y a eu violence ni erreur sur la personne.

Le mariage doit être cassé si les formes n'ont pas été observées, ou s'il y a eu violence ou erreur.

M. Tronchet dit que les tribunaux ont pensé qu'une loi qui déclarerait nuls les mariages pour l'inobservation de toute forme quelconque, serait trop générale, parce que toutes les formes n'étant pas également essentielles, elles ne doivent pas être également prescrites sous peine de nullité.

Le Premier Consul partage cette opinion. La loi, dit-il, doit spécifier les formes dont l'inobservation entraîne la nullité du mariage, et les distinguer de celles qui ne produisent pas le même effet.

M. Tronchet propose de placer le chapitre IV à la tête du projet de loi, et d'y placer l'article en discussion, ou de rédiger dans cet ordre : *Il n'y a pas de mariage quand les formes n'ont pas été remplies, sauf les exceptions ci-après.*

Le Premier Consul dit que placer l'article en discussion dans le chapitre IV, ce serait mêler ensemble les cas où il n'y a pas de mariage, et les cas où le mariage peut être cassé.

M. Berlier propose de dire que le consentement donné devant l'officier civil ne suffit pas pour former le mariage, toutes les fois qu'il y a violence, erreur ou séduction.

M. Réal observe que n'y ayant pas de consentement lorsqu'il y a erreur, séduction ou violence, on peut se réduire à la disposition qui exige le consentement.

M. Bigot-Préameneu propose la rédaction suivante : *Il n'y a pas de mariage lorsqu'il n'y a pas de consentement; il n'y a pas de consentement lorsqu'il y a violence, séduction ou erreur sur la personne.*

Cette proposition est adoptée, et l'article IV rejeté.

147. On ne peut contracter un second mariage avant la dissolution du premier.

V. *Avant la dissolution légale du premier mariage, on ne peut en contracter un second.*

(Le mot légale a été retranché de l'article sans discussion).

148. Le fils qui n'a pas atteint l'âge de vingt-cinq ans accomplis, la fille qui n'a pas atteint l'âge de vingt-un ans accomplis, ne peuvent contracter mariage sans le consentement de leurs père et mère : en cas de dissentiment, le consentement du père suffit.

VI. *Le fils de famille qui n'a pas atteint l'âge de vingt-cinq ans accomplis, la fille de famille qui n'a pas atteint l'âge de vingt-un ans accomplis, ne peuvent contracter mariage sans le consentement de leur père et de leur mère; en cas de dissentiment, le consentement du père suffit.*

Le consul Cambacérès demande qu'on ne se serve pas de l'expression inusitée *fille de famille*, mais qu'on emploie cette expression générique, *ceux qui sont en puissance paternelle*.

M. Réal observe que l'expression proposée ne s'étendrait pas aux enfans nés hors mariage.

Le consul Cambacérès dit qu'on pourrait décider en général que le mariage du mineur n'est valable que lorsque son père y a donné son consentement.

M. Tronchet dit que cette rédaction ne serait pas parfaitement exacte, attendu que le défaut de consentement du père n'empêche pas qu'il y ait un mariage, mais qu'il donne seulement au père le droit de le faire casser.

Le consul Cambacérès dit que c'est là le sens de la disposition qu'il propose.

M. Boulay dit qu'il existe d'autres articles sur le consentement des parens, et que celui-ci n'en doit pas être séparé.

Le consul Cambacérès y consent, pourvu qu'on retranche l'expression *fille de famille*.

M. Boulay dit que la section n'a pas cru devoir se servir, avec les rédacteurs du Projet de code, du mot générique *enfans*, parce qu'il établit, entre les mâles et les filles, une différence quant à l'âge où le consentement de la famille cesse de leur être nécessaire.

M. Réal dit que cette distinction est demandée par presque tous les tribunaux.

M. Portalis ajoute qu'elle est dans le vœu de la nature, qui a rendu les filles plus précoces que les garçons.

L'article est adopté, sauf rédaction.

149. Si l'un des deux est mort, ou s'il est dans l'impossibilité de manifester sa volonté, le consentement de l'autre suffit.

VII. *Si l'un des deux est mort, ou s'il est dans l'impossibilité de manifester sa volonté, le consentement de l'autre suffit, encore qu'il ait contracté un second mariage.*

M. Defermon demande que la disposition ne soit pas étendue au père ou à la mère qui a contracté un second mariage.

M. Réal dit qu'en thèse générale, un père qui contracte un second mariage, ne doit perdre aucun des droits que la nature et la loi lui donnent sur ses enfans; que s'il peut y avoir des circonstances où cette règle doive fléchir, le juge en décidera, mais qu'il y aurait de l'inconvénient à ne pas présenter la règle dans toute sa pureté; qu'au reste, il croit que cette disposition pourrait être retranchée, comme répétant inutilement une disposition que la règle générale énonce formellement.

M. Regnaud (de Saint-Jean-d'Angely) ajoute que si l'on ne laisse au père qui s'est remarié, tous les droits qu'il tient de la nature, on sera fort embarrassé de régler, dans le même cas, les effets de la puissance paternelle.

Le consul Cambacérès dit que toutes ces questions sont naturellement subordonnées aux dispositions qu'on adoptera sur le divorce.

L'article est adopté, avec le retranchement demandé par M. Defermon (1).

150. Si le père et la mère sont morts, ou s'ils sont dans l'impossibilité de manifester leur volonté, les aïeuls et aïeules les remplacent: s'il y a dissentiment entre

---

(1) L'article VIII est ajourné jusqu'après la discussion du divorce; cet article est ainsi conçu :

Néanmoins, si l'époux a contracté un second mariage après un divorce prononcé contre lui; si le divorce a été prononcé pour cause déterminée et prouvée, ou obtenu par lui sans cause déterminée, le conseil de famille sera légalement assemblé pour délibérer sur le consentement à donner au mariage de l'enfant qui n'a pas l'âge ci-dessus déterminé.

(Cet article n'a point été inséré dans le titre du divorce ; il a été retranché du Code).

l'aïeul et l'aïeule de la même ligne, il suffit du consentement de l'aïeul.

S'il y a dissentiment entre les deux lignes, ce partage emportera consentement.

(Cet article était le IXe. du Projet)

M. RÉAL dit que la section a voulu prévenir tous les doutes, en décidant positivement que les autres parens ne seraient pas admis à délibérer avec les pères, mères, aïeuls et aïeules.

L'article est adopté.

151. Les enfans de famille ayant atteint la majorité fixée par l'article 148, sont tenus, avant de contracter mariage, de demander, par un acte respectueux et formel, le conseil de leur père et de leur mère, ou celui de leurs aïeuls et aïeules, lorsque leur père et leur mère sont décédés, ou dans l'impossibilité de manifester leur volonté (1).

X. *Les enfans de famille majeurs ne sont point dispensés de demander, par un acte respectueux et formel, le Conseil de leur père et de leur mère, ou celui de leurs aïeuls et aïeules, lorsque leur père, et leur mère sont décédés, ou dans l'impossibilité de manifester leur volonté.*

Le consul CAMBACÉRÈS demande qu'on ne se serve pas de cette expression, *ne sont point dispensés* : ce n'est pas là le langage des lois.

M. TRONCHET demande qu'on dise *les enfans de famille majeurs par rapport au mariage*.

Le consul CAMBACÉRÈS propose de dire, *les enfans de famille, quoiqu'ils aient atteint l'âge où il leur est permis de se marier sans le consentement de leur père, sont tenus de le demander*, etc.

L'article est adopté sauf rédaction.

(Articles 152, 153, 154, 155, 156 et 157, décrétés le 21 ventose an 12, promulgués le premier germinal suivant.)

152. Depuis la majorité fixée par l'article 148, jus-

---

(1) L'acte respectueux peut-il être fait par un fondé de pouvoir ? Décidé affirmativement par arrêt de la cour d'appel d'Amiens, du 17 frimaire an 12, sur le fondement que la loi n'exige pas la présence à l'acte.

qu'à l'âge de trente ans accomplis pour les fils, et jusqu'à l'âge de vingt-cinq ans accomplis pour les filles, l'acte respectueux prescrit par l'article précédent, et sur lequel il n'y aurait pas de consentement au mariage, sera renouvelé deux autres fois, de mois en mois; et un mois après le troisième acte, il pourra être passé outre à la célébration du mariage (1).

Séance du 21 Pluviose an 12.

(Cet article est composé des art. I et III du projet particulier aux actes respectueux. Voyez ces articles aux notes, dans le projet présenté par la section de législation.)

---

(1) M. BIGOT-PRÉAMENEU dit que la Section a examiné un projet de loi présenté par le *Grand-Juge ministre de la justice*, pour fixer le mode d'exécution de l'article 151 au titre *du Mariage*, lequel impose aux majeurs qui se marient, l'obligation de demander par un acte respectueux le conseil de leur père et de leur mère, ou, à défaut des pères et mères, celui de leurs aïeuls et aïeules.

La Section a pensé que ce projet était susceptible de quelques modifications; elle a, en conséquence, rédigé un autre projet.

Le rapporteur fait lecture des deux projets de loi.

PROJET DE LOI PRÉSENTÉ PAR LE GRAND-JUGE MINISTRE DE LA JUSTICE.

ART. Ier. *Les enfans de famille qui, aux termes de l'article 151 de la première partie du Code civil, sont obligés, avant de se marier, de demander le conseil de leurs père et mère par un acte respectueux et formel, seront tenus, si ce conseil est contraire à leur demande, de la réitérer deux autres fois; l'une, deux mois après la première demande, l'autre, deux mois après la seconde.*

ART. II. *Si, après le dernier acte, le conseil des père et mère continue à être contraire à la demande, le mariage ne pourra être célébré que deux mois après la date dudit acte.*

ART. III. *Sont exceptés des dispositions ci-dessus les enfans mâles âgés de plus de trente ans, et les filles de plus de vingt-cinq.*

ART. IV. *Les trois actes respectueux seront notifiés aux père et mère, par le ministère d'un notaire, assisté de deux témoins, lesquels signeront avec lui le procès-verbal qui sera dressé de la réponse desdits père et mère.*

ART. V. *Les officiers de l'état civil et les ministres des cultes qui procéderaient à la célébration des mariages mentionnés en l'article 1er, sans qu'il leur apparût des trois actes respectueux qui doivent être notifiés aux père et mère, et avant l'expiration des deux mois, à compter de la date du dernier, seront, outre l'amende portée par l'article 192 du Code civil, qui leur sera applicable, condamnés correctionnellement à une réclusion qui ne pourra être moindre d'une année.*

ART. VI. *Seront sujets aux mêmes peines les officiers de l'état civil ou ministres*

MARIAGE.

L'article I est adopté.

L'article III est discuté.

Le GRAND-JUGE demande que le délai entre l'acte respectueux et la

---

des cultes qui se permettraient de marier des enfans mineurs, sans qu'il apparût de consentement de leur père et mère, aïeuls ou aïeules; et au défaut desdits ascendans, de celui du conseil de famille.

PROJET DE LOI PRÉSENTÉ PAR LA SECTION DE LÉGISLATION.

ART. Ier. *Les fils qui ont atteint l'âge de vingt-cinq ans accomplis, les filles qui ont atteint l'âge de vingt-un ans accomplis, lesquels, aux termes du Code civil (titre du Mariage, article 151), sont tenus, avant de contracter mariage, de demander le conseil de leur père et de leur mère, ou celui de leurs aïeuls ou aïeules, lorsque leur père et leur mère sont décédés ou dans l'impossibilité de manifester leur volonté, satisferont à ce devoir ainsi qu'il suit.*

ART. II. *La demande de conseil sera faite par acte respectueux que deux notaires, ou un notaire assisté de deux témoins, notifieront à celui ou ceux des ascendans désignés en l'article précédent, en faisant mention de la réponse dans le procès-verbal, qui sera signé des notaires, des témoins et de l'ascendant. En cas de refus de ce dernier, il en sera fait mention.*

ART. III. *Depuis l'âge de vingt-cinq ans accomplis pour les fils et de vingt-un ans accomplis pour les filles, jusqu'à l'âge de trente ans accomplis pour les uns et les autres, si, sur un premier acte respectueux, le conseil de l'ascendant n'est pas pour le mariage, il sera fait, après le délai d'un mois, un second acte respectueux; si, sur ce second acte, l'ascendant insiste, il en sera fait, un mois après, un troisième; et si, sur ce troisième acte, l'ascendant insiste encore, il pourra être, un mois après, passé outre au mariage.*

ART. IV. *Après l'âge de trente ans pour les fils et pour les filles, la demande de conseil sera faite par un seul acte respectueux; et si le conseil de l'ascendant n'est pas pour le mariage, il pourra être, un mois après, passé outre au mariage.*

ART. V. *Les dispositions des articles précédens sont applicables aux enfans naturels légalement reconnus.*

ART. VI. *Les officiers de l'état civil qui auraient procédé à la célébration des mariages contractés par des fils n'ayant pas atteint l'âge de vingt-cinq ans accomplis, ou par des filles n'ayant pas atteint l'âge de vingt-un ans accomplis, sans que le consentement des pères et mères, aïeuls et aïeules, et celui de la famille dans les cas où ils sont requis, soit énoncé dans l'acte de mariage, seront punis de l'amende portée en l'article 186 (192) du Code civil, au titre du Mariage, sans préjudice des peines correctionelles qui pourront leur être infligées, s'il y échoit.*

ART. VII. *Les mêmes peines seront encourues par les officiers de l'état civil qui auraient procédé au mariage des fils âgés de plus de vingt-cinq ans et des filles âgées de plus de vingt-un ans, sans que les actes respectueux prescrits par les articles précédens aient été énoncés dans l'acte de mariage.*

célébration du mariage soit porté à six mois. Le respect dû aux ascendans paraît exiger cette modification. Elle est sur-tout nécessaire pour

M. BIGOT-PRÉAMENEU reprend et dit que la principale différence qui existe entre les deux projets, porte sur la disposition par laquelle le *Grand-juge* appelle les ministres du culte cumulativement avec les officiers de l'état civil, à vérifier si la formalité de l'acte respectueux a été remplie, et leur impose une peine s'ils manquent à ce devoir.

La Section a pensé que cette disposition est inutile, parce que les ministres du culte ne pouvant donner la bénédiction nuptiale qu'aux mariages qu'on leur justifie par un acte, avoir été célébrés devant l'officier de l'état civil, il y a certitude que les parties qui se présentent devant eux ont satisfait à l'obligation de faire un acte respectueux.

D'un autre côté, on ne pourrait autoriser les ministres du culte à réviser les actes de mariage et les en rendre juges, sans blesser les principes de la législation actuelle.

Ainsi, si quelque peine doit leur être imposée, ce ne peut être que pour avoir béni des mariages sans s'être fait représenter l'acte qui justifie qu'ils ont été célébrés devant l'officier de l'état civil.

C'est au Code correctionnel à établir cette peine, ainsi que celle contre l'officier qui a négligé de vérifier si l'acte respectueux a eu lieu. La disposition serait déplacée dans le Code civil.

LE GRAND-JUGE dit que la formalité de l'acte respectueux est tellement importante, qu'il a cru ne devoir négliger aucune des précautions capables d'en prévenir l'omission.

Il est évident que les ministres des cultes sont obligés de se conformer aux lois : il n'y a donc aucune difficulté à énoncer cette obligation ; et c'est un avantage de se ménager une garantie de plus pour le cas où l'officier de l'état civil aurait été surpris ou négligent. Les parties osent moins se hasarder à s'écarter de la loi, lorsqu'elles savent qu'elles rencontreront un double obstacle à masquer leur fraude.

Au surplus, les ministres des cultes ne sont pas appelés à juger ces actes de mariage. Leur fonction se bornera à vérifier si une formalité prescrite par la loi a été remplie.

Quelle que soit la responsabilité qu'on leur impose pour les forcer à se faire représenter les actes de mariage, elle ne conduirait jamais à faire réparer l'omission de la formalité dont on veut assurer l'effet. Puisque la loi ne prévient pas les contraventions en imposant une peine aux parties, elle ne peut plus les empêcher qu'en s'appesantissant sur les fonctionnaires.

M. BERLIER dit que le surcroît de garantie qu'on cherche, échappera lorsque les parties s'en tiendront à l'acte civil qui constitue le mariage ; ainsi point ou peu d'avantage dans la cumulation proposée, parce que dans le dissentiment du ministre du culte, on passe outre.

Mais n'y aurait-il pas de graves inconvéniens à immiscer les ministres des cultes dans le jugement des formalités requises pour la validité des mariages ? Quand on a retiré les registres de l'état civil aux prêtres, ça été une grande conquête qu'il ne faut pas compromettre.

que l'objet de la loi soit rempli : son but en effet est de donner aux passions le tems de s'amortir, soit qu'il s'agisse de faire revenir les parens

Il est vrai qu'aujourd'hui les ministres des cultes ne peuvent bénir un mariage sans se faire représenter l'acte de célébration rédigé par l'officier de l'état civil ; mais il n'y a rien à conclure de cette obligation à l'attribution qu'on discute.

Sans doute il fallait obvier aux déplorables erreurs de ceux qui se seraient crus valablement mariés par le seul acte passé à l'église ou au temple ; mais la disposition prise à ce sujet met chaque chose à sa place : la bénédiction du mariage est subordonnée à sa célébration devant l'officier de l'état civil; nulle concurrence n'est établie entre cet officier et le ministre du culte, et ils ne sont pas constitués en même tems juges et garans du même fait, comme cela arriverait dans l'espèce qu'on examine, si la proposition du *Grand-juge* était suivie : un tel point de contact ne donnerait-il pas naissance à de fréquentes contradictions entre les officiers de l'état civil et les ministres des cultes, et à beaucoup de fausses prétentions de la part de ces derniers ? C'est ce qu'il faut éviter.

M. Bigot-Préameneu ajoute qu'indépendamment des raisons qui viennent d'être exposées, la Section a encore considéré qu'il serait impossible de vérifier si les ministres des cultes se sont fait représenter l'acte respectueux, puisqu'ils ne tiennent point de registres.

Le Premier Consul dit que le ministre du culte n'est pas en faute lorsqu'il imprime le sceau de la religion au mariage qui a déjà reçu le sceau de la loi ; qu'on ne peut néanmoins l'obliger à bénir les mariages valables suivant les lois civiles, lorsqu'il aperçoit quelqu'empêchement canonique. Cependant si son refus était mal fondé, il pourrait y avoir un appel comme d'abus, lequel serait porté devant le Conseil d'état.

Le prêtre ne peut donc unir ceux qui ne l'ont pas été devant l'officier de l'état civil ; et s'il se le permet, la contravention doit être punie, attendu qu'elle met les parties dans une fausse position. Si au contraire le mariage dont on lui a représenté l'acte, a été illégalement célébré par l'officier de l'état civil, c'est sur ce dernier que doit retomber la peine.

Il serait nécessaire que cette peine fût déterminée par la loi.

M. Bigot-Préameneu dit qu'elle sera fixée par le Code correctionnel.

Le Grand-juge dit qu'il est nécessaire de multiplier les obstacles à la contravention.

On objecte que ce serait donner lieu à une résistance mal fondée de la part du ministre du culte, qui peut-être s'ingérerait à juger de la validité du mariage, et même contrarierait l'officier de l'état civil. Mais il faut observer qu'il ne s'agit ici que d'un fait sur lequel il ne peut pas y avoir contradiction.

Le Premier Consul dit que l'obligation qu'on veut imposer aux ministres des cultes serait certainement une garantie de plus, mais qu'elle ne serait point dans l'esprit de la législation, laquelle exclut entièrement les ministres des cultes de tout ce qui concerne la validité du contrat civil du mariage.

M. Treilhard dit qu'il est convaincu de cette vérité.

Il y a des formalités plus essentielles encore que l'acte respectueux. Ainsi, d'après de préventions mal fondées, soit qu'il faille ramener à la raison le fils qui se porte à un mariage mal assorti.

M. Bigot-Préameneu répond que la section a voulu concilier ce qui est dû aux parens, avec les droits que la loi donne à un homme de vingt-cinq ans et à une fille de vingt-un ans.

Il est difficile d'espérer qu'un délai de six mois suffise pour calmer les passions, et il pourrait résulter de ces passions même des désordres

---

le système de multiplier les garanties, il faudrait autoriser les ministres du culte à examiner également si ces formalités ont été remplies.

Le projet de la Section obtient la priorité.

Le Premier Consul dit qu'il serait nécessaire de faire entrer dans le Code civil le projet que l'on discute, comme contenant des dispositions additionnelles, et n'étant destiné qu'à fixer l'application d'un de ses articles.

M. Treilhard dit que ce serait peut-être affaiblir le respect dû au Code civil, que de le modifier dans un tems aussi rapproché de sa confection.

On ne peut espérer que le Code civil, avec quelque sagesse qu'il ait été fait, soit entièrement exempt de fautes et ne présente aucune lacune. La sagesse humaine ne va point jusqu'à faire un ouvrage parfait; mais c'est à l'expérience seule qu'il appartient d'indiquer les modifications véritablement utiles; et après que le tems aura essayé la législation nouvelle, on la revisera dans son universalité, et on y mettra la dernière main. Les changemens partiels en détruiraient l'ensemble et seraient hasardés. Du moment qu'on s'en permettrait un seul, on verrait arriver de tous côtés des réclamations et des demandes produites par l'esprit d'innovation, ou par l'intérêt personnel.

Le consul Cambacérès partage cette opinion; il voudrait qu'on ne se permît pas avant dix ans au moins de faire aucun changement au Code civil. Alors seulement, par la manière dont les tribunaux l'auront appliqué, on connaîtra véritablement l'opinion nationale, les avantages et les inconvéniens de chaque disposition. Jusques-là le tribunal de cassation rectifiera les erreurs graves et réprimera les écarts. Ceci ne regarde que les dispositions interprétatives.

Il n'en est pas de même des dispositions supplétives. Il peut y en avoir de nécessaires; celle qu'on propose l'est certainement, puisqu'elle tend à régler une formalité sur laquelle le Code civil ne s'est point expliqué, et à l'assurer par une sanction pénale.

Une édition officielle du Code civil sera indispensable, tant pour réunir en un seul corps de lois et pour placer dans leur ordre naturel les divers titres dont le Code civil se compose, que pour donner une série unique aux articles; on est donc encore à tems d'insérer dans le Code la loi qui est proposée, et qui en fait évidemment partie.

M. Treilhard dit qu'on pourrait aussi placer cette loi dans le Code de procédure civile, dont la seconde partie concernera les procédures extraordinaires, et comprendra d'autres dispositions sur les matières du Code civil. Cette loi n'établit en effet que le mode d'exécution d'un article du titre *du Mariage*, et n'en diffère qu'en ce qu'elle prescrit un plus grand nombre de sommations respectueuses.

Le Conseil arrête que le projet de loi proposé sera inséré dans le *Code civil*.

scandaleux qu'il faut aussi prévenir. On doit compter beaucoup sur de sages représentations plusieurs fois réitérées. D'ailleurs il importe de ne pas perdre de vue que la famille de celui au mariage duquel l'autre famille s'oppose, est dans une position désagréable, et que le refus de consentement ne doit pas être un obstacle de trop longue durée au mariage que la loi autorise.

M. TREILHARD ajoute qu'un délai trop long pourrait produire des désordres plus fâcheux même qu'un mariage nul.

Le CONSEIL arrête que le délai sera de trois mois.

L'article est adopté.

(Ces deux articles, I et III, ont été ensuite refondus en un seul sans discussion).

153. Après l'âge de trente ans, il pourra être, à défaut de consentement sur un acte respectueux, passé outre, un mois après, à la célébration du mariage.

(Cet article, formé de l'art IV, a été adopté sans discussion).

154. L'acte respectueux sera notifié à celui ou ceux des ascendans désignés en l'article 151, par deux notaires, ou par un notaire et deux témoins ; et, dans le procès-verbal qui doit en être dressé, il sera fait mention de la réponse.

(Cet article, le IIe, fut adopté sans discussion).

155. En cas d'absence de l'ascendant auquel eût dû être fait l'acte respectueux, il sera passé outre à la célébration du mariage, en représentant le jugement qui aurait été rendu pour déclarer l'absence, ou, à défaut de ce jugement, celui qui aurait ordonné l'enquête, ou, s'il n'y a point encore eu de jugement, un acte de notoriété délivré par le juge-de-paix du lieu où l'ascendant a eu son dernier domicile connu. Cet acte contiendra la déclaration de quatre témoins appelés d'office par ce juge de paix.

(Cet article n'était pas dans le projet.)

156. Les officiers de l'état civil qui auraient procédé à la célébration des mariages contractés par des fils n'ayant pas atteint l'âge de vingt-cinq ans accomplis, ou par des filles n'ayant pas atteint l'âge de vingt-un ans accomplis, sans que le consentement des pères et mères, celui des aïeuls et aïeules, et celui de la famille, dans le cas où ils sont requis, soient énoncés dans l'acte de mariage, seront, à la diligence des parties intéressées et du commissaire du gouvernement près le tribunal de première instance du lieu où le mariage aura été célébré, condamnés à l'amende portée par l'article 192, et, en outre, à un emprisonnement dont la durée ne pourra être moindre de six mois.

VI. *Les officiers de l'état civil qui auraient procédé à la célébration des mariages contractés par des fils n'ayant pas atteint l'âge de vingt-cinq ans accomplis, ou par des filles n'ayant pas atteint l'âge de vingt-un ans accomplis, sans que le consentement des pères et mères, aïeuls et aïeules, et celui de la famille dans les cas où ils sont requis, soit énoncé dans l'acte du mariage, seront punis de l'amende portée en l'art. CLXXXVI (192) du Code civil, au titre du mariage, sans préjudice des peines correctionnelles qui pourront leur être infligées, s'il y échoit.*

M. Bigot-Préameneu dit que la section a cru devoir renvoyer au Code correctionnel pour la fixation de la peine, attendu que le délit est susceptible de différentes nuances, d'après lesquelles la peine doit être graduée.

M. Regnaud (de Saint-Jean d'Angely) dit que cependant jusque-là la contravention demeurera impunie, puisqu'il n'existe point de peine dans notre législation actuelle.

M. Treilhard répond que toutes les parties du système de la pénalité doivent être coordonnées entre elles, afin que le châtiment soit toujours mesuré sur le plus ou le moins de gravité du délit. Il serait donc possible, si l'on fixait ici la peine de la contravention, que cette peine fût ou plus forte ou plus faible qu'elle ne devrait l'être dans le système général de la législation criminelle.

M. Berlier ajoute que d'ailleurs le Code civil ne contient aucune peine

peine proprement dite, parce que la matière des peines appartient en entier au Code criminel ou correctionnel.

M. Bérenger propose d'établir la peine par une loi particulière et séparée du Code civil.

M. Cretet demande qu'après avoir prononcé la peine de l'amende, on se borne à dire, *sans préjudice des peines correctionnelles, s'il y échoit.*

M. Regnaud (de Saint-Jean-d'Angely) objecte que si la loi n'impose qu'une peine pécuniaire, elle sera impunément violée par les particuliers opulens, qui indemniseront l'officier de l'état civil de l'amende qu'il aura encourue; qu'il parait donc nécessaire de prononcer la nullité du mariage.

M. Bigot-Préameneu observe qu'il y a nullité relative.

M. Regnaud (de Saint-Jean-d'Angely) pense que la nullité devrait être absolue.

Le Grand-Juge dit qu'il est contre la dignité de la loi d'offrir elle-même un moyen de la violer impunément, ou du moins sous une peine tellement légère qu'elle ne punît pas réellement le prévaricateur. Il faut donc menacer l'officier de l'état civil de châtimens graves, et non d'une faible amende de deux cent cinquante francs, dont il serait indemnisé sans difficulté par ceux qui auront payé sa complaisance un prix beaucoup plus considérable.

M. Treilhard dit que l'officier civil convaincu d'avoir manqué à son devoir pour de l'argent, serait puni comme prévaricateur, et par conséquent avec beaucoup plus de sévérité que par une peine purement pécuniaire. Au reste, si l'on suppose qu'il soit capable de se laisser séduire, même un emprisonnement d'un an ne l'arrêtera pas, lorsqu'il en résultera pour lui des avantages considérables et que sa fortune sera à ce prix.

Mais la question est de savoir s'il y a ici tellement urgence, qu'il soit nécessaire de mettre dans le Code civil une disposition qui appartient au Code correctionnel, et qu'il faudra peut-être incessamment changer, pour la coordonner avec le système général de pénalité qui sera établi. Il ne paraît pas qu'on soit réduit à cette nécessité, puisqu'il y a très-peu d'exemples d'enfans qui se marient sans avoir requis le consentement de leurs ascendans.

Le Grand-Juge répond que s'il en était ainsi, la loi serait inutile; mais que déjà le Conseil en a décidé autrement, puisqu'il a jugé la loi nécessaire, et qu'il a arrêté qu'elle serait insérée dans le Code civil. Or, si elle est nécessaire, il faut en assurer l'exécution. Ce ne sera pas par une modique amende; ce ne sera pas même en punissant comme prévaricateur l'officier civil qui se serait fait indemniser; car on ne saisira presque jamais les preuves de la prévarication. Il ne reste donc plus d'autre moyen que de fixer dès-à-présent une peine déterminée.

L'inconvénient de transporter ensuite cette disposition dans le Code criminel est de peu d'importance. Il serait malheureux que jusqu'à la confection de ce Code, on ne pût plus établir aucune peine. Cependant toutes celles qui seront prononcées pour d'autres cas, devront aussi, par la suite, être coordonnées avec le système général de la pénalité.

Le Conseil adopte la peine proposée par le projet du Grand-juge, et arrête que la disposition pénale sera insérée dans la loi en discussion.

157. Lorsqu'il n'y aura pas eu d'actes respectueux, dans les cas où ils sont prescrits, l'officier de l'état civil qui aurait célébré le mariage, sera condamné à la même amende, et à un emprisonnement qui ne pourra être moindre d'un mois.

(Cet article était le VIIe. du projet. Il fut adopté sans discussion).

158. Les dispositions contenues aux articles 148 et 149, et les dispositions des articles 151, 152, 153, 154 et 155, relatives à l'acte respectueux qui doit être fait aux père et mère dans le cas prévu par ces articles, sont applicables aux enfans naturels légalement reconnus.

Séance du 26 Fructidor an 9.

(Cet article est composé de l'art. V du projet sur les actes respectueux et de l'art. XI du projet sur le mariage. Ils n'ont donné lieu à aucune discussion).

159. L'enfant naturel qui n'a point été reconnu, et celui qui, après l'avoir été, a perdu ses père et mère, ou dont les père et mère ne peuvent manifester leur

volonté, ne pourra, avant l'âge de vingt-un ans révolus, se marier qu'après avoir obtenu le consentement d'un tuteur *ad hoc* qui lui sera nommé.

XII. *L'enfant naturel qui n'a point été reconnu, et celui qui, après l'avoir été, a perdu ses père et mère, ou dont les père et mère ne peuvent manifester leur volonté, ne pourra, avant l'âge de vingt-un ans révolus, se marier qu'après avoir obtenu le consentement du tuteur* ad hoc *qui lui sera nommé dans les formes ci-après établies.*

M. Réal dit que la section a cru moral de donner un tuteur au mineur né hors mariage, qui veut se marier et dont le père est inconnu. Ce mode couvre la trace de l'illégitimité de sa naissance, et appelle ses amis à délibérer sur son mariage.

M. Defermon dit que l'intérêt de la société n'exigeant pas qu'elle s'occupe du mariage de l'individu né hors mariage, elle doit le laisser user librement des droits que lui donne sa position. Il n'appartient à personne.

M. Tronchet répond que c'est pour l'intérêt du mineur lui-même qu'on lui nomme un tuteur. Il ne peut ni contracter ni disposer sans autorisation; comment pourrait-il se marier sans y être autorisé?

M. Réal ajoute que tout mineur, pour se marier, devant représenter le consentement de son père, la dispense accordée à l'enfant illégitime faciliterait la fraude aux mineurs nés d'une union légale : pour ne pas représenter le consentement de leur père, ils se supposeraient nés hors mariage.

M. Boulay dit que le consentement des pères et des tuteurs n'est pas moins exigé pour l'intérêt du mineur que pour l'intérêt des familles; que la société doit à l'enfant illégitime une protection plus spéciale, parce qu'il est privé de tout autre appui.

M. Réal dit qu'il serait toujours nécessaire de lui donner un tuteur pour régler les conventions matrimoniales.

M. Defermon dit qu'il est rare qu'un enfant illégitime ait quelques biens lorsque son père est inconnu.

M. Emmery répond qu'un père avantage souvent ses enfans illégitimes, sans cependant les reconnaître; qu'il en est même qu'on ne peut reconnaître : tels sont les adultérins.

L'article est adopté.

160. S'il n'y a ni père ni mère, ni aïeuls ni aïeules, ou s'ils se trouvent tous dans l'impossibilité de manifester leur volonté, les fils ou filles mineurs de vingt-un ans ne peuvent contracter mariage sans le consentement du conseil de famille.

(Cet article était le XIIIe du projet. Il fut adopté sans discussion).

161. En ligne directe, le mariage est prohibé entre tous les ascendans et descendans légitimes ou naturels, et les alliés dans la même ligne.

XIV. *En ligne directe, le mariage est prohibé entre les parens légitimes ou naturels et les alliés au même degré.*

M. REGNAUD (de Saint-Jean-d'Angely) dit que l'article n'indique pas assez clairement entre quels alliés le mariage est défendu. Il demande que, pour faire cesser l'équivoque, on ajoute à ces mots *en ligne directe*, ceux-ci, *ascendante et descendante*.

L'article est adopté avec cet amendement.

162. En ligne collatérale, le mariage est prohibé entre le frère et la sœur légitimes ou naturels, et les alliés au même degré.

163. Le mariage est encore prohibé entre l'oncle et la nièce, la tante et le neveu (1).

164. Néanmoins le gouvernement pourra, pour des causes graves, lever les prohibitions portées au précédent article.

Ces trois articles sont formés de l'art. XV, ainsi conçu : *en collatérale, le mariage est prohibé entre le frère et la sœur légitimes ou naturels.*

Le consul CAMBACÉRÈS demande si la prohibition établie par cet article doit être étendue aux alliés.

M. RÉAL dit que cette extension est dans le vœu de la minorité de la section.

---

(1) Le mariage est-il prohibé entre l'enfant naturel reconnu et son oncle ?

M. Portalis expose les motifs de la minorité de la section.

Il dit que les prohibitions civiles des mariages entre collatéraux et entre alliés, sont fondées,

1°. Sur l'intérêt de multiplier les alliances ;

2°. Sur la nécessité de prévenir la corruption de mœurs qui se glisse facilement à la suite des communications familières, lorsque le mariage peut en effacer la honte ;

3°. Sur l'intérêt de ne pas laisser dégénérer les races : car l'expérience a prouvé que cet effet suit ordinairement les mariages entre individus de la même famille ; les mariages des princes en ont fourni des exemples.

Les prohibitions ne viennent pas des lois ecclésiastiques ; on retrouve les plus anciennes dans les lois grecques et romaines : celle du mariage entre la tante et le neveu a été faite par *Théodose*. Les lois ecclésiastiques ne les ont adoptées que fort tard, et quand elles se mêlèrent des mariages : jusque-là les souverains seuls en accordaient les dispenses. La première dispense qui a été donnée par l'autorité ecclésiastique, fut celle que *Pascal II* accorda au roi de France sur la fin du onzième siècle. Les princes n'eurent recours au pape que parce qu'il leur parut inconvenant de se dispenser eux-mêmes des lois qu'ils avaient établies ; mais ils n'en conservèrent pas moins leurs droits. On trouve encore dans *Cassiodore* et dans *Marculfe* les formules dont ils se servaient. Les prohibitions et les dispenses appartiennent donc en entier au droit civil : or, la minorité de la section n'a vu aucun intérêt à limiter des prohibitions consacrées par l'assentiment de tant de siècles, et fondées sur des motifs puissans, ni à priver le Gouvernement du droit d'en dispenser.

M. Emmery répond que la majorité de la section ne conteste pas le droit qu'a le Gouvernement d'accorder des dispenses ; mais elle a cru que la législation relative aux prohibitions devait rester dans l'état où elle est aujourd'hui, pour ne jeter ni défaveur ni inquiétude sur les mariages actuellement contractés entre des personnes auxquelles s'étendrait la prohibition. Elle pense néanmoins que le mariage doit être défendu entre le neveu et la tante, parce que celle-ci suppléant en quelque sorte la mère, il est difficile de concilier le respect que le neveu doit à la tante avec le respect que la tante devrait au neveu s'il devenait son mari. La même raison n'existe pas à l'égard de l'oncle et de la nièce. Il n'y a aucune raison de défendre aux beaux-frères et aux belles-sœurs de s'épouser ; et même l'intérêt des enfans demande qu'on autorise ces unions : ils retrouvent dans le frère ou dans la sœur de leur père ou de leur mère, l'affection et les soins de ces derniers. Quant à ce qu'on a dit de la nécessité de prévenir les effets des fréquentations trop faciles, si l'on adoptait cette considération, il faudrait aller jusqu'à interdire le mariage entre cousin et cousine.

Le consul CAMBACÉRÈS dit que, quoique la section appuie son système sur ce qu'elle trouve de l'inconvénient à changer la législation actuelle, elle y déroge cependant elle-même en défendant le mariage entre la tante et le neveu.

M. BOULAY dit qu'il peut y avoir des circonstances particulières qui justifient le mariage entre beaux-frères et belles-sœurs; mais que leur en donner en général la faculté, c'est jeter un levain de discorde dans les familles, et créer un intérêt, pour ces sortes d'alliés, de provoquer le divorce de leurs frères ou sœurs.

M. CRETET dit que la question des dispenses n'est pas encore suffisamment examinée. Les dispenses ne seront qu'une vaine formalité si la loi ne détermine les cas où elles pourront être obtenues : au lieu d'être des exceptions, elles deviendront bientôt la règle.

La loi doit défendre absolument ce qui est nuisible, et abandonner l'usage de ce qui ne l'est pas à la discrétion des particuliers.

M. RÉAL dit que la majorité ne consent à la prohibition du mariage entre les tantes et les neveux, que sous la condition qu'il pourra leur être accordé des dispenses : elle observe que le Code prussien restreint cette prohibition aux tantes plus âgées que les neveux, et qu'encore il admet des dispenses pour ce cas; qu'il avoue que ce n'est pas l'Eglise qui a introduit la prohibition, mais qu'on ne peut nier que ses ministres s'en sont par la suite emparés, en ont fait une propriété dont ils ont chassé la puissance civile, et qu'aujourd'hui encore ils prétendent y dominer exclusivement à toute autre puissance.

M. BOULAY dit que les prohibitions et les dispenses sont tellement des institutions civiles, que *Claude* fut obligé d'obtenir un décret du sénat pour épouser sa nièce *Agrippine*. Les historiens remarquent que cet exemple ne fut pas suivi.

Le consul CAMBACÉRÈS dit qu'il s'agit principalement des mariages entre beaux-frères et belles-sœurs, et que la question est de savoir s'il y a plus d'inconvéniens à étendre jusqu'à eux les prohibitions, qu'à les laisser dans les limites qu'elles ont suivant la législation actuelle.

Les mariages qui peuvent avoir été contractés d'après les dispositions de la loi de 1792, ne sont pas des obstacles à l'extension ; il ne faut pas craindre qu'ils soient vus de mauvais œil : chacun sait que la loi ne rétroagit pas ; et c'est par cette raison qu'elle parle au futur. Ce qu'on a dit de l'intérêt des enfans, qu'on suppose retrouver une seconde mère dans leur tante, n'est exact que dans des cas fort rares : des motifs beaucoup moins respectables déterminent ordinairement ces sortes de mariages ; et, dans un pays où le divorce est admis, on doit craindre que la possibilité de rompre le mariage existant, joint à la faculté de s'épouser, ne porte les beaux-frères et les belles-sœurs au concubinage, et ne trouble l'intérieur des familles. Du moins faudrait-il ne permettre à ces alliés de s'épouser que lorsque leur premier mariage a été dissous par la mort de leur époux ou de leur épouse ; mais rien ne serait plus scandaleux que de leur permettre de s'en dégager par le divorce, pour voler ensuite dans les bras de leur beau-frère ou de leur belle-sœur. D'ailleurs, avec l'usage des dispenses, tous les inconvéniens de la prohibition disparaissent. Au surplus, si on ne veut pas admettre de prohibition absolue, qu'on distingue les cas et les hypothèses où elle aura lieu.

Le Ministre de la justice affirme que la faculté donnée par la loi de 1792 aux beaux-frères et aux belles-sœurs, porte en effet le trouble dans les familles, et est le principe de demandes en divorce dont les tribunaux sont actuellement saisis.

M. Berlier admet la prohibition du mariage entre beaux-frères et belles-sœurs, dans le cas où le premier mariage a été rompu par un divorce ; mais il pense que cette prohibition ne doit pas être étendue plus loin. Il repousse le moyen subsidiaire des dispenses : l'on sait qu'elles n'étaient autrefois qu'une vaine formalité, et s'obtenaient facilement par quiconque pouvait les acheter.

L'opinant ne doute pas que le Gouvernement actuel ne parvint à les rendre moins abusives ; mais dans les matières qui tiennent à l'honnêteté publique, il n'y a pas de transaction. Ainsi, il faut permettre le mariage entre beaux-frères et belles-sœurs, si les mœurs ne s'y opposent point ; autrement, il faut le rejeter, sans admettre d'exceptions ni de dispenses.

M. Berlier vote pour l'admission absolue, et rejette celle qui ne serait qu'exceptionnelle et fondée sur des dispenses. Quel serait en effet le motif apparent de ces dispenses ? Comme autrefois, on alléguérait une grossesse, et la permission serait accordée; mais ce motif même appellerait le dérèglement, puisqu'un commerce illicite deviendrait un moyen d'obtenir des dispenses. Or, il vaut mieux que la loi permette ouvertement une chose qui n'est pas essentiellement mauvaise, que de dire que l'honnêteté publique la défend, et de placer cependant à côté du précepte un moyen légal de le violer.

Au reste, c'est le dernier état de la législation, et il est bon.

M. Tronchet dit que la prohibition des mariages entre beaux-frères et belles-sœurs est réclamée par les mœurs, parce qu'elle prévient les inconvéniens de la familiarité; que cependant il ne l'adopte qu'autant qu'elle pourra être levée par dispenses; que dans le cas contraire, il préfère qu'on permette indistinctement le mariage.

M. Maleville dit que tous les tribunaux s'élèvent contre ces sortes de mariages.

Le Premier Consul résume les diverses propositions, et les met aux voix.
Le Conseil adopte,
1º. Que les mariages entre beaux-frères et belles-sœurs seront prohibés;
2º. Qu'il n'y aura pas de dispenses pour ces mariages;
3º. Que les mariages entre oncles et nièces seront prohibés;
4º. Qu'il pourra être accordé des dispenses pour ces mariages;
5º. Que les mariages entre tantes et neveux seront prohibés;
6º. Qu'il pourra être accordé des dispenses pour ces mariages.

CHAPITRE II.

DES FORMALITÉS RELATIVES A LA CÉLÉBRATION DU MARIAGE.

165. Le mariage sera célébré publiquement, devant l'officier civil du domicile de l'une des deux parties.

XVI. *Le mariage sera célébré publiquement dans les formes ci-après établies.*

XXI. *Le mariage sera célébré devant l'officier civil du domicile de l'une des deux parties.*

Le conseil décide que cet article sera refondu avec l'art. XVI (1).

___

(1) L'article XVII est au titre des actes de l'état civil, sous l'art. 74. (*Voyez cet article*)

166. Les

MARIAGE.

166. Les deux publications ordonnées par l'article 63, au titre des *Actes de l'état civil*, seront faites à la municipalité du lieu où chacune des parties contractantes aura son domicile.

XVIII. *La célébration du mariage sera précédée de deux publications.*

M. BERLIER demande la suppression de cet article : ses dispositions se trouvent avec plus de détails dans le titre *des Actes de l'état civil*, il suffit donc de dire au commencement de l'article XIX : *Les deux publications ordonnées par l'article. . . . . du titre* des Actes de l'état civil, *seront faites, etc.*

Cette proposition est adoptée.

XIX. *Les publications seront faites dans la commune où chacune des parties contractantes aura son domicile.*

(Ce paragraphe de l'art. XIX est fondu avec l'art. XVIII).

167. Néanmoins, si le domicile actuel n'est établi que par six mois de résidence, les publications seront faites en outre à la municipalité du dernier domicile.

168. Si les parties contractantes, ou l'une d'elles, sont, relativement au mariage, sous la puissance d'autrui, les publications seront encore faites à la municipalité du domicile de ceux sous la puissance desquels elles se trouvent.

(Ces deux articles sont formés des deux derniers paragraphes de l'art. XIX du projet).

169. Le gouvernement, ou ceux qu'il préposera à cet effet, pourront, pour des causes graves, dispenser de la seconde publication.

XX. *Le Gouvernement, ou ceux qu'il préposera à cet effet, pourront, pour des causes graves, dispenser desdites publications.*

M. BERLIER combat en général le système des dispenses; il y a, selon lui, plus d'abus à craindre, que d'avantages à espérer de la faculté accordée même aux magistrats les plus éminens, de déroger aux dispositions d'une loi : depuis dix ans, l'on n'accorde plus de dispenses, et l'on n'a ouï ni plaintes, ni réclamations à ce sujet ; on n'en trouve même aucune dans le travail des tribunaux consultés sur le Projet de code civil, projet qui ne ressuscitait point ce dangereux système.

M. Berlier ajoute que si, comme cela est probable, le Gouvernement, occupé des grands intérêts de l'État, délègue la faculté dont il s'agit, on doit craindre que ses préposés n'en abusent pour accorder indéfiniment des dispenses à tous ceux qui en solliciteront, et que par-là la plupart des mariages ne deviennent clandestins.

M. Boulay dit qu'on préviendra cet abus par un réglement, lequel réservera au Gouvernement le pouvoir de dispenser des deux publications.

M. Tronchet dit qu'autrefois l'on prenait des dispenses par un sentiment d'orgueil ; on dédaignait de laisser prononcer publiquement son nom.

Ces motifs avaient rendu très-ordinaires les dispenses de deux publications au moins : mais ils n'existent plus ; et d'ailleurs le projet exige des causes réelles et puissantes, lorsqu'il dit, *pour causes graves*.

Les dispenses sont sur-tout nécessaires pour les mariages *in extremis*. On ne s'est pas encore prononcé sur ces sortes de mariages : or, la question de leur validité se lie à celle des dispenses.

Le projet devrait au surplus constituer le Gouvernement, seul juge de la nécessité de dispenser des deux publications. La dispense de la seconde publication pourrait être abandonnée au préfet ; et ce serait ordinairement la seule qu'on solliciterait ; car rarement le mariage est assez pressé pour qu'on ne puisse pas faire une publication.

M. Réal dit que ce cas est rare, sans doute ; mais qu'il suffit qu'il soit possible, pour que la loi doive y pourvoir.

Quant aux mariages *in extremis*, l'avis unanime de la section est qu'ils doivent être déclarés valables toutes les fois qu'ils n'ont pas été précédés de concubinage. Il y a différence d'opinion, entre les membres de la section, sur la validité des mariages *in extremis* que le concubinage aurait précédés.

Mais il y a d'autres cas d'urgence dont on a déjà parlé. On a cité l'exemple d'un militaire, d'un ambassadeur, d'autres fonctionnaires qu'un ordre du Gouvernement force à partir sans délai, lorsqu'ils sont près de se marier.

La section, en rédigeant cet article, avait le projet de proposer un réglement qui établît d'abord quelles dispenses seraient délivrées immédiatement par le Gouvernement, quelles dispenses seraient délivrées par ses agens ; ce réglement aurait ensuite fixé les causes pour lesquelles les dispenses pourraient être obtenues.

M. Tronchet dit que la loi doit déclarer qu'au Gouvernement seul appartient de délivrer des dispenses dans tous les cas ; mais qu'il peut déléguer à des agens le pouvoir de dispenser de la seconde publication.

M. Portalis dit que si le Gouvernement seul délivre des dispenses, elles ne seront obtenues que par ceux qui l'approchent : cependant elles peuvent être nécessaires à toutes les classes de citoyens ; elles le sont par-tout où il y a urgence. L'opinion a fait justice de la manie de prendre des dispenses par ton ; mais il faut favoriser les mariages, et ne pas rendre l'obtention des dispenses impossible au plus grand nombre de ceux qui en ont besoin. Par exemple, les marins doivent trouver dans les ports la facilité de contracter mariage avant un départ précipité : les mœurs et l'honnêteté publique exigent aussi quelquefois qu'un mariage accéléré prévienne des scandales.

M. Tronchet observe qu'il ne réserve au Gouvernement que la dispense des deux publications, parce qu'elle ne doit être accordée que dans des cas très-rares et pour les plus puissantes considérations, mais que la dispense de la seconde publication pouvant être souvent nécessaire, elle serait accordée par des agens plus rapprochés de ceux qui ont besoin de l'obtenir.

M. Berlier trouve dans la réserve même, proposée par M. Tronchet, un exemple frappant de l'inégalité qu'une telle disposition placera parmi les citoyens.

La dispense des deux publications n'existera réellement que pour les citoyens résidant près du lieu où siége le Gouvernement ; les délais ordinaires seront moindres pour les autres que le tems nécessaire pour obtenir des dispenses à Paris : tout cela ne prouve-t-il pas que le système des dispenses est vicieux en lui-même ?

M. Regnaud (de Saint-Jean-d'Angely) doute que les dispenses soient nécessaires. Depuis plusieurs années on n'en accorde plus, et cependant personne ne réclame.

Le Premier Consul dit que la loi ne peut vouloir que les femmes soient victimes des formalités, et qu'elles perdent l'occasion de contracter un mariage convenable, parce que le tems manque pour remplir les formes. Il est assez dans les habitudes des hommes de ne terminer leurs affaires qu'au dernier moment. Ainsi, pour se régler sur ces habitudes, on doit établir que la dispense de la seconde publication sera accordée toutes les fois qu'on le jugera nécessaire ; elle réduit le délai du mariage à trois jours, ce qui suffit ordinairement. A l'égard de la dispense des deux publications, il importe de déterminer les causes qui pourront la faire obtenir.

M. Tronchet dit qu'elle n'est nécessaire que dans le cas d'un ordre subit de départ.

Le Premier Consul ajoute que, cependant, par l'effet de l'éloignement du domicile, la dispense de la seconde publication pourrait différer le mariage de plus de trois jours; qu'ainsi il y a un motif de donner plus de facilité pour l'obtention de la dispense des deux publications.

Le consul Cambacérès dit que la question est de savoir s'il est utile que la loi ne donne qu'au Gouvernement seul le pouvoir de dispenser des deux publications.

M. Boulay dit que la section propose de décider que le pouvoir d'accorder des dispenses n'appartient qu'au Gouvernement; mais qu'il peut déléguer le pouvoir de dispenser de la seconde publication.

M. Berlier craint que la faculté d'obtenir la dispense des deux publications ne favorise les mariages clandestins.

M. Portalis dit que le Gouvernement ne peut être que difficilement trompé dans la concession des dispenses, depuis que les causes d'opposition sont réduites à deux qu'il lui est aisé de vérifier.

L'utilité des dispenses a été universellement reconnue dans tous les tems, dans tous les pays, dans tous les cultes : il faut donc en maintenir l'usage. Le Gouvernement doit avoir à cet égard une certaine latitude. Ce pouvoir ne lui serait pas nécessaire si les lois pouvaient statuer matériellement sur tous les cas; mais comme jamais la loi ne pourra se plier à toutes les circonstances, il faut bien une main qui l'assouplisse.

M. Berlier dit que la loi doit régler seule tout ce qui concerne l'état civil, sans la coopération de l'homme, autrement que pour appliquer ce qu'elle a prescrit.

M. Portalis dit que la loi, qui n'a ni yeux ni oreilles, doit pouvoir être modifiée d'après ce que l'équité exige, suivant les circonstances et suivant les inconvéniens qu'elle produit dans les cas particuliers. On a vu des pays bien gouvernés par des hommes sans l'intervention des lois; on n'en a jamais vu régis par les lois sans le concours des hommes.

Le Conseil adopte en principe,
1°. Qu'il y aura des dispenses;
2°. Qu'elles pourront être accordées pour la seconde publication,
3°. Qu'elles ne le seront jamais pour la première.

M. Boulay dit que, d'après cette décision, la loi peut dire que le Gouvernement délivrera les dispenses ou par lui-même ou par ses préposés.

170. Le mariage contracté en pays étranger entre français, et entre français et étranger, sera valable, s'il [a été célébré dans les formes usitées dans le pays, pourvu qu'il ait été précédé des publications prescrites par l'article 63, au titre des *Actes de l'état civil*, et que le français n'ait point contrevenu aux dispositions contenues au chapitre précédent (1).

XXIII. *Le mariage contracté en pays étranger entre Français, et entre Français et étranger, sera valable, s'il a été célébré dans les formes usitées dans le pays, pourvu qu'il ait été précédé des publications prescrites par l'article XVIII, et qu'il n'ait point été contracté en contravention aux dispositions contenues au chapitre premier du présent titre.*

Et néanmoins le mariage contracté en pays étranger entre Français, ne sera valable qu'autant qu'avant la célébration l'une des deux parties contractantes y résiderait depuis six mois.

M. Réal dit que quelques tribunaux, celui de Bruxelles entre autres, ont craint que l'article XXVII du Projet de code civil ne favorisât des abus et des fraudes. Quelques habitans des pays frontières pourraient, en haine des lois françaises, contracter mariage en pays étranger, et se dispenser ainsi de paraître devant l'officier de l'état civil : ils éluderaient ainsi la disposition qui exige les six mois de domicile en France. C'est pour obvier à ces fraudes et à ces abus que la section a cru devoir présenter la rédaction actuelle, et sur-tout insérer la disposition qui termine.

---

(1) Le conseil décide que l'article XXII ainsi conçu, *L'acte de célébration sera inscrit sur le registre destiné à cet effet, et non sur une feuille volante*, sera retranché, parce qu'il répète des dispositions comprises dans le titre des *Actes de l'état civil*.

M. Regnaud (de Saint-Jean-d'Angely) dit que cette partie de l'article ne remplit pas les intentions de la section, puisque l'inobservation des formes n'est pas la seule contravention aux lois françaises qu'on puisse se permettre.

M. Réal répond que l'idée de la section est rendue, attendu que les dispositions fondamentales indépendantes des formalités, sont consignées dans le chapitre premier, auquel l'article renvoie.

Le Premier Consul dit que l'article est trop général; que par exemple le chapitre premier, auquel il renvoie, ne permet pas aux filles de se marier avant l'âge de quinze ans, et que, cependant, aux Indes, il est impossible de ne pas avancer cette faculté.

M. Tronchet dit qu'un Français demeure soumis aux lois de son pays par rapport au mariage; mais que ces lois ne s'étendent pas à l'étrangère qu'il épouse; qu'ainsi il lui est permis de prendre une fille à qui les lois du pays où il se trouve donnent la capacité de se marier; qu'en conséquence, il convient de rédiger l'article de manière à faire apercevoir qu'il ne concerne que les Français.

M. Defermon observe que le climat influant également sur les enfans de Français, la disposition doit être étendue jusqu'à eux.

M. Réal dit qu'il sera nécessaire de faire au Code civil, en général, les exceptions qu'exigera la différence des climats et des habitudes dans les contrées séparées du continent.

M. Cretet dit qu'il est difficile d'exiger qu'un Français qui réside depuis long-tems dans l'étranger, envoie publier son mariage à son domicile en France.

M. Réal dit que le dispenser de cette formalité, ce serait le dispenser aussi de prendre le consentement de sa famille lorsqu'il est mineur.

M. Portalis ajoute qu'on a l'exemple de doubles mariages contractés, l'un en France, l'autre dans l'étranger.

M. Tronchet dit que dispenser le Français résidant dans l'étranger de faire publier son mariage en France, ce ne serait point violer la disposition relative au consentement de la famille. Il faut en effet saisir l'ensemble du projet de loi. Or, on verra par la suite que le défaut de consentement de la famille n'annulle absolument le mariage que lorsqu'il y a d'autres vices.

Le Premier Consul demande s'il est permis à un Français de prendre domicile en pays étranger.

M. Tronchet pense qu'un Français établi chez l'étranger, et qui ne s'est pas réservé d'habitation en France, n'y a pas de domicile; qu'il devientdonc impossible alors de publier son mariage en France, à moins qu'on ne décide que la publication se fera au dernier domicile connu.

Le Premier Consul dit qu'il faut aller plus loin, et voir les Français qui, sans cesser de l'être, sont établis dans le Levant depuis plus de trente années.

M. Portalis dit que, d'après la raison alléguée par M. Tronchet, ils ne sont pas obligés de faire publier leur mariage en France.

Le Premier Consul demande pourquoi on ne laisserait pas les Français suivre, à l'égard de leur mariage, les lois du pays où ils se trouvent.

M. Réal répond qu'avec cette faculté ils pourraient se marier au degré prohibé et sans le consentement de leur père.

M. Tronchet rappelle que la formalité de la publication est fondée sur le principe qu'il vaut mieux prévenir un mariage vicieux que de l'annuler après qu'il est contracté : ainsi la publicité des mariages se lie à l'intérêt public.

Le Premier Consul dit que c'est aussi pour que l'omission des publications ne prépare pas une nullité, qu'il convient de ne les pas ordonner lorsqu'elles sont impossibles, et qu'évidemment elles ne seraient pas faites : il faut donc se borner à exiger les conditions prescrites par le chapitre premier.

M. Tronchet dit que la formalité des publications est établie précisément pour empêcher les contraventions aux dispositions de ce chapitre.

Le Premier Consul demande pourquoi le projet ne s'explique pas sur les mariages contractés en France par des étrangers.

M. Réal répond que c'est parce qu'un article déjà adopté par le Conseil, décide en général que les étrangers résidant en France sont soumis aux lois françaises.

Le Premier Consul dit que la seconde partie de l'article est inutile, puisque l'article III exige en général que les publications soient faites au lieu du domicile, indépendamment du lieu où l'individu a six mois de résidence.

Le Conseil adopte la première partie de l'article, avec l'amendement de M. Tronchet, tendant à ce que l'article soit rédigé de manière à faire apercevoir qu'il ne comprend que les Français.

La seconde est retranchée, d'après la réflexion faite par le Premier Consul.

171. Dans les trois mois après le retour du français sur le territoire de la république, l'acte de célébration du mariage contracté en pays étranger, sera transcrit sur le registre public des mariages du lieu de son domicile.

(Cet article était le XXIVe. du Projet).

M. DEFERMON demande pourquoi l'exécution de cet article n'est pas assurée par une disposition pénale.

M. RÉAL répond que cette disposition pénale n'appartient pas au Code civil, et que sa place naturelle est dans les lois sur l'enregistrement, où déjà elle se trouve.

M. TRONCHET voudrait que la peine de la contravention fût une amende, indépendamment du double droit.

L'article est adopté.

CHAPITRE III.

DES OPPOSITIONS AU MARIAGE.

172. Le droit de former opposition à la célébration du mariage, appartient à la personne engagée par mariage avec l'une des deux parties contractantes.

(Cet article était le XXVIIe. du projet).
(Sur la proposition du consul Cambacérès, il fut arrêté de le refondre avec l'art. XXV; cependant dans la rédaction on en a fait un article unique).

173. Le père, et à défaut du père, la mère, et à défaut de père et mère, les aïeuls et aïeules, peuvent former opposition au mariage de leurs enfans et descendans, encore que ceux-ci aient vingt-cinq ans accomplis.

XXV. *Le père, et à son défaut la mère, et à leur défaut les aïeuls et aïeules, peuvent former opposition au mariage de leurs enfans et descendans, encore que ceux-ci aient vingt-cinq ans accomplis.*

Le consul LEBRUN dit que la rédaction n'est pas assez claire; qu'il faudrait

faudrait dire : *Le père, et à son défaut la mère ; au défaut du père et de la mère, les aïeuls ; et au défaut d'aïeuls, les aïeules peuvent etc.*

L'article est adopté avec cet amendement.

174. A défaut d'aucun ascendant, le frère ou la sœur, l'oncle ou la tante, le cousin ou la cousine germains, majeurs, ne peuvent former aucune opposition que dans les deux cas suivans : (1) (2).

1°. Lorsque le consentement du conseil de famille, requis par l'article 160, n'a pas été obtenu ;

2°. Lorsque l'opposition est fondée sur l'état de démence du futur époux : cette opposition, dont le tribunal pourra prononcer main-levée pure et simple, ne sera jamais reçue qu'à la charge, par l'opposant, de provoquer l'interdiction, et d'y faire statuer dans le délai qui sera fixé par le jugement.

XXVI. *A défaut d'aucuns ascendans, l'oncle ou la tante, le frère ou la sœur, le cousin ou la cousine germains, majeurs, ne peuvent former opposition que dans les deux cas suivans :*

1°. *Lorsque le consentement du conseil de famille, requis par l'article, n'a pas été obtenu ou suppléé, conformément à l'article....*

2°. *Lorsque l'opposition est fondée sur l'état de démence du parent, et cette opposition n'est reçue qu'à la charge, par l'opposant, de provoquer l'interdiction, et d'y faire statuer dans le délai qui sera fixé par le jugement.*

Le Premier Consul demande si les personnes désignées par cet article peuvent former opposition, indépendamment l'une de l'autre, ou si elles n'ont ce droit que concurremment.

M. Tronchet répond que la nature des deux causes qui autorisent des oppositions, rendent l'alternative indifférente.

M. Defermon demande la suppression de la disposition qui porte

---

(1) Pour justifier une opposition fondée sur l'état de démence, est-il nécessaire d'alléguer dans l'acte d'opposition des faits qui soient de nature à établir qu'il y a démence ?

(2) Lorsque la mère est interdite pour cause de démence, et que le père est décédé un oncle peut-il former opposition au mariage ?

que l'opposant sera tenu de provoquer l'interdiction, parce que cette condition pourrait devenir un moyen de suspendre le mariage par une opposition fondée sur une fausse supposition de démence, et par les retards qu'on mettrait à provoquer l'interdiction.

M. Tronchet répond que le juge, en ce cas, userait du droit qui lui appartient, de faire comparaître d'office le prévenu de démence, de l'examiner, et de prononcer la main-levée de l'opposition, s'il la trouve mal fondée.

M. Boulay ajoute que, d'ailleurs, l'article n'oblige pas celui sur qui l'opposition est formée, d'attendre l'opposant, et qu'il lui est libre de se pourvoir.

M. Tronchet dit qu'il est libre aux tribunaux de ne pas recevoir l'opposition, et d'ordonner qu'on passera outre ; mais pour ne laisser aucune équivoque, la loi pourrait exprimer cette faculté.

L'article est adopté, avec l'amendement de M. Tronchet.

175. Dans les deux cas prévus par le précédent article, le tuteur ou curateur ne pourra, pendant la durée de la tutelle ou curatelle, former opposition qu'autant qu'il y aura été autorisé par un conseil de famille, qu'il pourra convoquer.

(Cet article n'était pas dans le projet, il a été ajouté lors de la rédaction définitive et adopté sans discussion).

176. Tout acte d'opposition énoncera la qualité qui donne à l'opposant le droit de la former ; il contiendra élection de domicile dans le lieu où le mariage devra être célébré ; il devra également, à moins qu'il ne soit fait à la requête d'un ascendant, contenir les motifs de l'opposition : le tout à peine de nullité, et de l'interdiction de l'officier ministériel qui aurait signé l'acte contenant opposition.

XXVII. *Tout opposant sera tenu d'élire domicile dans le lieu où le mariage doit être célébré.*

M. Defermon observe que les opposans ignoreront le lieu où le mariage doit être célébré ; qu'il serait donc préférable de leur permettre d'élire domicile dans le lieu où se trouve celui au mariage duquel ils forment opposition.

M. Boulay répond que les publications énoncent le lieu de la célébration du mariage.

M. Emmery ajoute que, pour assurer l'effet de son opposition, l'opposant ne manquera pas de la former également et au domicile du futur époux et au domicile de la future épouse.

L'amendement de M. Defermon est rejeté, et l'article est adopté.

(Les autres changemens faits à l'article, ont eu lieu sans discussion).

177. Le tribunal de première instance prononcera dans les dix jours sur la demande en main-levée.

178. S'il y a appel, il y sera statué dans les dix jours de la citation.

Ces deux articles sont composés de l'art. XXVIII.
La demande en main-levée d'opposition sera portée devant les tribunaux ordinaires.
Le délai pour la conciliation sera de trois jours.
Le tribunal de première instance prononcera dans la décade.
Et s'il y a appel, il y sera statué dans la décade de la citation, et sans qu'il soit besoin de recourir à la conciliation.
(Cette dernière disposition a été retranchée sans discussion).

179. Si l'opposition est rejetée, les opposans, autres néanmoins que les ascendans, pourront être condamnés à des dommages-intérêts.

(Cet article, le XXIXe. du projet, fut adopté sans discussion).

CHAPITRE IV.

DES DEMANDES EN NULLITÉ DE MARIAGE (1).

180. Le mariage qui a été contracté sans le consentement libre des deux époux, ou de l'un d'eux, ne peut

---

(1) Ce chapitre, dans le projet, était classé suivant les diverses espèces de nullités : d'après la discussion qui eut lieu sur l'article XXXVI (180), il fut arrêté que les nul-

être attaqué que par les époux, ou par celui des deux dont le consentement n'a pas été libre.

---

lités seraient classées suivant les personnes qui avaient le droit de les proposer. Voici le classement du projet.

XXX. *La nullité résultant de ce qu'un mariage aurait été contracté avant que les époux eussent atteint l'âge requis par la loi, peut être réclamée par les époux ou l'un d'eux.*

Ils sont non-recevables à la demander, 1°. s'il s'est écoulé six mois depuis l'âge exigé par l'article II.

2°. Si la femme a conçu avant l'époque de la réclamation.

XXXI. *La nullité résultant de ce qu'un mariage a été contracté par l'effet d'un rapt ou de la violence exercée envers l'un des époux, peut être invoquée, soit par celui des époux qui a subi cette violence, soit par ses père et mère, aïeul ou aïeule.*

Néanmoins la demande n'en pourra être admise s'il y a des enfans vivans, ou si, quoiqu'il n'y ait pas d'enfans vivans, les époux ont cohabité pendant une année révolue, et s'il n'y a pas preuve de la continuation de la violence.

XXXII. *La nullité résultant de ce que, dans un mariage, il y a eu erreur sur la personne que l'une des deux parties avait intention d'épouser, n'appartient qu'à celui des époux qui a été dans l'erreur, elle est couverte par trois mois de cohabitation.*

XXXIII. *La nullité résultant de ce qu'un mariage a été contracté par un interdit pour démence ou fureur, ou par un sourd-muet, peut être réclamée par les père et mère, aïeul ou aïeule, ou curateur de l'interdit ou du sourd-muet.*

XXXIV. *La nullité résultant de ce qu'un mariage aurait été contracté avant la dissolution légale d'un premier mariage d'un des époux, peut être réclamée par l'époux qui était libre par ses père et mère, ou aïeul et aïeule, et par le ministère public.*

XXXV. *La nullité résultant de ce qu'un mariage aurait été contracté entre parens ou alliés aux degrés prohibés, peut être réclamée par les époux ou l'un d'eux, par leurs père et mère, ou aïeul et aïeule, par leurs frères et sœurs, et même par le ministère public dans le cas où il n'échoit pas d'accorder des dispenses.*

XXXVI. *La nullité résultant de ce qu'un mariage aurait été contracté par une personne frappée de condamnation emportant mort civile, peut être réclamée par l'autre époux.*

XXXVII. *Les père et mère, aïeul et aïeule, dans le cas où leur consentement au mariage est requis par la loi, peuvent demander la nullité du mariage qui a été célébré sans ce consentement.*

XXXVIII. *Le conseil de famille, dans le cas où son consentement au mariage est requis par la loi, peut demander la nullité du mariage qui a été célébré sans que le consentemen du conseil ait été donné ou suppléé par la loi.*

XXXIX. *La demande en nullité résultant du défaut de consentement des père, mère, aïeul, aïeule, ou du conseil de famille, ne peut plus être formée par les père, mère, aïeul, aïeule, ou le conseil de famille de celui des époux qui aura cessé, par sa majorité, d'être sous la puissance des ascendans ou du conseil.*

MARIAGE.

Lorsqu'il y a eu erreur dans la personne, le mariage ne peut être attaqué que par celui des deux époux qui a été induit en erreur.

XL. *Les héritiers ne sont pas recevables à attaquer de nullité le mariage pendant la vie du conjoint dont ils sont parens; et ils ne le peuvent, au décès de ce conjoint, qu'autant qu'ils y ont un intérêt civil et personnel, et dans les seuls cas où le mariage a été contracté en contravention de l'article II, des deux premiers paragraphes de l'article III, des articles V, XIV et XV.*

XLI. *Tout mariage prétendu contracté en France entre Français, ou entre Français et étranger, lequel n'a point été célébré, conformément à l'article XXI, devant l'officier public, est radicalement nul, et ne produit aucun effet civil ni aucun lien civil entre les deux époux.*

XLII. *L'action résultant de ce qu'un officier public devant lequel un mariage aurait été réellement célébré, n'en aurait rédigé l'acte que sur une feuille volante, peut être intentée tant par les époux eux-mêmes, que par le commissaire du Gouvernement.*

XLIII. *Elle est dirigée par le commissaire du Gouvernement, tant contre l'officier public que contre les époux eux-mêmes, si le délit a été commis de concert avec eux, ou contre celui des deux époux qui aurait seul concouru à la fraude; et, dans ce dernier cas, l'action peut être intentée contre cet époux par l'autre.*

XLIV. *Dans le cas où la preuve de la célébration du mariage se trouve acquise par l'événement d'une procédure criminelle, l'inscription du jugement sur les registres de l'état civil assure au mariage, à compter de sa célébration, tous les effets civils tant à l'égard des époux qu'à l'égard des enfans.*

XLV. *Le mariage auquel on ne peut opposer que l'omission des formalités prescrites par les articles XVI, XVII, XVIII, XIX et XX, ou de quelqu'une de ces formalités, si d'ailleurs il ne contient aucune contravention aux dispositions contenues dans le chapitre Ier du présent titre, doit être réhabilité, soit à la réquisition des époux, soit à la diligence du commissaire près le tribunal de première instance.*

Le défaut de réhabilitation n'autorise pas néanmoins les époux ni les tiers à en demander la nullité; mais si la réhabilitation n'en est provoquée que par le ministère public, les parties contractantes, ou leur tuteur, si elles étaient mineures, sont condamnées à une amende proportionnée à leurs facultés, laquelle ne peut être moindre de cent francs, et ne peut excéder mille francs.

XLVI. *La réhabilitation qui a lieu dans les cas de l'article précédent, valide le mariage, du jour de sa première célébration, tant à l'égard des époux que des enfans issus de ce mariage.*

XLVII. *Tout mariage qui a été déclaré nul, produit néanmoins les effets civils, tant à l'égard des époux qu'à l'égard des enfans, lorsqu'il a été contracté de bonne foi par les deux époux.*

Si la bonne foi n'existe que de la part de l'un des deux époux, le mariage ne produit les effets civils qu'en faveur de cet époux et des enfans.

181. Dans le cas de l'article précédent, la demande en nullité n'est plus recevable, toutes les fois qu'il y a eu cohabitation continuée pendant six mois depuis que l'époux a acquis sa pleine liberté ou que l'erreur a été par lui reconnue.

(Dans ces deux art. (180 et 181) sont fondus les art. XXXI, XXXII, XXXIII et XXXVI, que nous allons présenter successivement).

XXXI. *La nullité résultant de ce qu'un mariage a été contracté par l'effet d'un rapt ou de la violence exercée envers l'un des époux, peut être invoquée, soit par celui des époux qui a subi cette violence, soit par ses père et mère, aïeul ou aïeule.*

Néanmoins la demande n'en pourra être admise, s'il y a des enfans vivans, ou si, quoiqu'il n'y ait pas d'enfans vivans, les époux ont cohabité pendant une année révolue, et s'il n'y a pas preuve de la continuation de violence.

M. Maleville demande pourquoi le conseil de famille n'exercerait pas les droits des ascendans lorsqu'ils sont morts.

Le Premier Consul dit qu'il faut d'abord convenir du principe : admettra-t-on l'allégation de la violence, sur-tout à l'égard de l'homme, lorsque le mariage est consommé ?

M. Tronchet dit que la preuve de la consommation du mariage serait aussi contraire aux mœurs qu'elle est impossible, que d'ailleurs la violence va jusque-là.

Le Premier Consul dit que, dans le principe, il n'y a point de contrat s'il y a violence, mais que la consommation du mariage forme le contrat par les sens ; qu'en effet la difficulté est de la constater.

L'indice le plus clair est la procréation des enfans : cependant le mari peut soutenir qu'il n'en est pas le père ; ainsi la grossesse ne donne qu'une preuve incertaine.

M. Boulay dit que la section admet aussi que la volonté et le consentement tacite peuvent effacer le vice de violence, qui, dans le principe, détruisait la validité du mariage ; que, sous ce rapport, elle a admis deux exceptions ; savoir, la cohabitation continuée et la survenance d'enfans.

Le consul Cambacérès dit que la loi pourrait ne pas entrer dans tous ces détails, et laisser aux juges à prononcer d'après les circonstances et les faits particuliers ; qu'il suffit de n'ouvrir les réclamations qu'aux pères et aux mères, afin d'exclure les collatéraux.

M. Réal dit que la section n'a fait que rédiger en projet de loi la jurisprudence existante.

Le Consul Cambacérès dit que les tribunaux suivent d'eux-mêmes cette jurisprudence.

Le Premier Consul dit que la jurisprudence est le résultat composé d'une foule de dispositions; qu'ainsi, si la loi devait la reproduire, il faudrait que ses articles fussent multipliés à l'infini.

M. Tronchet partage l'opinion du consul Cambacérès : dans ces matières, dit-il, tout dépend des circonstances et des faits. On peut donc se borner à dire que le recours ne demeurera ouvert que tant que la continuation de la violence sera prouvée.

Le Premier Consul propose de donner encore un terme de trois mois après la cessation de la violence.

M. Tronchet adopte cet amendement.

Le Ministre de la justice observe que ce terme de trois mois est même trop long; que la réclamation doit suivre immédiatement le moment où la violence a cessé; que toute cohabitation postérieure est une véritable ratification.

Le Premier Consul fait une autre observation : il dit qu'il faut distinguer la violence dont l'effet a conduit la personne violentée devant l'officier de l'état civil, de toute autre espèce de violence. Quand la violence a eu cet effet, il y a une apparence de mariage que la cassation doit détruire; dans les autres cas de violence, il n'y a pas même de mariage.

M. Tronchet dit qu'on ne peut concevoir de violence devant l'officier public, qu'autant que l'officier public aurait été violenté lui-même; mais qu'alors, n'y ayant pas de consentement, il n'y a pas de mariage.

Le Premier Consul répond qu'il entend parler d'une violence morale et cachée, résultant de la faiblesse de l'âge et de la tyrannie des familles : elle peut être telle, qu'elle contraigne la personne violentée à donner un consentement apparent devant l'officier de l'état civil; mais comme alors il n'y a pas de consentement réel, il n'y a aussi de mariage qu'en apparence. Le mot *violence* qu'emploie la section, est trop pris dans le sens physique; il serait bon de trouver un terme plus générique.

M. Réal dit que la section n'a pas dû, dans cet article, définir la violence, ni établir comment la preuve serait faite; elle laisse à ce mot son acception morale et physique ; elle suppose la preuve établie; et alors son objet est et doit être uniquement de désigner dans cet article ceux qui, en cas de violence, pourraient réclamer, et à qui la loi donnerait l'action.

La première partie de l'article est adoptée.

La seconde est supprimée.

XXXII. *La nullité résultant de ce que, dans un mariage, il y a eu erreur sur la personne que l'une des deux parties avait intention d'épouser, n'appartient qu'à celui des époux qui a été dans l'erreur; elle est couverte par trois mois de cohabitation.*

M. Fourcroy pense qu'il ne faut pas trois mois pour reconnaître physiquement la supposition de personne, et que s'il s'agit d'une erreur morale, il est difficile de fixer un terme à sa reconnaisance, et à la faculté de se soustraire à ses effets.

Le Premier Consul dit que ce terme n'est pas trop long, puisque l'identité dont il s'agit n'est pas seulement l'identité physique, mais encore l'identité morale du nom, de l'état, et des autres circonstances qui ont déterminé le choix de la personne : peut-être même que l'erreur ne devrait être couverte par aucun laps de tems ; car tout contrat frauduleux est essentiellement faux.

M. Tronchet dit que la nullité venant alors du défaut de consentement, le recours doit être ouvert indéfiniment et tant que l'erreur subsiste, sur-tout dans le système où l'on a égard à l'erreur sur le nom, sur l'état, enfin sur l'identité morale.

Le Premier Consul dit que cependant la moralité pourrait défendre la dissolution du mariage contracté par erreur avec une aventurière, si, par une bonne conduite long-tems soutenue, elle avait fait le bonheur de son mari.

M. Tronchet répond que si le mari est satisfait de son épouse, il ne fera pas valoir la nullité de son mariage.

Au surplus, en y réfléchissant, on conçoit que l'intérêt des enfans doit faire mettre un terme à la faculté de la réclamer.

Le consul Cambacérès dit que cette disposition rencontrera de grandes difficultés dans la pratique. La femme prétendra qu'elle s'est fait connaître à son mari ; et le mari sera réduit à l'impuissance de prouver qu'il a été trompé.

Le Premier Consul dit que le nom et les qualités civiles tiennent aux idées sociales ; mais qu'il y a quelque chose de plus réel dans les qualités morales, comme l'honnêteté, la douceur, l'amour du travail et autres semblables. Si ces qualités doivent influer beaucoup sur le choix d'une épouse, pourra-t-on dire que celui-là a été trompé, qui les trouve dans la personne qu'il s'est associée, quoiqu'il se soit mépris sur de simples accessoires?

M. Tronchet dit qu'on ne peut pas supposer de vertu dans celle qui s'est présentée sous le nom d'une autre.

Le Premier Consul dit qu'elle peut avoir été de bonne foi; que son tuteur peut l'avoir trompée elle-même, et qu'elle peut n'avoir connu son véritable état que long-tems après son mariage.

M. Tronchet dit que, dans ce cas, l'erreur ne tombe pas sur l'individu, mais sur ses qualités.

Le Premier Consul dit qu'il n'y a pas véritablement erreur sur la personne, quand l'individu qu'on a épousé était physiquement présent au moment où l'on donnait son consentement : il n'y a de véritable erreur de personne que quand un individu est substitué physiquement à un individu; et alors seulement le mariage est radicalement nul. L'erreur sur les qualités ne doit pas vicier le mariage, lorsqu'elle ne procède pas du fait de l'individu sur lequel elle tombe; ainsi l'article confond mal-à-propos ces diverses sortes d'erreurs.

M. Tronchet dit qu'il a été reconnu que l'erreur annulle le mariage; qu'il ne s'agit plus maintenant que de savoir dans quel cas elle opère cet effet. Or l'erreur dépendant de circonstances qui se diversifient tellement à l'infini que la loi ne peut toutes les embrasser, la loi ne doit poser que le principe, et ne pas aller jusqu'à déterminer les divers cas où il y a erreur.

Le Premier Consul dit que lorsqu'il y a erreur physique, elle opère toujours, et dans tous les tems, la nullité du mariage; que cependant, comme le mariage existe en apparence, il faut que l'autorité prononce qu'il n'existe pas réellement. Si, au contraire, l'erreur ne porte que sur les qualités, et qu'il n'y ait pas de fraude de la part de l'individu sur lequel elle porte, le tems et la survenance d'enfans doivent couvrir le vice originaire du mariage, parce que ces circonstances indiquent qu'il a été effacé par un consentement postérieur.

Il faut que la loi explique et distingue toutes ces choses; et c'est ce que l'article ne fait pas. On n'entend pas ce qu'il appelle *erreur de personne*.

M. Boulay dit que l'article n'est destiné qu'à poser le principe.

M. Thibaudeau dit que si l'on raisonnait d'un individu dans l'état de nature, dans l'ordre purement physique, on pourrait prétendre qu'il n'y a point erreur de personne quand on épouse la femme dont les charmes et les qualités physiques et morales ont déterminé le mariage, en un mot identiquement celle que l'on a voulu épouser. Mais il en est autrement dans l'ordre social; car cette femme, comme tous les individus, a des qualités essentielles qui constituent sont existence, qui la *personnalisent*, pour ainsi dire; et si, croyant épouser l'individu qui a ces qualités, on en a épousé une qui ne les avait pas, il y a véritablement erreur de personne. Du moins cela a toujours été ainsi entendu en droit; et c'est dans ce sens que le mot *personne* a constamment été pris.

M. Tronchet dit que les tribunaux ont demandé qu'on évitât le mot *personne*, et qu'on se servît du mot *individu*.

Le Premier Consul voudrait que le mariage fût déclaré nul toutes les fois, 1º. qu'il y aurait erreur sur l'identité de l'individu; 2º. qu'il y aurait erreur sur la famille, et que l'individu en serait complice; que dans tous ces cas, le mariage fût valable s'il était consommé et qu'il en fût né des enfans.

L'article est renvoyé à un nouvel examen de la section.

XXXIII. *La nullité résultant de ce qu'un mariage a été contracté par un interdit pour démence ou fureur, ou par un sourd-muet, peut être réclamée par les père et mère, aïeul ou aïeule, ou curateur de l'interdit ou du sourd-muet.*

XXXVI. *La nullité résultant de ce qu'un mariage aurait été contracté par une personne frappée de condamnation emportant mort civile, peut être réclamée par l'autre époux* (1).

Séance du 5 Vendémiaire an 10.

M. Maleville dit que la nullité du mariage dont parle l'article, étant absolue, le droit de la réclamer doit être étendu aux pères et aux aïeuls de l'autre époux, et en un mot à tous ceux qui ont intérêt à la faire valoir.

M. Réal dit que cette nullité n'est établie que pour l'intérêt de l'époux qui a été induit en erreur. L'action en nullité ne peut, en effet, être refusée à celui des contractans qui, croyant s'unir à un individu jouissant de ses droits, et non flétri, aurait été trompé; mais il semble que la justice et la morale ne peuvent accorder à d'autres cette action. Si la femme, par exemple, apprend trop tard que l'époux

---

(1) Voyez le § 7 de l'article 25.

qu'elle a accepté est un condamné mort civilement, et si cependant sa conscience, si ce qu'elle croira son honneur, celui de ses enfans, si une généreuse compassion, si un sentiment plus tendre et que la survenance d'enfans aura exalté, commandent à cette femme de rester attachée à cet époux malheureux, donnera-t-on à des collatéraux, même à des ascendans, le droit de briser des nœuds que tant d'intérêts semblent serrer? Pourrait-on sur-tout donner ce droit au mari? et ne regarderait-on pas comme un infame sacrilège, l'homme dépravé qui, dans ce cas, oserait ainsi se faire un droit de sa honte et de sa flétrissure?

M. Tronchet dit qu'un homme mort civilement, ne pouvant communiquer les droits de famille, ni par conséquent donner à ses enfans le droit de succéder à des collatéraux, il est inconséquent de supposer que son mariage aura des effets vis-à-vis de tiers.

M. Regnaud (de Saint-Jean-d'Angely) dit que ce serait contredire les principes adoptés sur la mort civile, laquelle retranche tellement un homme de la société, que la loi ne reconnaît pas ses enfans.

M. Réal observe que l'état des enfans pourrait cependant être assuré par la bonne foi de l'autre époux.

M. Tronchet dit que les effets de cette bonne foi sont une exception à la règle générale; qu'au surplus, ils sont bornés à celui des deux époux qui a été trompé, et à ses enfans.

Au surplus, la nullité du mariage étant absolue, elle peut être invoquée par tous.

Le consul Cambacérès dit que cette discussion amène une observation générale.

Ne serait-il pas avantageux de ne pas déterminer d'une manière absolue, par qui et dans quels délais l'action peut être exercée, et de laisser tous ces points à l'arbitrage du juge?

M. Tronchet dit que le principe général est qu'il y a des nullités absolues et des nullités relatives. Autrefois, quand il s'agissait de les distinguer, les questions que cette distinction faisait naître, étaient décidées d'après la jurisprudence: aujourd'hui, les nullités n'étant pas les mêmes, et les anciennes ayant disparu, la jurisprudence ne peut pas être appliquée à ces sortes de questions. Or, l'objet de ce titre est de classer les nullités et de les distinguer. Au reste, les nullités absolues peuvent être proposées par tous; les nullités relatives, seulement par les personnes intéressées.

Le Premier Consul dit que l'article paraît supposer un mariage quelconque de la part du mort civilement, qu'il serait donc possible que ce mariage subsistât, s'il n'était pas attaqué; qu'ainsi, il vaut mieux ne pas parler de ces sortes de mariages.

M. Tronchet dit qu'on n'en parle que pour régler la manière dont ils peuvent être attaqués, et que l'objet de l'article est de décider à quelles personnes il appartient ou il n'appartient pas d'en demander la nullité; qu'au reste, le mariage des morts civilement étant privé de tout effet civil, n'engage pas ceux entre lesquels il est formé.

Mais un point sur lequel il importe de se fixer avant tout, c'est l'ordre qu'on donnera à cette section (1). On peut classer ses dispositions, ou suivant les diverses espèces de nullités, ou suivant les personnes qui ont le droit de les proposer. Ce dernier ordre est celui que les rédacteurs du projet de Code civil avaient suivi : si on l'adoptait, on dirait d'abord quelles nullités peuvent être réclamées par les époux; quelles peuvent l'être par les père, mère, aïeul et aïeule; quelles peuvent l'être par les collatéraux. Ceux-ci n'ont la faculté d'attaquer un mariage frappé de nullité absolue, que lorsqu'ils ont intérêt à le faire casser; parce qu'après tout, ce mariage subsiste dans le fait, et qu'ils n'ont pas qualité pour le discuter. L'intérêt dont il s'agit ne pourrait être que pécuniaire, à la différence des ascendans, qui ont un intérêt d'une autre nature.

M. Portalis dit qu'il aimerait mieux classer les dispositions du projet par espèces de nullités, parce que l'autre classement serait plus embarrassé. Le changement survenu dans la législation ne s'opposerait point au classement qu'il propose : à la vérité, les nullités ne sont plus les mêmes; mais les anciennes sont remplacées par des nullités nouvelles qui sont de la même nature. La nullité relative, résultant de la non-présence du propre curé, est remplacée par celle qui résulterait de l'absence de l'officier de l'état civil. Les empêchemens dirimans forment encore des nullités absolues. On commencerait par décider que les nullités absolues peuvent être réclamées par tous ceux qui ont intérêt de les faire valoir; les nullités relatives, par ceux en faveur de qui elles sont établies. On définirait ensuite chaque nullité.

M. Tronchet trouve cet ordre infiniment simple; il observe que seu-

---

(1) Quoiqu'intimement liée à la discussion de l'article XXXVI, cette discussion a trait en général au chapitre IV, *Des Nullités*.

lement on devra ne pas omettre d'exprimer que le ministère public peut aussi faire valoir les nullités absolues.

M. Portalis dit que les nullités absolues sont quelquefois couvertes par des considérations qui arrêtent l'action du ministère public. En général, il y a deux sortes de nullités absolues : rien ne saurait couvrir le scandale des unes ; telle est la nullité qui résulte de l'inceste : il y aurait au contraire, plus de scandale à faire valoir les autres qu'à les dissimuler, et à troubler la paix des ménages pour de simples omissions de formes.

M. Tronchet dit que la loi ne sera cependant pas aussi simple qu'on paraît le croire. Il faudra entrer dans une infinité de détails pour distinguer les diverses espèces de nullités : car toutes les nullités absolues ne produisent pas le même effet ; il en est qui peuvent se couvrir, comme est celle résultant du défaut d'âge.

M. Portalis dit qu'il y a des nullités continues et d'autres qui ne le sont pas. Les collatéraux peuvent faire valoir les premières ; mais s'ils ne le font pas, si la paix est établie dans la famille, si la nullité ne résulte que de l'inobservation de quelques formes, permettra-t-on au ministère public de venir troubler cette heureuse harmonie ? C'est encore là une de ces nuances qu'il faudra saisir pour régler l'étendue de son action.

M. Réal dit que la conséquence nécessaire des idées qui viennent d'être développées, serait peut-être qu'il faudrait changer l'ordre de la discussion. Jusqu'à ce moment on a supposé les nullités assez bien définies par les auteurs, pour se dispenser d'introduire dans le Code d'inutiles définitions ; et la section, d'accord sur ce point avec les auteurs du projet, s'est bornée à dire à quelles personnes l'action serait accordée pour faire valoir ces nullités, dont elle suppose toujours la définition.

La discussion actuelle commande un autre ordre de travail, puisqu'elle semble annoncer que ces définitions sont nécessaires. C'est un point qu'il faut alors décider avant tout. Si ce travail est possible, il sera d'une grande utilité ; mais peut-être que la question même de savoir si l'exécution de cette conception est possible, devrait être soumise à une discussion préalable, et renvoyée à la section.

Sur la distinction établie entre les nullités relatives et les nullités absolues, M. Réal observe que d'Aguesseau, qui l'adopte avec tous les auteurs, ne paraît pas adopter également la dénomination des *nullités relatives*: elles n'ont été, dit-il, ainsi appelées que dans le style barbare des auteurs scholastiques.

M. Portalis dit que tout ce qui est conforme à la nature des choses et à l'ordre public, ne saurait être barbare. Ces expressions, *nullités absolues*, *nullités relatives*, sont des termes techniques et simples, qui rendent des idées composées, et qui, sous ce rapport, doivent être conservés dans le langage des lois. M. d'Aguesseau distingue, dans tous ses plaidoyers, les nullités absolues des nullités relatives; et il tenait à cette distinction, parce qu'il tenait à la paix des familles : il voulait que l'offense faite à la majesté des mœurs en la personne du père, ne produisît qu'une nullité relative, afin que le père pût remettre l'offense : mais il réclamait avec force contre la faculté malheureuse qu'aurait le ministère public d'élever la voix lorsque l'offensé pardonne.

Le Premier Consul dit que le projet explique par qui la nullité pourra être demandée; mais qu'il n'explique pas en quels cas le mariage est nul de plein droit.

M. Tronchet dit que jamais le mariage n'est nul de plein droit : il y a toujours un titre et une apparence qu'il faut détruire. Mais en quels cas la nullité peut-elle être demandée? par qui peut-elle l'être? voilà les questions que présente cette matière. Quant à la difficulté du classement proposé, elle disparaîtra, si, après avoir distingué les nullités absolues d'avec les nullités relatives, on énumère les exceptions qui couvrent les unes et les autres.

Le consul Cambacérès demande s'il n'est point de nullité qui soit absolue ou relative suivant les circonstances.

M. Tronchet répond qu'une nullité relative ne peut jamais devenir absolue, parce qu'elle n'a de force que par la réclamation de ceux en faveur desquels elle est établie.

Le Premier Consul dit qu'il serait trop dur de donner à ces sortes de nullités une durée indéfinie; qu'il faudrait les circonscrire dans un délai déterminé. Par exemple, doit-on écouter la réclamation d'un père qui n'a pas donné de consentement au mariage de son fils mineur, qui cependant l'a connu, et a gardé un long silence?

M. Boulay persiste à croire que le classement proposé par MM. Portalis et Tronchet sera très-difficile.

Le Premier Consul dit qu'en général le projet de Code civil ne laisse pas assez de latitude aux tribunaux, et qu'il n'est pas assez dogmatique. Si la loi n'indique pas le but qu'elle veut atteindre, et n'explique pas ses intentions, on décidera souvent contre son vœu par l'analyse de ses dispositions.

M. Boulay dit que le procès-verbal lèvera les doutes, et expliquera l'intention de la loi.

Le Conseil arrête que les articles discutés, et ceux qui ne l'ont pas été, seront renvoyés à la section de législation pour en présenter une rédaction nouvelle d'après le plan tracé par MM. Portalis et Tronchet.

182. Le mariage contracté sans le consentement des père et mère, des ascendans, ou du conseil de famille, dans les cas où ce consentement était nécessaire, ne peut être attaqué que par ceux dont le consentement était requis, ou par celui des deux époux qui avait besoin de ce consentement.

(Cet article est formé des XXXVII et XXXVIII du projet. Voyez les articles à la note qui est à la page 276 ; les changemens qu'il a subi ont eu lieu d'après le renvoi fait sur le précédent article, et ont été adoptés sans discussion.)

183. L'action en nullité ne peut plus être intentée ni par les époux, ni par les parens dont le consentement était requis, toutes les fois que le mariage a été approuvé expressément ou tacitement par ceux dont le consentement était nécessaire, ou lorsqu'il s'est écoulé une année sans réclamation de leur part, depuis qu'ils ont eu connaissance du mariage. Elle ne peut être intentée non plus par l'époux, lorsqu'il s'est écoulé une année sans réclamation de sa part, depuis qu'il a atteint l'âge compétent pour consentir par lui-même au mariage.

XXXIX. *La demande en nullité résultant du défaut de consentement des père, mère, aïeul, aïeule, ou du conseil de famille, ne peut plus être formée par les père, mère, aïeul, aïeule, ou le conseil de famille de celui des époux qui aura cessé, par sa majorité, d'être sous la puissance des ascendans ou du conseil.*

Le Premier Consul demande si l'on doit écouter la réclamation d'un père qui n'a pas donné de consentement au mariage de son fils mineur, qui cependant l'a connu et a gardé un long silence.

M. Tronchet répond que le silence du père sera une exception que fera valoir le fils, parce qu'il équivaut à une ratification tacite du mariage. Dans tous les tems, la moindre approbation de la part du père a établi une fin de non-recevoir contre lui. La loi pourrait donc le déclarer non recevable, dans tous les cas où il aurait consenti directement ou indirectement au mariage contracté sans son autorité.

Le consul Cambacérès dit qu'on doit trouver dans la loi un moyen de faire prévaloir l'équité sur la sévérité des principes.

M. Maleville dit que, suivant le projet, la nullité résultant du défaut de consentement du père ou de la famille, est couverte par la majorité des époux : mais cette fin de non-recevoir pourra-t-elle être invoquée par ceux qui ne sont mariés que quelques jours avant leur majorité ? Il sera communément impossible que, dans un si court intervalle, les ascendans ou la famille aient le tems de réclamer contre le mariage ; bien souvent, ils n'en seront pas même instruits : et cependant, pour de très-importantes raisons, la loi a voulu que des mineurs ne pussent se marier sans le consentement de leurs ascendans ou de leur famille : et tout mariage contracté sans ce consentement jusqu'au dernier jour de la minorité est absolument nul. Il serait donc inconséquent d'établir la règle que le projet présente. Le tribunal de cassation propose que la fin de non-recevoir ne soit admise que deux ans après la majorité. Ce délai serait trop long, sans doute ; mais il en faut un quelconque.

Le Premier Consul dit qu'indistinctement, et dans tous les cas, le père et la famille doivent perdre le droit de réclamer contre le mariage fait sans leur aveu, lorsqu'ils n'ont pas proposé leur réclamation un mois après qu'ils ont eu connaissance du mariage ; car ils ne devaient pas rester neutres.

M. Tronchet dit que ce délai serait trop court ; il affaiblirait la puissance paternelle, dont l'intérêt se lie avec celui des mœurs. Il est une foule de moyens et de ruses pour soustraire à la connaissance du père et de la famille le mariage du mineur : l'argent sur-tout peut beaucoup dans cette occasion ; car, avec ce secours, on parvient à faire dresser un procès-verbal d'affiches, quoiqu'il n'y ait pas eu d'affiches. Il faudrait assigner à la réclamation du père, le terme d'un an, à compter du jour où il a eu connaissance du mariage.

Le consul

Le consul Cambacérès propose de déclarer nul le mariage d'un mineur lorsqu'il a été contracté sans le consentement de ceux dont l'autorisation était nécessaire, à moins qu'il ne résulte des circonstances, que le père ou ceux qui étaient fondés à l'attaquer, en ont eu connaissance, et qu'ils n'ont pas réclamé, ou ont pardonné l'injure.

M. Tronchet dit qu'une telle disposition serait préférable à celle qui fixerait un délai pour la réclamation. Ce délai, quel qu'il soit, peut être trop court dans certaines circonstances. Il vaut donc mieux que les circonstances soient pesées par le juge, et qu'il se décide d'après les preuves qui en résultent.

M. Réal dit que l'action du père serait inutilement prolongée au-delà de la majorité du fils, parce qu'alors le consentement du père ne lui étant plus nécessaire, le fils rétablirait son mariage en le contractant de nouveau. On ne doit pas perdre de vue que la même loi qui se montre très-facile lorsqu'il ne s'agit que de retarder ou même d'empêcher un mariage que la raison désapprouve, se montre très-sévère, lorsqu'il s'agit de rompre des nœuds formés. Elle balance alors les inconvéniens, et tels moyens qui auraient paru assez forts pour empêcher une union de se former, sont impuissans pour la dissoudre. La loi se refuse surtout à un mal, à un scandale inutiles; et, dans l'espèce, ce serait bien inutilement que la loi ferait mal et scandale, puisque, si les époux sont de bonne intelligence, ils pourront renouer le lendemain les liens qui auront été brisés la veille; et la puissance paternelle aura reçu une double injure. Si les époux ne sont plus en bonne intelligence, si le mari est devenu inconstant, on lui offre, et à lui seul, à sa famille seule, une ressource équivalente au divorce par incompatibilité, qui sera justement proscrit. C'est à lui *seul*, à sa famille *seule*; car cette espèce de divorce, qui laisse la mère et les enfans dans la misère et l'opprobre, ne sera jamais demandée par la femme ni par ses parens.

Le consul Cambacérès dit que M. Réal ne résout point la difficulté, puisqu'il demeure toujours constant qu'un père n'a pas le tems de réclamer contre un mariage contracté trois jours avant la majorité du fils, si cette majorité est le terme de la faculté de réclamer.

M. Réal dit que le cas d'un tel mariage sera très-rare, puisque, pour le valider, il suffirait au mineur de le différer de trois jours; mais qu'il est dangereux et contraire aux mœurs de permettre la cassation d'un mariage qui serait ensuite contracté de nouveau.

Le Premier Consul dit qu'en principe le consentement du père, et le droit de réclamer contre le mariage de son fils mineur lorsqu'il n'y a pas consenti, sont une précaution établie, non pour l'intérêt du père, mais pour l'intérêt du fils; qu'elle est inutile au fils devenu majeur, puisqu'alors la loi suppose qu'il est en état d'agir par lui-même, et de connaître ce qui lui est avantageux : le droit de réclamer contre son mariage ne doit donc appartenir qu'à lui seul.

M. Réal dit qu'il ne peut revenir contre le consentement qu'il a donné étant mineur; car la loi qui admet son consentement, le répute majeur, et suppose qu'il savait par lui-même ce qui lui était avantageux.

Le Premier Consul répond qu'il n'a pu consentir, puisqu'il était incapable de contracter.

M. Tronchet dit que ceci rentre dans la question de savoir si un époux peut réclamer lui-même contre son mariage. Ici la difficulté se résout par un principe fort simple; c'est que celui qui ne peut disposer de ses biens, peut encore moins disposer de sa personne.

(L'article est renvoyé à la section de législation. Les changemens faits n'ont donné lieu à aucune discussion.)

184. Tout mariage contracté en contravention aux dispositions contenues aux articles 144, 147, 161, 162 et 163, peut être attaqué, soit par les époux eux-mêmes, soit par tous ceux qui y ont intérêt, soit par le ministère public.

(Cet article est formé du XXXVe du projet : même observation que sur l'article 182.)

185. Néanmoins le mariage contracté par des époux qui n'avaient point encore l'âge requis, ou dont l'un des deux n'avait point atteint cet âge, ne peut plus être attaqué, 1°. lorsqu'il s'est écoulé six mois depuis que cet époux ou les époux ont atteint l'âge compétent; 2°. lorsque la femme qui n'avait point cet âge, a conçu avant l'échéance de (1) six mois.

XXX. *La nullité résultante de ce qu'un mariage aurait été contracté avant que les époux eussent atteint l'âge requis par la loi, peut être*

---

(1) Le Bulletin des Lois, ainsi que la rédaction adoptée au conseil d'état, portent *des six mois.*

réclamée par les époux, ou l'un d'eux. Ils sont non recevables à la demander; 1°. S'il s'est écoulé dix mois depuis l'âge exigé par l'article II ; 2°. si la femme a conçu avant l'époque de la réclamation.

(Les changemens faits ont eu lieu sans discussion.)

186. Le père, la mère, les ascendans et la famille qui ont consenti au mariage contracté dans le cas de l'article précédent, ne sont point recevables à en demander la nullité.

(Cet article fut ajouté lors de la rédaction définitive, et adopté sans discussion.)

187. Dans tous les cas où, conformément à l'article 184, l'action en nullité peut être intentée par tous ceux qui y ont un intérêt, elle ne peut l'être par les parens collatéraux, ou par les enfans nés d'un autre mariage, du vivant des deux époux, mais seulement lorsqu'ils y ont un intérêt né et actuel.

(Cet article est formé du XLe du projet : même observation que sur l'article 182.)

188. L'époux au préjudice duquel a été contracté un second mariage, peut en demander la nullité, du vivant même de l'époux qui était engagé avec lui.

XXXIV. *La nullité résultant de ce qu'un mariage aurait été contracté avant la dissolution légale d'un premier mariage d'un des époux, peut être réclamée par l'époux qui était libre, par ses père et mère, ou aïeul et aïeule, et par le ministère public.*

M. BIGOT-PRÉAMENEU dit qu'on a trop resserré le droit de réclamer la nullité du second mariage : il doit appartenir non-seulement à celui des époux qui se trouvait lié par le premier mariage, mais encore aux enfans qui en sont issus et même au bigame, car il faut qu'il puisse réparer le délit qu'il a commis.

M. EMMERY dit qu'il serait inconvenant qu'une femme, que des enfans eussent une action criminelle contre leur mari, ou leur père ; qu'il ne le serait pas moins que le bigame pût venir arguer de sa propre turpitude ; et que, pour éviter ces inconvéniens, la section avait cru devoir autoriser le ministère public à intervenir, parce que

Séance du 4 Vendémiaire an 10.

toutes ces personnes à qui la pudeur semble interdire la faculté d'actionner, pourraient exciter la partie publique.

Le Ministre de la Justice demande la suppression de l'article, parce qu'il donne à une nullité absolue le caractère d'une nullité simplement relative.

La bigamie est un crime ; on ne peut donc attribuer aucun effet au mariage contracté au préjudice d'un premier mariage légal subsistant : ouvrir alors une action à telle ou telle personne, c'est supposer que ce second mariage a besoin d'être attaqué pour être nul ; il l'est de plein droit.

M. Portalis dit que l'action civile contre le second mariage doit être ouverte à tous ceux qui ont intérêt de l'attaquer ; en effet, si le premier mariage était vicieux, le second serait régulier, et le second n'est vicieux que lorsque le premier ne l'est pas : ainsi, le débat peut s'ouvrir sur cette double question, qui, sous ce rapport, est purement civile.

Le délit de celui qui est devenu bigame, du moins par l'intention, présente une question différente, laquelle seule appartient au droit criminel. Ces motifs justifient l'opinion de M. Bigot-Préameneu.

Le Ministre de la justice partage cet avis ; mais il attaque la rédaction, parce qu'elle ne présente pas ce sens et qu'elle est trop générale : il propose de dire, *avant la dissolution légale d'un premier mariage déjà attaqué.*

M. Portalis observe qu'un mariage peut être nul sans être attaqué, et que conséquemment, si on contracte un second mariage, ce second mariage n'est annullé qu'autant qu'à l'époque où l'on réclame contre le second mariage, on n'est point autorisé à faire prononcer la nullité du premier.

L'article est adopté, avec l'amendement de M. Bigot-Préameneu.

189. Si les nouveaux époux opposent la nullité du premier mariage, la validité ou la nullité de ce mariage doit être jugée préalablement.

(Cet art. a été adopté sans discussion lors de la rédaction définitive.)

190. Le commissaire du gouvernement, dans tous les cas auxquels s'applique l'article 184, et sous les modifications portées en l'article 185, peut et doit demander la nullité du mariage, du vivant des deux époux, et les faire condamner à se séparer.

(Cet art. a été adopté sans discussion lors de la rédaction définitive.)

191. Tout mariage qui n'a point été contracté publiquement, et qui n'a point été célébré devant l'officier public compétent, peut être attaqué par les époux eux-mêmes, par les père et mère, par les ascendans, et par tous ceux qui y ont un intérêt né et actuel, ainsi que par le ministère public.

(Cet art. a été adopté sans discussion lors de la rédaction définitive.)

192. Si le mariage n'a point été précédé des deux publications requises, ou s'il n'a pas été obtenu des dispenses permises par la loi, ou si les intervalles prescrits dans les publications et célébrations n'ont point été observés, le commissaire fera prononcer contre l'officier public une amende qui ne pourra excéder trois cents francs; et, contre les parties contractantes, ou ceux sous la puissance desquels elles ont agi, une amende proportionnée à leur fortune.

193. Les peines prononcées par l'article précédent, seront encourues par les personnes qui y sont désignées, pour toutes contraventions aux règles prescrites par l'article 165, lors même que ces contraventions ne seraient pas jugées suffisantes pour faire prononcer la nullité du mariage.

(Les art. 192 et 193 sont formés de l'article XLVe du projet : même observation que sur l'article 182.)

194. Nul ne peut réclamer le titre d'époux et les effets civils du mariage, s'il ne représente un acte de célébration inscrit sur le registre de l'état civil, sauf les cas prévus par l'article 46, au titre des *Actes de l'état civil.*

XLVIII. *Nul ne peut réclamer le titre d'époux et les effets civils du mariage, s'il ne représente un acte de célébration inscrit sur le registre de l'état civil.*

(Les changemens faits ont eu lieu sans discussion.)

195. La possession d'état ne pourra dispenser les prétendus époux qui l'invoqueront respectivement, de représenter l'acte de célébration du mariage devant l'officier de l'état civil.

196. Lorsqu'il y a possession d'état, et que l'acte de célébration du mariage devant l'officier de l'état civil est représenté, les époux sont respectivement non-recevables à demander la nullité de cet acte.

197. Si néanmoins, dans le cas des articles 194 et 195, il existe des enfans issus de deux individus qui ont vécu publiquement comme mari et femme, et qui soient tous deux décédés, la légitimité des enfans ne peut être contestée sous le seul prétexte du défaut de représentation de l'acte de célébration, toutes les fois que cette légitimité est prouvée par une possession d'état qui n'est point contredite par l'acte de naissance.

(Ces trois articles sont formés des deux suivans.)

XLIX. *La possession d'état ne peut, à l'égard des prétendus époux, suppléer la représentation de ce titre, ni faire admettre la preuve testimoniale de la célébration du mariage, si ce n'est dans les cas prévus par la loi du 2 floréal an 7, de la non-existence ou de la perte des registres de l'état civil, encore que les prétendus époux exhibassent un contrat de mariage, et nonobstant toute reconnaissance et déclaration contraire émanée des deux époux ou de l'un d'eux.*

L. *Si néanmoins, dans le cas de l'article précédent, il existe des enfans issus de deux individus qui ont vécu publiquement comme mari et femme, et qui soient tous deux décédés, la légitimité des enfans ne peut être contestée sous le seul prétexte du défaut de représentation de l'acte de célébration, toutes les fois qu'un acte de naissance, appuyé de la possession d'état, prouve cette légitimité.*

Le consul CAMBACÉRÈS dit que l'article L expose l'état des enfans, dans le cas où l'un des époux serait décédé et que l'autre ne pourrait représenter l'acte de mariage ; la possession d'état qu'ils auraient, quelque certaine qu'elle fût, ne pourrait l'emporter sur l'exclusion que leur donnerait une disposition aussi absolue : cette disposition serait dangereuse, sur-tout après une longue révolution, pendant le cours de laquelle beaucoup de français se sont mariés en pays étranger, beaucoup ont négligé de remplir les formalités prescrites pour les actes de l'état civil.

M. Treilhard trouve également l'art. XLIX vicieux, en ce qu'il suppose que la possession d'état n'est pas une preuve suffisante du mariage de l'un des époux vis-à-vis de l'autre.

Ces observations sont adoptées, et la rédaction des articles est changée.

198. Lorsque la preuve d'une célébration légale du mariage se trouve acquise par le résultat d'une procédure criminelle, l'inscription du jugement sur les registres de l'état civil assure au mariage, à compter du jour de sa célébration, tous les effets civils, tant à l'égard des époux, qu'à l'égard des enfans issus de ce mariage.

(Cet article est formé du XLIVe du projet : même observation que sur l'article 182.)

199. Si les époux ou l'un d'eux sont décédés sans avoir découvert la fraude, l'action criminelle peut être intentée par tous ceux qui ont intérêt de faire déclarer le mariage valable, et par le commissaire du gouvernement.

(Cet art. fut adopté sans discussion lors de la rédaction définitive.)

200. Si l'officier public est décédé lors de la découverte de la fraude, l'action sera dirigée au civil contre ses héritiers par le commissaire du gouvernement, en présence des parties intéressées et sur leur dénonciation.

(Cet art. fut adopté sans discussion lors de la rédaction définitive.)

201. Le mariage qui a été déclaré nul, produit néanmoins les effets civils, tant à l'égard des époux qu'à l'égard des enfans, lorsqu'il a été contracté de bonne-foi.

202. Si la bonne-foi n'existe que de la part de l'un des deux époux, le mariage ne produit les effets civils

qu'en faveur de cet époux, et des enfans issus du mariage.

(Ces deux articles sont formés de l'art. XLVIIe. du projet : même observation que sur l'art. 182).

CHAPITRE V.

DES OBLIGATIONS QUI NAISSENT DU MARIAGE.

203. Les époux contractent ensemble, par le fait seul du mariage, l'obligation de nourrir, entretenir et élever leurs enfans.

204. L'enfant n'a pas d'action contre ses père et mère pour un établissement par mariage ou autrement.

(Ces deux articles n'en formaient qu'un, il était le LIe du projet.)

Séance du 5 Vendémiaire an 10.

M. MALEVILLE rappelle qu'en pays de droit écrit, la fille avait action contre son père pour en obtenir une dot. Cette action était autorisée par le chap. 35 de la loi *Julia*.

Le tribunal d'appel de Montpellier et plusieurs autres demandent qu'elle soit conservée. Eh ! que deviendraient en effet les filles, si, par caprice ou par sordide intérêt, un père s'opposait constamment à leur mariage ? elles ne pourraient s'en venger qu'au préjudice des mœurs et à la honte des familles. On sait bien que ces cas doivent être rares ; mais il suffit qu'ils existent pour que la loi doive y pourvoir. A Athènes, la loi dispensait les enfans de fournir des alimens à leurs pères, lorsque ceux-ci ne leur avaient pas donné le moyen de fournir à leurs propres besoins; mais le mariage est aussi un besoin des filles. Cependant cet article, loin de laisser subsister tacitement l'usage des pays de droit écrit, établit une disposition toute contraire.

M. BOULAY dit que l'action dont on parle était juste dans le droit romain. Là, le père était maître absolu de la personne et des biens de ses enfans; tout étant contre eux, il fallait bien que ce droit rigoureux fût modifié par quelque tempérament.

M. RÉAL dit que l'expérience des pays coutumiers a prouvé que cette action n'était pas nécessaire.

Au reste, c'est précisément parce qu'il y a une jurisprudence, que la loi ne peut pas rester muette, mais qu'elle doit s'expliquer.

Le consul CAMBACÉRÈS dit que le respect pour la qualité de père doit céder cependant à la vérité des choses. On ne peut mettre toujours

l'équité

l'équité du côté des pères, et l'injustice du côté des enfans : il existe des pères sordides et injustes. Rien ne serait donc plus bizarre que de donner au père la jouissance des biens de son fils mineur, et de ne pas donner aux filles, à un certain âge, le droit de demander une dot. Au surplus, la disposition peut être conçue de manière à ne pas devenir nuisible.

M. Tronchet dit que les rédacteurs du projet de Code civil ont trouvé en France deux systèmes établis. Dans le pays de droit écrit, la fille avait une action contre son père pour demander une dot : cette jurisprudence était une modification à l'extrême étendue que le droit écrit donne à la puissance paternelle ; et voilà pourquoi la fille n'avait pas la même action contre sa mère. Dans les pays coutumiers, au contraire, on tenait pour maxime que *ne dote qui ne veut.*

Il fallait choisir entre ces deux systèmes.

Les rédacteurs se sont déterminés par le principe que la loi doit, autant qu'il est possible, ne pas déranger les habitudes des hommes ; en conséquence, ils ont préféré la règle du droit coutumier, lequel régit la majorité de la France. La preuve qu'ils ne se sont pas trompés à cet égard, c'est que peu de tribunaux ont réclamé contre la disposition. Que l'on compte ces tribunaux, qui sont tous des pays de droit écrit, et l'on sera convaincu que les rédacteurs se sont conformés aux habitudes de la majorité des Français.

Une autre considération encore a déterminé les rédacteurs : ils ont réfléchi que la dureté des pères envers leurs enfans est un cas rare, et en quelque sorte une exception à l'ordre naturel des choses ; en conséquence, ils ont cru devoir s'arrêter davantage aux inconvéniens plus fréquens que produirait la jurisprudence des pays de droit écrit, qu'aux inconvéniens rares que peut avoir l'usage des pays coutumiers. Il faut bien se garder d'armer les enfans contre leur père : l'action qu'on propose de leur donner, deviendrait un moyen de le gêner, de l'embarrasser, de rompre ses spéculations. Quelquefois il ne voudra pas consentir à un mariage indiscret ; et l'on forcera son consentement, en le plaçant dans l'alternative ou de le donner, ou d'exposer aux regards du public le bilan de ses affaires. Au reste, pour corriger les abus rares du refus des pères, on pourrait autoriser la famille à réclamer la dot au nom de la fille.

M. Maleville soutient que la plus grande partie de la France vit sous l'empire du droit romain. Il régissait déjà la moitié de l'ancien territoire; il régit également presque tous les départemens réunis, la Savoie, le comté de Nice, la Belgique, sauf quelques statuts particuliers, et les quatre départemens nouveaux.

Au fond, les mariages sont favorables et préviennent la corruption des mœurs; aussi *Domat* dit-il : « La fille qui se marie doit être dotée « par son père, s'il est vivant; car le devoir du père de pourvoir à la « conduite de ses enfans, renferme celui de doter sa fille ». L'obligation de doter n'était pas aussi directement imposée à la mère; elle y était cependant tenue subsidiairement, et lorsque le père était pauvre : ce qui prouve que c'était la faveur des mariages, et non l'objet d'affaiblir l'autorité paternelle, qui avait été le motif de la loi. Que du moins on ne détruise pas formellement la jurisprudence des pays de droit écrit.

M. Réal répond que le Code civil ne peut laisser subsister cette opposition des lois; et même, s'il ne détruisait formellement l'usage du pays de droit écrit, il serait possible qu'on tirât de son silence la conséquence que cet usage peut être adopté dans les pays coutumiers.

Le Premier Consul dit qu'il est avoué que le Code civil ne peut pas se taire sur la question; mais il voudrait qu'on discutât les motifs de la loi *Julia*. Il est difficile de concevoir que la puissance paternelle, qui n'est instituée que pour l'intérêt des enfans, pût tourner contre eux. D'ailleurs, c'est un principe constant que le père doit des alimens à tous ses enfans. Cette obligation va jusqu'à marier sa fille; car elle ne peut former d'établissement que par le mariage, tandis que les garçons s'établissent de beaucoup d'autres manières. C'est, sans doute, cette différence qui a porté la loi *Julia* à accorder aux filles une action qu'elle refuse aux garçons.

M. Maleville dit que l'objet de la loi *Julia* est de favoriser les mariages.

M. Tronchet soutient qu'elle avait pour but de tempérer la dureté de la puissance paternelle, telle qu'elle existait chez les Romains. Il en donne pour preuve que cette loi n'accordait point d'action contre la mère pour l'obliger à fournir une dot.

Le Premier Consul adopte le terme moyen proposé par M. Tronchet, et qui consiste à faire présenter la réclamation par la famille.

M. Maleville rappelle que la novelle 115 autorise les père et mère à déshériter leur fille, si elle a refusé de se marier, et qu'elle vive dans le libertinage; mais cette novelle ajoute : *Si verò usque ad viginti quin-*

que annorum ætatem pervenerit filia, et parentes distulerint eam marito copulare, et forsitan ex hoc contigerit in suum corpus eam peccare, aut sine consensu parentum marito se, libero tamen, conjungere, hoc ad ingratitudinem filiæ noluimus imputari; quia non suâ culpâ, sed parentum, id commisisse cognoscitur.

M. Tronchet propose les amendemens suivans : 1°. Qu'un conseil de famille décide s'il y a lieu à l'action ; 2°. Qu'il la dirige : il est inconvenant d'autoriser une fille à actionner directement son père.

Le consul Cambacérès dit qu'on ne peut se dispenser de décider la question, afin de rendre la législation uniforme ; mais la disposition pourrait être moins absolue que dans le projet. Après avoir dit que le père doit nourrir, entretenir et élever ses enfans, il suffirait d'ajouter : *Ses obligations peuvent s'étendre jusqu'à leur procurer un établissement, si ses facultés le permettent, si le conseil de famille le juge nécessaire et possible*, etc.

M. Tronchet ajoute un nouvel amendement à ceux qu'il a présentés. Il propose de n'ouvrir l'action que lorsque la fille aura atteint l'âge de vingt-cinq ans. Les considérations qui portent le père à différer jusque-là, ne doivent être ni dévoilées ni jugées.

M. Cretet demande s'il y a beaucoup d'exemples qu'on ait fait usage de l'action dans les pays de droit écrit, et sur-tout qu'elle ait eu une issue heureuse. En effet, cette action ouvre une guerre entre le père et la fille : le père peut donc dissimuler et déguiser sa fortune. L'expérience prouve-t-elle qu'on soit parvenu à surmonter ces difficultés, et à obliger le père à fournir réellement une dot ?

Le consul Cambacérès dit que rarement on a fait usage de l'action ; mais quand elle a été intentée, et qu'on a reconnu des facultés au père, on a fixé la dot à la moitié de celle qu'il eût donnée volontairement.

M. Lacuée dit qu'avec les amendemens proposés, la loi ne peut avoir aucun inconvénient : peu de filles seront réduites à actionner leur père, car la crainte seule d'un procès toujours fâcheux déterminera à l'avenir, comme il détermine à présent, les pères à les marier.

M. Portalis examine comment la loi qui ouvre l'action a été établie. Cette action fut inconnue tant que Rome conserva ses mœurs républicaines. Les empereurs entreprirent de les changer ; et, dans cette vue, ils tentèrent d'affaiblir la puissance paternelle, qui était étroitement liée aux anciennes mœurs des Romains : la loi n'a pas eu d'autres motifs. Les filles en ont rarement usé ; mais quand l'action était présentée, le père ne pouvait se dispenser de fournir son bilan, afin qu'on déterminât *dotem congruam*; alors aussi on discutait tout-à-la-fois et ses facultés, et les avantages du mariage que la fille voulait contracter : tout était remis à l'arbitraire du juge.

En France, la législation s'est partagée : celle des pays de droit écrit a admis l'action en dot; celle des pays coutumiers l'a rejetée. Qu'arrivera-t-il, si, forcé d'uniformiser la législation, on étend aux pays coutumiers la jurisprudence des pays de droit écrit? Il y aura une commotion qui ne sera pas en faveur des pères, sur-tout dans le relâchement actuel des mœurs. Les rédacteurs du projet ne pouvant se taire sur la question, se sont déterminés par les considérations suivantes. Ils ont examiné s'il y aurait plus de pères qui abuseraient de la liberté de ne pas doter, qu'il n'y aurait d'enfans qui abuseraient du droit d'exiger une dot. En général, on n'abuse pas d'un droit qui est établi depuis long-tems; une longue habitude en a réglé l'usage et séparé les inconvéniens. Mais on doit craindre l'abus d'un droit nouveau, principalement lorsqu'on l'établit chez une nation dont les habitudes sont formées. Au reste, les pères barbares ne sont pas la masse des pères; il est plus ordinaire qu'ils aiment leurs enfans, qu'il ne l'est qu'ils en soient aimés. Cette différence vient de ce qu'une sorte d'esprit de propriété ajoute encore à l'amour que la nature a placé dans le cœur des pères.

M. Maleville observe que la loi *Julia* exprime le motif sur lequel elle est fondée : c'est l'intérêt de favoriser les mariages. *Montesquieu*, qui en a parlé fort au long, ne lui en donne pas d'autres, et on peut s'en rapporter à sa perspicacité.

M. Portalis dit qu'à la vérité la loi *Julia* ne paraît faite que pour diminuer les célibataires et favoriser les mariages : mais ce motif n'est qu'apparent; son motif réel était d'affaiblir la puissance paternelle. Peu importe au surplus l'origine de cette loi; tout se réduit à ceci : il faut choisir entre deux usages opposés. Si celui du droit écrit existait par-tout, on n'aurait pas à en craindre l'abus; mais il est dangereux de l'introduire, lorsque la puissance paternelle et la sévérité des mœurs sont affaiblies.

M. Boulay observe que si la crainte de la barbarie des pères pouvait être un motif de décider, elle conduirait jusqu'à renverser tout le système de la puissance paternelle. Le Code civil va enlever aux pères l'avantage qu'ils avaient, dans le pays de droit écrit, de jouir des biens de leurs enfans jusqu'à l'émancipation; il est donc juste de les affranchir, par compensation, d'une action uniquement destinée à tempérer leur puissance, lorsqu'elle avait une étendue que la loi va restreindre.

Le consul Cambacérès dit qu'on ne peut forcer tous les pères indistinctement à doter leurs enfans et à les établir; mais il serait étrange qu'une disposition prohibitive empêchât de les y obliger en aucun cas. La raison et l'expérience enseignent qu'il y a des pères à l'égard desquels cette mesure est nécessaire. On parle de la dépravation des mœurs : elle est chez les pères comme chez les enfans; elle n'est même ordinairement chez les enfans que parce qu'elle est chez les pères. Il importe donc d'examiner, si, dans l'état actuel, les tribunaux ne doivent pas avoir l'autorité de ramener les pères à leurs obligations. L'affirmative paraît incontestable ; c'est dans des circonstances pareilles que la loi *Julia* a été portée. En conséquence, il serait sage, après avoir posé le principe que les pères doivent des alimens à leurs enfans, d'ajouter que cette obligation *peut* s'étendre jusqu'à les marier et les établir. Cette disposition ne serait ni absolue ni rigoureuse. En général, les lois civiles doivent être faites de manière qu'elles n'excluent pas les tempéramens d'équité. On objecte qu'elle obligera le père à rendre public son bilan. Une telle objection tournerait contre l'obligation de fournir des alimens, puisque, pour y contraindre le père, il faudra aussi prendre connaissance de l'état de sa fortune.

M. Regnaud (de Saint-Jean-d'Angely) dit qu'il y aurait de grands inconvéniens à rejeter la rédaction proposée. En pays de droit écrit, il est permis à la fille de demander une dot, même après qu'elle est mariée ; et alors elle est sous l'influence de son mari, qui n'a pas naturellement pour le père le même respect et la même tendresse que la fille. Il arriverait de là qu'un homme intéressé épouserait une fille sans dot, dans l'espoir d'en exiger une ensuite du père, qu'il poursuivrait, sous le nom de la fille, sans aucun ménagement. Une autre raison encore s'élève contre ce système. Un père se voyant exposé aux poursuites d'enfans que leur âge et leur sexe rendent plus susceptibles de recevoir l'impression de mauvais conseils, dénaturera sa fortune. On ne pourrait l'en empêcher qu'en le réduisant à un état d'interdiction. Ainsi l'action dont il s'agit deviendrait une cause de plus de l'avilissement des propriétés, puisqu'elle réduirait une classe de citoyens à mettre leur fortune en portefeuille, pour se ménager la facilité de ne doter leurs enfans que suivant la satisfaction qu'ils auraient de leur conduite.

L'article est adopté.

205. Les enfans doivent des alimens à leurs père et mère, et autres ascendans qui sont dans le besoin.

206. Les gendres et belles-filles doivent également, et dans les mêmes circonstances, des alimens à leurs beau-père et belle-mère; mais cette obligation cesse, 1°. lorsque la belle-mère a convolé en secondes noces, 2°. lorsque celui des époux qui produisait l'affinité, et les enfans issus de son union avec l'autre époux, sont décédés (1).

LII. *Les enfans doivent des alimens à leurs père et mère et autres ascendans qui sont dans le besoin.*

Les enfans doivent également des alimens à leurs alliés dans la même ligne, à moins que lesdits alliés n'aient convolé en secondes noces.

Le consul CAMBACÉRÈS demande ce que la section entend dans cet article par le mot *alliés*.

M. RÉAL répond qu'elle a entendu désigner les degrés correspondans à ceux des ascendans.

Le consul CAMBACÉRÈS dit qu'alors la disposition est trop étendue, puisqu'elle pourrait obliger à fournir des alimens à une marâtre.

M. TRONCHET dit qu'il faudrait se servir des mots *beau-père et belle-mère*, et restreindre l'effet de la disposition aux ascendans de l'autre époux.

M. MALEVILLE dit que la disposition devrait être réciproque, et obliger les beaux-pères et belles-mères à fournir des alimens à leur gendre et à leur bru.

M. RÉAL répond que la situation n'est pas la même; qu'il faut des alimens à un vieillard, mais qu'un gendre est d'un âge qui lui permet de pourvoir par son travail à sa subsistance.

M. MALEVILLE observe que les alimens ne sont dus qu'à celui qui ne peut gagner sa vie.

Le consul CAMBACÉRÈS dit que ce n'est aussi que dans ce cas que l'obligation serait réciproque.

---

(1) Peut-on transiger sur des alimens? Décidé négativement par arrêt de la cour d'appel de Paris du.... an 12.

M. Boulay dit qu'un père ne doit pas d'alimens à son fils majeur ; qu'il n'est tenu que d'entretenir et d'élever ses enfans.

Le consul Cambacérès dit qu'il ne conçoit pas de circonstances qui dispensent le père de fournir la subsistance à un fils dans le besoin ; que si le système contraire était admis, il devrait restreindre aussi l'obligation du fils envers le père. Cependant l'obligation générale de nourrir ses enfans, comprend nécessairement l'obligation de fournir à leur subsistance, dans tous les cas où ce secours leur est nécessaire.

M. Réal dit que c'est dans l'intention de restreindre cette obligation au premier âge, et pour faire sentir qu'elle cesse lorsque l'enfant est élevé, que la section a placé le mot *élever* après celui *entretenir*.

M. Boulay dit que sans doute un père n'abandonnera pas son fils dans le besoin, et que la loi ne peut le supposer ; mais que si elle impose formellement au père l'obligation de remplir ce devoir naturel, elle favorisera la paresse dans les enfans.

Le Premier Consul dit qu'il serait révoltant de laisser à un père riche la faculté de chasser de sa maison ses enfans après les avoir élevés, et de les envoyer pourvoir par eux-mêmes à leur subsistance, fussent-ils même estropiés. Telle est cependant l'idée que présente la rédaction. Si elle pouvait être admise, il faudrait donc aussi défendre aux pères de donner de l'éducation à leurs enfans : car rien ne serait plus malheureux pour ces derniers, que de s'arracher aux habitudes de l'opulence et aux goûts que leur aurait donnés leur éducation, pour se livrer à des travaux pénibles ou mécaniques auxquels ils ne seraient pas accoutumés. Pourquoi, si le père était quitte envers eux lorsqu'il les a élevés, ne les priverait-on pas aussi de sa succession ? Les alimens ne se mesurent pas seulement sur les besoins physiques, mais encore sur les habitudes : ils doivent être proportionnés à la fortune du père qui les doit, et à l'éducation de l'enfant qui en a besoin.

M. Tronchet dit que l'obligation imposée au père de fournir des alimens à son fils est absolue ; mais que la loi doit se borner à en consacrer le précepte, et laisser le juge l'appliquer suivant les circonstances : la loi ne peut pas poser une règle générale d'application, parce que l'obligation des pères varie selon leur fortune et leur état. Le juge n'a pas besoin de lois pour empêcher un père opulent de chasser son fils lorsque son éducation est achevée. Les juges doivent encore avoir égard à la position du père. Il est possible, par exemple, qu'un père ait un grand nombre d'enfans et ait beaucoup dépensé pour leur éducation.

Si l'on descend dans les classes les moins opulentes, l'obligation du père se réduit à mettre ses enfans en état de travailler. Le juge saura faire toutes ces distinctions.

Le Premier Consul dit qu'à la vérité la loi ne peut pas déterminer précisément la quotité des alimens qui seront dus par le père, mais elle peut déclarer en général que le père est tenu de nourrir et d'élever ses enfans mineurs, et de les établir quand ils sont majeurs, ou de leur fournir des alimens. Le fils, en effet, a un droit acquis aux biens du père : l'effet de ce droit est suspendu tant que le père vit ; mais alors même il se réalise dans la mesure des besoins du fils. Cependant, si la loi déclare qu'il n'est point dû d'alimens au fils majeur, elle met les tribunaux dans l'impossibilité d'en adjuger.

M. Réal demande ce que deviendra le respect filial, si le père et le fils sont obligés de vivre ensemble, après que ce dernier aura été installé dans la maison paternelle par le ministère d'un huissier.

M. Cretet dit que la discussion seule a fait apercevoir dans l'article une limitation que ne présente point sa rédaction. Il y a peut-être du danger à ce que la loi établisse formellement l'obligation du père pour tous les cas : mais il suffit qu'elle ne porte point de limitation : alors, ces sortes de questions demeurent abandonnées à la prudence du juge.

M. Tronchet propose de dire que *le père est tenu de nourrir ses enfans, toutes les fois qu'ils sont dans le besoin et que ses facultés le lui permettent.*

L'article est adopté avec l'amendement de M. Tronchet.

M. Berlier observe sur la seconde partie de l'article relative aux alimens dus par les enfans à leurs alliés dans la ligne ascendante, que cette disposition est inutile, parce que le père a naturellement action contre sa fille pour en obtenir des alimens, même lorsqu'elle est mariée, et que cette action est alors dirigée contre le gendre, comme chef de la société conjugale ; que cette suppression fera disparaître les difficultés naissant du sens équivoque que plusieurs orateurs ont justement reproché à cet article.

Le consul Cambacérès dit que l'article doit être rédigé dans ce sens, 1°. qu'une marâtre ne puisse venir demander des alimens à son beau-fils ; 2°. que le beau-père ne puisse demander des alimens à son gendre que pendant la vie de la femme de ce dernier, et celle des enfans nés de leur mariage : car si la femme et les enfans sont décédés, le gendre

devient

devient étranger à son beau-père, sur-tout lorsque ce gendre s'est remarié.

La deuxième partie de l'article est retranchée, et la proposition du consul Cambacérès adoptée.

207. Les obligations résultant de ces dispositions sont réciproques.

208. Les alimens ne sont accordés que dans la proportion du besoin de celui qui les réclame, et de la fortune de celui qui les doit.

(Cet article, le LIIIe. du projet, fut adopté sans discussion).

209. Lorsque celui qui fournit ou celui qui reçoit des alimens est replacé dans un état tel, que l'un ne puisse plus en donner, ou que l'autre n'en ait plus besoin en tout ou en partie, la décharge ou réduction peut en être demandée.

(Cet article était le LIVe. du projet).

M. Boulay dit que cet article paraît inutile, puisque les art. LI et LII n'admettent l'obligation de fournir des alimens que lorsqu'il y a besoin d'un côté et faculté de l'autre.

M. Réal dit que l'article est nécessaire pour détruire le jugement par lequel les alimens ont été accordés.

L'article est adopté.

210. Si la personne qui doit fournir les alimens justifie qu'elle ne peut payer la pension alimentaire, le tribunal pourra, en connaissance de cause, ordonner qu'elle recevra dans sa demeure, qu'elle nourrira et entretiendra celui auquel elle devra des alimens.

LV. *Celui qui ne peut payer une pension alimentaire, reçoit dans sa demeure, nourrit et entretient celui auquel il doit des alimens, pourvu que son revenu et son travail suffisent pour fournir de semblables secours.*

Le Premier Consul dit qu'il conviendrait d'abandonner à la prudence du juge tout ce que cet article érige en dispositions formelles.

M. Réal observe que cet article est encore un de ceux qui ne font qu'ériger en loi la jurisprudence actuelle.

M. Emmery dit que la faculté de recevoir en sa demeure, de nourrir et d'entretenir celui auquel les alimens sont dus, n'était admise que dans le cas où celui qui les devait, ne pouvait fournir une pension alimentaire. Cette jurisprudence avait pour objet d'empêcher que le père, à qui seul alors les alimens étaient dus, ne les reçût d'une manière trop pénible : mais aujourd'hui que l'obligation de fournir des alimens est étendue au père, il faut qu'il puisse offrir à son fils de le recevoir dans sa demeure et à sa table ; autrement, et si le père devait au fils des secours pécuniaires, celui-ci les dissiperait à mesure qu'ils lui seraient payés, et reviendrait sans cesse faire valoir ses besoins.

M. Tronchet dit qu'il sent toute la justesse de cette réflexion. Il propose en conséquence de donner, par l'art. 204, l'alternative au père, et de laisser l'article LV dans sa généralité.

L'article est adopté avec la proposition de M. Tronchet (1).

111. Le tribunal prononcera également si le père ou la mère qui offrira de recevoir, nourrir et entretenir dans sa demeure, l'enfant à qui il devra des alimens, devra dans ce cas être dispensé de payer la pension alimentaire.

(Cet article, qui n'était pas dans le projet, est le résultat de l'opinion de M. Tronchet sur l'article précédent).

---

(1) L'article LVI, sur la proposition du consul *Cambacérès*, est ajourné, renvoyé au titre *des Successions* ; il est ainsi conçu :

Les époux contractent aussi, par le seul fait du mariage, l'obligation de transmettre à leurs enfans une portion quelconque de leurs biens : la loi détermine la quotité de cette portion, dont ils ne peuvent disposer à titre gratuit, au préjudice de leurs enfans.

Les articles LVII et LVIII sont ajournés et renvoyés au titre *de la Filiation* ; ils sont ainsi conçus :

LVII. Le mariage, valablement contracté, légitime de plein droit les enfans nés des deux conjoints d'un commerce libre.

LVIII. Le mariage contracté à l'extrémité de la vie, entre deux personnes qui avaient vécu en concubinage, ne légitime point les enfans qui en seraient nés avant ledit mariage : ces enfans, pourvu qu'ils soient légalement reconnus, peuvent réclamer les droits accordés aux enfans nés hors mariage. (Voyez l'article 331).

CHAPITRE VI.

DES DROITS ET DES DEVOIRS RESPECTIFS DES ÉPOUX.

212. Les époux se doivent mutuellement fidélité, secours, assistance.

213. Le mari doit protection à sa femme, la femme obéissance à son mari.

(Ces deux articles formés de l'art. LIX du projet n'ont donné lieu à aucune discussion.)

214. La femme est obligée d'habiter avec le mari, et de le suivre par-tout où il juge à propos de résider : le mari est obligé de la recevoir, et de lui fournir tout ce qui est nécessaire pour les besoins de la vie, selon ses facultés et son état.

LX. *La femme est obligée de demeurer avec le mari, et de le suivre par-tout où il jugera à propos de résider; le mari est obligé de la recevoir, et de lui fournir tout ce qui est nécessaire pour les besoins de la vie, selon ses facultés et son état.*

Si le mari voulait quitter le sol de la République, il ne pourrait contraindre sa femme à le suivre, si ce n'est dans le cas où il serait chargé, par le Gouvernement, d'une mission à l'étranger exigeant résidence.

La première partie de l'article est adoptée.

M. RÉAL observe, sur la seconde, que le projet de Code civil portait, *le sol continental ou colonial de la République.* Les tribunaux ont demandé la suppression de ces mots, et la section l'a adoptée.

M. REGNAUD (de Saint-Jean-d'Angely) dit qu'un Français peut être appelé dans les Colonies par ses affaires, qu'alors il doit lui être permis de forcer sa femme à le suivre, parce qu'il peut voir des inconvéniens à la laisser éloignée de lui.

LE PREMIER CONSUL pense que l'obligation où est la femme de suivre son mari est générale et absolue.

M. EMMERY dit que cependant cette obligation ne doit pas aller jusqu'à suivre le mari dans l'étranger.

M. REGNAUD (de Saint-Jean-d'Angely) dit que, sans doute, le mari n'a pas le droit de faire de sa femme une étrangère; mais que cependant il ne doit pas être forcé de s'en séparer lorsque ses affaires le conduisent hors du territoire français.

Le Premier Consul dit que l'obligation de la femme ne doit recevoir aucune modification, et que la femme est obligée de suivre son mari, toutes les fois qu'il l'exige.

M. Réal demande comment on y forcera la femme lorsqu'elle ne voudra pas y consentir.

M. Regnaud (de Saint-Jean-d'Angely) répond que le mari lui fera une sommation de le suivre, ainsi que l'usage l'a consacré, et que si elle persiste à s'y refuser, elle sera réputée l'avoir abandonné.

M. Réal répond qu'il faudra cependant un jugement; il demande comment on parviendra à l'exécuter.

Le Premier Consul dit que le mari cessera de donner des alimens à sa femme.

M. Tronchet observe que cette discussion est une anticipation sur la matière du divorce. Les tribunaux ont remarqué que l'abandon appliqué au divorce serait le rétablissement de la cause d'incompatibilité d'humeur.

M. Boulay dit que toutes ces difficultés doivent être abandonnées aux mœurs ou aux circonstances.

La seconde partie de l'article est retranchée.

215. La femme ne peut ester en jugement sans l'autorisation de son mari, quand même elle serait marchande publique, ou non commune, ou séparée de biens (1).

216. L'autorisation du mari n'est pas nécessaire lorsque la femme est poursuivie en matière criminelle ou de police.

LXI. *La femme ne peut ester en jugement sans l'assistance de son*

---

(1) La femme qui, pendant une action en divorce, demande une provision alimentaire, a-t-elle besoin d'être autorisée pour exercer cette nouvelle action? Résolu négativement par arrêt de la cour d'appel de Bruxelles, du 20 pluviose an 12, sur le motif que cette demande n'est qu'accessoire de la demande principale.

mari, quand bien même elle serait marchande publique, ou non commune ou séparée de biens.

L'assistance du mari n'est pas nécessaire, lorsque la femme est poursuivie en matière criminelle ou de police.

M. BOULAY demande qu'on substitue le mot *autorisation* au mot *assistance*, lequel a un autre sens dans l'article LIX (212.)

L'article est adopté avec l'amendement.

217. La femme, même non commune ou séparée de biens, ne peut donner, aliéner, hypothéquer, acquérir, à titre gratuit ou onéreux, sans le concours du mari dans l'acte, ou son consentement par écrit.

LXII. *La femme, même non commune ou séparée de biens, ne peut donner, aliéner, accepter une succession ou une donation, ni hypothéquer, sans le consentement par écrit ou le concours du mari dans l'acte.*

Le consentement du mari, quoique postérieur à l'acte, suffit pour le valider.

M. MALEVILLE rappelle que, dans les pays de droit écrit, la femme avait des biens paraphernaux dont elle disposait sans le consentement de son mari.

M. PORTALIS dit que c'était un abus qui donnait au mari la facilité de dissiper les biens de son épouse : là, le mari n'était pas retenu par la nécessité de donner une autorisation publique.

M. MALEVILLE répond qu'en pays coutumier, le mari peut aussi dissiper les biens de sa femme, puisqu'ils deviennent aliénables avec son consentement; que du moins en pays de droit écrit, le mari ne peut toucher à la dot.

M. CRETET observe que le mari est retenu, en pays coutumier, par l'obligation de répondre des aliénations qu'il autorise.

M. TRONCHET dit que le droit écrit se contredit lui-même lorsqu'il établit d'un côté cette maxime : *Interest reipublicæ mulieres indotatas non relinquere;* et que de l'autre il permet aux femmes de disposer de tous leurs biens, pourvu qu'elles leur donnent le caractère de biens paraphernaux. Il faut que le mari puisse veiller à la conservation des biens de son épouse.

M. MALEVILLE dit que, pour ménager une ressource assurée pour la subsistance de la femme et des enfans, il faudrait déclarer une quote des biens de celle-ci inaliénable ; et que tel était aussi l'objet de la loi romaine.

M. Portalis dit qu'il vaut mieux laisser aux époux la liberté de régler, comme ils le jugent convenable, les conditions de leur mariage.

M. Tronchet dit que le Projet de code civil a été rédigé dans cet esprit : les époux sont entièrement libres dans leurs conventions matrimoniales, quoique le projet règle les effets des stipulations les plus ordinaires et les plus connues : mais il exige, comme une garantie contre les aliénations désavantageuses des biens de la femme, l'autorisation du mari.

M. Malleville observe que, suivant l'article, la femme non commune ne pourrait aliéner, même ses meubles, sans y être autorisée.

M. Réal répond qu'elle a cette faculté lorsqu'elle est non commune ou séparée de biens.

M. Regnaud (de Saint-Jean-d'Angely) dit que, pour l'en priver dans le fait, il faudrait aller jusqu'à lui ôter l'usage et la disposition de ses biens meubles; car aucune précaution ne l'empêcherait de vendre ses diamans et ses bijoux, fût-elle même en communauté.

M. Cretet demande si la femme peut acheter des immeubles sans l'autorisation du mari.

M. Tronchet répond qu'elle ne le peut pas, parce qu'elle aliénerait un capital, ou qu'elle s'obligerait.

M. Regnaud (de Saint-Jean-d'Angely) dit qu'il suffirait de lui défendre, en général, de s'obliger sans autorisation.

M. Réal répond que la défense d'hypothéquer ses immeubles est une précaution suffisante.

M. Regnaud (de Saint-Jean-d'Angely) dit que néanmoins la femme pourrait acheter ou à un prix trop haut, ou des biens d'une nature peu avantageuse; que pour lui éviter ces pertes, et prévenir un grand nombre d'autres inconvéniens, on doit exiger qu'elle n'achète qu'avec l'autorisation de son mari.

M. Tronchet dit qu'une raison très-morale vient à l'appui de l'opinion de M. *Regnaud*. L'ordonnance de 1731 défendait à la femme d'accepter une donation sans l'autorisation de son mari, parce qu'il est utile que le mari connaisse les causes de la donation. Ce motif doit faire étendre l'incapacité de la femme au cas où elle veut acquérir; car au lieu de recevoir un immeuble en nature, elle pourrait recevoir l'argent nécessaire pour l'acheter.

L'article est adopté avec l'amendement de M. Regnaud.

218. Si le mari refuse d'autoriser sa femme à ester en jugement, le juge peut donner l'autorisation.

219. Si le mari refuse d'autoriser sa femme à passer un acte, la femme peut faire citer son mari directement devant le tribunal de première instance de l'arrondissement du domicile commun, qui peut donner ou refuser son autorisation, après que le mari aura été entendu ou dûment appelé en la chambre du conseil.

Ces deux articles sont formés de l'article LXIII ainsi conçu : *Si le mari refuse son assistance, le juge peut autoriser la femme à l'effet d'ester en jugement.*

Si c'est à un acte qu'un mari refuse son autorisation et son adhésion, la femme a la faculté de le faire directement citer devant le tribunal de première instance de l'arrondissement du domicile commun, qui peut donner ou refuser son autorisation, après avoir entendu le mari, ou lui dûment appelé en la chambre du conseil.

M. DEFERMON dit que le mari ne peut pas être suppléé par le juge, puisqu'il s'oblige personnellement par l'autorisation qu'il donne à sa femme.

M. TRONCHET répond qu'il ne s'oblige point envers les tiers, que seulement il contracte envers sa femme l'obligation de surveiller l'emploi.

L'article est adopté.

(Les changemens faits n'ont donné lieu à aucune discussion.)

220. La femme, si elle est marchande publique, peut, sans l'autorisation de son mari, s'obliger pour ce qui concerne son négoce; et, audit cas, elle oblige aussi son mari, s'il y a communauté entr'eux.

Elle n'est pas réputée marchande publique, si elle ne fait que détailler les marchandises du commerce de son mari, mais seulement quand elle fait un commerce séparé.

(Cet article était le LXIVe. du Projet).

M. CRETET demande si la femme marchande publique, et qui n'est point commune en biens, soumet son mari à la contrainte par corps, par les engagemens qu'elle contracte.

M. Tronchet répond que l'acte emportant contrainte par corps n'y soumet que la personne qui l'a signé.

M. Boulay dit que cette question n'appartient pas à la matière qu'on discute.

M. Réal dit que le tribunal d'appel de Dijon demande, *si la marchande publique qui oblige son mari, quand il y a communauté entre eux, le rend aussi sujet à la contrainte par corps, pour les obligations qu'elle a contractées dans son commerce.*

M. Tronchet dit que la communauté est affectée dans tous les cas pour les dettes que contracte la femme marchande publique.

L'article est adopté.

221. Lorsque le mari est frappé d'une condamnation emportant peine afflictive ou infamante, encore qu'elle n'ait été prononcée que par contumace, la femme, même majeure, ne peut, pendant la durée de la peine, ester en jugement, ni contracter, qu'après s'être fait autoriser par le juge, qui peut, en ce cas, donner l'autorisation, sans que le mari ait été entendu ou appelé.

(Cet article le LXVe. du projet fut adopté sans discussion).

222. Si le mari est interdit ou absent, le juge peut, en connaissance de cause, autoriser la femme, soit pour ester en jugement, soit pour contracter.

(Cet article était le LXVIe. du projet).

Le Premier Consul demande si la section veut parler d'un mari seulement absent du lieu où se trouve la femme, ou si elle parle du mari déclaré absent.

M. Beaulieu dit que la femme serait trop long-tems dans l'impuissance d'agir, si elle ne pouvait obtenir l'autorisation du juge avant que son mari eût été déclaré absent ; qu'au surplus le tribunal ne donne l'autorisation qu'en connaissance de cause.

M. Tronchet dit que cette dernière raison dissipe toute crainte, et permet de donner plus de latitude à la disposition. Autrefois on accordait l'autorisation sur simple requête : les lieutenans civils *d'Argouges* et *Angran* ont voulu qu'elle ne le fût qu'en connaissance de cause ; ce qui sauve tous les inconvéniens, et permet de laisser sub-

sister

sister un usage nécessaire; car il est possible que quoiqu'un mari ne soit pas éloigné, il y ait cependant tellement urgence, que la femme n'ait pas le tems de prendre son autorisation.

L'article est adopté.

223. Toute autorisation générale, même stipulée par contrat de mariage, n'est valable que quant à l'administration des biens de la femme.

LXVII. *Toute autorisation générale, même stipulée par contrat de mariage, n'est valable que quant à l'administration des biens de la femme, et non quant à l'aliénation desdits biens.*

M. MALEVILLE dit qu'on a mis en question si une autorisation générale donne à la femme le droit d'ester en jugement.

MM. TRONCHET et BOULAY répondent que ses effets ne vont pas jusque-là, et sont bornés à l'administration des biens de la femme.

M. MALEVILLE dit que, pour généraliser la disposition, il faudrait donc retrancher ce dernier membre de l'article, *et non quant à l'aliénation desdits biens.*

L'article est adopté avec cette suppression.

224. Si le mari est mineur, l'autorisation du juge est nécessaire à la femme, soit pour ester en jugement, soit pour contracter.

(Cet article, le LXVIIIe. du projet, fut adopté sans discussion.)

225. La nullité fondée sur le défaut d'autorisation ne peut être opposée que par la femme, par le mari, ou par leurs héritiers.

LXIX. *La nullité fondée sur le défaut d'autorisation du mari en jugement, ou de son consentement à l'acte, ou de l'autorisation supplétive du juge, ne peut être opposée que par la femme, par le mari ou par leurs héritiers.*

(L'article fut adopté; les changemens qu'il a subi ont eu lieu sans discussion.

226. La femme peut tester sans l'autorisation de son mari.

(Cet article, le LXXe. du projet, fut adopté sans discussion).

CHAPITRE VII.

DE LA DISSOLUTION DU MARIAGE.

227. Le mariage se dissout,
1°. Par la mort de l'un des époux;
2°. Par le divorce légalement prononcé;
3°. Par la condamnation devenue définitive de l'un des époux, à une peine emportant mort civile.

LXXI. *Le mariage se dissout,*
1°. Par la mort de l'un des époux;
2°. Par le divorce légalement prononcé;
3°. Par la condamnation contradictoire, ou devenue définitive, de l'un des époux, à une peine emportant mort civile.

Séance du 14 Vendémiaire an 10.

Le consul CAMBACÉRÈS demande qu'on dise, *et devenue définitive,* si toutefois l'on entend conserver le mot *contradictoire.*

M. TRONCHET dit que la contumace devenant définitive après un tems, on peut retrancher le mot *contradictoire,* et dire, *par une condamnation devenue définitive.* Cette rédaction embrasse les deux cas.

L'article est adopté avec l'amendement de M. Tronchet.

CHAPITRE VIII.

DES SECONDS MARIAGES.

228. La femme ne peut contracter un nouveau mariage qu'après dix mois révolus depuis la dissolution du mariage précédent.

LXXII. *La femme ne peut contracter un nouveau mariage qu'après dix mois révolus depuis la dissolution du mariage précédent; le mari ne peut non plus contracter un second mariage qu'après trois mois depuis cette dissolution.*

Le consul CAMBACÉRÈS demande quels sont les motifs qui ont déterminé la section à étendre la disposition au mari.

M. BOULAY répond que la décence paraît l'exiger.

Le Premier Consul pense que le terme de dix mois n'est pas assez long pour la femme.

Le Ministre de la justice dit que, dans nos mœurs, ce terme est d'une année, qu'on appelle *l'an de deuil*.

Le consul Cambacérès revient sur la disposition relative au mari. Il observe que plus on y réfléchit, et moins l'on en sent la nécessité. L'un des préopinans allègue des considérations de décence; mais des motifs de cette nature doivent-ils prévaloir sur l'urgence des conjonctures? D'ailleurs, dans des tems où le sentiment délicat des convenances était la règle des actions, n'était-il pas commun de voir un veuf se remarier quarante jours après la mort de sa femme? Il ne faut pas que le Code nouveau multiplie les entraves sans aucun profit pour la morale publique.

M. Tronchet dit qu'en effet la défense faite à la femme a pour objet de prévenir la confusion de part; que la même raison ne subsiste pas pour le mari; et que le terme proposé serait trop long pour les cultivateurs, pour les artisans, enfin pour une foule d'individus de la classe du peuple, à qui le secours d'une femme est nécessaire par rapport à la conduite de leur ménage.

Le Premier Consul dit que l'inconvénient de la confusion de part n'a pas fait impression sur les anciens, puisque l'exemple d'*Auguste* prouve qu'ils épousaient des femmes enceintes. Quant au mari, il faut ou n'en pas parler, et s'abandonner aux mœurs et aux usages, ou lui interdire le mariage pendant un terme plus long: il serait inconvenant que le Code civil se montrât, sur ce point, plus indulgent que l'usage.

L'article est adopté avec le retranchement de la disposition relative au mari (1).

---

(1) L'article LXXIII était ainsi conçu: *Les seconds et subséquens mariages ont les mêmes effets que le premier.*

Ils donnent au mari et à la femme les mêmes droits.

Il en naît les mêmes obligations réciproques entre le mari et la femme, le père, la mère et les enfans.

Le consul Cambacérès demande s'il n'est pas à craindre que l'article ne semble préjuger les questions relatives aux dispositions entre maris et femmes.

M. Tronchet répond que la faculté de disposer n'est pas un effet du mariage, mais un bénéfice de la loi.

M. Defermon observe que l'article est inutile, puisque les effets du mariage, tels qu'ils sont réglés ailleurs, sont communs à toute espèce de mariage.

L'article est supprimé.

TITRE VI.
DU DIVORCE(1).

Décrété le 30 Ventose an 11, promulgué le 10 Germinal suivant.

M. PORTALIS présente le titre du divorce ; les deux premiers articles sont ainsi conçus :

I. *Le divorce ne pourra être prononcé que pour les causes déterminées par la loi.*

II. *Ces causes sont les sévices ou mauvais traitemens, la conduite habituelle de l'un des époux qui rend à l'autre la vie insupportable, la diffamation publique, l'abandon du mari par la femme ou de la femme par le mari, l'adultère de la femme accompagné de scandale public, ou prouvé par des écrits émanés d'elle, celui du mari qui tient sa concubine dans la maison commune.*

Séance du 14 Vendémiaire an 10.

M. PORTALIS dit que les tribunaux se sont partagés sur le divorce : les uns le repoussent absolument, d'autres le modifient, deux l'admettent dans sa plus grande étendue, et même pour cause d'incompatibilité d'humeur.

De là trois questions préliminaires :

Faut-il admettre le divorce ?

Faut-il l'admettre seulement pour causes déterminées, ou même pour incompatibilité d'humeur ?

Faut-il admettre avec le divorce, la séparation de corps ?

Des tribunaux ont dit, « dans la religion catholique, le mariage « est un sacrement ; il est indissoluble. Le législateur peut-il admettre « le divorce sans blesser la liberté des cultes ? S'il en a le droit, est-« il prudent d'en user ? » Il faut examiner ces deux questions.

Et d'abord le législateur peut-il autoriser le divorce ?

La religion dirige le mariage par sa morale, elle le bénit par un sacrement.

La morale de la religion proscrit le divorce et la polygamie ; mais

---

(1) La discussion qui a eu lieu sur ces deux questions : faut-il admettre le divorce ? quelle latitude donnera-t-on à l'usage du divorce ? se rapportant à tout le titre, nous avons cru devoir la placer avant la discussion des articles.

la loi civile n'est pas obligée de se plier à tous les préceptes de la morale religieuse : s'il en était autrement, les lois ecclésiastiques deviendraient les seules lois de l'état, parce qu'il n'est rien que la morale ne règle par ses préceptes.

Quant au rite qui bénit l'union des époux, il suppose le mariage et ne le forme pas. On ne peut donc dire que le mariage appartient en entier à la religion ; il existait avant elle ; et on ne la fait intervenir que pour attirer les bénédictions du ciel sur un des engagemens les plus importans de la vie ; aussi le mariage a-t-il toujours été une des matières du droit civil ; toujours la loi civile en a déterminé les empéchemens dirimans, et les cas où il est dissous. C'est pour cette raison que quand les premiers Chrétiens trouvaient dans la loi civile quelque disposition qui leur semblait blesser leurs principes, ils ne la réformaient pas eux-mêmes par un réglement éclésiastique ; ils s'adressaient aux empereurs, et sollicitaient la modification de la loi, de la seule puissance qu'ils reconnussent avoir le droit de régler la matière du mariage.

Il y a plus ; le principe de l'indissolubilité du mariage a été controversé dans l'église même : *Saint-Epiphane* et *Saint-Ambroise* ont cru que le divorce pouvait avoir lieu pour cause d'adultère ; *Saint-Augustin* est le premier qui ait fait adopter l'indissolubilité absolue ; et néanmoins l'église grecque a conservé le principe de *Saint-Ambroise* et de *Saint-Epiphane*. Dans les articles proposés au treizième siècle, pour la réunion de l'église grecque avec l'église romaine, on ne parla point du divorce, dans la crainte de mettre obstacle à cette réunion. Depuis, le concile de Trente donna un semblable exemple de condescendance : il avait d'abord préparé un décret pour anathématiser l'opinion contraire à l'indissolubilité absolue du mariage ; les ambassadeurs de Venise représentèrent que ce décret blesserait les grecs, habitans des îles soumises à la domination de leur république : le concile changea son décret, et se borna à prononcer anathème contre ceux qui prétendraient que l'église se trompe, lorsqu'elle déclare le mariage indissoluble. Les premiers pères se contentaient d'exhorter l'épouse répudiée à ne pas se remarier : cependant ils permettaient aux époux de dissoudre leur mariage pour embrasser la vie religieuse ; ce qui prouve qu'ils ne regardaient pas comme absolu le principe de l'indissolubilité.

Le divorce a été admis en France par les rois de la première race :

il l'a été successivement dans tous les pays p olicés. Il n'a été proscrit que lorsque le ministre du sacrement est devenu aussi le ministre de la puissance civile ; car il eût été absurde de le forcer à agir contre sa croyance. Aujourd'hui il n'y a plus de confusion, le contrat civil est séparé du sacrement. L'église a toujours reconnu cette distinction ; et elle croit tellement que le mariage subsiste et est valable sans que le sacrement soit intervenu, qu'elle reconnaît les mariages des hérétiques et des infidèles, et ne les oblige pas à les réhabiliter lorsqu'ils se convertissent à la foi.

Le contrat de mariage, les causes qui le forment, les causes qui le dissolvent, sont donc exclusivement du domaine de la loi civile : ainsi le législateur peut autoriser le divorce.

Examinons maintenant s'il doit l'autoriser.

On a dit : la loi civile ne peut permettre le divorce, sans être en discordance avec la loi religieuse qui le défend.

Le besoin de la langue a seul fait admettre cette expression, *permettre*, *autoriser* le divorce. A parler exactement, la loi civile ne le permet, ni ne l'autorise ; elle se borne à en prévenir l'abus. En effet, s'il n'y avait pas de loi, la volonté de chacun serait la seule règle dans cette matière : chacun userait à son gré de la liberté naturelle : mais l'ordre public pourrait être blessé par cette liberté indéfinie ; et c'est pour empêcher ces désordres que la loi intervient. Elle ne donne pas une liberté que tous tiennent de la nature ; elle ne parle que pour la restreindre et la circonscrire dans des limites qui ne pourraient être franchies sans que la société fût troublée. La loi s'arrête là, et abandonne ensuite à la conscience l'usage du divorce. Il n'y aura donc point de discordance entre les lois civiles et les lois religieuses. Celles-ci sont la morale ; elles poursuivent le désordre jusqu'au fond des cœurs: la loi civile n'arrête que les désordres extérieurs, lorsqu'ils troublent la tranquillité publique. La morale prend l'homme là où la loi civile cesse de le régir : elle va donc plus loin que la loi civile ; elle condamne ce que la loi civile ne doit pas apercevoir. C'est ainsi que l'ingratitude, que l'usurpation, sont des crimes aux yeux de la morale ; tandis que la loi civile ne donne qu'en certaines occasions, action contre les ingrats ; tandis qu'elle maintient les usurpations, lorsque le laps de tems en a masqué l'injustice. La loi civile dit ici : je laisse à la conscience l'usage du divorce ; mais si l'on en abuse contre l'ordre, je le défends.

Le législateur doit donc permettre le divorce si la politique le veut. Pesons maintenant les motifs qui l'ont fait adopter par la politique.

Ils ont été mal exposés par la loi qui a introduit le divorce en France. Ce n'est point la liberté constitutionnelle qui en est la base ; car elle ne donne point de droits arbitraires : elle n'existe au contraire que lorsque l'usage de la liberté individuelle est soumis à des règles qui l'empêchent de troubler l'ordre public ; et voilà pourquoi la loi permet et défend. Le véritable motif qui oblige les lois civiles d'admettre le divorce, c'est la liberté des cultes. Il est des cultes qui autorisent le divorce ; il en est qui le prohibent : la loi doit donc le permettre, afin que ceux dont la croyance l'autorise puissent en user. Ainsi, le système du divorce doit être conservé dans la législation civile.

Avant d'aborder la deuxième question, M. Portalis demande que le Conseil se prononce sur le principe.

Le Premier Consul met aux voix si le divorce sera conservé en France.

Le Conseil adopte en principe qu'il sera conservé.

M. Portalis reprend et discute la seconde question, qui consiste à savoir quelle latitude on donnera à l'usage du divorce : l'autorisera-t-on seulement pour causes déterminées, ou même sur la simple allégation d'incompatibilité d'humeur?

La section s'est divisée sur cette question : l'opinion de M. Portalis est que si le divorce pour incompatibilité d'humeur était admis dans la législation il n'y aurait plus de mariage

Dans cette matière il faut consulter les faits, l'expérience, les motifs qui font ordinairement agir les hommes.

D'abord les faits. Le divorce n'est pas une découverte que la philosophie puisse réclamer ; il a commencé avec les nations sauvages : ainsi la philosophie est ici désintéressée, et peut examiner de sang-froid. Mais l'origine même du divorce est un préjugé contre lui : rarement l'enfance des nations est le tems de leur innocence.

Dans le principe, le divorce n'était qu'une répudiation de la femme par le mari ; c'était l'abus de la force contre la faiblesse. On crut, dans la suite, qu'il était injuste de rendre si dure la condition de la femme ; et on lui donna également le droit considérable de répudier son mari. On se trompa peut-être. Hors de la civilisation, et en l'absence des lois publiques, la loi de famille est la seule gardienne de l'ordre et des mœurs. Au surplus, le contrat de mariage, comme tous les autres contrats, ne pouvait être rompu sans cause ; et, dans les mœurs sauvages d'alors, cette cause était presque toujours la violence. Après que les mœurs se furent adoucies, le divorce fut admis ; même sans cause, mais sous la condition que le mari qui en userait, donnerait à la femme répudiée la moitié de ses biens, et consacrerait l'autre moitié à la religion : on doit à cette condition, de n'avoir point vu de divorce chez les romains pendant l'espace de cinq siècles. La cause de leur retenue était dans leur loi, et non dans leurs mœurs ; car, dans tous les siècles, les hommes se sont dirigés par leur intérêt. En effet, il est très-ordinaire de se tromper lorsqu'on parle des mœurs des nations : c'est à tort qu'on suppose que les mœurs sont moins corrompues dans un siècle que dans un autre, chez un peuple que chez un autre ; les passions étant les mêmes chez tous les hommes, elles ont toujours les mêmes résultats. La différence qu'on suppose entre les mœurs, n'est jamais qu'entre les manières. Cependant, chez les romains, l'autorité des exemples finit par ruiner la loi qui gênait les divorces. Une autre cause encore contribua à les rendre plus fréquens ; ce fut la distinction qu'on établit entre les diverses espèces de mariages. Tant qu'on ne connut à Rome que le mariage solennel, l'union conjugale fut sévèrement respectée : quand on eût introduit l'usage du mariage moins solennel, formé par la seule possession entre les personnes qui vivaient ensemble, la législation se relâcha de sa première austérité, et admit le divorce par consentement mutuel, comme pour les causes les plus graves.

La religion chrétienne survint, et influa sur la matière. *Justinien*, pour se rapprocher des préceptes religieux, défendit le divorce par consentement mutuel, et ne le permit que pour les causes les plus importantes. Depuis, ses successeurs ont changé cette jurisprudence, et le droit a continué de varier.

Telle est l'histoire de la législation ancienne du divorce.

Il importe maintenant d'examiner ce qu'était le divorce pour cause non déterminée, dans l'opinion des anciens.

On entend dire à quelques personnes que la sévérité de la loi qui rejette le divorce sans cause déterminée, avait corrompu les mœurs et introduit la licence. Les anciens ne pensaient pas ainsi. *Tacite*, *Juvenal*, beaucoup d'autres ont cru, au contraire, que la dépravation des mœurs était la cause la plus ordinaire de ces sortes de divorces ; et c'est à ce sujet que *Juvenal* dit, d'une femme qui avait l'habitude d'en user, qu'elle pouvait compter le nombre de ses années par le nombre de ses maris. Aussi, quand on voulut rétablir les mœurs par l'austérité des

lois,

lois, on mit des entraves au divorce ; et (chose étonnante) l'évangile, qui interdit le divorce, a été suivi en ce point par tous les législateurs. Ceci est peut-être la preuve la plus forte que les mœurs corrompues ne repoussent pas toujours les lois sévères. Tous les hommes aiment naturellement la morale, quoique peu la pratiquent; et les lois morales ont du moins l'avantage de restreindre les vices ; elles leur impriment une flétrissure d'opinion qui les rend moins actifs, en les obligeant à se cacher.

Le divorce pour incompatibilité d'humeur est donc jugé par l'opinion, non d'un public de coterie, mais du public de l'histoire, du public de la postérité. Il n'est pas un poëte, pas un historien, qui ne blame ceux qui usent du divorce. Il est même étonnant que les philosophes se montrent plus rigoureux à cet égard que les théologiens protestans.

Il s'agit maintenant d'examiner si l'on doit admettre en France ce divorce indéterminé contre lequel s'élèvent l'histoire, l'opinion, l'expérience.

Qu'est-ce que l'incompatibilité d'humeur ? Le tribunal de cassation n'a pas émis d'opinion à ce sujet; mais la majorité de la commission qu'il avait formée, définit la cause d'incompatibilité, un motif de divorce qui n'a pas besoin de preuves : elle l'admet, et veut qu'on en prévienne l'abus par des précautions multipliées. Mais qu'est-ce donc qu'une loi qui exige le secours de tant de précautions ? Qu'arrive-t-il ? les précautions tombent dans la suite des tems ; la loi leur survit, et reste. Est-il raisonnable de proposer une loi qu'il faut enchaîner comme une passion violente ? Ainsi, du premier coup-d'œil, on voit combien ce système est extraordinaire. C'est avec grande raison que le membre du tribunal de cassation qui l'a combattue, disait qu'il est difficile de concevoir comment on peut admettre une disposition qu'on avoue entraîner tant et de si grands dangers.

Si l'on considère en soi la nature du mariage et la nature du divorce, on arrive encore au même résultat. Examinons donc maintenant ce que c'est que le mariage, et ce que c'est que le divorce.

Le mariage, dit-on, est un contrat : oui, dans sa forme extérieure, il est de la même nature que les autres contrats ; mais il n'est plus un contrat ordinaire quand on l'envisage en lui-même dans son principe et dans ses effets. Serait-on libre de stipuler un terme à la durée de ce contrat, qui est essentiellement perpétuel, puisqu'il a pour objet de perpétuer l'espèce humaine? Le législateur rougirait d'autoriser expressément une pareille stipulation, il frémirait si elle lui était présentée: et cependant on veut qu'il l'admette implicitement, en adoptant cette cause d'incompatibilité d'humeur qui permet à chacun des époux de régler, à son gré, la durée du mariage! Cette liberté tacite est contre la nature du contrat.

Le mariage a encore un autre caractère: il ne subsiste pas pour les époux seuls; il subsiste pour la société, pour les enfans; il établit une famille. Faut-il, puisqu'il a tant d'importance, que les premières légèretés, que le premier caprice, soient capables de le détruire? *Montaigne* dit, avec raison, que le mariage est une chose trop sérieuse pour qu'on doive en sortir par une porte aussi enfantine que la légèreté. Mais, pour nous en mieux convaincre, suivons la dissolution du mariage dans ses effets. Le mari perd son autorité; la femme passe dans les bras d'un autre; les enfans ne savent à qui ils appartiennent.

Il faut une autorité dans la famille: la prééminence du sexe la donne au mari; s'il ne l'exerce point, il y a anarchie; s'il l'exerce, on demandera le divorce. C'est ainsi que la cause d'incompatibilité ruine l'autorité du mari, même avant qu'elle existe.

L'intérêt de la femme ne repousse pas moins le divorce pour causes indéterminées. Elle est entrée dans le mariage avec sa jeunesse, avec son honneur; elle en sort flétrie et dégradée: la loi peut-elle réparer ce malheur? Si elle ne peut le réparer, et qu'elle l'autorise, elle est sacrilège; si elle ne peut rendre, après le divorce, la dignité d'épouse et de mère, comment souffrirait-elle que la femme fût réduite à une position telle, qu'elle dût ou demeurer dans un célibat forcé, ou se réfugier dans les bras d'un homme qui n'aurait pour elle que du mépris? Aussi une expérience trop malheureuse a-t-elle éclairé les femmes sur le funeste don que leur avait fait la loi.

Si on se reporte maintenant aux enfans, on se rappellera ces lois anciennes qui avaient établi des peines pour les secondes noces, parce qu'elles supposaient qu'un père qui veut avoir d'autres enfans, qui a donné une marâtre aux fruits de sa première union, n'a plus pour eux la même tendresse: l'amour de la nouvelle épouse absorbe celui des enfans. C'est ainsi que le divorce met en contradiction, dans l'essence même du cœur humain, deux affections qui lui sont également naturelles.

S'il est des esprits que ces considérations ne persuadent pas, on leur demandera qu'est-ce que le divorce? c'est la séparation de deux époux. On ne veut pas qu'elle s'opère par consentement mutuel; et l'on consent à la voir s'effectuer pour cause d'incompatibilité! Mais pour qui s'effectuera-t-elle? pour l'intérêt d'un seul des époux. *Montesquieu* a dit que l'incompatibilité d'humeur est une cause suffisante de divorce; mais il suppose que cette incompatibilité existe des deux côtés, et qu'elle détermine le consentement mutuel des deux époux à la dissolution du mariage. Mais comment admettre le divorce par le consentement d'un seul, pour son intérêt, quand l'autre résiste? Vous voulez que la volonté d'un seul devienne la loi suprême; une volonté particulière, obscure, sans motifs, souvent dégoûtante. Que le divorce s'opère par la volonté de l'un des époux, quand il y a des causes réelles, on le conçoit, alors il est un châtiment pour l'autre; mais le divorce par incompatibilité d'humeur serait pour l'un un bienfait, pour l'autre un malheur.

Examinons maintenant la cause d'incompatibilité dans ses rapports avec les mœurs de la nation.

On les a défigurées ces mœurs; on a prétendu que la probité, que la décence, ne s'y montrent que par exception. J'aime, je respecte trop ma nation, dit M. Portalis, pour donner mon assentiment à cette assertion erronée. Les Français sont légers, mais ils ont des vertus: c'est dans les départemens, c'est dans les campagnes qu'il faut aller chercher les mœurs françaises. Là, le scandale du divorce a été rejeté avec mépris; là, on n'a point usé du divorce; les tribunaux l'attestent: voilà le vœu de la nation. Cependant les Français sont légers: et c'est précisément cette mobilité que la loi doit fixer; elle est faite pour réformer les mœurs, non pour les pousser dans la fausse direction qu'elles ont prise.

On dit que la cause d'incompatibilité a l'avantage de masquer l'adultère, l'impuissance, en un mot toutes ces causes qui ne peuvent être énoncées sans offenser les oreilles chastes. Quoi! on dit nos mœurs corrompues, et l'on nous accorde tant de délicatesse! Il est vrai néanmoins que les mœurs sont quelquefois moins épurées que le langage; mais la loi ne peut être moins pure ni moins sévère que le langage. Cependant on s'abuse si l'on croit que la cause d'incompatibilité sera la sauve-garde de l'honneur; une femme dira au législateur, « Vous « me déshonorez en cachant la vraie cause de mon divorce; vous « donnez lieu à tous les soupçons; tandis que mon mari, qui me ré-

« pudie, ne me quitte qu'entraîné par une passion honteuse ». Et quel inconvénient y a-t-il que les accusations en adultère soient publiques ? C'est le crime qui fait la honte, et non l'accusation. Que l'on rentre dans soi, et l'on verra que la seule crainte dont on est agité, est celle du ridicule : car, il faut l'avouer, dans l'état de nos mœurs, on cherche plus à se sauver du ridicule que du vice même. Mais pourquoi donc la loi ne mettrait-elle pas à profit cette crainte du ridicule, que nous portons jusqu'à l'exagération ? Elle peut retenir les époux dans le devoir : elle peut les retenir dans les liens du mariage, par la répugnance qu'elle leur donne à proposer certains griefs que l'on est honteux de rendre publics. Pourquoi dédaignerions-nous de diriger contre le vice l'arme du ridicule, si souvent dirigée contre les vertus ?

Enfin, quand des époux sauront qu'ils ne peuvent pas se délier légèrement, ils seront plus attentifs à se complaire, plus exacts dans leurs obligations mutuelles, plus portés à se ménager, et à étouffer des semences de divisions qui souvent ne s'accroissent et n'amènent une rupture que parce qu'on sait qu'on peut se séparer. Que la générosité qui caractérise le Français dans toutes les actions de la vie, ne soit pas bannie de l'intérieur des ménages, et qu'elle s'exerce sur-tout entre les époux : alors la patience, le pardon, le support, l'indulgence, seront les appuis secourables du mariage, et le mariage rentrera dans le sein de la nature et de la morale.

M. Tronchet dit que cette question appartient plus aux sentimens qu'aux raisonnemens ; qu'il en appelle à tout homme honnête et moral : aucun ne niera que la cause d'incompatibilité ne soit une source de dépravation.

Il y a de l'inconséquence dans le système adopté par la majorité de la commission du tribunal de cassation. Elle veut que le demandeur en divorce pour incompatibilité d'humeur, perde, indépendamment de ses avantages matrimoniaux, la moitié de ses biens.

Comment présenter, avec cette condition, ce qu'on prétend être un remède offert à celui qu'on suppose opprimé ! comment punir celui-ci en faveur du coupable ! Cependant cette précaution est la seule qui puisse arrêter le divorce pour cause d'incompatibilité. Les délais et toutes autres précautions ne produiraient pas cet effet ; on persisterait, par amour-propre, dans une demande que l'on n'aurait formée que par légèreté.

Au reste, l'incompatibilité d'humeur, d'après ceux qui proposent cette cause de divorce, ne serait admise que lorsqu'elle irait jusqu'à rendre aux époux la vie insupportable. Or, il est impossible qu'elle arrive à ce degré sans se manifester par des faits qui deviennent des causes déterminées de divorce. La cause d'incompatibilité d'humeur est donc inutile.

M. MALEVILLE assure que si le tribunal de cassation, dont il est membre, eût été consulté, il n'eût pas adopté l'avis des trois membres de sa commission sur la cause d'incompatibilité; que la plupart de ceux qui le composent, s'en sont expliqués.

M. TRONCHET dit qu'il faut, dans cette matière, consulter aussi l'opinion publique; qu'elle s'est expliquée par les tribunaux. Tous, ou ont rejeté la cause d'incompatibilité, ou, comme celui de Paris, ont demandé qu'elle fût prouvée par des faits; ce qui rentre dans le système des causes déterminées.

LE PREMIER CONSUL dit que cependant le tribunal d'appel de Paris semble admettre la cause d'incompatibilité. Il veut que deux individus qui ne peuvent vivre ensemble, soient séparés sans déshonneur, pourvu que quelques faits viennent à l'appui de l'allégation de l'incompatibilité d'humeur et de caractères.

M. TRONCHET répond que le tribunal d'appel de Paris, en examinant cette expression du projet de Code civil, *rend la vie insupportable*, la trouve sans inconvénient, parce qu'il est impossible que cette situation ne paraisse par quelques faits faciles à prouver : or, si le tribunal admet la nécessité d'une preuve, il rejette évidemment la simple allégation.

LE PREMIER CONSUL dit que le jugement qui prononcerait le divorce serait déshonorant, s'il était fondé sur des faits prouvés. Un homme honnête ne rend point la vie insupportable à sa compagne; mais l'incompatibilité d'humeur entre deux individus qui ne sont pas organisés de même, ne porte aucune atteinte à leur moralité.

M. TRONCHET objecte que la malignité se plairait à répandre que le prétexte d'incompatibilité a été employé pour cacher des causes plus honteuses.

Il observe qu'au surplus il n'entend proscrire que la simple allégation, et qu'il admettrait l'incompatibilité prouvée.

M. BOULAY dit qu'un des motifs qui ont décidé son opinion contre la cause d'incompatibilité, c'est que la procédure en divorce sera secrète dans tous les cas.

Le Premier Consul dit que peut-être la procédure publique serait utile lorsque le divorce serait demandé pour une cause grave ; parce que la crainte du déshonneur pourrait retenir les époux dans le devoir.

M. Réal dit que lorsqu'un époux aura demandé le divorce pour cause d'adultère, et qu'il aura succombé dans sa demande, le sort de sa femme sera affreux, si elle est forcée de retourner avec lui ; que cependant elle ne pourra se prévaloir, pour demander le divorce, de la cause de diffamation, puisque la plaidoirie aura été secrète.

M. Portalis répond qu'une telle accusation est diffamatoire et calomnieuse, même lorsque la procédure a été secrète, et qu'elle autorise la femme à rompre avec un mari qui ne la jugeait pas digne d'être son épouse.

Le Premier Consul dit que le système de M. Portalis se réduit à ceci : le principe de la liberté des cultes exige qu'on admette le divorce ; l'intérêt des mœurs demande qu'on le rende difficile. Ainsi, dans ce système, ce n'est pas par des vues politiques que le divorce est admis ; il ne le serait pas s'il n'était dans les principes d'aucun culte. D'un autre côté, il deviendrait si difficile et si déshonorant, qu'il serait en quelque sorte exclus.

M. Portalis répond qu'il ne propose point d'ôter le divorce à un peuple qui en est en possession depuis dix ans ; qu'il ne croit point que toute demande en divorce soit déshonorante ; mais que quand elle l'est, peu importe ; qu'au surplus, il ne veut rendre le divorce en soi ni déshonorant ni impossible.

Le Premier Consul dit qu'il est permis de se marier à quinze et à dix-huit ans, c'est-à-dire, avant l'âge où il est permis de disposer de ses biens : croit-on que cette exception faite en faveur du mariage aux principes généraux sur la majorité, doive faire établir que, quoique l'un des époux ait reconnu l'erreur dans laquelle il est tombé à un âge aussi tendre, il ne pourra néanmoins la réparer sans se flétrir ? C'est tout au plus ce qu'on pourrait décider si le mariage n'était autorisé qu'à vingt ans et à vingt-un ans. On a dit que le divorce pour incompatibilité est contraire à l'intérêt des femmes, des enfans, et à l'esprit de famille. Mais rien n'est plus contraire à l'intérêt des époux, lorsque leurs humeurs sont incompatibles, que de les réduire à l'alternative ou de vivre ensemble, ou de se séparer avec éclat. Rien n'est plus contraire à l'esprit de famille qu'une famille divisée. Les séparations de corps avaient autrefois, par rapport à la femme, au mari, aux enfans, à la famille, à-peu-près les mêmes effets qu'a le divorce ; cependant elles étaient aussi multipliées que les divorces le sont aujourd'hui : mais elles avaient cet inconvénient, qu'une femme éhontée continuait de déshonorer le nom de son mari, parce qu'elle le conservait. Le respect pour les cultes obligera d'admettre la séparation de corps ; mais il ne serait pas convenant de restreindre tellement le divorce par les difficultés qu'on y apporterait, que les époux fussent tous réduits à n'user que de la séparation.

L'article II du projet spécifie des causes pour lesquelles il admet le divorce : mais quel malheur ne serait-ce pas, que de se voir forcé à les exposer, et à révéler jusqu'aux détails les plus minutieux et les plus secrets de l'intérieur de son ménage! Le système mitigé de l'incompatibilité prévient, à la vérité, ces inconvéniens ; cependant comme il suppose des faits et des preuves, il est aussi flétrissant que le système des causes déterminées.

D'ailleurs ces causes, quand elles seront réelles, opéreront-elles toujours le divorce? La cause de l'adultère, par exemple, ne peut obtenir de succès que par des preuves toujours très-difficiles, souvent impossibles. Cependant le mari qui n'aurait pu les faire, serait obligé de vivre avec une femme qu'il abhorre, qu'il méprise, et qui introduit dans sa famille des enfans étrangers. Sa ressource serait de recourir à la séparation de corps ; mais elle n'empêcherait pas que son nom ne continuât à être déshonoré.

Le Consul se résume en demandant si les deux articles du projet dispenseront les personnes qui voudront user du divorce, de recourir à la séparation de corps.

M. Portalis observe que les causes du divorce étant, d'après le projet, celles qui feraient obtenir la séparation, les difficultés et les facilités seront les mêmes pour les deux modes.

Il répond aux objections qui lui ont été faites. Il dit qu'en autorisant le mariage à quinze et à dix-huit ans, la loi exige aussi le consentement du père ou de la famille ; qu'ainsi elle a pris toutes les précautions qui étaient en son pouvoir pour empêcher le mineur d'être surpris.

Au surplus, il ne faut peut-être pas argumenter des règles des autres contrats, à celles qui doivent régir le mariage. Dans les autres contrats la nature reste muette : mais elle intervient dans le contrat de mariage. De là les distinctions que font les lois entre ces deux espèces de majorité. Le mariage est sans doute une affaire très-sérieuse ; mais la tendresse des pères doit rassurer contre les surprises auxquelles sont exposés les enfans mineurs. Ces mineurs eux-mêmes ont, à cet égard, une maturité que leur donne le sentiment, et qu'on peut prendre pour guide toutes les fois que quelque passion ne les pousse pas à former un mariage inconvenant et mal assorti.

Le Premier Consul dit que le mariage n'est pas toujours, comme on le suppose, la conclusion de l'amour. Une jeune personne consent à se marier, pour se conformer à la mode, pour arriver à l'indépendance et à un établissement; elle accepte un mari d'un âge disproportionné, dont l'imagination, les goûts et les habitudes ne s'accordent pas avec les siens. La loi doit donc lui ménager une ressource pour le moment où l'illusion cessant, elle reconnaît qu'elle se trouve dans des liens mal assortis, et que sa volonté a été séduite.

M. Portalis dit qu'il y a des inconvéniens des deux côtés. Cependant, ajoute-t-il, si l'on déshonore le mariage, les passions gagnent ; elles perdent au contraire si le mariage est respecté.

Au reste, quand on veut juger un principe, quand on veut juger une loi, il ne faut pas uniquement s'occuper des inconvéniens qu'elle ne peut empêcher, et qui sont toujours sensibles; il faut voir encore ceux qu'elle prévient et qu'elle étouffe. Car si on ne voyait que les inconvéniens qu'une loi ne peut empêcher, il y aurait des raisons de proscrire la morale même. Pour ne pas tomber dans l'erreur, il faut tout balancer. Le contrat de mariage doit au moins avoir autant de solidité que les autres contrats. Tout père de famille tremblerait si le divorce était rendu trop facile, et si la durée du mariage dépendait du libre arbitre de chacun des époux. A la vérité, dans le système proposé, quelques individus seront malheureux : mais le mariage n'est pas seulement institué pour les époux; l'époux n'est là que le ministre de la nature pour perpétuer la société. La société, dans ce contrat, vient s'enter sur la nature. Le mariage n'est pas un pacte, mais un fait; c'est le résultat de la nature, qui destine les hommes à vivre en société.

Le Premier Consul pense que le mariage prend sa forme des mœurs, des usages, de la religion de chaque peuple. C'est par cette raison qu'il n'est pas le même par-tout ; il est des contrées où les femmes et les concubines vivent sous le même toit, où les esclaves sont traités comme les enfans. L'organisation des familles ne dérive donc pas du droit

droit naturel : les ménages des Romains n'étaient pas organisés comme ceux des Français.

Les précautions établies par la loi pour empêcher qu'à quinze et à dix-huit ans on ne contracte avec légèreté un engagement qui s'étend à toute la vie, sont certainement sages; cependant sont-elles suffisantes? Qu'après dix ans de mariage, le divorce ne soit plus admis que pour des causes très-graves, on le conçoit : mais puisque les mariages contractés dans la première jeunesse, sont si rarement l'ouvrage des époux; puisque ce sont les familles qui les forment d'après certaines idées de convenance, il faut que les premières années soient un tems d'épreuve, et que, si les époux reconnaissent qu'ils ne sont pas faits l'un pour l'autre, ils puissent rompre une union sur laquelle il ne leur a pas été permis de réfléchir. Cependant cette facilité ne doit favoriser ni la légèreté, ni la passion. Qu'on l'entoure donc de toutes les précautions, de toutes les formes propres à en prévenir l'abus; qu'on décide, par exemple, que les époux seront entendus dans un conseil secret de famille, formé sous la présidence du magistrat; qu'on ajoute encore, si l'on veut, qu'une femme ne pourra user qu'une seule fois du divorce; qu'on ne lui permette de se remarier qu'après cinq ans, afin que le projet d'un autre mariage ne la porte pas à dissoudre le premier; qu'après dix ans de mariage, la dissolution soit rendue très-difficile. On a donc des moyens de restreindre les effets de la cause trop vague de l'incompatibilité d'humeur.

M. Boulay dit qu'il ne regarde pas l'allégation d'incompatibilité comme une cause de divorce qui soit immorale dans tous les cas. Un époux vertueux se trouve lié à une épouse adultère; plus il a de mœurs, et plus elle lui inspire d'horreur : il veut donc la repousser; mais les preuves lui manquent; s'il en a, la commisération, l'honneur de ses enfans, son propre honneur, l'empêchent de s'en servir, précisément parce qu'il a de la morale; il ne lui reste de moyen de briser le joug qui l'accable, que dans l'incompatibilité d'humeur.

M. Portalis répond que cette hypothèse est favorable; mais qu'il faut voir aussi celle où un époux corrompu abuserait de la cause d'incompatibilité pour chasser une épouse vertueuse et fidèle.

M. Boulay continue, et déclare que cependant il rejette la simple allégation d'incompatibilité, attendu que, dans la masse de ses effets, elle serait plus désastreuse qu'utile.

M. Maleville dit que le mariage n'est plus qu'un concubinage, si la volonté de l'une des parties suffit pour le dissoudre : comment un homme sensé oserait-il se marier, ou un père tendre donner sa fille à quelqu'un qui pourrait la déshonorer, et la renvoyer huit jours après avec ce facile prétexte ?

La cause d'incompatibilité, alléguée par une seule partie, n'a été admise chez aucun peuple : les Romains même n'ont admis le divorce pour consentement mutuel, que par une erreur évidente ; ils mettaient le contrat de mariage sur la même ligne que les autres contrats. *Henri VIII* avait introduit en Angleterre la cause d'incompatibilité : depuis elle a été abrogée ; et le divorce n'est plus admis que pour cause d'adultère ; encore faut-il un acte du parlement pour déclarer le mariage dissous.

On fait valoir la considération de la jeunesse des époux ; mais la jeunesse est précisément l'âge où l'on abusera le plus de la cause d'incompatibilité. On dit qu'il faut conserver le motif de l'incompatibilité, pour ne pas obliger un mari délicat à se couvrir de honte, en accusant sa femme d'adultère : mais, sans examiner ici s'il ne serait pas plus politique et plus juste de punir sévèrement l'adultère que d'en faire un sujet de risée ; pour une demande en divorce pour incompatibilité d'humeur, qui aura pour cause secrète l'adultère, il y en aura vingt qui n'auront d'autres motifs que la légéreté et le libertinage.

Au fond, dans des questions de morale, où l'on ne peut rien démontrer, où il n'y a point de règles certaines pour discerner la vérité, il est fort aisé de faire des raisonnemens séduisans, quelque parti que l'on embrasse ; et tous ces raisonnemens se réduisent à ceci : telle chose vous paraît probable, et à moi, non. Mais il y a un moyen plus sûr que les raisonnemens pour découvrir cette vérité si difficile à démêler, c'est l'expérience.

Or, pourquoi, à Rome, quand les divorces étaient si communs, fut-on obligé de faire des lois pour forcer les citoyens à se marier ? Pourquoi l'Angleterre, après avoir autorisé le divorce pour cinq causes, l'a-t-elle réduit au seul adultère ? Pourquoi, depuis que nous avons le divorce, y a-t-il tant de mariages annullés, quoique les mœurs n'en soient pas devenues meilleures, ni les mariages qui restent, plus heureux ? Pourquoi y a-t-il cent fois plus de divorces qu'il n'y avait autrefois de séparations ?

Comment, après cette expérience de tous les tems et de tous les pays, pourrait-on croire à la justesse de tous les raisonnemens qui se font en faveur du divorce, et spécialement pour conserver les motifs d'incompatibilité d'humeur et de consentement mutuel? Comment se persuader qu'ils contribuent, en effet, au bonheur des mariages, à la population, et à la pureté des mœurs?

C'est sur-tout l'admission de ces motifs qui a fait élever les divorces au nombre effrayant qui nous est certifié : et l'on voudrait encore conserver ces moyens de dissolution du mariage ! Il est cependant deux vérités qu'on ne peut pas mettre en problème : la première, qu'il n'y a que les mariages qui puissent perpétuer la république ; la seconde, que le nombre des mariages diminue toujours en proportion de l'augmentation de celui des divorces.

M. Tronchet réduit la question à savoir si l'on doit permettre la dissolution du mariage pour motif non prouvé. Or, le mariage est un acte important ; il est la base de la société ; on doit donc l'entourer de tout ce qui peut le faire respecter et chérir. Ce motif a porté tous les peuples à repousser le divorce pour causes indéterminées.

Ce qu'on a dit de la situation fâcheuse où se trouve un mari qui sait sa femme adultère et qui ne veut pas divulguer ce scandale, ne peut pas faire d'impression : on doit juger chaque chose par la masse des effets et des inconvéniens qu'elle produit. Si donc on compare quelques inconvéniens qui suivent l'exclusion de la simple allégation d'incompatibilité, avec l'immense latitude que son admission présente aux passions et aux caprices, on demeure convaincu que ce dernier inconvénient est infiniment plus grave et plus fréquent que les autres.

L'objection tirée de l'état des mineurs est plus frappante.

Mais si, malgré l'assistance du père et de la famille, un mineur se trouve lésé, et qu'on croie juste de lui accorder la restitution en entier, il ne pourra l'obtenir, si l'on suit exactement les principes des contrats, qu'autant qu'il prouvera la lésion.

Le Ministre de la Justice dit que toutes les lois ont leurs inconvéniens ; que la meilleure est celle qui en a le moins. Le divorce pour incompatibilité, peut, en quelques cas, être un remède salutaire ; mais cet avantage n'est rien si on le compare à tous les inconvéniens qui en peuvent naître, et qui peuvent compromettre le mariage lui-même. Qu'est-ce en effet que cette allégation d'incompatibilité d'humeur? Ou elle se résout en faits, ou ce n'est plus que le résultat du caprice. Dans ce dernier cas, peut-on admettre le divorce? Ne serait-ce pas se jouer du mariage, le plus saint des contrats? Dans le premier, ou les faits sont graves, ou ils sont légers : s'ils sont légers, tout le monde convient que le divorce ne doit pas avoir lieu; s'ils sont graves, la loi les admet pour causes de divorce, sans qu'il soit besoin d'invoquer l'incompatibilité. A quoi sert donc le divorce pour incompatibilité d'humeur?

Prenez-y garde, continue le Ministre; dans ce mode de divorce, je trouve presque toujours un des époux sacrifié. Une femme veut se séparer d'un époux qui lui déplaît; elle alléguera l'incompatibilité d'humeur; et malgré toutes les protestations que fera le mari de la compatibilité de son caractère, de sa bonne conduite et de sa douceur, le divorce sera prononcé, et le mariage dissous. Il en sera de même, lorsque le mari, par inconstance, ou pour former de nouveaux liens, voudra se débarrasser de sa femme; une incompatibilité qui n'a jamais existé, sera invoquée avec succès. Ainsi, contre la règle fondamentale des contrats, le mariage sera dissous par le fait et par la volonté d'un seul, malgré l'opposition et la résistance de l'autre.

Au reste, l'expérience éclaire sur les deux systèmes. Dans la législation ancienne, on ne connaissait pas la cause d'incompatibilité, et on ne prononçait la séparation de corps que pour des cas graves; et cependant, dans ce système, les époux n'en étaient pas plus malheureux : la patience étouffait les premiers germes de division; l'idée que le mariage était indissoluble accoutumait insensiblement un époux à l'autre, et finissait par en faire des époux unis. Depuis qu'il y a plus de facilité pour se quitter, les divorces sont devenus innombrables.

M. EMMERY dit que *Montesquieu* regarde l'incompatibilité d'humeur comme la cause la plus puissante pour rompre le mariage, mais par le divorce seulement, et non par la répudiation de la part d'un seul, laquelle, dans cette discussion, on confond mal-à-propos avec le divorce.

Par les lois romaines, la répudiation n'était d'abord permise qu'au mari, et seulement en trois cas : lorsque la femme était adultère, lorsqu'elle avait formé des desseins sur sa vie; lorsqu'elle se servait de fausses clefs.

La répudiation a été ensuite permise à la femme, et alors elle est devenue plus générale. Alors, aussi, parce que l'un et l'autre époux avaient le droit de répudiation, et que la volonté d'en user se rencontrait quelquefois dans tous les deux, on a reçu le divorce pour le cas où ce concours existerait, et on l'a admis sans cause. Il n'y a donc de vrai divorce que par consentement mutel : lorsqu'un seul demande la dissolution du mariage, on doit exiger des causes ; et alors il n'y a plus de divorce, il y a répudiation. La faculté donnée à un seul des époux de rompre le mariage sans cause prouvée, serait une tyrannie. L'incompatibilité ne peut donc être admise que lorsqu'elle est mutuelle.

Ce système, au surplus, est très-propre à cacher les causes honteuses du divorce. Presque toujours celui qui aura lieu de craindre qu'on ne les allègue contre lui, se prêtera au divorce par consentement mutuel, afin d'éviter un éclat qui le couvrirait de honte.

Le consul CAMBACÉRÈS dit que si l'on admettait le divorce par consentement mutuel, il serait nécessaire de déclarer les époux qui en auraient usé, incapables de contracter ensemble un mariage nouveau ; autrement, l'on abuserait de ce moyen pour opérer un divorce fictif, dont l'objet réel serait de changer les conventions matrimoniales.

M. CRETET dit qu'on a prouvé, à la vérité, les dangers du divorce pour simple allégation d'incompatibilité ; mais qu'on n'a pas cherché le moyen d'en corriger les inconvéniens.

Ce moyen consisterait peut-être à soumettre d'abord les époux à l'épreuve d'une séparation momentanée, mais assez longue pour leur donner le tems de réfléchir ; d'essayer, en quelque sorte, la vie qui les attend après le divorce ; de laisser calmer les passions impétueuses, et de donner lieu à des regrets que le tems amène souvent, et qui infailliblement viendraient trop tard, si le mariage avait été d'abord rompu : mais cette séparation ne devrait pas être absolue.

Le PREMIER CONSUL dit que, dans l'état de la discussion, la première question qu'il paraisse nécessaire de traiter, est celle de savoir si le divorce par consentement mutuel sera admis.

M. BIGOT-PRÉAMENEU soutient que ce divorce est inadmissible. Le contrat de mariage n'appartenant pas aux époux seuls, ne peut être détruit par eux : les enfans, la société, y sont parties intéressées.

Le PREMIER CONSUL dit que le mariage ayant été formé sous l'autorisation des familles, on pourrait exiger cette même autorisation pour le dissoudre par le consentement mutuel, afin qu'il ne fût rompu que de la même manière qu'il a été contracté. Cette condition du consentement de la famille serait une garantie que le mariage ne serait dissous que pour des causes graves et réelles ; et cependant il existerait un moyen de couvrir les causes de divorce que l'intérêt des mœurs ne permet pas de divulguer.

Le Ministre de la justice dit que si le divorce par consentement mutuel n'avait lieu que pour couvrir des causes graves, il serait possible de l'admettre; mais que si on l'admettait à ce titre, bientôt les causes graves disparaîtraient, et il ne resterait plus que le consentement mutuel : de manière que la dissolution du mariage pourrait être l'effet d'un caprice mutuel; ce que la loi et les mœurs ne pourront jamais tolérer.

Il ajoute que, jusqu'ici, les conseils de famille ont été de peu de secours. Les hommes sont naturellement égoïstes; ils sont froids pour les affaires d'autrui : on ne trouve guère l'esprit de famille que dans les ascendans et dans les descendans. L'expérience prouve que les parens n'interviennent ordinairement dans les divorces que d'une manière purement officieuse; qu'ils se prêtent à tout ce qu'on veut, et semblent ne satisfaire qu'à une simple formalité.

M. Bigot-Préameneu dit que si l'on veut que le conseil de famille se décide d'après des preuves, ce ne sera qu'un tribunal intérieur; qu'ainsi il n'y aura de changement que dans la forme. Mais il importe d'examiner, avant tout, si les preuves sont exigées.

M. Boulay dit que l'idée de faire intervenir la famille est dans la nature des choses : si, par le passé, cette intervention n'a produit que peu d'effet, c'est que les lois révolutionnaires avaient dissous les familles.

Le Premier Consul dit qu'on se méprend sur son système. Ce n'est pas un tribunal de famille qu'il veut, c'est le consentement de la famille, ou plutôt des deux familles. Le tribunal public serait le seul qui prononcerait le divorce, mais sans procédure et sans examen, quand les époux lui auraient justifié de ce double consentement. Il faudrait que les pères, les mères, en un mot tous les parens, appelés des deux côtés, eussent été unanimes. Leur aveu serait une garantie suffisante qu'il y a des causes réelles de divorce; car ils ont intérêt de maintenir un mariage qu'ils ont formé, et ils ne partagent pas l'égarement et les passions qui peuvent faire agir les époux.

M. Portalis dit qu'il n'adopte le divorce par consentement mutuel sous aucun rapport, mais que, si ce moyen de divorce était admis, il faudrait au moins qu'il fût restreint au cas où il n'y aurait pas d'enfans.

M. Emmery admet que l'autorité qui a formé le mariage intervienne pour le dissoudre, quand le divorce est demandé pour consentement mutuel par des époux mineurs; mais il voudrait que, lorsque les époux sont majeurs, ils fussent abandonnés à leur propre discernement.

Le Premier Consul dit qu'ils doivent toujours être considérés comme mineurs, parce que les passions ne leur permettent pas d'user de leur maturité d'esprit.

Le consul Cambacérès dit que le mode proposé est ingénieux, en même-tems qu'il ne blesse point la réciprocité, première loi des contrats. En effet, parmi les antagonistes du divorce, on en remarque peu qui s'élèvent contre cette institution, lorsqu'elle est fondée sur le changement de volonté des deux époux : ici il est question de faire du consentement mutuel une véritable ressource, pour laisser à des époux qui se méprisent ou se détestent, des moyens de se désunir sans les assujettir à une preuve souvent impossible, et sans les exposer à des révélations dont la pudeur serait alarmée.

Toutefois, le Consul estime qu'il serait dangereux de subordonner le succès de cette demande au consentement donné par des collatéraux, que des raisons d'intérêt rendraient souvent injustes ou difficiles. Il n'en est pas de même de l'aveu des ascendans : l'intervention nécessaire de ceux à qui les époux doivent la naissance, peut souvent servir à les rapprocher. Il reste à examiner si ce divorce doit être admis quand il y a des enfans de l'union. Au premier aspect, il semble que la négative doive prévaloir. Le mariage est un contrat dans lequel les enfans sont des tiers intéressés ; or, s'il est vrai de dire que la convention peut être annullée par la volonté de ceux qui l'ont formée, il est également vrai de dire qu'elle doit subsister si, en la détruisant, l'on préjudicie à des tiers : qui peut douter que des enfans en minorité n'aient à souffrir d'une résolution qui les rend orphelins, et qui, pour ainsi dire, ne leur laisse plus de maison, de famille ? D'un autre côté, le divorce par consentement mutuel, paraissant, dans la proposition qui est faite, avoir essentiellement pour objet de garantir les époux et leur postérité de cette espèce d'opprobre que le préjugé se plaît à répandre, peut-être y aurait-il de l'avantage à permettre le divorce par consentement mutuel, lors même que les deux époux ont des enfans.

Le Premier Consul dit que le divorce par consentement mutuel ne devrait pas être admis après dix ans de mariage, et sans l'autorisation des ascendans; que cependant, à défaut d'ascendans, on pourrait appeler des hommes graves par leur réputation et par leur âge, qui porteraient la responsabilité morale du divorce, et arrêteraient les écarts de l'opinion si elle interprétait mal les causes qui l'ont fait prononcer.

Le tribunal serait obligé de suivre la décision de ce jury.

M. Tronchet dit qu'on ne voit pas facilement quelle serait l'utilité de l'intervention de la famille. Si c'est pour réconcilier les époux, elle sera sans succès; jamais un conseil de famille ne rapprochera des époux las l'un de l'autre. Si la famille devient juge, elle ne sera pas impartiale; elle se divisera; et chacun, suivant ses inclinations et ses rapports, prendra parti entre les époux. Voudra-t-on, pour empêcher cet effet, que la famille prononce d'après les motifs secrets des demandeurs? alors elle n'est plus qu'un tribunal, et le divorce a lieu pour causes déterminées. Les parens, d'ailleurs, ne mettent jamais un grand intérêt à ces sortes de discussions : les amis épousent les intérêts de l'époux avec lequel ils sont le plus liés.

En général, il ne faut pas perdre de vue l'importance du mariage. Ce contrat ne doit être présenté, même dans l'ordre civil, que comme un engagement sacré : ainsi, tout ce qui tend à l'affaiblir est dangereux. Le mariage perd sa dignité, et on le contractera avec moins d'attention, s'il est possible que les volontés qui l'ont formé le dissolvent.

Le Premier Consul dit que dans le système de M. Emmery, le consentement mutuel n'est pas la cause du divorce, mais un signe que le divorce est devenu nécessaire. Ainsi le tribunal prononcera le divorce, non parce qu'il y aura consentement mutuel, mais quand il y aura consentement mutuel : il s'arrêtera à ce signe, et n'ira pas jusqu'aux causes réelles qui peuvent avoir amené la rupture entre les époux. Ce mode a l'avantage de dérober au public les motifs qu'on ne pourrait énoncer sans alarmer la pudeur.

De toutes les causes pour lesquelles la législation a admis le divorce, l'adultère est la seule qui rompe l'engagement du mariage; elle doit donc être la seule cause déterminée du divorce, la seule pour laquelle il puisse être prononcé d'après un examen et une procédure judiciaires. On laisserait cependant à l'époux outragé la faculté de couvrir le déshonneur de sa femme, en recourant au divorce par consentement mutuel, entouré des formes et des précautions qui ont été proposées. Ce dernier mode, qui n'entraîne pas d'examen judiciaire, serait le seul admis, lorsque le divorce serait demandé pour d'autres causes que pour adultère : il n'aurait pas les inconvéniens du divorce pour incompatibilité d'humeur, lequel en effet blesse l'essence du mariage.

M. Tronchet dit que le système de la section a aussi l'avantage d'ensevelir la procédure dans le secret. La cause serait plaidée à huis clos; les

procédures

procédures demeureraient cachées dans le greffe ; le jugement n'exprimerait pas la cause du divorce.

Ce qu'on doit sur-tout craindre dans l'autre système, c'est l'indulgence des familles, c'est leur intérêt; car, puisqu'ordinairement cette dernière cause porte l'un des époux à résister au divorce, elle peut aussi déterminer l'opinion de la famille.

Le PREMIER CONSUL dit que le système du consentement mutuel, tel qu'il est proposé, est même plus rigoureux que le projet de la section. Les articles de ce dernier projet sont vagues; et en admettant, pour le divorce, des causes très-légères, ils détruisent la belle théorie sur laquelle ils sont fondés.

M. BIGOT-PRÉAMENEU observe que, devant le conseil de famille, les époux s'accorderont pour alléguer et avouer tous les faits qui peuvent conduire à un divorce qu'ils desirent également; qu'ainsi le divorce par consentement mutuel se trouverait rétabli sans modifications.

Le PREMIER CONSUL dit qu'il ne propose pas d'établir un conseil de famille proprement dit; que chacun des époux prendrait séparément l'autorisation de la sienne. Si un seul des ascendans refuse son consentement, il n'y a pas de divorce.

M. DEVAISNES dit que quand la véritable cause de la demande en divorce sera l'impuissance ou les sévices, le défendeur ne se prêtera pas à le laisser prononcer par consentement mutuel.

M. TRONCHET dit que le système de n'admettre le divorce que pour cause d'adultère et par consentement mutuel, entraînerait deux inconvéniens.

Il priverait les parties du droit de faire valoir d'autres causes légitimes de divorce, si la famille n'y avait pas égard.

Il ouvrirait, sous un autre rapport, la porte à toutes les causes de divorce, s'il plaisait à la famille de les adopter.

On a dit contre le projet de la section, qu'il permet le divorce pour des causes légères; par exemple, pour des mauvais traitemens qui sont tels qu'ils ne méritent pas qu'on leur donne quelque importance. Mais il faut observer que le projet se sert du mot *sévices*, qui signifie des mauvais traitemens graves, suivant la condition des époux; des mauvais traitemens habituels. Cependant si l'on ne peut obtenir le divorce en justice que pour cause d'adultère, et que pour toute autre cause il ne puisse être prononcé que par consentement mutuel, jamais on n'obtiendra ce consentement du mari qui maltraite sa femme, et qui a intérêt de ne pas rendre la dot. Alors l'action de la famille est paralysée, et le divorce devient impossible.

Ensuite la famille se trouvera embarrassée, si la loi ne lui donne pas de règle ; ou, maîtresse de ses décisions et indifférente aux intérêts des époux, elle consentira à un divorce sans cause réelle.

Le PREMIER CONSUL pense qu'en général les sévices sont des causes de séparation et non de divorce.

Il est d'ailleurs difficile de prouver que les sévices que se permet l'un des époux rendent la vie insupportable à l'autre.

M. TRONCHET dit qu'il n'avait pas conçu d'abord que, dans le système du consentement mutuel, l'adultère serait si absolument la cause unique du divorce, que toutes les autres ne dussent donner lieu qu'à la séparation. S'il en est ainsi, ajoute-t-il, le mariage acquerra une grande dignité.

Séance du 16 Vendémiaire an 10.

M. PORTALIS résume la discussion. Il fixe ainsi les questions dont elle a amené l'examen :

Le divorce par consentement mutuel sera-t-il admis ? L'admettra-t-on indéfiniment, ou ne pourra-t-il avoir lieu lorsqu'il y a des enfans, ou lorsqu'il se sera écoulé un tems considérable depuis la célébration du mariage ?

Ne l'admettra-t-on qu'avec le concours des familles ou de notables ?

Ces précautions ôtent-elles au divorce par consentement mutuel, les inconvéniens du divorce pour incompatibilité d'humeur ?

Pour décider ces diverses questions, il faut agiter d'abord la question préliminaire de savoir si le divorce par consentement mutuel doit être admis avec des modifications.

M. BERLIER, dit qu'il ne rapportera point l'attention du Conseil sur les faits que l'on a reconnus être essentiellement des causes de divorce, tels que l'adultère et l'attentat, causes auxquelles il pourra convenir d'en ajouter d'autres, telles que l'infamie encourue ou l'absence déclarée par jugement ; mais qu'il y a d'autres points sur lesquels il lui semble bon de se fixer.

Après avoir remarqué, contre ce qui a été avancé par divers orateurs, que la multiplicité des divorces atteste bien plus la corruption des mœurs qu'elle ne la produit, et qu'un mariage en désaccord est plus scandaleux et plus funeste encore à la société qu'un divorce,

M. Berlier exprime ses regrets sur la défaveur dans laquelle l'abus du divorce fondé sur l'incompatibilité d'humeur, a fait tomber ce mode de dissoudre l'union conjugale : il pense que ce mode, aujourd'hui beaucoup trop facile, est dès-là même essentiellement vicieux ; mais qu'il eût été possible de l'organiser de manière à en faire une institution utile ; il cite à ce sujet l'opinion des commissaires du tribunal de cassation, et fait lecture de leurs motifs.

Selon l'opinant, il serait convenable d'ajouter encore quelques modifications à celles proposées par le tribunal de cassation, comme d'obliger l'époux qui divorcerait par cette voie à se dessaisir dès-à-présent d'une partie de ses biens au profit des enfans : en un mot, le problème serait résolu là où une telle somme d'entraves et de sacrifices serait imposée à l'époux qui voudrait divorcer par ce mode, que l'usage qu'il en ferait ne pût jamais être l'effet du caprice ou de la légéreté, mais la résolution évidente d'un individu qui succombe au malheur de sa position.

Or, si une telle action ne pouvait s'introduire qu'après que le mariage a duré plusieurs années, si elle n'était plus recevable après tel autre nombre d'années, si le demandeur était soumis à des délais de résipiscence, s'il ne pouvait se remarier qu'après un certain laps de tems depuis la prononciation du divorce, et s'il était privé de la faculté de rien donner au second époux ; si des sacrifices pécuniaires lui étaient même imposés, soit envers son conjoint, soit envers ses enfans, conçoit-on que l'incompatibilité d'humeur fût, dans un tel système, accompagnée des abus qui l'ont signalée jusqu'à ce jour, et qu'ainsi épurée, elle ne devînt pas la plus utile peut-être de toutes les voies de divorce, et celle qui obvierait le mieux à tout éclat scandaleux ?

Au surplus, l'objection tirée de ce qu'un contrat formé par la volonté de deux ne saurait se dissoudre par celle d'un seul, est, dans cette espèce, plus spécieuse que solide ; en effet, le contrat de mariage, tout sacré qu'il est, n'en est pas moins une espèce d'aliénation de soi-même dont on peut être relevé sans autres limitations que celles qui peuvent être jugées utiles dans l'intérêt social.

Après avoir émis ces réflexions, qu'il soumet à la sagesse des Consuls et du Conseil, M. Berlier s'attache plus spécialement à reprendre la discussion dans l'état où elle a été laissée.

Il admet le divorce *sur consentement mutuel*, en ce sens qu'il ne fera point obstacle à la preuve des sévices et mauvais traitemens, à l'égard de l'époux vexé, contre celui qui se refuserait au divorce.

Il desirerait même que l'on admît, comme l'avaient proposé les rédacteurs du projet de code civil, la preuve légale de la conduite de l'un des époux qui rend à l'autre la vie commune insupportable; disposition que l'on pourrait environner d'une partie des conditions proposées, par le tribunal de cassation pour l'incompatibilité d'humeur, et qui différerait pourtant de ce mode de divorce, en ce qu'il ne suffirait pas d'alléguer l'incompatibilité, mais qu'il serait nécessaire de soumettre à l'appréciation du juge les faits qui rendent la vie commune insupportable.

Dans ce système, la vie conjugale devrait, selon l'opinant, être divisée en deux époques; et le mode de divorce dont il s'agit, ne devrait être admis qu'à la première : car ceux-là seraient naturellement non recevables qui, durant un tems assez considérable, auraient vécu ensemble sans se plaindre.

Mais M. Berlier insiste particulièrement sur le maintien de la cause de divorce fondée sur les sévices et les mauvais traitemens.

On incline, dit-il, à rejeter cette cause comme devenant inutile, et devant être couverte par le consentement mutuel; c'est une erreur.

Contre qui les sévices et les mauvais traitemens auront-ils lieu ? contre le plus faible des époux, contre la femme : or, quels moyens la victime aura-t-elle pour amener son oppresseur à ce consentement ?

On a dit encore que des sévices et mauvais traitemens n'étaient pas une cause suffisante de divorce; mais ne donnaient-ils pas autrefois ouverture à la séparation de corps ?

Ici M. Berlier observe qu'il croit avoir entendu proposer que la simple séparation de corps et de biens fût substituée au divorce en cas de sévices; mais pourrait-on allier ainsi l'ancienne et la nouvelle institution, en leur attribuant à chacune une part, telle, que le divorce s'opérât en certain cas, et la simple séparation en d'autres ?

Que si l'on a voulu parler d'une séparation à tems, ou d'un délai qui doit être d'autant plus long que la cause est moins grave, cela se conçoit bien; mais que la séparation de corps *indéfinie*, cette institution, qui, contre le vœu de la nature et l'intérêt social, condamnait deux époux, et même l'époux innocent, à un perpétuel célibat, exclue nécessairement le divorce en aucun cas; c'est ce à quoi l'opinant s'oppose.

Tout au plus, et si l'on voulait respecter jusqu'aux préjugés d'un époux qui répugnerait à ce mode de dissolution, pourrait-on lui accorder le droit de faire prononcer une simple séparation ; mais en réservant toujours à l'autre époux le droit de faire convertir une telle séparation en un vrai divorce.

M. Berlier termine son opinion, en insistant pour que les sévices *prouvés* ne soient point retranchés des causes qui peuvent opérer le divorce.

M. Tronchet examine le principe du contrat de mariage, les conséquences de ce principe, si le mode proposé ne blesse pas ces conséquences, enfin s'il existe un moyen de prévenir cette contradiction.

Le principe fondamental du contrat de mariage, principe avoué par tous, et même par ceux qui ont poussé le plus loin l'abus du divorce, est que le mariage est le plus saint des engagemens, parce qu'il tient à l'harmonie sociale ; qu'il forme les familles particulières, dont se compose la grande famille de l'état ; qu'il est le conservateur des mœurs. De là sont nés les empêchemens que l'intérêt des mœurs a réclamés, et les formes destinées à donner de la stabililité au mariage ; de là cette intervention de l'officier public, qui, en même tems qu'il annonce aux époux des obligations auxquelles ils se soumettent, sanctionne le contrat au nom de la société.

La conséquence de ce principe est qu'un pareil engagement ne peut être légèrement dissous : peut-être même devrait-il être indissoluble. Il ne s'agit point ici des maximes religieuses : la loi civile, qui ne régit point la conscience, peut cependant établir tout ce que réclame l'intérêt public ; et, sous ce rapport, son pouvoir va jusqu'à restreindre la liberté individuelle. Elle peut donc du moins rendre le divorce difficile : il y a plus, elle le doit.

Par suite de ces principes, le conseil inclinait, dans la précédente séance, à rejeter la cause d'incompatibilité d'humeur, à n'admettre le divorce que pour cause d'adultère, en laissant néanmoins la facilité de couvrir cette cause honteuse par un divorce mutuellement consenti.

D'abord toute transaction sur les principes est dangereuse, et sur-tout quand ces principes tiennent à la morale. Mais il faut indiquer positivement la source de l'erreur dans laquelle on est tombé.

Une première réflexion se présente ici : on a pensé que la cause d'incompatibilité n'était inadmissible que parce qu'un contrat formé par la volonté de deux, ne peut être résolu par la volonté d'un seul. L'analogie a conduit à dire que le même obstacle n'empêchait pas la dissolution du mariage par consentement mutuel. Cette erreur vient de ce qu'on n'a vu qu'une raison contre la cause d'incompatibilité, tandis qu'elle est combattue par d'autres raisons non moins puissantes.

Une seconde réflexion, c'est que les préliminaires et les modifications qu'on a proposées pour le divorce par consentement mutuel, sont autant d'aveux de ses abus et de ses dangers.

Une troisième réflexion, c'est qu'on n'a pu méconnaître que l'engagement du mariage n'est pas borné aux époux, mais qu'il s'étend aux enfans; et par suite, l'on est convenu que lorsqu'il en existe, le divorce par consentement mutuel devient inadmissible. Reste à savoir s'il doit être admis quand il n'y en a pas.

Mais le véritable objet de la délibération est d'examiner si le divorce par consentement mutuel peut être admis avec des modifications.

On avoue que le caprice, que le dégoût, que l'inconstance, peuvent déterminer le consentement mutuel des époux; et comme ces motifs ne paraissent pas devoir détruire le mariage, on propose des conditions qui assurent que le divorce est démandé pour des causes plus réelles, et qu'il ne sera pas l'ouvrage des passions.

C'est, en effet, le point auquel il faut arriver. Cependant toutes les conditions dont on a parlé, sont impossibles.

On a proposé de déterminer une époque avant laquelle le divorce par consentement mutuel ne serait pas admis. Mais si ce délai est court; si, par exemple, il n'est que de cinq ans, il devient inutile: car, dans les premiers tems du mariage, les époux cherchent à se plaire; les caprices et les dégoûts n'ont point alors d'influence. Si ce délai est long, s'il est fixé à dix ans, par exemple, on porte une loi funeste. C'est après un certain tems que viennent les dégoûts, l'inconstance, l'ambition, et que se développent des passions qui ne sont plus contenues par les premières douceurs de l'union conjugale. La possibilité du succès les irrite: elles seraient moins actives si elles étaient sans espoir.

Mais on est frappé de l'idée qu'un consentement mutuel, librement donné, est l'indice le plus certain que les époux n'étaient pas faits l'un pour l'autre.

C'est encore une erreur de croire que le consentement mutuel sera libre. Il sera toujours forcé de l'un des deux côtés : l'époux qui voudra arriver au divorce, aura toujours une foule de moyens de rendre la vie insupportable à l'autre, ou il emploiera les menaces pour déterminer un consentement que l'autre époux refuserait s'il pouvait le refuser sans danger.

On objecte que, près des époux, seront un conseil de famille, un père, une mère, des ascendans, qui tempéreront les passions, et empêcheront le divorce, lorsqu'il ne sera pas réellement nécessaire.

L'expérience a détruit depuis long-tems cette illusion. Qu'on interroge les magistrats, les hommes de loi, même ces individus qui vivent de divorces, tous attesteront que l'intervention des familles est une ressource vaine et abusive. Des pères et des mères partagent assez souvent l'ambition de leurs enfans; ils veulent aussi que le mariage subsistant fasse place à un mariage plus avantageux; et séduits par cette perspective, ils osent même provoquer le divorce. Il y a plus; on ira jusqu'à acheter le consentement de la famille; et le mariage deviendra ainsi un foyer de crimes et de malheurs.

Mais, quand les familles n'auraient que des vues pures et des intentions morales, que feront-elles ?

On répondra qu'elles peseront les faits; qu'elles jugeront si l'union est en effet malheureuse. Comment pourront-elles porter ce jugement, lorsque le consentement ne sera pas libre des deux côtés? Ou l'époux dont la volonté aura été forcée, n'osera désavouer les faits; ou, si l'on suppose que les deux époux donneraient également un consentement libre, on autorise le divorce sans causes.

Veut-on des causes, alors les parens deviennent de mauvais juges: les préventions particulières et l'intérêt les empêcheront de prononcer avec impartialité. S'il faut des juges, que ce soient les magistrats. On objectera qu'alors il faut aussi des faits et des preuves : mais on les suppose dans tous les systèmes; et, en effet, un contrat aussi sacré que le mariage ne doit être dissous que quand il devient évidemment impossible de le maintenir.

Mais, dit-on, c'est une condition bien dure que de vivre avec un époux, ou avec une épouse, qu'on sait criminel, mais dont on ne peut prouver le crime. Cet inconvénient existe; mais ce n'est qu'un mal particulier : un mal public est un bien plus grand malheur.

On a parlé du danger de donner de l'éclat à ces sortes de contestations.

Il est possible d'étouffer cet éclat par des formes. Les rédacteurs du projet de Code civil en ont proposé qui ensevelissent les procédures sur divorce dans le plus profond secret. D'ailleurs, la cause du divorce qu'on veut cacher, c'est l'adultère : mais quel serait donc l'inconvénient de flétrir celui qui s'en serait rendu coupable ? il faudrait même aller jusqu'à punir le séducteur, à qui le crime appartient.

L'autre époux, dit-on, sera déshonoré. C'est là une idée populaire, à laquelle le législateur ne doit pas s'arrêter. Une épigramme ne blesse que légèrement dans cette triste position ; et les ames sensibles et honnêtes n'ajoutent pas au malheur de l'époux outragé ; elles le plaignent, elles le consolent.

On a observé que le plus grand nombre des mariages est contracté par des mineurs, que la loi protége, et qu'elle restitue lorsqu'ils ont été lésés.

D'abord la loi a pris des précautions pour empêcher qu'ils ne le fussent; ensuite on ne restitue le mineur que contre une lésion prouvée; et d'ailleurs la séduction des passions donne à tous les hommes, par rapport au mariage, les faiblesses de la minorité.

Une dernière réflexion, c'est que, dans le tems où les séparations de corps étaient seules en usage, on ne souffrait pas qu'elles fussent volontaires ; comment souffrirait-on que la dissolution du mariage le fût ?

M. CRETET propose les bases suivantes :

Le mariage peut être dissous par le divorce, ou suspendu à tems par la séparation de corps des conjoints, pour les causes déterminées par la loi.

Les causes du divorce sont.....

Les causes de la séparation à tems sont.....

L'action en divorce se porte devant les tribunaux, par une requête non motivée; les tribunaux, avant de prononcer, assemblent les familles des conjoints pour être consultées.

Si, dans l'assemblée des familles, les conjoints, d'une part, et la majorité des membres des familles, d'autre part, consentent au divorce, il est prononcé par le tribunal.

Faute de ces consentemens mutuels, la cause est portée à l'audience, et plaidée à huis clos.

L'action en séparation de corps à tems se porte devant les tribunaux, par simple requête non motivée, tendant à ordonner l'assemblée des familles,

familles, qui prononceraient sur la demande en séparation, et sur le tems pendant lequel le mariage sera suspendu par la séparation de corps et de biens des conjoints.

Le Premier Consul demande à M. Tronchet s'il adopte les causes de divorce énoncées dans l'article II.

M. Tronchet répond que, dans son opinion, ces causes ne devraient, pour la plupart, être que des motifs de séparation de corps ; que si on en veut faire des causes de divorce, il importe de les examiner avec une grande maturité.

Il consent à ce que l'adultère soit une cause de divorce : mais on est sorti de l'article II pour proposer la cause d'incompatibilité, et subsidiairement le divorce par consentement mutuel ; c'est ce système qu'il entend combattre.

Les rédacteurs du projet de Code civil avaient d'abord rejeté la séparation de corps, parce qu'elle devait être prononcée pour les mêmes causes que le divorce ; néanmoins, comme elle est moins scandaleuse, il paraît convenable de la rétablir, et de laisser le choix aux époux. Mais aux causes énoncées par le projet de Code civil, l'on a ajouté des causes nouvelles, qu'il faut d'abord discuter ; on verra ensuite lesquelles des causes adoptées doivent opérer le divorce, et lesquelles doivent opérer la séparation de corps.

M. Bigot-Préameneu dit que la question de l'intervention de la famille est celle qui doit être d'abord discutée, parce qu'elle est dans tous les systèmes : cette intervention, telle qu'elle est proposée, n'aurait pas les effets qu'on en espère ; et elle est d'ailleurs contre la nature des choses.

Le mariage est un contrat, non-seulement entre les époux, mais encore entre les familles, les enfans, la société : les familles n'en peuvent donc pas être juges, puisqu'elles y sont parties.

D'un autre côté, l'expérience prouve que les parens d'un caractère tranquille et paisible ne prennent point de part aux querelles entre époux ; qu'au contraire les parens passionnés prennent parti dans ces querelles ; et ainsi les haines s'étendent et se perpétuent dans les familles. Quel que soit le caractère des parens, leur jugement ne sera que de pure forme ; car ils en seront les maîtres absolus, puisque les causes du divorce seront arbitraires, et que le divorce sera prononcé sans faits prouvés.

Dans ce système de causes indéterminées, que fera le père, si la fille vient se plaindre de la conduite de son mari ; si elle vient déclarer qu'elle ne peut vivre avec lui ; si, par ses larmes, elle parvient à émouvoir la sensibilité paternelle? Le père cédera à sa faiblesse et consentira au divorce. Il arrivera, le plus souvent, qu'un époux paraîtra coupable, lorsque l'autre seul le sera.

Les rédacteurs du projet de Code civil faisaient aussi intervenir la famille, mais seulement pour donner son avis : ils réservaient la décision aux tribunaux. En effet, si c'est la famille qui prononce, le divorce sera arbitraire. Au surplus, l'opinant pense, comme M. Tronchet, qu'il est indispensable de rétablir la séparation de biens.

Le Premier Consul dit que la question n'a pas encore été traitée dans son entier. Le projet de la section amènerait plus certainement les inconvéniens dont a parlé M. Tronchet, que le système que M. Tronchet combat.

Le mariage pourra-t-il être dissous pour cause d'incompatibilité? voilà la première question.

On a répondu que le mariage n'aurait plus de stabilité, s'il ne devait subsister que jusqu'au moment où les époux changent d'inclination et d'humeur.

On a répondu encore qu'un contrat formé par le concours de deux volontés, ne peut être rompu par la volonté d'un seul des contractans.

Ces deux réponses sont fondées.

Mais est-il également vrai que l'indissolubilité du mariage soit absolue?

Le mariage est indissoluble en ce sens, qu'au moment où il est contracté, chacun des époux doit être dans la ferme intention de ne jamais le rompre, et ne doit pas prévoir alors les causes accidentelles, quelquefois coupables, qui, par la suite, pourront en nécessiter la dissolution. Mais que l'indissolubilité du mariage ne puisse recevoir de modification dans aucun cas, c'est un système démenti par les maximes et par les exemples de tous les siècles. Il n'est pas dans la nature des choses que deux êtres organisés à part, soient jamais parfaitement identifiés : or, le législateur doit prévoir les résultats que la nature des choses peut amener. Aussi, la fiction de l'identité des époux a-t-elle été toujours modifiée : elle l'a été par la religion catholique, dans le cas de l'impuissance ; elle l'a été par-tout par le divorce. Dans cette discussion même, on s'est montré disposé à admettre la séparation de corps, qui est une modification du mariage, puisqu'elle en fait cesser les effets. On est convenu aussi, dans le cours de la discussion, que, lorsqu'il y a impuissance, la matière du mariage manque; que, quand il y a adultère, l'engagement du mariage est violé.

Ces deux causes de divorce sont positives: celles que propose la section sont au contraire tellement indéterminées, qu'elles impriment au mariage le caractère d'incertitude que lui donnerait l'usage du divorce pour incompatibilité d'humeur.

C'est pour prévenir cette instabilité du mariage, que les rédacteurs du projet de Code civil ont proposé de n'autoriser le divorce que quand il y aurait crime: cependant, si l'un des époux rendait la vie insupportable à l'autre, il faut que celui-ci ait la faculté de s'en séparer.

Au surplus, pour suivre le véritable ordre de la discussion, il faudrait embrasser tous les systèmes, les comparer l'un avec l'autre; et si aucun ne paraissait entièrement admissible, les remplacer par un projet nouveau.

Quant à l'objection faite contre l'intervention de la famille, elle est fondée sur la fausse idée que la famille s'érigerait en tribunal. La famille ne serait pas appelée pour prononcer sur le divorce, mais pour l'autoriser par son consentement, ou pour l'empêcher par son refus.

M. BOULAY voudrait que le divorce absolu fût admis pendant tout le cours du mariage, mais seulement pour crimes, ou pour toute autre cause grave et déterminée; que la séparation de corps fût également admise pour les autres causes moins graves; et que si, dans l'espace de cinq ans, il n'y avait pas de rapprochement entre les époux, chacun d'eux pût demander le divorce, parce qu'alors l'incompatibilité serait prouvée. On adapterait à ce divorce les formes proposées par le projet de Code civil.

Le consul CAMBACÉRÈS dit que si le système du divorce par consentement mutuel est adopté, il y a lieu d'examiner les modifications que l'on y apportera.

La première consiste à prohiber cette faculté à ceux qui ont des enfans de leur mariage.

Cette proposition peut étonner au premier aspect, attendu que, dans cette matière, toute l'attention se porte sur les deux époux. Mais le législateur ne doit-il pas aussi s'occuper des enfans? Ceux-ci ne sont-ils pas des tiers intéressés au contrat de mariage? Or, combien sont à plaindre ceux qui, devant le jour à des époux divorcés, se sont vus presque en naissant déposés dans des familles qui leur sont à demi étrangères!

L'autre modification tend à faire intervenir les familles dans la procédure du divorce. A cet égard, le Consul distingue : il croit que l'aveu des pères et mères des époux, ou celui de leurs ascendans, peut souvent prévenir ou faire cesser des projets de désunion qu'un caprice a suggérés, et qu'un peu de réflexion dissipe. Mais pour ce qui est des collatéraux, même des frères et sœurs, le Consul croit que leur concours ne ferait qu'embarrasser, et que leur avis serait souvent dicté par des vues d'intérêt personnel.

M. PORTALIS dit qu'il faut rendre le divorce toujours utile, et l'empêcher d'être jamais dangereux.

Le divorce est utile, lorsque les causes pour lesquelles il est prononcé sont des infractions au mariage; c'est pourquoi l'adultère a été une cause de divorce par-tout où le divorce a été reçu. L'impuissance, cause honteuse et difficile à prouver, a toujours été aussi un principe de nullité en matière de mariage.

Mais le consentement mutuel doit-il donner lieu au divorce?

Il est, sans doute, préférable à la cause d'incompatibilité, puisqu'il suppose le concours des volontés. Cependant le consentement mutuel sera très-rare, parce qu'il sera rare que des époux s'accordent pour rompre leur mariage.

Au reste, il est nécessaire de n'admettre le divorce que pour des causes déterminées; de ne donner d'effet au consentement mutuel que lorsqu'il n'y a pas d'enfans, que lorsqu'il est appuyé de l'autorisation des pères, et en le soumettant à l'épreuve d'un délai.

Le MINISTRE DE LA JUSTICE observe qu'en effet le divorce par consentement mutuel ne devrait plus avoir lieu quand il y a des enfans, parce qu'alors les choses ne sont plus entières, comme au moment où le consentement qui a formé le mariage a été donné.

Dans le cas où il n'y a pas d'enfans, le consentement mutuel ne peut encore suffire. On veut qu'il ne serve qu'à couvrir des causes particulières de divorce : ce vœu de la loi sera trompé; car quelle est la garantie que le divorce ne sera pas prononcé, par cela seul qu'il y a consentement mutuel, sans qu'il y ait d'autre cause? Sera-ce l'intervention des familles? Mais les familles sont ou indifférentes ou passionnées, et il en est ainsi même des ascendans; d'ailleurs les familles souvent sont absentes.

On veut que les tribunaux puissent examiner après la famille, et soient tenus de prononcer aveuglément : cependant le mariage tient tellement à l'ordre public, qu'il ne peut être rompu sans que la société ait quelque garantie qu'il y a véritablement des causes graves de divorce. Cela est si vrai, qu'autrefois l'intervention du ministère public était nécessaire, même pour la séparation de corps, et qu'on n'admettait pas de séparation volontaire. Il faudrait donc que du moins le ministère public fût introduit au milieu de la famille; qu'il pesât avec elle les motifs vrais de la demande en divorce. Mais alors on revient au système des causes déterminées, au système des procédures judiciaires; et le consentement mutuel n'opère plus les effets qu'on voulait obtenir.

Le Premier Consul dit qu'il est important de réduire dans le fait l'intervention des tribunaux au seul effet de prononcer sans examen le divorce, et d'empêcher cependant que le consentement mutuel, sans motifs, ne donne au mariage une telle instabilité qu'il ne subsiste plus que tant qu'il plaît aux époux d'y rester. Cependant les motifs ne doivent pas être déduits devant les juges. Pour obtenir ce résultat, on pourrait déclarer que le divorce sera admis pour sévices, et pour plusieurs des autres causes moins graves énoncées dans l'article II du projet, mais que ces causes seront réputées constatées lorsque les parens autoriseront le divorce. Par là on éviterait la nécessité de prouver publiquement devant les tribunaux, et l'on se ménagerait un moyen de dissimuler des causes scandaleuses de divorce, comme serait celle de l'impuissance.

M. Tronchet dit qu'il n'y aura jamais de divorce par consentement mutuel dans le cas de sévices, parce que le consentement ne sera jamais donné par le mari qui aura maltraité son épouse, n'eût-il d'autre motif pour le refuser que l'intérêt de ne pas restituer la dot : ce motif portait autrefois les maris à combattre les demandes en séparation de corps.

Au reste, la facilité de se divorcer par consentement mutuel, rend le mariage aussi instable que le ferait la possibilité de se divorcer par incompatibilité d'humeur; à moins d'une garantie qu'on ne peut trouver, puisqu'il est reconnu que l'intervention de la famille n'en donnerait pas une suffisante.

M. Bigot-Préameneu pense qu'en admettant le divorce, il doit être autorisé seulement pour des causes graves ; que les causes moins graves ne doivent donner lieu qu'à une séparation de corps. Mais les familles ne doivent intervenir que pour donner leur avis ; cet avis même apprendra aux tribunaux si elles y consentent : le secret le plus profond envelopperait toute la procédure.

Le PREMIER CONSUL dit que vouloir n'admettre le divorce que pour cause d'adultère publiquement prouvé, c'est le proscrire absolument : car, d'un côté, peu d'adultères peuvent être prouvés ; de l'autre, il est peu d'hommes assez éhontés pour proclamer la turpitude de leur épouse. Il serait d'ailleurs scandaleux, et contre l'honneur de la nation, de révéler ce qui se passe dans un certain nombre de ménages : on en conclurait, quoiqu'à tort, que ce sont là les mœurs des Français.

Il importe de voir la matière sous ce point de vue. Si l'intérêt des mœurs et de la société exige que les mariages aient de la stabilité, il exige peut-être aussi qu'on sépare des époux qui ne peuvent vivre ensemble, et dont l'union, si elle était prolongée, engloutirait souvent le patrimoine commun, dissoudrait la famille et produirait l'abandon des enfans. C'est offenser la sainteté du mariage que de laisser subsister de pareils nœuds.

M. BOULAY dit qu'on applanirait beaucoup de difficultés, si l'on posait d'abord les principes sur la manière de procéder. Son opinion est que, dans toutes les hypothèses, la procédure doit être secrète : si elle ne l'était pas, un mari qui voudrait ménager l'honneur de ses enfans, et qui même, par générosité, ne voudrait pas flétrir son épouse quoique coupable, serait réduit à se taire et à souffrir.

Il répète qu'il ne voudrait de divorce que pour des causes graves ; et que, pour les autres, on n'admît que la séparation de corps : elle serait facultative, lorsqu'elle devrait être sans retour ; elle serait forcée, lorsqu'elle devrait avoir lieu avant le divorce et par forme d'épreuve.

M. MALEVILLE dit qu'il ne faut pas perdre de vue les conditions proposées par le consul Cambacérès, et ne pas admettre le divorce par consentement mutuel, lorsqu'il y a des enfans : dans ce cas, il ne devrait plus y avoir lieu qu'à séparation de corps.

M. REGNAUD (de Saint-Jean-d'Angely) dit que la séparation n'est ni plus morale ni moins dangereuse que le divorce. En effet, le mariage subsiste ; et cependant, chaque époux jouit, de son côté, d'une entière liberté ; chacun d'eux donne de mauvais exemples aux enfans communs. Ils n'en sont pas moins et plus souvent encore exposés à l'abandon et aux malheurs qui le suivent.

M. Maleville répond qu'il y a cette importante différence entre le divorce et la séparation de corps, que des époux séparés n'en ont pas moins l'œil sur leurs enfans; leurs entrailles n'en sont pas moins émues à ce spectacle : mais un époux divorcé et remarié est, par cela même, constitué hors d'état de remplir à leur égard les devoirs dont la nature l'a chargé ; une nouvelle femme, un nouveau mari, rebutent et éloignent ces enfans : mais c'est pour les enfans que le mariage a été établi, et c'est leur intérêt qu'il faut sur-tout considérer dans toutes les questions relatives au mariage.

Si les enfans étaient mis, comme à Lacédémone, sous la surveillance de magistrats, et élevés en commun, le divorce leur serait à-peu-près indifférent ; mais peut-on soutenir qu'un tuteur ait la même affection, le même zèle et encore le même pouvoir qu'un père pour leur conservation et leur direction ? Toujours il y a eu des tuteurs ; et pourquoi cependant toujours les orphelins ont-ils excité la pitié ?

De plus, la séparation de corps laisse une porte ouverte à la réconciliation : une rencontre fortuite, l'isolement où se trouvent des époux habitués à vivre ensemble, la réflexion qui met à leur place des torts que les passions avaient exagérés, l'aspect sur-tout des enfans communs, peuvent faire répandre autour d'eux les pleurs du repentir et ceux de la clémence ; mais le divorce ferme toute issue à cette réconciliation si désirable, et ne laisse après lui que des remords et des regrets.

Il n'y a donc pas de doute que, si on admet le divorce, on ne doive le réserver du moins pour les cas très-graves et qui ne laissent pas d'espoir possible de réconciliation, tels que l'adultère, et ne permettre, pour tous les autres, que la séparation de corps.

M. Bérenger dit que la sainteté du mariage consiste dans les affections morales qui unissent les deux époux, et que ce caractère n'existe plus dans les cas où le divorce est admissible, puisqu'alors ces sentimens sont éteints ; que la sainteté religieuse du mariage n'est ni reconnue ni attaquée par le législateur qui permet le divorce, mais qui ne le commande point, et aux yeux duquel le mariage est un contrat purement civil ; que la morale n'est point intéressée au maintien d'une union mal assortie, puisqu'il n'est pas nécessaire de divorcer pour mener une conduite scandaleuse ; qu'enfin l'intérêt des enfans ne s'oppose point au divorce par consentement mutuel de deux époux qui projettent de nouveaux mariages, car il est bien évident qu'ils ont perdu tout sentiment paternel, et que la seule ressource des enfans qu'ils veulent abandonner, est dans les précautions que la loi peut et doit prendre en leur faveur.

M. Boulay dit que souvent l'un des deux époux mérite la confiance de la loi, et qu'alors le juge lui remet les enfans.

M. Defermon observe que le but du système du divorce par consentement mutuel, est de couvrir les causes graves du divorce : il demande si le législateur doit se proposer ce but.

Le Premier Consul dit qu'un homme honnête ne se détermine au divorce que pour cause d'adultère, et pourvu que le divorce puisse s'effectuer sans éclat. Ces idées sont dans les mœurs françaises ; la loi doit donc s'y plier.

Or, il serait dur d'obliger un mari qui d'ailleurs n'est pas retenu par les opinions religieuses, à garder une femme qui le déshonore ; il faut donc lui offrir un moyen d'éviter la publicité des tribunaux.

M. Emmery dit que quand il y a une véritable incompatibilité d'humeur, et non un simple caprice, le mariage devient un supplice pour les deux époux ; tous deux alors cherchent à s'en affranchir, et le consentement mutuel a lieu : ce consentement doit être la seule cause du divorce proprement dit.

Mais il importe de bien s'assurer de la force et de la permanence de la volonté qui produit le consentement mutuel. Là se placent les précautions qu'il convient de prendre. On peut, par exemple, fixer les âges avant et après lesquels le consentement mutuel n'aura point d'effet ; on peut déterminer des délais, établir une séparation préalable ; faire intervenir la famille pour travailler à rapprocher les époux pendant la séparation. Si, malgré toutes ces épreuves, ils persistent, on prononcera le divorce, mais seulement avec l'autorisation du père. En général, l'incompatibilité bien caractérisée naît ou de l'adultère, ou de sévices graves, ou de tentatives d'assassinat, ou d'impuissance. Toutes ces causes sont couvertes, si le consentement mutuel opère le divorce.

Il n'est cependant pas possible de le défendre absolument en ce cas, lorsqu'il y a des enfans ; car il faudrait alors l'interdire, même quand il y aurait adultère. On pourrait pourvoir à l'intérêt des enfans, et faire de leur existence un obstacle moral au divorce, en leur affectant une portion des biens de leurs père et mère divorcés.

Toute autre cause que le consentement mutuel n'est jamais alléguée que par un des époux. Dès-lors elle ne peut donner lieu qu'à la répudiation

pudiation ; car il n'y a de divorce que lorsque la dissolution du mariage est demandée également par les deux époux ; il n'y a que répudiation lorsqu'elle est demandée par un seul.

Pour régulariser la discussion, il importerait peut-être de *rédiger en projet les divers systèmes.*

Le Conseil, après avoir rejeté le projet de la section, adopte la proposition de M. Emmery.

M. Boulay dit que le Conseil ayant arrêté en principe que le divorce aurait lieu, il faut en déterminer les causes et le mode. Les articles qu'il va proposer sont moins un projet complet à cet égard, qu'une série des idées principales qui doivent entrer dans ce projet, et qui paraissent propres à bien fixer la discussion et à la conduire à un résultat utile.

Il est nécessaire de distinguer d'abord les causes absolues de divorce, celles qui sont de nature à le faire prononcer immédiatement, sans aucune épreuve ni restriction.

La première de ces causes est l'adultère : c'est sans doute la plus forte, la plus légitime de toutes, puisqu'elle attaque dans son essence et dissout le lien du mariage, qui consiste dans la fidélité que se sont promise les époux ; et que d'ailleurs elle entraîne des conséquences aussi fatales à l'intégrité des familles qu'à leur honneur et à leur tranquillité. Cependant on ne doit pas rendre cette cause aussi facile à la femme qu'au mari, parce que les suites n'en sont pas aussi dangereuses d'un côté que de l'autre ; et M. Boulay admet volontiers les distinctions qu'il a trouvées là-dessus dans le projet de Code. Toutefois il n'insiste pas beaucoup sur ces distinctions ; et, comme le crime est véritablement égal des deux côtés, si on croit qu'il ne doit pas y avoir de différence dans le droit de poursuivre l'action qui en résulte, M. Boulay ne combattra pas cette opinion.

La seconde cause absolue, est l'attentat à la vie d'un des époux de la part de l'autre. Comment, en effet, pourrait-on exiger qu'un époux continuât d'associer sa vie à un être dans lequel, au lieu d'un appui fidèle et dévoué, il ne trouve qu'un assassin ?

Une troisième cause est la condamnation d'un des époux à une peine afflictive ou infamante. On stipule ici pour l'époux honnête et délicat, contre l'époux coupable et flétri : vouloir qu'ils vivent ensemble, c'est vouloir réunir un cadavre à un corps vivant. Cette cause de divorce

Séance du 24 Vendémiaire an 10.

doit être admise, sans doute, chez tous les peuples, mais sur-tout chez une nation dont l'honneur paraît être le sentiment spécial.

Voilà les trois causes essentielles et absolues du divorce : du moment où elles existent, et qu'elles sont présentées à la justice, elles doivent produire leur effet.

L'article suivant autorise celui des époux qui, pour une de ces causes, a droit de demander le divorce, à se borner à la demande en séparation de corps et de biens. Cette séparation facultative a été réclamée par la plupart des tribunaux : on peut assurer qu'elle est dans le vœu de la grande majorité du peuple français ; elle lui est dictée par le sentiment de sa religion, qui a consacré l'indissolubilité du mariage ; elle a même, abstraction faite de toute opinion religieuse, une base respectable dans un sentiment noble et généreux, qui fait que l'on veut tenir à la foi donnée, lors même que la personne à laquelle on a juré une éternelle fidélité, y manque de son côté : et c'est, sans doute, d'après ce motif, que cette séparation facultative est admise, même dans les pays protestans, où le divorce n'est pas en opposition avec la religion. Tout exige donc de la sagesse et de la politique du législateur français, qu'il accorde cette faculté aux époux à qui le divorce répugne.

Mais, outre cette séparation facultative et politique qui remplace le divorce, M. Boulay en admet une autre, que l'on peut appeler *séparation d'épreuve*, qui ne tient pas lieu du divorce, mais qui, dans certains cas, est un moyen de s'assurer que le divorce peut être légitime.

Il faut considérer que, s'il est des causes qui anéantissent pour ainsi dire d'un seul coup le mariage, il en est aussi qui, sans produire immédiatement le même effet, le produisent par leur continuité : telles sont celles indiquées par l'art. V de son projet. Ces causes considérées dans un instant donné, ne sont pas très-graves par leur nature : elles peuvent être l'effet d'un caprice ou d'une passion passagère ; elles sont susceptibles d'oubli : elles différent d'ailleurs par les nuances des caractères, de l'éducation et des conditions. Ainsi, les admettre comme causes immédiates de divorce, ce serait porter une atteinte trop funeste à la sainteté du mariage : il ne faut donc les admettre d'abord que comme causes de séparation. La séparation laisse subsister le mariage ; les époux, quoique séparés, restent toujours engagés l'un à l'autre : mais étant séparés, les causes qui avaient altéré leur union, peuvent s'anéantir ou s'affaiblir; le tems peut les ramener à des sentimens plus calmes; des parens, des amis peuvent s'interposer; enfin l'amitié peut renaître, ou du moins la raison se faire entendre, et ramener les époux l'un à l'autre. Mais si, malgré la séparation et l'intervalle de trois années, les époux restent désunis; si rien n'a pu les rapprocher, que doit-on en conclure? qu'il existe entre eux un obstacle insurmontable; que les causes qui ont amené la séparation sont plus graves qu'on ne l'avait d'abord cru, et que peut-être même elles en cachent de plus secrètes qu'on n'a pas voulu dévoiler. Alors il est clair qu'il ne peut plus y avoir d'union entre les époux, ni par conséquent plus de mariage. Dès-lors l'intérêt des époux, celui de la société, la raison, tout commande d'accorder le divorce à l'époux qui a obtenu la séparation: car il ne conviendrait pas que l'autre pût se faire un titre de ses propres torts pour le demander.

Tel est le fond du système de M. Boulay, d'après lequel jamais le divorce ne peut être prononcé que d'après une cause vérifiée et légitime.

Quelques membres du Conseil, ajoute-t-il, ne veulent pas de cette vérification: ils opposent le scandale de cette sorte de procès, et le déshonneur qui, d'après nos mœurs, en rejaillit toujours, même sur l'époux innocent. Ils veulent donc qu'on puisse arriver au divorce par une route absolument secrète, sans alléguer aucune des causes ci-dessus désignées, et en mettant seulement en avant ou l'incompatibilité d'humeur, ou le consentement mutuel.

Mais si le divorce pouvait être prononcé sur la simple allégation d'incompatibilité d'humeur, proposée par un des époux, de quelques formes qu'on environnât ce moyen, à quelques délais qu'on l'assujettît, il est clair que le mariage n'aurait pas même la force de la plus simple et de la moins importante convention, puisqu'il n'en est aucune qui puisse être rompue par la seule volonté d'une des parties contractantes: ce moyen ne peut donc jamais être admis, sans quoi le mariage ne serait plus qu'une dérision. Aussi les partisans les plus raisonnables de l'incompatibilité d'humeur entendent-ils qu'elle soit réciproque; qu'elle soit une véritable antipathie de la part des deux époux; qu'elle soit, par conséquent, alléguée ou convenue de la part des deux; et dès-lors elle rentre dans le consentement mutuel.

A l'appui de ce consentement, on dit d'abord : La loi ne considère le mariage que comme un contrat civil : or, tout contrat peut être rompu par le même concours de volontés qui lui a donné l'existence ; donc le mariage peut être dissous par le consentement mutuel des époux. Cet argument serait bon si le mariage n'intéressait que les époux, et s'il pouvait être considéré comme un contrat ordinaire : mais, outre le caractère de perpétuité et d'inviolabilité que lui imprime la nature des choses, et dont la sagesse des législateurs et l'intérêt du genre humain l'ont constamment revêtu, ce contrat intéresse non-seulement les époux, mais encore leurs familles ; il intéresse spécialement les enfans ; enfin, il a des rapports essentiels avec l'ordre public. Il ne peut donc pas être brisé par la seule volonté des parties ; il ne peut l'être que pour des causes légitimes et vérifiées. On ne peut pas admettre, comme juges, les enfans, parce qu'il serait contre toutes les convenances naturelles et morales que des enfans fussent les juges de leurs père et mère. On pourrait peut-être faire intervenir les deux familles dans cette contestation ; mais outre que l'expérience paraît avoir démontré l'inutilité des assemblées et des tribunaux de famille, il n'est que trop vrai que, dans une pareille matière, les parens épousant les passions des époux, et ayant souvent des intérêts opposés, sont, en général, très-peu propres à justifier la confiance de la loi, et à rendre des décisions sages.

Quel est donc le véritable juge dans cette matière ? celui qui, seul, peut bien stipuler dans l'intérêt public, et, par conséquent, dans celui des familles, des époux et des enfans : car l'intérêt public embrasse tous ces intérêts particuliers ; c'est le ministère public : c'est le juge public. C'est à lui qu'il appartient d'examiner les causes alléguées par les époux, d'en peser l'importance et d'en vérifier la sincérité. Il ne suffit pas que les époux, paraissant devant le juge, allèguent, pour raison unique, leur consentement mutuel ; il ne suffit pas même qu'ils le motivent sur des causes positives : il faut que ces causes soient prouvées, sans quoi le mariage reste toujours le jouet des caprices, des passions, et d'un concert frauduleux de la part des époux ; il n'y a plus de garantie pour l'intérêt des familles, pour celui des enfans, pour celui de la société, dont la stabilité repose essentiellement sur celle des familles, et, par conséquent, sur celle des mariages. D'ailleurs, ce consentement mutuel, peut-on s'assurer de sa sincérité ? Si l'un des époux est le tyran de l'autre, donnera-t-il son consentement, et sur-tout s'il faut le motiver sur sa tyrannie? l'époux qui se verra menacé de la part de l'autre, consentira-t-il librement? et peut-on regarder comme une cause légitime de divorce, un consentement arraché par la violence?

On veut que ce consentement, quel qu'il soit, serve de voile à des causes scandaleuses, et prévienne l'éclat d'un procès déshonorant même pour l'époux innocent. Éviter le scandale de ces procès, ne pas forcer un époux honnête à divulguer la honte de sa maison, c'est assurément un but très-louable; mais l'article VII du projet présenté, article conforme aux vues des rédacteurs du Code, ne remédie-t-il pas, autant qu'il est possible de le faire, à ces inconvéniens? Si la procédure est secrète, si le motif du jugement n'est pas même exprimé, où est alors la publicité que l'on craint? Mais, dit-on, les juges sauront au moins de quoi il s'agit; le greffier du tribunal le saura, d'autres personnes le sauront; et par conséquent point de secret. Mais, de bonne foi, peut-on, dans cette matière, se flatter d'un secret impénétrable? existera-t-il même dans le cas du simple consentement mutuel? plus on s'enveloppera du mystère, plus la malignité ne s'exercera-t-elle pas contre les époux? Quand on a évité le scandale et l'humiliation d'une procédure publique, dont l'effet se répand toujours au loin, quand on échappe à la preuve authentique et éternelle qui résulte d'une énonciation de causes dans le jugement, n'a-t-on pas obtenu tout ce qu'on peut raisonnablement espérer? n'a-t-on pas fait tout ce qu'il est possible de faire dans l'intérêt des mœurs et de la décence publique, dans celui des familles, des enfans et des époux? Vouloir en obtenir davantage, c'est véritablement courir après une chimère; et c'est à ce faux espoir qu'on sacrifierait, en se contentant d'un consentement mutuel, la sainteté du mariage, le repos des familles et l'ordre public!

Enfin, aujourd'hui qu'on voudrait rétablir les mœurs, aujourd'hui que la nature du Gouvernement en exige de plus sévères, voudrait-on se montrer plus relâché qu'on ne l'était dans l'ancien régime, et rendre le divorce plus facile que ne l'était alors la séparation de corps et de biens? Or, il est constant que jamais celle-ci n'a été admise sur le consentement mutuel, ni même sur le seul aveu que les époux auraient pu faire de la vérité des faits allégués pour motiver la demande. La justice voulait en être assurée, et recourait toujours aux divers genres de preuves qui pouvaient lui donner cette conviction. Comment donc pourrait-on s'écarter maintenant d'une règle aussi sage et aussi nécessaire?

Le dernier article admet l'absence déclarée comme cause de divorce. Ce moyen est préférable à celui de l'abandon (1) que l'on a mis en avant, qui paraît trop difficile à bien caractériser, et sujet d'ailleurs à trop d'inconvéniens. Il faut avouer que celui de l'absence déclarée n'en est pas exempt. Aussi M. Boulay ajoute qu'il n'insistera pas, si on veut renoncer à celui de l'abandon.

A la suite de ces développemens, M. Boulay présente la rédaction suivante.

I. *Le mari pourra demander le divorce pour l'adultère de sa femme, s'il est accompagné de scandale public, ou prouvé par des écrits émanés d'elle.*

La femme pourra demander le divorce pour l'adultère de son mari, lorsque celui-ci tiendra sa concubine dans la maison commune.

II. *L'attentat de l'un des époux à la vie de l'autre, sera pour celui-ci une cause de divorce.*

III. *Si l'un des époux est condamné à une peine afflictive, l'autre époux pourra demander le divorce.*

IV. *L'époux qui aura le droit de demander le divorce pour une des causes portées aux trois articles précédens, pourra se borner à la demande en séparation de corps et de biens.*

V. *Les sévices et les mauvais traitemens, la diffamation publique, et toute autre cause dont l'effet continué rendrait impossible la vie commune entre les époux, donneront lieu à la séparation de corps et de biens.*

VI. *Quand la séparation aura été prononcée aux termes de l'art. précédent, si elle subsiste pendant trois ans sans qu'il y ait eu de rapprochement entre les époux, le divorce sera prononcé sur la demande de celui qui aura obtenu la séparation.*

---

(1) Les tribunaux d'appel d'Agen et de Bourges proposaient d'ôter l'abandonnement des causes de divorce. — Le tribunal de cassation, le tribunal d'appel de Lyon proposoient d'ajouter l'absence légale.

DIVORCE.

VII. *La procédure qui aura lieu, soit sur la demande en divorce, soit sur la demande en séparation, sera secrète, et le motif du jugement ne sera pas exprimé.*

VIII. *L'absence déclarée sera une cause de divorce; et néanmoins il ne pourra être prononcé qu'une année après le jugement qui aura déclaré l'absence.*

Un autre projet est présenté. M. BERLIER, rédacteur de ce deuxième projet, observe qu'il est moins le tableau de ses opinions personnelles exposées dans la dernière séance, que celui des principes que la discussion lui a indiqués comme pouvant entrer dans les vues du Conseil, et qu'un de ses collègues l'avait invité à recueillir.

Qu'au reste, et puisque cette rédaction purement officieuse a été imprimée, et se trouve soumise à la délibération, il déclare que, sauf la cause des sévices légalement prouvés, qu'il regrette de n'avoir pu y insérer, d'après l'esprit qui a présidé à cette rédaction, il y a beaucoup de choses qu'il adopte personnellement.

M. Berlier lit ce projet ainsi conçu :

§. Ier. *Du Divorce pour causes donnant lieu à poursuites judiciaires.*

I. *La loi n'admet que deux causes de divorce susceptibles d'être poursuivies devant les tribunaux et jugées par eux.*

II. *Ces causes sont,* 1°. *l'adultère de la femme, accompagné d'un scandale public, ou prouvé par des écrits émanés d'elle; celui du mari qui tient sa concubine dans la maison commune;*

2°. *L'attentat par l'un des époux à la vie de l'autre.*

III. *Le mode à suivre pour le jugement de ces deux causes de divorce, sera déterminé dans le titre suivant.*

§. II. *Du Divorce pour infamie ou absence.*

IV. *Il y a ouverture à divorce, sans débats judiciaires, ni intervention des familles, dans les deux cas suivans :*

1°. *Lorsque l'un des époux a été condamné à une peine afflictive ou infamante;*

2°. *Lorsque l'un des époux, absent depuis plus de cinq ans sans qu'on ait reçu de ses nouvelles, a été déclaré tel par jugement.*

V. *Dans ces deux cas, l'officier de l'état civil, sur la demande de* l'autre époux, prononce le divorce à la vue du jugement soit de condamnation, soit de déclaration d'absence.

Il y sera joint, au premier cas, un certificat du tribunal criminel; au second cas, un certificat du tribunal d'appel, portant que le jugement n'est pas susceptible d'être attaqué par appel ou pourvoi en cassation, ni d'être anéanti d'aucune autre manière.

§. III. *Du Divorce sur consentement mutuel.*

VI. *Les tribunaux ne peuvent admettre de demandes en divorce fondées sur de simples sévices, injures, mauvais traitemens ou vices imputés à l'un des époux.*

Néanmoins, si ces circonstances, leur réunion et leur durée, prenaient un tel caractère, que la vie commune devînt insupportable aux deux époux, il pourra y avoir lieu au divorce, mais sur le seul consentement mutuel des époux, ratifié par leurs ascendans, ou, à leur défaut, par un jury spécial, selon que le tout sera expliqué au titre suivant.

§. IV. *Du Divorce pour délaissement.*

VII. *Dans le cas de délaissement ou abandon de l'un des époux par l'autre, l'époux délaissé pourra demander le divorce, en justifiant,*

1°. *De trois sommations à fin de réunion, faites à l'autre époux, à intervalle de six mois au moins chacune;*

2°. *D'un certificat de non-réunion, donné tant par le juge-de-paix du canton que par la municipalité du domicile de l'époux délaissé.*

VIII. *L'officier de l'état civil donnera acte de la demande et de la justification énoncées en l'article précédent.*

Si, un an après, les époux ne se sont point rapprochés, le demandeur en divorce pourra requérir l'officier de l'état civil de le prononcer à la vue d'un nouveau certificat délivré par les mêmes autorités que ci-dessus, et constatant que, dans l'année, il n'y a pas eu de rapprochement.

§. V. *Des Causes des Séparations de corps.*

IX. *Les causes des séparations de corps sont les mêmes que celles du divorce.*

Dans tous les cas où le divorce est autorisé, la demande peut être bornée à une séparation de corps; mais quand cette séparation est prononcée,

noncée, elle se convertit de plein droit en un divorce, lorsque cette conversion est demandée par l'autre époux.

M. Emmery dit que le projet de M. Boulay fait dépendre la dissolution du mariage, de la séparation de corps dans les cas de son article V; qu'en conséquence, il faudrait déduire d'abord devant le juge, même les motifs secrets qui, après avoir opéré la séparation, pourraient par la suite opérer le divorce : car si ces motifs n'étaient allégués et prouvés, les tribunaux ne prononceraient pas la séparation, et, par une suite nécessaire, le divorce n'aurait jamais lieu.

Un autre inconvénient, c'est que le divorce indirect deviendra arbitraire ; car le juge n'étant pas lié par l'obligation de prononcer la séparation d'après des causes déterminées, peut la refuser dans les cas les plus graves, et l'admettre aussi pour les motifs les plus légers.

Ce n'est pas cependant qu'il ne soit nécessaire d'établir une séparation provisoire, afin d'éprouver la volonté des époux ; mais elle doit être autrement organisée.

Quant au système de M. Berlier, la coupe en est très-heureuse, et M. Emmery l'adopte.

Il admet également en principe les causes de divorce que ce projet énumère, et qui doivent conduire les parties devant les tribunaux : il n'admet point cependant la cause du délaissement.

Ces idées sont consignées dans les trois premiers articles du projet de M. Berlier, que M. Emmery adopte, et dans les articles suivans qu'il présente :

IV. *La condamnation de l'un des époux à une peine afflictive et infamante,*

L'absence légalement déclarée,

Donneront ouverture au divorce, qui sera prononcé, dans les deux cas, par l'officier de l'état civil, sur la représentation qui lui sera faite par l'époux demandeur, du jugement définitif, soit de condamnation, soit de déclaration d'absence de l'autre époux.

V. *L'époux qui aurait le droit de demander le divorce, pourra se borner à demander la séparation de corps et de biens.*

VI. *Les tribunaux ne pourront admettre de demande en divorce qui serait fondée sur de simples sévices, injures, mauvais traitemens; mais seulement des demandes en séparation de corps et de biens.*

VII. *Néanmoins la nature et la continuité des sévices, injures et mau-*

vais traitemens, pouvant rendre la vie insupportable aux deux époux, dans ce cas le divorce pourra avoir lieu par leur consentement mutuel, autorisé par leurs père et mère, s'ils sont vivans, ou par leurs autres ascendans vivans, si les père et mère sont morts.

VIII. Le consentement mutuel sera reçu par le juge-de-paix du domicile des deux époux, qui en dressera l'acte, par lequel ils conviendront du lieu où la femme sera tenue de se retirer dans les vingt quatre heures, et de résider pendant le tems des épreuves, ainsi que des moyens d'existence que le mari devra lui assurer pour l'année.

IX. Le consentement mutuel ne sera définitif qu'après avoir été répété quatre fois, à trois mois de distance l'une de l'autre, toujours devant le juge-de-paix, et avec l'autorisation des père et mère ou autres ascendans vivans.

X. Le juge-de-paix qui recevra le consentement des parties, se fera assister de quatre vieillards notables du département. Il donnera chaque fois lecture de la loi concernant le divorce. Il fera mention de cette lecture dans son procès-verbal. Le juge-de-paix et ses assistans pourront faire aux parties telles remontrances et exhortations qu'ils jugeront convenables.

XI. Le mariage dont il existe des enfans, ne peut être dissous par le consentement mutuel.

XII. Le consentement mutuel ne pourra être donné qu'après un an de mariage et d'habitation commune non interrompue; il ne pourra plus l'être après dix ans de mariage.

XIII. Le mari qui n'aura pas vingt-un ans accomplis, la femme qui n'aura pas plus de dix-huit ans, ne pourront consentir au divorce.

XIV. Les époux divorcés ne pourront jamais se réunir.

XV. Les époux divorcés par consentement mutuel ne pourront contracter un nouveau mariage qu'après trois ans révolus depuis le divorce.

M. Boulay dit que les points sur lesquels on paraît d'accord, c'est que l'adultère et l'attentat à la vie sont des causes de divorce dont l'allégation et la preuve doivent donner lieu à une procédure publique; que cette procédure n'est pas nécessaire, lorsque le divorce est demandé à cause de la condamnation de l'un des époux, ou de son absence déclarée, parce qu'alors la preuve est faite; qu'enfin les demi-causes de divorce doivent être des causes de séparation de corps.

Mais M. Boulay ne convient point avec M. Emmery, que la séparation puisse être ordonnée sur la seule volonté des époux : autrefois on n'autorisait point les séparations volontaires ; il fallait des causes déterminées et jugées : il doit en être de même aujourd'hui.

Ainsi la différence entre les deux opinions ne porte que sur la manière d'arriver au divorce.

M. Tronchet dit qu'il donnerait la priorité au projet de M. Boulay, sauf quelques modifications.

Le divorce par consentement mutuel paraît à M. Tronchet contraire à la stabilité du mariage et aux mœurs ; il reproduit indirectement cette cause d'incompatibilité que le Conseil a proscrite ; et, sous ce rapport, M. Tronchet ne l'admet avec aucune modification. Les précautions même dont on entoure ce divorce, prouvent qu'on en sent les dangers ; mais elles prouvent aussi qu'on veut qu'il ne soit pas prononcé sans causes légitimes. M. Tronchet rappelle, à cet égard, qu'il a déjà observé que ce système se contredit lui-même, parce que l'époux qui a donné lieu à des plaintes ne consentira jamais au divorce.

M. Thibaudeau répond que, dans cette discussion, l'on reproduit sans cesse une foule d'objections qui ont été plusieurs fois réfutées. Il est inutile de revenir sur des points déjà décidés. Ceux qui croient utile d'introduire dans la législation civile le dogme de l'indissolubilité du mariage, en paraissant admettre le divorce, n'accordent que le mot et refusent la chose par les difficultés, le scandale et le déshonneur dont ils environnent l'exercice de ce droit. On prend les argumens contre le divorce, dans les abus du divorce pour incompatibilité : mais si l'on a dit qu'il ne pouvait pas y avoir de cause plus raisonnable et plus honnête de divorce, on n'a pas entendu parler de l'incompatibilité alléguée par un seul des époux, ce qui n'est qu'une répudiation odieuse, arbitraire, et souvent sans juste cause ; mais de l'incompatibilité mutuelle, qui ne blesse les droits d'aucun des époux, qui suppose des motifs, et qui produit enfin le consentement mutuel que l'on jette comme un voile sur les motifs, pour éviter le scandale de leur publicité.

On a répété que le consentement mutuel sera un moyen illusoire, parce que l'époux qui aura des torts refusera son consentement, et que l'époux victime ne pourra pas obtenir le divorce.

On répond que, comme l'on admet des causes absolues de divorce, l'époux victime pourra, dans ce cas, au moins poursuivre l'autre époux, s'il refuse son consentement. Ensuite, si, dans les cas qui ne seraient pas des causes absolues de divorce, le consentement mutuel n'intervient pas, il y aura lieu, du moins, à la séparation de corps, si elle est admise; et, s'il n'y a pas de divorce, ceux qui veulent le rendre rare et difficile, ne peuvent pas s'en prévaloir pour le proscrire entièrement.

On a repoussé l'intervention des conseils de famille, comme une formalité illusoire : mais si cette institution n'a point eu de succès, c'est que les conseils n'ont jamais eu d'autorité; ils n'ont été appelés que comme des conciliateurs, et les époux avaient le droit de ne pas déférer à leur avis : mais il en sera autrement lorsque les conseils auront le droit de donner ou de refuser leur consentement; ils seront d'ailleurs retenus par l'opinion publique, autant que par l'intérêt de la famille.

En un mot, toutes les objections sont moins dirigées contre tel ou tel mode de divorce, que contre le divorce en lui-même; mais dès que le principe a été admis, il faut s'occuper de son organisation.

M. REGNAUD (de Saint-Jean-d'Angely) demande la priorité pour le projet de M. Berlier, parce qu'il présente des idées que le Conseil paraît avoir adoptées; et que, dans son paragraphe 3, il organise le système proposé par le Premier Consul : cependant il resterait à expliquer comment serait formé le jury dont parle ce paragraphe. Le projet de la section déshonorait le divorce, celui-ci rentre dans les principes du Premier Consul, adoptés par MM. Portalis et Maleville.

Le projet de M. Boulay obtient la priorité.

CHAPITRE PREMIER.

DES CAUSES DU DIVORCE.

229. Le mari pourra demander le divorce pour cause d'adultère de sa femme.

230. La femme pourra demander le divorce pour cause d'adultère de son mari, lorsqu'il aura tenu sa concubine dans la maison commune.

Séance du 24 Vendémiaire an 10.

Art. Ier. *Le mari pourra demander le divorce pour l'adultère de sa femme, s'il est accompagné de scandale public, ou prouvé par des écrits émanés d'elle.*

La femme pourra demander le divorce pour l'adultère de son mari, lorsque celui-ci tiendra sa concubine dans la maison commune.

Le Premier Consul demande pourquoi cet article exige qu'il y ait scandale public (1).

M. Boulay répond que c'est parce qu'alors seulement il y a preuve certaine de l'adultère.

Le Premier Consul dit qu'on pourrait admettre la preuve par témoins.

M. Regnier demande que, lorsque le mari se trouve saisi de lettres qui forment un commencement de preuve, il puisse la compléter par la preuve testimoniale.

M. Boulay dit que ce serait exposer les femmes honnêtes à être compromises par tout malveillant qui se plairait à écrire, sans leur participation, des lettres capables de faire naître des soupçons.

M. Tronchet dit que, dans ce cas, des écrits simplement suspects ne suffisent pas aux juges; qu'ainsi les craintes de M. Boulay sont sans fondement. L'adultère est un délit grave, et par cette raison il doit être prouvé.

Il faut laisser les juges peser les circonstances. Ainsi il conviendrait de retrancher de l'article ce qui est dit du scandale, et des écrits émanés de la femme.

Le Premier Consul dit que l'adultère du mari ne suffirait même pas pour autoriser sa femme à demander le divorce, puisque l'article y joint la circonstance qu'il tiendra sa concubine dans la maison commune.

M. Tronchet répond que les rédacteurs du Projet de code civil ont pris des lois romaines la distinction qu'ils ont établie entre le mari et la femme, par rapport à l'adultère. Le motif de ces lois est sage; car, quoique l'adultère soit de la part des deux époux une infraction égale au mariage, il n'a cependant pas les mêmes conséquences quand il est commis par le mari, que quand il est commis par la femme; puisque, dans ce dernier cas, il introduit dans la famille des enfans étrangers.

---

(1) Les tribunaux d'appel de Douai, Rouen et Bruxelles demandaient qu'on supprimât ces mots, *accompagné de scandale public ou prouvé par des écrits émanés d'elle*. « Quand l'adultère de l'un ou de l'autre époux, dit le tribunal de Bruxelles, ne serait » pas accompagné des circonstances exigées par cette disposition, il devrait sans doute » suffire; mais comme la preuve de l'adultère est presque toujours impossible, et que » le déréglement des mœurs notoires doit être une cause suffisante, on devrait le ranger » parmi les causes qui peuvent donner lieu au divorce ». Le tribunal d'appel de Lyon faisait la même proposition.

D'ailleurs, la preuve de l'adultère commis par le mari est plus difficile que la preuve de l'adultère de la femme, laquelle ordinairement ne peut s'abandonner au crime que dans sa propre maison. Au reste, les lois romaines qualifient d'*horrible* l'introduction de la concubine dans la maison commune, parce que, disent-elles, rien n'exaspère plus les épouses chastes. Aussi cette circonstance suffisait-elle pour prouver l'adultère.

M. LACUÉE observe que, punir l'adultère du mari dans ce cas seulement, c'est l'autoriser tacitement dans les autres.

M. REGNIER dit que l'adultère ne doit être considéré que dans les effets qu'il produit entre les époux. Sous ce rapport, le tort est le même, soit que le crime appartienne au mari, soit qu'il appartienne à la femme. Cependant la femme ne doit pas être admise à accuser son mari ; mais elle doit être autorisée à demander le divorce pour cause d'adultère.

M. TRONCHET adopte cet avis. En effet, dit-il, les lois romaines prononçaient une peine contre l'adultère ; et alors il était juste d'établir une distinction qui servait à graduer la peine d'après les conséquences : mais lorsque l'adultère n'est considéré que par rapport au divorce, tout doit être égal entre les deux époux (1).

M. BOULAY propose de rédiger ainsi : *l'adultère est une cause de divorce.*

Cette rédaction est adoptée. (Néanmoins l'article est différent, les changemens faits n'ont donnés lieu à aucune discussion).

231. Les époux pourront réciproquement demander le divorce pour excès, sévices ou injures graves, de l'un d'eux envers l'autre (2)(3).

---

(1) Les tribunaux d'appel de *Rennes*, *Grenoble*, *Douai*, *Lyon*, *Poitiers* demandaient aussi que l'adultère du mari, sans exception, fût une cause de divorce.

(2) L'époux demandeur pourra-t-il puiser les preuves d'injures graves dans les lettres écrites par l'autre époux ? Le tribunal d'appel de Metz a décidé la négative de cette question, attendu qu'on ne peut puiser dans des lettres confidentielles essentiellement secrètes, une preuve d'injures graves, qui, pour avoir ce caractère, doivent être publiques. — arrêt du   pluviôse an 12.

(3) Lorsqu'on demande le divorce pour cause déterminée, peut-on proposer à l'appui de cette demande des faits antérieurs au code civil ?

Décidé affirmativement par la cour d'appel de Turin, le 21 floréal an 12.

DIVORCE.

II. *L'attentat de l'un des époux à la vie de l'autre sera pour celui-ci une cause de divorce.*

(L'article du projet avait été adopté sans discussion, il a été changé d'après la discussion qui est à la suite de l'article 233).

232. La condamnation de l'un des époux à une peine infamante, sera pour l'autre époux une cause de divorce.

III. *Si l'un des époux est condamné à une peine afflictive, l'autre époux pourra demander le divorce.*

M. Tronchet observe que cet article est trop général. Le code pénal met au rang des peines afflictives, la réclusion pour les femmes, les fers pour les hommes, même lorsque cette peine ne doit être que de peu de durée, et qu'ainsi elle ne paraît pas devoir donner lieu à la dissolution du mariage.

M. Emmery répond que dans ce cas la peine est précédée de l'exposition qui imprime une flétrissure au condamné.

M. Regnier ajoute que toute peine infamante doit donner lieu au divorce, parce que c'est un supplice pour un époux vertueux de vivre avec un être flétri par la justice.

M. Regnaud (de Saint-Jean-d'Angely) dit que, d'après l'art. 604 du code des délits et des peines, toute peine afflictive est aussi infamante.

Le Premier Consul propose de dire *afflictive et infamante*, parce que la disposition du code pénal peut changer.

M. Regnier demande qu'on dise *afflictive ou infamante*, attendu que les lois criminelles peuvent dans la suite distinguer ces deux sortes de peines.

(L'article est adopté avec l'amendement de M. Regnier ; cependant on trouve dans l'article le mot infamante seul ; ce changement a été fait sans discussion).

233. Le consentement mutuel et persévérant des époux, exprimé de la manière prescrite par la loi, sous les conditions et après les épreuves qu'elle détermine, prouvera suffisamment que la vie commune leur est insupportable, et qu'il existe, par rapport à eux, une cause péremptoire de divorce.

V. *Les sévices et les mauvais traitemens, la diffamation publique et toute autre cause dont l'effet continué rendrait impossible la vie commune entre les époux, donneront lieu à la séparation de corps et de biens.*

VI. *Quand la séparation aura été prononcée aux termes de l'article précédent, si elle subsiste pendant trois ans sans qu'il y ait eu de rapprochement entre les époux, le divorce sera prononcé sur la demande de celui qui aura obtenu la séparation.*

M. RÉAL dit que le résultat de l'art. V serait de remettre en question ce qui a été admis en principe par le Conseil, et qu'après avoir décidé que le divorce aurait lieu, le Conseil, s'il adoptait l'article proposé, et s'il n'adoptait que cet article, prononcerait que l'usage du divorce sera interdit au plus grand nombre, à la presque totalité des citoyens.

L'adultère est, comme l'a dit M. Boulay, la plus forte, la plus légitime, il faudrait dire peut-être la seule cause qui portera un homme honnête à demander le divorce.

L'article premier lui permet, il est vrai, de demander le divorce sur ce motif; et on conçoit que quelques hommes qui auront perdu toute honte, auront le triste courage de profiter du moyen que la loi n'a pu leur refuser, et qu'ils introduiront, devant les tribunaux, une action en divorce fondée sur l'adultère.

Mais un homme qui n'est pas tout-à-fait insensible à l'honneur, avant de faire retentir les tribunaux des faits scandaleux qui prouveront l'adultère, pensera que le succès même de sa demande attirera sur lui la haine d'un sexe, le mépris de l'autre, et qu'un ridicule ineffaçable le poursuivra par-tout.

Si cet homme a des enfans, il pensera qu'il va les déshonorer, qu'il va flétrir ses filles, les couvrir de la honte de leur mère, et les condamner au célibat.

Or, ce moyen lui fût-il présenté par la loi, il le rejettera avec horreur; et malheur à celui qui ne préférera pas le supplice de vivre auprès d'une femme qui l'aura déshonoré, à la flétrissure qui suivra sa vengeance !

On a pendant deux séances cherché un terme moyen; ce moyen, indiqué par le Premier Consul, et que l'on retrouvait dans le projet de M. Emmery et dans celui de M. Berlier, on le cherche en vain dans celui de M. Boulay. Il n'offre, pour venger de l'adultère, que la plainte devant le tribunal; c'est-à-dire que, pour remède à un déshonneur secret, il offre un déshonneur public.

Dira-t-on

DIVORCE.   369

Dira-t-on qu'au lieu de recourir au consentement mutuel, on pourra, si l'un ne veut pas proclamer l'adultère qui sera cependant le véritable motif de l'action intentée, prendre pour prétexte les sévices et mauvais traitemens? D'abord ce serait conseiller de bâtir un roman, et de mentir à la justice. Mais ensuite il faudrait prouver ces sévices, ces mauvais traitemens; et comment parvenir à la preuve de faits qui n'existeraient pas?

Mais supposez même que l'on puisse prouver l'existence de ces sévices réels ou mensongers; toujours faut-il convenir qu'il dépendra des juges de ne point y avoir égard : et d'ailleurs, ne peut-on pas prévoir facilement un cas où tous ces matériaux ne pourraient jamais servir? Ne peut-on pas supposer que les principes religieux de quelques-uns des juges du tribunal seraient un obstacle invincible au succès de la séparation proposée? Ne peut-on pas prévoir que ce juge, que ces juges, lorsqu'ils sauront qu'en dernière analyse la séparation se convertira en un divorce, n'écouteront que le cri d'une conscience qui leur présentera le divorce comme un crime et qui leur défendra de s'en rendre complices?

M. Boulay observe que si l'adultère est la seule cause raisonnable de divorce, on ne peut donc pas admettre le divorce qui s'opérerait par la volonté d'un seul.

La cause d'incompatibilité et le consentement mutuel ont été débattus, on a reconnu que l'un et l'autre réduiraient le mariage à une durée limitée et dépendante du caprice des époux.

On a cru ensuite devoir distinguer deux sortes de causes de divorce : les unes graves et absolues, qui l'opéreraient directement; les autres moins graves, qu'on peut appeler *demi-causes*, qui n'opéreraient le divorce qu'après l'épreuve d'une séparation.

M. Emmery dit que cette réponse n'est pas assez directe. Il s'agit de trouver un moyen de couvrir la cause d'adultère, qu'un époux honnête ne fera presque jamais valoir publiquement. On est fondé à penser que le prétexte d'incompatibilité, prouvé par le consentement mutuel, donne ce moyen. Mais s'il faut d'abord une séparation prononcée par les tribunaux pour cause de sévices, le plus grand nombre des époux ne pourra l'obtenir; car il leur sera impossible de prouver des sévices qui souvent n'auront pas existé : cette allégation serait même ridicule dans la bouche d'un mari. Recourir à la cause de diffamation, ce serait un peu dévoiler la vraie cause de la demande, et cependant pas assez pour réussir. Quand on obtiendrait même la séparation, il faudrait, pour la convertir en divorce, prouver que, pendant trois ans, il n'y a pas eu de rapprochement : ce qui sera très-difficile ; car, suivant la disposition des juges, quelques visites, quelques entrevues, peuvent être prises pour une réconciliation. Au milieu de tant de difficultés, il ne reste plus à l'époux offensé que d'alléguer publiquement la cause d'adultère.

On remédie à ces inconvéniens, en organisant d'une autre manière la séparation préliminaire. Que les époux, autorisés par leurs ascendans, se présentent devant le juge de paix, qui sera assisté de quelques notables : là, la séparation sera prononcée, sans qu'il soit besoin d'en révéler les véritables causes. Il y aurait ensuite quatre épreuves sérieuses, qui seraient une garantie contre la légèreté.

M. MALEVILLE pense que ce système contrarie d'abord ce qui a été décidé ; car on a adopté en principe que l'adultère, l'attentat contre la vie, donneraient lieu directement au divorce.

Ensuite, il est fondé sur une fausse application. En effet, si ce mode de divorce n'était jamais employé que pour couvrir l'adultère, on ne devrait pas hésiter à l'adopter : mais on s'en servira aussi pour couvrir la légèreté, le dégoût, enfin tous ces motifs dont la loi ne peut pas faire des causes de divorce ; et alors il deviendrait plus scandaleux que l'allégation publique de la cause d'adultère.

En général, le divorce par consentement mutuel ne pourrait être légitime que dans le cas où le mariage n'intéresserait que les deux époux.

Le PREMIER CONSUL dit qu'on pourrait tout concilier en admettant la séparation par consentement mutuel, et en décidant que, trois ans après, elle deviendra une cause de divorce.

M. TRONCHET dit que c'est là le vrai point de la difficulté, qui paraît avoir échappé à M. Emmery. Le projet de M. Boulay est clair ; il distingue les causes absolues et fortes qui doivent amener le divorce sur-le-champ, et les causes moins graves qui laissent l'espoir d'une réconciliation. Cette distinction est sage, parce qu'elle permet de différer le divorce pendant un délai qui fera reconnaître si les causes moins graves qui ont produit la séparation, rendent en effet le divorce inévitable.

M. EMMERY n'a pas aperçu ce motif du projet, et il n'a été frappé que de ce qu'il fallait trouver un moyen de prononcer le divorce sans alléguer de causes.

Au reste, le Premier Consul présente une troisième question, qui ne contrarie pas les dispositions de l'art. V.

Le Premier Consul dit que cependant les art. V et VI blessent la dignité du mariage, puisqu'ils admettent, sous le titre de sévices, la véritable cause d'incompatibilité. En effet, un mari qui veut arriver au divorce, maltraite sa femme pour l'obliger à demander la séparation, et, trois ans après, il demande lui-même le divorce : ainsi, dans ce cas, le mariage est rompu par la volonté d'un seul, de la même manière que dans le divorce par incompatibilité; au lieu que, dans le système de M. Emmery, le délai de trois ans ne donne le droit de faire prononcer le divorce que lorsqu'il y a consentement mutuel.

M. Tronchet dit qu'il sent toute la force de cette objection, et qu'aussi son opinion n'est pas qu'après trois ans de séparation le divorce soit admis sur la demande d'un seul des époux.

Le Premier Consul dit que son opinion est plus sévère que le projet de M. Boulay : il ne veut pas de la cause d'incompatibilité, sous quelque forme qu'on la déguise; mais il voudrait que le consentement mutuel fût l'aveu et la preuve des sévices qui seraient le seul motif apparent du divorce, et qui cacheraient des causes plus graves; que quand il y aurait aveu et consentement mutuel, le tribunal fût tenu de prononcer le divorce sans examen.

M. Regnaud (de Saint-Jean-d'Angely) dit que l'article ne produirait pas les effets qu'on en espère. Autrefois la séparation n'était pas prononcée sur le seul aveu du défendeur : il fallait des preuves; il fallait aussi que la partie publique fût entendue : il fallait donc aussi que le scandale eût été énorme, puisqu'une foule de témoins devaient pouvoir l'attester. On reviendrait à ce point, s'il était besoin d'une procédure quand le fait est avoué; et, comme autrefois, un époux malheureux n'oserait se pourvoir, pour ne pas être exposé à l'humiliation, qui poursuit le ridicule plus sûrement que le vice : il peut même arriver que les faits allégués soient vrais, et que cependant il soit impossible de les prouver.

M. Boulay dit qu'il n'y aura point de publicité, puisque la procédure sera secrète; mais si l'on admet le consentement mutuel, on admet le divorce sans cause.

M. Bigot-Préameneu dit que le consentement mutuel ne couvrirait pas, comme on l'espère, le déshonneur de la véritable cause; car il faudra que la cause réelle soit connue de la famille, dont l'autorisation est nécessaire, et en prononçant le divorce, elle rend la cause publique, ou elle la fait supposer quand elle n'existe pas.

Le Premier Consul dit que, pour ne point se diffamer, les époux n'allégueront que la cause des sévices, et se diront d'accord sur le divorce : le public n'apercevra que cette cause ; car les époux se contenteront de réclamer en général l'application de l'article qu'on discute. Si, ensuite, quelques personnes soupçonnent et devinent la cause plus réelle, ce ne sera qu'un de ces bruits qui passent, et qui ne sont point comparables à la diffamation résultant des preuves judiciaires.

Le Ministre de la justice dit que, d'un côté, il est reconnu que le consentement sans cause ne doit pas opérer le divorce ; que de l'autre, les sévices n'ont pas paru dans la discussion devoir être des causes de divorce, mais seulement de séparation. Comment deux causes nulles pourraient-elles produire un effet ?

Le Premier Consul dit que lorsque les sévices sont portés au dernier degré, ils doivent amener le divorce ; mais que, dans le système proposé, ils ne l'opéreraient qu'avec le concours du consentement mutuel. C'est donc une erreur de dire qu'on veut faire produire un effet au concours de deux causes nulles.

L'article V est mis aux voix et adopté, sauf rédaction.

Le Premier Consul met aux voix la question de savoir si les sévices seront réputés prouvés, lorsqu'il y aura consentement mutuel des deux époux.

Le Ministre de la justice répond que c'est une autre question ; qu'en admettant que le consentement mutuel joint aux sévices fût un motif de divorce, encore faudrait-il prouver les sévices devant l'assemblée de famille.

L'affirmative de la proposition du Premier Consul est adoptée.

Le Premier Consul demande s'il ne serait pas convenable de réduire à un an le délai dont parle l'article VI, lorsqu'après ce terme les deux époux demandent également le divorce.

M. Cretet dit que ce concours de demandes équivaut au consentement mutuel.

Le Premier Consul dit que si le délai était nécessairement prolongé au-delà d'un an, le mari aurait à craindre que la femme, à laquelle on ne peut plus assigner de retraite, telle qu'étaient autrefois les couvens, n'introduisît dans la famille des enfans étrangers.

M. Tronchet répond que ces enfans n'appartiendraient au mari que dans le cas où la femme prouverait qu'il a cohabité avec elle.

Le consul Cambacérès dit que ces sortes de questions seront toujours décidées d'après les circonstances; que si la position du mari est embarrassante, d'un autre côté le mari pourrait aussi désavouer, par mauvaise foi, des enfans qui seraient vraiment de lui. Tout dépend donc des faits particuliers dans ces contestations (1). Mais il faut fixer la question principale, et prononcer d'une manière précise entre les deux opinions, dont une est de couvrir les causes du divorce par le consentement mutuel, l'autre de n'admettre en aucun cas le divorce par l'effet de ce consentement.

Le Conseil adopte,

1°. Que dans le cas de l'article VI, les deux époux pourront demander le divorce après un an de séparation, s'ils y consentent mutuellement;

2°. Que la séparation pour sévices et mauvais traitemens pourra être obtenue par un seul, lorsque les faits seront prouvés.

M. Emmery présente deux propositions faites par le Tribunat, dans la conférence sur le titre *du Divorce*.

Séance du 10 Brumaire an 11.

Le Tribunat a demandé,

1°. Que le divorce par consentement mutuel fût interdit aux époux qui auraient des enfans.

2°. Que les époux divorcés par consentement mutuel, pussent se remarier ensemble;

Que cette faculté fût refusée aux époux divorcés pour cause déterminée, lorsqu'ils auraient des enfans;

Que les époux qui se remarieraient après le divorce, ne pussent divorcer de nouveau.

La première question est soumise à la discussion.

M. Emmery dit que la section ne partage pas l'avis du Tribunat.

Le divorce par consentement mutuel est institué principalement pour couvrir les causes déterminées qu'il serait honteux d'alléguer. Ainsi l'existence d'enfans, loin d'être un motif de le défendre, est au contraire une raison de l'admettre, puisqu'il leur épargne la honte d'entendre divulguer la conduite scandaleuse de leur père ou de leur mère.

M. Berlier dit que la distinction proposée par le Tribunat découle d'une source honorable, puisque, dans les vues de ceux qui l'ont imaginée, elle a sa base dans l'intérêt des enfans; mais l'opinant démontrera dans un moment que l'on s'est mépris même sur ce point.

---

(1) Voyez la discussion de l'article LVIII du projet.

En appuyant ce que vient de dire M. Emmery, sur le but général que l'on s'est proposé en admettant le *consentement mutuel* comme moyen de divorce, M. Berlier remarque d'abord qu'en privant de ce moyen les époux qui ont des enfans, c'est le retirer aux neuf-dixièmes des époux, puisque le nombre des mariages stériles est heureusement très-petit : un tel amendement serait donc, par le fait, destructif du principe.

Mais s'il importe de jeter un voile officieux sur de graves écarts qui ne permettent plus à des époux de vivre ensemble, n'est-ce pas sur-tout quand il y a des enfans? n'est-ce pas alors qu'une rupture scandaleuse est plus funeste? Rien donc, dans l'ordre moral, ne justifie la distinction proposée.

Dans l'intérêt pécuniaire des enfans, elle est plus fausse encore. En effet, le *consentement mutuel* suppose nécessairement le desir ou le besoin réciproque de divorcer : or, qu'arriverait-il, si ce moyen était ôté à des époux ayant des enfans?

Il leur resterait d'autres voies, notamment celle des sévices et mauvais traitemens : ils l'emploieraient d'accord ; ils se distribueraient les rôles ; l'un attaquerait, l'autre ne se défendrait point ou se défendrait faiblement, et le divorce serait le résultat nécessaire de cette collusion, le plus souvent invisible.

L'opinant n'induit pas de cet exemple qu'il ne fût pas convenable d'admettre la cause positive des sévices ; il en a toujours regardé l'admission comme nécessaire, parce qu'elle peut très-souvent n'être que trop fondée : mais il a seulement voulu prouver que le reste du système devait se coordonner avec elle, et que, sous ce rapport, l'emploi du consentement mutuel a des avantages réels sur les autres moyens : 1°. il évite le scandale ; 2°. il pourvoit à l'intérêt des enfans, puisque, dès ce moment, leurs père et mère sont tenus de leur assurer *la moitié de leurs biens*.

Voilà, continue M. Berlier, le vrai frein en cette matière, la vraie garantie contre l'abus : le législateur, qui ne crée point les passions des hommes, ne peut empêcher que des époux soient malheureux ensemble, et ne doit pas leur interdire, en ce cas, le divorce par consentement mutuel ; mais il leur impose des sacrifices tels que l'emploi de ce moyen porte avec lui la preuve de sa nécessité.

En se résumant, l'opinant trouve que toutes les objections déduites de l'intérêt des enfans, sont sans fondement dans l'espèce particulière, puisqu'elle est même la seule où l'intérêt *pécuniaire* des enfans ait été assuré par une disposition formelle.

DIVORCE.

Il s'étonne ensuite que la distinction proposée par le Tribunat ait tendu à priver les époux ayant enfans, d'un droit que l'on conserve aux époux *sans enfans*. La proposition inverse, dit M. Berlier, eût peut être été plus spécieuse, en ce que, n'y ayant rien à assurer à des enfans qui n'existent point, la disposition qu'on examine perd sa principale garantie à l'égard des époux sans enfans, et peut, à leur égard, se prêter un peu à de trop simples caprices.

Cependant, comme, dans ce dernier cas, les conséquences sont moins graves, M. Berlier pense que le divorce par *consentement mutuel* peut être maintenu à l'égard d'époux sans enfans, mais qu'il ne doit point être ravi à ceux qui en ont.

Le Conseil adopte en principe que les époux qui ont des enfans pourront divorcer par consentement mutuel.

La seconde proposition est soumise à la discussion.

M. Emmery présente la question dans les termes suivans :

Les époux divorcés pourront-ils contracter ensemble un nouveau mariage?

M. Thibaudeau dit que le Tribunat a pensé que sa proposition était dans l'intérêt des enfans.

Le consul Cambacérès dit que cette proposition repose sur le même principe que celle qui vient d'être rejetée : elle vient de ce que le Tribunat considère le mariage comme un contrat dans lequel les enfans sont des tiers intéressés.

Le conseil adopte en principe que les époux ne pourront contracter ensemble un nouveau mariage, quelle que soit la cause de leur divorce. (*Voyez article* 295) (1).

---

(1) L'article VIII du projet a été supprimé sans discussion ; il était ainsi conçu :

L'absence déclarée sera une cause de divorce, et néanmoins il ne pourra être prononcé qu'une année après le jugement qui aura déclaré l'absence.

M. Boulay dit qu'on avait proposé d'admettre le divorce pour cause d'abandon : mais cette cause est trop difficile à définir, et elle rentre d'ailleurs ou dans la cause des sévices et mauvais traitemens, ou dans celle de l'absence.

Le Premier Consul dit qu'il y a cependant des différences essentielles ; car un des époux peut s'absenter sans avoir intention d'abandonner l'autre : le tribunal jugerait de l'abandon d'après les circonstances. Le mariage est contracté pour la vie : si un mari s'absente avec le consentement de sa femme, et que celle-ci puisse se remarier, il arrivera qu'à son retour ce mari retrouvera tous ses biens, et cependant aura perdu son épouse. Il paraît donc convenable de distinguer entre l'absence et l'abandon.

M. Tronchet dit qu'il n'est point d'avis d'admettre la cause de l'abandon, parce

Séance du 24 Vendémiaire an 10.

CHAPITRE II.

DU DIVORCE POUR CAUSE DÉTERMINÉE.

SECTION PREMIERE.

DES FORMES DU DIVORCE POUR CAUSE DÉTERMINÉE.

234. Quelle que soit la nature des faits ou des délits

que c'est encore un moyen de rompre le mariage par la volonté d'un seul, et qu'il rejette également la cause de l'absence.

On ne sait si le mari est mort ou vivant ; la loi lui conserve ses propriétés ; et par la contradiction la plus bizarre, elle lui enlèverait la propriété de sa femme ! Ce serait un scandale. Jamais la femme d'un absent n'a été autorisée à se remarier, qu'après avoir acquis la preuve de la mort de son mari. Il est vrai que la *novelle* 22 lui avait donné cette faculté, lorsque son mari se trouvait engagé dans une expédition militaire ; mais la *novelle* 118 a changé cette jurisprudence ; elle n'a permis à la femme de se remarier que lorsque le tribun sous lequel servait son mari, certifiait sa mort, et elle punissait le tribun s'il donnait un faux certificat.

M. Boulay dit qu'il n'a proposé la cause d'absence que pour suppléer la cause d'abandon ; mais que son avis est d'écarter l'une et l'autre.

M. Berlier pense que l'on doit admettre au moins la cause d'absence : il cite l'ancienne législation de Rome, qui était très-favorable à cette espèce, et ne cessa de l'être qu'au temps de *Justinien*, repris à ce sujet par *Montesquieu*, lequel observe que l'empereur *choquait le bien public en laissant une femme sans mariage, et choquait l'intérêt particulier en l'exposant à mille dangers*.

M. *Berlier* examine ensuite la question, sur-tout dans l'intérêt des femmes, vu que la guerre, les voyages et presque toutes les causes qui font perdre les traces d'un individu, pèsent plus spécialement sur les hommes.

Il observe que l'absence du mari laisse la femme dans un célibat malheureux et dans un état de délaissement ; qu'on doit donc lui permettre le mariage, qui lui rend un appui. Si l'on trouve le terme de cinq années trop court, qu'on n'autorise le divorce qu'après vingt ans, c'est-à-dire, à l'époque où l'envoi en possession des héritiers de l'absent devient définitif ; mais que le célibat de la femme ne soit pas perpétuel. Il y a lieu de présumer que l'absent qui n'a pas donné de ses nouvelles pendant vingt ans, a cessé d'exister.

M. Thibaudeau dit que l'article lui paraît en contradiction avec les principes adoptés sur l'absence. Quand un individu a disparu depuis cinq ans, on commence par le déclarer absent ; il n'y a encore rien de préjugé contre lui : on envoie ensuite ses héritiers présomptifs en possession provisoire de ses biens, et cela pour en assurer l'admi-

qui

qui donneront lieu à la demande en divorce pour cause déterminée, cette demande ne pourra être formée qu'au

nistration. Après dix ans, ils ne gagnent encore que les fruits. Enfin, après un délai que les uns veulent porter à trente ans, et d'autres à quinze ou vingt, on prononce l'envoi définitif en possession des biens de l'absent, et on les lui restitue à quelque époque qu'il reparaisse.

Lorsque la loi agit avec cette circonspection lente et graduelle, il serait inconséquent de permettre à la femme de divorcer dès que le mari n'est que déclaré absent. ce qui ne prouve encore rien contre son existence ; il faudrait au moins ne lui accorder cette faculté que lorsque l'absence s'est assez prolongée pour que la loi ait des présomptions de la mort de l'absent.

Au titre *des Absens*, on avait même été plus loin ; on avait pensé que l'absence de l'un des époux, quelque longue qu'elle fût, ne pouvait suffire pour autoriser l'autre à contracter un nouveau mariage, et qu'il ne devait y être admis que sur la preuve positive du décès. On avait cru cette doctrine conforme à la raison et aux mœurs.

Le consul Cambacérès partage cette opinion.

Il propose de laisser l'article en suspens, jusqu'à ce que le titre *des Absens* ait été définitivement arrêté.

M. Tronchet observe que dans le titre *des Absens*, il y avait une disposition relative aux effets de l'absence par rapport au mariage, et qu'elle a été renvoyée au titre *du Mariage*.

M. Boulay dit qu'on n'est pas rigoureusement tenu de suivre, à l'égard du mariage de l'absent, les dispositions qui concernent ses biens ; car si la femme est la propriété du mari, le mari est aussi la propriété de la femme.

M. Regnier distingue l'absence, qui peut n'être qu'un accident, de l'abandon criminel, qui peut donner lieu à la dissolution du contrat.

D'ailleurs, la faculté qu'on propose d'accorder à la femme est illusoire. On ne peut, en effet, autoriser le divorce dans un délai trop court ; et cependant, si le délai est un peu long, lorsqu'il expirera, la femme aura atteint l'âge où une femme ne se remarie guère pour peu qu'elle ait de raison.

M. Portalis dit que presque toujours l'absent s'est éloigné par des motifs de fortune, et pour servir ainsi l'intérêt de sa femme et de ses enfans ; il serait donc odieux que son absence tournât contre lui-même. Le divorce pour absence ne doit être admis que quand l'absent s'éloigne, par des motifs criminels, de sa famille et de ses enfans.

Le Premier Consul ajoute que d'ailleurs la femme de l'absent est ordinairement chargée de la conduite de ses affaires ; que, lorsqu'il a des enfans, il se trouverait accablé à son retour, si sa femme s'était permis d'oublier que ces enfans avaient un père.

Cependant on pourrait autoriser les tribunaux à prononcer le divorce après dix ans d'absence, lorsque d'après une enquête ils présumeraient la mort de l'absent.

M. Tronchet dit qu'en établissant le principe que l'absent n'est réputé ni vivant ni mort, on avait cependant admis des cas où les tribunaux pourraient avoir égard aux présomptions capables de faire croire à la mort de l'absent, comme lorsqu'il se serait tribunal de l'arrondissement dans lequel les époux auront leur domicile (1).

IX. *Toute demande en divorce sera directement portée au tribunal de première instance de l'arrondissement dans lequel les époux auront leur domicile, elle sera instruite et jugée à huis clos.*

(Les changemens faits à l'article ont eu lieu sans discussion.)

---

trouvé dans un naufrage, dans un incendie, etc. On peut, dans ces cas, déclarer sa succession ouverte et son mariage dissoluble ; mais il n'est pas de raison d'autoriser la rupture de son mariage, lorsque son absence est l'effet d'un voyage entrepris de concert avec sa femme et pour leurs intérêts communs.

M. THIBAUDEAU observe qu'on ne peut décider ces questions sans préjuger l'effet des présomptions à l'égard de l'absence, et qu'il conviendrait de les ajourner.

Le consul CAMBACÉRÈS rappelle qu'il y a eu déjà un ajournement.

L'opinion du Consul, sur le fond, est qu'on doit avoir égard aux présomptions qui naissent des circonstances.

M. THIBAUDEAU dit que la section ne crut pas devoir adopter l'exception pour les incendies, naufrages ou batailles. Elle pensa qu'elle pouvait être dangereuse. Chez une nation qui a des armées considérables composées de citoyens de toutes les classes, adopter aussi légèrement des présomptions de mort, ce serait compromettre souvent les intérêts des défenseurs de la patrie. Il vaut mieux confondre tous ces cas dans la règle générale, au risque de prendre quelquefois des précautions inutiles, pour conserver les droits d'un homme qui serait réellement mort. Il ne peut pas y avoir d'inconvéniens à cette réserve; il y en aurait beaucoup à réputer mort un homme réellement vivant, et à agir pour tout ce qui le concerne, d'après cette présomption. Le plus scandaleux de ces inconvéniens serait d'autoriser le divorce d'une femme que son mari pourrait venir réclamer le lendemain entre les bras d'un autre époux.

M. REGNIER dit qu'il est inutile d'ajourner la discussion de cet article, parce que la matière est suffisamment connue. On sait que les questions relatives à la vie ou à la mort des individus sont du nombre des questions d'état dont les tribunaux jugent d'après des preuves. Au surplus, on n'exposera pas les intérêts de l'absent, si l'on n'autorise le divorce que d'après des présomptions jugées.

M. PORTALIS dit que la présomption de mort, lorsqu'elle acquiert force de preuve par un jugement, n'est plus une simple cause de divorce, mais qu'elle rompt le mariage. *Montesquieu*, en parlant de la dissolution du mariage, dit qu'il serait trop rigoureux d'exiger des preuves positives dans des cas qui n'en comportent que de négatives.

Toutes ces questions de présomptions paraissent devoir être renvoyées au titre de l'absence.

Le conseil renvoie l'article au titre des absens. (Néanmoins il n'y a pas été inséré).

(1) XLII. *Les questions de divorce ne pourront en aucun cas être portées à des arbitres. Le divorce volontaire est prohibé.*

Cet article a été supprimé sans discussion.

235. Si quelques-uns des faits allégués par l'époux demandeur, donnent lieu à une poursuite criminelle de la part du ministère public, l'action en divorce restera suspendue jusqu'après le jugement du tribunal criminel; alors elle pourra être reprise, sans qu'il soit permis d'inférer du jugement criminel aucune fin de non-recevoir ou exception préjudicielle contre l'époux demandeur (1).

X. *Quelle que soit la nature des faits ou délits imputés par le demandeur à l'autre époux, le divorce ne peut être poursuivi que par la voie civile.*

Le divorce sera autorisé ou rejeté nonobstant l'action criminelle qui pourrait être intentée d'office par le commissaire du Gouvernement et sans préjudice de cette action.

Le jugement portant absolution de l'époux accusé ne produira aucun effet contre celui qui aura autorisé le divorce. S'il intervient au contraire un jugement de condamnation contre l'époux accusé, ce jugement rétablira les droits de l'époux demandeur, nonobstant le jugement qui aurait rejeté la demande en divorce.

En conséquence, sur la présentation du jugement de condamnation et sur la simple requête, le divorce sera autorisé.

M. TRONCHET dit que cet article décide qu'il y aura d'abord une procédure civile, quoique dans le cours de la discussion on ait paru adopter que, lorsqu'il y aurait lieu, il y aurait d'abord une procédure criminelle.

En conséquence de cette observation, on présenta l'art. suivant.

Dans le cas d'attentat de l'un des époux à la vie de l'autre, le commissaire du Gouvernement pourra toujours intenter l'action criminelle:

---

(1) L'époux dont la demande en divorce pour excès et sévices aura été rejetée par défaut de preuves, pourra-t-il se prévaloir, pour renouveler son action, d'un jugement postérieur qui aura condamné son conjoint à une peine correctionnelle à raison de ces mêmes excès ?

Le tribunal de cassation proposait un article ainsi conçu :

Le jugement qui absoudrait. . . . .

Au contraire, le jugement de condamnation qui interviendrait contre l'époux accusé, rétablit les droits de l'époux demandeur, nonobstant le jugement qui aurait rejeté la demande en divorce, et un jugement d'autorisation serait rendu sur sa simple requête et sur la simple représentation du jugement de condamnation.

si elle a été précédée d'une demande en divorce, fondée sur la même cause, il sera sursis à l'instruction de la demande en divorce jusqu'après le jugement de l'accusation, et sur la représentation de ce jugement, suivant qu'il aura condamné ou acquitté l'époux accusé, le divorce demandé par l'autre époux sera admis ou rejeté par le tribunal civil.

(Les changemens ont eu lieu après la conférence tenue avec le Tribunat.)

236. Toute demande en divorce détaillera les faits : elle sera remise, avec les pièces à l'appui, s'il y en a, au président du tribunal ou au juge qui en fera les fonctions, par l'époux demandeur en personne, à moins qu'il n'en soit empêché par maladie; auquel cas, sur sa réquisition et le certificat de deux docteurs en médecine ou en chirurgie, ou de deux officiers de santé, le magistrat se transportera au domicile du demandeur pour y recevoir sa demande.

XI. *La demande détaillera les faits. Elle sera présentée au président, ou à celui qui en fera la fonction : elle sera signée par la partie. Si la partie ne sait ou ne peut signer, il en sera fait mention dans le procès-verbal que le juge sera tenu de rédiger, pour constater la présentation de la demande et la remise des pièces qui pourront y être jointes.*

XII. *L'époux demandeur présentera en personne sa demande, à moins qu'il n'en soit empêché pour cause de maladie; et, dans ce cas, le juge, sur le certificat de deux officiers de santé, se transportera au lieu du domicile du demandeur, pour y recevoir sa déclaration.*

Le consul Cambacérès demande si la disposition de l'art. XIIe. est tellement absolue qu'elle n'admette pas d'exception, même en faveur de celui qui est absent pour le service public.

M. Tronchet dit que l'objet de cet article est de mettre les parties en présence, afin qu'on puisse essayer des moyens de conciliation; que, sous ce rapport, toute exception est impossible.

L'article est adopté.

(Les art. XI et XII, ont été réunis en un seul, et les changemens faits n'ont donné lieu à aucune discussion.)

237. Le juge, après avoir entendu le demandeur, et

DIVORCE.

lui avoir fait les observations qu'il croira convenables, paraphera la demande et les pièces, et dressera procès-verbal de la remise du tout en ses mains. Ce procès-verbal sera signé par le juge et par le demandeur, à moins que celui-ci ne sache ou ne puisse signer; auquel cas il en sera fait mention.

(Cet article, le XIIIe. du projet, fut adopté sans discussion.)

238. Le juge ordonnera, au bas de son procès-verbal, que les parties comparaîtront en personne devant lui, au jour et à l'heure qu'il indiquera; et qu'à cet effet, copie de son ordonnance sera par lui adressée à la partie contre laquelle le divorce est demandé (1) (2).

(Cet article, le XIVe. du projet, fut adopté sans discussion.)

239. Au jour indiqué, le juge fera aux deux époux, s'ils se présentent, ou au demandeur, s'il est seul comparant, les représentations qu'il croira propres à opérer un rapprochement : s'il ne peut y parvenir, il en dressera procès-verbal, et ordonnera la communication de la demande et des pièces au commissaire du gouvernement, et le référé du tout au tribunal.

(Cet article, le XVe. du projet, fut adopté sans discussion.)

240. Dans les trois jours qui suivront, le tribunal, sur le rapport du président ou du juge qui en aura fait les fonctions, et sur les conclusions du commissaire du

---

(1) Le tribunal de Rennes desirait qu'on expliquât dans cet article si la comparution des parties devait avoir lieu dans la maison du juge ou à la chambre du conseil.

(2) Le législateur, par le mot *adressée*, semble dire que le juge doit prendre les plus grandes précautions pour que la copie parvienne directement entre les mains de l'époux défendeur. Mais quels seront les moyens que le juge prendra pour assurer et constater la remise de la copie de son ordonnance à l'époux défendeur, sur-tout lorsqu'il sera éloigné du lieu où le juge exerce ses fonctions ?

gouvernement, accordera ou suspendra la permission de citer. La suspension ne pourra excéder le terme de vingt jours (1).

(Cet article, le XVIe. du projet, fut adopté sans discusion.)

241. Le demandeur, en vertu de la permission du tribunal, fera citer le défendeur, dans la forme ordinaire, à comparaître en personne à l'audience, à huis clos, dans le délai de la loi; il fera donner copie, en tête de la citation, de la demande en divorce et des pièces produites à l'appui.

(Cet article, le XVIIe. du projet, fut adopté sans discussion.)

242. A l'échéance du délai, soit que le défendeur comparaisse ou non, le demandeur en personne, assisté d'un conseil (2) s'il le juge à propos, exposera ou fera exposer

---

(1) Le tribunal de cassation demandait qu'on ajoutât que *la permission de citer ne pourrait être refusée que dans le cas où les causes alléguées par le demandeur ne seraient point du nombre de celles auxquelles la loi attache la faculté du divorce.* — Le tribunal régulateur ajoute qu'il paraît nécessaire de spécifier le cas où il puisse être permis au tribunal de refuser la permission de citer, afin d'éviter l'arbitraire.

Il paraît, d'après la rédaction de l'article, que le tribunal pourra suspendre, mais jamais refuser la permission de citer.

(2) XIX. *Dans tous les actes de l'instruction sur une demande en divorce, les parties ne pourront se faire représenter par un fondé de pouvoir; elles pourront néanmoins être assistées d'un avoué ou défenseur.*

Il est défendu, dans l'instruction soit de première instance, soit d'appel, de publier de part ni d'autre aucun mémoire imprimé, à peine de 1000 francs d'amende, tant contre la partie qui l'aura produit, que contre chacun des signataires, auteurs et imprimeurs.

Le consul Cambacérès pense qu'il ne faudrait pas interdire l'impression des défenses, parce qu'il est possible que l'un des époux ait intérêt de redresser l'opinion publique qu'on serait parvenu à égarer.

M. Boulay observe que ce serait rendre la contestation publique.

Le consul Cambacérès dit qu'il voudrait qu'elle le fût; que cette publicité serait un moyen d'amener plus sûrement les époux au divorce par consentement mutuel; que d'ailleurs on se flatte vainement que la procédure sera secrète; qu'il ne peut pas y avoir de mystère là où il y a tant de témoins. Le secret devrait être réservé pour la proles motifs de sa demande; il représentera les pièces qui l'appuient, et nommera les témoins qu'il se propose de faire entendre.

(Cet article, le XVIIIe. du projet, fut adopté sans discussion.)

243. Si le défendeur comparaît en personne ou par un fondé de pouvoir, il pourra proposer ou faire proposer ses observations, tant sur les motifs de la demande que sur les pièces produites par le demandeur et sur les témoins par lui nommés. Le défendeur nommera, de son côté, les témoins qu'il se propose de faire entendre, et sur lesquels le demandeur fera réciproquement ses observations.

(Cet article, le XXe. du projet, fut adopté sans discussion.)

244. Il sera dressé procès-verbal des comparutions, dires et observations des parties, ainsi que des aveux que l'une ou l'autre pourra faire. Lecture de ce procès-verbal sera donnée auxdites parties, qui seront requises de le signer; et il sera fait mention expresse de leur signature, ou de leur déclaration de ne pouvoir ou ne vouloir signer.

(Cet article, le XXIe. du projet, fut adopté sans discussion.)

---

cédure primaire pendant laquelle on peut encore espérer la réconciliation; au-delà de ce terme, cet espoir est détruit.

M. EMMERY pense que si la section eût prévu que le système du consentement mutuel serait adopté, elle eût autrement rédigé ce chapitre; qu'il serait donc nécessaire de le revoir.

M. TRONCHET dit qu'on pourrait aussi sans inconvénient changer la disposition qui défend d'exprimer dans le jugement la cause du divorce; mais qu'il importe de ne pas donner de publicité à une procédure dont les détails sont scandaleux, et qui devient un vrai spectacle pour la malignité.

La proposition de M. *Tronchet* et l'article sont adoptés.

(La première partie de cet article n'a été maintenue que par rapport au demandeur, car le défendeur pourra se dispenser de comparaître en personne (article 243). Quant à la seconde, elle a été totalement supprimée, et on ne trouve aucune disposition qui défende de publier des mémoires imprimés).

245. Le tribunal renverra les parties à l'audience publique, dont il fixera le jour et l'heure; il ordonnera la communication de la procédure au commissaire du gouvernement, et commettra un rapporteur. Dans le cas où le défendeur n'aurait pas comparu, le demandeur sera tenu de lui faire signifier l'ordonnance du tribunal, dans le délai qu'elle aura déterminé.

(Cet article, le XXIIe. du projet, fut adopté sans discussion.)

246. Au jour et à l'heure indiqués, sur le rapport du juge commis, le commissaire du gouvernement entendu, le tribunal statuera d'abord sur les fins de non-recevoir, s'il en a été proposé. En cas qu'elles soient trouvées concluantes, la demande en divorce sera rejetée : dans le cas contraire, ou s'il n'a pas été proposé de fins de non-recevoir, la demande en divorce sera admise.

XXIII. *Au jour indiqué par l'ordonnance ci-dessus, sur le rapport fait par le juge commis, et après avoir ouï le commissaire du Gouvernement, le tribunal rejettera la demande si elle lui paraît non recevable, et dans le cas où elle lui paraîtra recevable, il y fera droit, s'il la trouve suffisamment justifiée, ou il admettra le demandeur à faire preuve des faits par lui allégués, et le défendeur, à la preuve contraire.*

Le consul Cambacérès dit que cet article semble présenter l'idée que le tribunal délibérera et prononcera deux fois sur la même demande.

M. Portalis dit que le tribunal est obligé de délibérer d'abord sur les fins de non-recevoir qui peuvent être opposées ; mais que cette délibération n'a rien de commun avec celle sur le fond de la contestation. Ces fins de non-recevoir sont celles qui écartent la demande, sans en permettre même l'examen. Après le jugement des fins de non-recevoir, vient la question de savoir si la demande est mal fondée.

Le consul Cambacérès dit que la rédaction de l'article est du moins inexacte, puisqu'elle conduit à croire que le tribunal prononcera sur le fond même de la demande.

M. Tronchet propose, pour rendre la loi plus claire, d'ajouter à l'article l'article XXII, *que le défendeur qui comparaît, proposera ses exceptions en même tems que ses observations.*

L'article est adopté sauf rédaction.

247. Immédiatement après l'admission de la demande en divorce, sur le rapport du juge commis, le commissaire du gouvernement entendu, le tribunal statuera au fond. Il fera droit à la demande, si elle lui paraît en état d'être jugée; sinon, il admettra le demandeur à la preuve des faits pertinens par lui allégués, et le défendeur à la preuve contraire (1).

(Cet article, le XXIVe. du projet, fut adopté sans discussion.)

248. A chaque acte de la cause, les parties pourront, après le rapport du juge, et avant que le commissaire du gouvernement ait pris la parole, proposer ou faire proposer leurs moyens respectifs, d'abord sur les fins de non-recevoir, et ensuite sur le fond; mais en aucun cas le conseil du demandeur ne sera admis, si le demandeur n'est pas comparant en personne.

(Cet article, le XXVe. du projet, fut adopté sans discussion.)

249. Aussitôt après la prononciation du jugement qui ordonnera les enquêtes, le greffier du tribunal donnera lecture de la partie du procès-verbal qui contient la nomination déjà faite des témoins que les parties se proposent de faire entendre. Elles seront averties par le pré-

---

(1) L'époux qui a défendu au fond, après que la demande en divorce a été admise, est-il recevable à appeler du jugement qui prononce sur les fins de non-recevoir, et par la plaidoierie au fond, n'est-il pas censé avoir acquiescé au jugement?

Le tribunal d'appel de Riom a rejeté cette fin de non-recevoir, parce que l'appelant ne pouvait se refuser de défendre au fond, vu que la loi ordonne de statuer sur la question du fond, immédiatement après le jugement d'admission. — Jugement du 18 nivôse an 12, 1ere. section.

sident, qu'elles peuvent encore en désigner d'autres, mais qu'après ce moment elles n'y seront plus reçues.

(Cet article, le XXVIe. du projet, fut adopté sans discussion.)

250. Les parties proposeront de suite leurs reproches respectifs contre les témoins qu'elles voudront écarter. Le tribunal statuera sur ces reproches, après avoir entendu le commissaire du gouvernement.

(Cet article, le XXVIIe. du projet, fut adopté sans discussion.)

251. Les parens des parties, à l'exception de leurs enfans et descendans, ne sont pas reprochables du chef de la parenté, non plus que les domestiques des époux, en raison de cette qualité; mais le tribunal aura tel égard que de raison aux dépositions des parens et des domestiques.

(Cet article, le XXVIIIe. du projet, fut adopté sans discussion.)

252. Tout jugement qui admettra une preuve testimoniale, dénommera les témoins qui seront entendus, et déterminera le jour et l'heure auxquelles les parties devront les présenter.

(Cet art., le XXIXe. du projet, fut adopté sans discussion.)

253. Les dépositions des témoins seront reçues par le tribunal séant à huis clos, en présence du commissaire du gouvernement, des parties, et de leurs conseils ou amis jusqu'au nombre de trois de chaque côté.

(Cet art., le XXXe. du projet, fut adopté sans discussion.)

254. Les parties, par elles ou par leurs conseils, pourront faire aux témoins telles observations ou interpellations qu'elles jugeront à propos, sans pouvoir néanmoins les interrompre dans le cours de leurs dépositions.

(Cet art., le XXXIe. du projet, fut adopté sans discussion.)

255. Chaque déposition sera rédigée par écrit, ainsi que les dires et observations auxquelles elle aura donné lieu. Le procès-verbal d'enquête sera lu tant aux témoins qu'aux parties : les uns et les autres seront requis de le signer; et il sera fait mention de leur signature, ou de leur déclaration qu'ils ne peuvent ou ne veulent signer.

(Cet art., le XXXIIe. du projet, fut adopté sans discussion.)

256. Après la clôture des deux enquêtes ou de celle du demandeur, si le défendeur n'a pas produit de témoins, le tribunal renverra les parties à l'audience publique, dont il indiquera le jour et l'heure; il ordonnera la communication de la procédure au commissaire du gouvernement, et commettra un rapporteur. Cette ordonnance sera signifiée au défendeur, à la requête du demandeur, dans le délai qu'elle aura déterminé.

(Cet art., le XXXIIIe. du projet, fut adopté sans discussion.)

257. Au jour fixé pour le jugement définitif, le rapport sera fait par le juge commis : les parties pourront ensuite faire, par elles-mêmes ou par l'organe de leurs conseils, telles observations qu'elles jugeront utiles à leur cause; après quoi le commissaire du gouvernement donnera ses conclusions.

(Cet art., le XXXIVe. du projet, fut adopté sans discussion.)

258. Le jugement définitif sera prononcé publiquement : lorsqu'il admettra le divorce, le demandeur sera autorisé à se retirer devant l'officier de l'état civil pour le faire prononcer.

(Cet art., le XXXVe. du projet, fut adopté sans discussion.)

259. Lorsque la demande en divorce aura été formée

pour cause d'excès, de sévices ou d'injures graves, encore qu'elle soit bien établie, les juges pourront ne pas admettre immédiatement le divorce. Dans ce cas, avant de faire droit, ils autoriseront la femme à quitter la compagnie de son mari, sans être tenue de le recevoir, si elle ne le juge à propos; et ils condamneront le mari à lui payer une pension alimentaire proportionnée à ses facultés, si la femme n'a pas elle-même des revenus suffisans pour fournir à ses besoins.

(Cet art., le XXXVIe. du projet, fut adopté sans discussion.)

260. Après une année d'épreuve, si les parties ne se sont pas réunies, l'époux demandeur pourra faire citer l'autre époux à comparaître au tribunal, dans les délais de la loi, pour y entendre prononcer le jugement définitif, qui pour lors admettra le divorce.

(Cet art., le XXXVIIe. du projet, fut adopté sans discussion.)

261. Lorsque le divorce sera demandé par la raison qu'un des époux est condamné à une peine infamante, les seules formalités à observer consisteront à présenter au tribunal civil une expédition en bonne forme du jugement de condamnation, avec un certificat du tribunal criminel, portant que ce même jugement n'est plus susceptible d'être réformé par aucune voie légale.

(Cet article, le XXXVIIIe. du projet, fut adopté sans discussion.)

262. En cas d'appel du jugement d'admission ou du jugement définitif, rendu par le tribunal de première instance en matière de divorce, la cause sera instruite et jugée par le tribunal d'appel, comme affaire urgente.

(Cet art., le XXXIXe. du projet, fut adopté sans discussion.)

263. L'appel ne sera recevable qu'autant qu'il aura

été interjeté dans les trois mois à compter du jour de la signification du jugement rendu contradictoirement ou par défaut. Le délai pour se pourvoir au tribunal de cassation contre un jugement en dernier ressort, sera aussi de trois mois à compter de la signification. Le pourvoi sera suspensif (1).

(Cet art., le XLe. du projet, fut adopté sans discussion.)

264. En vertu de tout jugement rendu en dernier ressort ou passé en force de chose jugée, qui autorisera le divorce, l'époux qui l'aura obtenu, sera obligé de se présenter, dans le délai de deux mois, devant l'officier de l'état civil, l'autre partie dûment appelée, pour faire prononcer le divorce.

(Cet art., le XLIe. du projet, fut adopté sans discussion.)

265. Ces deux mois ne commenceront à courir, à l'égard des jugemens de première instance, qu'après l'expiration du délai d'appel; à l'égard des jugemens rendus par défaut en cause d'appel, qu'après l'expiratiod du délai d'opposition; et à l'égard des jugemens contradictoires en dernier ressort, qu'après l'expiration du délai du pourvoi en cassation.

(Cet art., le XLIIe. du projet, fut adopté sans discussion.)

266. L'époux demandeur qui aura laissé passer le délai de deux mois ci-dessus déterminé, sans appeler l'autre époux devant l'officier de l'état civil, sera déchu

---

(1) Le pourvoi en cassation suspendra-t-il l'exécution d'un jugement rendu sur un divorce provoqué avant la publication du Code, et qui, d'après la loi transitoire du 16 germinal an 11, doit être instruit et avoir son effet, conformément aux lois qui existaient lors de la demande?

Le tribunal civil de Iere instance de Paris a décidé l'affirmative de cette question dans l'affaire Mac-Mahon.

— Jugement du 17 germinal an 12, Iere. section.

du bénéfice du jugement qu'il avait obtenu, et ne pourra reprendre son action en divorce, sinon pour cause nouvelle; auquel cas il pourra néanmoins faire valoir les anciennes causes.

(Cet art., le XLIIIe. du projet, fut adopté sans discussion.)(1).

SECTION II.

DES MESURES PROVISOIRES AUXQUELLES PEUT DONNER LIEU LA DEMANDE EN DIVORCE POUR CAUSE DÉTERMINÉE.

267. L'administration provisoire des enfans restera au mari demandeur ou défendeur en divorce, à moins qu'il n'en soit autrement ordonné par le tribunal, sur la demande soit de la mère, soit de la famille, ou du

---

(1) XLV. *Le divorce fondé sur l'abandon de la part de l'un des deux époux, ne pourra être demandé qu'après deux ans, à compter du jour auquel l'époux défendeur se sera éloigné de la maison commune; l'abandon imputé à cet époux sera constaté par trois sommations faites de mois en mois à l'époux éloigné, de se réunir au domicile matrimonial, suivies d'un jugement qui le lui ait ordonné, et qui lui ait été signifié trois fois de mois en mois. Les sommations et les significations doivent être faites, après le délai ci-dessus de deux années, à sa résidence de fait, si elle est connue; sinon elles doivent être faites au lieu du domicile matrimonial, visées par le juge de paix de l'arrondissement, et notifiées aux plus proches de ses parens résidant dans la même commune.*

XLVI. *Le jugement qui ordonnera à l'époux éloigné de revenir dans la maison commune, ne pourra être rendu qu'après avoir entendu ceux de ses parens qui résident dans la même commune, ou, à leur défaut, ses voisins et ses amis, sur les circonstances et les motifs de son éloignement ou de sa retraite.*

Les parens, voisins ou amis seront cités au tribunal à la diligence du commissaire du Gouvernement.

XLVII. *Les demandes en divorce pour cause d'abandon seront jugées trois mois après la troisième signification du jugement dont est mention dans l'article précédent, et non plutôt, sur le vu des sommations, jugement et significations ci-dessus prescrits, et le commissaire du Gouvernement entendu, sans qu'il soit besoin d'autres instructions.*

(L'abandon ayant été éliminé des causes qui peuvent autoriser une demande en divorce, ces articles ont été supprimés sans discussion.

commissaire du gouvernement, pour le plus grand avantage des enfans (1).

XLVIII. *S'il y a des enfans communs dont chacun des deux époux réclame l'administration provisoire pendant l'instance en divorce, le juge en décidera d'après les circonstances et pour la plus grande utilité des enfans.*

Le consul Cambacérès demande s'il convient de laisser le sort des enfans entièrement à l'arbitrage du juge, ou s'il ne serait pas préférable d'établir, à cet égard, quelques règles. Il faudrait du moins donner aux tribunaux une instruction qui les mît en état de décider suivant les circonstances. La position, en effet, n'est pas la même lorsque le divorce est demandé par le mari, que lorsqu'il est demandé par la femme; lorsque les enfans sont mâles, que lorsque ce sont des filles.

M. Portalis dit que la section avait fait ces distinctions; mais comme c'est une doctrine reçue, que le juge doit avoir égard aux circonstances, et que l'intérêt des enfans est le principe décisif dans cette matière, la section a cru les détails inutiles.

Le consul Cambacérès demande si, par ce mot le *juge*, la section entend le tribunal entier, ou seulement le président.

M. Portalis répond qu'elle a entendu désigner le tribunal entier.

Le consul Cambacérès dit qu'alors il est nécessaire de s'expliquer plus positivement.

M. Emmery dit que la décision paraît devoir appartenir au président, parce que, pendant une longue instruction, il est quelquefois nécessaire de changer fréquemment les dispositions prises pour régler le sort des enfans.

Le consul Cambacérès dit qu'on pourrait obliger le président à en référer au tribunal.

L'article est adopté, ainsi que la dernière proposition du consul Cambacérès et celle de M. Emmery.

268. La femme demanderesse ou défenderesse en

---

(1) L'administration provisoire des enfans appartient de droit au mari; à la vérité, les tribunaux peuvent en ordonner autrement. Les tribunaux d'appel de Douai, de Metz et de Montpellier desiraient qu'on fit une exception expresse en faveur de l'enfant allaité par sa mère.

divorce pourra quitter le domicile du mari pendant la poursuite, et demander une pension alimentaire proportionnée aux facultés du mari. Le tribunal indiquera la maison dans laquelle la femme sera tenue de résider, et fixera, s'il y a lieu, la provision alimentaire que le mari sera obligé de lui payer.

269. La femme sera tenue de justifier de sa résidence dans la maison indiquée, toutes les fois qu'elle en sera requise : à défaut de cette justification, le mari pourra refuser la provision alimentaire, et, si la femme est demanderesse en divorce, la faire déclarer non-recevable à continuer ses poursuites (1).

XLIX. *Si la femme qui demande le divorce a quitté ou déclaré vouloir quitter le domicile du mari, le tribunal indiquera la maison dans laquelle elle devra résider pendant la poursuite du divorce.*

La femme sera tenue de justifier de cette résidence, toutes les fois qu'elle en sera requise ; faute d'en justifier toute poursuite sera défendue.

M. PORTALIS dit que l'objet de cet article est de ménager la décence et de faciliter la surveillance du mari.

Le consul CAMBACÉRÈS dit que l'article est incomplet, en ce qu'il ne pourvoit pas au cas où la demande en divorce est formée par le mari.

M. PORTALIS dit que l'article est commun aux deux cas.

L'article est adopté sauf rédaction.

L. *Si la femme n'a pas de revenus suffisans pour fournir à ses besoins, pendant la poursuite du divorce le tribunal lui accordera une pension alimentaire proportionée aux facultés du mari.*

Le mari ne sera tenu de lui payer cette pension, qu'autant que la femme justifiera qu'elle a constamment résidé dans la maison indiquée par le tribunal.

Le consul CAMBACÉRÈS demande si le jugement qui accorde la pension sera sujet à l'appel.

---

(1) Si la femme qui poursuit la séparation de corps demande à être autorisée à se retirer dans une autre maison, pourra-t-on excepter de ce qu'elle n'y réside pas pour repousser la demande en séparation ?

M. PORTALIS

DIVORCE.

M. Portalis répond que la section a entendu réserver cette faculté au mari.

M. Regnaud (de Saint-Jean-d'Angely) demande si ces mots *revenus suffisans*, s'appliquent aussi à la femme commune en biens, et dans ce cas si la pension alimentaire sera prise sur la communauté ou sur les biens personnels du mari.

M. Portalis dit que la disposition s'étend à tous les cas où la femme manque du nécessaire.

M. Tronchet ajoute que l'esprit de l'article étant d'assurer à la femme une pension alimentaire, cette pension sera prise indistinctement sur les revenus de la femme ou sur les revenus du mari; en un mot, sur tous les biens qui pourront la fournir.

On présente une nouvelle rédaction de ces articles, ainsi conçue :

XLIX. *La femme demanderesse ou défenderesse en divorce pourra quitter le domicile du mari pendant la poursuite ; et si elle n'a pas de* revenus suffisans *pour fournir à ses besoins, exiger une pension alimentaire proportionnée aux facultés du mari. Le tribunal indiquera la maison dans laquelle la femme sera tenue de résider, et fixera la provision alimentaire que le mari sera obligé de lui payer.*

L. *La femme sera tenue de justifier de sa résidence dans la maison indiquée, toutes les fois qu'elle en sera requise ; à défaut de cette justification, le mari pourra refuser la provision alimentaire, et si la femme est demanderesse en divorce, la faire déclarer non-recevable à continuer ses poursuites.*

M. Regnier observe que ces mots, *si la femme n'a pas de revenus suffisans*, supposent qu'elle sera mise en possession de ses biens, avant la dissolution du mariage par le divorce. Cependant, jusque-là, la communauté subsiste, et le mari continue d'en être le maître.

M. Emmery répond que la disposition est nécessairement restreinte à la femme non commune.

M. Tronchet appuie l'observation de M. Regnier.

Il faut sans doute, dans tous les cas, pourvoir à l'entretien de la femme; mais il est nécessaire de distinguer deux hypothèses : s'il y a communauté, une pension doit être payée à la femme, parce que la communauté subsiste jusqu'au divorce ; ce n'est que dans le cas où il n'y a pas de communauté qu'il convient d'examiner si la femme a un revenu suffisant.

M. Emmery propose de rédiger ainsi l'article :

La femme demanderesse ou défenderesse en divorce pourra quitter le domicile du mari pendant la poursuite, et exiger une pension alimentaire proportionnée aux facultés de son mari. Le tribunal indiquera, etc.

Le consul Cambacérès propose de substituer au mot *exiger* le mot *demander*, afin de laisser plus de latitude aux tribunaux.

La rédaction proposée par M. Emmery est adoptée avec cet amendement.

M. Regnier propose de rédiger ainsi :

Pourra demander, s'il y a lieu, *une pension* alimentaire *proportionnée aux facultés de son mari.*

M. Portalis combat cet amendement, parce que, dit-il, le mot *alimentaire* exprime suffisamment le cas où la pension est due. Cette expression, *s'il y a lieu*, l'affaiblirait ; elle semblerait permettre de refuser des alimens à la femme qui manque du nécessaire.

(L'amendement est rejeté ; néanmoins les mots, *s'il y a lieu*, ont été insérés dans l'article sans autre discussion).

270. La femme commune en biens, demanderesse ou défenderesse en divorce, pourra, en tout état de cause, à partir de la date de l'ordonnance dont il est fait mention en l'article 238, requérir, pour la conservation de ses droits, l'apposition des scellés sur les effets mobiliers de la communauté. Ces scellés ne seront levés qu'en faisant inventaire avec prisée, et à la charge par le mari de représenter les choses inventoriées, ou de répondre de leur valeur comme gardien judiciaire.

LI. *La femme, commune ou non commune, pourra, pour la conservation de ses droits, réquérir l'apposition des scellés sur les meubles et effets dont le mari est en possession.*

L'apposition des scellés pourra avoir lieu, même dans le cas où le tribunal suspendra l'admission de la demande en divorce, pour les causes prévues dans les articles précédens.

LII. *Le tribunal saisi de la demande en divorce connaîtra de la demande en apposition de scellés.*

Quand le mari contestera l'apposition des scellés, ou lorsqu'il en demandera la main-levée, le tribunal statuera sauf appel; l'appel dans ce cas n'aura point d'effet suspensif.

Le tribunal d'appel statuera dans le mois.

LIII. *La main-levée des scellés sera toujours accordée, si le mari consent qu'il soit procédé à l'inventaire, et s'il présente une sûreté suffisante dans ses biens personnels, ou s'il offre une caution suffisante des droits apparens de la femme.*

M. Regnier demande si l'apposition des scellés sera accordée par le juge sans examen.

M. Tronchet répond que les articles suivans prévoient la difficulté; qu'en autorisant le mari à demander la main-levée des scellés, on lui permet à plus forte raison de s'opposer à leur apposition; que son opposition sera jugée à l'instant sur référé.

Le consul Cambacérès demande dans quel cas il y aura lieu à recevoir l'opposition du mari.

M. Tronchet répond que ce sera toutes les fois que les scellés nuiraient à ses affaires, et que c'est pour donner, en ce cas, une sûreté à la femme, que la section propose de faire dresser un inventaire, ou d'obliger le mari à fournir caution.

Le consul Cambacérès dit qu'en effet les articles LIII et LIV donnent une garantie à la femme, dans le cas où des raisons particulières doivent empêcher l'apposition des scellés; mais que ces articles se bornent à autoriser l'apposition, sans examen des droits de la femme, au lieu que l'article LII, par l'effet de sa rédaction, semble autoriser le mari à contester ces droits, pour échapper au scellé.

M. Tronchet dit que l'expression *contester l'apposition* est vicieuse, et qu'il est préférable de dire, *le mari s'opposera à l'apposition des scellés.*

M. Regnaud (de Saint-Jean-d'Angely) dit que l'apposition des scellés doit avoir lieu nonobstant l'opposition du mari, afin que toute distraction devienne impossible pendant le référé qui sera introduit; sans cela le mari ne permettra jamais l'apposition des scellés, et pendant le délai qu'il se procurera, il enlèvera les meilleurs effets, il dénaturera tout ce qui sera susceptible d'être changé de forme et caché. Alors les femmes ne trouveront qu'une communauté spoliée, et seront quelquefois réduites à la misère, tandis que leurs époux, du côté desquels pourront être les torts, vivront dans l'opulence.

M. Tronchet dit qu'alors, comme dans le cas de la saisie de meubles, un huissier restera dans la maison, ou le juge de paix établira un gardien jusqu'après le référé, qui devra avoir lieu à l'instant.

M. Regnaud (de Saint-Jean-d'Angely) objecte que ces précautions ne suffiraient pas pour empêcher la soustraction d'un porte-feuille qui pourrait renfermer des sommes considérables.

M. Emmery observe qu'un mari prévoit ordinairement qu'il va être exposé à l'apposition des scellés, et que, s'il est de mauvaise foi, ses précautions sont prises avant le moment où le juge de paix se présente.

(Les articles adoptés, après la conférence tenue avec le Tribunat, ont été fondus dans l'article 270.)

271. Toute obligation contractée par le mari à la charge de la communauté, toute aliénation par lui faite des immeubles qui en dépendent, postérieurement à la date de l'ordonnance dont il est fait mention en l'article 238, sera déclarée nulle, s'il est prouvé d'ailleurs qu'elle ait été faite ou contractée en fraude des droits de la femme (1) (2).

LIV. *A compter du jour de la demande en divorce, l'état de la communauté ne pourra être changé relativement à la femme, ni par les engagemens que le mari pourra contracter, ni par les aliénations qu'il pourra faire. Le mari en devra la garantie à sa femme, et celle-ci aura action pour prévenir ou pour faire réparer les fraudes faites à son préjudice.*

M. Regnier demande au profit de qui tournera l'augmentation qui pourra survenir dans la communauté.

---

(1) « Ce ne peut être qu'à l'égard de la femme que la capacité du mari, sur ce qui » concerne la communauté, peut être regardée comme paralysée par la seule demande » en divorce. Jusqu'à la prononciation du divorce, les actes ne peuvent être nuls au » préjudice des tiers ». (Observations du tribunal de cassation). — Le tribunal d'appel d'Orléans aurait désiré qu'on spécifiât dans cet article, que la femme seule pouvait demander la nullité des actes, afin qu'on ne prétendît pas que la nullité était absolue.

(2) La cour d'appel de Bourges proposait la publication de l'affiche de la demande en divorce, comme dans le cas de l'interdiction, afin que des tiers ne fussent pas victimes d'une erreur qu'ils n'auraient pu éviter.

DIVORCE.

Il observe que cet article gênera beaucoup le mari dans l'administration de ses affaires.

M. PORTALIS répond que cependant, sans la précaution établie par cet article, on doit craindre beaucoup de fraudes; qu'au surplus il suffirait peut-être de dire que les actes frauduleux seront déclarés nuls.

L'article est adopté sauf rédaction.

SECTION III.

DES FINS DE NON-RECEVOIR CONTRE L'ACTION EN DIVORCE POUR CAUSE DÉTERMINÉE (1).

272. L'action en divorce sera éteinte par la réconciliation des époux, survenue soit depuis les faits qui auraient pu autoriser cette action, soit depuis la demande en divorce (2) (3).

(Cet article, le LVe du projet, fut adopté sans discussion.)

---

(1) La femme, qui d'abord demanderesse en divorce, forme ensuite une demande en séparation, est-elle censée avoir renoncé à la poursuite du divorce ?
Cette question a été décidée négativement par la cour d'appel de Paris, sur le motif qu'on ne devait pas considérer la demande en séparation comme une renonciation implicite à une demande en divorce antérieure, puisque la demande en séparation pouvait avoir pour but de faire cesser plutôt l'administration du mari. — Arrêt du 1er. messidor an 12, 3e. section.

(2) D'après le projet du Code civil soumis à l'observation des tribunaux, *la grossesse* devait être considérée comme une présomption de droit de la réconciliation.

« Le fait de la grossesse de la femme, qu'on propose ici comme une présomption de
« droit de la réconciliation, ne sera-t-il pas souvent un nouveau crime de la femme, un
« nouveau titre de divorce ? » (Tribunal de cassation).

« A-t-on bien réfléchi que la femme pourrait toujours, par un adultère, faire pré-
« sumer la réconciliation ? » (Tribunal d'appel de Bourges).

« Lorsque c'est le mari qui est demandeur, la circonstance de la grossesse, sans
« aucune autre preuve de réconciliation, doit paraître insuffisante, et les juges doivent
« avoir la faculté de l'admettre ou de la rejeter ». (Tribunal d'appel de Besançon).

(3) La cour d'appel de Bordeaux a jugé que la seule cohabitation des deux époux, sans être accompagnée d'autres circonstances qui annoncent le pardon, ne suffit pas pour établir la preuve d'une réconciliation telle que l'exige la loi, pour éteindre une action en divorce; que pour en induire cette preuve, il faut de plus que cette cohabitation ait été paisible et marquée par des signes extérieurs de paix, d'union et d'accord, qui puissent faire présumer l'oubli du passé et le rapprochement des époux. — Arrêt du 9 fructidor an 12.

273. Dans l'un et l'autre cas, le demandeur sera déclaré non-recevable dans son action; il pourra néanmoins en intenter une nouvelle pour cause survenue depuis la réconciliation, et alors faire usage des anciennes causes pour appuyer sa nouvelle demande.

(Cet article, le LVIe du projet, fut adopté sans discussion.)

274. Si le demandeur en divorce nie qu'il y ait eu réconciliation, le défendeur en fera preuve, soit par écrit, soit par témoins, dans la forme prescrite en la première section du présent chapitre.

(Cet article, le LVIIe du projet, a été adopté sans discussion.) (1)

---

(1) LVIII. *Quoique l'adultère soit prouvé et le divorce prononcé, l'enfant appartiendra au mari, si les deux époux habitaient ensemble à l'époque de la conception ; mais s'ils étaient déjà séparés d'habitation, l'enfant n'appartiendra pas au mariage, à moins que le mari ne le reconnaisse.*

Le consul Cambacérès dit que cet article doit être mis en harmonie avec les dispositions relatives *à la paternité et à la filiation.*

Il y aurait sans doute de l'inconvénient à s'éloigner de la maxime qui veut que l'adultère de la mère ne décide point de l'illégitimité de l'enfant; toutefois il ne faut pas se lier de manière à ne point céder à l'évidence dans une matière où les juges ont plus besoin d'exemples que de règles.

M. Tronchet pense que l'article est dangereux. Ces questions doivent être jugées d'après les principes généraux de la matière. Il est permis à la femme d'opposer à la demande en divorce l'exception de la réconciliation : elle ferait valoir que, depuis la séparation, son mari est venu la trouver ; que l'enfant qui vient de naître est le fruit de ce rapprochement ; et cependant la seconde partie défendrait au juge de l'écouter. La loi ne doit pas empêcher les tribunaux de prononcer sur tous les cas, d'après les circonstances.

M. Emmery dit que, dans son opinion, l'article doit être retranché; qu'il n'a été proposé par la section que pour se conformer au sentiment qui a paru prévaloir dans le conseil. On avait prévu que la femme pourrait devenir enceinte pendant le cours de la procédure : pour décider du sort de l'enfant, on avait distingué des tems et la situation respective des parties, et l'on avait pensé qu'il convenait de laisser à la conscience du mari à juger s'il est le père de l'enfant conçu depuis la séparation des époux.

M. Maleville dit que l'article est injuste, parce qu'il ne porte que sur l'enfant conçu depuis que l'adultère a été prouvé et le divorce prononcé ; qu'il n'est nullement probable que cet enfant appartienne au mari, et qu'il serait cruel de forcer ce dernier à l'adopter sur une fiction légale dont toutes les circonstances annoncent ici la fausseté, et au préjudice de ses enfans légitimes.

DIVORCE.

CHAPITRE III.

DU DIVORCE PAR CONSENTEMENT MUTUEL.

275. Le consentement mutuel des époux ne sera point admis, si le mari a moins de vingt-cinq ans, ou si la femme est mineure de vingt-un ans.

LIX. *Le consentement mutuel d'époux mineurs ne sera point admis.* L'article est adopté.

276. Le consentement mutuel ne sera admis qu'après deux ans de mariage.

(Cet article, le LXe du projet, fut adopté sans discussion.)

277. Il ne pourra plus l'être après vingt ans de mariage, ni lorsque la femme aura quarante-cinq ans.

(Cet article, le LXIe du projet, fut adopté sans discussion.)

M. Tronchet répond que l'article serait injuste, si ses effets se réduisaient à ce cas ; mais que, rédigé comme il l'est, il s'étend également au cas où la conception de l'enfant a précédé la preuve de l'adultère et la dissolution du mariage.

M. Bigot-Préameneu pense que l'article doit être supprimé.

M. Berlier dit qu'on peut supprimer la seconde partie de l'article : mais il demande que la première partie soit maintenue. Le législateur ne doit pas laisser d'incertitude sur le cas auquel cette partie se rapporte, et la faveur due à l'enfant veut qu'il soit réglé comme il l'est par l'article.

Le consul Cambacérès opine pour la suppression de l'article.

Il ne croit pas que la situation de l'enfant d'une femme convaincue d'adultère, et dont le mariage a été dissous pour cette raison, soit plus favorable que celle de l'enfant né pendant le mariage, de l'enfant qui peut réclamer l'application de la règle *pater is est* dans toute sa force : il convient donc du moins de les placer l'un et l'autre sur la même ligne. On examinera, lors de la discussion du titre *de la Paternité*, s'il est possible de trouver, dans cette matière, des règles assez générales pour qu'on puisse n'admettre aucune exception. Le Consul ne pense pas qu'on y parvienne ; il est persuadé que, dans cette matière, la loi ne peut établir que des présomptions, qui doivent par conséquent céder devant l'évidence des faits.

M. Bigot-Préameneu ajoute que la circonstance de la demeure du mari dans une autre maison que la femme, n'est pas assez décisive pour en faire dépendre le sort de l'enfant. (Voyez l'opinion de M. Tronchet et du consul Cambacérès, p. 372 et 373).

L'article est retranché.

278. Dans aucun cas, le consentement mutuel des époux ne suffira, s'il n'est autorisé par leurs pères et mères, ou par leurs autres ascendans vivans, suivant les règles prescrites par l'article 150, au titre *du Mariage*.

(Cet article, le LXIIe du projet, fut adopté sans discussion.)

279. Les époux déterminés à opérer le divorce par consentement mutuel, seront tenus de faire préalablement inventaire et estimation de tous leurs biens meubles et immeubles, et de régler leurs droits respectifs, sur lesquels il leur sera néanmoins libre de transiger.

(Cet article, le LXIIIe du projet, fut adopté sans discussion.)

280. Ils seront pareillement tenus de constater par écrit leur convention sur les trois points qui suivent :

1°. A qui les enfans nés de leur union seront confiés, soit pendant le tems des épreuves, soit après le divorce prononcé ;

2°. Dans quelle maison la femme devra se retirer et résider pendant le tems des épreuves ;

3°. Quelle somme le mari devra payer à sa femme pendant le même tems, si elle n'a pas des revenus suffisans pour fournir à ses besoins.

(Cet article, le LXIVe du projet, fut adopté sans discussion.)

281. Les époux se présenteront ensemble, et en personne, devant le président du tribunal civil de leur arrondissement, ou devant le juge qui en fera les fonctions, et lui feront la déclaration de leur volonté, en présence de deux notaires amenés par eux.

(Cet article, le LXVe du projet, fut adopté sans discussion.)

282. Le juge fera aux deux époux réunis, et à chacun d'eux

d'eux en particulier, en présence des deux notaires, telles représentations et exhortations qu'il croira convenables; il leur donnera lecture du chapitre IV du présent titre, qui règle *les Effets du divorce,* et leur développera toutes les conséquences de leur démarche.

(Cet art., le LXVIe. du projet, fut adopté sans discussion).

283. Si les époux persistent dans leur résolution, il leur sera donné acte, par le juge, de ce qu'ils demandent le divorce et y consentent mutuellement; et ils seront tenus de produire et déposer à l'instant, entre les mains des notaires, outre les actes mentionnés aux articles 279 et 280,

1°. Les actes de leur naissance, et celui de leur mariage;

2°. Les actes de naissance et de décès de tous les enfans nés de leur union;

3°. La déclaration authentique de leurs père et mère ou autres ascendans vivans, portant que, pour les causes à eux connues, ils autorisent tel *ou* telle, leur fils *ou* fille, petit-fils *ou* petite-fille, marié *ou* mariée à tel *ou* telle, à demander le divorce et à y consentir. Les pères, mères, aïeuls et aïeules des époux, seront présumés vivans jusqu'à la représentation des actes constatant leur décès.

(Cet art., le LXVIIe. du projet, fut adopté sans discussion).

284. Les notaires dresseront procès-verbal détaillé de tout ce qui aura été dit et fait en exécution des articles précédens; la minute en restera au plus âgé des deux notaires, ainsi que les pièces produites, qui demeureront annexées au procès-verbal, dans lequel il sera fait mention de l'avertissement qui sera donné à

la femme de se retirer, dans les vingt-quatre heures, dans la maison convenue entre elle et son mari, et d'y résider jusqu'au divorce prononcé.

(Cet art., le LXVIIIe. du projet, fut adopté sans discussion).

285. La déclaration ainsi faite sera renouvelée dans la première quinzaine de chacun des quatrième, septième et dixième mois qui suivront, en observant les mêmes formalités. Les parties seront obligées à rapporter chaque fois la preuve, par acte public, que leurs pères, mères, ou autres ascendans vivans, persistent dans leur première détermination; mais elles ne seront tenues à répéter la production d'aucun autre acte.

LXIX. *La déclaration ainsi faite sera renouvelée dans la première quinzaine de chacun des quatrième, septième et dixième mois qui suivront, en observant les mêmes formalités. Les parties seront obligées à rapporter chaque fois une nouvelle autorisation de leurs père et mère ou autres ascendans vivans, mais ne seront tenues à répéter la production d'aucun autre acte.*

M. JOLLIVET demande pourquoi cet article impose aux époux l'obligation de prendre quatre fois le consentement de leurs ascendans.

M. EMMERY répond que cette formalité a pour objet de donner aux parens le moyen de revenir sur un consentement ou surpris, ou trop facilement accordé.

Le consul CAMBACÉRÈS propose de les assujettir seulement à rapporter la preuve que le premier consentement n'a pas été révoqué.

L'article est adopté avec cet amendement.

286. Dans la quinzaine du jour où sera révolue l'année, à compter de la première déclaration, les époux, assistés chacun de deux amis, personnes notables dans l'arrondissement, âgés de cinquante ans au moins, se présenteront ensemble et en personne devant le président du tribunal ou le juge qui en fera les fonctions; ils lui remettront les expéditions en bonne forme, des

quatre procès-verbaux contenant leur consentement mutuel, et de tous les actes qui y auront été annexés, et requerront du magistrat, chacun séparément, en présence néanmoins l'un de l'autre et des quatre notables, l'admission du divorce.

(Cet article, le LXXe. du projet, fut adopté sans discussion).

287. Après que le juge et les assistans auront fait leurs observations aux époux, s'ils persévèrent, il leur sera donné acte de leur réquisition, et de la remise par eux faite des pièces à l'appui : le greffier du tribunal dressera procès-verbal, qui sera signé tant par les parties (à moins qu'elles ne déclarent ne savoir ou ne pouvoir signer, auquel cas il en sera fait mention), que par les quatre assistans, le juge et le greffier.

(Cet article, le LXXIe. du projet, fut adopté sans discussion).

288. Le juge mettra de suite, au bas de ce procès-verbal, son ordonnance portant que, dans les trois jours, il sera par lui référé du tout au tribunal en la chambre du conseil, sur les conclusions par écrit du commissaire du gouvernement, auquel les pièces seront, à cet effet, communiquées par le greffier.

(Cet article, le LXXIIe. du projet, fut adopté sans discussion).

289. Si le commissaire du gouvernement trouve dans les pièces la preuve que les deux époux étaient âgés, le mari de vingt-cinq ans, la femme de vingt-un ans, lorsqu'ils ont fait leur première déclaration ; qu'à cette époque ils étaient mariés depuis deux ans, que le mariage ne remontait pas à plus de vingt, que la femme avait moins de quarante-cinq ans, que le consentement mutuel a été exprimé quatre fois dans le cours de l'année, après les préalables ci-dessus prescrits et avec

toutes les formalités requises par le présent chapitre, notamment avec l'autorisation des pères et mères des époux, ou avec celle de leurs autres ascendans vivans en cas de prédécès des pères et mères, il donnera ses conclusions en ces termes, *la loi permet;* dans le cas contraire, ses conclusions seront en ces termes, *la loi empêche.*

(Cet article, le LXXIIIe. du projet, fut adopté sans discussion).

290. Le tribunal, sur le référé, ne pourra faire d'autres vérifications que celles indiquées par l'article précédent. S'il en résulte que, dans l'opinion du tribunal, les parties ont satisfait aux conditions et rempli les formalités déterminées par la loi, il admettra le divorce, et renverra les parties devant l'officier de l'état civil, pour le faire prononcer : dans le cas contraire, le tribunal déclarera qu'il n'y a pas lieu à admettre le divorce, et déduira les motifs de la décision.

(Cet article, le LXXIVe. du projet, fut adopté sans discussion).

291. L'appel du jugement qui aurait déclaré ne pas y avoir lieu à admettre le divorce, ne sera recevable qu'autant qu'il sera interjeté par les deux parties, et néanmoins par actes séparés, dans les dix jours au plutôt, et au plus tard dans les vingt jours de la date du jugement de première instance.

(Cet article, le LXXVIe. du projet, fut adopté sans discussion).

292. Les actes d'appel seront réciproquement signifiés tant à l'autre époux qu'au commissaire du gouvernement près le tribunal de première instance.

(Cet article, le LXXVIIe. du projet, fut adopté sans discussion).

293. Dans les dix jours à compter de la signification

qui lui aura été faite du second acte d'appel, le commissaire du gouvernement près le tribunal de première instance fera passer au commissaire du gouvernement près du tribunal d'appel, l'expédition du jugement, et les pièces sur lesquelles il est intervenu. Le commissaire près du tribunal d'appel donnera ses conclusions par écrit, dans les dix jours qui suivront la réception des pièces ; le président, ou le juge qui le suppléera, fera son rapport au tribunal d'appel, en la chambre du conseil, et il sera statué définitivement dans les dix jours qui suivront la remise des conclusions du commissaire.

(Cet article, le LXXVIIIe. du projet, fut adopté sans discussion).

294. En vertu du jugement qui admettra le divorce, et dans les vingt jours de sa date, les parties se présenteront ensemble et en personne devant l'officier de l'état civil, pour faire prononcer le divorce. Ce délai passé, le jugement demeurera comme non avenu.

(Cet article, le LXXIXe. du projet, fut adopté sans discussion).

CHAPITRE IV.

DES EFFETS DU DIVORCE.

295. Les époux qui divorceront pour quelque cause que ce soit, ne pourront plus se réunir.

LXXX. *Les époux qui auront divorcé, pour quelque cause que ce soit, ne pourront plus se réunir.*

M. FORFAIT demande si cet article s'applique également aux époux dont le divorce est consommé : la rédaction semble le faire croire.

Le consul CAMBACÉRÈS, pour lever toute équivoque, propose de substituer le mot *divorceront* à ceux-ci : *auront divorcé*.

L'article est adopté avec cet amendement.

296. Dans le cas de divorce prononcé pour cause déterminée, la femme divorcée ne pourra se remarier que dix mois après le divorce prononcé.

LXXXI. *La femme divorcée pour quelque cause que ce soit, ne pourra se remarier que dix mois après le divorce prononcé.*

L'article fut adopté, les changemens qu'il a subi ont eu lieu sans discussion.

297. Dans le cas de divorce par consentement mutuel, aucun des deux époux ne pourra contracter un nouveau mariage que trois ans après la prononciation du divorce.

(Cet article, le LXXXIIe. du projet, fut adopté sans discussion).

298. Dans le cas de divorce admis en justice pour cause d'adultère, l'époux coupable ne pourra jamais se marier avec son complice. La femme adultère sera condamnée par le même jugement, et sur la réquisition du ministère public, à la réclusion dans une maison de correction, pour un tems déterminé, qui ne pourra être moindre de trois mois, ni excéder deux années.

LXXXIII. *Dans le cas de divorce admis en justice pour cause d'adultère de la femme, elle sera condamnée à la réclusion dans une maison de correction, pour un tems déterminé, qui ne pourra être moindre de trois mois, ni excéder deux années. La femme adultère ne pourra jamais se remarier.*

LXXXIV. *Dans le cas de divorce admis en justice pour cause d'adultère du mari, il ne pourra jamais se remarier à sa concubine.*

M. Tronchet dit que la disposition de l'article qui condamne la femme adultère à ne plus se remarier, peut avoir une influence dangereuse sur les mœurs, en fournissant une excuse au libertinage de cette femme.

M. Bigot-Préameneu partage cette opinion; il demande que l'incapacité soit restreinte au complice de la femme adultère.

L'article est adopté avec cet amendement.

299. Pour quelque cause que le divorce ait lieu, hors

DIVORCE. 407

le cas du consentement mutuel, l'époux contre lequel le divorce aura été admis, perdra tous les avantages que l'autre époux lui avait faits, soit par leur contrat de mariage, soit depuis le mariage contracté.

(Cet article, le LXXXVe. du projet, fut adopté sans discussion).

300. L'époux qui aura obtenu le divorce, conservera les avantages à lui faits par l'autre époux, encore qu'ils aient été stipulés réciproques et que la réciprocité n'ait pas lieu.

(Cet article, le LXXXVIe. du projet, fut adopté sans discussion).

301. Si les époux ne s'étaient fait aucun avantage, ou si ceux stipulés ne paraissaient pas suffisans pour assurer la subsistance de l'époux qui a obtenu le divorce, le tribunal pourra lui accorder, sur les biens de l'autre époux, une pension alimentaire, qui ne pourra excéder le tiers des revenus de cet autre époux. Cette pension sera révocable dans le cas où elle cesserait d'être nécessaire.

LXXXVII. *Si les époux ne s'étaient fait aucun avantage, ou si ceux stipulés ne paraissaient pas suffisans pour indemniser l'époux qui a obtenu le divorce, le tribunal pourra lui accorder, sur les biens de l'autre époux, une pension alimentaire, qui ne pourra être moindre du sixième, ni excéder le tiers des revenus de cet autre époux.*

(Les changemens faits ont eu lieu après la conférence avec le Tribunat).

302. Les enfans seront confiés à l'époux qui a obtenu le divorce, à moins que le tribunal, sur la demande de la famille, ou du commissaire du gouvernement, n'ordonne, pour le plus grand avantage des enfans, que tous ou quelques-uns d'eux seront confiés aux soins, soit de l'autre époux, soit d'une tierce personne.

LXXXVIII. *Les enfans seront confiés à l'époux qui a obtenu le divorce, à moins que la famille, convoquée par un de ses membres, n'estime, pour le plus grand avantage des enfans, que tous ou quelques-uns d'eux doivent être confiés aux soins, soit de l'autre époux, soit d'une tierce personne.*

Le consul Cambacérès dit qu'il serait préférable de donner aux tribunaux la décision sur les difficultés que l'article LXXXVIIIe. renvoie à l'arbitrage de la famille. On ne s'est pas bien trouvé de ces réunions de parens, dans lesquelles les préventions ne s'affaiblissent point, et où l'on rencontre souvent la haine.

L'article est adopté avec l'amendement du consul Cambacérès.

303. Quelle que soit la personne à laquelle les enfans seront confiés, les père et mère conserveront respectivement le droit de surveiller l'entretien et l'éducation de leurs enfans, et seront tenus d'y contribuer à proportion de leurs facultés.

(Cet article, le LXXXIXe. du projet, fut adopté sans discussion).

304. La dissolution du mariage par le divorce admis en justice, ne privera les enfans nés de ce mariage, d'aucun des avantages qui leur étaient assurés par les lois, ou par les conventions matrimoniales de leurs père et mère ; mais il n'y aura d'ouverture aux droits des enfans que de la même manière et dans les mêmes circonstances où ils se seraient ouverts s'il n'y avait pas eu de divorce.

(Cet article, le XC^e. du projet, fut adopté sans discussion).

305. Dans le cas de divorce par consentement mutuel, la propriété de la moitié des biens de chacun des deux époux sera acquise de plein droit, du jour de leur première déclaration, aux enfans nés de leur mariage : les père et mère conserveront néanmoins la jouissance de cette moitié jusqu'à la majorité de leurs enfans, à la charge de pourvoir à leur nourriture, entretien et éducation, conformément à leur fortune et à leur état;

le

DIVORCE.

le tout sans préjudice des autres avantages qui pourraient avoir été assurés auxdits enfans par les conventions matrimoniales de leurs père et mère.

(Cet article était le XCI^e. du projet).

M. Jollivet demande quelle sera la garantie des acquéreurs de bonne foi, dans le cas de cet article.

M. Emmery répond que le divorce étant public, ceux qui, postérieurement, acquerraient des époux divorcés, n'ont aucune excuse.

Le consul Cambacérès ajoute qu'on pourra d'ailleurs, au titre de *l'Hypothèque*, prendre des précautions pour prévenir de semblables erreurs.

L'article est adopté.

CHAPITRE V.

DE LA SÉPARATION DE CORPS.

306. Dans le cas où il y a lieu à la demande en divorce pour cause déterminée, il sera libre aux époux de former demande en séparation de corps.

IV. *L'époux qui aura le droit de demander le divorce, pourra se borner à la demande en séparation de corps et de biens.*

M. Tronchet demande qu'on ajoute à cet article la disposition de l'article IX du projet de M. Berlier (1), afin que si l'un des époux n'est pas déterminé par ses principes religieux à ne demander que la séparation, il lui soit permis de demander le divorce.

<small>Séance du 24 Vendémiaire an 10.</small>

M. Boulay observe que, par cet article, le droit de former une demande et de choisir entre les deux moyens, n'est accordé qu'à l'époux offensé ; qu'il serait inconvenant que le crime de l'autre lui donnât le droit de déranger ce choix et de demander le divorce.

M. Regnaud (de Saint-Jean-d'Angely) dit qu'il ne faut cependant pas priver la femme qui a des torts d'un moyen de revenir à la vertu, et de reprendre les titres honorables d'épouse et de mère.

---

(1) Cette disposition est ainsi conçue : *Quand la séparation est prononcée, elle se convertit de plein droit en un divorce, lorsque cette conversion est demandée par l'autre époux.*

M. Regnier dit que l'article est sage, attendu qu'il suffit de donner des facilités à la conscience de l'époux offensé.

Le Ministre de la Justice ne partage pas cette opinion : il observe que ce serait même alors interdire aux ames timorées la ressource de la séparation, puisqu'elles auraient à craindre d'arriver au divorce par la séparation; que la demande en séparation ne doit jamais pouvoir aboutir au divorce, puisqu'elle est pour en tenir lieu ; ce sont deux voies parallèles, qui dès-lors ne doivent jamais coïncider.

M. Bealier dit qu'il importe de préciser la question ; que si l'on entend, pour ne pas rendre l'option du demandeur illusoire, que, durant le litige, l'autre époux ne pourra en changer le but, ni s'opposer, par exemple, à une séparation de corps pour y faire substituer *de plano* le divorce, cette prétention est raisonnable ; mais que, poussée plus loin, elle deviendrait injuste; qu'ainsi le défendeur, après la séparation de corps prononcée, ne doit pas rester perpétuellement dans cet état, s'il lui plaît d'en changer; que la distinction d'époux offenseur et d'époux offensé est ici plus subtile que solide ; et que si l'on veut bien, par respect pour le domaine des consciences, admettre d'abord la séparation de corps, si elle est demandée, et même maintenir ensuite cette bizarre situation, cela ne doit avoir lieu, sans doute, qu'autant que l'autre époux s'en contente ; mais qu'une institution qui laisse subsister le mariage en séparant les époux, est trop peu favorable pour que le corps social veuille la faire prévaloir contre la volonté même de cet autre époux, après la séparation prononcée et consommée.

M. Berlier conclut de là que ce dernier doit essentiellement avoir la faculté de faire convertir en divorce la séparation de corps, nonobstant l'opposition du demandeur originaire, dont les scrupules ont été suffisamment respectés, et ne doivent pas devenir, pour un tiers, un perpétuel sujet d'entraves.

M. Portalis partage l'avis de M. Berlier ; les principes du divorce étant posés, on peut s'occuper de la séparation, comme objet principal, et dire qu'elle a lieu pour les mêmes causes que le divorce, et qu'elle peut être convertie en divorce sur la demande de l'un des époux.

Le Premier Consul dit qu'on n'a pas encore expliqué ce que c'est que la séparation à laquelle l'époux outragé pourrait se borner; cette matière présentera beaucoup de questions. On demandera sans doute comment on peut admettre, pour cause d'adultère, la séparation de corps qui comporte l'idée d'un rapprochement possible ; on demandera

DIVORCE. 411

pourquoi la séparation qui empêche de contracter un nouveau mariage serait accordée pour les mêmes causes que le divorce; on demandera comment organiser la séparation, lorsqu'il n'existe plus de couvent qui puisse devenir la retraite de l'épouse; toutes ces questions méritent d'être examinées séparément, elles sont de l'essence de la matière.

M. Portalis dit que la troisième question qu'il avait proposée dans la séance du 14 de ce mois (1), est celle de savoir si la séparation de corps sera admise comme action parallèle à celle du divorce; que la marche de la discussion amène l'examen de cette question.

Séance du 26 Vendémiaire an 10.

La séparation de corps relâche le lien du mariage, mais ne le rompt pas : les époux continuent de demeurer unis; la femme conserve le nom de son mari, et reste sous sa surveillance : si elle manque à l'honneur, il a contre elle l'action en adultère. Enfin la séparation a cet avantage que la réconciliation des époux est toujours possible.

Dans l'ancienne législation, la séparation était toujours prononcée pour un tems soit fixe, soit indéterminé : jamais à perpétuité : on eût craint de blesser le principe de l'indissolubilité absolue du mariage.

Les tribunaux demandent que la séparation de corps soit rétablie et marche parallèlement avec le divorce, afin de mettre à l'aise la conscience des personnes qui regardent le mariage comme indissoluble.

Ce motif doit en effet la faire admettre. Cependant, l'usage de la séparation paraît rencontrer quelque difficulté, lorsque les deux époux n'ont pas les mêmes principes; que l'un croit à l'indissolubilité absolue du mariage, que l'autre croit le divorce légitime : mais cette difficulté n'est pas réelle; car l'action en séparation ou en divorce sera au choix du demandeur, qui sera libre de suivre ses principes?

Mais qu'arrivera-t-il après la séparation obtenue?

Si elle n'est que séparation d'épreuve, le divorce n'est pas encore possible, si elle est absolue, l'autre époux sera libre de demander que la séparation soit convertie en divorce.

Le Premier Consul dit que le système de la séparation de corps ne présente aucun moyen de réprimer et de punir la femme adultère, qui continue à vivre dans le désordre et à déshonorer son mari.

M. Portalis répond que le mari qui, en conséquence de ses principes religieux, a préféré la séparation au divorce, a connu les inconvéniens et les suites de son option. Quand cette vue ne l'a pas arrêté, c'est une

---

(1) Voyez page 316 et suivantes.

preuve que ses principes lui eussent fait dévorer en silence ses chagrins et dissimuler l'adultère de sa femme, si la loi ne lui eût pas présenté la ressource de la séparation : on allége donc sa condition, lorsqu'on lui donne un moyen conforme à sa conscience.

M. REGNAUD (de Saint-Jean-d'Angely) dit qu'il serait cependant nécessaire de pourvoir aux inconvéniens que le Premier Consul a fait apercevoir.

Autrefois, la femme convaincue d'adultère était authentiquée, c'est-à-dire, déclarée déchue de ses avantages matrimoniaux, rasée et enfermée dans un couvent, d'où elle ne sortait qu'autant que son mari consentait à la reprendre dans un délai fixé. Aujourd'hui qu'il n'existe plus de couvens, et qu'on ne connait de lieux de détention que les maisons correctionnelles, il faut chercher un autre moyen d'appliquer les peines de l'authentique. Sans cette précaution, on offre au mari, dans la séparation, un moyen dont les résultats lui paraîtront trop funestes pour qu'il ose y consentir. Ainsi, il convient ou de renoncer à ce moyen, ou de chercher comment on peut le rétablir d'une façon analogue à l'ancienne législation.

M. PORTALIS dit que si l'on punit l'adultère lorsqu'il donne lieu à la séparation, on ne peut se dispenser de le punir également quand il donne lieu au divorce : il est impossible de laisser, dans un cas plus que dans l'autre, un libre cours à la corruption. Mais cette discussion doit être renvoyée au Code criminel. La séparation de corps et le divorce étant parallèles, on prendra alors des mesures contre la femme adultère, soit divorcée, soit séparée de corps.

Le PREMIER CONSUL dit que, quand le divorce a été prononcé à la suite de l'adultère, l'honneur du mari est satisfait, et la femme coupable punie. La femme perd le nom de son époux. Il n'en est pas de même dans le cas de la séparation. Cette différence doit être saisie par les lois.

M. BIGOT-PRÉAMENEU dit que si on punit l'adultère, on manque le but qu'on s'était proposé ; car on voulait le cacher.

Le PREMIER CONSUL dit que cette réflexion prouve que la séparation de corps ne doit pas être admise quand il y a adultère. La séparation, en effet, ne peut être prononcée pour cette cause, sans que l'adultère soit divulgué : on parvient au contraire à le masquer, lorsqu'il est employé comme cause de divorce.

M. PORTALIS observe que l'objection n'a été faite que dans l'intérêt du mari : or, la loi lui offre un moyen de couvrir son honneur, puisqu'elle lui permet le divorce. C'est donc parce qu'il le veut, que son honneur se trouve sacrifié à sa conscience : dès-lors la loi n'est pas injuste à son égard ; *volenti non fit injuria*. Ainsi, la peine de l'adultère ne peut plus être considérée qu'autant qu'elle serait dans l'intérêt public ; mais, sous ce rapport, elle doit porter également, et sur la femme divorcée, et sur la femme séparée de corps.

Le Premier Consul dit que le divorce et la séparation de corps sont des parallèles, et que des parallèles ne pouvant jamais se rencontrer, il convient de raisonner séparément sur les deux cas. Au surplus, la séparation doit être admise ; car il serait injuste d'abandonner au malheur qui l'attend, le mari que sa conscience empêche de faire usage du divorce.

Le Consul demande si, sous l'ancienne législation, l'adultère donnait lieu à la séparation de corps.

M. Tronchet répond que le mari ne pouvait, en ce cas, demander a séparation de corps, parce que cette action lui était absolument interdite ; mais qu'il avait un moyen équivalent.

Pour bien saisir la jurisprudence ancienne, il faut se rappeler qu'elle était fondée sur le principe de l'indissolubilité absolue du mariage. La séparation n'attaquait pas ce principe, puisqu'elle ne rompait pas le mariage, et qu'elle laissait toujours une porte ouverte à la réconciliation des époux : la dissolution du mariage était donc impossible, même pour cause d'adultère. Mais le mari poursuivait sa femme au criminel, et la faisait condamner à une réclusion perpétuelle ; ce qui produisait une séparation de fait, dont les effets étaient les mêmes que ceux de la séparation judiciaire et directe : la tranquillité du mari était au surplus assurée ; de plus, il lui était permis de reprendre sa femme, s'il la croyait revenue aux principes de l'honneur et à ses devoirs : c'était là un avantage.

Il n'est plus possible aujourd'hui de suivre cette jurisprudence : mais la question est de savoir si l'on doit donner à l'époux d'une femme adultère, un moyen plus conforme que le divorce à ses principes religieux.

L'adultère, considéré dans ses effets par rapport au mariage, conduit au divorce, parce qu'il est une infraction au contrat formé entre les époux, et une violation de la foi donnée : l'adultère, considéré comme un délit, appartiendrait au Code pénal ; mais parce qu'il n'y a pas de peine établie contre l'adultère, on a observé que la position d'un mari qui aurait obtenu la séparation de corps contre sa femme pour cause d'adultère, serait très-fâcheuse, qu'il demeurerait exposé au déshonneur que cette femme continuerait d'imprimer à son nom. C'est sans doute un inconvénient ; mais il est bien compensé par le soulagement que la faculté d'user de la séparation de corps donne à la conscience du mari ; et son sort sera toujours moins malheureux que si, ce moyen lui manquant, et n'ayant que la ressource du divorce qu'il ne veut pas employer, il était obligé de garder sa coupable épouse.

On pourrait, au surplus, ordonner que la femme séparée de corps pour cause d'adultère, sera, comme la femme divorcée, obligée de quitter le nom de son mari. Mais cette disposition en contrarierait d'autres qu'il est important d'établir : ce sont celles qui ordonneraient que la procédure fût secrète toutes les fois qu'il s'agirait d'une cause honteuse, et qu'elle serait invoquée pour obtenir soit la séparation de corps, soit le divorce.

M. Boulay dit que la loi ne peut se dispenser de venir au secours du mari malheureux à qui ses principes ne permettent pas de faire usage du divorce, et qu'elle ne doit pas le placer entre le désespoir et sa conscience. Ceci mérite d'autant plus d'attention, que les principes de la plus grande partie des Français ne se concilient pas avec l'usage du divorce ; c'est pour cette raison que la plupart des tribunaux ont demandé le rétablissement de la séparation de corps, et qu'elle est en usage même dans les pays protestans.

Le Premier Consul dit qu'on peut renvoyer au Code pénal les dispositions sur le châtiment de l'adultère, mais qu'il ne faut pas déroger à l'usage universel en laissant ce crime impuni ; autrement la législation serait immorale, puisqu'elle autoriserait une séparation qui permettrait à la femme adultère d'aller vivre avec son séducteur.

L'opinion du Consul est que la séparation de corps doit être admise pour sévices, ou comme un échelon pour arriver au divorce ; mais qu'il serait dangereux de se borner à ce moyen, lorsqu'il y a adultère, et qu'il conviendrait de rétablir à cet égard la législation ancienne.

M. Emmery dit que si le mari est protestant, il n'hésitera pas de faire usage de l'action en divorce dans le cas de l'adultère, et qu'alors il est bon d'établir une peine contre la femme ; que si au contraire le mari est catholique, il prendra la voie de la plainte, qui le conduira à la séparation de corps, sans qu'il y ait divorce ; et alors on appliquera à la femme les peines de l'authentique. On l'enfermera dans une maison de correction ; et si au bout de deux ans son mari ne la reprend pas, elle sera rasée, et sa reclusion deviendra perpétuelle.

M. Roederer observe que la séparation de corps est proposée en faveur des catholiques ; qu'en conséquence il convient d'examiner d'abord si leur croyance l'admet dans le cas d'adultère. L'affirmative est très-douteuse : on ne voit pas que la religion catholique ait autorisé la séparation de corps pour cette cause : elle n'a avoué que la procédure criminelle qui a eu lieu alors, et le séquestre de la femme condamnée, lequel amène une séparation de fait. En cela elle n'a considéré le crime d'adultère que comme les autres crimes.

Une autre observation, c'est que la procédure secrète ne sauvera pas le scandale de la cause ; car dès-lors qu'il sera connu qu'il y aura procédure secrète toutes les fois qu'il y aura adultère, on saura qu'il y a eu adultère précisément parce qu'il y aura procédure secrète.

M. Boulay répond que puisque la procédure sera secrète dans tous les cas, et qu'il y aura plusieurs causes de divorce, le public ne pourra pas reconnaître celle qui sera le motif de la demande.

Le Premier Consul dit que si le crime d'adultère est allégué et prouvé dans une demande de séparation, il sera impossible à la partie publique de ne pas poursuivre la femme coupable ; que la justice ne pourra surtout se taire, si le motif de la demande est une tentative d'empoisonnement ou d'assassinat. On ne peut donc se dispenser d'établir une peine contre la femme.

La question n'est pas encore parfaitement éclaircie. Il faut en effet distinguer.

Quand le Code civil prononce qu'il y aura divorce lorsqu'il y aura eu attentat, il dit tout ce qu'il doit dire, et il n'a pas à s'occuper ensuite de ce qu'ordonnera la loi criminelle à l'égard de l'époux coupable, puisque le mariage se trouve rompu.

Mais il n'en est pas de même lorsqu'il s'agit de la séparation. Le mariage, qui est du domaine de la loi civile, continue de subsister ; et la loi civile doit continuer aussi à en régler les suites et les effets. Il faut donc qu'elle fixe la condition de chacun des époux ; qu'elle explique ce que deviendra la femme, ce que deviendront les enfans.

M. Portalis dit que la section adopte cette idée.

M. Tronchet dit qu'il ne sait si le rétablissement de la séparation, que les tribunaux ont demandé d'après des motifs peut-être plus spécieux que réels, est un remède absolument nécessaire.

En effet, la loi civile ne s'occupe point de ce qui se passe dans les consciences. Si elle n'autorise que le divorce seul, le catholique, qui ne verra que ce moyen de quitter son époux, l'emploiera; et pour obéir à ses principes, il ne contractera pas un mariage nouveau.

M. Devaines observe que le mari, s'il est conséquent dans ses principes, craindra que son épouse soit moins scrupuleuse que lui; et alors, pour ne lui pas donner une liberté qu'il ne croit pas légitime, il s'abstiendra de demander le divorce.

M. Portalis dit que la législation doit être concordante dans toutes ses parties. Elle consacre la liberté des cultes : or, par-tout où cette liberté existe, le divorce et la séparation ont été également établis, afin que chacun pût en user suivant sa conscience. La Prusse sur-tout a donné cet exemple, quoiqu'il ne s'y trouve que peu de catholiques.

Mais, dit-on, le catholique, en ne se remariant pas, satisfait à sa conscience. Non, il n'y satisfait pas, puisque, par le divorce qu'il a obtenu, il donne à l'autre époux la faculté de méconnaître le principe de l'indissolubilité du mariage. Il se trouve même des personnes qui, sans professer la religion catholique, croient cependant que l'engagement du mariage ne peut se rompre; ceux-là aussi aimeront mieux souffrir que d'induire l'autre époux dans l'erreur, et de lui donner la facilité de se remarier. Ainsi, la liberté des opinions religieuses et la liberté des opinions morales réclament également la séparation de corps.

Au reste, les observations faites par le Premier Consul sur le châtiment que peut mériter le crime des époux, sont infiniment sages, et l'on ne peut qu'y souscrire.

Le Ministre de la Justice observe que la question de savoir si l'adultère doit être puni criminellement, est indifférente à celle de savoir si l'adultère peut être un motif de séparation; que la peine dans ce cas est extrinsèque à la demande en séparation, comme elle l'est à la demande en divorce; que dans l'un et l'autre cas l'époux offensé ne demande qu'un remède civil : sauf au ministère public à faire, pour l'intérêt de la loi, si elle l'y autorise, ce qu'il jugera convenable; sauf même à l'époux offensé à prendre lui-même la voie criminelle, s'il veut obtenir la punition des coupables. Mais on ne peut refuser à l'époux, comme moyen de séparation, ce qu'on lui accorde comme moyen de divorce. On ne peut refuser le moins à celui à qui on accorde le plus.

Le consul Cambacérès dit qu'il faut examiner avant tout si la cause d'adultère d'adultère amènera directement la dissolution du mariage, ou s'il faudra d'abord faire condamner l'époux coupable, afin que la condamnation devienne la preuve de la cause pour laquelle le divorce est demandé. Si ce dernier système était admis, il en résulterait que le tribunal pourrait absoudre la femme, et que cependant il resterait au mari des preuves et une conviction assez forte pour lui persuader qu'il ne peut plus vivre avec son épouse.

Le PREMIER CONSUL dit que toute la question est dans l'article X, du chapitre intitulé *des Formes du Divorce*. Cet article porte :

Quelle que soit la nature des faits ou délits imputés par le demandeur à l'autre époux, le divorce ne peut être poursuivi que par la voie civile.

Le divorce sera autorisé ou rejeté nonobstant l'action criminelle qui pourrait être intentée d'office par le commissaire du Gouvernement, et sans préjudice de cette action.

Le jugement portant absolution de l'époux accusé, ne produira aucun effet contre celui qui aura autorisé le divorce. S'il intervient, au contraire, un jugement de condamnation contre l'époux accusé, ce jugement rétablira le droit de l'époux demandeur, nonobstant le jugement qui aurait rejeté sa demande en divorce.

En conséquence, sur la représentation du jugement de condamnation, et sur la simple requête du demandeur, le divorce sera autorisé.

Le Consul adopte cet article si ses dispositions doivent être appliquées au divorce, parce qu'alors le mariage est rompu.

Il ne l'adopte plus, si on veut l'appliquer à la séparation de corps; parce qu'alors le mariage subsiste. Il voudrait que la séparation absolue fût toujours la suite d'une procédure criminelle, attendu que si elle était prononcée avant la condamnation, on ne saurait plus ce que deviendrait la femme.

M. PORTALIS dit que l'article X ne s'applique qu'au divorce ; que l'intention de la section était d'obtenir d'abord le vœu du Conseil sur le principe de la séparation de corps; et cette raison l'a empêchée de rédiger jusqu'ici aucun article de développement. Mais il faudra certainement décider si la séparation de corps sera admise pour les mêmes causes que le divorce, et en déterminer les formes.

M. MALEVILLE demande pourquoi on ne pourrait arriver à la séparation que par la voie criminelle, dans les mêmes cas où l'on parviendrait au divorce par la voie civile; pourquoi la séparation serait rendue plus difficile que le divorce, lorsque la majorité de la nation la réclame, et qu'il y a, au contraire, un intérêt moral à rendre le divorce plus difficile.

M. BOULAY dit que s'il ne s'agit que de punir l'adultère, on peut le frapper dans le cas de la séparation, comme dans le cas du divorce. Mais le châtiment qui ne serait pas dans l'intérêt de la société ne serait pas non plus dans l'intérêt des familles, parce qu'il leur importe au contraire que la honte de l'adultère soit couverte par le secret.

Séance du 22 Fructidor an 10.

M. TRONCHET rappelle que la séparation de corps n'a été admise, que pour ne pas mettre en opposition avec la loi, la conscience de ceux qui croient le mariage indissoluble. Il demande si l'époux qui, à raison de sa croyance religieuse, a préféré la séparation de corps, doit être admis ensuite à prétendre qu'il ne professe pas le culte auquel il a annoncé être attaché et dans lequel il a été marié, et demander que la séparation soit convertie en divorce.

M. JOLLIVET répond que souvent l'un des époux consent à faire célébrer son mariage dans le culte de l'autre époux, quoique lui-même ne professe pas ce culte.

M. TRONCHET dit qu'il en était ainsi autrefois, parce que la loi civile ne reconnaissait pour enfans légitimes que ceux nés d'un mariage célébré suivant le rit catholique; qu'il n'en est pas de même aujourd'hui où la loi civile admet la liberté des cultes, et établit une forme commune pour tous les mariages.

M. PORTALIS dit que la loi ne voit plus dans le mariage qu'un contrat, et n'en fait dépendre la validité que de formes purement civiles. Les cérémonies du culte n'ajoutent rien à cette validité; c'est aux parties à se régler, à cet égard, d'après leur conscience. Cette question est donc purement théologique. Il est possible que des personnes se soumettent à un acte religieux prescrit par un culte qu'ils ne professent pas; que dans la suite elles changent de culte : elles ont à cet égard la plus entière liberté. La double action en divorce et en séparation de corps n'a été établie que pour mettre toutes les consciences à l'aise.

L'article est adopté.

307. Elle sera intentée, instruite et jugée de la même manière que toute autre action civile (1) : elle ne pourra

---

(1) Les enquêtes auxquelles cette action pourra donner lieu, devront-elles être faites conformément à ce qui est prescrit pour les demandes en divorce?

avoir lieu que par le consentement mutuel des époux.
(Cet art., le XCII^e. du projet, fut adopté sans discussion.)

308. La femme contre laquelle la séparation de corps sera prononcée pour cause d'adultère, sera condamnée par le même jugement, et sur la réquisition du ministère public, à la réclusion dans une maison de correction pendant un tems déterminé, qui ne pourra être moindre de trois mois, ni excéder deux années.
(Cet art., le XCIII^e. du projet, fut adopté sans discussion.)

309. Le mari restera le maître d'arrêter l'effet de cette condamnation, en consentant à reprendre sa femme.
(Cet art., le XCIV^e. du projet, fut adopté sans discussion.)

310. Lorsque la séparation de corps prononcée pour toute autre cause que l'adultère de la femme, aura duré trois ans, l'époux qui était originairement défendeur, pourra demander le divorce au tribunal, qui l'admettra, si le demandeur originaire, présent ou dûment appelé, ne consent pas immédiatement à faire cesser la séparation (1).
(Cet art. était le XCV^e. du projet.)
M. Réal dit que d'après l'amendement fait à l'art. LXXXIII (298) la femme adultère, divorcée, peut se remarier, que cependant l'art. XCV la priverait de cette faculté, dans le cas de la séparation de corps, puisque, n'étant pas demanderesse, il ne lui reste aucun moyen de convertir la séparation en divorce.
Le consul Cambacérès répond que lorsque le mari offensé préfère au divorce la séparation de corps, ce serait favoriser l'adultère, que de permettre à la femme coupable de s'affranchir du lien du mariage que la séparation a pu rompre.

---

(1) Voyez la discussion qui est à la page 410.

311. La séparation de corps emportera toujours séparation de biens.

(Cet art., le XCVI^e. du projet, fut adopté sans discussion.)(1)

---

(1) *Loi relative aux divorces prononcés ou demandés avant la publication du titre VI du Code civil. Du 25 germinal an 11.*

Tous divorces prononcés par des officiers de l'état civil, ou autorisés par jugement avant la publication du Code civil relatif au divorce, auront leurs effets conformément aux lois qui existaient avant cette publication.

A l'égard des demandes formées antérieurement à la même époque, elles continueront d'être instruites; les divorces seront prononcés, et auront leurs effets conformément aux lois qui existaient lors de la demande.

TITRE VII.

DE LA PATERNITÉ ET DE LA FILIATION.

Décrété le 2 Germinal an 11, promulgué le 12 du même mois.

CHAPITRE PREMIER.

DE LA FILIATION DES ENFANS LÉGITIMES OU NÉS DANS LE MARIAGE.

312. L'enfant conçu pendant le mariage, a pour père le mari.

Néanmoins celui-ci pourra désavouer l'enfant, s'il prouve que, pendant le tems qui a couru depuis le trois-centième jusqu'au cent-quatre-vingtième jour avant la naissance de cet enfant, il était, soit par cause d'éloignement, soit par l'effet de quelqu'accident, dans l'impossibilité physique de cohabiter avec sa femme (1).

Art Ier. *L'enfant conçu dans le mariage a pour père le mari.*
Néanmoins celui-ci pourra désavouer l'enfant, s'il prouve qu'au moment de la conception de cet enfant, il était, soit par cause d'éloignement, soit par l'effet de quelqu'accident, dans l'impossibilité physique de cohabiter avec sa femme.

Séance du 29 Fructidor an 10.

(Les changemens faits ont eu lieu après la conférence tenue avec le Tribunat.)

313. Le mari ne pourra, en alléguant son impuissance naturelle, désavouer l'enfant : il ne pourra le dé-

---

(1) Le tribunal de cassation observait qu'il paraissait difficile de laisser subsister la présomption légale de la paternité du mari, dans le concours de deux circonstances, de l'adultère prouvé et du fait de la séparation. (Voyez pages 372 et 373 l'opinion de MM. Tronchet et Cambacérès).

savouer même pour cause d'adultère, à moins que la naissance ne lui ait été cachée, auquel cas il sera admis à proposer tous les faits propres à justifier qu'il n'en est pas le père.

II. *Le mari ne pourra désavouer l'enfant, soit en excipant d'adultère de la part de sa femme, soit en alléguant son impuissance naturelle, à moins que la naissance de l'enfant ne lui ait été cachée ; auquel cas il sera admis à proposer tous les faits propres à justifier qu'il n'en est pas le père.*

(Les changemens faits ont eu lieu sans discussion.)

314. L'enfant né avant le cent quatre-vingtième jour du mariage, ne pourra être désavoué par le mari, dans les cas suivans : 1°. s'il a eu connaissance de la grossesse avant le mariage ; 2°. s'il a assisté à l'acte de naissance, et si cet acte est signé de lui, ou contient sa déclaration qu'il ne sait signer ; 3°. si l'enfant n'est pas déclaré viable.

III. *L'enfant né avant le cent quatre-vingtième jour du mariage, et qui aura survécu dix jours à sa naissance, pourra être désavoué par le mari, excepté dans l'un ou l'autre des cas suivans ; 1°. S'il a eu connaissance de la grossesse avant le mariage ; 2°. s'il a assisté à l'acte de naissance, et si cet acte est signé de lui ou contient la déclaration qu'il ne sait signer.*

M. Bigot-Préameneu observe que cet article ne dit pas comment on pourra prouver contre le mari qu'il a eu connaissance de la grossesse de sa femme : si l'on s'en tient au principe général, il faut un commencement de preuves par écrit.

M. Boulay répond qu'il est impossible de fixer à l'avance quelles espèces de faits on peut regarder comme probans.

Le consul Cambacérès demande pourquoi l'article attache un effet absolu à la circonstance que l'enfant aurait survécu de dix jours à sa naissance.

M. Bérenger répond que c'est pour s'assurer si l'enfant est né viable, et pour déterminer par là l'époque de sa conception.

Le consul Cambacérès dit que le terme fatal de dix jours est trop rigoureux.

PATERNITÉ ET FILIATION.

M. REGNAUD (de Saint-Jean-d'Angely) dit que les rédacteurs du projet sont partis de ce fait, qu'un enfant non viable ne peut pas même vivre dix jours.

Le consul CAMBACÉRÈS dit qu'il est difficile d'assigner des règles fixes à la nature; après avoir établi la présomption de la légitimité, la loi devrait se borner à déclarer, que néanmoins cette présomption cesse lorsqu'elle est détruite par l'évidence des faits.

M. TRONCHET dit que la loi doit établir une règle précise, parce que les tribunaux ont décidé la question de plusieurs manières, et que les physiciens, les jurisconsultes, les théologiens, n'ont jamais pu s'accorder sur ce point : au milieu de ces incertitudes la loi peut établir une présomption.

M. TREILHARD dit que le législateur doit sentir quelque répugnance à déclarer qu'un enfant qui a vécu pendant dix jours n'est pas viable : le délai doit être réduit à vingt-quatre heures.

M. MALEVILLE craint qu'il ne s'élève des débats sur l'expiration des heures.

M. JOLLIVET propose de se servir de l'expression, *un jour entier*.

M. DEFERMON dit que cette rédaction ne préviendrait pas les débats, il préfère celle adoptée par la section.

L'article est adopté.

(Néanmoins après les conférences qui ont eu lieu avec le Tribunat, on a fait les changemens qui existent.)

315. La légitimité de l'enfant né trois cents jours après la dissolution du mariage, pourra être contestée (1).

(Cet article, le IVe du projet, fut adopté sans discussion.)

---

(1) D'après l'article 315, il est laissé à l'arbitraire des juges de déclarer un enfant légitime, quoique cet enfant soit né après le trois centième jour de la dissolution du mariage. Par cette disposition, la loi suppose la légitimité de l'enfant, sans déterminer l'époque à laquelle cette présomption doit cesser; elle impose par là l'obligation à ceux qui ont un intérêt contraire à faire la preuve de la non légitimité.

Dans l'exposé des motifs, le rapporteur du Tribunat a dit que l'enfant pourrait prouver *que le père divorcé se serait rapproché de la mère postérieurement à la dissolution du mariage*, mais la loi qui déclare que, par la prononciation du divorce, le contrat civil qui unissait les époux est rompu, a-t-elle entendu légitimer des enfans issus d'un rapprochement qu'elle réprouve ? La loi qui défend aux époux divorcés de se remarier ensemble, tolérerait-elle entr'eux un commerce illicite, et accorderait-elle la prérogative de la légitimité aux enfans produits par ce concubinage ?

316. Dans les divers cas où le mari est autorisé à réclamer, il devra le faire, dans le mois, s'il se trouve sur les lieux de la naissance de l'enfant;

Dans les deux mois après son retour, si, à la même époque, il est absent;

Dans les deux mois après la découverte de la fraude, si on lui avait caché la naissance de l'enfant.

(Cet article était le V° du projet.)

M. TREILHARD demande pourquoi on accorde au mari absent deux mois après son retour pour faire sa déclaration, lorsqu'on ne lui donne qu'un mois quand il est présent à la naissance de l'enfant.

Le consul CAMBACÉRÈS propose de fixer le délai à deux mois dans les deux cas.

L'article est renvoyé à la section (néanmoins il n'a subi aucune modification.)

317. Si le mari est mort avant d'avoir fait sa réclamation, mais étant encore dans le délai utile pour la faire, les héritiers auront deux mois pour contester la légitimité de l'enfant, à compter de l'époque où cet enfant se serait mis en possession des biens du mari, ou de l'époque où les héritiers seraient troublés par l'enfant dans cette possession.

VI. *Si le mari est mort avant d'avoir fait sa réclamation, mais étant encore dans le délai utile pour la faire, les héritiers auront deux mois pour contester la légitimité de l'enfant, à compter de l'époque où sa prétention leur sera notifiée.*

M. BERLIER dit qu'il ne revient pas sur la disposition qui, en fesant passer aux héritiers l'action en désaveu accordée au mari, leur donne un nouveau délai pour l'exercer; mais qu'il conçoit difficilement comment sera exécutée la dernière partie de l'article relative à la notification, attendu qu'un enfant en possession de son état, ne fera pas notifier aux héritiers de son père qu'il en veut jouir; cette possession est au contraire son titre. Quant à l'enfant qui ne jouit pas de son état et dont la naissance aurait été cachée, il suffirait d'établir que le délai

ne

ne court qu'à compter de la découverte de la fraude, si toutes les dispositions de l'article V (316) ne rendent pas cette explication inutile.

M. Boulay répond qu'il ne peut y avoir de contestation que dans le cas où l'enfant réclame un état dont il ne jouit pas.

M. Regnaud (de Saint-Jean-d'Angely) dit qu'il importe de distinguer deux cas : l'un est celui où l'enfant a été inscrit sur le registre sous le nom du mari, l'autre celui où sa naissance a été cachée. L'observation de M. Berlier ne porte que sur le dernier cas.

Le consul Cambacérès dit que sans doute il s'élève une fin de non-recevoir contre l'héritier, lorsque l'enfant étant en possession de son état, a été admis à partager la succession ; mais il n'en est pas de même lorsque sa naissance est demeurée cachée ; alors l'enfant qui se présente pour recueillir l'hérédité, devient demandeur. Les héritiers au contraire ne sont que des défendeurs que la loi ne doit point obliger à faire des recherches sur des enfans qui peuvent exister, mais auxquels ceux qui prétendent avoir la qualité d'enfans doivent notifier leurs prétentions.

M. Tronchet dit qu'il ne peut adopter les dispositions de l'article, il pense que les héritiers doivent être toujours déclarés non-recevables quand l'enfant est inscrit sous le nom du mari, et que celui-ci n'a pas réclamé ; on ne doit accorder d'action aux héritiers, à défaut de réclamation de la part du mari, que dans le cas où l'enfant n'a pas de possession d'état, et alors il est convenable de renfermer cette action dans un délai. Les héritiers, dans cette hypothèse, qui est la plus ordinaire, ne peuvent jamais devenir non-recevables, puisqu'ils ne sont pas demandeurs et que c'est l'enfant qui vient les attaquer. C'est donc contre lui seulement qu'il est possible d'admettre une fin de non-recevoir.

M. Regnaud (de Saint Jean-d'Angely) dit que l'obligation de notifier imposée à l'enfant conduirait à de grandes injustices. Par exemple, une femme accouche pendant l'absence de son mari, sous le nom duquel elle fait inscrire l'enfant : le mari meurt éloigné dans le délai pendant lequel il lui était permis de réclamer, l'enfant cependant demeure en possession de son état. Il serait possible qu'après vingt ans des héritiers vinssent le lui contester, parce qu'il ne leur aurait pas fait notifier sa prétention. Ils l'attaqueraient avec beaucoup d'avantages, parce qu'à une époque si éloignée de sa naissance ils pourraient rassembler contre lui une foule de probabilités.

Le consul CAMBACÉRÈS répond qu'il est aussi juste de forcer à la restitution un homme qui jouit, sans droit, d'un bien depuis 29 ans, que celui qui ne l'a usurpé que depuis six mois. M. Regnaud (de Saint-Jean-d'Angely) ne répond point à l'objection, puisqu'il suppose toujours que les héritiers sont demandeurs, tandis que, dans la vérité, ils ne font que se défendre contre un individu qui veut se placer malgré eux dans la famille : or, il serait injuste de les déclarer non-recevables après un court délai, qui expire même avant que l'action soit intentée. Ce serait mettre les familles à la discrétion des intrigans.

M. BÉRENGER dit qu'il semble qu'on ne doive pas soumettre à des formalités des héritiers en possession, pour conserver leurs droits contre celui qui se prétendrait enfant de leur auteur ; de même qu'on ne doit point y soumettre l'enfant en possession d'état, pour conserver son droit contre des héritiers. L'article manque de clarté, en ce qu'il ne distingue pas ces deux cas, et qu'il oblige l'enfant de rechercher les héritiers qui pourraient venir lui contester son état. De là résulterait quelquefois qu'il se trouverait déchu pour n'avoir pas fait sa notification aux véritables héritiers.

Le consul CAMBACÉRÈS est d'avis qu'on fasse cette distinction dans l'article, mais il pense que, dans tous les cas, il importe d'accorder un délai plus long. Rien n'est plus rare, que de voir des collatéraux venir, après 29 ans, disputer à un enfant la succession de son père.

M. TRONCHET dit qu'il convient de se régler par ce qui arrive le plus ordinairement. Il est possible qu'une mère hardie présente, après la mort de son mari, un enfant contre lequel ce mari n'a pas réclamé, et fasse faire l'inventaire en son nom : alors les héritiers qui surviennent, prennent la qualité de demandeurs ; mais ordinairement la mère, plus timide, agit avec moins de précipitation. Les héritiers font faire l'inventaire, et ce n'est qu'après un laps de tems que l'enfant est présenté. Dans le premier cas, il est bon d'accorder un délai aux héritiers, et alors deux mois suffisent. Dans le second, où les héritiers sont défendeurs, il est impossible de limiter leurs droits par un délai.

Il importe de distinguer ces deux cas.

Le consul CAMBACÉRÈS pense que si l'on fesait courir le délai contre le mineur, ce serait trop le mettre à la discrétion de son tuteur.

L'article est renvoyé à la section.

318. Tout acte extra-judiciaire contenant le désaveu

de la part du mari ou de ses héritiers, sera comme non avenu, s'il n'est suivi, dans le délai d'un mois, d'une action en justice, dirigée contre un tuteur *ad hoc* donné à l'enfant, en présence de sa mère.

(Cet article était le VIIe du projet.)

M. REGNAUD (de Saint Jean-d'Angely) dit qu'il convient de fournir au mari et à ses héritiers un moyen de faire nommer un tuteur à l'enfant.

M. TRONCHET répond que cette faculté leur appartient de droit commun.

L'article est adopté.

CHAPITRE II.

DES PREUVES DE LA FILIATION DES ENFANS LÉGITIMES.

319. La filiation des enfans légitimes se prouve par les actes de naissance inscrits sur le registre de l'état civil.

(Cet article, le VIIIe du projet, fut adopté sans discussion.)

320. A défaut de ce titre, la possession constante de l'état d'enfant légitime suffit.

(Cet article, le IXe du projet, fut adopté sans discussion.)

321. La possession d'état s'établit par une réunion suffisante de faits qui indiquent le rapport de filiation et de parenté entre un individu et la famille à laquelle il prétend appartenir.

Les principaux de ces faits sont, que l'individu a toujours porté le nom du père auquel il prétend appartenir ;

Que le père l'a traité comme son enfant, et a pourvu, en cette qualité, à son éducation, à son entretien et à son établissement;

Qu'il a été reconnu constamment pour tel dans la société ;

Qu'il a été reconnu pour tel par la famille (1).

(Cet art., le Xe. du projet, fut adopté sans discussion).

322. Nul ne peut réclamer un état contraire à celui que lui donnent son titre de naissance et la possession conforme à ce titre ;

Et réciproquement, nul ne peut contester l'état de celui qui a une possession conforme à son titre de naissance.

(Cet art., le XIe. du projet, fut adopté sans discussion).

323. A défaut de titre et de possession constante, ou si l'enfant a été inscrit, soit sous de faux noms, soit comme né de père et mère inconnus, la preuve de filiation peut se faire par témoins.

Néanmoins cette preuve ne peut être admise que lorsqu'il y a commencement de preuve par écrit, ou lorsque les présomptions ou indices résultant de faits dès-lors constans sont assez graves pour déterminer l'admission.

XII. *A défaut de titre ou de possession constante, la preuve de la filiation peut se faire par témoins, s'il y a commencement de preuve par écrit.*

Il en est de même si l'enfant a été inscrit sous de faux noms, ou comme né de père et mère inconnus.

(Les changemens qui existent n'ont donné lieu à aucune discussion).

324. Le commencement de preuve par écrit résulte des titres de famille, des registres et papiers domestiques du père ou de la mère, des actes publics et même privés

---

(1) Le concours de tous ces faits est-il nécessaire ? (Voyez les motifs exposés par le conseiller d'État *Bigot-Préameneu*).

émanés d'une partie engagée dans la contestation, ou qui y aurait intérêt si elle était vivante.

(Cet article, le XIIIe. du projet, fut adopté sans discussion).

325. La preuve contraire pourra se faire par tous les moyens propres à établir que le réclamant n'est pas l'enfant de la mère qu'il prétend avoir, ou même, la maternité prouvée, qu'il n'est pas l'enfant du mari de la mère.

XIV. *La famille à laquelle le réclamant prétend appartenir sera admise à combattre la réclamation par tous les moyens propres à prouver non-seulement qu'il n'est pas l'enfant du père, mais encore qu'il n'est pas l'enfant de la mère qu'il réclame.*

(Ce n'est qu'après la conférence tenue avec le Tribunat que l'article a été rédigé tel qu'il est).

326. Les tribunaux civils seront seuls compétens pour statuer sur les réclamations d'état.

(Cet article, le XVe. du projet, fut adopté sans discussion).

327. L'action criminelle contre un délit de suppression d'état, ne pourra commencer qu'après le jugement définitif sur la question d'état (1) (2).

(Cet article était le XVIe. du projet.)

---

(1) L'action criminelle qui résulte d'une suppression d'état, peut-elle être poursuivie par la partie publique, lorsque les intéressés au jugement de l'action civile gardent le silence?

Arrêt de la cour de cassation, en date du 10 messidor an 12, section criminelle, qui décide la négative, attendu que d'après l'article 327 du Code civil, l'action criminelle ne peut être exercée qu'après le jugement définitif sur l'action civile; que cet article est général et absolu pour la partie publique comme pour la partie civile; que sa disposition s'applique même d'une manière principale et spéciale à la partie publique, qui seule a le droit d'exercer et de poursuivre l'action criminelle.

(2) Le défendeur, dans une instance qui argue de faux l'acte de naissance qu'on lui oppose, peut-il poursuivre criminellement l'auteur prétendu du faux, avant que les tribunaux civils aient prononcé sur la question d'état?

Décidé négativement par arrêt de la cour de cassation, du 20 prairial an 12, section civile sur le motif que c'est un moyen indirect de prouver l'origine et de s'assurer de l'état qu'on réclame.

M. Tronchet demande qu'on se borne à suspendre l'action criminelle, parce que la plainte peut être rendue, et les preuves recueillies, sans que, jusqu'au jugement de la question d'état, la sûreté du prevenu soit compromise.

M. Treilhard observe que la procédure serait inutile si elle était secrète; si elle était publique, elle influerait sur le jugement civil en fournissant des preuves pour appuyer la réclamation de l'état.

Le consul Cambacérès dit que l'objet de l'article est d'empêcher que le jugement criminel ne détermine le jugement au civil : la proposition de M. Tronchet n'expose point à cet inconvénient, tandis que de l'article, tel qu'il est rédigé, sortirait une prescription contre l'accusation.

M. Treilhard dit que la prescription ne pourra point être opposée, si la loi n'admet l'action au criminel qu'après le jugement de l'action civile.

M. Tronchet, revenant sur la proposition, est d'avis d'admettre l'article. Il empêche que deux tribunaux ne puissent juger différemment sur le même fait. Au civil, il faudra décider d'abord si la preuve par témoins est admissible : dans le cas où elle serait admise, il faudrait décider si elle est concluante; et lorsque le tribunal prononcera que la réclamation d'état n'est pas justifiée, il ne pourra plus y avoir lieu à l'action au criminel.

M. Jollivet croit l'article incomplet. On en pourrait conclure, dit-il, que l'action de la justice criminelle est paralysée, lorsqu'il y a eu exposition d'enfant, et que cependant il n'y a point de litige sur la question d'état.

M. Treilhard dit que cette espèce n'est pas celle de l'article : il suppose une question d'état qui n'est point nécessairement liée avec l'exposition d'enfant. Cette exposition est toujours un crime que la justice doit punir.

L'article est adopté.

328. L'action en réclamation d'état est imprescriptible à l'égard de l'enfant (1).

(Cet article, le XVIIe. du projet, fut adopté sans discussion).

---

(1) Le tribunal d'appel de Rennes demandait si, dans le cas d'un jugement dont il n'y aurait pas eu appel dans le délai de la loi, l'appel serait imprescriptible comme l'action; et si, dans le cas d'un jugement en dernier ressort, la requête civile serait admise pour pièces nouvellement recouvrées, quoiqu'elles ne fussent pas retenues par le fait de la partie adverse.

329. L'action ne peut être intentée par les héritiers de l'enfant qui n'a pas réclamé, qu'autant qu'il est décédé mineur, ou dans les cinq années après sa majorité (1).

(Cet article, le XVIIIe. du projet, fut adopté sans discussion).

330. Les héritiers peuvent suivre cette action lorsqu'elle a été commencée par l'enfant, à moins qu'il ne s'en fût désisté formellement, ou qu'il n'eût laissé passer trois années sans poursuites, à compter du dernier acte de la procédure.

(Cet article est composé des XIXe. et XXe. du projet : ils ont été adoptés et refondus en un seul article et sans discussion).

CHAPITRE III.

DES ENFANS NATURELS.

SECTION PREMIERE.

DE LA LÉGITIMITÉ DES ENFANS NATURELS.

331. Les enfans nés hors mariage, autres que ceux nés d'un commerce incestueux ou adultérin, pourront être légitimés par le mariage subséquent de leurs père et mère, lorsque ceux-ci les auront également (2) reconnus avant leur mariage, ou qu'ils les reconnaîtront dans l'acte même de célébration (3).

---

(1) Le tribunal d'appel de Paris demandait qu'il fût décidé qu'on ne pourrait attaquer l'état d'un enfant après son décès, lorsqu'il serait mort en bonne et paisible possession de l'état d'enfant légitime.

(2) Il paraît qu'au lieu du mot *également* que l'on trouve dans le texte des éditions officielles, on doit substituer le mot *légalement*, parce que c'est le mot *légalement* qui se trouve dans la rédaction définitive acceptée au conseil d'Etat, et décrétée par le corps législatif.

(3) Lorsqu'aux termes des articles 163 et 164, le Gouvernement a accordé des dispenses, les époux peuvent-ils légitimer l'enfant incestueux qu'ils auraient eu antérieurement ?

332. La légitimation peut avoir lieu, même en faveur des enfans décédés qui ont laissé des descendans; et, dans ce cas, elle profite à ces descendans.

333. Les enfans légitimés par le mariage subséquent, auront les mêmes droits que s'ils étaient nés de ce mariage.

(Ces articles, qui ne se trouvaient pas dans le projet, ont été ajoutés après les conférences tenues avec le Tribunat, et adoptés sans discussion).

SECTION II.

DE LA RECONNAISSANCE DES ENFANS NATURELS.

334. La reconnaissance d'un enfant naturel sera faite par un acte authentique, lorsqu'elle ne l'aura pas été dans son acte de naissance (1) (2).

(Cet article, le XXIe. du projet, fut adopté sans discussion).

335. Cette reconnaissance ne pourra avoir lieu au profit des enfans nés d'un commerce incestueux ou adultérin.

XXII. *Cette reconnaissance ne pourra avoir lieu qu'au profit des enfans nés d'un commerce libre*

(Les changemens faits à l'article ont eu lieu sans discussion.)

336. La reconnaissance du père, sans l'indication et l'aveu de la mère, n'a d'effet qu'à l'égard du père.

XXIII. *La reconnaissance du père, si elle est désavouée par la mère, sera de nul effet.*

---

(1) L'enfant naturel qui n'est pas encore né, peut-il être reconnu ?

(2) La reconnaissance d'un enfant naturel doit être libre et volontaire; ainsi on ne peut l'induire d'une transaction passée entre le père présumé et la mère, sur une accusation de rapt portée par celle-ci.—Arrêt de la cour d'appel d'Agen, du 17 prairial an 12.

Ainsi on ne peut l'induire d'une transaction sur procès, par laquelle le père présumé aurait promis de payer une pension alimentaire à la mère, soit pour elle, soit pour son fils. — Arrêt de la cour d'appel d'Amiens, du 11 floréal an 12. — Arrêt de la cour d'appel de Poitiers, du 28 messidor an 12.

M. Bigot-Préameneu.

M. Bigot-Préameneu demande si cet article aura son effet même lorsque la maternité sera prouvée?

M. Maleville dit que l'article XXVIII (341) décide la question ; car la preuve de la maternité étant une fois faite, elle doit nécessairement faire regarder comme non avenu le désaveu de la mère.

Le consul Cambacérès dit que la règle établie par l'article XXIII est trop absolue.

Il peut arriver en effet que deux personnes qui ont vécu dans un commerce illicite, viennent à se haïr. Serait-il juste alors de souffrir que la mère en haine du père, pût rendre nulle la reconnaissance que celui-ci veut faire de leur enfant commun? la mère sera toujours le meilleur témoin sur le fait de la paternité; mais si elle veut dissimuler ce fait, il ne faut pas que sa mauvaise volonté paralyse la bonne intention du père.

M. Berlier dit qu'en l'absence d'un titre légal, l'aveu de la mère est la seule preuve que la loi doive admettre. Si la mère refuse, ce peut être pour l'intérêt de l'enfant: elle seule, d'ailleurs, connait la vérité.

Le consul Cambacérès dit que le désaveu de la mère doit sans doute rendre sans effet la reconnaissance du père, quand elle est isolée; mais il n'en peut être de même lorsque cette reconnaissance est appuyée de prénoms qui démontrent la fausseté du désaveu de la mère.

Il est donc nécessaire que le désaveu soit jugé.

M. Emmery pense qu'il est juste de ne donner aucun effet au désaveu de la mère, quand il est démenti par son aveu antérieur : il propose en conséquence d'ajouter à l'article, *à moins que le désaveu ne soit non-recevable.*

M. Tronchet dit qu'il n'y a de difficulté que sur le choix du genre de preuves qu'on doit regarder comme capables de détruire le désaveu de la mère : il y aurait de l'inconvénient à en admettre d'autres que celles qui résultent d'écrits émanés d'elle.

M. Portalis dit qu'il est des circonstances qui ne sont pas moins fortes que l'aveu positif pour opérer la conviction ; tels sont, par exemple, l'éducation, les soins donnés à l'enfant ; en un mot, ce qu'on appelle en droit *le traitement*.

M. Emmery pense qu'on ne doit pas y avoir égard. L'enfant né d'une union illicite, n'appartient qu'à sa mère, parce que, hors le mariage, il n'y a de certain que la maternité. Il serait donc contre l'ordre que la reconnaissance de celui qui se prétend père de l'enfant, prévalût sur le désaveu formel de la mère; mais quand il est prouvé, par un aveu antérieur, que le désaveu actuel est l'effet de la passion, ce désaveu devient non-recevable : toute autre circonstance ne doit être d'aucune considération ; c'est un malheur si l'application de ce principe nuit aux intérêts de l'enfant.

Le consul CAMBACÉRÈS dit que la loi doit être conçue de manière à ne pas préparer un malheur. Voilà pourquoi le système dans lequel le désaveu serait repoussé comme non-recevable, lorsqu'il est combattu par un aveu antérieur, ne suffit pas.

Il importe qu'il soit écarté toutes les fois qu'il n'est pas valable : au surplus il est difficile de concevoir comment on blesserait les principes, en admettant pour preuve la possession d'état acquise à un enfant illégitime contre son père. Il n'en résulte qu'une simple créance au profit de l'enfant. Permettra-t-on à une femme capricieuse de lui enlever ses alimens par un désaveu dont la fausseté est prouvée par les circonstances ? Pourquoi une règle si laconique et si absolue, lorsqu'il est impossible de tout prévoir ?

M. BERLIER reconnaît et avoue que lorsque l'enfant a été traité comme tel par celui qui ensuite s'en déclare le père, le tout au vu et su d'une mère qui n'aurait point contesté cette possession d'état, une telle mère doit être déclarée non-recevable dans son désaveu. L'observation primitive que j'ai faite, n'exclut pas cette exception au principe que j'ai posé et que je regarde comme toujours subsistant.

M. TRONCHET fait une autre observation, il sera décidé, dit-il, que la reconnaissance du père est insuffisante quand il y a un désaveu valable de la part de la mère. Or, quel sera, dans ce système, l'effet de la reconnaissance du père, quand la mère sera morte avant de l'avoir ni avoué, ni désavoué ? Laissera-t-on celui qui se prétend le père, libre d'attribuer l'enfant à telle femme qu'il voudra, par une déclaration ensevelie chez un notaire ou chez un juge-de-paix, et que la mère prétendue n'aura pas connue ? Ce serait là la conséquence nécessaire du principe qui ne prive d'effet la reconnaissance du père que quand elle est désavouée par la mère. On échapperait à cet inconvénient, si, au lieu de ne regarder la déclaration du père comme nulle que dans le cas où elle est désavouée par la mère, on n'y avait égard que lorsqu'elle serait avouée. Cette rédaction avait d'abord été proposée.

Le consul CAMBACÉRÈS dit que l'inconvénient n'est pas aussi grave qu'il le paraît d'abord, puisque la déclaration du père ne donne à l'enfant aucun droit à la succession de la mère. On peut néanmoins prévenir tout danger, en permettant au père de reconnaître l'enfant, sans indiquer la mère; cette forme aurait même l'avantage de mieux ménager les mœurs : puisqu'il ne s'agit que d'une créance sur les biens du père, rien ne s'oppose à ce que la loi se contente de l'aveu du père.

M. Tronchet demande qu'avant tout on décide que l'enfant reconnu n'aura droit qu'à une créance, et seulement sur les biens de celui qui l'aura avoué.

337. La reconnaissance faite pendant le mariage, par l'un des époux, au profit d'un enfant naturel qu'il aurait eu, avant son mariage, d'un autre que de son époux, ne pourra nuire ni à celui-ci, ni aux enfans nés de ce mariage.

Néanmoins elle produira son effet après la dissolution de ce mariage, s'il n'en reste pas d'enfans.

(Cet art., le XXIVe. du projet, fut adopté sans discussion.)

338. L'enfant naturel reconnu ne pourra réclamer les droits d'enfant légitime (1). Les droits des enfans naturels seront réglés au titre *des Successions*.

XXV. *L'enfant naturel reconnu, ne pourra réclamer les droits d'enfant légitime, mais seulement une créance déterminée par la loi sur la succession de celui qui l'aura reconnu.*

Le consul Cambacérès dit que quelques personnes trouvent trop dure la disposition qui exclut l'enfant naturel de la succession de sa mère, lorsqu'elle n'a pas d'autres enfans.

L'article est adopté ainsi qu'il suit : *La reconnaissance d'un enfant naturel n'aura d'effet qu'à l'égard de celui qui l'aura reconnu.*

(Cette rédaction a encore été changée après la conférence tenue avec le Tribunat, et les changemens ont été adoptés sans discussion).

Séance du 13 Brumaire an 11.

---

(1) Le tribunal d'appel d'Aix demandait si l'enfant naturel reconnu légalement pourrait prendre le nom de son père, sur-tout lorsqu'il y a des enfans légitimes ?

M. Bigot-Préameneu dit que c'est pour maintenir l'honneur du mariage, qu'on a réduit tel enfant naturel à une simple créance.

M. Treilhard dit que l'article appartient à la matière des successions, il doit y être renvoyé.

M. Tronchet dit qu'un tel ajournement ferait durer trop long-tems l'incertitude qui règne par rapport aux droits des enfans naturels. En effet la loi du 12 brumaire an 2, a fait naître une question. Les uns ont pensé que tout enfant reconnu pouvait réclamer le bénéfice de cette loi; les autres, qu'elle ne donnait des droits qu'aux enfans dont les père et mère sont décédés. Cette dernière opinion est celle du tribunal de cassation, il reste néanmoins aux autres tribunaux des doutes qu'il importe de faire cesser dès-à-présent par une loi. D'ailleurs les dispositions qui déterminent la légitimité, ne sont pas déplacées dans un titre qui traite de la paternité et de la filiation. Les dispositions qui appartiennent plus spécialement à la matière des successions, et qu'on pourrait y renvoyer, sont celles qui règlent la quotité de la créance accordée aux enfans naturels.

M. Boulay dit que quelque favorable que soit l'exception dont a parlé le Consul, elle ébranlerait le principe de cette matière. La loi du 12 brumaire en assimilant les enfans naturels aux enfans légitimes, avait aboli le mariage; il est donc nécessaire, pour rétablir l'ordre, de tracer entre ces deux espèces de descendans, une ligne de séparation parfaite, et de ne les assimiler les uns aux autres sous aucun rapport.

Le consul Cambacérès dit qu'il suffirait peut-être pour maintenir l'honneur dû au mariage, de déclarer que les enfans naturels n'ont pas les droits d'enfans légitimes. Il reste à examiner si la part qu'ils auront dans les biens de leur père doit être fixée dans ce titre ou dans celui des successions. On a appelé cette part une *créance*, il serait plus exact de la qualifier *alimens*, mais on aura à décider s'il faut permettre au père ou à la mère d'ajouter à la portion que donnera la loi. Cette question se rattache évidemment à la matière des successions. Il faudrait donc réduire l'article à une disposition qui exclût les enfans naturels des droits d'enfans légitimes, et renvoyer au titre des successions, la fixation des alimens qui leur seront accordés, ainsi que la question de savoir s'ils seront capables ou incapables de recevoir de leurs père et mère.

M. Treilhard dit que le Conseil aura également à examiner si à défaut d'héritiers les enfans naturels excluront le fisc de l'hérédité de leurs père et mère : mais cette question appartient aussi à la matière des successions.

M. Jollivet dit qu'il serait trop dur de leur refuser la préférence sur le fisc.

M. Bigot-Préameneu dit qu'ils peuvent exclure le fisc sans devenir héritiers, parce que ce n'est pas à titre d'hérédité que le fisc prend les biens.

L'article est adopté avec l'amendement : *Que les droits des enfans naturels seront réglés au titre des successions.*

339. Toute reconnaissance de la part du père ou de la mère, de même que toute réclamation de la part de l'enfant, pourra être contestée par tous ceux qui y auront intérêt.

(Cet art., le XXVIe. du projet, fut adopté sans discussion.)

340. La recherche de la paternité est interdite.

Dans le cas d'enlèvement, lorsque l'époque de cet enlèvement se rapportera à celle de la conception, le ravisseur pourra être, sur la demande des parties intéressées, déclaré père de l'enfant.

XXVII. *La recherche de la paternité est interdite. Lors même que l'époque de la conception d'un enfant concourra avec des circonstances de rapt ou de viol, il n'y aura lieu qu'à des dommages intérêts envers la mère.*

Cet article, d'après les conférences qui ont eu lieu avec le tribunat, a été changé et rédigé ainsi qu'il suit :

La recherche de la paternité est interdite, mais dans le cas d'enlèvement, lorsque l'époque de cet enlèvement se rapportera à celle de l'accouchement, le ravisseur sera, sur la demande des parties intéressées, déclaré père de l'enfant.

M. Bigot-Préameneu dit que l'exception que cet article fait à la règle générale a été proposée par le Tribunat : elle est fondée sur ce que la coïncidence des deux époques de l'enlèvement et de l'accouchement devient une preuve de la paternité.

Le consul Cambacérès rappelle que, dans la conférence avec le Tribunat, on était convenu de ne rendre la déclaration de paternité que facultative et non forcée : il faut, en conséquence, substituer le mot *pourra* au mot *sera*.

M. Treilhard dit que le concours de l'époque de l'enlèvement avec celle de la conception et la prolongation de la charte privée, ne laissant aucun doute sur la paternité, toute recherche, tout examen devient inutile, et il n'est plus possible de laisser au juge le pouvoir de décider le contraire. La loi ne doit pas autoriser une contestation qui porterait sur un fait évident : le ravisseur n'a pas à se plaindre; la déclaration de paternité est ici la suite nécessaire et la peine de l'enlèvement. Au surplus, c'est à l'époque de la conception et non à celle de l'accouchement, qu'il convient de l'arrêter.

M. Tronchet partage l'opinion du Consul.

M. Portalis est du même avis; il ne croit pas que l'intention de punir un tiers puisse devenir un motif déterminant pour donner l'état civil; la peine de l'enlèvement sera la recherche de la paternité.

M. Thibaudeau dit que la disposition avait été arrêtée d'une manière impérative, et comme une peine imposée au ravisseur; cependant il peut être plus convenable de s'en rapporter aux tribunaux.

M. Emmery voudrait que l'exception fût purement facultative : il rappelle que, dans la conférence avec le Tribunat, on trouva contradictoire qu'un individu fût réputé père de l'enfant, par rapport à la mère, et à l'effet de lui payer des dommages et intérêts, et qu'il ne le fût plus par rapport à l'enfant lui-même. On a proposé, en conséquence, non de donner action aux parties, mais d'autoriser le juge à déclarer d'office la paternité.

MM. Berlier et Maleville pensent aussi que l'exception n'a été proposée que comme facultative.

M. Muraire dit que dans la conférence avec le Tribunat, la question fut amenée par la disposition qui accordait des dommages-intérêts à la mère. Il parut étrange que le ravisseur ne fût pas soumis à une peine plus grave, et ce fut dans cette vue qu'on crut devoir autoriser le juge à le déclarer le père de l'enfant, quand, d'ailleurs, l'époque de l'accouchement concourait avec celle du rapt.

M. Boulay pense qu'il serait dangereux de rendre l'exception absolue, et d'accorder la déclaration de paternité sur la simple demande des parties, sans autre examen. En effet, le concours de l'époque de l'enlèvement avec celle de la conception, n'est jamais certain, car il est impossible de fixer le moment précis de la conception.

PATERNITÉ ET FILIATION.

M. REGNAUD (de Saint-Jean-d'Angely) dit que si on laissait subsister l'exception comme absolue, le tribunal se trouverait quelquefois obligé de prononcer contre sa conscience, en déclarant la paternité du ravisseur, même lorsqu'il serait d'ailleurs démontré que l'enfant a un autre père.

L'article est adopté avec l'amendement du consul Cambacérés.

341. La recherche de la maternité est admise.

L'enfant qui réclamera sa mère, sera tenu de prouver qu'il est identiquement le même que l'enfant dont elle est accouchée.

Il ne sera reçu à faire cette preuve par témoins, que lorsqu'il aura déjà un commencement de preuve par écrit.

(Cet art. était le XXVIIIe du projet; il a été adopté sans discussion).

342. Un enfant ne sera jamais admis à la recherche soit de la paternité, soit de la maternité, dans les cas où, suivant l'article 335, la reconnaissance n'est pas admise.

(Cet article ne se trouvait pas dans le projet; il a été ajouté après la conférence tenue avec le Tribunat, et adopté sans discussion lors de la rédaction définitive) (1).

---

(1) *Loi relative au mode de réglement de l'état et des droits des enfans naturels dont les pères et mères sont morts depuis la loi du 12 brumaire an 2, jusqu'à la promulgation des titres du Code civil sur la Paternité et la Filiation, et sur les Successions. Du 14 floréal an 11.*

I. L'état et les droits des enfans nés hors mariage, dont les pères et mères sont morts depuis la promulgation de la loi du 12 brumaire an 2, jusqu'à la promulgation des titres du Code civil sur la *Paternité et la Filiation*, et sur les *Successions*, seront réglés de la manière prescrite par ces titres.

II. Néanmoins les dispositions entre-vifs ou testamentaires, antérieures à la promulgation des mêmes titres du Code civil, et dans lesquelles on aurait fixé les droits de ces enfans naturels, seront exécutées, sauf la réduction à la quotité disponible aux termes du Code civil, et sauf aussi un supplément, conformément à l'article 761 de la loi sur les *Successions*, dans le cas où la portion donnée ou léguée serait inférieure à la moitié de ce qui devrait revenir à l'enfant naturel, suivant la même loi.

III. Les conventions et les jugemens passés en force de chose jugée, par lesquels l'état et les droits desdits enfans naturels auraient été réglés, seront exécutés selon leur forme et teneur.

TITRE VIII.

DE L'ADOPTION ET DE LA TUTELLE OFFICIEUSE (1).

Décrété le 2 Germinal an 11, promulgué le 12 du même mois.

M. BERLIER présente le titre de l'*Adoption*. Il est ainsi conçu :
ART Ier. *L'adoption est permise sous les conditions, dans les cas et avec les formalités qui suivent :*

DES CONDITIONS DE L'ADOPTION PAR RAPPORT AUX ADOPTANS.

II. *Nul individu ne pourra adopter, s'il a des enfans ou descendans légitimes.*

III. *Hors le cas prévu par l'art. II, l'adoption pourra être demandée, savoir :*

Par les gens mariés, lorsqu'il se sera écoulé au moins dix ans depuis leur mariage, ou que les deux époux auront l'un et l'autre plus de cinquante ans ;

Par les veufs ou veuves, lorsqu'ils auront atteint l'âge de quarante ans au moins ;

Et par toutes autres personnes, lorsqu'elles seront âgées de plus de cinquante ans.

IV. *Nul époux ne pourra adopter que conjointement avec l'autre époux.*

V. *Nul autre que des époux ne pourra adopter conjointement avec une autre personne.*

VI. *Nul ne pourra adopter que des individus de son sexe, à moins que l'adoption ne soit faite par des époux, ou que l'adopté ne soit neveu ou nièce, petit neveu ou petite nièce de l'adoptant.*

VII. *On pourra, par le même acte, adopter plusieurs enfans ; mais après l'adoption consommée, l'adoptant ne pourra, pendant la vie de l'enfant adopté ou de ses descendans, faire d'autres adoptions, à moins*

---

(1) Nous avons pensé que ce projet et la discussion qui l'a suivi, sur la question de savoir si l'adoption serait maintenue ou rejetée, étaient comme une introduction à la matière, et devaient être placés avant toute discussion sur les dispositions législatives.

qu'elles

qu'elles ne portent sur les frères ou sœurs de l'enfant précédemment adopté.

Des conditions de l'Adoption par rapport à l'adopté.

VIII. Nul enfant ne pourra être adopté s'il a plus de douze ans.

IX. Nul enfant légitime ne pourra être offert en adoption que par ses père et mère, ou par le survivant d'entre eux, si l'autre est mort.

X. Tous autres parens, même les ascendans, ne pourront, à défaut de père et mère, offrir l'enfant en adoption, à moins qu'il ne soit légalement constaté qu'il est sans moyens d'existence.

XI. L'enfant qui n'aura point de parens connus, pourra être offert en adoption, soit par les administrateurs de l'hospice où il aura été recueilli, soit par la municipalité du lieu où résidera la personne prenant soin de lui.

XII. Si l'enfant offert en adoption par ses père et mère, ou par le survivant des deux, se trouve avoir quelques biens ou droits acquis dans sa famille naturelle, il ne pourra les apporter dans la famille adoptive; et sa succession sera, à cet égard, réputée ouverte dans sa famille naturelle, à dater du jour de l'adoption.

Des actes préliminaires de l'Adoption.

XIII. La personne qui se proposera d'adopter, et celle dont le consentement est nécessaire à l'adoption, feront la déclaration de leurs intentions respectives au juge-de-paix du domicile de l'enfant.

XIV. Dans le cas où l'adoption concernera un enfant privé de son père ou de sa mère, le consentement du survivant sera précédé de l'avis d'un conseil de famille, désigné par le juge-de-paix, et composé, autant que faire se pourra, aux deux tiers de parens du côté de l'époux défunt.

Si cet avis n'était pas en faveur de l'adoption, il n'en arrêtera point la poursuite; mais il servira de renseignement aux autorités chargées d'y statuer.

XV. Si l'enfant se trouve dans le cas prévu par l'article X, il sera présenté en adoption par un tuteur spécial, à lui donné par un conseil de famille, et après que le juge-de-paix aura procédé à une enquête touchant l'état de dénuement de l'enfant.

Des formes de l'Adoption.

XVI. Toutes demandes en adoption seront portées et instruites devant le conseil de préfecture du département où résidera l'enfant. Ce conseil examinera, 1°. si toutes les conditions de la loi sont remplies; 2°. si la personne qui se propose d'adopter jouit d'une bonne réputation; 3°. si, d'après sa situation, comparée à celle de l'enfant, l'adoption offre à celui-ci de vrais avantages.

Pour éclairer cet examen, le conseil de préfecture prendra l'avis des maires et sous-préfets, et provoquera tous les renseignemens qui lui sembleront utiles.

XVII. Si l'enfant se trouve dans le cas prévu par l'article XII, le conseil de préfecture ordonnera préalablement que les biens ou droits que l'enfant laissera dans sa famille naturelle, soient estimés par experts assermentés, et pourvoira à ce que le demandeur en adoption en assure le remplacement sur ses propres biens, par un acte entre-vifs, translatif de fonds non grevés d'hypothèques.

XVIII. L'avis définitif et motivé du conseil de préfecture sera transmis au Gouvernement par la voie du ministre de la justice, sur le rapport duquel, et après avoir entendu le conseil d'état, les Consuls proposeront, s'il y a lieu, au Corps législatif, de prononcer l'adoption.

XIX. Chaque adoption datera du jour de la promulgation de la loi qui l'aura prononcée.

Des effets de l'Adoption.

XX. L'adoption sera irrévocable.

XXI. L'enfant adoptif prendra le nom de la personne qui l'aura adopté.

XXII. Il appartiendra à la famille de l'adoptant, dans tous les dégrés directs et collatéraux.

XXIII. L'adoption transportera au père ou à la mère qui aura adopté, la qualité de père ou mère légitime : elle établira entre l'adoptant et le fils adoptif, les mêmes droits et les mêmes devoirs qu'entre père et enfant légitime.

XXIV. Dans le cas où, après l'adoption, il naitrait à l'adoptant des enfans en mariage, l'enfant adoptif n'en conservera pas moins le droit à une part d'enfant légitime dans la succession.

XXV. L'adoption fera sortir l'enfant adoptif de sa famille naturelle; elle ne laissera subsister entre lui et ses père et mère ou autres ascendans, que l'obligation naturelle et réciproque de se fournir des alimens dans le besoin.

M. Berlier observe que cette rédaction a paru à la section de législation, rendre assez exactement les idées résultant de la discussion établie sur cette matière, dans les séances des 6, 14 et 16 frimaire, et 4 nivose derniers.

Mais un autre devoir était imposé à la section.

Dans la séance du 20 de ce mois, elle a reçu du consul Cambacérès l'ordre d'examiner si, d'après les objections par lesquelles le projet a été combattu, il convenait de maintenir l'adoption, ou s'il fallait y renoncer.

M. Berlier rend compte, à ce sujet, des vues de la section.

Plusieurs de ses membres combattant le principe même de l'adoption, antérieurement consacré, ont pensé que toute espèce d'adoption, embarrassante dans son organisation, et peu en harmonie avec nos mœurs, n'offrait rien d'utile, vu la facilité qu'on a de faire, par d'autres voies, beaucoup de bien à un enfant qu'on affectionne; et parce que cette facilité, déjà très-grande depuis la loi de germinal an 8, sur les donations, sera probablement étendue encore par la nouvelle législation : ces motifs les ont portés à conclure au rejet de l'adoption.

D'autres membres, sans partager cette opinion sur le fond même de l'institution, et en continuant de penser qu'il y a un intervalle immense entre l'adoption et les moyens qu'on indique pour y suppléer, ont été frappés par d'autres considérations qui se rattachent à quelques points du projet.

D'abord il leur a semblé que l'introduction de l'enfant adoptif dans la famille de l'adoptant, en rendant parens du premier, tous les parens du second, sans leur consentement formel, ni même tacite, s'accommodera difficilement avec nos idées et nos mœurs : la fiction étendue au-delà des personnes qui contractent, est poussée trop loin.

Un reproche non moins grave contre l'adoption, telle qu'elle est proposée, a paru aux mêmes membres exister dans la forme même qu'on veut lui donner.

S'il s'agit d'une institution civile, a-t-on dit, pourquoi, dans chaque acte, l'intervention des grands pouvoirs politiques? Pourquoi est-ce le Corps législatif, et non (comme en Prusse) un tribunal, qui prononcera l'adoption? Comment, au reste, et sans chercher des exemples dans la législation étrangère, méconnaître les analogies que présente le code même que nous discutons, dans quelques-unes de ses parties, avec celle dont il s'agit?

Quelle est l'autorité qui ordonnera les rectifications des actes de l'état civil? L'autorité judiciaire; c'est un point arrêté.

Quelle est l'autorité qui admettra le divorce, lequel est, comme l'adoption, un changement d'état? Ce sera encore l'autorité judiciaire : pourquoi donc ne pas rendre aussi les tribunaux juges de l'adoption?

Cette question, au surplus, continue M. Berlier, a paru aux membres de la section qui s'y sont arrêtés, devoir influer sur le fonds même de l'institution, jusqu'à la dénaturer.

Quand la loi a posé des règles, et que l'application en est dévolue aux magistrats ordinaires, il y a une garantie civile, qui n'existe plus quand le pouvoir politique s'empare lui-même de l'application. En effet, qui le redressera, si, lui-même, il lèse ou favorise les personnes sur l'intérêt desquelles il aura à statuer?

Mais il est un autre rapport sous lequel l'attribution dont il s'agit est encore radicalement vicieuse; car, s'il est vrai que le recours au pouvoir législatif n'établisse pas d'inégalité de *droit*, vu qu'il est accordé à tous, peut-on contester qu'il ne résulte une véritable inégalité de *fait*, des seules formalités dont on environne l'adoption? Les hommes riches ou en crédit ne seront point arrêtés par ces difficultés; mais assurément l'adoption n'existera que de nom pour la nombreuse classe des habitans de la campagne et des artisans, si l'adoption ne peut se consommer pour eux, par la seule intervention de magistrats locaux ou placés à peu de distance.

Telles sont les considérations qui, dans la section, ont frappé ceux même qui, partisans de l'adoption comme *institution civile*, n'ont point trouvé cet objet rempli par le projet, et qui, n'espérant pas qu'on revienne sur des points aussi capitaux et aussi longuement discutés, ont renoncé, quoiqu'à regret, à une institution qui, ainsi organisée, présenterait plus d'inconvéniens que d'avantages.

Le Premier Consul demande quel a été, sur l'adoption, le sentiment des tribunaux d'appel.

M. Berlier dit que l'adoption n'ayant pas été proposée par les rédacteurs du projet de Code civil, les tribunaux n'ont pu s'expliquer sur cette institution. Ils se sont donc bornés à demander une loi qui fixât le sort des individus actuellement adoptés sur la foi des décrets.

M. Tronchet ne croit pas que le principe de l'adoption ait été décrété: mais, dit-il, l'humanité réclame le maintien des adoptions faites de bonne foi dans la supposition de la loi promise.

M. Berlier, pour justifier que le principe de l'adoption a été décrété, produit la série des actes intervenus sur cette matière.

ADOPTION.

18 Janvier 1792. — *L'Assemblée nationale décrète que son comité de législation comprendra dans son plan général des lois civiles, celles relatives à l'adoption.*

25 Janvier 1793. — *La Convention nationale adopte, au nom de la patrie, la fille de* Michel Lepelletier, *et elle charge son comité de législation de lui présenter très-incessamment un rapport sur les lois de l'adoption.*

Constitution de 1793. — *Tout homme qui..... adopte un enfant, est admis à l'exercice des droits de citoyen français.*

16 Frimaire an 3. — Décret *qui valide une apposition de scellés requise pour la conservation des droits d'un adopté, et porte que jusqu'à ce qu'il ait été statué par la Convention nationale sur les effets des adoptions faites antérieurement à la promulgation du Code civil, les juges de paix devront, s'ils en sont requis par les parties intéressées, lever les scellés, pour la vente du mobilier être faite après inventaire, sur l'avis d'une assemblée de parens, sauf le dépôt jusqu'au règlement des droits des parties.*

Arrêté du 19 Floréal an 8. — *Relatant les actes d'adoption*, dont le modèle est au bulletin n°. 184.

Il faut ajouter à tous ces actes positifs de législation, continue M. Berlier, tous les projets de code qui ont paru depuis dix années, excepté le dernier.

Le Premier Consul dit que la transmission de nom étant le principal effet de l'adoption, c'est aussi principalement sous ce rapport qu'il importe de l'examiner.

Le Consul demande quels étaient à cet égard les principes de l'ancienne jurisprudence.

M. Treilhard dit que les noms sont une propriété de famille; qu'on ne pourrait en changer arbitrairement, sans porter dans la société une grande confusion; qu'il fallait un acte du pouvoir législatif pour autoriser un changement de nom; qu'on attachait quelquefois à une libéralité la condition de la part du donataire de prendre le nom du donateur; que même, dans ce cas, il fallait un acte de la puissance publique pour sanctionner le changement; mais qu'alors les lettres patentes s'obtenaient sans difficulté.

M. Regnaud (de Saint-Jean-d'Angely) rappelle que lors de la première discussion, le principe de l'adoption a été admis par le Conseil.

Il ne s'agissait plus que de se déterminer entre les trois opinions relatives à la forme : les uns voulaient que l'adoption s'opérât par un sénatus-consulte ; d'autres par un acte du Corps législatif; d'autres enfin par l'autorité des tribunaux. Peut-être le dernier mode serait-il le meilleur, parce qu'il serait le plus facile ; mais le Conseil avait paru pencher pour le second. Or, parmi les motifs qui portent aujourd'hui la section à proposer le rejet de l'adoption, l'un des principaux est qu'elle serait entourée de trop d'embarras et de trop de difficultés, si elle ne pouvait être consommée que par un acte du Corps législatif.

Ainsi, la question est maintenant de savoir si la discussion portera de nouveau sur le principe même de l'adoption, ou seulement sur le mode qui avait paru prévaloir ; si enfin l'on se bornera à examiner laquelle des deux formes est préférable, de celle qui obligerait de recourir au Corps législatif, ou de celle qui permettrait de recourir aux tribunaux. Cette dernière serait certainement plus facile, moins dispendieuse et plus rapide.

M. BOULAY dit que l'adoption est une institution étrangère à nos mœurs, et que c'est cette considération qui a sur-tout déterminé la section à en proposer le rejet.

M. RÉAL dit que la section a plutôt rejeté le projet qui avait été présenté, que l'institution même ; mais qu'en essayant d'organiser l'adoption, la section a aperçu de grandes difficultés.

M. BIGOT-PRÉAMENEU dit que le mode d'adopter, n'est ni le seul, ni le principal motif de l'opinion embrassée par la section ; que quant à lui il a toujours été d'avis de rejeter l'adoption, tant à cause des difficultés qu'elle présente par rapport aux successions, que parce qu'elle lui semble immorale ; elle place en effet un enfant entre sa fortune et l'abandon de ses parens. Il est cependant d'autres moyens de bienfaisance qui n'exigent pas de celui qui en est l'objet le sacrifice des devoirs et des sentimens envers sa famille. Et, d'ailleurs, jamais le père adoptif ne trouvera dans celui qu'il adopte, le dévouement et la tendresse qu'on a droit d'attendre d'un enfant naturel.

M. REGNAUD (de Saint-Jean-d'Angely) répond que l'adoption présente, à la vérité, quelques difficultés par rapport aux successions, mais que ces difficultés ne sont pas insurmontables.

Au surplus, elle ne peut avoir les effets immoraux qu'on vient de lui prêter ; car loin d'obliger l'enfant adoptif à renoncer à l'affection qu'il doit à son père naturel, l'adoption lui facilite au contraire les moyens de soulager ce père dans son infortune.

ADOPTION.

Le Premier Consul dit que les opinions sont encore trop partagées pour qu'on puisse s'occuper d'un projet de loi ; que, dans l'état des choses, la discussion ne doit tomber que sur le principe.

Le système d'adoption qu'on a proposé est peut-être trop compliqué : rien ne s'oppose à ce qu'on admette un système plus simple ; mais rejeter absolument l'adoption, ce serait laisser un trop grand vide dans les lois civiles.

On a objecté qu'il est impossible de disposer de la personne d'un citoyen sans son consentement, et que le mineur est incapable de le donner.

Mais rien ne s'oppose à ce que le consentement donné par les parens à l'adoption d'un mineur ne soit que provisoire ; que le mineur conserve le droit d'accepter ou de refuser l'adoption lorsqu'il sera devenu majeur, et que l'acte définitif qui change son état soit différé jusqu'à cet époque ; que par cet acte seulement s'opère la transmission de nom ; alors il devient inutile de faire sanctionner l'adoption par un acte du Corps législatif, et l'autorité des tribunaux suffit.

M. Tronchet dit qu'il a toujours été opposé à l'adoption.

Il résume les réflexions qui déterminent son avis.

Au premier coup d'œil, dit-il, l'adoption flatte l'imagination et la sensibilité ; mais dans la réalité elle n'est plus qu'une manière de frauder la loi qui limite la faculté de disposer. Elle serait, sous ce rapport, une véritable inconséquence.

Cette institution, au surplus, n'est ni nécessaire ni même utile ; elle n'a d'autre effet que de flatter la vanité de ceux qui veulent perpétuer leur nom.

Mais il faut développer ces idées.

L'adoption est-elle nécessaire ?

Pour décider cette question, M. Tronchet examine quels sont les avantages de l'adoption, quels en sont les inconvéniens.

Les avantages qu'on prête à l'adoption, sont de consoler par l'image de la paternité, ceux qui sont privés du bonheur d'avoir des enfans.

Mais l'adoption ne sera jamais qu'une imitation très-imparfaite de la nature.

Il y a plus : elle détruira les affections qui en ont formé le lien, par cela même qu'elle en détruira l'indépendance et les convertira en devoirs. L'homme est naturellement ennemi de la contrainte ; il veut demeurer libre jusque dans les actes qui lui sont inspirés par le sentiment.

M. Tronchet passe aux inconvéniens de l'adoption. Il en aperçoit par rapport aux personnes. Il en voit également par rapport à la société.

Les personnes entre lesquelles l'adoption aura lieu seront trop souvent trompées dans leur attente.

Le père se déterminera à l'adoption plus ordinairement par haine pour ses héritiers que par bienveillance pour l'adopté.

Le père d'ailleurs se préparera souvent des regrets d'autant plus vifs qu'ils seront sans remède. Deux époux n'ont pas d'enfans : ils en trouvent un qui leur plaît; ils l'adoptent. L'un de ces époux meurt ; l'autre se remarie ; il lui survient des enfans : on peut facilement concevoir combien il regrette alors de leur avoir donné un étranger pour frère. Ce sera là qu'on verra combien l'adoption est loin d'imiter la nature. La haine s'allumera entre le père et le fils adoptif, entre celui-ci et les enfans naturels : de là des discordes qui troubleront long-tems la famille entière. On adopte beaucoup dans les campagnes, et l'adoption réussit. Pourquoi? parce qu'elle ne lie, ni l'adoptant, ni l'adopté; parce que l'un et l'autre demeurent absolument libres. Le père sait que si la reconnaissance du fils cesse, le bienfait peut cesser aussi : le fils sait que le père n'est point engagé ; cette vue le contient dans le devoir.

Au surplus, l'adoption n'est pas nécessaire à celui qui veut faire le bonheur d'un enfant.

La faculté de disposer, qui va recevoir encore plus de latitude, lui suffit. S'il veut plus, il n'est mu que par la vanité de perpétuer son nom, et de laisser à celui qui doit le porter une fortune considérable, pour le soutenir avec éclat. Une telle vanité n'est tolérable que dans le système nobiliaire.

Quant aux enfans adoptés, ils ne courent pas moins de hasards.

D'abord les regrets tardifs du père convertissent pour eux en malheur cette même adoption qui, dans l'opinion du législateur, devait devenir la source de leur félicité.

Ensuite, si l'adoption est irrévocable, l'enfant se trouve lié par un engagement auquel il n'a pas souscrit, et auquel peut-être il répugne. Si au contraire il peut, à sa majorité, secouer ce joug qui lui pèse, il lui faudra retourner dans sa famille originaire : et qu'y trouvera-t-il ? la misère; car son retour ne doit sans doute rien changer rétroactivement aux partages et aux autres dispositions sur lesquelles repose la fortune de ses frères.

Voilà

Voilà pour les personnes : mais sous le rapport de l'ordre public, l'adoption ne présente pas des inconvéniens moins graves.

L'enfant adoptif n'aura-t-il de droits que sur les biens de l'adoptant? Alors cet enfant devient dans la société un être monstrueux : il est retranché de sa famille naturelle, et cependant il n'appartient pas à sa famille adoptive.

Aura-t-il tous les droits des enfans naturels? Alors le législateur est tout à-la-fois injuste envers les parens du père adoptif, et plus libéral qu'il ne le peut ; car il ne lui appartient pas d'enlever aux citoyens la successibilité, qui est pour eux une propriété véritable dans tous les degrés auxquels elle s'étend.

Le PREMIER CONSUL dit que l'adoption est si peu une conséquence du régime nobiliaire, que c'est dans les républiques qu'elle a été principalement en usage.

D'ailleurs, les modifications proposées la mettent en harmonie avec l'ordre de choses depuis long-tems reçu en France. Elle devient une simple transmission de noms et de biens; transmission dont l'usage a toujours été fréquent, et qui jamais n'a été accusée de faire de l'adopté un être monstrueux dans l'ordre social.

Toujours aussi l'adoption a existé dans les campagnes; avec cette différence cependant que, quant au droit, elle n'y transmet pas à l'adopté le nom de l'adoptant, mais que, dans le fait, le nom demeure à l'adopté, parce que personne ne le lui conteste.

L'adoption, a-t-on dit, ne sert que la vanité.

Elle a des avantages plus réels : elle sert à se préparer pour sa vieillesse un appui et des consolations plus sûrs que ceux qu'on attendrait de collatéraux; elle sert au commerçant, au manufacturier privé d'enfans, à se créer un aide et un successeur.

La faculté de disposer ne forme pas les mêmes liens pendant la vie du testateur; après sa mort, elle ne transmet pas son nom. Cependant des motifs plus nobles que la vanité, l'affection, l'estime, le sentiment, peuvent lui faire desirer de contracter cette sorte d'alliance avec celui qu'il en a jugé digne. Elle ne change rien à nos mœurs, puisqu'elle se borne à régulariser le droit déjà existant de faire porter son nom; elle intéresse la vieillesse à élever la jeunesse, qu'en même tems elle encourage; elle prépare de bons citoyens à l'Etat; elle est un besoin pour toutes les professions.

L'objection qu'on a faite contre l'adoption des mineurs tombe, puisque les majeurs seuls pourront être adoptés.

L'adoption des majeurs n'est bizarre que quand l'adopté n'a pas été élevé par l'adoptant.

On a parlé des regrets possibles du père adoptif : ce repentir peut devenir la suite de toutes les transactions humaines. On se repent d'une aliénation, d'une donation, d'un mariage. Du moins, dans l'adoption, reste-t-il une ressource au père dont l'affection a été trompée ; c'est de réduire l'enfant adoptif à sa légitime.

On ne peut donc plus opposer à l'adoption que le désespoir des collatéraux.

Cet effet ne sera sans doute pas mis au nombre des inconvéniens : l'intérêt des collatéraux n'est rien ; et même, si on le calcule bien, on trouvera qu'il est plus ménagé par l'adoption que par une donation pure et simple des biens ; car la conformité du nom établit entre eux et l'adopté des rapports qui, dans diverses circonstances, peuvent leur être avantageux.

M. TREILHARD dit que l'adoption eût perdu beaucoup de son utilité, s'il eût fallu, pour l'opérer, recourir au Corps législatif. En effet, le Corps législatif n'est pas toujours assemblé ; il est absorbé par des intérêts généraux ; tous les citoyens ne peuvent arriver jusqu'à lui. Mais puisque l'adoption n'aura lieu qu'à l'égard des majeurs, l'intervention du Corps législatif devient inutile : on n'a plus besoin de cette sorte de garantie ; l'autorité des tribunaux est désormais suffisante. Ils vérifieront si tous les consentemens nécessaires ont été donnés, si toutes les formes prescrites ont été observées.

On pourrait également faire sanctionner par le Gouvernement les actes d'adoption. Il est aussi accessible que les tribunaux ; jamais il n'est absent, et il lui est facile de prendre des renseignemens : mais il faudrait alors qu'il eût le droit de refuser sa sanction.

Sous cette forme, et avec les modifications qui ont été proposées, l'adoption serait utile, ne dût-elle que consoler, par l'image de la paternité, ceux qui n'ont point d'enfans.

L'inconvénient de couvrir les avantages qu'un père veut faire à ses enfans naturels n'a rien de réel. En effet, si les enfans sont reconnus, ils ne peuvent être adoptés ; s'ils ne le sont pas, leur origine est incertaine ; pourquoi d'ailleurs l'auteur de leurs jours serait-il privé de réparer en quelque manière le vice de leur naissance ?

ADOPTION.

Le consul CAMBACÉRÈS dit que les difficultés que la matière présente naissent du plan qui avait été d'abord proposé. Aujourd'hui que ce plan est abandonné, ces difficultés n'ont plus de consistance. En effet, d'après les idées développées par le premier Consul, l'adoption ne sera plus qu'un moyen légitime de transmettre son nom et sa fortune : d'où il suit qu'elle aura une grande affinité avec la faculté de disposer.

M. TRONCHET dit que l'opinion du Consul se lie à la question de savoir si la loi permettra à celui qui n'a pas d'héritiers en ligne directe, de disposer indéfiniment de ses biens. Il semble donc nécessaire d'ajourner l'adoption jusqu'à ce que cette question soit décidée.

Le droit de succéder dérive, il est vrai, de la loi positive; mais la loi doit le distribuer d'après l'ordre des affections naturelles. Le premier degré appartient, sans doute, aux enfans : cependant la nature parle aussi en faveur des frères et des sœurs, en faveur des neveux, qui sont en quelque sorte des enfans. La loi ne serait donc pas injuste, si, se réglant par la nature, elle limitait pour l'intérêt de parens aussi proches, la faculté de disposer. Ces principes ont toujours été reçus en France; ils formaient la base du système des propres. On ne doit pas regretter ce système, source éternelle de procès sur l'origine des biens; mais on peut y substituer l'obligation de réserver une portion de ses biens pour les collatéraux des premiers degrés. Tout cela, au surplus, est encore en question; et de là résulte que le tems n'est pas venu de prononcer sur l'adoption. Peut-être cette institution sera-t-elle admissible avec les modifications proposées.

Le PREMIER CONSUL dit que l'effet le plus heureux de l'adoption sera de donner des enfans à celui qui en est privé, de donner un père à des enfans devenus orphelins, de lier enfin à l'enfance la vieillesse et l'âge viril. La transmission du nom est le lien le plus naturel, en même tems qu'il est le plus fort pour former cette alliance.

Avec cet effet l'adoption appartient plus à l'état des personnes qu'à la législation sur les biens.

Au reste, il est possible de ne l'admettre que sous des conditions ; d'exiger, par exemple, qu'elle n'ait lieu qu'entre celui qui a rendu des services et celui qui en a reçu.

Ainsi les soins qu'un individu aurait pris d'un enfant en bas âge l'autoriseraient à l'adopter. Les services qu'il aurait reçus de l'adulte lui donneraient la même faculté. Il y a plus, l'adoption d'un majeur serait absurde, si elle n'avait pour motif la reconnaissance de celui qui l'adopte.

Le projet est renvoyé à la section pour préparer une rédaction conforme aux observations faites dans le cours de la discussion (1).

Séance du 12 Frimaire an 11.

(1) M. BERLIER présente une nouvelle rédaction du titre de l'adoption; elle est ainsi conçue :

ART. Ier. *L'adoption aura lieu dans deux cas ; l'un en faveur d'enfans auxquels l'adoptant aura rendu des services durant leur minorité ; l'autre en faveur d'individus, même majeurs, dont l'adoptant aura lui-même reçu d'importans services.*

DE L'ADOPTION DES ENFANS AUXQUELS L'ADOPTANT AURA RENDU DES SERVICES DURANT LEUR MINORITÉ.

II. *Tout individu de l'un ou de l'autre sexe, qui, avant d'adopter un enfant, voudra se l'attacher par des liens authentiques, déclarera au juge de paix du domicile de cet enfant, l'intention où il est de l'adopter, et se soumettra dès ce moment à le recevoir et garder jusqu'à sa majorité, pour en prendre soin et le traiter en bon père de famille.*

Le même acte contiendra la soumission de payer au mineur une somme déterminée, à titre d'indemnité, si, à l'époque de sa majorité, l'adoption n'a point lieu.

III. *Les déclaration et soumission énoncées dans l'article précédent, devront être acceptées au nom de l'enfant par ses père et mère ou par le survivant d'entr'eux ; ou, à leur défaut, par un tuteur muni de l'autorisation du conseil de famille ; ou enfin, si l'enfant n'a pas de parens connus, par les administrateurs de l'hospice où il aura été recueilli, ou par la municipalité du lieu de sa résidence.*

Après cette acceptation, l'enfant sera remis à la personne qui se propose de l'adopter, et qui, à dater de ce jour, exercera sur lui l'autorité paternelle.

IV. *Le mineur dont il est parlé aux précédens articles, devra être âgé de moins de dix-huit ans, lors des actes préliminaires de l'adoption.*

Lorsqu'il sera devenu majeur, s'il accepte l'adoption, et que l'adoptant y persévère, le contrat d'adoption sera dressé par le juge de paix, et ne sera néanmoins valable qu'après qu'on aura rempli les formalités dont il sera parlé ci-après.

V. *On pourra adopter, même sans les préliminaires ci-dessus, tout individu qu'on aura recueilli mineur, et auquel on aura donné des soins continués pendant six années au moins.*

A la majorité de ce dernier, et après l'expiration desdites six années de soins, le contrat d'adoption sera passé en la forme indiquée par l'article IV.

VI. *Tout contrat d'adoption sera transmis au commissaire du Gouvernement près le tribunal de première instance, et soumis à l'homologation de ce tribunal.*

VII. *Le tribunal, réuni dans la chambre du conseil, et après s'être procuré les renseignemens convenables, examinera 1°. si toutes les conditions de la loi sont remplies ; 2°. si la personne qui se propose d'adopter, jouit d'une réputation honnête ; 3°. quelle a été sa conduite envers l'enfant.*

Après avoir entendu le commissaire du Gouvernement, et sans aucune autre forme de procédure, le tribunal prononcera, sans énoncer de motifs, en ces termes : Il y a lieu ou il n'y a pas lieu à l'adoption.

ADOPTION.

CHAPITRE PREMIER.

DE L'ADOPTION.

SECTION PREMIERE.

DE L'ADOPTION ET DE SES EFFETS.

343. L'adoption n'est permise qu'aux personnes de l'un ou de l'autre sexe, âgées de plus de cinquante ans,

---

VIII. *Le jugement du tribunal de première instance sera, de plein droit, soumis au tribunal d'appel, qui instruira dans les mêmes formes que le tribunal de première instance, et prononcera, sans énoncer de motifs : Le jugement est confirmé, ou le jugement est réformé, et en conséquence, il y a lieu ou il n'y a pas lieu à l'adoption.*

L'adoption ne sera parfaite que du jour du jugement rendu par le tribunal d'appel, et l'inscription de l'adoption sur les registres de l'état civil, n'aura lieu qu'à la vue d'une expédition en forme de ce jugement.

DE L'ADOPTION DES INDIVIDUS DONT L'ADOPTANT LUI-MÊME AURAIT REÇU D'IMPORTANS SERVICES.

IX. *Tout individu qui aura rendu à un autre individu d'importans services, tels que de lui avoir sauvé la vie, l'honneur ou la fortune, pourra être par lui adopté, sans autre condition que celle d'être moins âgé que l'adoptant.*

X. *Si l'individu qui aura rendu les services exprimés dans l'article précédent, est mineur, et que celui qui les aura reçus veuille se l'attacher avant la majorité par les actes préliminaires énoncés aux articles II et III, il y sera pourvu conformément à ces articles.*

S'il est majeur, le contrat d'adoption pourra être immédiatement passé devant le juge de paix.

Dans l'un et l'autre cas, l'instruction et le jugement de l'adoption suivront les formes établies par les articles VII et VIII.

XI. *Les tribunaux vérifieront, outre la moralité de l'adoptant, 1°. si les services articulés sont vrais; 2°. s'ils sont de la nature de ceux exigés par l'article IX.*

DISPOSITIONS COMMUNES A TOUS LES CAS D'ADOPTION.

XII. *Nul individu de l'un ou l'autre sexe ne peut adopter ni même faire la déclaration exprimée dans l'article II, 1°. s'il a des enfans ou descendans légitimes; 2°. s'il n'est âgé de quarante-cinq ans au moins.*

qui n'auront à l'époque de l'adoption, ni enfans, ni descendans légitimes, et qui auront au moins quinze ans de plus que les individus qu'elles se proposent d'adopter (1).

Séance du 18 Frimaire an 11.

XII. *Nul individu de l'un ou l'autre sexe ne peut adopter, ni être admis à la tutelle officieuse, 1°. s'il a des enfans ou descendans légitimes; 2°. s'il n'est âgé de 45 ans au moins.*

Cet article fut adopté sans discussion, et néanmoins reproduit en ces termes à la même séance :

L'adoption n'est permise qu'aux personnes de l'un ou l'autre sexe, qui seront âgées de plus de 50 ans, et qui n'auront, à l'époque de l'adoption, ni enfans, ni descendans légitimes.

Séance du 5 Ventose an 11.

M. BERLIER, d'après la conférence tenue avec le Tribunat, dit qu'il croit devoir fixer l'attention du Conseil sur deux points à l'égard desquels le Tribunat est en dissentiment avec le Conseil.

D'abord, aux diverses conditions imposées à celui qui veut adopter, le Tribunat propose d'ajouter celle d'*être* ou d'*avoir été marié*. Il motive

---

XIII. *Le même individu ne pourra être adopté par plusieurs personnes, si ce n'est par deux époux.*

L'un des époux pourra adopter séparément avec le consentement de l'autre; le tout sans déroger aux conditions de l'article XII.

XIV. *Les effets de l'adoption consisteront à conférer le nom de l'adoptant à l'adopté, en l'ajoutant au sien propre, et à donner à l'adopté, sur la succession de l'adoptant, les mêmes droits que ceux qu'y aurait l'enfant né en mariage, même quand il y aurait d'autres enfans de cette dernière qualité, existant lors du décès de l'adoptant.*

XV. *Si l'adopté meurt sans descendans légitimes, l'adoptant ou ses descendans succéderont aux biens venant de l'adoptant, dans l'état où ils se trouveront; le surplus de la succession appartiendra aux propres parens de l'adopté.*

XVI. *Si du vivant de l'adoptant, et après le décès de l'adopté, les enfans ou descendans laissés par celui-ci, mouraient eux-mêmes sans postérité, l'adoptant succédera aux biens venant de lui, comme il est dit en l'article précédent; mais ce droit sera inhérent à la personne, et non transmissible à ses héritiers.*

(De ce projet, l'article second fut seul discuté, et par suite des débats auxquels il donna lieu, tout le titre fut renvoyé à la section pour le revoir, d'après les observations qui avaient été faites. Cette discussion se trouve placée sous l'article 369, auquel elle se rapporte).

(1) L'enfant doit-il être né, ou suffit-il qu'il soit conçu; ou seulement qu'il ait pu l'être au moment de l'adoption, pour enlever à ses père et mère la faculté d'adopter ?

cette proposition sur la crainte que la faculté d'adopter, isolée de cette condition, n'éloigne du mariage.

M. Berlier observe que la faculté d'adopter, n'a lieu qu'à cinquante ans, et que les mariages qui se font à cet âge sont peu dans l'intérêt de la société.

C'est peut connaître d'ailleurs le cœur humain, que de croire que la faculté d'adopter un jour, encouragera le célibat, même à l'âge où l'ordre social invite au mariage : la nature veille ici pour la société ; et de même qu'on aime mieux ses enfans que ceux d'autrui, de même le mariage ne recevra aucune atteinte de l'adoption.

Pourquoi donc enlever cette consolation à des hommes qui ne se seront souvent interdit le mariage, que parce que des infirmités les auront avertis que cet état ne leur convient pas ?

Le Tribunat a proposé, en second lieu, de *dispenser l'oncle, vis-à-vis de son neveu, des soins préalables exigés de l'adoptant en général.*

Mais outre que cette proposition a paru contraire aux principes adoptés par le Conseil, il serait à craindre que l'adoption pratiquée envers un neveu, sans la condition qui la rend favorable, ne devînt qu'un moyen mal déguisé de priver d'autres neveux ou nièces de la petite part qu'ils auraient à la succession de leur oncle.

La section pense que les deux amendemens proposés doivent être rejetés.

Le CONSEIL persiste dans sa première délibération. (Les changemens faits ont eu lieu sans discussion).

344. Nul ne peut être adopté par plusieurs, si ce n'est par deux époux.

Hors le cas de l'article 366, nul époux ne peut adopter qu'avec le consentement de l'autre conjoint (1).

---

(1) L'orateur du Gouvernement, dans l'exposé des motifs du titre de l'adoption, présenté au Corps législatif, a dit, en parlant du consentement de l'époux non adoptant requis par cet article :

« Ce consentement, essentiel en pareil cas, placera l'adopté vis-à-vis de l'époux non
» adoptant, dans une position à-peu-près semblable à celle où se trouve vis-à-vis d'un
» beau-père ou d'une belle-mère, l'enfant né d'un autre mariage, mais avec plus d'avan-
» tage peut-être, parce qu'il n'y aura pas près de lui d'autres enfans, objets d'une
» préférence assez ordinaire de la part de celui des époux à qui ils appartiennent ».

En doit-on conclure que si l'époux dont le consentement est requis, avait des enfans

Séance du 18 Frimaire an 11.

XIII. *Le même individu ne pourra être adopté par plusieurs personnes, si ce n'est par deux époux.*

L'un des époux pourra adopter séparément, avec le consentement de l'autre, le tout sans déroger aux conditions de l'art. XII.

Cet article, adopté sans discussion, fut reproduit en ces termes.

Un époux ne peut adopter qu'avec le consentement de l'autre conjoint. L'adoption en commun ne peut être faite que par deux époux.

(Cet article fut adopté, les changemens faits ont eu lieu sans discussion).

345. La faculté d'adopter ne pourra être exercée qu'envers l'individu à qui l'on aura, dans sa minorité et pendant six ans au moins, fourni des secours et donné des soins non interrompus, ou envers celui qui aurait sauvé la vie à l'adoptant, soit dans un combat, soit en le retirant des flammes ou des flots.

Il suffira dans ce deuxième cas, que l'adoptant soit majeur, plus âgé que l'adopté, sans enfans ni descendans légitimes ; et, s'il est marié, que son conjoint consente à l'adoption (1).

---

d'un précédent mariage, il ne pourrait pas consentir à l'adoption que voudrait faire son conjoint, et que celui-ci par conséquent ne pourrait pas adopter ?

(1) Les deux articles 343 et 345 s'expriment d'une manière générale et absolue.

Un citoyen qui aurait rempli envers son frère ou sa sœur les conditions requises par ces articles, ou qui devrait la vie à l'un d'eux, pourrait-il lui conférer l'adoption ?

On a soumis à la cour d'appel de Paris les questions de savoir,

1°. Si on peut adopter son enfant naturel non reconnu ?

2°. Si la reconnaissance postérieure fait évanouir l'adoption, ou bien si c'est sa reconnaissance qui doit être considérée comme nulle ?

Arrêt du 11 ventôse an 12, qui décide l'affirmative de la première question, et sur la seconde, que la reconnaissance postérieure à l'adoption est nulle, attendu que le père putatif n'a pu, par sa reconnaissance, enlever à l'enfant, contre sa volonté, l'état et les droits que l'adoption lui assurait.

L'enfant naturel que sa mère a fait inscrire sous son nom sur les registres de l'état civil, peut-il être adopté par elle ?

Arrêt de la cour d'appel de Paris, du 15 germinal an 12, qui, en infirmant un jugement du tribunal de première instance de la même ville, décide la négative.

I. *L'adoption*

I. *L'adoption aura lieu dans deux cas : l'un en faveur d'enfans auxquels l'adoptant aura rendu des services durant leur minorité, l'autre en faveur d'individus, même majeurs, dont l'adoptant aura lui-même reçu d'importans services.*

II. *Tout individu qui aura été recueilli mineur, et auquel on aura donné des soins continus pendant six années au moins, pourra, à sa majorité, et après l'expiration desdites six années, être adopté par la personne qui aura pris soin de lui.*

Le Consul CAMBACÉRÈS dit sur l'article II, que celui qui se charge d'un enfant, fait pour lui plus que ce qu'on entend communément par cette expression, rendre des services : on pourrait donc réserver cette locution pour la deuxième partie de l'article, et dire dans la première : *celui qui aura pris soin d'un enfant et rempli envers lui les devoirs de paternité*, etc.

L'article est adopté avec cet amendement, et renvoyé à la section pour la rédaction.

IX. *Tout individu qui aura rendu à un autre individu d'importans services, tels que de lui avoir sauvé la vie, l'honneur ou la fortune, pourra être par lui adopté, sans autre condition que celle d'être moins âgé que l'adoptant.*

M. LACUÉE demande s'il sera permis à un individu d'adopter le fils de celui qui lui aura sauvé la vie.

M. BERLIER répond qu'il peut employer le moyen de la tutelle officieuse.

M. TRONCHET trouve l'article trop vague. D'abord il ne prononce pas sur la distance d'âge qui devra exister entre l'adoptant et l'adopté, dans le cas de services rendus. Un homme de soixante-dix ans pourra-t-il en adopter un de soixante-neuf? Ensuite il sera nécessaire d'expliquer ce qu'il faut entendre par *service important*. On n'ignore point que les lois anciennes déclaraient incapables de recevoir des legs, ceux qui, à raison de leur rapport avec le testateur, pouvaient influencer sa volonté, comme étaient son médecin, son avocat, son confesseur. Cette précaution si sage paraît devoir s'appliquer à l'adoption, pour empêcher qu'elle ne devienne un moyen de pactiser.

Peut-être, en général, serait-il plus prudent de ne point étendre, par des voies indirectes, la faculté de disposer, avant d'avoir réglé la matière des successions et des donations. On doit mettre encore plus de soin à prévenir les abus, puisque la réserve des propres est abolie.

D'ailleurs, pourquoi permettre l'adoption d'un majeur? Elle n'est naturelle qu'à l'égard des enfans, parce qu'ils donnent des espérances.

M. TREILHARD appuie l'explication proposée par M. Tronchet. Il faudrait, dit-il, réduire l'adoption pour services rendus à celui qui aurait sauvé la vie à l'adoptant dans un combat.

L'article est adopté avec cet amendement.

(Dans la même séance, les dispositions de ces trois articles sont reproduites en ces termes:)

La faculté d'adopter ne pourra être exercée qu'envers l'individu à qui l'on aura, dans sa minorité et pendant six ans au moins, fourni des secours et donné des soins non interrompus;

Ou envers l'individu moins âgé que l'adoptant, qui aurait sauvé la vie à ce dernier, soit dans un combat, soit en le retirant des flammes ou des flots.

(Les autres changemens que présente le texte ont eu lieu sans discussion) (1).

346. L'adoption ne pourra, en aucun cas, avoir lieu avant la majorité de l'adopté (2). Si l'adopté, ayant encore ses père et mère, où l'un des deux, n'a point accompli sa vingt-cinquième année, il sera tenu de rapporter le

---

(1) Ce projet présentait encore deux articles analogues à l'article 345 du texte; ils étaient ainsi conçus;

X. *Si l'individu qui aura rendu les services exprimés dans l'article précédent, est mineur, et que celui qui les aura reçus veuille se l'attacher, avant la majorité, par une tutelle officieuse, il y sera pourvu conformément à l'article III, et les effets en seront les mêmes que ceux exprimés aux articles IV et V.*

S'il est majeur, le contrat d'adoption pourra être immédiatement passé devant le juge de paix.

Dans l'un et l'autre cas, l'exécution et le jugement de l'adoption suivront les formalités établies par les articles VII et VIII.

XI. *Les tribunaux vérifieront, outre la moralité de l'adoptant,* 1°. *si les services articulés sont vrais;* 2°. *s'ils sont de la nature de ceux exigés par l'article IX.*

Ils furent l'un et l'autre adoptés sans discussion, et ont été fondus dans la masse des dispositions du titre.

(2) Malgré la disposition absolue de cet article, ne résulte-t-il pas de l'article 345, qu'un mineur pourrait être adopté par un majeur auquel il aurait sauvé la vie, soit dans un combat, soit en le retirant des flammes ou des flots?

consentement donné à l'adoption par ses père et mère, ou par le survivant; et s'il est majeur de vingt-cinq ans, de requérir leur conseil.

(Cet article, qui n'avait point d'analogue dans le projet, fut adopté sans discussion lors de la rédaction définitive).

347. L'adoption conférera le nom de l'adoptant à l'adopté, en l'ajoutant au nom propre de ce dernier.

(Cet article est formé du XIVe. du projet. Voyez sous l'article 350).

348. L'adopté restera dans sa famille naturelle, et y conservera tous ses droits : néanmoins le mariage est prohibé entre l'adoptant, l'adopté et ses descendans;
Entre les enfans adoptifs du même individu;
Entre l'adopté et les enfans qui pourraient survenir à l'adoptant;
Entre l'adopté et le conjoint de l'adoptant, et réciproquement entre l'adoptant et le conjoint de l'adopté.

(Cet article a été ajouté et adopté sans discussion, après la conférence tenue avec le Tribunat).

349. L'obligation naturelle, qui continuera d'exister entre l'adopté et ses père et mère, de se fournir des alimens dans les cas déterminés par la loi, sera considérée comme commune à l'adoptant et à l'adopté, l'un envers l'autre.

(Cet article fut ajouté et adopté sans discussion, après la conférence tenue avec le Tribunat).

350. L'adopté n'acquerra aucun droit de successibilité sur les biens des parens de l'adoptant; mais il aura sur la succession de l'adoptant les mêmes droits que ceux qu'y aurait l'enfant né en mariage, même quand il y

aurait d'autres enfans de cette dernière qualité nés depuis l'adoption (1) (2).

XIV. *Les effets de l'adoption consisteront à conférer le nom de l'adoptant à l'adopté, en l'ajoutant au sien propre, et à donner à l'adopté, sur la succession de l'adoptant, les mêmes droits que ceux qu'y aurait l'enfant né en mariage, même quand il y aurait d'autres enfans de cette dernière qualité existans lors du décès de l'adoptant.*

(Cet article fut adopté, et les changemens qu'offre le texte ont eu lieu sans discussion).

351. Si l'adopté meurt sans descendans légitimes, les choses données par l'adoptant, ou recueillies dans sa succession, et qui existeront en nature lors du décès de l'adopté, retourneront à l'adoptant ou à ses descendans, à la charge de contribuer aux dettes, et sans préjudice des droits des tiers.

Le surplus des biens de l'adopté appartiendra à ses propres parens ; et ceux-ci excluront toujours, pour les objets même spécifiés au présent article, tous héritiers de l'adoptant autres que ses descendans.

XV. *Si l'adopté meurt sans descendans légitimes, l'adoptant ou ses descendans succéderont aux choses données par l'adoptant, et qui existeront en nature lors du décès de l'adopté.*

Le surplus de la succession de l'adopté appartiendra à ses propres parens, et ceux-ci excluront toujours, pour les objets, même spécifiés au présent article, tous héritiers de l'adoptant, autres que ses descendans.

(Cet article fut adopté, et les changemens que présente le texte ont eu lieu sans discussion).

352. Si du vivant de l'adoptant, et après le décès de

---

(1) L'adoption confère-t-elle à l'étranger qui, en France, ne jouit point des droits civils, l'exercice du droit de successibilité, avant qu'il ait rempli les conditions requises par l'article III de la constitution, pour devenir citoyen français, ou qu'il ait acquis d'une manière quelconque la jouissance des droits civils ?

(2) Le fils de l'adopté exerce-t-il les droits de son auteur prédécédé, sur la succession postérieurement ouverte du père adoptif ?

l'adopté, les enfans ou descendans laissés par celui-ci mouraient eux-mêmes sans postérité, l'adoptant succédera aux choses par lui données, comme il est dit en l'article précédent; mais ce droit sera inhérent à la personne de l'adoptant, et non transmissible à ses héritiers, même en ligne descendante.

(Cet article est le même que le XVIe. du projet, à cela près que celui-ci ne contenait pas ces derniers mots : *même en ligne descendante.*)

M. TREILHARD dit que l'esprit de cet article est de distinguer les biens que l'adopté tient de l'adoptant, de ceux que l'adopté tient de son industrie, de transmettre ces derniers à sa famille, et de faire retourner les autres dans la famille du père adoptif.

M. BÉRENGER dit que cet article semble contrarier le principe admis par le Conseil, et d'après lequel l'adoption n'est plus un changement de famille, mais une simple donation accompagnée de conditions et de formalités particulières. Ce principe semble exiger que tous les biens de l'adopté, quelle qu'en soit l'origine, passent à ses héritiers naturels.

M. BERLIER observe qu'une telle disposition ôterait à l'adoptant lui-même le droit de retour.

M. BÉRENGER répond que le droit de l'adoptant doit sans doute être conservé, mais qu'aussi il doit mourir avec lui.

L'art. est adopté avec cet amendement.

SECTION II.

DES FORMES DE L'ADOPTION.

353. La personne qui se proposera d'adopter, et celle qui voudra être adoptée, se présenteront devant le juge de paix du domicile de l'adoptant, pour y passer acte de leur consentement respectif.

354. Une expédition de cet acte sera remise, dans les dix jours suivans, par la partie la plus diligente, au

commissaire du gouvernement près le tribunal de première instance dans le ressort duquel se trouvera le domicile de l'adoptant, pour être soumis à l'homologation de ce tribunal.

(Voy. sous l'art. 368, l'art. VI qui fut adopté sans discussion.)

355. Le tribunal, réuni en la chambre du conseil, et après s'être procuré les renseignemens convenables, vérifiera, 1°. si toutes les conditions de la loi sont remplies ; 2°. si la personne qui se propose d'adopter, jouit d'une bonne réputation.

356. Après avoir entendu le commissaire du gouvernement, et sans aucune autre forme de procédure, le tribunal prononcera, sans énoncer de motifs, en ces termes : *Il y a lieu, ou il n'y a pas lieu à l'adoption.*

VII. *Le tribunal, réuni dans la chambre du conseil, et après s'être procuré les renseignemens convenables, examinera, 1°. si toutes les conditions de la loi sont remplies; 2°. si la personne qui se propose d'adopter, jouit d'une réputation honnête; 3°. quelle a été sa conduite envers l'enfant.*

Après avoir entendu le commissaire du Gouvernement, et sans aucune autre forme de procédure, le tribunal prononcera, sans énoncer de motifs, en ces termes : Il y a lieu *ou* il n'y a pas lieu à l'adoption.

(Cet art. fut adopté et divisé sans discussion.)

357. Dans le mois qui suivra le jugement du tribunal de première instance, ce jugement sera, sur les poursuites de la partie la plus diligente, soumis au tribunal d'appel, qui instruira dans les mêmes formes que le tribunal de première instance, et prononcera, sans énoncer de motifs : *Le jugement est confirmé, ou le jugement est réformé; en conséquence, il y a lieu, ou il n'y a pas lieu à l'adoption.*

(Cet art. est formé du paragraphe 1er. de l'art. VIII. Voy. l'art. 360).

358. Tout jugement du tribunal d'appel qui admettra une adoption, sera prononcé à l'audience, et affiché en tel lieu et en tel nombre d'exemplaires que le tribunal jugera convenable.

(Cet article est le produit de la discussion qui a eu lieu sur l'art. VIII. Voyez l'article 360).

359. Dans les trois mois qui suivront ce jugement, l'adoption sera inscrite, à la réquisition de l'une ou de l'autre des parties, sur le registre de l'état civil du lieu où l'adoptant sera domicilié.

Cette inscription n'aura lieu que sur le vu d'une expédition, en forme, du jugement du Tribunal d'appel; et l'adoption restera sans effet si elle n'a été inscrite dans ce délai.

(Le paragraphe second de l'article VIII a donné lieu à cet article. Voy. l'article 360).

360. Si l'adoptant venait à mourir après que l'acte constatant la volonté de former le contrat d'adoption a été reçu par le juge de paix et porté devant les tribunaux, et avant que ceux-ci eussent définitivement prononcé, l'instruction sera continuée, et l'adoption admise, s'il y a lieu.

Les héritiers de l'adoptant pourront, s'ils croient l'adoption inadmissible, remettre au commissaire du gouvernement tous mémoires et observations à ce sujet.

VIII. *Le jugement du tribunal de première instance sera, de plein droit, soumis au tribunal d'appel, qui instruira dans les mêmes formes que le tribunal de première instance, et prononcera, sans énoncer de motifs :* Le jugement est confirmé, *ou* le jugement est réformé ; *et en conséquence il y a lieu ou il n'y a pas lieu à l'adoption.*

L'adoption ne sera parfaite que du jour du jugement rendu par le tribunal d'appel; et l'inscription de l'adoption sur les registres de l'état civil, n'aura lieu qu'à la vue d'une expédition en forme de ce jugement.

M. Maleville dit que le mode de procéder en secret ne permet pas aux parens de l'adoptant de faire valoir leurs réclamations.

M. Berlier dit que ce n'est pas ici un droit de collatéraux, et que la question ne peut s'élever par rapport aux enfans, puisque l'adoption n'est permise qu'à ceux qui n'en ont pas.

Au surplus le secret de la procédure, utile en ce qu'un examen de moralité ne doit pas avoir lieu sous les yeux du public, ne peut ici donner lieu à aucune surprise quand les choses se passent dans la localité même où l'enfant a reçu des soins, après une première déclaration devant le juge de paix, et sous l'inspection du commissaire du Gouvernement.

M. Boulay observe qu'un citoyen qui n'est pas marié au moment où il se charge de la tutelle officieuse, peut ensuite devenir époux et père, et que ses enfans ont le droit de s'opposer à ce que l'adoption soit consommée.

Le consul Cambacérès dit qu'en effet ce cas doit être prévu; qu'il est donc indispensable de donner assez de publicité à la procédure, pour que les enfans soient avertis de l'adoption.

A l'égard des collatéraux, leurs réclamations ne doivent être écoutées que dans l'hypothèse où l'adoptant aurait perdu la raison.

M. Berlier dit que ce dernier cas n'a pas besoin d'être prévu, parce que le droit commun est là pour arrêter les effets de la démence; et que pour les autres cas, il semble à l'opinant qu'il existe assez de formalités pour donner l'éveil aux parties intéressées à contester l'adoption, et qui peuvent remettre des mémoires aux magistrats chargés du ministère public.

Le consul Cambacérès propose de décider que les adoptions ne pourront être faites qu'au domicile de l'adoptant, et de renvoyer les détails au code judiciaire.

M. Maleville persiste à penser que la procédure doit être publique.

Il voudrait cependant que les parens ne fussent pas admis à critiquer l'adoption, quand elle tombe sur un enfant dont l'adoptant a pris soin; mais qu'il leur fût permis de contester l'accomplissement des conditions, lorsque l'adoption aurait pour motifs des services reçus; sans quoi, sur l'allégation seule de ces services, que les parens n'auront pas droit de contester, ils seront toujours exposés à être privés de la quotité de biens que la loi leur réserve dans la succession de celui qui veut adopter.

Le Consul Cambacérès

Le Consul Cambacérès pense qu'il est impossible d'admettre des collatéraux à empêcher un citoyen d'adopter celui qui lui a sauvé la vie : ce serait supposer qu'ils ont des droits acquis sur les biens de l'adoptant.

Le Conseil adopte l'amendement, que les adoptions ne pourront être faites qu'au domicile de l'adoptant.

M. Tronchet demande si l'adoption sera réputée consommée aussitôt après le jugement, ou seulement depuis l'inscription de ce jugement.

M. Berlier dit que pour l'adoption sur-tout qui suit une tutelle officieuse, il ne faut pas craindre d'attribuer de prompts effets, attendu qu'il est beaucoup de circonstances où les délais pourraient nuire à l'adopté, ne fût-ce que le cas où l'adoptant viendrait à mourir.

M. Treilhard propose d'exprimer que l'adoption est parfaite du jour du jugement, à la charge de l'inscription qui devra avoir lieu dans un délai déterminé.

M. Réal dit qu'il faut pourvoir également au cas où le père adoptif viendrait à mourir entre le jugement de première instance et le jugement d'appel; alors les démarches qu'il a faites doivent avoir la même force que son vœu testamentaire.

M. Berlier propose de donner à l'adoption son effet depuis la comparution devant le juge de paix.

L'article est adopté avec ces amendemens.

CHAPITRE II.

DE LA TUTELLE OFFICIEUSE.

361. Tout individu âgé de plus de cinquante ans, et sans enfans ni descendans légitimes, qui voudra, durant la minorité d'un individu, se l'attacher par un titre légal, pourra devenir son tuteur officieux, en obtenant le consentement des père et mère de l'enfant, ou du survivant d'entr'eux, ou, à leur défaut, d'un conseil de famille, ou enfin, si l'enfant n'a point de parens connus, en obtenant le consentement des administrateurs de l'hospice où il aura été recueilli, ou de la municipalité du lieu de sa résidence.

III. *Celui qui voudra, durant la minorité d'un individu, se l'attacher par un titre légal, pourra devenir son tuteur officieux, en obtenant le consentement des père et mère de l'enfant, ou du survivant d'entre eux, ou, à leur défaut, du tuteur ordinaire muni de l'autorisation d'un conseil de famille ; ou enfin, si l'enfant n'a point de parens connus, en obtenant le consentement des administrateurs de l'hospice où il aura été recueilli, ou de la municipalité du lieu de sa résidence.*

Il en sera dressé procès-verbal par le juge-de-paix, et l'enfant sera immédiatement remis à son tuteur officieux.

M. BOULAY pense que le tuteur officieux doit aussi remplir les fonctions de tuteur ordinaire.

M. BÉRENGER dit qu'en effet il peut, dans la suite, échoir des successions à l'enfant qui est actuellement sans fortune ; qu'alors on douterait par qui ses biens doivent être administrés ; qu'ainsi, pour prévenir les incertitudes, il est utile que la loi s'explique.

Le consul CAMBACÉRÈS dit que la tutelle officieuse, est une tutelle véritable, qu'elle doit donc donner à la personne qui la gère, l'administration de la personne et des biens du mineur. Celui qui s'est chargé d'un enfant sans fortune, inspire nécessairement assez de confiance pour qu'on puisse lui remettre l'administration des biens qui surviennent à cet enfant.

M. BERLIER dit que cette proposition est juste ; mais qu'en l'admettant, il importe aussi de statuer que le tuteur officieux ne pourra, comme l'aurait pu le tuteur ordinaire, imputer les dépenses d'éducation sur les revenus du pupille ; sans quoi cette tutelle spéciale n'aurait plus rien d'officieux, et ne serait plus un bienfait.

L'art. est adopté avec ces amendemens. (Ils ont formé l'art. 365.)

362. **Un époux ne peut devenir tuteur officieux qu'avec le consentement de l'autre conjoint.**

(Cet article, qui n'était pas dans le projet, a été ajouté après la conférence avec le Tribunat, et adopté sans discussion).

363. **Le juge de paix du domicile de l'enfant dressera procès-verbal des demandes et consentemens relatifs à la tutelle officieuse.**

(Cet article est formé du dernier paragraphe de l'article III. Voyez sous l'article 361).

364. Cette tutelle ne pourra avoir lieu qu'au profit d'enfans âgés de moins de quinze ans.

Elle emportera avec soi, sans préjudice de toutes stipulations particulières, l'obligation de nourrir le pupille, de l'élever, de le mettre en état de gagner sa vie.

IV. *La tutelle officieuse ne pourra avoir lieu qu'au profit d'enfans âgés de moins de quinze ans.*

Elle emportera avec soi l'obligation de nourrir et élever le pupille, et de lui rendre tous les soins d'un bon père de famille, jusqu'à ce que le pupille soit lui-même en état de pourvoir convenablement à son existence.

(Cet article fut adopté. Les changemens que présente le texte ont eu lieu sans discussion).

365. Si le pupille a quelque bien, et s'il était antérieurement en tutelle, l'administration de ses biens, comme celle de sa personne, passera au tuteur officieux, qui ne pourra néanmoins imputer les dépenses de l'éducation sur les revenus du pupille.

(Cet article n'était pas dans le projet; il est le résultat de la discussion qui a eu lieu sur l'article 361. Voyez cette discussion).

366. Si le tuteur officieux, après cinq ans révolus depuis la tutelle, et dans la prévoyance de son décès avant la majorité du pupille, lui confère l'adoption par acte testamentaire, cette disposition sera valable, pourvu que le tuteur officieux ne laisse point d'enfans légitimes.

367. Dans le cas où le tuteur officieux mourrait soit avant les cinq ans, soit après ce tems, sans avoir adopté son pupille, il sera fourni à celui-ci, durant sa minorité, des moyens de subsister, dont la quotité et l'espèce, s'il n'y a été antérieurement pourvu par une convention formelle, seront réglées soit amiablement entre les représentans respectifs du tuteur et du pupille, soit judiciairement en cas de contestation.

V. *Dans l'intervalle de la tutelle officieuse à la majorité du pupille, celui-ci n'aura d'autres droits que ceux exprimés dans l'article précédent, ou qui auraient été particulièrement stipulés.*

Néanmoins, si le tuteur officieux, cinq ans après la tutelle, et dans la prévoyance de son décès avant la majorité de son pupille, lui confère l'adoption par acte testamentaire, cette disposition sera valable.

S'il n'y a pas de dispositions de cette nature, et que le tuteur officieux meure avant la majorité du pupille, et sans que celui-ci ait été mis en état de gagner convenablement sa vie, il sera dû à ce pupille, durant sa minorité, des secours dont la quotité et l'espèce, s'il n'y a été antérieurement pourvu par stipulation précise du tuteur officieux lui-même, seront réglés, soit amiablement entre les représentans respectifs de ce tuteur et de son pupille, soit judiciairement en cas de contestation.

M. REGNAUD (de Saint-Jean-d'Angely) observe que l'article contrarie l'opinion adoptée par le conseil, de donner des alimens indéfinis.

M. JOLLIVET pense que le conseil a entendu n'accorder des alimens à l'enfant que jusqu'à ce qu'il fût en état de pourvoir lui-même à sa subsistance : plus on imposera de conditions aux actes de générosité, et plus on les rendra rares.

M. TREILHARD dit qu'il est certainement dû une indemnité à l'enfant dans le cas prévu par l'article. Il ne s'agit plus que de décider si la loi s'expliquera sur cette obligation, ou si elle s'en rapportera aux tribunaux.

Si la loi gardait un silence absolu, il serait à craindre que les tribunaux ne supposassent qu'elle a entendu proscrire l'action de l'enfant.

M. BIGOT-PRÉAMENEU dit que celui qui s'est chargé de l'enfant, doit le mettre en état de pourvoir à ses besoins par son travail; qu'ainsi les secours qu'il est obligé de donner ne pourront s'étendre au delà de la majorité de l'enfant. Une bonne éducation est déjà une richesse; elle ne peut soumettre ceux qui l'ont donnée à porter plus loin leur munificence : jamais un bienfait n'imposa l'obligation d'un bienfait nouveau. Si l'enfant devenu majeur prétend qu'il est hors de la règle commune, et qu'il lui est dû des dommages et intérêts, les tribunaux prononceront : mais il ne faut pas laisser subsister dans l'article le mot *convenablement*. Cette expression n'est pas exacte, et elle ferait naître une foule de questions.

M. TRONCHET dit qu'il importe de renfermer l'action de l'enfant dans un délai très-court, d'une année, par exemple, car un enfant qui après sa majorité, s'est retiré sans s'expliquer, pourrait, après un long intervalle, venir répéter une indemnité.

M. Regnaud (de Saint-Jean-d'Angely) appuie cet amendement.

M. Treilhard dit que la discussion ne porte pas sur la durée de l'action; il s'agit de l'obligation qui peut être formée pendant la minorité de l'enfant, et qui, si elle existe et si elle n'est pas exécutée, produit une action.

Il est certain qu'en général cette obligation doit être réduite aux termes que lui a donnés M. Bigot-Préameneu ; mais une conséquence nécessaire du principe avoué sera que si on a négligé l'enfant, et qu'on ne l'ait pas mis en état de gagner sa vie, on lui doit une indemnité.

M. Portalis dit qu'il importe de distinguer le tuteur officieux, qui, en prenant cette qualité, annonce le projet d'adopter, du simple bienfaiteur qui se charge d'un enfant, sans manifester d'intentions ultérieures. Il serait dangereux de soumettre ce dernier à une obligation ; ce serait décourager la bienfaisance, en lui imposant un fardeau plus pesant que celui dont elle veut ou même dont elle peut se charger.

Le consul Cambacérès dit que la discussion de l'article embrassait deux hypothèses.

La première est celle où la personne qui s'est chargée de l'enfant le laisse, en mourant, dans la minorité, et ne l'a pas adopté par son testament.

On a pensé que cet enfant devait recevoir des secours tant qu'il serait mineur. Cette opinion est juste : il ne faut pas en effet que l'enfant demeure abandonné, mais aussi il ne lui est dû que des secours, c'est-à-dire, ce qui est nécessaire à ses besoins. Ainsi, quand sa famille peut l'élever, il n'est plus dans le besoin, et il ne lui est rien dû.

L'autre hypothèse est celle où le tuteur officieux refuse, à la majorité de l'enfant, de consommer l'adoption.

On a pensé qu'alors il était dû à cet enfant, non un état, mais un métier; et que si les parties ne s'accordaient pas sur ce point, les tribunaux deviendraient les arbitres de l'indemnité. Il faut au surplus que l'action résultant de cette obligation se prescrive par un laps de tems fort court.

L'article est adopté avec ces amendemens. (Il a formé les deux articles 366 et 367.)

368. Si, à la majorité du pupille, son tuteur officieux veut l'adopter, et que le premier y consente, il sera

procédé à l'adoption selon les formes prescrites au chapitre précédent, et les effets en seront, en tous points, les mêmes.

VI. *A la majorité du pupille, l'adoption s'opérera par le consentement respectif du tuteur officieux et du pupille.*

Cette adoption, ainsi que celle résultant de l'article II, sera reçue par le juge-de-paix; et le contrat, soit de l'une, soit de l'autre, sera transmis au commissaire du Gouvernement près le tribunal de première instance, pour être soumis à l'homologation de ce tribunal.

(Cet article fut adopté, et les changemens que présente le texte ont eu lieu sans discussion).

369. Si, dans les trois mois qui suivront la majorité du pupille, les réquisitions par lui faites à son tuteur officieux, à fin d'adoption, sont restées sans effet, et que le pupille ne se trouve point en état de gagner sa vie, le tuteur officieux pourra être condamné à indemniser le pupille de l'incapacité où celui-ci pourrait se trouver de pourvoir à sa subsistance.

Cette indemnité se résoudra en secours propres à lui procurer un métier; le tout sans préjudice des stipulations qui auraient pu avoir lieu dans la prévoyance de ce cas.

(Cet article est formé de l'article II du second projet. Voy. pag. 452).

Séance du 11 Frimaire an 11.

Tout individu de l'un ou de l'autre sexe, qui, avant d'adopter un enfant, voudra se l'attacher par des liens authentiques, déclarera au juge-de-paix du domicile de cet enfant, l'intention où il est de l'adopter, et se soumettra, dès ce moment, à le recevoir et garder jusqu'à sa majorité, pour en prendre soin, et le traiter en bon père de famille.

Le même acte contiendra la soumission de payer au mineur une somme déterminée, à titre d'indemnité, si, à l'époque de sa majorité, l'adoption n'a point lieu.

M. MALEVILLE demande s'il sera dû une indemnité à l'enfant, dans le cas où, à sa majorité, l'adoption ne serait pas consommée.

M. Treilhard pense que la nécessité d'une semblable indemnité ne peut être contestée.

M. Boulay dit que du moins l'indemnité ne doit pas être accordée, lorsque c'est l'enfant devenu majeur qui renonce à l'adoption.

M. Berlier répond qu'on a cru devoir l'accorder dans tous les cas, pour empêcher que l'adoptant ne parvienne à s'y soustraire. Il pourrait, en effet, par de mauvais procédés, dégoûter l'enfant de l'adoption.

M. Treilhard rappelle au Conseil qu'il y aura deux sortes d'adoptions : l'une qui pourra avoir lieu après la majorité, et sans déclaration préalable, mais seulement comme récompense de services ; l'autre qui ne sera consommée qu'à la majorité, mais qui devra avoir été précédée d'une déclaration de l'adoptant, faite pendant la minorité de l'adopté. Il est impossible de ne pas attacher à celle-ci la perspective d'un avantage assuré par le seul effet de la déclaration, et qui soit le prix du consentement de la famille.

M. Bigot-Préameneu pense qu'il n'est aucun motif d'accorder une indemnité à l'adopté, lorsque c'est par son refus que l'adoption n'a pas lieu. Les avantages de l'adoption lui sont offerts ; il est libre de les accepter : s'il y renonce, il n'y a pas de raison de l'indemniser d'un dommage qu'il ne souffre que par le seul effet de sa volonté.

Mais, dit-on, son refus peut être déterminé par les mauvais procédés de l'adoptant.

Un tel motif sera toujours très-rare : le motif le plus ordinaire du refus de l'enfant sera son attachement pour sa famille. Ainsi, si l'on veut que les adoptions se consomment, il importe de ne pas encourager, par une indemnité, le penchant naturel des enfans à y renoncer.

M. Emmery dit qu'il peut être juste de ne pas obliger le père adoptif à payer une indemnité, quand il n'en a pas contracté l'engagement ; qu'ainsi il n'en doit point dans l'espèce de l'article V et des articles suivans. Mais il s'agit ici du cas où le père adoptif, pour déterminer le consentement de la famille, a pris l'engagement de payer une indemnité, si l'adoption n'avait pas lieu.

Le consul Cambacérès demande pourquoi l'on établirait ici une règle absolue ; pourquoi l'on donnerait tout au caprice et rien à la raison. L'adoptant, comme l'adopté, peut avoir de justes motifs pour renoncer à l'adoption. L'indemnité n'est due que quand l'adoptant ne veut pas faire connaître les motifs qui le décident à se désister : il serait donc convenable de rendre éventuelle l'obligation de l'indemnité, et de fixer les cas où elle ne pourra être réclamée.

M. BERLIER pense qu'alors la demande en dommages et intérêts devrait être soumise au jugement des tribunaux.

M. PORTALIS dit que, dans le système de la déclaration préalable, il est nécessaire de décider quel sera le sort de l'enfant adoptif, si le père meurt avant l'époque où l'adoption peut être consommée.

Le consul CAMBACÉRÈS dit que la présomption doit alors être en faveur de l'enfant.

M. REGNAUD (de Saint-Jean-d'Angely) dit que l'enfant qui a reçu, jusqu'à quinze ans, une éducation distinguée, reste exposé à tous les besoins, si tout-à-coup il se trouve réduit à vivre du travail de ses mains. Il est donc juste de laisser les tribunaux prononcer, suivant les circonstances, s'il est dû des dommages et intérêts.

M. RÉAL pense que, soit que le père adoptif meure avant l'époque de l'adoption, soit qu'après cette époque il refuse d'adopter, il est dû une indemnité à l'enfant.

M. TREILHARD observe que, comme l'enfant adoptif pourrait, à sa majorité, se refuser à l'adoption, le contrat doit établir une juste réciprocité.

Le consul CAMBACÉRÈS dit que l'adoption forme plus qu'un contrat, et que ses suites doivent être interprétées en faveur de l'enfant.

M. TREILHARD dit que la section n'a jamais prétendu qu'un citoyen dût naturellement une indemnité pour s'être chargé d'un enfant, l'avoir élevé, et s'être proposé de l'adopter à sa majorité, s'il répondait à ses bontés.

Mais comme un tel acte de bienfaisance ne peut être exercé sans le consentement de la famille, la section avait cru que le moyen de déterminer ce consentement, était de décider que l'indemnité serait due, lorsque l'adoptant changerait de volonté, soit par légéreté, soit par des motifs justes et raisonnables.

L'opinant admet cependant la distinction du consul Cambacérès, et le renvoi aux tribunaux, pour juger d'après les circonstances, si l'indemnité doit être accordée.

M. TRONCHET dit que la loi ne doit pas sanctionner, par une disposition, l'espèce de vente qu'un père ferait de son enfant, en stipulant une somme dans le cas où celui qui le prend voudrait, dans la suite,

le

le lui rendre. L'adoption doit être le résultat du sentiment, et non un marché. Que le père prenne garde de ne confier son fils qu'à un homme de bien, mais qu'il n'ait pas d'indemnité à espérer.

Il faut cependant prévoir le prédécès de l'adoptant. La loi doit établir, pour ce cas, la présomption que l'adoption eût été consommée, si l'adoptant eût vécu : elle doit aussi donner tout son effet à son vœu testamentaire.

M. Maleville dit qu'on ferait tomber beaucoup de difficultés, en retranchant la formalité de la déclaration préalable.

M. Réal dit que le père qui abandonne son fils à un étranger, sans prendre ses précautions et ses sûretés, n'est pas plus estimable que celui qui le vend. La tendresse paternelle doit prévoir qu'un enfant qui, après avoir reçu une éducation distinguée, serait réduit à chercher sa subsistance dans un travail rude et pénible, demeurerait sans ressource, et peut-être arriverait à s'en procurer par des moyens illicites. Ce serait donc trop hasarder que de se reposer sur le vœu testamentaire de l'adoptant, ne dût-on craindre même que l'événement de sa mort inopinée.

Le vœu testamentaire de l'adoptant ne doit agir sur l'adoption que négativement et pour l'exclure, et non positivement; c'est-à-dire, en ce sens qu'elle n'existe que dans le cas où le testateur a déclaré qu'il meurt dans l'intention de la consommer.

Le Premier Consul dit qu'on envisage mal la question.

L'adoption est absurde, si l'on suppose qu'elle met en présence deux pères, l'un naturel, l'autre adoptif, pour traiter ensemble d'un enfant.

L'adoption est principalement établie pour donner un père aux orphelins dans l'individu qui, n'ayant que des héritiers éloignés, veut s'attacher un enfant, en lui laissant ses biens avec son nom. Elle l'est encore pour des amis qui desirent ajouter ce nouveau lien à ceux qui les unissent déjà. Voilà les cas les plus ordinaires et les plus favorables. C'est donc embarrasser la discussion que de la faire porter sur le cas plus rare et moins favorable où des motifs d'intérêt déterminent le père à donner son fils en adoption. L'intérêt de l'enfant doit d'autant moins occuper le législateur, dans cette dernière hypothèse, que ce sont les avantages évidens que l'adoption procure à cet enfant qui déterminent le père à y consentir.

Quant à la question de savoir si l'adoption peut être réputée définitive, sans vœu testamentaire, lorsque celui qui se propose d'adopter meurt avant la majorité de l'enfant, elle paraît devoir se résoudre par la considération que, pendant la minorité de l'enfant, il n'y a ni adoption, ni adoptant, ni adopté; qu'il n'y a qu'une tutelle officieuse, un tuteur, un pupille.

M. Berlier défend d'abord le projet de la section, du reproche qui lui a été fait d'avoir principalement en vue les enfans donnés en adoption par leurs père et mère : le projet ne concerne pas plus cette espèce d'enfans que les autres ; on voit même qu'il a formellement stipulé les intérêts des orphelins en parlant de leurs tuteurs, et ceux même des enfans abandonnés, en désignant les administrations d'hospices et les municipalités comme parties légales pour les donner en adoption.

Ainsi l'objection n'est pas fondée, à moins qu'on ne veuille restreindre l'adoption aux seuls orphelins de père et de mère : mais cette idée que l'opinant aurait volontiers accueillie dès le principe de la discussion, n'a point paru être celle du Conseil; et l'on ne peut d'ailleurs se dissimuler qu'il y a de bonnes raisons pour repousser cette restriction.

Ce sera souvent, ou même toujours, un père pauvre qui donnera son enfant en adoption, et qui le fera dans la seule vue d'être utile à son enfant : l'acte qu'on regarde comme peu favorable, et comme en opposition avec la nature, sera donc souvent le résultat d'une affection profonde, et à laquelle on se livrera d'une manière qui repugnera d'autant moins à la nature, que, par le nouveau système, les liens naturels ne doivent point être rompus, et que l'adoption ne doit plus rendre l'adopté étranger aux membres de sa propre famille.

On a, continue M. Berlier, singulièrement attaqué la disposition relative à la stipulation d'indemnité dans le cas où l'adoption ne s'accomplirait point; et l'on a présenté cette stipulation comme honteuse, et introduisant une convention pécuniaire, dans un acte qui doit être tout libéral, et ne s'appuyer que sur sa force morale. Mais s'il y a de l'immoralité dans une telle stipulation, combien d'autres actes n'en sont pas empreints, et que fait-on journellement dans les contrats de mariage ?

Au reste, après avoir disculpé l'article II sous ce rapport, M. Berlier convient que cette disposition peut être amendée, sans nuire à l'institution, et même à son profit.

Ainsi, qu'il n'y ait plus d'indemnité due à la *majorité*, si l'adoption ne s'accomplit pas; fort bien : mais il reste toujours nécessaire de régler ce qui aura lieu, si l'adoptant ou *tuteur officieux* meurt avant que son pupille soit devenu majeur.

On n'a pas répondu à cette observation, en disant que le tuteur officieux pourra être autorisé à l'adopter par testament, après un certain nombre d'années; car, en premier lieu, qu'arrivera-t il si l'adoptant ou tuteur officieux meurt avant ce laps de tems.

En second lieu, la difficulté n'existe pas pour le cas où l'on voudra supposer une disposition; car, abstraction faite de toute idée d'adoption, le tuteur officieux pourra instituer son pupille dans la quotité généralement disponible : la difficulté reste donc tout entière pour le cas où l'adoptant ou tuteur officieux mourrait, sans avoir disposé durant la minorité de l'adopté.

En ce sens la stipulation serait fort morale et sur-tout très-prudente. En effet, sans cette précaution, que deviendra l'enfant, si le tuteur officieux s'en est chargé sans soumission ultérieure? Sa charge cessera avec lui et ne passera point à ses héritiers ; car dans un contrat qui ne serait relatif qu'à des soins personnels, toute obligation cessera naturellement avec la personne qui a promis de les donner.

Le parti le plus simple serait peut-être, dans l'hypothèse donnée, de lui assurer une créance sur la succession, réglée à une certaine quotité des biens qui la composeraient; ce qui pourrait se faire sans lui conférer la qualité d'héritier qui ne s'acquiert que par l'adoption parfaite.

M. Berlier ajoute que, pour éviter toutes ces difficultés, on a proposé de supprimer cette espèce d'adoption provisoire qui s'opère par la déclaration en minorité, et de s'en tenir à celle prévue par l'art. V du projet.

Ne serait-ce pas porter atteinte à l'institution, que d'anéantir le mode qui l'honore le plus? Et ne serait-ce pas un contre-sens en matière d'adoption, que d'exclure tout engagement préliminaire en minorité, quand il est question d'aider un mineur?

C'est bien assez que cette voie ne soit point absolument nécessaire, mais on ne peut l'exclure, car les familles desireront souvent, en remettant un enfant, obtenir quelque garantie, et obvier à ce qu'un simple caprice suffise pour le renvoyer d'un moment à l'autre.

En se résumant et en fixant l'attention du Conseil sur les points capitaux résultant de la discussion, M. Berlier pense qu'il convient d'examiner d'abord si l'adoption prévue par l'article V du projet est la *seule* admissible.

Si cet avis exclusif passait contre celui de l'opinant, tout finirait là: au cas contraire, et en maintenant une espèce d'adoption provisoire, il est facile d'amender la disposition qui avait pour objet d'indemniser le mineur toutes les fois que l'adoption ne deviendrait pas définitive; il est tout aussi facile de restreindre le pouvoir du tuteur officieux, et de ne pas lui conférer le plein exercice de l'autorité paternelle, si cette attribution paraît excessive. Mais il est, dans ce système, impossible de garder un silence absolu, 1°. sur les obligations qui naissent du contrat provisoire pendant la minorité; 2°. sur les droits ou secours qui appartiendront au pupille dans le cas prévu du prédécès de son tuteur officieux. M. Berlier persiste à penser que la stipulation d'indemnité serait bonne pour ce cas, ou qu'au moins il faut y pourvoir par une disposition générale.

Le consul Cambacérès dit que la discussion doit être ramenée à deux points.

Le premier est celui de l'époque où l'adoption pourra s'accomplir.

L'autre point consiste à examiner comment se fera l'adoption.

M. Cretet dit qu'à la vérité on peut s'en rapporter à la famille, lorsque l'enfant en a une; mais que l'autorité publique doit en tenir lieu à l'enfant auquel on ne connaît pas de parens. La loi pourrait donc, dans les deux cas, imposer directement au tuteur officieux la condition de nourrir et d'élever l'enfant jusqu'à sa majorité. Si le tuteur était surpris par la mort avant cette époque, l'obligation continuerait de subsister et deviendrait la mesure de l'indemnité qui serait due par ses héritiers.

Le Premier Consul pense que la subsistance jusqu'à l'âge où l'on peut pourvoir par le travail à ses besoins, est la seule indemnité à laquelle l'enfant puisse prétendre. Cet âge est quinze ou seize ans.

M. Treilhard dit que celui qui a donné à un enfant une éducation brillante et distinguée, paraît avoir contracté l'obligation de lui laisser au moins des alimens: cette jurisprudence a toujours été celle des tribunaux. Ce n'est pas par son choix que l'enfant est sorti de la simplicité de son premier état, et a été rendu incapable de travaux grossiers et pénibles. Les alimens ne peuvent donc lui être refusés, que lorsqu'il n'a reçu qu'une éducation commune et qu'on lui a fait apprendre un métier.

Le Premier Consul dit que, puisque le droit commun établit des règles à cet égard, toute disposition ultérieure est inutile.

M. Bigot-Préameneu pense que la loi ne doit ni exiger de déclaration, ni parler de contrat ; elle doit laisser agir l'affection d'un côté, la reconnaissance de l'autre. Si, dans la suite, on s'autorisait de ce silence de la loi pour contester à l'enfant les alimens qu'il avait droit d'espérer, il recourrait aux tribunaux, qui les lui adjugeraient, en s'appuyant sur le principe que les soins qu'on a pris de lui ont produit l'obligation de le nourrir jusqu'à un certain âge.

M. Maleville dit qu'il est fort douteux que les tribunaux condamnent un citoyen à fournir des alimens à un enfant jusqu'à sa majorité, par cela seul qu'il l'aurait déjà fait pendant quelque tems, mais sans aucune obligation préalable de sa part : l'essence même du bienfait est qu'il soit absolument libre, et son étendue dépend uniquement de la volonté de son auteur ; il faudrait des circonstances bien extraordinaires pour obliger les tribunaux à s'écarter de ce premier principe.

M. Regnaud (de Saint-Jean-d'Angely) voudrait que, pour prévenir toute difficulté, la loi s'expliquât formellement sur cette obligation, soit en la déterminant, soit en autorisant les tribunaux à régler l'indemnité d'après le genre d'éducation que l'enfant aurait reçu.

Le consul Cambacérès pense aussi que la loi ne doit pas livrer un enfant à la misère, parce que celui qui en a pris soin meurt avant le tems où il aurait pu l'adopter. Le principe peut être établi dans un autre titre. Le Conseil paraissant renoncer à exiger une déclaration préalable, ce ne sera plus la présomption que celui qui s'est chargé de l'enfant a voulu l'adopter, ce sera le seul fait des soins donnés qui deviendra le motif de la demande en alimens.

M. Regnaud (de Saint-Jean-d'Angely) observe que, quand on renoncerait à exiger la déclaration, il y aurait toujours néanmoins un acte préalable qui ferait présumer l'intention d'adopter ; ce serait l'acte par lequel le tuteur officieux se chargerait de la tutelle.

M. Berlier pense que, pour donner des bases plus fixes à la délibération, il est nécessaire de décider d'abord si l'on exigera la déclaration préalable comme condition nécessaire de l'adoption.

M. Boulay observe que ce serait éteindre peut-être la bienfaisance, que de la forcer à se lier.

Le Premier Consul voudrait que tout tuteur officieux fût indistinctement obligé d'élever l'enfant jusqu'à un âge déterminé ; on pourrait fixer celui de dix-huit ans. Mais l'obligation de donner des alimens ne peut devenir une condition nécessaire de la tutelle officieuse, sans qu'il en résulte de graves inconvéniens. D'abord, on placerait l'enfant dans un état d'indépendance tel, qu'il pourrait impunément ne plus garder de mesures avec son bienfaiteur. Ensuite, les alimens qu'on est forcé de lui assurer seraient une portion de la succession du tuteur officieux, et par-là la simple tutelle officieuse aurait une partie des effets de l'adoption; ce qui serait déroger au principe absolu, que l'adoption ne peut avoir lieu qu'à la majorité de l'enfant.

Le Consul ajoute qu'au surplus la majorité pour l'adoption devrait être la même que pour le mariage, et qu'alors il conviendrait de faire intervenir la famille de l'adopté à l'acte de l'adoption définitive.

M. Treilhard observe que le Conseil est divisé sur la question de l'indemnité.

Pour concilier les opinions, il propose d'obliger celui qui s'est chargé d'un enfant, à le faire élever jusqu'à dix-huit ans et à lui donner un état; et d'autoriser l'enfant, lorsqu'il n'aura pas satisfait à cette obligation, à recourir aux tribunaux, lesquels régleront, d'après les circonstances, l'indemnité qui pourra être due.

M. Thibaudeau dit que l'institution est dénaturée, si celui qui s'est chargé d'un enfant ne peut ensuite refuser de l'adopter, sans s'exposer à payer une indemnité. Il faut, en effet, que rien ne gêne la volonté du bienfaiteur, et que, jusqu'à la majorité de l'enfant, il conserve la plus entière indépendance.

D'ailleurs, l'enfant lui est remis ou par sa famille, ou, à défaut de parens, par l'autorité publique. S'il lui a été confié sans condition, alors on s'en est rapporté à lui: si on lui a fait des conditions, tout est réglé, et le ministère de la loi n'est plus nécessaire. La loi doit donc se borner à autoriser les stipulations qui seraient faites en faveur du mineur, dans le cas de la mort ou du changement de volonté de celui qui s'en charge; si elle va plus loin, elle anéantit l'adoption, car personne ne voudra adopter.

M. Regnaud (de Saint-Jean-d'Angely) dit que la loi serait incomplète, si elle se reposait des intérêts de l'enfant sur la tendresse des héritiers. A l'égard de l'autorité publique, ou elle se rendra difficile sur les conditions, et alors elle rebutera l'adoptant; ou elle sera facile, et alors son intervention devient inutile.

Il est donc plus juste de renvoyer ces sortes de questions aux tribunaux, pour qu'ils décident d'après les circonstances.

Le consul Cambacérès persiste à croire que le Conseil doit se fixer, avant tout, sur la question de savoir si la déclaration préalable sera nécessaire.

Le Premier Consul rappelle qu'on est convenu de permettre les adoptions par testament : or, elles supposent nécessairement un acte préalable de la part de celui qui veut user de cette faculté.

Au reste, on peut réduire le système à un petit nombre de points. On peut permettre d'adopter, à la majorité, l'enfant dont on aura pris soin depuis son bas âge, et l'enfant dont on se sera rendu tuteur officieux. Celui qui se proposera d'adopter, prendra cette dernière qualité. Mais il faut que, ni dans l'un ni dans l'autre cas, ce qu'il aura fait pendant la minorité de l'enfant, ne produise l'obligation de l'adopter à sa majorité.

Celui qui aurait été le tuteur officieux pendant cinq ans, pourrait adopter l'enfant par une disposition testamentaire.

Le tuteur officieux devrait des alimens à l'enfant, s'il mourait sans l'avoir adopté, ou si, à la majorité de cet enfant, il refusait de l'adopter.

(Les changemens qu'a subi l'article ont eu lieu sans autre discussion).

370. Le tuteur officieux qui aurait eu l'administration de quelques biens pupillaires, en devra rendre compte dans tous les cas.

(Cet article n'avait point d'analogue dans le projet.)

Loi sur les adoptions antérieures au Code civil, décrétée le 25 Germinal an 11, promulguée le 5 Floréal suivant.

Art. 1er. Toutes adoptions faites par actes authentiques depuis le 18 janvier 1792 (vieux style) jusqu'à la publication des dispositions du Code civil relatives à l'adoption, seront valables, quand elles n'auraient été accompagnées d'aucunes des conditions depuis imposées pour adopter et être adopté (1).

2. Pourra néanmoins celui qui aura été adopté en minorité, et qui se trouverait aujourd'hui majeur, renoncer à l'adoption dans les trois mois qui suivront la publication de la présente loi.

---

(1) *Un mineur a-t-il été validement adopté sans le consentement de son père (avant le Code civil)? — Arrêt de la Cour de Cassation du 26 fructidor an 12, qui décide l'affirmative, vu l'article premier de la loi transitoire sur les Adoptions.*

La même faculté pourra être exercée par tout adopté aujourd'hui mineur, dans les trois mois qui suivront sa majorité.

Dans l'un et l'autre cas, la renonciation sera faite devant l'officier de l'état civil du domicile de l'adopté, et notifiée à l'adoptant dans un autre délai de trois mois.

3. Les adoptions auxquelles l'adopté n'aura point renoncé, produiront les effets suivans.

Si ses droits ont été réglés par acte ou contrat authentique, dispositions entre vifs, ou à cause de mort, faits sans lésion de légitime d'enfant, transition ou jugement passé en force de chose jugée, il ne sera porté aucune atteinte auxdits acte, contrat, disposition, transaction ou jugement, lesquels seront exécutés selon leur forme et teneur.

4. En l'absence ou à défaut de toute espèce d'actes authentiques spécifiant ce que l'adoptant a voulu donner à l'adopté, celui-ci jouira de tous les droits accordés par le Code civil, si, dans les six mois qui suivront la publication de la présente loi, l'adoptant ne se présente devant le juge de paix de son domicile, pour y affirmer que son intention n'a pas été de conférer à l'adopté tous les droits de successibilité qui appartiendraient à un enfant légitime.

Cette faculté d'affirmer l'intention est un droit personnel à l'adoptant, et n'appartient point à ses héritiers.

5. Dans le cas où l'adoptant aurait fait l'affirmation énoncée dans l'article précédent et dans le délai prescrit par cet article, les droits de l'adopté seront, quant à la successibilité, limités au tiers de ceux qui auraient appartenu à un enfant légitime.

6. S'il résultait de l'un des actes maintenus par l'article 3, que les droits de l'adopté fussent inférieurs à ceux accordés par le Code civil, ceux-ci pourront lui être conférés en entier par une nouvelle adoption dont l'instruction aura lieu conformément aux dispositions du Code, mais sans autres conditions de la part de l'adoptant, que d'être sans enfans ni descendans légitimes, d'avoir quinze ans de plus que l'adopté, et, si l'adoptant est marié, d'obtenir le consentement de l'autre époux.

7. Les articles 347, 348, 349, 351 et 352 du Code civil, au titre de *l'adoption*, sont au surplus déclarés communs à tous les individus adoptés depuis le décret du 18 janvier 1792 et autres lois y relatives.

Art. Ier. *Les adoptions faites par des individus de l'un ou de l'autre sexe depuis le 25 janvier 1793 (vieux style), sont valables, soit que l'acte en ait été reçu par des notaires, soit qu'il l'ait été par les officiers de l'état civil.*

Néanmoins, lorsqu'un mineur aura été adopté sans le consentement formel de ses père et mère, ou du survivant d'entre eux, ou de son tuteur, il pourra être réclamé par eux, et l'adoption sera annullée, à moins qu'on ne puisse opposer aux réclamans des faits équivalens à une adhésion de leur part.

II. *L'effet des adoptions maintenues sera*, 1°. *de conférer ou conserver à l'adopté le nom de l'adoptant, en l'ajoutant à celui de sa propre famille;* 2°. *d'établir entre l'adoptant et l'adopté les droits et devoirs qui existent entre père et fils.*

III. *L'adopté aura, sur la succession de l'adoptant, les mêmes droits qu'un enfant né en mariage.*

Néanmoins, s'il se trouve en concours avec des enfans de cette dernière qualité, nés, soit avant, soit depuis l'adoption, il conservera toujours une part d'enfant; mais cette part sera,

sera, en tout ou partie, imputable sur la quotité dont les lois laissent la disponibilité au père de famille.

IV. Les adoptions dont il s'agit n'opéreront point une mutation de famille; mais l'autorité des père et mère de l'adopté restera transmise à l'adoptant, et ne retournera aux premiers qu'en cas de prédécès de l'adoptant durant la minorité de l'adopté.

V. Si l'adopté meurt sans enfans ou autres descendans, sa succession restera dévolue à ses parens naturels; mais l'adoptant ou ses ayant-droit prélèveront, à titre de retour, les capitaux venant du père adoptif ou leur valeur.

Ce droit de retour ne s'opérera point au-delà du cas prévu par le présent article.

VI. A l'avenir, il ne sera plus reçu d'actes d'adoption, sans préjudicier toutefois aux actes de bienfaisance et de libéralité que les lois consacrent ou autorisent.

(Ce premier projet n'a pas été discuté.)

M. BERLIER présente un nouveau projet de loi *sur les adoptions faites depuis le 18 janvier 1792, jusqu'à la promulgation du Code civil*, ainsi conçu :

Art. Ier. Toutes les adoptions faites par actes authentiques, depuis le 18 janvier 1792 (vieux style), jusqu'à la promulgation du Code civil, seront valables, sans condition d'âge, ni autres actuellement imposées.

Néanmoins, lorsqu'un mineur aura été adopté sans le consentement formel de ses père et mère, ou du survivant d'entre eux, ou de son tuteur, il pourra être réclamé par eux, et l'adoption sera, en ce cas, annullée, à moins qu'on ne puisse opposer aux réclamans des faits qui équivalent à une adhésion de leur part.

II. Les effets desdites adoptions seront les mêmes que ceux réglés par les articles XIV, XV et XVI de la loi sur l'adoption inscrite au Code civil.

M. BERLIER dit que, pour ne point faire deux classes d'adoptés, la section a cru devoir donner un peu plus d'extension au projet qu'elle avait présenté dans la séance du 27 brumaire, sur le même objet que celui-ci, et rendre l'assimilation de tous les adoptés parfaite; que cependant, si le Conseil le juge nécessaire, on pourrait rétablir la disposition du premier projet, qui, dans le cas du concours de l'adopté avec des enfans du sang, ne lui donnait qu'une part d'enfant imputable sur la quotité disponible.

Le consul CAMBACÉRÈS dit qu'il est d'avis de valider les adoptions faites jusqu'ici sur la foi publique, mais qu'il ne voudrait pas qu'elles eussent l'effet de déranger les partages consommés, ni de dépouiller les héritiers qui sont en possession; il pourrait en résulter une commotion dangereuse. On doit observer, d'un autre côté, que très-peu d'adoptés sont en jouissance, les tribunaux ayant différé jusqu'ici de prononcer sur leurs droits.

M. TREILHARD dit que les adoptions qui ont eu lieu jusqu'ici, ont été considérées comme devant placer l'adopté dans la famille de l'adoptant. Cette considération a déterminé la section. Elle n'a pas aperçu d'ailleurs de distinction fondée entre les individus actuellement adoptés, et ceux qui le seront à l'avenir, sur tout lorsque les effets de l'adoption se trouvent extrêmement restreints.

Le consul CAMBACÉRÈS dit que les individus actuellement adoptés ne peuvent exciper de la loi qui va être rendue. Cette loi change la nature de l'adoption, puisqu'elle ne sera plus qu'une transmission de nom et de biens.

D'un autre côté, les individus adoptés n'avaient que des droits éventuels; le législateur s'était réservé de déterminer les effets de l'adoption. Ils devaient même s'attendre à une limitation, puisque les divers projets du Code civil, qui ont été successivement présentés, avaient fixé un *maximum* à la part qui leur serait dévolue dans les biens du père.

Il semblerait donc convenable de décider qu'ils ne pourront prendre dans les biens du père que la portion disponible, lorsqu'ils se trouveront en concurrence avec les héritiers en ligne directe, et qu'ils partageront avec les collatéraux.

Le Consul voudrait aussi que, pour éviter les fraudes et rendre nuls les actes intercalés, la loi prononçât sur les preuves admissibles des adoptions faites.

Ces diverses observations sont renvoyées à la section pour s'occuper d'une loi particulière sur cet objet qui, comme transitoire, n'entre pas dans le plan du Code civil.

TITRE IX.
DE LA PUISSANCE PATERNELLE.

Décrété le 3 Germinal an 11, promulgué le 13 du même mois.

371. L'enfant, à tout âge, doit honneur et respect à ses père et mère.

(Cet art. était le Ier. du projet.)

M. Bérenger pense que cet article ne contenant aucune disposition législative, doit être retranché du projet.

M. Boulay dit qu'on a cru utile de placer à la tête du titre, les devoirs que la qualité de fils impose, de même que, dans le titre du mariage, on a inséré un article qui retrace les devoirs des époux.

M. Bigot-Préameneu ajoute que cet article contient les principes dont les autres ne font que développer et fixer les conséquences; que d'ailleurs en beaucoup d'occasions, il deviendra un point d'appui pour les juges. L'article est adopté.

Séance du 8 Vendémiaire au 11.

372. Il reste sous leur autorité jusqu'à sa majorité ou son émancipation (1).

(L'art. II du projet portait : *ou son émancipation par mariage.*)

M. Treilhard demande le retranchement de ces mots *par mariage*, parce que le mariage n'est pas la seule manière dont s'obtient l'émancipation.

Le consul Cambacérès partage cette opinion.

M. Tronchet dit que pour se fixer sur la question, il faut d'abord se rappeler les dispositions de l'ancienne jurisprudence.

Dans les pays régis par le droit coutumier, on ne connaissait pas l'émancipation par acte, là, la puissance paternelle n'était qu'une autorité de protection, qui durait jusqu'au mariage, ou jusqu'à la majorité. Si l'on admettait l'émancipation par acte, en pays de droit

---

(1) Le tribunal de cassation demandait que l'individu condamné à une peine afflictive ou infamante, fût privé des droits de la puissance paternelle, comme indigne de les exercer.

écrit, c'était parce que la puissance des pères y était tout à la fois absolue et perpétuelle sur la personne et sur les biens. Or, la puissance paternelle que le Conseil établit, par rapport aux biens, est celle des pays coutumiers. Il n'y a donc pas lieu d'admettre l'émancipation par acte. Les pères, au surplus, peuvent laisser aux enfans la jouissance des biens, sans les émanciper.

M. TREILHARD dit qu'on conçoit encore une autre émancipation que celle dont parle M. Tronchet : c'est l'émancipation légale ; elle a lieu à 18 ans.

M. BERLIER dit que l'embarras qui se manifeste, naît de ce qu'on ne s'est pas encore occupé de l'émancipation.

Si le projet de la section est suivi, l'émancipation légale dont on vient de parler, et qui s'opérera par le simple bénéfice d'âge, c'est-à-dire à 18 ans, ne sera introduite que pour le pupille resté sans père ni mère, tandis que l'émancipation des fils de famille restera jusqu'à leur majorité, à la disposition des père et mère, mais cette différence dans les espèces n'exclut l'émancipation dans aucune.

A ce sujet M. Berlier observe comme point préalable qu'il est vrai que quelques tribunaux ont trouvé peu d'utilité dans l'émancipation, vu le bref intervalle qui se trouve entre l'âge de dix-huit ans et la majorité, aujourd'hui fixée à vingt-un ans ; mais loin d'adopter cette idée, qu'il ne croit pas d'ailleurs que le Conseil partage, il examine une autre proposition mise en avant par l'un des préopinans ; savoir, le simple abandon que le père pourrait faire de la jouissance de ses biens à son fils mineur : mais, pour jouir par soi-même, il faut être capable des actes relatifs à l'administration ; et nous voilà ramenés à l'émancipation.

En considérant donc l'émancipation comme devant être admise, même lorsqu'il existe un père ou une mère, et sous les seules modifications propres à cette circonstance, l'opinant pense que la mention particulière du mariage est inutile dans l'article qu'on discute ; car l'on verra, au titre de la minorité, que le mariage émancipe ; or, puisqu'il doit être l'un des modes d'émancipation, et que l'espèce est nécessairement comprise dans le genre, il suffit évidemment dans l'objet de la discussion actuelle, d'exprimer que l'autorité paternelle cesse par l'émancipation.

M. TRONCHET dit que l'émancipation légale, à l'âge de dix-huit ans n'existe que pour le mineur en tutelle ; elle n'est pas instituée pour mettre un terme à la puissance paternelle. La question se réduit donc à savoir s'il est utile d'accorder au père la faculté de rendre l'enfant capable de contracter trois ans avant le terme où expire sa minorité. Une telle capacité ne devient nécessaire au mineur que dans le cas où il fait le commerce ; or, le mineur marchand est capable de contracter pour les affaires de son négoce.

M. Regnaud (de Saint-Jean-d'Angely) observe que cette capacité du mineur ne lui donne pas la jouissance des biens maternels.

M. Tronchet dit qu'elle pourrait être dangereuse, si on lui donnait une si grande latitude ; que d'ailleurs il serait difficile d'éviter la confusion en admettant à la fois plusieurs sortes d'émancipation qui diffèrent essentiellement l'une de l'autre.

M. Bigot-Préameneu est de l'avis de M. Treilhard, toujours l'émancipation a été considérée comme favorable à l'intérêt du mineur et à la tranquillité des familles. On ne doit pas craindre de confusion, puisque les règles propres à chaque espèce d'émancipation, seront établies par la loi. L'émancipation de la puissance paternelle ne sera pas, il est vrai, aussi nécessaire dans le droit nouveau, qu'elle l'était dans l'ancien droit écrit ; cependant elle ne sera pas sans effet, puisqu'elle fera cesser l'application de tous les articles du titre qu'on discute. Par exemple, l'enfant émancipé pourra quitter la maison paternelle ; il ne sera plus permis de le mettre dans une maison de détention. La jouissance des biens par les père et mère cessera ; sous ces rapports, l'émancipation aura des effets importans.

M. Regnaud (de Saint-Jean-d'Angely) dit que l'émancipation qui rendrait au fils de famille la disposition de ses revenus serait utile même à celui qui est engagé dans le commerce ; elle augmenterait nécessairement son crédit, en augmentant ses moyens. Pour ne rien préjuger, il convient de retrancher ces mots : *par mariage.*

Le consul Cambacérès dit qu'en adoptant le retranchement proposé, le Conseil ne se lie point, tandis que la question que l'on vient d'agiter se trouve jugée, si l'on conserve dans l'article les mots, *par mariage.* Il y a cependant de bonnes raisons pour laisser à un père la faculté d'affranchir ses enfans de cette puissance de famille que l'on se propose d'introduire, et que la mère partagera.

M. Tronchet dit que c'est ici le lieu de décider la question, parce que c'est dans ce titre que doivent se trouver toutes les règles relatives à la puissance paternelle. Le titre des tutelles auquel on se propose de renvoyer la question, y est entièrement étranger. L'ajournement qu'on demande, pourrait donc conduire à confondre l'émancipation de la puissance paternelle avec l'émancipation de la tutelle.

M. Treilhard dit que le retranchement qu'il demande, ne préjuge rien.

L'art. est adopté avec l'amendement de M. Treilhard.

373. **Le père seul exerce cette autorité durant le mariage (1).**

(Cet art. était le IIIe. du projet.)

M. Regnaud (de Saint-Jean-d'Angely) dit qu'il conviendrait de décider que, dans le cas d'une longue absence du père, l'autorité sera exercée par la mère. L'enfant, dans ce cas, demeurerait sans surveillant, si l'article était adopté tel qu'il est présenté.

M. Tronchet dit qu'on y a pourvu au titre des absens, article 141.

L'article est adopté.

374. **L'enfant ne peut quitter la maison paternelle sans la permission de son père, si ce n'est pour enrôlement volontaire, après l'âge de dix-huit ans révolus.**

IV. *L'enfant ne peut quitter la maison paternelle sans la permission de son père.*

Le consul Cambacérès demande si cet article empêchera le fils de s'enrôler volontairement ?

M. Petiet dit que les lois anciennes, exigent que pour s'enrôler avant l'âge prescrit par les réglemens, le fils mineur obtienne le consentement de son père.

Le consul Cambacérès dit que ces lois ne sont plus en harmonie avec les circonstances.

M. Treilhard pense qu'on ferait disparaître la difficulté en retranchant l'article qui d'ailleurs est inutile, puisque la loi place le fils sous la puissance du père.

M. Boulay dit que le retranchement de l'article ne lèverait pas la difficulté ; car il resterait toujours à décider si le fils, sous la puissance de son père, peut s'enrôler. On pourrait donc ajouter par amendement l'idée du Consul.

---

(1) Le tribunal d'appel de Toulouse observait que la loi ne prévoyait pas le cas de la condamnation à une peine infamante ; elle croyait nécessaire d'expliquer si le droit de détention pouvait être exercé dans ce cas, et par qui ?

M. Bigot - Préaméneu dit que par une exception de droit, le fils cesse d'être sous la dépendance de son père, lorsqu'il s'agit du service public.

Le consul Cambacérès dit que la loi rappelée par M. Petiet blesse l'esprit des lois relatives à la conscription. On a voulu que la conscription devînt, le moins qu'il serait possible, le moyen de recruter l'armée ; et c'est par cette raison qu'on a permis les remplacemens. par la même raison aussi, il convient de favoriser les enrôlemens volontaires.

MM. Dumas et Treilhard proposent d'exprimer l'exception, et de fixer à dix-huit ans l'âge où le fils pourra s'enrôler sans le consentement de son père. Ils s'arrêtent à l'âge de dix-huit ans, afin d'ôter au fils un prétexte d'interrompre l'éducation qu'il reçoit.

M. Emmery croit qu'il est inutile d'exprimer cette exception. Les anciennes lois civiles ne s'en expliquaient pas, et cependant elle avait ses effets ; on n'écoutait pas les réclamations du père.

M. Dumas dit que si la loi s'expliquait clairement, on pourrait croire que l'article en discussion déroge à l'ancien usage.

L'art. est adopté avec l'amendement de MM. Dumas et Treilhard.

375. Le père qui aura des sujets de mécontentement très-graves sur la conduite d'un enfant, aura les moyens de correction suivans.

376. Si l'enfant est âgé de moins de seize ans commencés, le père pourra le faire détenir pendant un tems qui ne pourra excéder un mois ; et, à cet effet, le président du tribunal d'arrondissement devra, sur sa demande, délivrer l'ordre d'arrestation.

377. Depuis l'âge de seize ans commencés jusqu'à la majorité ou l'émancipation, le père pourra seulement requérir la détention de son enfant pendant six mois au plus ; il s'adressera au président dudit tribunal, qui, après en avoir conféré avec le commissaire du gouvernement, délivrera l'ordre d'arrestation ou le refusera, et pourra, dans le premier cas, abréger

le tems de la détention requis par le père (1).

378. Il n'y aura, dans l'un et l'autre cas, aucune écriture ni formalité judiciaire, si ce n'est l'ordre même d'arrestation, dans lequel les motifs n'en seront pas énoncés.

Le père sera seulement tenu de souscrire une soumission de payer tous les frais, et de fournir les alimens convenables.

379. Le père est toujours maître d'abréger la durée de la détention par lui ordonnée ou requise. Si après sa sortie l'enfant tombe dans de nouveaux écarts, la détention pourra être de nouveau ordonnée de la manière prescrite aux articles précédens.

380. Si le père est remarié, il sera tenu, pour faire détenir son enfant du premier lit, lors même qu'il serait âgé de moins de seize ans, de se conformer à l'article 377 (2).

(Les art. 375, 376, 377, 378, 379, 380, sont formés des articles suivans du projet.)

V. *Le père qui aura des sujets de mécontentement très-graves sur la conduite d'un enfant dont il n'aura pu réprimer les écarts, pourra le faire détenir dans une maison de correction.*

VI. *A cet effet, il s'adressera au président du tribunal de l'arrondissement, qui, sur sa demande, devra délivrer l'ordre d'arrestation nécessaire, après avoir fait souscrire par le père une soumission de payer tous les frais, et de fournir les alimens convenables.*

L'ordre d'arrestation devra exprimer la durée de la détention, et la maison qui sera choisie par le père.

VII. *La détention ne pourra, pour la première fois, excéder six mois ; elle pourra durer une année, si l'enfant, redevenu libre, retombe dans les écarts qui l'avaient motivée.*

Dans tous les cas, le père sera le maître d'en abréger la durée.

VIII. (Le même que l'article 390.)

---

(1) La détention obtenue contre un fils de famille près d'atteindre sa majorité, peut-elle être continuée postérieurement à cette époque ?

Le tribunal de cassation proposait d'ajouter à l'article « que la détention ne pourrait « continuer après que l'enfant aurait atteint l'âge de vingt-un ans ».

(2) Quid, si le père est veuf de son second mariage ?

(Les

M. Bigot-Préameneu dit que, dans l'opinion de la section, il conviendrait de mettre un delai de trois jours entre la demande du père et l'ordre d'arrestation.

M. Berlier dit que l'article VI doit être modifié : il ne s'oppose pas au droit que l'on veut accorder au père; mais il ne croit pas que l'exercice de ce droit doive purement dépendre de la volonté ou du caprice d'un père, sans le concours d'aucune autre autorité; et l'opinant ne saurait voir cette autre autorité dans la personne d'un juge qui ne pourrait ni examiner, ni refuser la demande en réclusion.

Dira-t-on que les pères sont généralement bons? Mais, sans rejeter cette donnée, la loi doit prévenir l'abus que des pères méchans ou du moins irascibles, pourraient faire de cette attribution.

Citera-t-on *Montesquieu* et d'autres publicistes en faveur de la puissance paternelle? Mais l'opinant ne combat point cette puissance; il demande seulement qu'on la renferme dans des limites appropriées à nos mœurs; il admet l'autorité paternelle, mais il repousse le despotisme paternel, et pense que le despotisme ne convient pas mieux dans la famille que dans l'état.

M. Berlier examine ensuite ce qui se passait sous le régime royal; il était bien rare que des lettres de cachet, relatives à la réclusion d'un fils de famille, ne fussent pas précédées d'une délibération de parens.

L'opinant est loin de vouloir faire l'éloge des lettres de cachet et de l'ancien régime; mais gardons-nous, dit-il, que nos nouvelles institutions ne puissent être défavorablement comparées à ces usages de la monarchie : il faut donc, à côté de l'autorité paternelle, un pouvoir qui l'éclaire ou la modère, quand il est question d'un acte aussi important que celui dont il s'agit. Quel sera ce pouvoir? Sera-ce un tribunal ordinaire ou quelques-uns de ses membres? sera-ce un conseil de famille?

Il pourrait être fort délicat, en plusieurs occasions, de déférer à la justice des faits appelant une répression juridique; réflexion qui conduit M. Berlier à donner la préférence au conseil de famille. En terminant son opinion, il cite à son appui la loi du 24 août 1790, et les observations de plusieurs tribunaux d'appel, notamment de Rennes, Angers, Bruxelles et Poitiers, réclamant tous des limites au droit proposé.

M. Bigot-Préameneu explique les motifs de l'article : il est fondé sur la juste présomption que le père n'usera de son autorité que par un sentiment d'affection, et pour l'intérêt de l'enfant; qu'il n'agira que pour remettre dans le chemin de l'honneur, sans l'entacher, un enfant qu'il aime, mais que cette tendresse même l'oblige de corriger ; ce sera en effet le cas le plus ordinaire, celui, par conséquent, que la loi doit supposer. Celle du 24 aout 1790 a paru ne pas laisser au père une assez grande autorité : l'intérêt des mœurs, de la société, des enfans eux-mêmes, exige que le pouvoir du père ait plus d'étendue. Les magistrats chargés de la police attestent que souvent des pères malheureux réclament un pouvoir de correction tel, qu'ils ne soient pas obligés de révéler aux tribunaux les désordres de leurs enfans. La section a cru cependant devoir tempérer l'exercice de l'autorité paternelle, et c'est dans cette vue qu'elle oblige le père à obtenir du président du tribunal l'ordre d'arrestation.

M. Boulay dit que la section s'est attachée à prévenir tout procès entre le père et le fils, fût-ce même devant la famille ; le père ne pourrait le perdre sans perdre en même-tems une grande partie de son autorité : d'ailleurs les familles sont trop souvent divisées ; trop souvent chacun de leurs membres est bien plus touché de l'intérêt de ses propres enfans, que de l'intérêt du mineur sur le sort duquel il est appelé à délibérer : on peut craindre que dans un concours de ces deux intérêts, le premier n'étouffe entièrement le second.

M. Treilhard dit qu'ordinairement les fautes des enfans sont l'effet de la faiblesse, de l'insouciance ou des mauvais exemples des pères, ceux-ci ne méritent donc pas une confiance absolue ; cependant il faut bien se garder de faire de la correction du fils une affaire judiciaire ; mais tout est concilié si l'on oblige le président du tribunal à prendre l'avis de famille, avant d'accorder l'ordre d'arrestation : cet ordre, au surplus, ne doit pas contenir le motif.

Le consul Cambacérès croit que les deux amendemens sont insuffisans. Il ne veut pas du concours de la famille, attendu que trop souvent les haines et l'intérêt divisent ceux que le sang unit. Le Consul préfère les tribunaux civils, juges impartiaux de tous les différens.

Il pense aussi qu'un délai de trois jours entre la demande du père et l'ordre d'arrestation, serait trop long, lorsqu'il devient nécessaire de prévenir un crime que l'enfant médite, et qu'il menace d'exécuter.

Mais il est très-important de régler le pouvoir du père, par des considérations prises de l'âge de l'enfant et de sa situation.

Un jeune homme de vingt ans et dix mois, qui peut-être a déjà un état dans la société, ne doit pas être exposé à la correction paternelle comme un enfant de quinze ans.

Autant il est raisonnable de donner au père le droit de faire enfermer, de sa seule autorité, pour quelques jours, un enfant de douze ans, autant il serait injuste de lui abandonner, et de laisser pour ainsi dire à sa discrétion un jeune adolescent d'une éducation soignée, et qui annoncerait des talens précoces. Quelque confiance que méritent les pères, la loi ne doit cependant pas être basée sur la fausse supposition que tous sont également bons et vertueux : la loi doit tenir la balance avec équité, et ne pas oublier que les lois dures préparent souvent les révolutions des Etats.

Le président et le commissaire du tribunal doivent donc être autorisés à peser les motifs d'un père qui veut enfermer, soit un jeune homme au-dessus de seize ans, soit un enfant au-dessous de cet âge, quand le père veut le faire détenir au-delà de quelques jours. Il doit leur être permis de refuser l'ordre d'arrêter, et de fixer la durée de la détention.

Il faudrait encore, dans le cas de l'art. X, limiter davantage le pouvoir des pères. On doit, en effet, pourvoir à la sûreté de l'enfant, à qui la libéralité de ses parens et de ses amis a donné quelque fortune, ou qui est parvenu à s'en donner lui-même par son travail et par son industrie. Si l'enfant a pour père un dissipateur, il est hors de doute que le père cherchera à le dépouiller ; qu'il se vengera des refus de l'enfant, et que peut-être il lui fera acheter sa liberté. Peut-être même serait-il juste d'autoriser cet enfant à se pourvoir devant le président et le commissaire du tribunal d'appel, contre la décision du président et du tribunal de première instance. Cette décision serait cependant exécutée par provision.

Ces amendemens sont adoptés. Néanmoins l'article VI est reproduit tel qu'il est dans le texte (376), à l'exception des mots *maison de correction*, qui se trouvent après ceux-ci, *excéder un mois*.

<small>Séance du 20 Brumaire an 11.</small>

Le consul LEBRUN pense que c'est donner au père un droit trop étendu que de lui permettre de faire enfermer son fils, de sa seule autorité ; la prudence veut qu'on se défie des passions : or, les pères n'en sont pas plus exempts que les autres hommes. Peut-être conviendrait-il de ne conférer qu'aux tribunaux le pouvoir d'ordonner la détention ; ils l'exerceraient sur la demande du père, et après avoir entendu le fils. Mais que du moins les enfans ne soient pas envoyés dans une maison de correction, ce serait les envoyer au crime.

M. BIGOT-PRÉAMENEU dit que la section ne s'est pas dissimulée que les lieux actuels de détention ne pourraient qu'augmenter la dépravation dans les enfans qui y seraient renfermés ; mais elle a supposé qu'on organiserait enfin de véritables maisons de correction.

Le consul Cambacérès propose de supprimer de l'article les mots : *dans une maison de correction*.

L'article est adopté avec cet amendement.

381. La mère survivante et non remariée ne pourra faire détenir un enfant qu'avec le concours des deux plus proches parens paternels, et par voie de réquisition, conformément à l'article 377 (1).

(Ces mots, *non remariée*, et ceux-ci, *par voie de réquisition, conformément à l'art.* 377, ne se trouvaient pas dans l'art. IX du projet).

Le consul Cambacérès dit qu'il y a de grandes difficultés à conserver à la mère remariée sa puissance sur ses enfans. C'est déjà beaucoup de la lui donner lorsqu'elle demeure veuve.

M. Bigot-Préameneu propose de dire : *la mère survivant, et non remariée*.

L'article est adopté avec cet amendement.

382. Lorsque l'enfant aura des biens personnels, ou lorsqu'il exercera un état, sa détention ne pourra, même au-dessous de seize ans, avoir lieu que par voie de réquisition, en la forme prescrite par l'article 377.

L'enfant détenu pourra adresser un mémoire au commissaire du gouvernement près le tribunal d'appel. Ce commissaire se fera rendre compte par celui près le tribunal de première instance, et fera son rapport au président du tribunal d'appel, qui, après en avoir donné avis au père, et après avoir recueilli tous les renseignemens, pourra révoquer ou modifier l'ordre délivré par le président du tribunal de première instance.

(Cet article, qui n'était pas dans le projet, est le résultat de la discussion qui a eu lieu sur l'art. 380, pag. 451).

383. Les articles 376, 377, 378 et 379 seront com-

---

(1) *Quid* lorsqu'il n'y a pas de parens paternels ?

muns aux pères et mères des enfans naturels légalement reconnus (1).

(Cet article était le Xe. du projet).

M. BOULAY voudrait borner la puissance paternelle aux enfans légitimes, puisqu'elle dérive du mariage.

M. TRONCHET dit que la naissance seule établit des devoirs entre les pères et les enfans naturels; que ces enfans doivent être sous une direction quelconque; qu'il est donc juste de les placer sous celle des personnes que la nature oblige à leur donner des soins.

Mais l'examen de ces questions doit être renvoyé à ce qui sera décidé par rapport à la mère, quant à la jouissance des biens des enfans.

L'article est adopté.

384. Le père durant le mariage, et, après la dissolution du mariage, le survivant des père et mère, auront la jouissance des biens de leurs enfans jusqu'à l'âge de dix-huit ans accomplis, ou jusqu'à l'émancipation qui pourrait avoir lieu avant l'âge de dix-huit ans (2).

XI. *Le père, constant le mariage, et la mère survivante, auront, jusqu'à la majorité de leurs enfans non émancipés, l'administration et la jouissance des biens de leurs enfans.*

---

(1) Le tribunal de Lyon demandait que si les père ou mère des enfans naturels reconnus, étaient mariés, ils ne pussent user de ce droit qu'avec l'autorisation d'un conseil de famille.

(2) La mère tutrice, dont le mari est décédé avant le Code civil, a-t-elle, aux termes de l'article 384, la jouissance des biens de leurs enfans mineurs, lorsque la loi antérieure ne la lui conférait pas?

Arrêt de la cour d'appel de Paris, en date du 3 germinal an 12, qui, de même que le tribunal de première instance, décide l'affirmative, vu l'article 384; et considérant que la loi, en établissant la puissance paternelle, en règle en même tems les effets et les conditions; que la jouissance accordée aux père et mère des biens de leurs enfans, étant un droit absolument distinct et séparé de la tutelle, mais inhérent et indivisible de la puissance paternelle, et ne devant avoir son effet qu'à compter du jour de la promulgation de la loi, ne peut être considérée comme produisant un effet rétroactif. Les cours d'appel de Montpellier, Toulouse, Grenoble, Bordeaux ont également décidé, vu l'article 390, que les mineurs pubères tombaient, depuis le Code, sous la tutelle du survivant des père et mère.

La cour d'appel de Besançon a décidé le contraire par arrêt du 2 ventôse an 12, considérant que la loi nouvelle ne peut avoir d'effet rétroactif; qu'ainsi l'état du mineur déjà réglé par les lois anciennes, ne doit pas l'être de nouveau par le Code civil.

M. Bigot-Préameneu observe que si les pères jouissaient des biens de leurs enfans, jusqu'à la majorité de ces derniers, on aurait à craindre que, pour conserver cet avantage dans toute son étendue, ils ne se refusassent à émanciper, ou à marier leurs enfans.

Le consul Cambacérès propose de n'accorder la jouissance aux pères et mères, que jusqu'au moment où l'enfant a accompli sa dix-huitième année.

M. Treilhard propose de faire cesser la jouissance à l'âge où la loi donne aux enfans la capacité de se marier. Par-là, le père n'aurait plus d'intérêt à s'opposer à leur mariage.

M. Réal dit que c'est par une exception de pure faveur, que la loi fixe la capacité de se marier à un âge encore tendre ; que néanmoins le vœu du législateur est que les citoyens contractent mariage dans un âge plus voisin de la majorité.

Séance du 20 Brumaire an 11.

M. Maleville dit que la disposition qui fixe à dix-huit ans l'âge où cesse l'usufruit des pères, concordait avec celle qui, au même âge, émancipait de plein droit le mineur : or, cette dernière ayant été rejetée, la jouissance des pères doit durer jusqu'à la majorité, ou jusqu'à l'émancipation.

M. Jollivet dit qu'un autre motif encore avait décidé à limiter ainsi la jouissance des pères : on lui avait assigné pour terme l'âge où la loi permet aux enfans de se marier, dans la crainte que les pères, pour conserver plus long-tems leur jouissance, ne refusassent de consentir au mariage du mineur ; la disposition doit donc subsister.

M. Maleville dit que si à l'âge de dix-huit ans les enfans reprennent la jouissance de leurs biens, le père deviendra comptable des fruits perçus depuis cette époque : or, c'est cette comptabilité qu'on a voulu empêcher, en donnant au père les fruits des biens de son fils mineur. On a craint qu'elle n'affaiblît la puissance paternelle, qu'il serait si intéressant de conserver : il faudrait compter un peu plus sur la tendresse des pères et mères, que la loi romaine déclare supérieure à toutes les autres affections.

Le consul Cambacérès dit qu'il répugne à la raison et à la justice, d'obliger un jeune homme de dix-neuf ans à mendier sur ses propres revenus, la somme même la plus modique, d'un père qui peut la lui refuser pour augmenter ses propres jouissances.

L'article est adopté avec l'amendement du consul Cambacérès.

385. Les charges de cette jouissance seront,

PUISSANCE PATERNELLE.

1°. Celles auxquelles sont tenus les usufruitiers ;

2°. La nourriture, l'entretien et l'éducation des enfans selon leur fortune ;

3°. Le paiement des arrérages ou intérêts des capitaux ;

4°. Les frais funéraires et ceux de dernière maladie.

(Cet article n'avait point d'analogue dans le projet ; il a été ajouté lors de la rédaction définitive, et adopté sans discussion).

386. Cette jouissance n'aura pas lieu au profit de celui des père et mère contre lequel le divorce aurait été prononcé ; et elle cessera à l'égard de la mère dans le cas d'un second mariage.

XIII. *Si la mère se remarie, et qu'il y ait communauté entr'elle et son second mari, celui-ci sera comptable de la jouissance des biens appartenans aux enfans de sa femme, nés d'un premier lit.*

Séance du 8 Vendémiaire an 12.

Le consul CAMBACÉRÈS dit que les raisons qui peuvent faire accorder au père remarié la jouissance des biens de ses enfans mineurs, ne militent pas en faveur de la mère ; le père en se remariant demeure le chef de la famille ; la mère au contraire passe par son second mariage dans une famille nouvelle ; souffrira-t-on qu'elle y introduise ses enfans ?

M. RÉAL dit que souvent une mère ne se remarie que pour conserver à ses enfans l'établissement formé par leur père, que pour mieux s'assurer les moyens de les élever.

Le consul CAMBACÉRÈS dit qu'on pourrait faire une exception pour le cas dont parle M. Réal ; mais il serait très-extraordinaire d'établir en principe, que la mère peut porter dans une autre famille les revenus de ses enfans du premier lit, et enrichir ainsi, à leur préjudice, son nouvel époux.

L'article est adopté, sauf rédaction.

387. Elle ne s'étendra pas aux biens que les enfans pourront acquérir par un travail et une industrie séparés, ni à ceux qui leur seront donnés ou légués sous la condition expresse que les père et mère n'en jouiront pas.

(Cet art., le XIIe. du projet, fut adopté sans discussion.)

TITRE X.

DE LA MINORITÉ, DE LA TUTELLE, ET DE L'ÉMANCIPATION.

Décrété le 5 Germinal an 11, promulgué le 15 du même mois.

CHAPITRE PREMIER.

DE LA MINORITÉ.

388. Le mineur est l'individu de l'un ou de l'autre sexe qui n'a point encore l'âge de vingt-un ans accomplis.

(Cet article était le Ier du projet.)

Séance du 6 Brumaire an 11.

Le consul CAMBACÉRÈS dit que la seule question que présente l'article Ier, est celle de savoir s'il ne convient pas de reculer la majorité à un âge plus avancé.

Ce changement pourrait être utile; mais comme depuis long-tems la majorité est fixée à vingt-un ans, et que d'ailleurs il paraît conséquent de faire coïncider la majorité civile avec la majorité politique, il y aurait peut-être quelqu'inconvénient à abroger le droit établi.

L'article est adopté (1).

Séance du 22 Vendémiaire an 11.

(1) II. *Jusqu'à l'âge de dix-huit ans accomplis, le mineur considéré comme absolument incapable de se conduire lui-même et de régir ses biens, est placé sous la direction d'un tuteur.*

III. *A dix-huit ans accomplis, le mineur peut obtenir, par l'émancipation, l'administration de ses biens; il ne peut agir pour le surplus qu'avec l'assistance d'un curateur.*

M. BERLIER rappelle que le Conseil a été d'avis de réduire le chapitre à l'art. Ier, et de retrancher les deux autres articles.

Ces articles sont ajournés, et dans la séance du 6 brumaire an 11, ils sont renvoyés au chapitre de l'émancipation sans discussion.

MINORITÉ, TUTELLE, ÉMANCIPATION. 497

CHAPITRE II.

DE LA TUTELLE.

SECTION PREMIERE.

DE LA TUTELLE DES PÈRE ET MÈRE.

389. Le père est, durant le mariage, administrateur des biens personnels de ses enfans mineurs.

Il est comptable, quant à la propriété et aux revenus, des biens dont il n'a pas la jouissance ; et, quant à la propriété seulement, de ceux des biens dont la loi lui donne l'usufruit.

390. Après la dissolution du mariage arrivée par la mort naturelle ou civile de l'un des époux, la tutelle des enfans mineurs et non émancipés appartient de plein droit au survivant des père et mère.

IV. *Après la dissolution du mariage arrivée par le décès de l'un des époux, la tutelle des enfans mineurs et non émancipés, appartient de plein droit au survivant des père et mère.*   Séance du 22 Vendémiaire an 11.

V. *La mère tutrice gagnera les fruits de la même manière que le père, et sous les seules exceptions expliquées au titre de la Puissance paternelle.*

Le consul CAMBACÉRÈS dit qu'il convient de se fixer d'abord sur la question de savoir si la tutelle appartiendra de plein droit à la mère, sans que le père puisse la lui ôter.

M. BERLIER dit que tel est l'avis de la section.

Cependant l'opinion contraire y a été discutée ; mais on a craint que l'exclusion de la mère ne diminuât dans les enfans le respect qu'ils lui doivent, et cette considération a déterminé à maintenir l'ordre naturel de la vocation à la tutelle, toutes les fois que la mère n'en sera point exclue par les causes générales qui en rendent indigne ou incapable.

Le consul CAMBACÉRÈS dit que le droit de nommer un tuteur dérive de la puissance paternelle. Aussi voit-on que les Romains n'avaient placé la tutelle légitime qu'après la tutelle testamentaire.

Il est vrai que, dans le système présenté, la mère est appelée à l'exercice d'un pouvoir qui jusqu'ici n'avait appartenu qu'au père. Toutefois elle ne le partage pas avec lui; en sorte qu'il n'y aurait pas de contradiction à laisser au père le droit de choisir le tuteur de ses enfans, et à ne faire commencer la tutelle légitime de la mère que lorsqu'il n'y a pas de tutelle testamentaire.

Dans ce dernier système, la tutelle testamentaire vient nécessairement en premier ordre.

M. BERLIER dit qu'indépendamment des raisons qu'il a exposées, la section s'est encore déterminée à donner la tutelle légitime à la mère, par la considération qu'elle recueille à son profit les revenus de ses enfans mineurs, et qu'ainsi, en administrant leurs biens, elle administre en quelque sorte sa propre chose.

C'est, continue M. Berlier, un point de droit tout nouveau dont il faut coordonner les effets; et la législation romaine ne peut plus ici servir d'exemple ni de régulateur.

Si cependant la mère, par son inconduite ou son incapacité, mettait les capitaux même en péril, la famille serait là soit pour l'écarter de la tutelle, soit pour la lui retirer, si elle lui avait été déférée : tel est le remède en cette matière.

Le consul CAMBACÉRÈS dit qu'il y a de l'inconvénient à mettre ainsi la famille aux prises avec la mère. Le père d'ailleurs est meilleur juge que la famille de la capacité de sa femme : il la nommera certainement, s'il est convaincu qu'elle est en état d'administrer; mais s'il ne la croit pas capable de bien gérer, et qu'il ne puisse cependant lui ôter la tutelle, ses derniers momens seront empoisonnés par le sentiment pénible qu'il laisse ses enfans exposés à de grands dangers.

La section propose d'ailleurs la règle dans toute la latitude qu'on peut lui donner. Elle n'accorde pas même au père le droit qui appartient au célibataire, de mettre des conditions au don de la partie de sa fortune dont la loi lui laisse la libre disposition; elle lui refuse tout moyen doux de limiter, à l'égard de la mère, le pouvoir de la tutelle : ne pourrait-on pas autoriser le père à nommer un co-tuteur? Il a été décidé que la mère remariée perdrait la jouissance des biens de ses enfans, et néanmoins la section lui conserve la tutelle.

MINORITÉ, TUTELLE, ÉMANCIPATION.

Le Consul ouvre la discussion sur la question de savoir si la tutelle légitime passera de plein droit à la mère, sans que le père puisse l'en priver.

M. Bigot-Préameneu propose de déférer la tutelle légitime à la mère quant à la garde de ses enfans, et de ne lui donner au même titre l'administration des biens, qu'autant que le père n'en aurait pas autrement ordonné. Ainsi le tuteur nommé par le père ne pourrait être que pour les biens, sauf à la famille à provoquer la destitution de la mère, s'il y avait des causes assez graves.

M. Portalis est d'avis que le père doit être libre de choisir un tuteur pour ses enfans. L'administration des biens des enfans peut sans doute être séparée de la surveillance de leur éducation; mais de droit commun, le tuteur est naturellement chargé de cette double fonction. Ainsi le père l'ôtera implicitement à la mère, lorsqu'il nommera un autre tuteur. Cette manière d'exclure n'a rien d'offensant : il n'en serait pas de même de l'exclusion formelle et positive.

M. Treilhard dit qu'on pourrait, en déférant de plein droit la tutelle à la mère, accorder au père le droit de nommer un conseil avec lequel elle serait obligée de se concerter.

Le consul Cambacérès admet qu'on laisse à la mère le titre de tutrice, pourvu que le père soit autorisé à former un conseil d'une ou de plusieurs personnes sans le consentement desquelles la tutrice ne puisse agir.

Il ne croit pas cependant qu'une femme puisse s'offenser d'être privée d'une administration de biens : la seule privation qui pourrait lui être pénible, serait celle de la garde de ses enfans.

On a allégué, en faveur du système de la section, que la mère jouit des revenus du mineur. Ce motif n'oblige pas nécessairement à lui donner l'administration des biens : un autre peut administrer ; il suffit qu'il verse le produit des revenus entre les mains de la mère tutrice. et s'il arrivait que celle-ci pourvût avec trop de parcimonie à l'éducation et à l'entretien des mineurs, l'administrateur ne devrait-il pas avoir une action contre elle?

M. Bigot-Préameneu dit que dans la ci-devant Bretagne, les conseils de tutelle étaient en usage, et se mêlaient de l'administration ; que néanmoins ils ont toujours été peu utiles, parce que n'étant pas responsables, leur intervention dégénérait en pure formalité, et que jamais ils ne contestaient les propositions de la tutrice.

Toutes ces observations sont renvoyées à la section (1).
(Les changemens faits ont eu lieu sans autre discussion.)

391. Pourra néanmoins le père nommer à la mère survivante et tutrice, un conseil spécial, sans l'avis duquel elle ne pourra faire aucun acte relatif à la tutelle.

Si le père spécifie les actes pour lesquels le conseil sera nommé, la tutrice sera habile à faire les autres sans son assistance.

392. Cette nomination de conseil ne pourra être faite que de l'une des manières suivantes :

1°. Par acte de dernière volonté ;

2°. Par une déclaration faite ou devant le juge de paix assisté de son greffier, ou devant notaires (2).

(Ces deux articles ont été ajoutés d'après la discussion qui a eu lieu sous l'article précédent.)

393. Si, lors du décès du mari, la femme est enceinte, il sera nommé un curateur au ventre par le conseil de famille.

A la naissance de l'enfant, la mère en deviendra tutrice, et le curateur en sera de plein droit le subrogé tuteur.

VII. *Si lors du décès du mari la femme reste enceinte, il sera nommé un curateur à l'enfant à naître.*

---

(1) Sur la proposition de M. *Bigot-Préameneu*, on renvoie à la section de l'administration du tuteur l'article VI ainsi conçu : *Le père tuteur et la mère tutrice sont tenus de faire procéder à un inventaire, à moins qu'il n'y ait exception à ce sujet, portée soit au contrat de mariage, soit au testament, dont, en ce cas, les dispositions seront suivies.*

Ils doivent faire procéder par un conseil de famille, composé comme il sera dit ci-après, à la nomination d'un subrogé tuteur.

(Cet article a été ensuite retranché. Voyez néanmoins les articles 451 et 600).

(2) Le testament par défaut de formalités peut-il, relativement à la nomination du Conseil, être considéré comme une déclaration telle que l'exige le § II de cet article ?

MINORITÉ, TUTELLE, ÉMANCIPATION. 501

A la naissance de l'enfant, la mère en deviendra tutrice, et le curateur en sera de plein droit le subrogé tuteur.

M. Tronchet demande qu'on emploie dans cet article l'expression *curateur au ventre.* Elle est en usage dans la langue des lois ; elle est d'ailleurs plus laconique et désigne mieux les fonctions de curateur que celle de curateur à l'enfant à naître, qui semble supposer que le curateur ne doive s'occuper de l'enfant qu'après sa naissance, tandis que sa surveillance a également pour objet d'empêcher la supposition d'enfant.

L'article est adopté avec cet amendement.

394. La mère n'est point tenue d'accepter la tutelle; néanmoins, et en cas qu'elle la refuse, elle devra en remplir les devoirs jusqu'à ce qu'elle ait fait nommer un tuteur (1).

(Cet article, le IXe. du projet, fut adopté sans discussion.)

395. Si la mère tutrice veut se remarier, elle devra, avant l'acte de mariage, convoquer le conseil de famille, qui décidera si la tutelle doit lui être conservée.

A défaut de cette convocation, elle perdra la tutelle de plein droit ; et son nouveau mari sera solidairement responsable de toutes les suites de la tutelle qu'elle aura indûment conservée.

396. Lorsque le conseil de famille, dûment convoqué, conservera la tutelle à la mère, il lui donnera nécessairement pour co-tuteur le second mari, qui deviendra solidairement responsable, avec sa femme, de la gestion postérieure au mariage.

X. *Le père qui se remarie conserve la tutelle ; elle cesse à l'égard de la mère qui contracte un second mariage.*

M. Tronchet observe que cet article décide deux questions : d'un

---

(1) Après la conférence tenue avec le Tribunat, on voit l'article VIII retranché sans discussion ; il était ainsi conçu : *Quand il existera d'autres enfans, le subrogé tuteur remplira en même tems les fonctions de curateur.*

côté, il prive dans tous les cas, de la tutelle, la mère qui se remarie ; de l'autre, il n'en prive jamais le père remarié.

Les rédacteurs du projet de Code civil avaient suivi la jurisprudence, qui prive toujours de la tutelle la mère remariée, parce qu'en effet, de sa part, le convol en secondes noces suppose que sa tendresse pour ses enfans est diminuée.

Un second mariage peut faire douter aussi de l'affection du père, et il est des circonstances où ce doute se convertit en certitude : tel serait le cas où un homme opulent épouserait sa servante. D'après ces considérations, les rédacteurs proposaient d'obliger le père à déclarer à la famille le mariage qu'il se propose de contracter, et d'autoriser la famille à décider s'il doit conserver la tutelle.

M. Tronchet voudrait que le père et la mère fussent également soumis à cette formalité, et que lorsqu'ils l'auraient négligée, ils fussent privés de la tutelle.

M. Berlier dit que c'est d'après les observations de quelques tribunaux d'appel, que la section s'est écartée du système des rédacteurs du projet de Code civil par rapport au père. L'on a craint qu'un conseil de famille injuste ou prévenu n'empêchât un mariage projeté pour l'intérêt même des enfans. Il a semblé, d'ailleurs, trop dur de faire dépendre du consentement d'une famille, un droit que le père tient directement de la loi.

Quant aux mères remariées, pourquoi les priverait-on indistinctement de la tutelle, même lorsqu'elle l'ont bien administrée ? Sur ce point l'opinion personnelle de M. Berlier serait qu'elles ne fussent point exposées à perdre la tutelle par le seul fait d'un second mariage : n'est-ce point assez, continue-t-il, qu'en ce cas elles perdent les revenus des biens de leurs enfans ? Avec un tel frein, les mères d'enfans riches se remarieront bien rarement : quant aux veuves d'artisans, laboureurs, etc., il importe qu'elles se remarient, même pour l'intérêt de leurs enfans en bas âge, qui retrouvent un appui dans le second mari de leur mère.

M. Bigot-Préameneu dit qu'il existe entre le père et la mère une différence qu'il importe de ne pas perdre de vue. Le père, en se remariant, demeure le maître de ses affaires ; il n'a besoin que de lui-même pour opérer le bien de ses enfans : au contraire, la mère qui se remarie cesse de s'appartenir. Ainsi, si on lui laisse la tutelle, il convient de rendre du moins son mari responsable.

M. Bigot-Préameneu propose de rétablir les art. X, XI, XII et XIII du projet de Code civil, lesquels sont ainsi conçus :

X. *Si le père veut se remarier, il est tenu avant l'acte de mariage, de convoquer le conseil de famille, qui décide si la tutelle doit lui être conservée.*

Il en est de même de la mère.

XI. *Si le père n'a pas rempli l'obligation qui lui est imposée par le précédent article, il est privé de plein droit de la jouissance des biens de ses enfans mineurs, et devient comptable à partir du jour de la célébration de son second mariage.*

XII. *Si c'est la mère qui s'est remariée sans avoir rempli la même obligation, la tutelle ne peut lui être conservée, et son nouveau mari est solidairement responsable de sa gestion, à compter du jour de l'acte de mariage.*

XIII. *Le conseil de famille ne peut conserver la tutelle à la mère qui se remarie après avoir rempli l'obligation prescrite par l'art. X, qu'en lui donnant pour co-tuteur ce second mari, qui devient solidairement responsable de la gestion.*

Le consul CAMBACÉRÈS dit qu'il serait bien dur d'obliger le père à soumettre à la famille le mariage qu'il se propose de contracter.

Mais au lieu de soumettre le père à la formalité humiliante de l'aveu de la famille sur son mariage, ne pourrait-on pas donner une action à la famille, ou plutôt encore au ministère public, pour le faire déclarer déchu de la tutelle, si son nouveau mariage, compromettait, en effet, les intérêts de ses enfans ? A l'égard de la mère, le père devrait être autorisé à lui ôter, par son testament, jusqu'au titre de tutrice, dans le cas où elle se remarierait. Si le père n'avait rien statué, ou qu'on crût devoir refuser au père le droit dont on vient de parler, il faudrait que la mère fût obligée à consulter la famille sur son mariage, et que l'omission de cette formalité rendît son second mari responsable de la gestion.

Il est des dispositions très-sages dans les articles que M. Bigot-Préameneu vient de rappeler ; mais il n'est pas juste de confondre le père et la mère, car le mariage du père ne change pas l'état de la famille : elle conserve toujours le même chef, tandis que la mère remariée passe dans une autre famille, et sous l'autorité de son second mari. Cette distinction a déjà servi de base aux articles adoptés au titre *de la Puissance paternelle*, aux termes desquels le père remarié conserve la jouissance des biens de ses enfans, tandis qu'au contraire la mère les perd si elle contracte un second mariage.

M. Berlier dit qu'on pourrait retrancher du titre toutes les dispositions relatives au père remarié. Il demeurerait sous l'empire des principes généraux qui privent de la tutelle pour inconduite, mauvaise administration et autres cas déterminés. La loi ne s'expliquerait donc que sur la mère remariée, et alors on pourrait adopter les dispositions du projet de Code civil qui la concernent.

Toutes ces observations sont renvoyées à la section.

SECTION II.

DE LA TUTELLE DÉFÉRÉE PAR LE PÈRE OU LA MÈRE.

397. Le droit individuel de choisir un tuteur parent, ou même étranger, n'appartient qu'au dernier mourant des père et mère.

(Cet article était le XIe. du projet.)

Le consul Cambacérès demande si la mère conserve le droit de nommer le tuteur lorsqu'elle a été elle-même privée de la tutelle, ou lorsqu'elle est remariée ?

Dans ce dernier cas, lui sera-t-il permis de faire porter son choix sur son second mari ?

M. Tronchet propose de n'accorder à la mère le droit de nommer le tuteur que lorsqu'elle-même est tutrice.

Le consul Cambacérès dit que la seconde des questions qu'il a proposées reste encore à décider.

Il ne voudrait pas que la loi prononçât l'exclusion du second mari, mais que sa nomination pût être contestée par la famille : les tribunaux prononceraient.

M. Tronchet dit que la difficulté vient de ce qu'on a supprimé les dispositions présentées dans le projet de Code civil, suivant lesquelles le tuteur nommé par la mère devait être confirmé par la famille, lorsqu'il n'y avait pas contre lui de causes d'exclusion.

M. Berlier dit que les causes d'exclusion existant pour tous les tuteurs, la confirmation de la famille est inutile à l'égard de celui auquel elles ne peuvent être appliquées, et que, si l'on entend que la famille peut rejeter sans motifs celui que la loi n'exclut pas, c'est ré-

duire

MINORITÉ, TUTELLE, ÉMANCIPATION.

duire l'élection faite par la mère à une simple désignation. Cette réponse à l'observation générale, de M. Tronchet, n'empêche pas qu'on n'examine la question particulière proposée par le Consul.

M. Treilhard dit que le projet ne s'éloigne pas de l'idée du consul Cambacérès. Il n'exclut pas de la tutelle le second mari de la mère; mais il oblige la mère tutrice à faire agréer la famille le mari qu'elle choisit. Ainsi la famille défère à celui-ci la tutelle. Il est vrai qu'il peut s'être depuis rendu indigne de la confiance qu'il avait d'abord méritée; mais les causes d'exclusion remédient à cet inconvénient.

M. Bigot-Préameneu dit que le consentement de la famille au mariage ne doit pas empêcher de soumettre à sa confirmation le choix de la mère, si, en mourant, elle nomme son second mari tuteur. En effet, lorsque la famille a consenti à ce que la mère, en se remariant, conservât la tutelle, elle a pu être rassurée par la confiance qu'elle avait en la mère elle-même; on ne doit pas en conclure qu'elle aura nécessairement la même confiance dans son second mari, quand il demeurera seul tuteur.

L'article est adopté avec l'amendement que la nomination faite par la mère, de son second mari, sera soumise à la confirmation de la famille, et que la femme remariée, non maintenue dans la tutelle de ses enfans ne peut leur choisir un tuteur. (Voyez les art. 399 et 400).

398. Ce droit ne peut être exercé que dans les formes prescrites par l'article 392, et sous les exceptions et modifications ci-après.

(Cet article, le XIIe. du projet, fut adopté sans discussion.)

399. La mère remariée et non maintenue dans la tutelle des enfans de son premier mariage, ne peut leur choisir un tuteur.

400. Lorsque la mère remariée, et maintenue dans la tutelle, aura fait choix d'un tuteur aux enfans de son premier mariage, ce choix ne sera valable qu'autant qu'il sera confirmé par le conseil de famille.

Ces deux articles sont le résultat de la discussion qui a eu lieu sur l'art. 397. (Voyez la discussion sur cet article).

401. Le tuteur élu par le père ou la mère n'est pas tenu d'accepter la tutelle, s'il n'est d'ailleurs dans la classe des personnes qu'à défaut de cette élection spéciale le conseil de famille eût pu en charger.

(Cet article, le XIIIe. du projet, fut adopté sans discussion.)

SECTION III.

DE LA TUTELLE DES ASCENDANS.

402. Lorsqu'il n'a pas été choisi au mineur un tuteur par le dernier mourant de ses père et mère, la tutelle appartient de droit à son aïeul paternel; à défaut de celui-ci, à son aïeul maternel, et ainsi en remontant, de manière que l'ascendant paternel soit toujours préféré à l'ascendant maternel du même degré.

403. Si, à défaut de l'aïeul paternel et de l'aïeul maternel du mineur, la concurrence se trouvait établie entre deux ascendans du degré supérieur qui appartinssent tous deux à la ligne paternelle du mineur, la tutelle passera de droit à celui des deux qui se trouvera être l'aïeul paternel du père du mineur.

404. Si la même concurrence a lieu entre deux bisaïeuls de la ligne maternelle, la nomination sera faite par le conseil de famille, qui ne pourra néanmoins que choisir l'un de ces deux ascendans.

(Cette section n'avait que l'art. suivant dans le projet).

XIV. *Lorsque l'enfant mineur n'a ni père ni mère, et qu'il ne lui a pas été choisi un tuteur par le dernier mourant de ses père et mère, la tutelle appartient de droit à son plus proche ascendant mâle.*

En cas de concours de deux ascendans au même degré, la tutelle est dévolue à l'ascendant paternel : il sera procédé au choix du subrogé tuteur comme en l'article précédent.

M. BERLIER fait remarquer au Conseil que cet article diffère du projet de Code civil, en ce que la confirmation de la famille n'est pas exigée.

Peut-être, dit-il, est-ce trop donner aux ascendans, souvent très-âgés et peu habiles.

M. Tronchet dit qu'il existe entre les deux projets une différence encore plus importante : elle consiste en ce que la section exclut les aïeules de la tutelle de droit, tandis qu'elles y étaient appelées par le projet de Code civil.

M. Berlier répond que l'intention de la section n'a pas été d'exclure absolument les aïeules de la tutelle, mais qu'il lui a paru dangereux d'admettre de plein droit des personnes en qui la faiblesse du sexe est jointe à la faiblesse de l'âge. En leur ôtant la vocation de loi, on leur a laissé la faculté d'être nommées par le conseil de famille, qui appréciera celles qui peuvent porter un tel fardeau.

Le consul Cambacérès dit que, dans tous les cas, la préférence doit être accordée aux ascendans de la ligne paternelle, en déférant la tutelle à l'ascendant mâle, lorsqu'il est en concurrence avec sa femme; que l'esprit de famille ne peut être véritablement conservé que dans cette ligne; et que si cet avis n'est pas adopté, il faut rédiger l'article de manière à autoriser toutes les conventions qui dérogeront à la loi.

M. Berlier dit que la mère a des titres qui n'appartiennent pas à l'aïeule paternelle, ni même à aucun ascendant mâle de cette ligne : elle a porté l'enfant dans son sein, elle l'a élevé; elle doit nécessairement avoir pour lui une affection plus vive que l'ascendante d'un degré supérieur. En cette matière, la distinction des lignes n'est rien, et la mère d'ailleurs a, sur l'aïeule, l'avantage de n'être pas affaiblie par les années.

M. Portalis dit que la question est oiseuse, parce que l'aïeule s'excusera d'accepter la tutelle lorsqu'elle ne se sentira pas assez de force pour la gérer.

M. Treilhard dit qu'on doit craindre que des conseils perfides et intéressés ne déterminent l'aïeule à se charger de la tutelle, quoiqu'elle soit très-incapable.

M. Réal dit que cette considération doit faire préférer les dispositions du projet du Code civil.

M. Berlier dit qu'une aïeule n'est pas toujours d'un âge assez avancé pour qu'il lui soit impossible d'administrer la tutelle. C'est par cette raison que le projet permet qu'elle soit nommée tutrice, s'il n'y a pas d'autres tuteurs *légitimes*; mais il reste à examiner si en étendant ses droits on la fera concourir avec les ascendans mâles, ou si la tutelle sera, à son égard, légitime et nécessaire, ou seulement dative.

M. Bigot-Préameneu rappelle que le projet du Code civil fait intervenir la famille pour prononcer sur le concours entre l'ascendant et l'ascendante.

M. Tronchet accorde que les ascendantes ne soient exclues que lorsqu'il y a des ascendans ; mais il reste à décider si l'aïeul d'un degré plus éloigné, exclura l'aïeule d'un degré plus proche.

M. Treilhard dit que la tutelle est un office viril ; la mère n'y est appelée que par une exception qu'il serait peut-être convenable de faire disparaître, à plus forte raison n'y faut-il pas appeler l'aïeule.

Le consul Cambacérès dit que dans son opinion, la mère elle-même devrait être exclue de la tutelle, en lui laissant cependant la garde de ses enfans.

Toutes ces observations sont renvoyées à la section.

(Les changemens faits, ont eu lieu sans autre discussion.)

SECTION IV.

DE LA TUTELLE DÉFÉRÉE PAR LE CONSEIL DE FAMILLE.

405. Lorsqu'un enfant mineur et non émancipé restera sans père ni mère, ni tuteur élu par ses père ou mère, ni ascendans mâles, comme aussi lorsque le tuteur de l'une des qualités ci-dessus exprimées se trouvera ou dans le cas des exclusions dont il sera parlé ci-après, ou valablement excusé, il sera pourvu, par un conseil de famille, à la nomination d'un tuteur.

406. Ce conseil sera convoqué soit sur la réquisition et à la diligence des parens du mineur, de ses créanciers ou d'autres parties intéressées, soit même d'office et à la poursuite du juge de paix du domicile du mineur. Toute personne pourra dénoncer à ce juge de paix le fait qui donnera lieu à la nomination d'un tuteur.

XV. *Lorsqu'il y a lieu de donner un tuteur à un mineur, le juge-de-paix de son domicile peut, d'office convoquer le conseil de famille.*

MINORITÉ, TUTELLE, ÉMANCIPATION.

XVI. *Tous créanciers du mineur, ou autres parties intéressées, peuvent en requérir le juge-de-paix, à la charge d'avancer les frais.*

XVII. *L'obligation de provoquer, dans le plus bref délai, la convocation du conseil de famille, est spécialement imposée aux parens et alliés mâles et majeurs résidans dans le canton ou arrondissement de justice de paix où le mineur est domicilié.*

Si le défaut ou le retard de cette convocation a porté préjudice aux intérêts du mineur, lesdits parens et alliés en seront responsables dans l'ordre de la proximité de leurs degrés, en sorte que ceux du degré plus éloigné ne soient atteints qu'en cas d'insolvabilité de ceux du degré plus prochain.

M. Tronchet observe sur l'article XVII, qu'il est nécessaire d'examiner d'abord si la responsabilité sera nécessaire entre parens au même degré.

M. Defermon dit que si la responsabilité n'était ainsi réglée, les parens du degré le plus éloigné en porteraient le poids autant que ceux du degré le plus proche.

M. Bigot-Préameneu dit que la section a entendu proposer qu'il y aurait responsabilité solidaire entre les parens de chaque degré, mais qu'elle serait bornée aux parens résidans dans l'arrondissement.

M. Treilhard pense que cette limitation aux parens présens est indispensable; il serait possible en effet que les autres ignorassent la mort du père. D'ailleurs, comme le juge doit convoquer d'office, on peut, sans exposer les intérêts du mineur, restreindre l'obligation des parens.

Le consul Cambacérès dit que la nouvelle organisation des justices de paix ayant donné plus d'étendue aux arrondissemens, il arrivera souvent que tous les parens domiciliés dans le même ressort, ne seront réellement pas instruits de la mort du père, et qu'ainsi l'article deviendra injuste à leur égard. Cette considération doit décider à ne rendre indéfiniment responsable que les parens qui se trouvent dans la résidence du défunt, et les autres en cas de négligence seulement. Une disposition plus étendue serait véxatoire; elle exposerait des parens de bonne foi à se voir recherchés, après un laps de tems considérable, pour n'avoir pas fait des actes conservatoires dont ils ignoraient la nécessité.

Il n'en est pas ici comme dans le cas d'une assemblée de famille; tous ceux qui doivent se trouver à une telle assemblée, ayant été avertis, n'ont pas d'excuse, et sont punissables s'ils ne s'y rendent.

M. Bigot-Préameneu voudrait que la responsabilité ne portât que sur les plus proches parens qui se trouvent dans sa résidence.

M. Treilhard dit qu'elle doit s'étendre même aux plus éloignés, pourvu qu'ils soient dans la résidence, et en suivant l'ordre établi par le projet.

M. Bigot-Préameneu met peu de confiance dans la solidarité : en général elle est nulle. Dans la ci-devant Bretagne, où elle était établie, les juges la trouvaient si dure, qu'ils en affranchissaient toujours sous quelque prétexte. Quant à la responsabilité personnelle, il est inutile que la loi s'en explique, puisqu'elle est de droit.

M. Thibaudeau dit que la responsabilité qu'on propose présente beaucoup de difficultés. On pourrait charger le juge de paix de convoquer la famille, ou l'officier de l'état civil de donner avis du décès aux parens.

M. Treilhard observe que les parens peuvent n'être pas connus de l'officier de l'état civil.

M. Tronchet dit que la responsabilité, faute de convocation, lui a toujours paru avoir des inconvéniens ; et d'ailleurs l'expérience en a prouvé l'inutilité. Elle n'avait lieu en effet que dans la ci-devant Bretagne ; et cependant, dans toutes les autres parties de la France, les intérêts des mineurs n'étaient pas compromis, parce que le ministère public veillait pour eux et fesait apposer les scellés.

Les articles sont renvoyés à la section pour les rédiger d'après les amendemens proposés par le consul Cambacérès.

(Les changemens faits ont eu lieu sans autre discussion).

407. Le conseil de famille sera composé, non compris le juge de paix, de six parens ou alliés, pris tant dans la commune ou la tutelle sera ouverte que dans la distance de deux myriamètres, moitié du côté paternel, moitié du côté maternel, et en suivant l'ordre de proximité dans chaque ligne.

Le parent sera préféré à l'allié du même degré ; et, parmi les parens de même degré, le plus âgé, à celui qui le sera le moins.

408. Les frères germains du mineur et les maris des

sœurs germaines sont seuls exceptés de la limitation de nombre posée en l'article précédent.

S'ils sont six, ou au-delà, ils seront tous membres du conseil de famille, qu'ils composeront seuls, avec les veuves d'ascendans et les ascendans valablement excusés s'il y en a.

S'ils sont en nombre inférieur, les autres parens ne seront appelés que pour compléter le conseil.

Ces deux articles sont formés de l'art. XVIII, ainsi conçu :

Le conseil de famille sera composé de six parens ou alliés au plus, et de quatre au moins, dont moitié du côté paternel et moitié du côté maternel, pris parmi ceux qui résident dans l'arrondissement communal ou de sous-préfecture.

Le juge de paix pourra néanmoins, lorsqu'il croira que le bien du mineur le requiert, faire citer au conseil, de proches parens qui seraient domiciliés hors de l'arrondissement communal.

M. BIGOT-PRÉAMENEU demande que le conseil de famille soit toujours formé en nombre impair.

Le consul CAMBACÉRÈS ne voudrait pas que tous les parens fussent appelés, quel que soit leur degré ; il voudrait qu'on appelât les plus proches, fussent-ils même hors de l'arrondissement ; autrement il pourrait arriver que des frères même se trouveraient exclus de l'assemblée, et des parens des degrés plus éloignés ne seraient convoqués que jusqu'à concurrence d'un certain nombre. Les parens résidant hors de l'arrondissement pourraient proposer leur excuse et seraient remplacés par ceux du degré subséquent. On ferait concourir les parens de chaque ligne dans une proportion aussi égale qu'il serait possible, et le concours entre les degrés de chaque ligne serait réglé : on pourrait, par exemple, appeler ensemble les frères et les oncles.

L'article sera rédigé conformément à ces amendemens.

409. Lorsque les parens ou alliés de l'une ou de l'autre ligne se trouveront en nombre insuffisant sur les lieux, ou dans la distance désignée par l'article 407, le juge de paix appellera, soit des parens ou alliés domiciliés à de plus grandes distances, soit, dans la com-

mune même, des citoyens connus pour avoir eu des relations habituelles d'amitié avec le père ou la mère du mineur.

XIX. *Les membres du conseil de famille seront désignés par le juge de paix, en observant l'ordre de proximité.*

A défaut de parens ou alliés, en nombre suffisant, soit dans les deux lignes, soit dans l'une des deux, il sera pourvu à leur remplacement par des voisins ou amis également désignés par le juge de paix.

Le consul CAMBACÉRÈS demande que la convocation ne soit pas étendue aux voisins. Les rapports de voisinage ne sont plus d'aucune considération dans les mœurs actuelles. Or, il serait injuste de soumettre à une responsabilité gênante, des citoyens que le hasard fait demeurer quelquefois momentanément auprès du père décédé, et qui leur était peut-être inconnu. Il n'en est pas de même des amis, ou du moins de ceux qui avaient des rapports habituels avec le décédé. Ceux-ci pourraient être appelés ; et la commune renommée, ainsi que la déclaration des gens de la maison, suffiraient pour les faire connaître.

M. TRONCHET propose de faire désigner par le juge de paix ceux qui doivent former l'assemblée.

M. TREILHARD pense que ce choix ne devrait avoir tout au plus lieu que sur une liste fournie par les parens, c'est-à-dire, par ceux qui ont intérêt à la nomination du tuteur.

L'article est adopté avec l'amendement proposé par le Consul.

410. Le juge de paix pourra, lors même qu'il y aurait sur les lieux un nombre suffisant de parens ou alliés, permettre de citer, à quelque distance qu'ils soient domiciliés, des parens ou alliés plus proches en degrés ou de mêmes degrés que les parens ou alliés présens ; de manière toutefois que cela s'opère en retranchant quelques-uns de ces derniers, et sans excéder le nombre réglé par les précédens articles.

(Cet article fut ajouté lors de la rédaction définitive et adopté sans discussion).

411. Le délai pour comparaître sera réglé par le juge de

MINORITÉ, TUTELLE, ÉMANCIPATION.

de paix à jour fixe, mais de manière qu'il y ait toujours, entre la citation notifiée et le jour indiqué pour la réunion du conseil, un intervalle de trois jours au moins, quand toutes les parties citées résideront dans la commune, ou dans la distance de deux myriamètres.

Toutes les fois que, parmi les parties citées, il s'en trouvera de domiciliées au-delà de cette distance, le délai sera augmenté d'un jour par trois myriamètres.

(Cet article, le XXe. du projet, fut adopté sans discussion).

412. Les parens, alliés ou amis, ainsi convoqués, seront tenus de se rendre en personne, ou de se faire représenter par un mandataire spécial.

Le fondé de pouvoir ne peut représenter plus d'une personne.

413. Tout parent, allié ou ami, convoqué, et qui, sans excuse légitime, ne comparaîtra point, encourra une amende qui ne pourra excéder cinquante francs, et sera prononcée sans appel par le juge de paix.

Ces deux articles sont formés de l'article suivant.

XXI. *Tout parent, allié ou ami convoqué, et qui, sans excuse légitime, ne comparaîtra point, encourra une amende qui ne pourra excéder cinquante francs, et sera prononcée sans appel par le juge de paix.*

M. Bigot-Préameneu propose d'autoriser les parens à comparaître par un fondé de pouvoir.

Le consul Cambacérès dit que si cette facilité leur était refusée, les plus proches parens se trouveraient quelquefois dans l'impossibilité de concourir au choix du tuteur. Cependant, ajoute le Consul, afin que la nomination ne soit pas remise à l'arbitrage d'un seul ou d'un trop petit nombre d'électeurs, il conviendra de ne pas permettre que plusieurs se fassent représenter par le même fondé de pouvoir.

M. Berlier dit qu'on pourrait échapper à l'inconvénient dont a parlé le Consul, en exigeant que chaque procuration désignât l'individu qu'entend élire le parent qui la donne.

Le consul Cambacérès répond que le fondé de pouvoir doit être autorisé à voter, parce que c'est la délibération qui détermine le choix. D'ailleurs, si celui qui est nommé s'excuse, il importe qu'on le remplace aussitôt.

L'article est adopté avec les amendemens proposés par le consul Cambacérès et par M. Bigot-Préameneu.

Séance du 29 Vendémiaire an 11.

414. S'il y a excuse suffisante, et qu'il convienne, soit d'attendre le membre absent, soit de le remplacer ; en ce cas, comme en tout autre où l'intérêt du mineur semblera l'exiger, le juge de paix pourra ajourner l'assemblée ou la proroger.

(Cet article, le XXIIe. du projet, fut adopté sans discussion).

415. Cette assemblée se tiendra de plein droit chez le juge de paix, à moins qu'il ne désigne lui-même un autre local. La présence des trois quarts au moins de ses membres convoqués, sera nécessaire pour qu'elle délibère.

(Cet article, le XXIIIe. du projet, fut adopté sans discussion).

416. Le conseil de famille sera présidé par le juge de paix, qui y aura voix délibérative, et prépondérante en cas de partage.

XXIV. *Lorsque le conseil de famille sera assemblé, les fonctions du juge de paix se borneront à la direction et à la rédaction des délibérations de ce conseil.*

En cas de partage, et si le conseil de famille ne peut s'accorder sur le choix du départageant, il sera nommé par le juge de paix.

M. Tronchet propose de charger le juge de paix de départager : la nomination de tutelle serait trop différée s'il fallait s'en rapporter à un autre départageant ; car il ne serait pas naturel de choisir un membre de l'assemblée, et cependant, on ne pourrait appeler pour départager une personne absente sans recommencer la délibération en sa présence.

L'article est adopté avec l'amendement de M. Tronchet.

(L'article est reproduit tel qu'il est dans le texte).

MINORITÉ, TUTELLE, ÉMANCIPATION.

M. Tronchet observe qu'il serait nécessaire d'expliquer où le tuteur sera nommé.

Séance du 18 Frimaire an 11.

M. Berlier dit que ces détails obligeraient de trop multiplier les articles du titre.

Le Conseil arrête qu'ils seront rejetés dans une loi organique.

417. Quand le mineur, domicilié en France, possédera des biens dans les colonies, ou réciproquement, l'administration spéciale de ces biens sera donnée à un protuteur.

En ce cas, le tuteur et le protuteur seront indépendans, et non responsables l'un envers l'autre pour leur gestion respective.

XXVIII. *Quand le mineur domicilié en France possédera des biens dans les colonies, ou réciproquement, le tuteur pourra requérir les parens ou amis du lieu où sont situés les biens d'outre-mer, de nommer un protuteur pour l'administration spéciale de ces biens.*

En ce cas, le tuteur et le protuteur seront indépendans, et non responsables l'un envers l'autre, pour leur gestion respective.

M. Tronchet propose de faire toujours nommer le tuteur par les membres de la famille résidant au lieu où la succession est ouverte, parce qu'il peut arriver qu'un mineur résidant en France n'ait point de parens dans les colonies où une partie de ses biens est située, et réciproquement.

Le consul Cambacérès propose de décider que si le pupille réside en France, ses parens de France nomment le tuteur qui gérera ses biens dans les colonies; que si ce tuteur s'excuse, il sera pourvu sur les lieux à son remplacement.

L'article est adopté avec cet amendement (1).

---

(1) XXVII. *Lorsqu'une partie des biens du mineur sera située dans des départemens continentaux trop éloignés de son domicile, le tuteur pourra nommer un ou plusieurs administrateurs particuliers salariés et gérant sous sa surveillance.*

M. Treilhard pense que le tuteur ne doit user que sous l'autorisation de la famille, de la faculté que lui accorde cet article; autrement il pourrait consumer en frais le patrimoine du mineur.

418. Le tuteur agira et administrera, en cette qualité, du jour de sa nomination, si elle a lieu en sa présence, sinon, du jour qu'elle lui aura été notifiée.

(Cet article, le XXXIe. du projet, fut adopté sans discussion).

419. La tutelle est une charge personnelle qui ne passe point aux héritiers du tuteur. Ceux-ci seront seulement responsables de la gestion de leur auteur; et s'ils sont majeurs, ils seront tenus de la continuer jusqu'à la nomination d'un nouveau tuteur.

(Cet article, le XXXIIe. du projet, fut adopté sans discussion).

SECTION V.

DU SUBROGÉ TUTEUR.

420. Dans toute tutelle il y aura un subrogé tuteur, nommé par le conseil de famille.

Ses fonctions consisteront à agir pour les intérêts du

M. BERLIER répond que, lors du compte de tutelle, ces frais d'administration ne lui seraient pas alloués en dépense s'ils étaient jugés inutiles.

L'article est adopté avec l'amendement de M. *Treilhard*; néanmoins il a été supprimé.

XXIX. *Nul ne peut être contraint d'accepter la tutelle, s'il n'est du nombre de ceux qui ont été assignés pour composer le conseil de famille.*

M. BIGOT-PRÉAMENEU demande la suppression de cet article; il observe que la disposition qu'il renferme fournirait un motif de refus aux parens les plus proches, car il peut arriver qu'ils n'aient pas été appelés à l'assemblée : si l'absent peut alléguer une excuse valable, il sera libre de refuser la tutelle.

M. TREILHARD ajoute que d'ailleurs il est possible que tous les individus appelés à l'assemblée, ou soient incapables de la tutelle, ou aient le droit de refuser.

Le consul CAMBACÉRÈS consent à la suppression de l'article, pourvu que l'on conserve à l'absent le droit de s'excuser lorsqu'il y aura des parens plus proches capables de la tutelle.

L'article est supprimé.

La proposition du Consul est adoptée et renvoyée à la section VI. (Voyez l'art. 432).

XXX. *L'ami ou voisin ne peut y être contraint qu'à défaut absolu de parens ou alliés capables d'exercer la tutelle.* (Cet article est supprimé).

mineur, lorsqu'ils seront en opposition avec ceux du tuteur.

(Cet article, formé du §. 1 de l'art., fut adopté sans discussion).

421. Lorsque les fonctions du tuteur seront dévolues à une personne de l'une des qualités exprimées aux sections I, II et III du présent chapitre, ce tuteur devra, avant d'entrer en fonction, faire convoquer, pour la nomination du subrogé tuteur, un conseil de famille composé comme il est dit en la section IV.

S'il s'est ingéré dans la gestion avant d'avoir rempli cette formalité, le conseil de famille, convoqué soit sur la réquisition des parens, créanciers ou autres parties intéressées, soit d'office par le juge de paix, pourra, s'il y a eu dol de la part du tuteur, lui retirer la tutelle, sans préjudice des indemnités dues au mineur.

(Cet article a été ajouté, et adopté sans discussion lors de la rédaction définitive).

422. Dans les autres tutelles, la nomination du subrogé tuteur aura lieu immédiatement après celle du tuteur.

(Cet article, formé du §. 2 de l'art. XXV, fut adopté sans discussion).

423. En aucun cas, le tuteur ne votera pour la nomination du subrogé tuteur, lequel sera pris, hors le cas de frères germains, dans celle des deux lignes à laquelle le tuteur n'appartiendra point.

424. Le subrogé tuteur ne remplacera pas de plein droit le tuteur, lorsque la tutelle deviendra vacante, ou qu'elle sera abandonnée par absence; mais il devra, en ce cas, sous peine des dommages et intérêts qui pourraient en résulter pour le mineur, provoquer la nomination d'un nouveau tuteur.

425. Les fonctions du subrogé tuteur cesseront à la même époque que la tutelle.

(Ces trois articles ont été adoptés sans discussion).

426. Les dispositions contenues dans les sections VI et VII du présent chapitre, s'appliqueront aux subrogés tuteurs.

Néanmoins le tuteur ne pourra provoquer la destitution du subrogé tuteur, ni voter dans les conseils de famille qui seront convoqués pour cet objet.

(Cet article fut ajouté lors de la rédaction définitive, et adopté sans discussion).

SECTION VI.

DES CAUSES QUI DISPENSENT DE LA TUTELLE.

427. Sont dispensés de la tutelle,

Les membres des autorités établies par les titres II, III et IV de l'acte constitutionnel;

Les juges au tribunal de cassation, commissaire et substituts près le même tribunal;

Les commissaires de la comptabilité nationale;

Les préfets;

Tous citoyens exerçant une fonction publique dans un département autre que celui où la tutelle s'établit.

(Cet article, le XXXIIIe. du projet, fut adopté sans discussion.)

428. Sont également dispensés de la tutelle,

Les militaires en activité de service, et tous autres citoyens qui remplissent, hors du territoire de la république, une mission du gouvernement.

429. Si la mission est non authentique, et contestée, la dispense ne sera prononcée qu'après que le gouver-

nement se sera expliqué par la voie du ministre dans le département duquel se placera la mission articulée comme excuse.

Ces deux articles sont formés de l'article suivant :
XXXIV. *Sont également dispensés de la tutelle,*
Les militaires en activité de service, et ceux qui remplissent hors le territoire de la république une mission du Gouvernement.

M. Treilhard trouve cet article trop vague. Un citoyen capable d'être tuteur peut être chargé, au moment de la nomination, d'une mission de très-courte durée. Il ne serait pas juste qu'elle devînt pour lui une excuse. Il y a d'ailleurs des missions secrètes qui ne peuvent être alléguées.

Le consul Cambacérès dit que tout se concilierait, si l'on faisait dépendre de la volonté du Gouvernement l'application de l'excuse : ce serait le Gouvernement qui, d'après la connaissance qu'il aurait de la nature et de la durée de la mission, déciderait si elle doit excuser de la tutelle.

M. Bérenger dit que l'intérêt public a toujours été un motif de dispenser de la tutelle : il doit, sans doute, l'emporter sur l'intérêt particulier du mineur. Il est même des circonstances où l'on ne pourrait, sans injustice, faire céder à cet intérêt du mineur l'intérêt du tuteur élu; tel serait le cas où ce dernier ne pourrait gérer la tutelle, sans sacrifier son état et la subsistance de sa famille : il conviendrait donc de donner plus de latitude aux motifs de dispense.

L'article est adopté avec l'amendement proposé par le Consul.

430. Les citoyens de la qualité exprimée aux articles précédens, qui ont accepté la tutelle postérieurement aux fonctions, services ou missions qui en dispensent, ne seront plus admis à s'en faire décharger pour cette cause.

(Cet article, le XXXVe. du projet, fut adopté sans discussion.)

431. Ceux, au contraire, à qui lesdites fonctions, services ou missions, auront été conférés postérieurement à l'acceptation et gestion d'une tutelle, pourront,

s'ils ne veulent la conserver, faire convoquer, dans le mois, un conseil de famille, pour y être procédé à leur remplacement.

Si, à l'expiration de ces fonctions, services ou missions, le nouveau tuteur réclame sa décharge, ou que l'ancien redemande la tutelle, elle pourra lui être rendue par le conseil de famille.

(Cet article, le XXXVIe. du projet, fut adopté sans discussion.)

432. Tout citoyen non parent ni allié ne peut être forcé d'accepter la tutelle, que dans le cas où il n'existerait pas, dans la distance de quatre myriamètres, des parens ou alliés en état de gérer la tutelle.

(Cet article fut ajouté lors de la rédaction définitive ; voyez aux notes, pag. 516, l'article XXIX du projet, et l'observation du consul Cambacérès).

433. Tout individu âgé de soixante-cinq ans accomplis peut refuser d'être tuteur. Celui qui aura été nommé avant cet âge, pourra, à soixante-dix ans, se faire décharger de la tutelle.

(Cet article, le XXXVIIe. du projet, fut adopté sans discussion.)

434. Tout individu atteint d'une infirmité grave et dûment justifiée, est dispensé de la tutelle.

Il pourra même s'en faire décharger, si cette infirmité est survenue depuis sa nomination.

(Cet article, le XXXVIIIe. du projet, fut adopté sans discussion.)

435. Deux tutelles sont, pour toutes personnes, une juste dispense d'en accepter une troisième (1).

Celui qui, époux ou père, sera déjà chargé d'une

---

(1) Une tutelle conditionnelle peut-elle compter ?

tutelle, ne pourra être tenu d'en accepter une seconde, excepté celle de ses enfans.

(Cet article, le XXXIX.e du projet, fut adopté sans discussion).

436. Ceux qui ont cinq enfans légitimes, sont dispensés de toute tutelle autre que celle desdits enfans.

Les enfans, morts en activité de service dans les armées de la république, seront toujours comptés pour opérer cette dispense.

Les autres enfans morts ne seront comptés qu'autant qu'ils auront eux-mêmes laissé des enfans actuellement existans.

(Cet article était le LX.e du projet).

M. REGNAUD (de Saint-Jean-d'Angely) demande si la disposition est bornée aux pères des militaires morts des suites de leurs blessures.

M. BERLIER répond qu'elle s'applique indistinctement aux pères de tous ceux qui sont morts au service de la république, quelle que soit la cause de leur mort.

L'article est adopté.

437. La survenance d'enfans pendant la tutelle ne pourra autoriser à l'abdiquer.

(Cet article, le XLI.e du projet, fut adopté sans discussion).

438. Si le tuteur nommé est présent à la délibération qui lui défère la tutelle, il devra sur-le-champ, et sous peine d'être déclaré non-recevable dans toute réclamation ultérieure, proposer ses excuses, sur lesquelles le conseil de famille délibérera.

(Cet article, le XLII.e du projet, fut adopté sans discussion).

439. Si le tuteur nommé n'a pas assisté à la délibération qui lui a déféré la tutelle, il pourra faire convoquer le conseil de famille pour délibérer sur ses excuses.

Ses diligences à ce sujet devront avoir lieu dans le

délai de trois jours, à partir de la notification qui lui aura été faite de sa nomination ; lequel délai sera augmenté d'un jour par trois myriamètres de distance du lieu de son domicile à celui de l'ouverture de la tutelle : passé ce délai, il sera non-recevable.

(Cet article, le XLIIIe. du projet, fut adopté sans discussion).

440. Si ces excuses sont rejetées, il pourra se pourvoir devant les tribunaux pour les faire admettre ; mais il sera, pendant le litige, tenu d'administrer provisoirement.

(Cet article, le XLIVe. du projet, fut adopté sans discussion).

441. S'il parvient à se faire exempter de la tutelle, ceux qui auront rejeté l'excuse, pourront être condamnés aux frais de l'instance.

S'il succombe, il y sera condamné lui-même.

(Cet article, le XLVe. du projet, fut adopté sans discussion).

SECTION VII.

DE L'INCAPACITÉ, DES EXCLUSIONS ET DESTITUTIONS DE LA TUTELLE.

442. Ne peuvent être tuteurs, ni membres des conseils de famille,

1°. Les mineurs, excepté le père ou la mère ;

2°. Les interdits ;

3°. Les femmes, autres que la mère et les ascendantes ;

4°. Tous ceux qui ont ou dont les père ou mère ont avec le mineur un procès dans lequel l'état de ce mineur, sa fortune, ou une partie notable de ses biens, sont compromis.

(Cet art., le XLVIe. du projet, fut adopté sans discussion).

443. La condamnation à une peine afflictive ou infamante emporte de plein droit l'exclusion de la tutelle. Elle emporte de même la destitution, dans le cas où il s'agirait d'une tutelle antérieurement déférée.

444. Sont aussi exclus de la tutelle, et même destituables, s'ils sont en exercice,

1°. Les gens d'une inconduite notoire (1);

2°. Ceux dont la gestion attesterait l'incapacité ou l'infidélité.

(Ces deux articles sont formés de l'article XLVIIe. du projet; ils ont été adoptés sans discussion).

445. Tout individu qui aura été exclus ou destitué d'une tutelle, ne pourra être membre d'un conseil de famille.

(Cet art., le XLVIIIe. du projet, fut adopté sans discussion).

446. Toutes les fois qu'il y aura lieu à une destitution de tuteur, elle sera prononcée par le conseil de famille, convoqué à la diligence du subrogé tuteur, ou d'office par le juge de paix.

Celui-ci ne pourra se dispenser de faire cette convocation, quand elle sera formellement requise par un ou plusieurs parens ou alliés du mineur, au degré de cousin germain ou à des degrés plus proches.

XLIX. *La poursuite de la destitution appartient au subrogé tuteur.*

Tout créancier ou parent du mineur peut aussi s'adresser au juge-de-paix, qui, lorsqu'il y aura lieu, convoquera le conseil de famille pour délibérer sur la destitution.

Le consul CAMBACÉRÈS demande pourquoi la section n'accorde pas aussi l'action en destitution aux parens les plus proches.

M. BERLIER répond qu'on a cru ne devoir imposer qu'au subrogé

_____
(1) Le père qui a été en faillite est-il exclus de la tutelle? — Décidé affirmativement par le tribunal de Dijon, le 28 prairial an 12.

tuteur l'obligation de poursuivre la destitution; mais qu'on n'a pas entendu exclure les parens les plus proches, de la faculté d'exercer cette action.

Le consul CAMBACÉRÈS pense qu'il serait utile de déclarer explicitement que les parens, jusqu'au degré de cousin germain inclusivement, ont le droit de poursuivre à leurs frais, devant les tribunaux, la destitution du tuteur. Ils déféreraient aux juges la délibération de la famille, si elle tendait à maintenir la tutelle à celui qui l'exercerait.

L'article est adopté avec l'amendement du Consul.

447. Toute délibération du conseil de famille qui prononcera l'exclusion ou la destitution du tuteur, sera motivée, et ne pourra être prise qu'après avoir entendu ou appelé le tuteur.

(Cet art., le L^e. du projet, fut adopté sans discussion).

448. Si le tuteur adhère à la délibération, il en sera fait mention, et le nouveau tuteur entrera aussitôt en fonctions.

S'il y a réclamation, le subrogé tuteur poursuivra l'homologation de la délibération devant le tribunal de première instance, qui prononcera sauf l'appel (1).

Le tuteur exclus ou destitué peut lui-même, en ce cas, assigner le subrogé tuteur pour se faire déclarer maintenu en la tutelle (2).

(Cet art., le LIe. du projet, fut adopté sans discussion).

449. Les parens ou alliés qui auront requis la convocation, pourront intervenir dans la cause, qui sera instruite et jugée comme affaire urgente.

(Cet article, le LIIe. du projet, fut adopté sans discussion).

---

(1) Lorsque le subrogé tuteur néglige de poursuivre la destitution arrêtée par le conseil de famille, les plus proches parens peuvent-ils poursuivre cette destitution ?

(2) Le tuteur destitué par le conseil de famille, et qui fait appel, peut-il, pendant l'instance, conserver l'administration des biens du mineur ?

SECTION VIII.

DE L'ADMINISTRATION DU TUTEUR.

450. Le tuteur prendra soin de la personne du mineur, et le représentera dans tous les actes civils.

Il administrera ses biens en bon père de famille, et répondra des dommages et intérêts qui pourraient résulter d'une mauvaise gestion.

Il ne peut ni acheter les biens du mineur, ni les prendre à ferme, à moins que le conseil de famille n'ait autorisé le subrogé tuteur à lui en passer bail, ni accepter la cession d'aucun droit ou créance contre son pupille.

(Cet art., le LIIIe. du projet, fut adopté sans discussion).

451. Dans les dix jours qui suivront celui de sa nomination, dûment connue de lui, le tuteur requerra la levée des scellés, s'ils ont été apposés, et fera procéder immédiatement à l'inventaire des biens du mineur, en présence du subrogé tuteur.

S'il lui est dû quelque chose par le mineur, il devra le déclarer dans l'inventaire, à peine de déchéance, et ce, sur la réquisition que l'officier public sera tenu de lui en faire, et dont mention sera faite au procès-verbal (1).

LIV. *Dans les dix jours qui suivront celui de sa nomination, dûment connue de lui, le tuteur requerra la levée des scellés, s'ils ont été apposés, et fera procéder immédiatement à l'inventaire des biens du mineur, en présence du subrogé tuteur.*

---

(1) Si le subrogé tuteur n'assiste pas à l'inventaire, et que le tuteur détourne des effets, le subrogé tuteur serait-il responsable de ces pertes solidairement avec le tuteur, ou ne devrait-il être poursuivi qu'après celui-ci ?

S'il lui est dû quelque chose par le mineur, il devra le déclarer dans l'inventaire, à peine d'être déchu de sa créance.

M. Tronchet dit que la dernière disposition de cet article paraît sans objet, puisque le tuteur ne peut se prétendre créancier sans rapporter le titre de sa créance.

M. Jollivet répond qu'on doit pourvoir à ce qu'il ne puisse faire revivre sa créance, en supprimant la quittance qu'il a donnée.

L'article est adopté.

452. Dans le mois qui suivra la clôture de l'inventaire, le tuteur fera vendre, en présence du subrogé tuteur, aux enchères reçues par un officier public, et après des affiches ou publications dont le procès-verbal de vente fera mention, tous les meubles autres que ceux que le conseil de famille l'aurait autorisé à conserver en nature.

(Cet art., le LVe. du projet, fut adopté sans discussion).

453. Les père et mère, tant qu'ils ont la jouissance propre et légale des biens du mineur, sont dispensés de vendre les meubles, s'ils préfèrent de les garder pour les remettre en nature.

Dans ce cas, ils en feront faire, à leurs frais, une estimation à juste valeur, par un expert qui sera nommé par le subrogé tuteur et prêtera serment devant le juge de paix. Ils rendront la valeur estimative de ceux des meubles qu'ils ne pourraient représenter en nature.

(Cet article, le LVIe. du projet, fut adopté sans discussion.)

454. Lors de l'entrée en exercice de toute tutelle, autre que celle des père et mère, le conseil de famille réglera par aperçu, et selon l'importance des biens régis, la somme à laquelle pourra s'élever la dépense annuelle du mineur, ainsi que celle d'administration de ses biens.

Le même acte spécifiera si le tuteur est autorisé à s'aider, dans sa gestion, d'un ou plusieurs administrateurs particuliers, salariés, et gérant sous sa responsabilité.

455. Ce conseil déterminera positivement la somme à laquelle commencera, pour le tuteur, l'obligation d'employer l'excédent des revenus sur la dépense : cet emploi devra être fait dans le délai de six mois, passé lequel le tuteur devra les intérêts à défaut d'emploi.

456. Si le tuteur n'a pas fait déterminer par le conseil de famille la somme à laquelle doit commencer l'emploi, il devra, après le délai exprimé dans l'article précédent, les intérêts de toute somme non employée, quelque modique qu'elle soit.

Ces trois articles sont formés de l'article suivant :

LXIX. *Lors de l'entrée en exercice de toute tutelle, autre que celle des père et mère, le conseil de famille réglera, selon l'importance des biens régis, la somme à laquelle commencera, pour le tuteur, l'obligation d'employer l'excédant des revenus sur la dépense, et la peine des intérêts en cas de non emploi.*

A défaut par le tuteur d'avoir fait expliquer sur ce point le conseil de famille, il devra, du moment de la recette, les intérêts de toute somme non employée, quelque modique qu'elle soit.

M. Bigot-Préameneu rappelle, sur la dernière disposition de cet article, que le droit actuel donne au tuteur un délai de six mois pour faire emploi.

M. Berlier dit que le tuteur peut mettre sa responsabilité à couvert en soumettant au conseil de famille les obstacles qu'il rencontre à faire emploi avec plus ou moins de célérité.

Le consul Cambacérès dit que si l'on ne donne au tuteur un délai suffisant pour chercher un placement sûr et avantageux, on l'expose à mal placer.

L'art. est adopté avec l'amendement proposé par M. Bigot-Préameneu. (Les autres changemens ont eu lieu sans discussion).

457. Le tuteur, même le père ou la mère, ne peut emprunter pour le mineur, ni aliéner ou hypothéquer

ses biens immeubles, sans y être autorisé par un conseil de famille.

Cette autorisation ne devra être accordée que pour cause d'une nécessité absolue, ou d'un avantage évident.

Dans le premier cas, le conseil de famille n'accordera son autorisation qu'après qu'il aura été constaté, par un compte sommaire présenté par le tuteur, que les deniers, effets mobiliers et revenus du mineur sont insuffisans.

Le conseil de famille indiquera, dans tous les cas, les immeubles qui devront être vendus de préférence, et toutes les conditions qu'il jugera utiles.

LVII. *Le tuteur, même le père ou la mère, ne peut emprunter pour le mineur, ni aliéner ou hypothéquer ses biens immeubles, sans y être autorisé par un conseil de famille.*

Cette autorisation ne devra être accordée que pour les objets suivans; savoir:

Ou le paiement d'une dette onéreuse et exigible;

Ou des réparations d'une nécessité urgente;

Ou le besoin de procurer au mineur une profession ou un établissement avantageux.

Dans tous ces cas, le conseil de famille n'accordera son autorisation qu'après qu'il aura été constaté, par un compte sommaire présenté par le tuteur, que les deniers, effets mobiliers et revenus du mineur, sont insuffisans.

Le conseil de famille indiquera dans le même acte, les immeubles qui devront être vendus de préférence, et toutes les conditions qu'il jugera utiles.

Le consul Cambacérès pense que cet article est trop précis. Il est encore d'autres cas que ceux qu'il spécifie, où l'intérêt du mineur peut exiger l'aliénation d'un immeuble ou d'un emprunt.

La garantie du mineur dépend sur-tout de l'impuissance où doit être le tuteur, d'aliéner ou d'emprunter sans y avoir été autorisé.

M. Tronchet rappelle que les anciennes lois se bornaient à défendre les aliénations, hors les circonstances où elles étaient commandées par une

une *nécessité absolue*, ou par un *avantage évident du mineur*. Elles embrassaient ainsi tous les cas.

La rédaction proposée par M. Tronchet est adoptée.

458. Les délibérations du conseil de famille relatives à cet objet, ne seront exécutées qu'après que le tuteur en aura demandé et obtenu l'homologation devant le tribunal civil de première instance, qui y statuera en la chambre du conseil, et après avoir entendu le commissaire du gouvernement.

(Cet article, le LVIIIe. du Projet, fut adopté sans discussion).

459. La vente se fera publiquement, en présence du subrogé tuteur, aux enchères qui seront reçues par un membre du tribunal civil, ou par un notaire à ce commis, et à la suite de trois affiches apposées, par trois dimanches consécutifs, aux lieux accoutumés dans le canton.

Chacune de ces affiches sera visée et certifiée par le maire des communes où elles auront été apposées.

(Cet article, le LIXe. du Projet, fut adopté sans discussion).

460. Les formalités exigées par les articles 457 et 458 pour l'aliénation des biens du mineur, ne s'appliquent point au cas où un jugement aurait ordonné la licitation sur la provocation d'un co-propriétaire par indivis.

Seulement, et en ce cas, la licitation ne pourra se faire que dans la forme prescrite par l'article précédent : les étrangers y seront nécessairement admis.

(Cet article était le LXe. du Projet.)

BIGOT-PRÉAMENEU pense qu'il conviendrait d'exiger une estimation préalable.

M. RÉAL répond que cette formalité entraîne des frais trop considérables, sur-tout lorsqu'il faut ensuite entamer une procédure pour obtenir l'autorisation de vendre au-dessous de l'estimation.

L'article est adopté.

461. *Le tuteur ne pourra accepter ni répudier une succession échue au mineur, sans une autorisation préalable du conseil de famille. L'acceptation n'aura lieu que sous bénéfice d'inventaire.*

LXI. *Le tuteur ne peut, en aucun cas, répudier, soit une succession, soit une donation échue au mineur; mais son acceptation pure et simple ou sous bénéfice d'inventaire, ne préjudiciera point à la faculté que le mineur, devenu majeur, aura soit d'accepter, soit de renoncer.*

M. Berlier observe que dans cet article, la section s'est écartée du projet de Code civil. Elle a pensé que le tuteur ne devait pas avoir le droit de priver, même provisoirement, son pupille d'une succession ou d'une libéralité quelconque.

M. Tronchet dit que les rédacteurs du Projet, en donnant au tuteur le pouvoir de répudier une succession ou une donation, pourvoyaient néanmoins à la sûreté du mineur, en l'autorisant à reprendre la succession ou la donation à sa majorité.

M. Treilhard dit que cette garantie paraît suffisante.

M. Berlier observe qu'elle peut ne pas l'être, parce que le mineur serait obligé de prendre les choses dans l'état où elles se trouveraient à sa majorité.

M. Jollivet pense que le pouvoir qu'on propose de donner au tuteur, est dans l'intérêt du mineur; car la succession qui lui échoit, peut être tellement embarrassée, que le tuteur, pour la liquider, soit forcé de dépenser une partie du patrimoine de son pupille.

M. Tronchet ajoute que si la succession est onéreuse, le mineur, après avoir vu consumer en frais une partie de ses biens actuels, peut demeurer encore chargé des dettes du défunt.

Ces diverses observations sont renvoyées à la section.

462. *Dans le cas où la succession répudiée au nom du mineur n'aurait pas été acceptée par un autre, elle pourra être reprise soit par le tuteur, autorisé à cet effet par une nouvelle délibération du conseil de fa-*

mille, soit par le mineur devenu majeur, mais dans l'état où elle se trouvera lors de la reprise, et sans pouvoir attaquer les ventes et autres actes qui auraient été légalement faits durant la vacance.

463. La donation faite au mineur ne pourra être acceptée par le tuteur qu'avec l'autorisation du conseil de famille.

Elle aura, à l'égard du mineur, le même effet qu'à l'égard du majeur.

(Ces deux articles, ajoutés lors de la rédaction définitive, sont le résultat de la discussion qui a eu lieu sur l'article précédent).

464. Aucun tuteur ne pourra introduire en justice une action relative aux droits immobiliers du mineur, ni acquiescer à une demande relative aux mêmes droits, sans l'autorisation du conseil de famille.

LXII. *Tout tuteur autre que le père ou la mère ne peut introduire en justice une action relative aux droits immobiliers du mineur, ni acquiescer à une demande relative aux mêmes droits, sans l'autorisation du conseil de famille.*

M. TRONCHET demande qu'on retranche l'exception exprimée dans cet article en faveur des père et mère, puisque la loi ne leur accorde pas le droit d'aliéner les biens du mineur.

L'article est adopté avec cet amendement.

465. La même autorisation sera nécessaire au tuteur pour provoquer un partage; mais il pourra, sans cette autorisation, répondre à une demande en partage dirigée contre le mineur.

LXIII. *Le tuteur, autre que le père et la mère, ne pourra provoquer un partage qu'avec l'autorisation du conseil de famille; il pourra, sans cette autorisation, répondre à une demande en partage dirigée contre son mineur; mais dans l'un et l'autre cas ce partage sera purement provisionnel, sauf ce qui est dit ci-après.*

(Cet article fut adopté sauf rédaction, et l'on y a retranché l'exception en faveur des père et mère, sans doute d'après les motifs qui ont déterminé le même retranchement dans l'article précédent.

466. Pour obtenir à l'égard du mineur tout l'effet qu'il aurait entre majeurs, le partage devra être fait en justice, et précédé d'une estimation faite par experts nommés par le tribunal civil du lieu de l'ouverture de la succession.

Les experts, après avoir prêté, devant le président du même tribunal ou autre juge par lui délégué, le serment de bien et fidèlement remplir leur mission, procéderont à la division des héritages et à la formation des lots, qui seront tirés au sort, et en présence soit d'un membre du tribunal, soit d'un notaire par lui commis, lequel fera la délivrance des lots.

Tout autre partage ne sera considéré que comme provisionnel (1).

(Cet article était le LXIVe. du Projet) (2).

467. Le tuteur ne pourra transiger au nom du mineur qu'après y avoir été autorisé par le conseil de famille, et de l'avis de trois jurisconsultes désignés par le commissaire du gouvernement près le tribunal civil.

La transaction ne sera valable qu'autant qu'elle aura été homologuée par le tribunal civil, après avoir entendu le commissaire du gouvernement.

(Cet article fut ajouté lors de la rédaction définitive, et adopté sans discussion).

---

(1) Le partage des meubles doit-il être fait en justice ?
Décidé affirmativement sur le motif que la loi n'établit aucune distinction. — Tribunal de première instance de Paris, du 13 pluviôse an 12.

(2) LXV. Dans le cas où le partage en justice est provoqué au nom du mineur et dans son intérêt, les frais de justice seront par lui supportés : au cas contraire, ils seront supportés par tous les co-partageans.

M. Treilhard demande la suppression de cet article; il observe que quand ce partage est reconnu nécessaire et juste, c'est la chose qui doit en supporter les frais.

L'article est supprimé).

468. Le tuteur qui aura des sujets de mécontentement graves sur la conduite du mineur, pourra porter ses plaintes à un conseil de famille, et, s'il y est autorisé par ce conseil, provoquer la réclusion du mineur, conformément à ce qui est statué à ce sujet au titre *de la puissance paternelle.*

(Cet article, le LXVIe. du projet, fut adopté sans discussion.)

SECTION IX.

DES COMPTES DE LA TUTELLE.

469. Tout tuteur est comptable de sa gestion lorsqu'elle finit.

(Cet art., le LXVIIe. du projet, fut adopté sans discussion.)

470. Tout tuteur, autre que le père et la mère, peut être tenu, même durant la tutelle, de remettre au subrogé tuteur des états de situation de sa gestion, aux époques que le conseil de famille aurait jugé à propos de fixer, sans néanmoins que le tuteur puisse être astreint à en fournir plus d'un chaque année.

Ces états de situation seront rédigés et remis, sans frais, sur papier non timbré, et sans aucune formalité de justice.

(Cet art., le LXVIIIe. du projet, fut adopté sans discussion.)

471. Le compte définitif de tutelle sera rendu aux dépens du mineur, lorsqu'il aura atteint sa majorité ou obtenu son émancipation. Le tuteur en avancera les frais.

On y allouera au tuteur toutes dépenses suffisamment justifiées, et dont l'objet sera utile.

(Cet article était le LXXe. du Projet, on y a seulement ajouté les mots *ou obtenu son émancipation*).

(Sur cet article, le Conseil arrêta qu'il serait renvoyé ainsi que les art. LXXI, LXXII, LXXIII et LXXIV (473, 474, 475 et 476), à la section pour en retrancher les dispositions qui blessent le droit que le pupille acquiert par la majorité, de régler par lui-même ses affaires.)

472. Tout traité qui pourra intervenir entre le tuteur et le mineur devenu majeur, sera nul, s'il n'a été précédé de la reddition d'un compte détaillé, et de la remise des pièces justificatives ; le tout constaté par un récépissé de l'oyant-compte, dix jours au moins avant le traité.

(Cet article fut ajouté lors de la rédaction définitive, et adopté sans discussion. Voyez sous l'art. 480 l'art. 83 du projet.)

473. Si le compte donne lieu à des contestations, elles seront poursuivies et jugées comme les autres contestations en matière civile.

LXXII. *Si l'oyant compte conteste le résultat du compte présenté, et que le conseil de famille ne parvienne point à rapprocher les parties, elles seront renvoyées devant les tribunaux.*

(Voyez l'observation sous l'art. 471.)

474. La somme à laquelle s'élèvera le reliquat dû par le tuteur, portera intérêt, sans demande, à compter de la clôture du compte.

Les intérêts de ce qui sera dû au tuteur par le mineur, ne courront que du jour de la sommation de payer qui aura suivi la clôture du compte.

(Cet art., le LXXIe. du projet, fut adopté sans discussion) (1).

---

(1) Les articles suivans du projet ont été retranchés sans discussion.

LXXIII. *Au cas contraire, le conseil de famille nommera un conseil spécial, pris, autant que faire se pourra, parmi les jurisconsultes ou hommes de loi, lequel examinera particulièrement le compte et toutes les pièces y relatives, et recevra tous les renseignemens qui lui seront fournis.*

LXXIV. *Le traité qui interviendra avec l'oyant compte, de l'avis de ce conseil spécial, sera valable comme tout autre acte fait entre majeurs.*

475. Toute action du mineur contre son tuteur, relativement aux faits de la tutelle, se prescrit par dix ans, à compter de la majorité.

(Cet art., le LXXVIIIe. du projet, fut adopté sans discussion) (1).

---

(1) Toute cette section a été supprimée, à l'exception d'une partie de l'art. LXXVIII.

SECTION IX. *Des Garanties relatives à la Tutelle.*

LXXV. *En cas d'insolvabilité d'un tuteur qui a mal géré, les parens qui ont concouru à sa nomination ou ont été appelés pour y concourir, deviendront responsables, chacun divisément et sans solidarité, des dommages-intérêts dus au mineur.*

Cette règle n'a lieu que pour le cas où l'insolvabilité du tuteur existait déjà au tems de sa nomination : si elle est survenue depuis, la responsabilité pèse tout entière sur le subrogé tuteur, à moins qu'il ne l'ait dénoncée à tems à la famille, et provoqué un changement de tuteur.

LXXVI. *La responsabilité du subrogé tuteur aura lieu aussi dans le cas où, soit le tuteur désigné par le père ou la mère, soit l'ascendant tuteur, serait devenu insolvable, à moins qu'il n'ait fait les diligences prescrites par l'article précédent.*

LXXVII. *Lorsque de telles diligences auront eu lieu et n'auront pas été suivies d'un changement de tuteur, les parens convoqués pour y pourvoir seront responsables, comme il est dit en l'article LXXV.*

LXXVIII. *L'action en garantie établie par les articles précédens, se prescrit par le laps d'une année, depuis le jour où le compte définitif aura été présenté.*

Toute action du mineur contre son tuteur, relativement aux frais de la tutelle, se prescrit par dix ans, à compter de la majorité.

L'article LXXV est discuté.

M. MALEVILLE dit que la responsabilité qu'établit cet article, n'a existé jusqu'ici que dans le cas où il y aurait dol de la part du nominateur.

M. BIGOT-PRÉAMENEU dit que la loi de la ci-devant Bretagne, qui rendait les nominateurs responsables, n'a jamais été exécutée.

M. TRONCHET observe qu'il est difficile de répondre de la solvabilité d'un individu, parce qu'il est difficile de la connaître.

M. JOLLIVET propose de ne pas rendre les nominateurs responsables; le mineur trouve une garantie suffisante de leur choix dans l'intérêt qu'ils ont de ne pas exposer à la dilapidation une succession que peut-être ils recueilleront un jour.

M. BERENGER ajoute qu'il ne convient pas de rendre la fortune de plusieurs citoyens incertaine, dans la vue d'assurer celle d'un seul.

Les articles LXXV, LXXVI, LXXVII et la première partie de l'article LXXVIII sont supprimés. **La seconde partie de ce dernier article est adoptée.**

CHAPITRE III.

DE L'ÉMANCIPATION.

<small>Séance du 6 brumaire an 11.</small>

476. Le mineur est émancipé de plein droit par le mariage.

(Cet article, le LXXIXe. du projet, fut adopté sans discussion.)

477. Le mineur, même non marié, pourra être émancipé par son père, ou, à défaut de père, par sa mère, lorsqu'il aura atteint l'âge de quinze ans révolus.

Cette émancipation s'opérera par la seule déclaration du père ou de la mère, reçue par le juge de paix assisté de son greffier.

LXXX. *Le mineur qui est sous puissance de père ou de mère, n'est jamais émancipé par le simple bénéfice d'âge; mais il pourra, à dix-huit ans accomplis, être émancipé par la volonté de son père, ou à défaut de père, par la volonté de sa mère, exprimée soit devant le juge de paix assisté de son greffier, soit devant deux notaires, soit enfin devant un seul notaire, en présence de deux témoins.*

M. PORTALIS pense que la volonté des père et mère, et même de la famille, ne doit pas, à l'égard de l'émancipation, être subordonnée à la condition que le mineur aura dix-huit ans accomplis; on s'exposerait à compromettre quelquefois son établissement, car il peut dépendre de son émancipation. Cependant il importe de fixer, pour l'émancipation, un âge au-dessous de dix-huit ans, car l'émancipation ne serait plus qu'un cruel abandon, si elle mettait le mineur hors de tutelle, lorsque sa faiblesse a encore besoin de protection.

M. MALEVILLE ajoute que d'ailleurs un tuteur pourrait chercher à se délivrer de la tutelle par une émancipation prématurée.

M. BERLIER propose de n'accorder qu'aux père et mère le pouvoir d'émanciper le mineur au-dessous de dix-huit ans, pourvu qu'il en ait au moins quinze.

Cette proposition est adoptée.

La condition de l'âge de dix-huit ans est maintenue à l'égard de la famille.

478.

MINORITÉ, TUTELLE, ÉMANCIPATION.

478. Le mineur resté sans père ni mère pourra aussi, mais seulement à l'âge de dix-huit ans accomplis, être émancipé, si le conseil de famille l'en juge capable.

En ce cas, l'émancipation résultera de la délibération qui l'aura autorisée, et de la déclaration que le juge de paix, comme président du conseil de famille, aura faite dans le même acte, que *le mineur est émancipé.*

(Cet art. est le résultat de la discussion qui a eu lieu sur l'art. précéd.)

479. Lorsque le tuteur n'aura fait aucune diligence pour l'émancipation du mineur dont il est parlé dans l'aticle précédent, et qu'un ou plusieurs parens ou alliés de ce mineur, au degré de cousin germain ou à des degrés plus proches, le jugeront capable d'être émancipé, ils pourront requérir le juge de paix de convoquer le conseil de famille pour délibérer à ce sujet.

Le juge de paix devra déférer à cette réquisition.

LXXXI. *Tout autre mineur est émancipé de plein droit, lorsqu'il a atteint l'âge de dix-huit ans accomplis, à moins que dans le cours du mois qui précède cette époque, un conseil de famille dûment assemblé ne l'en ait jugé incapable.*

Le consul CAMBACÉRÈS propose de ne pas admettre l'émancipation de plein droit, mais d'autoriser seulement le mineur à demander son émancipation, lorsqu'il aura atteint dix-huit ans, et de faire statuer par le tribunal.

Cet amendement est adopté (1).

480. Le compte de tutelle sera rendu au mineur émancipé, assisté d'un curateur qui lui sera nommé par le conseil de famille.

---

(1) L'article suivant a été retranché, comme ne se conciliant pas avec les dispositions adoptées.

LXXXII. *Dans ce dernier cas, le conseil de famille devra, chaque année, dans le mois correspondant à celui où il aura déclaré le mineur incapable, s'assembler de nouveau pour déclarer si l'incapacité continue.*

A défaut d'une telle déclaration, l'émancipation s'opérera de plein droit.

LXXXIII. *Le tuteur remettra au mineur émancipé un état sommaire, et sans frais, de la situation de sa fortune; il l'aidera dans sa gestion par la communication de toutes les pièces qui y sont relatives : le tout sans préjudicier au compte définitif dû à la majorité.*

(Les changemens qu'on voit dans cet article, ont été fait sans discussion, après la conférence tenue avec le Tribunat.)

481. Le mineur émancipé passera les baux dont la durée n'excédera point neuf ans; il recevra ses revenus, en donnera décharge, et fera tous les actes qui ne sont que de pure administration, sans être restituable contre ces actes dans tous les cas où le majeur ne le serait pas lui-même.

(Cet art., le LXXXIVe. du projet, fut adopté sans discussion.)

482. Il ne pourra intenter une action immobilière, ni y défendre, même recevoir et donner décharge d'un capital mobilier, sans l'assistance de son curateur, qui, au dernier cas, surveillera l'emploi du capital reçu.

LXXXV. *Il ne pourra intenter une action immobilière, ni y défendre, même recevoir et donner décharge d'un capital mobilier, sans l'assistance d'un curateur.*

Les fonctions de curateur seront, dès le moment de l'émancipation, remplies par celui qui était tuteur.

Le consul Cambacérès demande la suppression de la dernière disposition, attendu qu'il est quelquefois utile de donner au mineur un autre curateur que l'individu qui a rempli les fonctions de tuteur, ne fût-ce que pour préparer l'action en reddition de compte de tuteur.

L'article est adopté avec cet amendement.

483. Le mineur émancipé ne pourra faire d'emprunts, sous aucun prétexte, sans une délibération du conseil de famille, homologuée par le tribunal civil, après avoir entendu le commissaire du gouvernement.

484. Il ne pourra non plus vendre ni aliéner ses

immeubles, ni faire aucun acte autre que ceux de pure administration, sans observer les formes prescrites au mineur non émancipé.

A l'égard des obligations qu'il aurait contractées par voie d'achats ou autrement, elles seront réductibles en cas d'excès : les tribunaux prendront, à ce sujet, en considération, la fortune du mineur, la bonne ou mauvaise foi des personnes qui auront contracté avec lui, l'utilité ou l'inutilité des dépenses.

Ces deux articles sont formés du suivant.

LXXXVI. *Le mineur émancipé ne peut valablement s'engager par promesse ou obligation, que jusqu'à concurrence d'une année de ses revenus.*

S'il s'oblige au-delà, ses créanciers n'auront d'action sur ses biens que pour une somme égale à cette année de revenu, et, par concours entre eux, au marc le franc de leurs créances.

M. Maleville demande si cet article donne au mineur le droit d'emprunter jusqu'à concurrence des revenus cumulatifs de toutes les années qui doivent s'écouler jusqu'à sa majorité, ou seulement jusqu'à concurrence du revenu de chaque année.

M. Berlier répond que cette faculté n'est donnée au mineur que pour le revenu de chaque année.

Le consul Cambacérès pense que le mineur ne doit jamais pouvoir emprunter sans l'autorisation de la famille.

M. Treilhard observe qu'un mineur peut emprunter indirectement en achetant à crédit. La disposition de l'article serait utile pour ce cas ; il faut l'empêcher de dépenser de cette manière au-delà de son revenu de l'année. Cependant il est nécessaire d'accorder ce terme, afin de ne pas exposer à des pertes les fournisseurs de bonne foi.

Le consul Cambacérès dit que cette règle serait une faible garantie pour ces fournisseurs : aucun d'eux ne peut connaître exactement les revenus du mineur, ni la somme jusqu'à concurrence de laquelle ils sont déjà engagés. Il serait plus juste de valider les créances pour les fournitures qui n'excéderaient pas les besoins présumés du pupille, suivant son état et ses facultés.

Les deux propositions du Consul sont adoptées.

485. Tout mineur émancipé dont les engagemens auraient été réduits en vertu de l'article précédent, pourra être privé du bénéfice de l'émancipation, laquelle lui sera retirée en suivant les mêmes formes que celles qui auront eu lieu pour la lui conférer.

486. Dès le jour où l'émancipation aura été révoquée, le mineur rentrera en tutelle, et y restera jusqu'à sa majorité accomplie.

Ces deux articles sont formés de l'art. LXXXVII, ainsi conçu : *Dans le cas prévu par la seconde partie de l'article précédent* (art. 484), *le curateur du mineur émancipé autrement que par mariage, convoquera le conseil de famille pour y faire déclarer le mineur déchu du bénéfice de l'émancipation.*

La délibération que le conseil de famille prendra sur cet objet ne sera point sujette à homologation; elle ne sera susceptible d'aucun recours et dès ce jour le mineur rentrera en tutelle, et y restera jusqu'à sa majorité accomplie.

M. Berlier dit que quoique cet article semble se rattacher à l'article précédent, il est essentiel de maintenir le principe qu'il établit, et qui tend à replacer sous la tutelle le mineur qui aura abusé de l'émancipation ; car si la voie de l'emprunt lui est interdite sans l'autorisation de sa famille, il pourra, sans cette autorisation, faire des achats et autres simples actes relatifs à son administration ; mais s'il a contracté des obligations immodérées, et que les tribunaux aient été dans le cas de les réduire, il ne conviendrait pas de lui laisser une administration dans laquelle il aurait si mal répondu à l'attente de sa famille.

Sous ce rapport, l'émancipation acquiert un degré d'utilité immense : ce sera un stage dans lequel chacun craindra de malverser ; et l'on sent quelle influence ces premières années peuvent avoir sur le reste de la vie.

L'article est adopté sauf rédaction.

487. Le mineur émancipé qui fait un commerce, est réputé majeur pour les faits relatifs à ce commerce.

(Cet article, le LXXXVIIIe. du projet, fut adopté sans discussion).

TITRE XI.

DE LA MAJORITÉ, DE L'INTERDICTION, ET DU CONSEIL JUDICIAIRE.

Décrété le 8 Germinal an 11, promulgué le 18 du même mois.

CHAPITRE PREMIER.

DE LA MAJORITÉ.

488. La majorité est fixée à vingt-un ans accomplis ; à cet âge on est capable de tous les actes de la vie civile, sauf la restriction portée au titre *du Mariage*.
(Cet art. était le Ier. du projet ; il fut adopté sans discussion.)

Séance du 11 Frimaire an 11.

CHAPITRE II.

DE L'INTERDICTION.

489. Le majeur qui est dans un état habituel d'imbécillité, de démence ou de fureur, doit être interdit, même lorsque cet état présente des intervalles lucides.
(Cet art. était le IIe. du projet.)

M. MALEVILLE dit que cet article n'admet l'interdiction que pour cause d'imbécillité, de démence et de fureur : cependant les lois romaines l'autorisaient encore pour cause de prodigalité ; et leur disposition était, à cet égard, reçue dans toute la France. Il serait néanmoins possible que des parens avides, dans la seule vue de se conserver une riche succession, abusassent de ce moyen pour requérir l'interdiction d'un homme qui ne ferait qu'user du droit qu'a tout propriétaire de disposer de son bien selon ses goûts ; aussi la faculté de provoquer l'interdiction devrait-elle être réservée à ceux à qui les dissipations du prodigue peuvent occasionner des pertes : or, tels sont évidemment ceux que les lois obligent à lui fournir des alimens, lorsqu'il aura dissipé son bien; tels sont encore ses enfans auxquels il doit des moyens d'exister, puisqu'il leur a donné la vie. M. Maleville desirerait donc que l'interdiction pour cause de prodigalité fût conservée, mais que la demande n'en fût permise qu'aux ascendans, beaux-pères et belles-mères, gendres et belles-filles, frères et sœurs du prodigue, et qu'elle ne fût accordée à aucun autre individu, hors le cas où il agirait pour les enfans. Il serait même nécessaire qu'à défaut de parens qui prissent l'intérêt des enfans, le ministère public fût chargé de requérir l'interdiction.

M. Boulay dit que les lois ont érigé en principe, qu'il est de l'intérêt de la République que chacun conserve son patrimoine; car celui qui l'a dissipé, tombe à la charge de l'Etat.

M. Treilhard dit que l'article XII paraît présenter un moyen contre la prodigalité; cet article porte: *En rejetant la demande en interdiction, le tribunal pourra néanmoins, si les circonstances l'exigent, ordonner que le défendeur ne pourra désormais emprunter, intenter procès, aliéner ni grever ses biens d'hypothèques, sans l'assistance d'un conseil qui lui sera nommé par le même jugement.*

Or, il y a une espèce de prodigalité qui approche de la démence, et à laquelle dès-lors on pourrait appliquer la disposition de cet article. Ce serait couvrir d'un voile honnête l'interdiction du dissipateur.

M. Regnaud (de Saint-Jean-d'Angely) adopte les principes de M. Maleville, mais il craint qu'il ne soit très-difficile de les appliquer.

Comment, en effet, déterminer les véritables caractères de la prodigalité? Peut-on déclarer prodigue celui qui fait de trop grandes libéralités, celui qui administre mal ses biens, celui qui se livre à des spéculations dans lesquelles ses espérances sont trompées? Si l'on parcourt les diverses manières possibles de se ruiner, on sera convaincu qu'il n'en est presque aucune qui doive être imputée à une véritable prodigalité, et dont on puisse faire une cause d'interdiction. Les procès en interdiction pour prodigalité, n'ont presque toujours produit que du scandale dans le public et la division dans les familles.

Quant à l'article XII, il n'est point applicable au prodigue: on pourrait sans doute l'invoquer contre l'homme qui dissiperait ses biens par des actes d'une nature telle qu'ils caractérisent l'aliénation d'esprit; mais celui qui les dissipera au jeu, par exemple, sera cependant dans son bon sens, et les tribunaux ne pourraient, sans outrager évidemment la vérité, le déclarer en démence.

M. Bigot-Préameneu dit que, si la prodigalité devenait une cause d'interdiction, il y aurait lieu de craindre que l'intérêt personnel n'en abusât pour tourmenter, ou même pour faire priver de l'exercice de ses droits, celui qui ne mériterait pas de les perdre : mais on pourrait la regarder comme un motif suffisant de donner un conseil.

Le consul Cambacérès dit que si les demandes en interdiction pour cause de prodigalité, ont été quelquefois injustes, ce n'est point un motif pour écarter tous moyens de réprimer des désordres capables de compromettre la société. Un prodigue peut devenir un homme dangereux, et l'Etat ne peut pas être indifférent sur le sort des familles. Il faut donc examiner avant tout si le Code civil ne doit pas contenir une disposition relative aux prodigues.

M. Maleville dit qu'il a vu beaucoup d'individus qui méritaient d'être interdits et qui cependant ne l'ont pas été ; mais que jamais il n'a vu interdire personne qui ne fût dans le cas de l'être.

M. Berlier trouve la question très-délicate. Il est, dit-il, si difficile de *définir le prodigue*, qu'inévitablement son interdiction sera toujours arbitraire. Celui-là sera-t-il prodigue (dans le sens donnant ouverture à l'action judiciaire), qui ayant 10,000 francs de revenu en aura dépensé le double en une année, sans augmentation de ses capitaux ? Si on l'interdit dès les premiers tems, ne sera-ce pas, dans la prévoyance de l'avenir, le mettre hors d'état de réparer lui-même ses affaires ? Si au contraire l'interdiction est tardive, à quoi servira-t-elle ?

Si l'on examine la question dans l'intérêt public, la prodigalité est sans doute un vice, car le bien n'est jamais dans les extrêmes ; mais le prodigue nuit-il plus à la société que l'avare ?

Si la question est traitée dans l'intérêt des familles, de quel droit un collatéral peut-il se prévaloir ? Et à l'égard des enfans, l'exercice d'un tel droit vis-à-vis de leur père, ne sera-t-il pas souvent odieux ?

Environné de tant de difficultés, M. Berlier pense que les rédacteurs du projet de Code civil ont pris un parti très-sage en n'admettant pas l'interdiction pour cause de prodigalité. L'on vient de proposer, comme parti moyen, de donner un conseil au prodigue ; ce tempérament atténue les inconvéniens, mais il ne les détruit pas.

L'opinant desirerait que l'on pût définir clairement les cas pour lesquels l'action en prodigalité pourrait être intentée, et les personnes au nom desquelles elle pourrait l'être. Des règles sagement restrictives auraient peut-être quelque utilité; mais dans le vague de la question on y aperçoit plus d'abus que d'avantages.

M. BIGOT-PRÉAMENEU dit que chez les Grecs et chez les Romains, on connaissait l'interdiction pour cause de prodigalité. Les Romains se servaient même, pour la prononcer, d'une formule remarquable. Elle portait : *Quandò tua bona paterna avitaque nequitiâ tuâ disperdis, liberosque tuos ad egestatem perducis, ob eam rem tibi eâ re commercioque interdico.*

On objecte que cette espèce d'interdiction est attentatoire au droit de propriété ; qu'elle n'est propre qu'à favoriser de présomptifs héritiers, souvent d'avides collatéraux.

Cette objection n'est pas fondée. Les exemples d'attaques injustes sont rares : il est de notoriété que les tribunaux se montraient sévères contre les collatéraux ; et l'interdiction n'était presque jamais prononcée, quand celui que l'on avait traduit en justice pour prodigalité, n'était ni époux ni père.

Ce n'est point le droit de propriété que l'on attaque ; c'est pour conserver au prodigue une propriété, qu'on lui ôte le droit de s'en dépouiller en se livrant à des passions coupables. Mais en même-tems il ne faut pas porter le remède au-delà de ce qui est nécessaire. L'interdiction pour prodigalité, telle qu'on la prononçait, mettait l'interdit, quant à ses biens, sous l'autorité d'un curateur, comme un mineur l'était sous celle de son tuteur. Il en résultait une sorte de dégradation de la personne. On ne doit établir de peines que celles qui sont nécessaires ; et on peut atteindre le but qu'on se propose par la nomination d'un conseil : le prodigue continuera d'exercer ses droits en son nom ; il sera seulement forcé de prendre et de suivre les conseils d'un homme sage qui sauveront son patrimoine et le ramèneront, sans scandale, à une vie raisonnable.

M. TREILHARD dit qu'il est d'autant plus touché de la difficulté de fixer avec précision les caractères de la prodigalité, qu'on doit plus redouter de porter atteinte aux droits de propriété : les lois en respectent même les abus, quand ils ne sont pas accompagnés de caractères qui décèlent un dérangement d'esprit : c'est par cette raison qu'on a défini la propriété, non-seulement le droit d'user, mais encore le droit d'abuser de sa chose. Il y aurait donc trop d'inconvéniens à mettre la prodigalité simple au rang des causes d'interdiction ; mais comme la prodigalité excessive devient une véritable démence, comme le joueur,

par

par exemple, est un individu dont les organes sont viciés, on peut sans difficulté appliquer à ces sortes de prodigues les dispositions de l'article XII.

M. TRONCHET dit que les rédacteurs du projet de Code civil avaient supprimé l'interdiction pour cause de prodigalité, en la considérant,

Par rapport à sa nature,

Par rapport aux personnes appelées à la provoquer,

Par rapport à ses effets.

Considérée dans sa nature, la cause de cette interdiction est difficile à établir, à moins qu'elle ne le soit par des actions publiques. Ainsi, l'homme qui dépense chaque jour au jeu ou dans la débauche au-delà de sa fortune, est certainement un prodigue; mais quand la prodigalité ne se manifeste pas par des signes aussi éclatans, comment le prouver? Fera-t-on rendre compte à un citoyen, de l'état de sa fortune, de l'usage qu'il en fait, de la manière dont il l'administre, des projets qu'il a conçus pour l'améliorer? ce serait autoriser une vexation destructive du droit de propriété.

Sous le second point de vue, la demande en interdiction est odieuse de la part de la femme et des enfans. La femme non commune en biens, n'a pas un intérêt légal à empêcher les dissipations de son mari. La femme commune en biens peut user d'un moyen plus honnête de prévenir les dangers dont elle est menacée : c'est la séparation. Les enfans ne peuvent pas être admis à scruter la conduite de leur père; le respect qu'ils lui doivent s'y oppose.

Enfin, dans ses effets, cette sorte d'interdiction est inutile; car elle ne peut être poursuivie que quand la fortune du prodigue est déjà dérangée.

Il est donc préférable de traiter l'individu notoirement prodigue, comme un homme en démence; et, dans la réalité, celui-là est certainement privé de la raison, qui se réduit à la misère par le jeu et par la débauche.

Quant à l'Etat, il n'a pas d'intérêt à l'interdiction d'un prodigue. Ses dissipations ne diminuent pas la masse des richesses nationales; elles se bornent à déplacer les biens. La prodigalité est même, sous un rapport, moins nuisible que l'avarice, puisqu'elle tient dans la circulation ce que l'avarice en retire, et répand ainsi des richesses que celle-ci rend inutiles à tous.

M. Portalis discute les trois motifs qui ont déterminé les rédacteurs du Projet de Code civil.

En considérant l'interdiction du prodigue dans sa nature, on a dit qu'il est difficile de fixer les limites au-delà desquelles commence la prodigalité, parce que la propriété est le droit d'user et d'abuser.

Ce motif pourrait faire impression, s'il s'agissait d'introduire une action nouvelle et jusqu'ici inconnue; mais comme la prodigalité est depuis long-tems une cause d'interdiction, l'expérience et l'usage ont éclairé sur la manière de reconnaître quand elle existe. Celui-là n'est sans doute pas considéré comme prodigue, qui n'abuse que dans une certaine mesure, du droit de disposer de ses biens. L'interdiction n'est que pour celui qui, par de folles dissipations, anéantit son patrimoine. C'est aux tribunaux à peser les faits de prodigalité qui sont allégués. A la vérité, il y a toujours un peu d'arbitraire dans la manière de juger ces sortes de procès; mais le même inconvénient se rencontre dans d'autres matières, et tient à la nature des choses: sera-ce une raison de ne pas porter de loi? non, sans doute; car ce serait rendre le jugement encore plus arbitraire. Dans les matières où il n'y a rien d'arbitraire, les lois doivent déterminer l'application des principes qu'elles consacrent; dans les matières où le législateur ne peut aller jusque-là, les lois doivent du moins poser des principes pour guider la décision du juge.

Sous le rapport des personnes, il ne suffit pas de s'arrêter à la femme et aux enfans; la famille aussi doit être comptée pour quelque chose. Il faut voir encore le ministère public, qui est chargé de réprimer les scandales capables de troubler l'ordre.

Quant aux effets de l'interdiction du prodigue, ils ne sont pas aussi illusoires qu'on le prétend. Si l'interdiction ne conserve pas au dissipateur la totalité de sa fortune, elle lui en conserve du moins les débris, d'autant plus intéressans pour lui qu'ils sont sa dernière ressource. Elle signale le prodigue à la société, afin que personne ne traite avec lui.

On a dit que peu importe au trésor public dans quelles mains les biens sont placés, pourvu qu'ils demeurent dans l'Etat. Ce n'est pas ici une question de finances, c'est une question de mœurs et d'intérêt social. Le corps de la société a intérêt que ses membres ne se réduisent pas à un état qui les incite au crime, à ce que chacun ait un patrimoine qui devienne la garantie de sa conduite. Il est d'ailleurs du devoir de la société de protéger les citoyens contre eux-mêmes : ce principe est la base des lois sur l'interdiction pour démence ou fureur, des lois sur les tutelles. Le prodigue, comme le mineur, comme le furieux, est dans une position qui appelle la protection des lois, d'autant que les vices et les passions auxquels on doit attribuer ses excès, sont de nature à inquiéter la société.

La prodigalité, a-t-on dit, répand les richesses et les rend utiles. Cette prodigalité qui consomme et qui reçoit l'équivalent de ce qu'elle donne, n'est pas celle dont s'occupent les lois : la vraie prodigalité dissipe sans objet ; elle ne produit que désordre et scandale : aussi les lois l'appellent-elles *nequitia*. Il est possible que l'action contre les prodigues soit mal reçue dans une capitale où les goûts, les fantaisies, le luxe, ont tant d'empire ; où l'esprit d'ordre et d'économie sont moins connus : mais dans les départemens, où l'esprit de famille et les principes d'une sage administration se sont mieux conservés, cette action ne trouvera que des apologistes.

Voyons maintenant si l'article XII peut suppléer l'interdiction pour prodigalité ; il est difficile d'en être persuadé. La prodigalité, poussée à un certain degré, dégénère, il est vrai, en démence ; mais comme elle n'en a pas le nom, le juge ne lui appliquera pas les dispositions de cet article.

Le consul CAMBACÉRÈS dit que, puisque l'on est d'accord qu'il y a des prodigues, et que la prodigalité est un mal, la conséquence de cet assentiment doit être de chercher un remède.

On a objecté que le remède viendrait trop tard, qu'il ne sauverait au prodigue que les débris de sa fortune. Mais outre que ces débris sont précieux, l'interdiction lui conservera le nouveau patrimoine que des successions peuvent lui former.

On a dit que l'article XII donne aux juges assez de latitude pour lier le prodigue ; c'est une erreur. Les effets de l'article XII sont restreints par l'article II, au cas où l'interdiction a été demandée pour démence ou fureur. Les tribunaux ne se croiront donc pas autorisés à l'appliquer à l'individu contre lequel on n'alléguera que des faits de prodigalité. Si l'on veut qu'il s'étende jusque-là, il faut s'en expliquer : il faut dire, par exemple, que le prodigue sera traité comme l'homme en démence, et que le juge pourra lui donner un conseil.

On a craint les abus de l'interdiction pour prodigalité : cependant, il serait difficile d'en citer peut-être un seul exemple. Rarement ces demandes réussissaient, parce que la prodigalité est trop difficile à établir; rarement même elles étaient formées, parce qu'il y avait, pour lier le prodigue, d'autres moyens qui n'existent plus, comme l'exhérédation, les substitutions, etc.

Mais, dit-on, il sera donc permis de fouiller dans les affaires de celui qu'on voudra interdire, de lui faire rendre compte de la manière dont il use de sa propriété, de faire valoir contre lui des spéculations fausses ou malheureuses ? non, car il ne sera permis d'invoquer que des faits notoires. Quant aux fausses spéculations, il est impossible de les considérer comme des actes de prodigalité. Ainsi, rien ne s'oppose à ce qu'on prenne des mesures pour défendre le prodigue contre ses propres excès; et dès-lors il faut y pourvoir, afin qu'on ne dise pas que, dans un siècle où il y a tant de dissipateurs, la loi a entendu donner à chacun la faculté de se ruiner.

M. EMMERY dit que la section n'a jamais entendu prohiber l'interdiction du dissipateur : elle avait cru cependant ne devoir pas mettre directement la prodigalité au nombre des causes d'interdiction. Elle avait pensé que l'article XII donnait aux tribunaux le pouvoir d'enchaîner le prodigue; on vient de prouver que, tel qu'il est présenté, il ne produirait pas cet effet; mais on peut en changer la rédaction, et dire que si des faits de prodigalité sont articulés au soutien de la demande en interdiction pour démence, les tribunaux, en rejetant la cause de démence, seront néanmoins autorisés à donner un conseil sans l'intervention duquel celui contre lequel l'interdiction aura été demandée ne pourra ni aliéner ni engager ses biens.

Le consul CAMBACÉRÈS propose de dire que les faits notoires de prodigalité pourront donner lieu à l'interdiction ou à la nomination d'un conseil.

Cette proposition est adoptée. (Voyez art. 513 et suiv.)

490. Tout parent(1) est recevable à provoquer l'interdiction de son parent. Il en est de même de l'un des époux à l'égard de l'autre (2).

(Cet article, le IIIe. du projet, fut adopté sans discussion).

---

(1) Le tribunal d'appel de Toulouse proposait d'interdire cette faculté aux parens au-delà du quatrième degré.

(2) Un individu peut-il provoquer lui-même son interdiction ? Dans le projet du Code civil soumis à l'observation des tribunaux d'appel, on trouvait un chapitre (intitulé *du Conseil volontaire*), d'après lequel un individu pouvait demander qu'il lui fût nommé un conseil judiciaire : ce chapitre ne se retrouve pas dans le Code.

491. Dans le cas de fureur, si l'interdiction n'est provoquée ni par l'époux ni par les parens, elle doit l'être par le commissaire du gouvernement, qui, dans les cas d'imbécillité ou de démence, peut aussi la provoquer contre un individu qui n'a ni époux, ni épouse, ni parens connus.

(Cet article, qui était le IVe. du Projet, se terminait à ces mots, *par le commissaire du Gouvernement*; le reste n'a été ajouté qu'après la conférence avec le Tribunat).

492. Toute demande en interdiction sera portée devant le tribunal de première instance.

(Cet art., le Ve. du projet, fut adopté sans discussion).

493. Les faits d'imbécillité, de démence, ou de fureur, seront articulés par écrit. Ceux qui poursuivront l'interdiction, présenteront les témoins et les pièces (1).

(Cet article, le VIe. du projet, fut adopté sans discussion).

494. Le tribunal ordonnera que le conseil de famille, formé selon le mode déterminé à la section IV du chapitre II du titre *de la Minorité, de la Tutelle* et *de l'Emancipation*, donne son avis sur l'état de la personne dont l'interdiction est demandée.

(Cet article, le VIIe. du Projet, fut adopté sans discussion).

495. Ceux qui auront provoqué l'interdiction, ne pourront faire partie du conseil de famille : cependant l'époux, ou l'épouse, et les enfans de la personne dont

---

(1) Par ces mots, *ceux qui poursuivront l'interdiction présenteront les témoins*, la loi a-t-elle entendu la présentation des témoins en personne, ou seulement la désignation des noms?

Le tribunal de Corbeil a décidé que la *désignation* suffisait, attendu que la loi n'exigeait la présentation des témoins, qu'afin que le juge pût les fixer, et qu'on ne pût pas les pratiquer ensuite dans la cause.

l'interdiction sera provoquée, pourront y être admis sans y avoir voix délibérative.

VIII. *Ceux qui auront provoqué l'interdiction, seront admis au conseil de famille pour y exposer leurs motifs; mais ils n'y auront pas voix délibérative.*

(Les changemens faits ont eu lieu après la conférence avec le Tribunat.)

496. Après avoir reçu l'avis du conseil de famille, le tribunal interrogera le défendeur à la chambre du conseil : s'il ne peut s'y présenter, il sera interrogé dans sa demeure, par l'un des juges à ce commis, assisté du greffier (1). Dans tous les cas, le commissaire du gouvernement sera présent à l'interrogatoire.

(Cet article était le IXe. du Projet, on n'y trouvait pas cette disposition, *dans tous les cas, le commissaire du gouvernement sera présent à l'interrogatoire*; elle n'y a été ajoutée qu'après la conférence avec le Tribunat).

497. Après le premier interrogatoire, le tribunal commettra, s'il y a lieu, un administrateur provisoire, pour prendre soin de la personne et des biens du défendeur.

X. *Après le premier interrogatoire, le tribunal commettra, s'il y a lieu, un administrateur provisoire, pour la conservation du mobilier et l'administration des immeubles du défendeur.*

(On trouvera les raisons de la différence qui existe entre la loi et le projet dans la discussion sur l'art. 505, et notamment dans l'opinion de M. Emmery.)

498. Le jugement sur une demande en interdiction

---

(1) Le tribunal d'appel de Liège demandait qu'il fût permis au juge d'adresser au juge de paix du lieu une commission rogatoire, lorsque le domicile de celui contre lequel on provoquerait l'interdiction, serait éloigné du siége du tribunal de première instance.

ne pourra être rendu qu'à l'audience publique, les parties entendues ou appelées.

(Cet article, le XIe du projet, portait de plus « *et sur les conclusions du commissaire du Gouvernement* ». Après la conférence tenue avec le Tribunat, cela a été supprimé dans cet article; mais la disposition se trouve rétablie dans l'article 515.)

499. En rejetant la demande en interdiction, le tribunal pourra néanmoins, si les circonstances l'exigent, ordonner que le défendeur ne pourra désormais plaider, transiger, emprunter, recevoir un capital mobilier, ni en donner décharge, aliéner, ni grever ses biens d'hypothèques, sans l'assistance d'un conseil qui lui sera nommé par le même jugement.

(Cet article, le XIIe. du projet, fut adopté sans discussion.)

500. En cas d'appel du jugement rendu en première instance, le tribunal d'appel pourra, s'il le juge nécessaire, interroger de nouveau, ou faire interroger par un commissaire, la personne dont l'interdiction est demandée.

(Cet article, le XIIIe. du projet, fut adopté sans discussion).

501. Tout jugement portant interdiction ou nomination d'un conseil, sera, à la diligence des demandeurs, levé, signifié à partie, et inscrit, dans les dix jours, sur les tableaux qui doivent être affichés dans la salle de l'auditoire et dans les études des notaires de l'arrondissement.

(Cet art. était le XIVe. du projet.)

M. BIGOT-PRÉAMENEU pense qu'un jugement sujet à appel ne doit pas être affiché.

M. REGNAUD (de Saint-Jean-d'Angely) dit que cette formalité est nécessaire pour empêcher des tiers d'être trompés.

M. TRONCHET dit que cette considération avait déterminé les rédacteurs du projet de Code civil, à proposer de former un tableau à quatre colonnes, dont l'une aurait contenu le nom de la personne contre laquelle serait intervenu le jugement ; la seconde, son domicile ; la troisième, la mention du jugement de première instance ; la quatrième, la mention du jugement, qui, sur l'appel, aurait confirmé ou infirmé le premier. Il est nécessaire, en effet, que le soupçon qui s'élève contre celui dont l'interdiction est poursuivie, soit connu du public.

M. Bigot Préameneu dit qu'il est cependant bien rigoureux de proclamer ainsi, avant que le tribunal d'appel ait rendu son jugement, le nom d'un citoyen auquel on peut avoir intenté un procès injuste.

M. Emmery observe que cet article renvoie les détails d'exécution à un réglement, et que d'ailleurs l'art. XVIII fait apercevoir à quelle époque le jugement d'interdiction aura son effet.

M. Bigot-Préameneu adopte cette observation, et ajoute que d'ailleurs la présomption est contre celui que frappe déjà un premier jugement. (L'article est adopté.)

502. L'interdiction, ou la nomination d'un conseil, aura son effet du jour du jugement. Tous actes passés postérieurement par l'interdit, ou sans l'assistance du conseil, seront nuls de droit.

(Cet art. était le XVe. du projet, on n'y trouvait pas les mots, *ou la nomination d'un conseil*, ils ont été ajoutés après la conférence avec le tribunat).

503. Les actes antérieurs à l'interdiction pourront être annullés, si la cause de l'interdiction existait notoirement à l'époque où ces actes ont été faits (1).

(Cet article, le XVIe. du projet, fut adopté sans discussion).

504. Après la mort d'un individu, les actes par lui faits ne pourront être attaqués pour cause de démence,

---

(1) *Le tribunal d'appel d'Agen* observait que cet article ne serait juste que dans le cas où les personnes intéressées dans les actes dont il est parlé, auraient été parties dans l'instance en interdiction ; autrement il prête à la fraude, il est en contradiction avec les principes relatifs à l'effet de la chose jugée ; il détruit tout l'effet de la présomption légale de la capacité attribuée au majeur par l'article 488.

qu'autant

qu'autant que son interdiction aurait été prononcée ou provoquée avant son décès ; à moins que la preuve de la démence ne résulte de l'acte même qui est attaqué.

(Cet article, le XVIIe. du projet, fut adopté sans discussion).

5o5. S'il n'y a pas d'appel du jugement d'interdiction rendu en première instance, ou s'il est confirmé sur l'appel, il sera pourvu à la nomination d'un tuteur et d'un subrogé tuteur à l'interdit, suivant les règles prescrites au titre *de la Minorité, de la Tutelle* et *de l'Emancipation*. L'administrateur provisoire cessera ses fonctions, et rendra compte au tuteur, s'il ne l'est pas lui-même (1).

(Cet article était le XVIIIe. du projet).

M. Bigot-Préameneu dit que, pour mettre le système complet en harmonie, il conviendrait de réduire à un mois le délai d'appel.

M. Tronchet voudrait que le jugement de première instance fût exécuté provisoirement. L'interdiction en effet n'est prononcée que pour l'intérêt de l'interdit ; la loi ne doit donc pas l'abandonner pendant un mois aux suggestions et aux intrigues.

M. Treilhard observe qu'on ne peut nommer par provision un tuteur à celui qu'on veut interdire. Quel rôle jouerait ce tuteur ? Il ne plaiderait pas, sans doute, contre le jugement qui l'aurait nommé ; et s'il plaidait pour le soutenir, le défendeur à l'interdiction ne serait plus défendu, puisqu'il ne pourrait l'être qu'avec l'assistance du tuteur qui serait son adversaire.

M. Portalis dit que, comme la demande en interdiction peut être fondée, il est nécessaire de prendre des précautions provisoires en faveur du défendeur ; car il ne suffit pas de pourvoir à la sûreté des biens, il faut souvent pourvoir encore à la sûreté de la personne. La loi doit donc autoriser le juge à prendre de ces sortes de précautions, lorsque les circonstances l'exigent.

---

(2) La cour d'appel de Rouen a décidé que, lorsque par un premier jugement antérieur au Code civil, un curateur avait été nommé à l'interdit, on devait, lors du jugement définitif, s'il était postérieur à la publication du Code, lui nommer un tuteur et un subrogé tuteur.

M. Treilhard dit que ces précautions ne sont qu'un incident sur lequel les juges statuent suivant les circonstances, mais la question principale est de savoir si le jugement de première instance recevra provisoirement son exécution par la nomination du tuteur ; ce qui ne lui paraît pas admissible.

M. Emmery dit que ces deux questions ont une étroite analogie.

Il pense qu'on lèverait toutes les difficultés, en ajoutant à l'art. X que l'administrateur pourra être également chargé du soin de la personne.

Cet amendement et l'article, sont adoptés.

506. Le mari est, de droit, le tuteur de sa femme interdite.

(Cet article, le XIXe. du projet, fut adopté sans discussion).

507. La femme pourra être nommée tutrice de son mari. En ce cas, le conseil de famille réglera la forme et les conditions de l'administration ; sauf le recours devant les tribunaux de la part de la femme qui se croirait lésée par l'arrêté de la famille.

(Cet article, le XXe. du projet, fut adopté sans discussion).

508. Nul, à l'exception des époux, des ascendans et descendans, ne sera tenu de conserver la tutelle d'un interdit au-delà de dix ans. A l'expiration de ce délai, le tuteur pourra demander et devra obtenir son remplacement.

(Cet article, le XXIe. du projet, fut adopté sans discussion).

509. L'interdit est assimilé au mineur, pour sa personne et pour ses biens : les lois sur la tutelle des mineurs s'appliqueront à la tutelle des interdits.

(Cet article, le XXIIe. du projet, fut adopté sans discussion).

510. Les revenus d'un interdit doivent être essentiellement employés à adoucir son sort et à accélérer sa guérison. Selon les caractères de sa maladie et l'état de

MAJORITÉ, INTERDICTION, CONSEIL JUDICIAIRE. 555

sa fortune, le conseil de famille pourra arrêter qu'il sera traité dans son domicile, ou qu'il sera placé dans une maison de santé, et même dans un hospice.

(Cet article, le XXIIIe. du projet, fut adopté sans discussion).

511. Lorsqu'il sera question du mariage de l'enfant d'un interdit, la dot ou l'avancement d'hoirie, et les autres conventions matrimoniales, seront réglés par un avis du conseil de famille, homologué par le tribunal, sur les conclusions du commissaire du gouvernement.

XXIV. *Lorsqu'il sera question du mariage, de l'enfant d'un interdit, la dot ou l'avancement d'hoirie et les autres conventions matrimoniales seront réglées par le conseil de famille.*

Le consul CAMBACÉRÈS dit que la famille ne doit être appelée qu'à donner un avis soumis ensuite aux tribunaux. Sans cette précaution les enfans pourraient abuser de la disposition établie par cet article.

L'article est adopté avec cet amendement.

512. L'interdiction cesse avec les causes qui l'ont déterminée : néanmoins la main-levée ne sera prononcée qu'en observant les formalités prescrites pour parvenir à l'interdiction, et l'interdit ne pourra reprendre l'exercice de ses droits qu'après le jugement de main-levée.

(Cet art., le XXVe. du projet, fut adopté sans discussion).

CHAPITRE III.

DU CONSEIL JUDICIAIRE (1).

513. Il peut être défendu aux prodigues de plaider, de transiger, d'emprunter, de recevoir un capital mobilier et d'en donner décharge, d'aliéner, ni de grever

---

(1) Voyez relativement au chapitre III la discussion qui a eu lieu sur l'article 489. Ce chapitre n'existait pas dans le projet, et n'a donné lieu à aucune discussion.

leurs biens d'hypothèques, sans l'assistance d'un conseil qui leur est nommé par le tribunal (1) (2).

514. La défense de procéder sans l'assistance d'un conseil, peut être provoquée par ceux qui ont droit de demander l'interdiction; leur demande doit être instruite et jugée de la même manière.

Cette défense ne peut être levée qu'en observant les mêmes formalités.

515. Aucun jugement, en matière d'interdiction, ou de nomination de conseil, ne pourra être rendu, soit en première instance, soit en cause d'appel, que sur les conclusions du commissaire du gouvernement.

(Le dernier § de l'art. 514, et l'art. 515 ont été ajoutés après la conférence tenue avec le tribunat, et adoptés sans discussion).

---

(1) Dans les observations du tribunal d'appel de Besançon, on trouvait la question suivante :

L'interdiction pour cause de prodigalité étant abolie, quel sera le sort de ceux qui jusqu'à présent ont été interdits pour cette cause ?

Un arrêt de la cour d'appel de Turin a décidé que le tuteur du prodigue, nommé avant la promulgation du Code, devait continuer ses fonctions jusqu'à ce qu'il eût été remplacé par un conseil, attendu que le prodigue reconnu étant frappé par le Code d'une espèce d'incapacité, ne pouvait rester sans défense.

(2) Le Code civil est-il applicable aux demandes en interdiction non définitivement jugées avant la promulgation ? (*Voyez la note sur l'article* 505).

Par arrêt du 7 fructidor an 11, la cour d'appel de Bruxelles a appliqué les dispositions de l'article 513 à un individu qui, ayant été interdit pour cause de prodigalité avant la publication du Code, avait attaqué le jugement d'interdiction par la voie de l'appel.

LIVRE SECOND.

DES BIENS ET DES DIFFÉRENTES MODIFICATIONS DE LA PROPRIÉTÉ.

TITRE PREMIER.
DE LA DISTINCTION DES BIENS.

Décrété le 4 Pluviose an 12, promulgué le 14 du même mois.

516. Tous les biens sont meubles ou immeubles.

Art. Ier. *Tous les biens sont meubles ou immeubles;*
Ils appartiennent ou à la nation en corps, ou à des communes, ou à des particuliers.

Séance du 20 Vendémiaire an 12.

M. Regnaud (de Saint-Jean-d'Angely) dit qu'il craint qu'on n'interprète cet article contre les hospices.

On pourrait prétendre, en effet, qu'en ne reconnaissant de propriétaires que la nation, les communes et les particuliers, l'article, d'après le principe *inclusio unius est exclusio alterius*, refusât aux hospices cette qualité.

Une telle interprétation contrarierait la législation existante, qui, en leur rendant les biens dont ils avaient été dépouillés, en permettant de leur en donner de nouveaux, admet en eux la capacité d'être propriétaires.

Peut-être aurait-elle l'effet désastreux de ralentir la bienfaisance si nécessaire pour suppléer à l'insuffisance des secours que les hospices tirent des octrois.

Au surplus, il est encore d'autres établissemens publics que les hospices; on peut citer, par exemple, ceux de l'instruction publique. Il ne s'agit pas d'agiter et de décider maintenant la question de savoir s'il est avantageux que les établissemens publics en général aient des propriétés; il s'agit de ne pas la préjuger négativement. On pourrait donc ajouter à l'article, que, quant à leurs biens, les établissemens publics sont soumis à des règles particulières.

M. TREILHARD dit qu'on ne peut contester aux établissemens publics le droit d'administrer les biens qui leur sont affectés, et d'en jouir; mais que l'importante question de savoir s'ils peuvent être propriétaires, a été portée devant l'Assemblée constituante, et jugée par elle. Il a été décidé que ces sortes de biens appartiennent à la nation.

La section n'a pas cru devoir s'occuper de cette question. Si c'était ici le lieu de l'examiner, il serait facile de prouver qu'on ne peut trouver dans les hospices et autres établissemens publics tous les caractères de la propriété. Si un établissement public est supprimé, à qui passe la disposition de ses biens? A la nation. Elle est donc propriétaire de ces biens, puisqu'elle est libre de les prendre quand elle veut. Il est plus simple et plus loyal de déclarer dès-à-présent la nation propriétaire, que de reconnaître dans les hospices un droit de propriété dérisoire; car celui-là seul est véritablement propriétaire, qui peut user, abuser et disposer.

Ce serait à tort qu'on voudrait appliquer ces réflexions aux communes: elles sont dans une position bien différente. Leur existence est permanente; si une commune est supprimée, ce n'est que pour être réunie à une autre: elle ne cesse donc pas d'être absolument; elle ne perd que son existence individuelle, pour s'aller confondre avec une autre commune. Les établissemens publics, au contraire, n'existent qu'accidentellement dans le lieu où ils sont placés; ils peuvent y devenir inutiles, même dangereux: on les supprime, et alors ils cessent absolument d'être.

La section a donc considéré que les établissemens publics sont généraux ou particuliers: généraux, ils appartiennent à la nation; particuliers, ils appartiennent aux communes. Cette théorie ne change rien à la législation qui dote les hospices.

Le consul CAMBACÉRÈS pense aussi que ce n'est pas le lieu d'engager la question; mais qu'il ne faut pas la préjuger. Cependant, la nomenclature qu'on trouve dans l'article semblerait exclure de la propriété les établissemens publics.

On pourrait tout concilier, en supprimant la seconde partie de l'article.

M. TREILHARD dit qu'il y consent.

(L'article est adopté avec l'amendement du Consul).

DISTINCTION DES BIENS.

CHAPITRE PREMIER.

DES IMMEUBLES.

517. Les biens sont immeubles ou par leur nature, ou par leur destination, ou par l'objet auquel ils s'appliquent.

(Cet article, le IIe. du projet, fut adopté sans discussion).

518. Les fonds de terre et les bâtimens sont immeubles par leur nature.

(Cet article était le IIIe. du projet ; il a été adopté sans discussion).

519. Les moulins à vent ou à eau, fixés sur piliers et faisant partie du bâtiment, sont aussi immeubles par leur nature.

(Cet article était le IVe. du projet).

M. Miot demande que la disposition soit étendue aux machines qui, comme, par exemple, la pompe de M. Perrier, font partie d'un bâtiment. Si elles en étaient séparées, le bâtiment lui-même ne serait plus rien, puisqu'il ne pourrait servir à l'exploitation pour laquelle il a été construit.

M. Defermon dit que ces sortes de machines sont comprises sous la dénomination générale d'usines ; et qu'ainsi, l'article IX les déclare immeubles.

M. Treilhard dit qu'en effet l'intention de la section a été de les comprendre dans cet article.

M. Bigot-Préameneu ajoute qu'on doit interpréter cet article par l'article XV.

L'article est adopté.

520. Les récoltes pendantes par les racines, et les fruits des arbres non encore recueillis, sont pareillement immeubles.

Dès que les grains sont coupés et les fruits détachés, quoique non enlevés, ils sont meubles.

Si une partie seulement de la récolte est coupée, cette partie seule est meuble.

V. *Les récoltes pendantes par les racines, et les fruits des arbres non encore recueillis, sont pareillement immeubles; et néanmoins le propriétaire qui fait saisir les fruits à défaut de paiement du prix de la ferme, n'est pas tenu de remplir les mêmes formalités que pour la saisie des immeubles, ainsi qu'il est expliqué au code de la procédure judiciaire.*

Dès que les grains sont coupés, et les fruits détachés, quoique non enlevés, ils sont meubles.

Si une partie seulement de la récolte est coupée, cette partie seule est meuble.

M. Maleville observe que cet article, en déclarant immeubles les fruits pendans par les racines, dispense néanmoins le propriétaire qui les fait saisir à défaut de paiement du prix de la ferme, de remplir les formalités prescrites pour la saisie des immeubles. Il propose de modifier de la même manière la disposition de l'article VII (522), relative aux animaux livrés par le propriétaire au métayer, pour la culture du fonds, sans quoi, et si l'exception est exprimée pour un cas, et non pour l'autre, on croira qu'elle a été exclue pour celui-ci.

Cette proposition est adoptée.

M. Dauchy propose de dispenser également les percepteurs des contributions de remplir pour la saisie des fruits non recueillis, les mêmes formalités que pour la saisie des immeubles.

Le consul Cambacérès dit que les collecteurs ont toujours joui de ce privilége.

Au surplus, l'article ne préjuge rien contre eux, puisqu'il ne réserve pas au propriétaire *exclusivement* la faculté qu'il lui donne; il ne s'oppose pas à ce qu'on l'accorde également aux percepteurs.

M. Tronchet dit que l'article a seulement pour objet d'établir une règle entre le propriétaire qui succède, ou à un autre propriétaire ou à un usufruitier. C'est uniquement pour ce cas qu'il déclare immeubles les fruits non encore recueillis; il ne concerne pas les créanciers : s'ils saisissent l'immeuble, ils saisissent avec, les fruits pendans par les racines; s'ils ne les saisissent pas, ils ont, à l'égard des récoltes non faites, le droit d'opposition ou de saisie-arrêt, d'après les règles qui seront établies au code de la *procédure civile*.

M. Pelet pense que l'article devrait s'en expliquer autrement : on pourrait

pourrait croire qu'il abroge l'usage de saisir les fruits avant la récolte, et de les mettre en séquestre.

M. Regnaud (de Saint-Jean-d'Angely) observe que dans le code de la *procédure civile*, il y aura un titre sur la saisie-brandon.

M. Tronchet propose d'y renvoyer, en ajoutant à l'article : *sans préjudice de la saisie des fruits, ainsi qu'il sera dit au code de la* procédure.

Le consul Cambacérès pense que le Code civil ne doit s'appliquer d'aucune manière sur un point qui appartient en entier au code de la *procédure*. Il propose en conséquence de supprimer la fin du premier alinéa, depuis ces mots, *et néanmoins le propriétaire*.

Cet amendement est adopté.

521. Les coupes ordinaires des bois taillis ou de futaies mises en coupes réglées, ne deviennent meubles qu'au fur et à mesure que les arbres sont abattus.

(Cet art., le VIe. du projet, fut adopté sans discussion).

522. Les animaux que le propriétaire du fonds livre au fermier ou au métayer pour la culture, estimés ou non, sont censés immeubles tant qu'ils demeurent attachés au fonds par l'effet de la convention.

Ceux qu'il donne à cheptel à d'autres qu'au fermier ou métayer, sont meubles.

(Cet article était le VIIe. du projet).

M. Defermon demande que la disposition de cet article soit étendue à tous les animaux donnés par le propriétaire, même à titre de cheptel.

M. Treilhard dit que dans l'esprit de l'article, ils font tous également partie du fonds.

M. Pelet demande que les vers à soie qui se trouvent dans un fonds, et les usines destinées à ce genre d'exploitation, soient déclarés immeubles, comme faisant partie du fonds. On a adopté ce principe pour les ruches ; or, il y a parité de raisons.

M. Bérenger répond qu'il est impossible d'assimiler des vers à soie qui se renouvellent tous les ans, à des ruches qui durent un grand nombre d'années.

M. Pelet dit que l'usine deviendrait inutile si on pouvait en séparer les vers à soie.

M. Treilhard demande s'ils tiennent nécessairement à l'exploitation du fonds.

M. Réal répond qu'il y a des lieux où la plantation des mûriers, les usines et l'immeuble sont pour eux; qu'on doit donc les considérer comme immeubles.

M. Regnaud (de Saint-Jean-d'Angely) dit que les plantations de mûriers n'ont pas toujours pour objet de former une usine de vers à soie; souvent le propriétaire ne fonde son produit que sur la vente des feuilles, tandis qu'au contraire celui qui n'a pas de mûriers élève un grand nombre de vers à soie.

M. Defermon regarde les vers à soie comme une branche de culture très-importante. Il est un département où, l'année dernière, elle a rendu jusqu'à huit millions. Or, de semblables établissemens ne se forment que par succession de tems; car ils exigent avant tout que les mûriers soient plantés et élevés.

On s'est proposé de qualifier les biens par leur usage et par le danger de les séparer : ces motifs ont fait déclarer immeubles les ruches et les bestiaux destinés à l'exploitation d'un fonds; ils s'appliquent également aux vers à soie, puisqu'on ne peut les déplacer sans détruire l'exploitation.

M. Bérenger dit que les vers à soie ne tiennent pas nécessairement à l'exploitation du fonds. Ils sont élevés avec des feuilles qui peuvent être indifféremment prises ou dans le domaine ou dehors. Il est rare ensuite que celui qui a élevé des vers à soie les fasse filer : ainsi il n'y a pas, comme on le suppose, une usine unique, mais une succession de fabriques différentes. Si donc on veut déclarer les vers à soie immeubles, il faut restreindre la disposition à ceux qui sont élevés dans la ferme, et encore s'étendrait-elle beaucoup trop loin.

M. Creter pense qu'on ne peut déclarer immeubles une chose aussi fragile que des vers à soie, qu'un orage peut détruire; qu'on doit se borner à en protéger la culture. On y a suffisamment pourvu en déclarant immeuble la feuille pendante au mûrier.

M. Galli dit que cette discussion ne comporte pas, à beaucoup près, l'intérêt qu'on paraît y attacher. En Piémont, on serait surpris de voir mettre des vers à soie au rang des biens immeubles, quoique la récolte annuelle de la soie y donne un produit tellement important, que, quelquefois, il s'est élevé à vingt millions et plus. Là, la culture des vers à soie se lie moins à l'exploitation d'un domaine rural qu'à l'occupation des personnes sans propriété, et même des plus pauvres et des plus misérables.

M. Bigot-Préameneu dit que les vers à soie ne peuvent certainement être mis dans la classe des biens-meubles ; mais que peut-être l'intérêt de cette sorte de culture exige qu'on établisse des règles particulières sur la saisie qui peut en être faite. La place de ces règles est dans le code de la *procédure civile*.

Le consul Cambacérès observe que l'objet de la discussion est de savoir si les vers à soie seront compris dans la nomenclature des biens immeubles, et que l'objet de cette nomenclature est de prévenir et de régler les difficultés qui peuvent s'élever sur l'étendue de la transmission faite au nouveau propriétaire. Il est des choses qui, à raison de leur durée et de leur union avec un immeuble, en deviennent un accessoire, mais il est impossible de ranger dans cette classe les vers à soie : ils subsistent une année, et souvent il n'en reste aucun vestige l'année suivante. Ce n'est donc que par les circonstances qu'on peut juger s'ils sont aliénés avec l'immeuble : les circonstances sont la seule règle qu'on puisse donner aux tribunaux.

La question écartée sous ce rapport n'offre plus d'intérêt que par rapport à la saisie, et alors elle appartient au code de la procédure.

Le Conseil renvoie la question au code de la *procédure civile*.

L'article est adopté.

523. Les tuyaux servant à la conduite des eaux dans une maison ou autre héritage, sont immeubles, et font partie du fonds auquel ils sont attachés.

(Cet art., le VIIIe. du projet, fut adopté sans discussion).

524. Les objets que le propriétaire d'un fonds y a placés pour le service et l'exploitation de ce fonds, sont immeubles par destination.

Ainsi, sont immeubles par destination, quand ils ont été placés par le propriétaire pour le service et l'exploitation du fonds,

Les animaux attachés à la culture ;

Les ustensiles aratoires (1);

Les semences données aux fermiers ou colons partiaires ;

Les pigeons des colombiers ;

Les lapins des garennes ;

Les ruches à miel ;

Les poissons des étangs ;

Les pressoirs, chaudières, alambics, cuves et tonnes ;

Les ustensiles nécessaires à l'exploitation des forges, papeteries et autres usines ;

Les pailles et engrais.

Sont aussi immeubles par destination, tous effets mobiliers que le propriétaire a attachés au fonds à perpétuelle demeure (2).

(Cet article était le IXe. du projet, à cette différence près qu'à la suite de ces mots qui commencent le second §: *ainsi sont immeubles par destination*, on ne trouvait point ceux-ci, *quand ils y ont été placés par le propriétaire pour le service et l'exploitation du fonds*).

M. REGNAUD (de Saint-Jean-d'Angely) demande que la rédaction de cet article fasse sentir que sa disposition ne s'étend pas aux chaudières et aux alambics employés par les distillateurs.

M. TREILHARD répond que la section n'a entendu appliquer l'article qu'aux chaudières et aux alambics qui servent à l'exploitation des fonds ruraux.

L'article est adopté.

525. Le propriétaire est censé avoir attaché à son fonds des effets mobiliers à perpétuelle demeure, quand ils y sont scellés en plâtre ou à chaux ou à ciment, ou lorsqu'ils ne peuvent être détachés sans être fracturés

---

(1) Les échalas destinés et employés à soutenir la vigne, sont-ils meubles ou immeubles ?

(2) Le tribunal d'appel de Grenoble proposait d'ajouter : *et ceux qu'il n'en a momentanément détachés que dans l'intention de réparer les immeubles et de les y replacer*.

ou détériorés, ou sans briser ou détériorer la partie du fonds à laquelle ils sont attachés (1).

Les glaces d'un appartement sont censées mises à perpétuelle demeure, lorsque le parquet sur lequel elles sont attachées fait corps avec la boiserie.

Il en est de même des tableaux et autres ornemens.

Quant aux statues, elles sont immeubles lorsqu'elles sont placées dans une niche pratiquée exprès pour les recevoir, encore qu'elles puissent être enlevées sans facture ou détérioration (2).

X. *Le propriétaire est censé avoir attaché à son fonds des effets mobiliers à perpétuelle demeure, quand ils y sont scellés en plâtre, ou à chaux et à ciment, ou lorsqu'ils ne peuvent être détachés sans être fracturés et détériorés, ou sans briser ou détériorer la partie du fonds à laquelle ils sont attachés, ou lorsqu'ils sont placés dans une niche pratiquée exprès pour les recevoir, comme, par exemple des statues.*

(Cet article fut d'abord adopté sans discussion. Néanmoins, à la suite de la discussion qui eut lieu sur l'article XVIII, le Conseil décida qu'on exprimerait dans l'art. X, que les glaces d'un appartement sont censées mises à perpétuelle demeure, lorsque le parquet sur lequel elles sont attachées fait corps avec la boiserie).

526. Sont immeubles, par l'objet auquel ils s'appliquent,

L'usufruit des choses immobilières;

Les servitudes ou services fonciers;

Les actions qui tendent à revendiquer un immeuble.

(Cet art., le XIe. du projet, fut adopté sans discussion).

---

(1) La presse d'un imprimeur, le métier d'un passementier sont-ils meubles ou immeubles ?

(2) Les statues placées dans un jardin, sur des piédestaux, sont-elles meubles ou immeubles ?

CHAPITRE II.

DES MEUBLES.

527. Les biens sont meubles par leur nature, ou par la détermination de la loi.
(Cet article, le XIIe. du projet, fut adopté sans discussion).

528. Sont meubles par leur nature, les corps qui peuvent se transporter d'un lieu à un autre, soit qu'ils se meuvent par eux-mêmes, comme les animaux, soit qu'ils ne puissent changer de place que par l'effet d'une force étrangère, comme les choses inanimées.
(Cet article, le XIIIe. du projet, fut adopté sans discussion).

529. Sont meubles par la détermination de la loi, les obligations et actions qui ont pour objet des sommes exigibles ou des effets mobiliers, les actions ou intérêts dans les compagnies de finance, de commerce ou d'industrie, encore que des immeubles dépendans de ces entreprises appartiennent aux compagnies. Ces actions ou intérêts sont réputés meubles à l'égard de chaque associé seulement, tant que dure la société.

Sont aussi meubles par la détermination de la loi, les rentes perpétuelles ou viagères, soit sur la république, soit sur des particuliers.

XIV. *Sont meubles par la détermination de la loi, les obligations et actions qui ont pour objet des sommes exigibles ou des effets mobiliers, les actions dans les compagnies de finance, de commerce ou d'industrie, encore que les immeubles dépendans de ces entreprises appartiennent aux compagnies, les rentes perpétuelles ou viagères, soit sur la république, soit sur des particuliers, encore que ces rentes soient le prix de l'aliénation d'un fonds.*

Le consul CAMBACÉRÈS s'arrête sur ces mots de l'article : *sont meu-*

DISTINCTION DES BIENS.

bles.... les actions de banque dans les compagnies de finance, de commerce ou d'industrie, encore que des immeubles dépendans de ces entreprises, appartiennent aux compagnies.

Il observe que dans cette hypothèse, l'action donne droit aux immeubles, et il demande si, par cette raison, on n'en deviendra propriétaire qu'en la faisant transcrire sur les registres des hypothèques.

M. TRONCHET répond qu'il faut distinguer l'action, de l'intérêt, dans une entreprise. L'intérêt rend associé et co-propriétaire ; l'action ne rend que commanditaire, et ne donne droit qu'à la somme qu'on a fournie.

Le consul CAMBACÉRÈS dit que cette distinction est très-exacte ; mais qu'il est nécessaire qu'on la trouve dans la rédaction.

M. BÉGOUIN observe qu'il y a des actions qui rendent co-propriétaire. Par exemple, la manufacture de tabac du Hâvre a été acquise par des actionnaires ; ainsi chacun d'eux en est co-propriétaire, et y a un intérêt en proportion de son action.

M. TRONCHET dit que ces deux sortes de sociétés sont usitées ; il convient, comme l'a dit le Consul, de donner plus de développement à l'article.

M. BÉRENGER dit qu'il existe des sociétés qui se forment par actions, et où cependant les actionnaires n'ont aucun droit aux immeubles. Tels sont la banque de France, l'entreprise des ponts de Paris. La propriété du pont ou des immeubles que la banque acquerrait n'appartient qu'à l'entreprise, qui est là un être moral ; chaque actionnaire n'a droit qu'aux produits attachés à son intérêt. Il est évident que dans ces cas, la transcription devient inutile.

Ces entreprises, au surplus, n'existent qu'en vertu d'une loi. Peut-être faudrait-il examiner s'il ne conviendrait pas de décider qu'aucune entreprise de cette nature ne pourra se former sans autorisation.

M. TREILHARD propose de renvoyer la question au code du *commerce*.

Le consul CAMBACÉRÈS dit qu'on ne peut différer à résoudre la difficulté jusqu'à ce que le code du *commerce* soit discuté. Il propose de décider que l'action est meuble, toutes les fois qu'elle ne donne pas droit à la propriété d'immeubles.

M. TRONCHET partage l'opinion du Consul. Il pense qu'en principe l'action est meuble, lorsqu'elle ne rend pas co-propriétaire des immeubles, et ne soumet pas aux demandes qui peuvent être faites contre la société.

Cette distinction est adoptée.

Le consul Cambacérès dit que la section a suivi sur les rentes la législation existante. La question de savoir s'il est utile de la changer, par rapport aux rentes dues par l'état, tient à des considérations politiques, et ne se lie pas à la discussion du *Code civil*. Ce Code doit fixer la nature des rentes constituées sur particuliers.

La section propose de les déclarer meubles, même quand elles représentent le prix d'un immeuble aliéné. Il serait juste de laisser du moins aux particuliers le droit de stipuler que les rentes qu'ils stipulent seront immeubles.

La proposition du Consul est renvoyée à la section.

Séance du 4 Brumaire an 11.

M. Treilhard en présentant la rédaction qui devait être communiquée au tribunat, (cette rédaction est la même que le texte) dit qu'il n'arrêtera pas l'attention du Conseil sur quelques changemens légers et de pure rédaction; qu'il se bornera à en faire remarquer les plus importans.

Il observe qu'à l'article 529, on était convenu de distinguer entre le corps de l'association et les individus qui la composent. Aucun d'eux n'est propriétaire des immeubles; ce ne sont que des accessoires de la société, et, en quelque sorte, des instrumens de l'entreprise. Quant aux actions, elles sont mobilières, et il est nécessaire de leur conserver cette qualité, parce qu'il importe d'en faciliter la circulation. Cependant on pouvait abuser du principe pour prétendre que les immeubles auxquels les actions donnent droit, doivent, même après la dissolution de la société, être réputés de la même nature que les actions : et, pour prévenir cette fausse conséquence, on a dû exprimer que la fiction ne durait qu'autant que la société.

M. Bégouin demande ce que deviennent les actions après la dissolution de l'entreprise.

M. Treilhard répond que chacun exerce les droits qu'elles lui donnent sur les biens de la société.

M. Tronchet dit qu'il se fait un partage qui ne porte pas sur l'action, mais sur les choses en lesquelles elle se résout, soit argent, soit immeubles. (L'article est adopté).

(Art. 530 décrété le 30 ventose an 12, promulgué le 10 germinal suivant).

530. Toute rente établie à perpétuité pour le prix de la vente d'un immeuble, ou comme condition de la

DISTINCTION DES BIENS.

la cession à titre onéreux ou gratuit d'un fonds immobilier, est essentiellement rachetable.

Il est néanmoins permis au créancier de régler les clauses et conditions du rachat.

Il lui est aussi permis de stipuler que la rente ne pourra lui être remboursée qu'après un certain terme, lequel ne peut jamais excéder trente ans : toute stipulation contraire est nulle.

Toute rente établie à perpétuité, moyennant un capital en argent, ou pour le prix, évalué en argent, de la vente d'un immeuble, ou comme condition de la cession à titre onéreux ou gratuit d'un fonds immobilier, est essentiellement rachetable.

Il est néanmoins permis au créancier de stipuler que la rente ne pourra être remboursée qu'après un certain terme, lequel ne peut jamais excéder trente ans : toute stipulation contraire est nulle (1).

Séance du 17 Ventose an 12.

---

(1) Le consul CAMBACÉRÈS dit qu'il est une matière sur laquelle le Code civil ne contient aucune disposition, et qu'il importe cependant d'examiner; c'est celle des rentes foncières. On s'est divisé sur l'utilité qu'il pourrait y avoir à les permettre : la question n'a pas été décidée; cependant le législateur ne doit point la négliger. Le contrat de rente foncière convient à beaucoup de personnes qui sont dans l'impossibilité d'exploiter elles-mêmes leurs terres. Il n'est pas essentiellement féodal. Peut-être y aurait-il de l'avantage à le rétablir. On examinera ensuite si ces sortes de rentes doivent être déclarées rachetables.

M. TRONCHET dit qu'on ne peut pas mettre en question si les rentes foncières seront irrachetables, car elles perdraient leur caractère, qui est de représenter le fonds, s'il était permis de les racheter.

Ces sortes de rentes étaient avantageuses aux personnes qui ne pouvaient faire les frais d'une grande exploitation, et à qui l'ancienne jurisprudence ne permettait pas de faire des baux au-dessus de neuf ans. Cette dernière difficulté n'existe plus aujourd'hui : on peut faire des baux même de cent ans, et dès-lors le colon a la faculté de s'assurer une jouissance assez longue pour ne pas craindre de perdre le fruit de ses améliorations.

L'inconvénient des rentes foncières était qu'à raison de ce qu'il n'était point permis de les racheter, elles imprimaient à l'héritage une tache perpétuelle qui le suivait dans toutes les mutations de propriété, et qui gênait la circulation des immeubles : peu de personnes consentaient à se soumettre à une charge dont rien n'était capable de les affranchir.

D'ailleurs cette matière comportait un grand nombre de règles très-compliquées et dont l'application en certains cas devenait très-embarrassante.

Séance du 15 Ventose an 12.

M. Bigot-Préameneu dit que si le Code civil eût gardé le silence sur les rentes foncières, on aurait pu les croire autorisées en vertu de l'axiome que tout ce que la loi ne défend pas est permis. La section a donc pensé

M. Maleville dit qu'avant de se décider sur l'admission ou le rejet du contrat de bail à rente foncière, il faut se bien fixer sur sa nature et sur son objet.

Ce bail est un contrat par lequel un propriétaire qui a des fonds incultes ou qu'il ne peut facilement cultiver, les cède à un autre, à la charge par celui-ci de lui payer en argent ou en denrées une rente convenue, pour tout le tems qu'il possédera le fonds.

Le contrat était connu des Romains, qui l'appelaient *emphyteusis*, c'est-à-dire, bail pour améliorer : ce n'est en effet que des fonds en friche et dont on ne retire presque aucun profit, que l'on donne communément à rente ; s'ils étaient en rapport, on les donnerait à ferme, ou on les vendrait.

Ce n'est non plus que de pauvres habitans des campagnes qui prennent des fonds à rente foncière ; un homme riche n'en voudrait pas ; parce qu'obligé de faire faire par d'autres les travaux nécessaires pour mettre le fonds en culture, il n'y trouverait pas le même profit ; il aimerait d'ailleurs mieux acheter que de se soumettre à la rente ; mais le propriétaire du fonds inculte ne veut pas le vendre, parce qu'il n'en retirerait qu'un prix vil et à-peu-près nul.

Le pauvre habitant des campagnes, au contraire, qui n'a pas d'argent pour acheter, qui n'a de capitaux que ses bras, recherche beaucoup les baux à rente, parce qu'ils lui assurent une propriété, un établissement stable, et il les préfère sans contredit à un bail à ferme dont il prévoit toujours la fin, et dont l'expiration laisse sa famille sans asile assuré.

C'est ce contrat de bail à rente foncière qui a repeuplé les Gaules dévastées par les barbares et par les guerres intestines et non moins funestes de la première et de la seconde race ; c'est par le moyen de ce bail que la grande majorité du peuple est redevenue propriétaire, a pu racheter sa liberté, a défriché les forêts et desséché les marais qui couvraient la surface de l'Empire.

Il est vrai qu'avec la rente foncière les bailleurs stipulèrent des droits seigneuriaux pour maintenir leur supériorité ; mais ces droits ne sont pas essentiels à ce contrat, et les Romains ne les connurent jamais.

D'après ces données et cette expérience, il est difficile de concevoir quelque raison solide qui puisse empêcher de rétablir la faculté de donner des fonds à rente foncière. N'y a-t-il donc plus en France de terrains en friche ? Le nombre des propriétaires est-il trop grand pour sa surface ? Et n'est-il pas au contraire du plus grand intérêt de l'État de multiplier ce nombre ? Sa tranquillité, son immutabilité, sa puissance, ne dépendent-elles pas essentiellement du meilleur emploi de son terrain et de l'attachement des citoyens pour le sol qui les a vus naître ? Un homme qui n'a que ses bras est citoyen du monde, et par cela même il ne l'est d'aucun pays particulier.

Pour faire rejeter ce contrat, on dit qu'un fonds soumis à une rente foncière est presque hors du commerce ; que personne ne se soucie de l'acheter, parce qu'on ne veut pas s'assujettir à une charge irrachetable.

Mais quand il serait vrai qu'un fonds soumis à une rente foncière serait hors du com-

DISTINCTION DES BIENS.

qu'il serait utile de réduire en disposition législative la décision du Conseil sur ce sujet.

M. JOLLIVET demande la suppression de ces mots *en argent*, parce

---

merce et invendable, il vaudrait toujours mieux pour l'État et pour le particulier, qu'un fonds en friche qui est bien aussi hors du commerce et qui ne rapporte rien, tandis que l'autre paie un impôt et produit des denrées.

Mais de plus, c'est au hasard et contre l'expérience du passé qu'on prétend qu'un fonds soumis à une rente foncière serait hors du commerce; la presqu'universalité des terres, dans le midi de la France, étaient possédés à ce titre, et ces terres se vendaient comme les autres, moins le capital de la rente; encore étaient-elles grevées alors de droits seigneuriaux qui depuis ont été abolis.

Il serait sans doute à desirer que toutes les rentes fussent créées rachetables, et les habitans des campagnes prendraient sans doute bien plus volontiers les fonds en friche avec cette stipulation : mais ce sont les propriétaires de ces fonds qu'il faut d'abord engager à s'en dessaisir; or il est bien constant qu'ils ne les donneront point moyennant une rente qui ne peut être que très-modique vu l'état des fonds au moment du bail, s'ils ne sont pas assurés de la stabilité de cette rente, et s'ils prévoient au contraire que le preneur l'éteindra moyennant un prix bien bas, dès qu'il aura mis les fonds en pleine production.

Tout ce qu'il importe de faire pour alléger la condition du preneur, c'est de lui laisser la pleine liberté d'abandonner le fonds, dès que la rente lui devient à charge; et c'est-là encore un grand avantage de ce contrat sur le bail à ferme, dans lequel le cultivateur, quoique trompé dans ses spéculations, n'en est pas moins obligé de payer le prix de ferme jusqu'à la fin.

On objecte encore que le bail à rente exige une législation à part et très-compliquée, qu'il peut devenir la source de mille procès.

Oui sans doute ce contrat devait donner lieu à beaucoup de procès, dans un tems où il était presque toujours mêlé de droits seigneuriaux, où ses règles n'étaient déterminées par aucune loi précise, et n'avaient d'autre base que des opinions d'auteurs et la jurisprudence peu uniforme des tribunaux.

Mais maintenant que les droits seigneuriaux sont abolis, il est facile de réduire cette matière, comme toutes les autres, à des règles simples, et l'opinant en a déjà fait le projet dans un travail qu'il a distribué à la section de législation.

M. TRONCHET dit que l'expérience n'a pas justifié les résultats avantageux qu'on attribue aux rentes foncières par rapport à la culture.

Au surplus, des baux de vingt-sept ans suffisent pour favoriser les défrichemens; à plus forte raison des baux de cinquante années, et même de plus. On peut désormais se passer des rentes foncières, et on débarrassera le Code civil de cette multitude de règles dont il aurait fallu le surcharger, sans pouvoir cependant espérer de prévenir toutes les difficultés.

Un des principaux inconvéniens des rentes foncières, était que non-seulement le fonds se trouvait affecté à leur paiement, mais encore tous les autres biens du débiteur, de manière qu'elles grevaient successivement le patrimoine d'une génération entière.

que, dit-il, on pourrait en inférer que la prohibition ne tombe pas sur les rentes foncières qui seraient constituées en nature.

M. Pelet demande si la section entend interdire aux parties la faculté

M. Pelet dit que, dans les provinces méridionales, les autres biens du débiteur n'étaient point hypothéqués pour le paiement du capital de la rente, et qu'on pouvait même s'en affranchir par le déguerpissement.

M. Jollivet dit que cette faculté était refusée à celui qui avait promis de *fournir et faire valoir*, clause qui était devenue de style.

M. Pelet dit que les départemens méridionaux ont toujours réclamé le rétablissement des rentes foncières.

Leur situation n'est pas la même que celle des pays du nord. Le terroir de ces contrées est stérile. Il ne doit sa prospérité qu'aux baux à rente. Les propriétaires qui n'avaient pas assez de force pour exploiter, donnaient leurs biens à rente à ceux qui avaient des bras, mais qui manquaient de fonds pour acheter des terres : il en résultait un avantage précieux pour le bailleur comme pour le preneur.

Là, un bail de quatre-vingt-dix ans ne donnerait pas une sûreté suffisante pour entreprendre des plantations de vignes et d'oliviers, construire des canaux d'irrigation et élever des terrasses.

M. Tronchet dit que cependant l'emphytéose est venue des contrées méridionales.

M. Defermon dit que si les propriétaires du midi ont besoin, pour mettre leurs terres en exploitation, d'en transférer la propriété aux colons, ils peuvent arriver à ce résultat par une vente à rente rachetable. Ce moyen aura même de grands avantages sur le bail à rente foncière. Du moins le colon n'est pas privé de l'espoir de s'affranchir un jour de la redevance, et, dans cette vue, il redouble d'activité et d'efforts pour fertiliser les terres et en obtenir des bénéfices qui, dans la suite, le mettent en état de rembourser la rente.

Mais les vraies causes de l'amélioration de la culture sont la suppression des rentes féodales et le rachat possible des rentes foncières. Presque toutes les rentes foncières ont été rachetées.

M. Bérenger dit que les résultats du bail à rente foncière détruisent l'illusion qu'on pourrait se faire sur l'excellence de ce contrat.

D'abord, il est très-difficile au colon de tirer de sa terre un produit suffisant pour acquitter tout à-la-fois la rente et ses contributions foncières.

Le fonds chargé à jamais d'une semblable rente, perd nécessairement de sa valeur vénale.

Dès-lors les mutations qui surviennent à l'égard de ces sortes de biens, produiront moins de droits d'enregistrement.

Le fonds chargé d'une rente foncière, ne peut être chargé de contributions aussi fortes que le fonds libre, et cependant les impositions ne sont pas réparties sur le propriétaire de la rente.

Ainsi, de tous côtés, on n'aperçoit que des inconvéniens qui ne se trouvent balancés par aucun avantage; tandis que les baux à long terme, ou les ventes à rente rachetable, donneront les effets utiles qu'on prête aux rentes foncières, sans en reproduire les inconvéniens.

Il importe aussi de prévoir ce qui pourrait arriver dans la suite des tems. On a ici un

DISTINCTION DES BIENS. 573

de fixer le taux et les conditions du rachat : il est nécessaire de leur accorder cette faculté.

M. Bigot-Préameneu observe que cette question rentre dans celle de la exemple qui ne doit pas être perdu : les rentes foncières étaient véritablement le prix de l'héritage, et cependant une loi est survenue, qui, les confondant avec les rentes féodales, les a supprimées sans indemnité.

Le consul Cambacérès dit que les raisons qu'on a données ne sont pas suffisantes pour rejeter de la législation le contrat de rentes foncières.

On fait un Code civil pour régler l'état des personnes, la nature des choses, et la manière d'en disposer. Il faut que les dispositions de ce Code soient concordantes, et qu'il soit complet.

Peut-on, sous ce rapport, en retrancher le contrat de rentes foncières?

Il y a lieu d'en douter. Le Code civil autorise l'usage le plus illimité, même l'abus du droit de propriété; il permet à chacun la disposition indéfinie de son bien; ce principe n'est borné que par les exceptions que réclament les mœurs et l'intérêt public : comment, dans cet état de la législation, pourrait-on, sans arbitraire, défendre à un propriétaire d'aliéner son domaine, pour le prix d'une redevance foncière, si, d'ailleurs, les mœurs et l'intérêt de l'Etat ne sont pas offensés par cet arrangement?

Il est évident d'abord qu'il ne blesse pas les mœurs. Voyons s'il blesse l'intérêt de l'Etat.

On a eu raison de dire que l'Etat a intérêt à ce que les propriétaires ne soient pas grevés de charges tellement pesantes, qu'il ne reste plus de matière aux impositions.

Mais ce principe ne reçoit pas ici d'application; car il faut prendre garde que la concession à rente foncière n'est employée que par le vendeur qui n'a pas les facultés nécessaires pour exploiter, et par l'acquéreur qui n'a pas de fonds pour acheter. Si on leur refuse ce moyen, les terres ne rendent plus de produits, et n'offrent pas dès-lors de matière imposable.

Au reste, le propriétaire de la rente représentative du fonds, doit supporter les impositions sur la rente, comme il les supporterait sur le fonds même.

On a observé encore que les aliénations à rente foncière diminueraient les produits de l'enregistrement.

Il y a lieu de croire, au contraire, que la fréquence des mutations sera en raison des facilités plus grandes que le contrat de rente foncière donne pour aliéner le bien et pour l'acquérir.

On a parlé des rachats multipliés dont avait été suivie la loi qui autorisait à racheter les rentes foncières.

Le fait est incontestable, mais il n'est pas concluant.

Pour juger la loi qu'on rappelle et les résultats qu'elle a eus, il est nécessaire de remonter à l'esprit qui l'a dictée.

L'Assemblée constituante avait à lutter contre la classe des privilégiés, qui était en même tems celle des grands propriétaires; elle l'a attaquée en attaquant la propriété d'où cette classe tirait sa force, et par ce même moyen elle s'est attachée le tiers-état qu'elle voulait opposer aux privilégiés. Ce système a produit entr'autres lois, celle qui permet le rachat des rentes foncières.

fixation de l'intérêt légal, de laquelle le Conseil d'état s'est déjà occupé lors de la discussion du titre *du Prêt*.

Le consul CAMBACÉRÈS dit qu'il ne serait pas juste de refuser aux

> Une telle loi n'est pas fondée sur des principes de législation; elle est toute politique, toute de circonstance, et l'effet en est tellement passé, que, peut-être ceux qui s'en sont servis pour racheter, donneraient aujourd'hui leurs propriétés à rente foncière, si la législation les y autorisait.
>
> La question n'a donc pas été jugée en principe par l'Assemblée constituante. Une loi de circonstance sur les rentes foncières ne peut pas plus être considérée comme un préjugé, que ne l'ont paru des lois de la même nature sur d'autres matières. C'est ainsi qu'on vient de rétablir la faculté de tester, et plusieurs autres dispositions qui, comme les rentes foncières, avaient été sacrifiées aux circonstances.
>
> Enfin, l'on a porté ses regards sur l'avenir, et l'on a craint qu'un jour les rentes foncières ne fussent de nouveau supprimées.
>
> La prévoyance du législateur ne doit pas s'étendre aussi loin. Ce serait entreprendre l'impossible que de vouloir lire dans l'histoire des siècles les plus reculés. On doit supposer que la postérité sera juste; mais si cet espoir devait être trompé, toute précaution législative contre l'injustice serait assurément sans succès.
>
> Le Consul demande que la question qui n'a pas encore été approfondie, soit renvoyée à la Section de législation pour faire un rapport.
>
> M. MALEVILLE dit que la question se réduit à des termes très-simples. Il serait sans doute plus avantageux que toute terre fût possédée dégagée de rentes foncières; mais si un propriétaire qui a des fonds incultes ne veut s'en dessaisir qu'en se réservant une rente de cette espèce, y a-t-il quelque raison pour l'en empêcher? Est-il préférable de laisser ces fonds dans ses mains sans profit pour lui ni pour la société? Pourquoi la loi, qui permet tous les autres moyens d'aliénation, interdirait-elle le seul qui peut convenir à un grand nombre de citoyens, et qui, en facilitant la culture, tourne au profit de l'État?
>
> M. CRETET dit qu'il ignore si le défrichement des terres est dû au bail à rente foncière; mais il sait que ce contrat a été, dans la main des usurpateurs, un moyen puissant pour tenir les propriétaires sous leur dépendance.
>
> Au reste, ce contrat a toujours produit des inégalités énormes. Toujours on a vu des hommes habiles s'en servir pour circonvenir les gens simples par l'appât d'avantages imaginaires; s'assurer les fruits de leurs travaux, et ne leur laisser que l'indigence avec le vain titre de propriétaire. Si l'usage de ce contrat s'étendait, on verrait la nation partagée en deux classes, l'une qui jouirait paisiblement et sans labeur des produits de la terre, l'autre de serfs condamnés aux travaux les plus rudes pour payer les impositions et la rente foncière, sans pouvoir obtenir de leurs sueurs la subsistance de leurs familles.
>
> Indépendamment de ces vices du fond, les rentes foncières présentent de grandes difficultés de détail.
>
> Dans les partages des biens grevés, elles produisent des effets désastreux; car, quoique la rente soit indivisible, il faut régler la part qui en sera portée par chaque

parties la faculté de stipuler que le rachat ne pourra être fait qu'en argent.

A la vérité, les lois qui changeraient la forme ordinaire des paie-

---

enfant, et ensuite, à raison de l'indivisibilité, les enfans se trouvent constitués codébiteurs solidaires ; de là résulte que tous les biens de la famille demeurent affectés au paiement de la rente et frappés d'hypothèques.

Dans la liquidation de la succession du bailleur, il faut décomposer la propriété pour régler la part que chaque héritier prendra de la rente, en proportion de celle qu'il prend dans le fonds. Il en résulte aussi, dans la suite des tems, que ces héritiers, si le bailleur avait stipulé une certaine quantité de mesures de blé, n'en reçoivent plus chacun qu'une poignée.

M. Pelet répond que dans l'état actuel des choses, les habitans de la campagne entendent trop bien leurs intérêts et y sont trop attachés, pour qu'on doive craindre que le bail à rente devienne un moyen de les circonvenir : on pourrait avec plus de fondement concevoir des inquiétudes semblables pour le bailleur.

Ce contrat ne partagera pas les Français en deux classes, l'une de propriétaires, l'autre de colons. Cette division existe déjà par l'effet des baux à ferme. Le bail à rente ne fera que rectifier à cet égard les inégalités, en donnant au preneur une part plus forte dans les produits de la terre.

Enfin le partage d'une rente foncière n'est pas aussi embarrassant qu'on a prétendu : il n'est pas nécessaire de la diviser ; on peut la placer en entier dans le lot de l'un des partageans.

M. Bigot-Préameneu dit qu'il est aussi parfaitement rassuré sur les surprises auxquelles on prétend que le bail à rente donnerait lieu.

L'avantage de ce contrat est de donner à ceux qui n'ont pas de facultés pécuniaires, la facilité d'acquérir des propriétés. Les conditions peuvent être réglées de manière à ne leur pas devenir trop onéreuses. Si la rente est constituée en grains, on la calcule en proportion du produit de la terre.

Mais l'inconvénient de ces sortes de contrats est de jeter de l'embarras dans les partages, sur-tout lorsque la rente est ancienne, et d'obliger à établir une multitude de règles très-compliquées sur le déguerpissement.

Au reste, la question mérite d'être approfondie. On pourrait donc la renvoyer à la Section, qui examinera s'il n'est pas des moyens de corriger les inconvéniens que peuvent avoir les rentes foncières, et d'empêcher qu'elles ne deviennent la cause d'une multitude de procès.

Le Premier Consul dit que la question première n'est pas de savoir si le bail à rente donnera lieu à des procès : les règles trop simples et qui préviennent toute contestation ne sont pas les plus favorables au droit de propriété.

Mais il importe d'examiner avant tout, s'il est de l'intérêt de l'État qu'il y ait beaucoup de rentes foncières, et que l'usage de ces sortes de contrats se propage.

Jusqu'à ce que ce point soit décidé, tout travail ultérieur devient inutile.

Considérées sous ce rapport, les rentes foncières ne paraissent pas présenter d'avantages. On conçoit difficilement qu'il puisse être utile à l'État que les terres soient chargées envers lui d'une imposition du quart de leur produit ; qu'un bailleur en prélève mens, et dont les parties auraient voulu prévenir l'effet, rendraient presque toujours cette stipulation illusoire; mais il pourrait arriver aussi qu'elles la respectassent, et dans tous les cas, il est toujours satis-

encore un autre quart ou même une portion plus forte; qu'enfin le preneur les donne encore à ferme à des cultivateurs.

Tel est cependant le résultat que ce contrat doit avoir après un certain laps de tems.

Dans l'ancien système politique, il pouvait être utile. Alors la féodalité avait placé la propriété des terres dans un petit nombre de mains, et il était dans ses principes de les y maintenir. C'était donc adoucir le sort du peuple que de lui donner sur les terres un droit plus fort que celui de simple fermier.

Mais cette considération devient maintenant impuissante. L'avantage que les rentes foncières donneraient aujourd'hui à ceux qui n'ont pas de moyens pécuniaires d'acquérir des propriétés, on peut également l'obtenir par l'achat à rente rachetable.

Il est vrai que les variations qui surviennent dans l'intérêt de l'argent, détermineront les propriétaires à élever le taux de la rente, afin de ne pas éprouver de perte dans le cas de remboursement; mais cet inconvénient même n'est pas sans remède. Qu'on permette de stipuler que la rente ne pourra être rachetée avant un terme reculé, comme de cinquante ans, par exemple, et le propriétaire qui se verra assuré pendant long-tems d'un revenu fixe et invariable, quel que puisse le taux de l'argent, se rendra moins difficile.

M. JOLLIVET observe que la législation actuelle sanctionne la stipulation qu'une rente ne sera pas rachetée avant vingt ans.

LE PREMIER CONSUL dit que cette disposition suffit.

M. PELET dit que tout est concilié, si l'on fixe un terme au-delà duquel les rentes foncières deviendront rachetables.

M. JOLLIVET dit que néanmoins elles auront toujours l'effet fâcheux d'appauvrir les habitans des campagnes au profit des citadins. Les travaux, les frais de défrichement, et la dépense du titre nouvel, sont pour les premiers, tandis que les habitans des villes recueillent paisiblement les produits d'une terre qui était stérile dans leurs mains.

Il est même certain que l'usage du bail à rente ne sera pas borné aux terres en friche.

M. MALEVILLE dit que tous les reproches qu'on vient de faire aux baux à rente, s'appliquent également aux baux à ferme, et même avec plus de force, car le taux du fermage est toujours plus élevé que celui des rentes foncières. Faut-il pour cela interdire aussi les baux à ferme, et obliger chaque propriétaire à cultiver lui-même son bien?

LE PREMIER CONSUL dit qu'il y a cependant cette différence entre les deux contrats, que le créancier de la rente foncière, dégagé de toute sollicitude, va consommer tranquillement son revenu dans la ville; au lieu que le propriétaire d'une ferme s'établit près de son héritage pour veiller aux réparations, pour suivre le fermier, voir s'il amende ses terres comme elles doivent l'être, et s'il satisfait aux engagemens accessoires du fermage.

M. TRONCHET dit que quiconque a suivi les tribunaux, sait que les rentes foncières sont une source intarissable de procès et de vexations.

Si pour en corriger les inconvéniens, on les déclare rachetables après un terme;

faisant

DISTINCTION DES BIENS.

faisant pour le bailleur de porter la prévoyance aussi loin qu'elle puisse s'étendre.

L'article est adopté avec les amendemens des MM. Jollivet et Pelet.

531. Les bateaux, bacs, navires, moulins et bains sur bateaux, et généralement toutes usines non fixées par des piliers, et ne faisant point partie de la maison, sont meubles : la saisie de quelques-uns de ces objets peut cependant, à cause de leur importance, être sou-

Séance du 20 Vendémiaire an 12.

---

d'abord on les dépouille de leur caractère de *rentes foncières*, ensuite il n'est pas besoin de disposition nouvelle : le droit commun permet ces sortes de clauses.

M. Regnaud (de Saint-Jean-d'Angely) dit qu'il faut sur-tout juger les rentes foncières par les effets qu'elles produiraient dans l'état actuel des choses.

Il est évident que le propriétaire, pour se soustraire aux variations qu'éprouve l'intérêt de l'argent, ne constituerait la rente qu'en nature, en la fixant soit à une quotité déterminée, soit à une quotité proportionnelle au produit de l'héritage. Il se créerait donc une nouvelle sorte de suprématie dans le village dont le fonds lui appartiendrait. Ainsi, si les rentes foncières ne rétablissaient pas divers ordres, elles formeraient du moins plusieurs classes de citoyens. On verrait reparaître aussi une partie des inconvéniens de la féodalité : si le colon avait mis quelque négligence dans la culture des terres, le propriétaire ferait aujourd'hui comme faisait autrefois le seigneur, il l'obligerait à lui payer une indemnité d'après l'estimation du produit que la terre aurait dû donner.

C'est ainsi qu'une loi en apparence toute civile, produirait de grands effets politiques, et des effets très-étendus, car tous les citoyens que leurs fonctions obligent de vivre loin de leurs propriétés, les donneraient à rente foncière.

M. Portalis dit que les rentes foncières peuvent être utiles dans un tems et chez un peuple où il y a beaucoup de terres en friche et beaucoup de desséchemens à faire. Alors elles multiplient les cultivateurs en facilitant les acquisitions à ceux qui n'ont pas de moyens pécuniaires. C'est cette considération qui les a fait établir, et non la féodalité; car il ne faut pas les confondre avec le cens, qui n'était qu'une marque de seigneurie et une redevance d'honneur, et qui ne représentait pas le produit de la terre.

Mais quand on veut organiser le système des rentes foncières, on tombe dans des embarras inextricables. Dans la suite même l'origine de la rente s'oublie, et alors la redevance ne paraît plus qu'une servitude sans cause, et qui devient insupportable.

Aujourd'hui où la plus grande partie du territoire français est livrée à la culture, où il reste peu de défrichemens à faire, il n'est pas évident que le rétablissement des rentes foncières fût un bien, quoiqu'il ne soit également pas certain qu'il fût un mal.

Le Conseil rejette la proposition de rétablir les rentes foncières.

mise à des formes particulières, ainsi qu'il sera expliqué dans le code de la procédure civile.

(Cet article, le XVe. du Projet, fut adopté sans discussion).

532. Les matériaux provenant de la démolition d'un édifice, ceux assemblés pour en construire un nouveau, sont meubles jusqu'à ce qu'ils soient employés par l'ouvrier dans une construction.

(Cet article, le XVIe. du Projet, fut adopté sans discussion).

533. Le mot *meuble*, employé seul dans les dispositions de la loi ou de l'homme, sans autre addition ni désignation, ne comprend pas l'argent comptant, les pierreries, les dettes actives, les livres, les médailles, les instrumens des sciences, des arts et métiers, le linge de corps, les chevaux, équipages, armes, grains, vins, foins et autres denrées; il ne comprend pas aussi ce qui fait l'objet d'un commerce (1).

(Cet article, le XVIIe. du Projet, fut adopté sans discussion).

534. Les mots *meubles meublans* ne comprennent que les meubles destinés à l'usage et à l'ornement des appartemens, comme tapisseries, lits, siéges, glaces, pendules, tables, porcelaines, et autres objets de cette nature (2).

Les tableaux et les statues qui font partie du meuble d'un appartement, y sont aussi compris, mais non

___

(1) Une disposition testamentaire est ainsi conçue : Je lègue à M**** la moitié de mes *meubles et immeubles*. Le mot *meubles* doit-il être restreint au sens que lui attribue l'article 533, ou doit-il s'entendre de l'universalité des biens meubles?

Voyez, pour la signification du mot *meubles* joint au mot *immeubles*, les articles 826, 828, 880, 1531, 1564, 1837, 1838, 2099, (1536, 1713).

(2) Le tribunal d'appel de Grenoble demandait si la batterie de cuisine, les ustensiles du ménage, le linge de table et de lit, les vaisseaux vinaires feraient partie des meubles meublans?

les collections de tableaux qui peuvent être dans les galeries ou pièces particulières.

Il en est de même des porcelaines : celles seulement, qui font partie de la décoration d'un appartement, sont comprises sous la dénomination de *meubles meublans*.

(Cet article était le XVIIIe. du Projet).

M. CRETET pense qu'il importe de prononcer d'une manière plus positive sur la nature des glaces, attendu qu'il s'élève sur ce sujet de fréquentes contestations.

M. REGNAUD (de Saint-Jean-d'Angely) propose de les déclarer meubles en soi, et indépendemment du lieu où elles se trouvent : elles peuvent en effet être toujours facilement détachées du parquet, sans détérioration de l'immeuble.

M. CRETET dit qu'on peut leur donner cette qualité en se bornant à déclarer accessoire de l'immeuble le parquet qui est incrusté dans la boiserie.

M. TREILHARD répond qu'on ne peut déclarer meubles les glaces mises à perpétuelle demeure, sans contredire le principe que la destination du père de famille fixe en ce cas la nature de la chose.

M. CRETET dit que ce principe n'a été étendu aux glaces que par une fausse application de la coutume, puisqu'à l'époque où elle a été rédigée, l'usage des glaces dans des parquets incrustés n'était pas encore connu. Il n'y a, à ce sujet, qu'un arrêt unique qui a acquis force de loi ; mais il est contraire à l'esprit de la coutume : elle n'a évidemment eu d'autre intention que d'empêcher les dégradations. Ce motif s'applique au parquet, mais non à la glace, qu'on peut, comme un lustre et comme d'autres meubles, déplacer sans rien dégrader.

M. TRONCHET objecte que la qualité des choses ne dépend pas uniquement de leur nature, mais encore ou de la volonté de la loi ou de la destination du propriétaire. C'est cette dernière cause qui rend immeubles les animaux destinés à l'exploitation d'une ferme ; elle doit avoir le même effet par rapport aux glaces placées à perpétuelle demeure. Si une chose était nécessairement meuble, par cela seul qu'elle peut être enlevée sans dégradation de l'immeuble ; il faudrait aller jusqu'à regarder comme meubles les statues placées dans les niches.

L'article est adopté.

535. L'expression *biens meubles*, celle de *mobilier* ou d'*effets mobiliers*, comprennent généralement tout ce qui est censé meuble d'après les règles ci-dessus établies.

La vente ou le don d'une maison meublée ne comprend que les meubles meublans.

(Cet article, le XIXe. du projet, fut adopté sans discussion).

536. La vente ou le don d'une maison, avec tout ce qui s'y trouve, ne comprend pas l'argent comptant, ni les dettes actives et autres droits dont les titres peuvent être déposés dans la maison ; tous les autres effets mobiliers y sont compris.

(Cet article, le XXe. du projet, fut adopté sans discussion).

CHAPITRE III.

DES BIENS, DANS LEUR RAPPORT AVEC CEUX QUI LES POSSÈDENT.

537. Les particuliers ont la libre disposition des biens qui leur appartiennent, sous les modifications établies par les lois.

Les biens qui n'appartiennent pas à des particuliers, sont administrés et ne peuvent être aliénés que dans les formes et suivant les règles qui leur sont particulières.

XXI. *Les particuliers ont la libre disposition des biens qui leur appartiennent, sous les modifications marquées par les lois.*

Tous les biens nationaux et ceux des communes sont administrés et ne peuvent être aliénés que dans les formes et suivant des règles qui leur sont particulières.

M. Bérenger demande la suppression de la première partie de cet article, parce que le principe qu'il pose se trouve dans l'article Ier du titre de la propriété.

M. Treilhard dit que l'art. Ier dont on parle définit la propriété en général; mais que, comme les particuliers, l'état et les communes ne disposent pas de leurs biens de la même manière, il a fallu exprimer cette différence dans un autre article.

M. REGNAUD (de Saint Jean-d'Angely) demande que la seconde disposition de l'article soit étendue aux biens des établissemens publics.

M. TREILHARD propose de la rédiger ainsi : *les biens qui n'appartiennent pas à des particuliers*, etc.

L'article est adopté avec cet amendement.

538. Les chemins, routes et rues à la charge de la nation, les fleuves et rivières navigables ou flottables, les rivages, lais et relais de la mer, les ports, les havres, les rades, et généralement toutes les portions du territoire national qui ne sont pas susceptibles d'une propriété privée, sont considérés comme des dépendances du domaine public.

XXII. *Les chemins publics, les rues et places publiques, les fleuves et rivières navigables ou flottables, les rivages, lais et relais de la mer, les ports, les havres, les rades, et généralement toutes les portions du territoire national qui ne sont pas susceptibles d'une propriété privée, sont considérés comme dépendances du domaine public.*

M. REGNAUD (de Saint-Jean-d'Angely) observe que cet article doit être réformé, en ce qu'il comprend indistinctement dans le domaine public, les chemins publics, les rues et places publiques; il fait remarquer que les lois distinguent entre les grandes routes et les chemins vicinaux; ceux-ci sont la propriété des communes, et entretenus par elles. Ce principe est dans la jurisprudence du Conseil. Chaque jour, des arrêtés mettent l'entretien des chemins vicinaux à la charge des communes. Quant aux rues et places publiques, elles sont aussi la propriété des communes, aux termes de la loi du 11 frimaire an 7, de divers arrêtés du Gouvernement, et notamment de celui rendu pour la commune de Paris, relativement au percement d'une rue. Il n'y a d'exception à ce principe que pour les rues et places où passent les grandes routes entretenues par l'Etat.

M. TREILHARD dit qu'en effet les chemins vicinaux et les rues, qui ne sont pas grandes routes, appartiennent aux communes.

M. TRONCHET observe qu'il y a des chemins qui, sans être grandes routes, appartiennent cependant à la nation.

M. Regnaud (de Saint-Jean-d'Angely) dit qu'il est facile de distinguer les chemins dont la propriété appartient à la nation ; ce sont ceux qu'elle entretient.

M. Cretet demande qu'on déclare aussi les chemins de hallage propriété nationale.

Cette proposition est adoptée.

La distinction proposée par M. Regnaud (de Saint-Jean-d'Angely) sur les chemins vicinaux, et le retranchement de l'énonciation des rues et places publiques, sont adoptés.

539. Tous les biens vacans et sans maître, et ceux des personnes qui décèdent sans héritiers, ou dont les successions sont abandonnées, appartiennent à la nation.

(Cet art., le XXIII°. du projet, fut adopté sans discussion.)

540. Les portes, murs, fossés, remparts des places de guerre et des forteresses, font aussi partie du domaine public.

(Cet art., le XXIV°. du projet, fut adopté sans discussion.)

541. Il en est de même des terrains, des fortifications et remparts des places qui ne sont plus places de guerre : ils appartiennent à la nation, s'ils n'ont été valablement aliénés, ou si la propriété n'en a pas été prescrite contr'elle.

(Cet art., le XXV°. du projet, fut adopté sans discussion.)

542. Les biens communaux sont ceux à la propriété ou au produit desquels les habitans d'une ou plusieurs communes ont un droit acquis.

(Cet art., le XXVI°. du projet, fut adopté sans discussion.)

543. On peut avoir sur les biens, ou un droit de propriété, ou un simple droit de jouissance, ou seulement des services fonciers à prétendre.

(Cet art., le XXVII°. du projet, fut adopté sans discussion.)

TITRE II.
DE LA PROPRIÉTÉ.

Décrété le 6 Pluviose an 12, promulgué le 16 du même mois.

544. La propriété est le droit de jouir et disposer des choses de la manière la plus absolue, pourvu qu'on n'en fasse pas un usage prohibé par les lois ou par les réglemens.

Séance du 20 Vendémiaire an 12.

(Cet article était le Ier. du projet.)

M. PELET demande qu'on supprime le mot *réglement*.

M. REGNAUD (de Saint-Jean-d'Angely) répond que l'usage de la propriété est subordonné non-seulement à la loi, mais encore aux réglemens de police.

M. TREILHARD ajoute qu'en général la constitution donne au gouvernement le droit de faire des réglemens.

L'article est adopté.

545. Nul ne peut être contraint de céder sa propriété, si ce n'est pour cause d'utilité publique, et moyennant une juste et préalable indemnité.

(Cet article était le IIe. du projet.)

III. *Néanmoins, dans les cas d'une très-grande urgence, et pour des causes de sûreté publique, le gouvernement peut occuper la propriété d'un particulier, mais à la charge d'une juste indemnité.*

M. REGNAUD (de Saint-Jean-d'Angely) demande qu'on définisse le mot *utilité publique*, pour prévenir les difficultés, qui quelquefois se sont élevées sur ce sujet.

Le consul CAMBACÉRÈS dit que le Code civil ne peut établir que des règles générales, et non en déterminer les diverses applications. L'article est donc présenté dans la forme qui lui convient.

Mais l'article III, en laissant quelque équivoque sur les cas d'urgence, pourrait donner lieu à des abus locaux.

(L'art. II est adopté, l'art. III est retranché.)

DISCUSSIONS DU CODE CIVIL.

Séance du 14 Nivose an 12.

M. Treilhard rend compte des observations faites par le Tribunat sur le livre II du projet de Code civil.

Il dit que ces observations n'ont porté pour la plupart que sur de légers changemens de rédaction que la section a adoptés, et qu'il ne parlera que de celles qui présentent plus d'importance.

Le Tribunat a demandé que l'article II au titre II : *De la Propriété*, fût rédigé ainsi qu'il suit :

Nul ne peut être contraint de céder sa propriété, si ce n'est pour cause d'utilité publique, moyennant une juste et préalable indemnité, et en vertu d'une loi ; sauf les cas relatifs à la voierie et aux alignemens, pour lesquels la loi n'est point nécessaire.

La section n'a pas cru que l'addition proposée dût être admise : elle paralyserait l'administration, si, pendant l'absence du Corps législatif, des circonstances urgentes obligeaient à disposer d'une propriété particulière. L'Assemblée constituante a donné toutes les garanties nécessaires à la propriété, en établissant la règle que personne ne pourra être contraint à céder sa propriété, si ce n'est pour cause d'utilité publique, et moyennant une juste et préalable indemnité. Il n'y a pas de motifs, et il y a, au contraire, des inconvéniens à sortir de ces termes.

M. Regnaud (de Saint-Jean-d'Angely) dit qu'à la vérité l'Assemblée constituante s'est bornée à exprimer ces deux conditions, mais que des dispositions ultérieures, et sur-tout l'usage, ont ajouté la condition nouvelle que le Tribunat réclame, et le Gouvernement s'y est toujours conformé. Il ne s'agit pas ici des cas d'urgence véritable, et qui se réduisent à-peu-près au cas de guerre et au cas d'incendie : il est évident que pour empêcher l'embrâsement d'une ville entière, ou dans la vue de pourvoir à sa défense, l'administration doit disposer sans délai ; mais l'objet de l'article est de pourvoir aux cas ordinaires et où l'urgence n'est pas la même, et alors il devient difficile de se refuser à la proposition du Tribunat.

M. Lacuée dit qu'en théorie le principe du Tribunat est vrai, mais que si on l'érigeait en règle générale, dans certaines circonstances, il gênerait l'administration. Les cas d'urgence sont plus multipliés qu'on ne le suppose : si l'on entreprend de les fixer pour en faire des exceptions à la règle, on donne, par cela même, à cette règle, une force plus absolue ; il serait donc impossible de s'en écarter dans les cas qui auraient été omis, et qui cependant ne souffriraient point de retard : si l'on voulait adopter l'opinion du Tribunat, du moins ne devrait-on

point

point obliger l'administration à recourir au Corps législatif avant d'agir, mais se borner à établir que, chaque année, les actes de ce genre seront soumis au Corps législatif en la même forme que les arrêtés relatifs aux douanes.

Le consul CAMBACÉRÈS dit qu'on n'envisage pas la question sous son véritable point de vue.

Si l'on se trouvait encore à l'époque où le décret de l'Assemblée constituante a été rendu, il n'y aurait pas de difficulté à exprimer la condition dont parle le Tribunat; mais aujourd'hui, et après qu'un laps de tems considérable a sanctionné la rédaction de l'Assemblée constituante; après qu'elle a été textuellement répétée dans toutes les constitutions qui ont successivement régi la France; après qu'un long usage en a réglé l'application, on ne voit pas de motifs pour la changer, et alors le changement serait interprété d'une manière défavorable : il semblerait qu'on aurait supposé au Gouvernement la prétention d'exproprier arbitrairement les citoyens, et qu'on aurait voulu établir une garantie de plus contre les abus du pouvoir. Il n'en est pas besoin sans doute; car il n'y a pas eu une seule expropriation arbitraire. Et si la Nation, au lieu de vivre sous un Gouvernement juste et paternel, se trouvait un jour sous un Gouvernement violent et despotique, ce ne seraient pas quelques mots de plus insérés dans la loi, qui garantiraient la propriété du citoyen. Le principe qu'aucune expropriation ne peut avoir lieu sans une loi, est incontestable, et il est scrupuleusement observé; il est superflu, et il serait inconvenient de l'exprimer.

M. PELET partage l'opinion du Consul. Les précautions excessives et nouvelles qu'on propose sont absolument sans objet; la loi a fait tout ce qui est nécessaire pour la garantie de la propriété, lorsqu'elle a dit que nul ne pourrait être dépossédé que pour cause d'utilité publique, et avec une indemnité préalable.

M. SÉGUR pense que toute expropriation doit être ordonnée par une loi, mais qu'il est inutile d'exprimer ce principe, comme si l'on s'en était écarté jusqu'ici.

L'article II est maintenu.

546. La propriété d'une chose, soit mobilière, soit immobilière, donne droit sur tout ce qu'elle produit, et sur ce qui s'y unit accessoirement, soit naturellement, soit artificiellement.

Ce droit s'appelle *droit d'accession*.

(Cet article était le IVe. du projet, il a été adopté sans discussion.)

CHAPITRE PREMIER.

DU DROIT D'ACCESSION SUR CE QUI EST PRODUIT PAR LA CHOSE.

547. Les fruits naturels ou industriels de la terre,
Les fruits civils,
Le croit des animaux, appartiennent au propriétaire par droit d'accession.

Séance du 27 Vendémiaire an 12.

(Cet article était le Ve. du projet, il fut adopté sans discussion.)

548. Les fruits produits par la chose n'appartiennent au propriétaire qu'à la charge de rembourser les frais des labours, travaux et semences faits par des tiers.

(Cet art. était le VIe. du projet, il fut adopté sans discussion.)

549. Le simple possesseur ne fait les fruits siens que dans le cas où il possède de bonne-foi : dans le cas contraire, il est tenu de rendre les produits avec la chose au propriétaire qui la revendique (1).

(Cet art. était le VIIe. du projet, il fut adopté sans discussion.)

550. Le possesseur est de bonne-foi quand il possède comme propriétaire, en vertu d'un titre translatif de propriété dont il ignore les vices.

Il cesse d'être de bonne-foi du moment où ces vices lui sont connus (2).

(Cet article était le VIIIe. du projet.)

---

(1) Le possesseur de mauvaise foi doit-il restituer au propriétaire non-seulement les fruits qu'il a perçus depuis sa mauvaise foi, mais encore ceux qu'il aurait pu percevoir ?

(2) L'héritier qui a succédé de bonne foi au possesseur de mauvaise foi, sera-t-il réputé de bonne foi ?

M. Maleville pense que la règle établie par la dernière partie de l'article est trop vague : elle ferait naître des contestations sur le moment où la bonne foi du possesseur a cessé. La jurisprudence les prévenait par une règle plus précise : elle réputait le possesseur de bonne foi jusqu'à l'interpellation judiciaire.

M. Treilhard répond que cette jurisprudence n'était pas universelle : on suivait plus ordinairement le principe posé par l'article. Ce n'est en effet que par les circonstances qu'on peut juger quand le possesseur a cessé d'être de bonne foi.

Le consul Cambacérès partage cette opinion.

L'article est adopté.

CHAPITRE II.

DU DROIT D'ACCESSION SUR CE QUI S'UNIT ET S'INCORPORE A LA CHOSE.

551. Tout ce qui s'unit et s'incorpore à la chose appartient au propriétaire, suivant les règles qui seront ci-après établies.

(Cet art. était le IXe. du projet, il a été adopté sans discussion.)

SECTION PREMIERE.

DU DROIT D'ACCESSION RELATIVEMENT AUX CHOSES IMMOBILIÈRES.

552. La propriété du sol emporte la propriété du dessus et du dessous.

Le propriétaire peut faire au-dessus toutes les plantations et constructions qu'il juge à propos, sauf les exceptions établies au titre *des servitudes ou services fonciers*.

Il peut faire au-dessous toutes les constructions et fouilles qu'il jugera à propos, et tirer de ces fouilles tous les produits qu'elles peuvent fournir, sauf les modifications résultant des lois et réglemens relatifs aux mines, et des lois et réglemens de police (1).

(Cet article était le Xe du projet, à cela près que dans celui-ci on ne trouvait pas ces mots : *Et des lois et réglemens de police.*)

M. REGNAUD (de Saint-Jean-d'Angely) dit que dans les villes, et même quelquefois dans les campagnes, les lois et les règlemens de police limitent le droit qu'a le propriétaire de faire, sous le sol et même à la superficie, les constructions et les fouilles qu'il juge à propos. Des lois de voierie urbaine et rurale modifient sagement l'usage du droit de propriété. La loi du 28 juillet 1791, sur les mines, établit aussi des restrictions nécessaires à maintenir. Il conviendrait donc de rédiger ainsi : *sauf les modifications résultant des lois et réglemens relatifs aux mines, et des lois et réglemens de police.*

L'article est adopté avec cet amendement.

553. Toutes constructions, plantations et ouvrages sur un terrain ou dans l'intérieur, sont présumés faits par le propriétaire à ses frais et lui appartenir, si le contraire n'est prouvé ; sans préjudice de la propriété qu'un tiers pourrait avoir acquise ou pourrait acquérir par prescription, soit d'un souterrain sous le bâtiment d'autrui, soit de toute autre partie du bâtiment.

(Cet article était le XIe. du projet, il fut adopté sans discussion).

554. Le propriétaire du sol qui a fait des constructions, plantations et ouvrages avec des matériaux qui ne lui appartenaient pas, doit en payer la valeur ; il peut aussi être condamné à des dommages et intérêts,

---

(1) Le tribunal d'appel de Lyon demandait qu'on exprimât ce qu'on devrait entendre par mines. Le sens du mot, disait-il, doit être restreint aux métaux ; il ne comprend pas les pierres à bâtir, la chaux, les carrières, même des marbres, la craie, le gypse ou plâtre, la marne, le sable, la tourbe, les charbons fossiles et autres semblables matières.

s'il y a lieu : mais le propriétaire des matériaux n'a pas le droit de les enlever.

(Cet article était le XIIe. du projet, il fut adopté sans discussion).

555. Lorsque les plantations, constructions et ouvrages ont été faits par un tiers et avec ses matériaux, le propriétaire du fonds a droit ou de les retenir, ou d'obliger ce tiers à les enlever.

Si le propriétaire du fonds demande la suppression des plantations et constructions, elle est aux frais de celui qui les a faites, sans aucune indemnité pour lui ; il peut même être condamné à des dommages et intérêts, s'il y a lieu, pour le préjudice que peut avoir éprouvé le propriétaire du fonds.

Si le propriétaire préfère conserver ces plantations et constructions, il doit le remboursement de la valeur des matériaux et du prix de la main-d'œuvre, sans égard à la plus ou moins grande augmentation de valeur que le fonds a pu recevoir. Néanmoins, si les plantations, constructions et ouvrages ont été faits par un tiers évincé, qui n'aurait pas été condamné à la restitution des fruits, attendu sa bonne foi, le propriétaire ne pourra demander la suppression desdits ouvrages, plantations et constructions ; mais il aura le choix, ou de rembourser la valeur des matériaux et du prix de la main-d'œuvre, ou de rembourser une somme égale à celle dont le fonds a augmenté de valeur (1).

(Cet art. était le XIIIe. du projet, à cela près qu'on n'y trouvait pas

---

(1) Lorsque les constructions faites par le tiers évincé seront tellement considérables, que le propriétaire ne pourra rembourser ni leur valeur, ni le prix de la main-d'œuvre, la possession de son héritage lui sera-t-elle interdite ?

la disposition qui commence par ces mots : *Néanmoins, si les plantations, constructions et ouvrages*, etc., il fut d'abord adopté sans discussion).

Séance du 14 Nivose an 12.

M. Treilhard dit qu'on a proposé un amendement à l'article XIII.

Le Tribunat a demandé une exception à la règle générale en faveur de celui qui, ayant joui de bonne foi, *animo domini*, a fait des constructions ou des plantations sur un sol qu'il croyait à lui. La loi attache tant de faveur à la bonne-foi, qu'elle lui laisse les fruits qu'il a perçus : il serait donc contre les principes de le traiter avec la même sévérité que l'individu dont la jouissance est entachée de mauvaise foi. Il ne doit pas perdre ses dépenses. Dans cette vue, le Tribunat propose d'obliger le propriétaire à lui payer ou le prix des matériaux et de la main-d'œuvre, ou la plus value du fonds.

Cette addition est juste, la section n'a pas hésité à l'admettre.

L'amendement du Tribunat est adopté.

556. Les attérissemens et accroissemens qui se forment successivement et imperceptiblement aux fonds riverains d'un fleuve ou d'une rivière, s'appellent *alluvion*.

L'alluvion profite au propriétaire riverain, soit qu'il s'agisse d'un fleuve ou d'une rivière navigable, flottable ou non ; à la charge, dans le premier cas, de laisser le marchepied ou chemin de halage, conformément aux réglemens.

(Cet article, le XIVe. du projet, était le même, à cette différence près, qu'on n'y trouvait pas les mots, *ou chemin de hallage*).

Séance du 27 Vendémiaire an 12.

M. Defermon rappelle que le Conseil a déclaré le chemin de hallage propriété domaniale. Il observe que les motifs de cette décision s'appliquent également au marche-pied.

M. Fourcroy dit que la disposition dont on vient de parler ne doit être étendue qu'aux rivières flottables ou navigables.

L'article est adopté avec l'amendement de M. Defermon, sous amendé par M. Fourcroy.

557. Il en est de même des relais que forme l'eau courante qui se retire insensiblement de l'une de ses rives en se portant sur l'autre : le propriétaire de la rive découverte profite de l'alluvion, sans que le riverain du côté opposé y puisse venir réclamer le terrain qu'il a perdu.

Ce droit n'a pas lieu à l'égard des relais de la mer.

(Cet article était le XVe. du projet, il fut adopté sans discussion).

558. L'alluvion n'a pas lieu à l'égard des lacs et étangs, dont le propriétaire conserve toujours le terrain que l'eau couvre quand elle est à la hauteur de la décharge de l'étang, encore que le volume de l'eau vienne à diminuer.

Réciproquement, le propriétaire de l'étang n'acquiert aucun droit sur les terres riveraines que son eau vient à couvrir dans des crues extraordinaires.

(Cet article était le XVIe. du projet, il fut adopté sans discussion).

559. Si un fleuve ou une rivière, navigable ou non, enlève par une force subite une partie considérable et reconnaissable d'un champ riverain, et la porte vers un champ inférieur ou sur la rive opposée, le propriétaire de la partie enlevée peut réclamer sa propriété ; mais il est tenu de former sa demande dans l'année : après ce délai, il n'y sera plus recevable, à moins que le propriétaire du champ auquel la partie enlevée a été unie, n'eût pas encore pris possession de celle-ci.

(Cet article était le XVIIe. du projet).

M. P<small>ELET</small> demande si cet article s'applique au cas si fréquent dans les pays des montagnes, où des bâtimens et des bois sont emportés dans la vallée.

M. T<small>RONCHET</small> répond que l'article ne s'applique qu'à l'enlèvement de la superficie, et non au cas où le fonds même a été enlevé. Il est impossible, en effet, à un propriétaire de venir reprendre les terres qui se détachent insensiblement ; mais si des arbres et des bâtimens ont été emportés, comme il est facile de les reconnaître, on ne peut refuser au propriétaire la faculté de les reprendre.

L'article est adopté.

L'observation de M. Pelet est renvoyée à la Section.

560. Les îles, îlots, attérissemens, qui se forment dans le lit des fleuves ou des rivières navigables ou flottables, appartiennent à la nation, s'il n'y a titre ou prescription contraire.

XVIII. *Les îles, îlots, attérissemens qui se forment dans le lit des fleuves, ou des rivières navigables ou flottables appartiennent à la Nation.*

M. JOLLIVET dit que l'article prononce sur une question qui est encore controversée ; car les ordonnances ne décident pas que les îles et îlots appartiennent à la nation.

M. TREILHARD répond que la question est déjà résolue, puisque le Conseil a décidé que le lit des rivières flottables et navigables appartient au domaine national, il a nécessairement décidé aussi que les îles et îlots, qui font partie du lit, suivent le sort de la chose principale.

M. REGNAUD (de Saint-Jean-d'Angely) dit qu'en effet l'article 560 n'est que la conséquence de l'article 538. Il serait même impossible de s'écarter du principe proposé, sans s'exposer à voir le service public empêché par les particuliers propriétaires des îles. La question a pu être controversée autrefois, mais le Conseil a constamment décidé que la nécessité d'établir la flottaison donnait à la nation la libre disposition de tout ce que renferment les rivières flottables et navigables.

M. DEFERMON convient que pour établir la flottaison, le Gouvernement peut disposer de tout ce qui est dans les rivières flottables et navigables, et même des propriétés riveraines ; c'est cette raison qui a fait déclarer les chemins de hallage propriété nationale ; mais il ne s'ensuit pas que le domaine puisse s'emparer des îles et îlots, s'il n'y est autorisé par un titre ; car une rivière n'est flottable que pendant quelques mois.

mois. Ainsi le propriétaire peut user de sa propriété pendant la plus grande partie de l'année, sans gêner le service public.

M. JOLLIVET dit que cependant, avec l'article proposé, le domaine dépouillerait même ceux dont la propriété repose sur l'autorité de la chose jugée.

M. TRONCHET répond que cet inconvénient est impossible. L'Assemblée constituante a déclaré le domaine national aliénable et prescriptible.

Quant à la question principale, on a dit avec raison qu'elle est décidée; car il ne peut exister à-la-fois deux principes contradictoires. Cependant les îles et ilots, dans les rivières non navigables, sont des objets de si peu d'importance, qu'il n'y a peut-être aucun intérêt à les disputer aux particuliers.

M. JOLLIVET pense que pour tempérer la forme trop absolue de la disposition, on pourrait la réduire au cas où il n'y a *ni titre*, *ni possession contraires*.

M. DEFERMON appuie cette proposition, parce que, comme la propriété des fleuves et des rivières ne peut être prescrite, on pourrait en conclure que l'imprescribilité s'étend aux îles et ilots.

M. TRONCHET répond que la prescription frappe sur tout ce qui, de sa nature, est susceptible d'être possédé; or, quoique, par la nature des choses, les fleuves ne puissent être prescrits, les îles qu'ils renferment peuvent l'être.

M. TREILHARD ajoute que l'article 538 répond d'ailleurs à l'objection, puisque sa disposition est bornée aux fleuves, et qu'il ne comprend pas les îles. Ainsi, d'après cet article, le lit du fleuve n'est pas susceptible de propriété privée; mais il ne s'ensuit pas que les morceaux de terre qui se placent au milieu, ne puissent appartenir à des particuliers, et, sous ce rapport, devenir prescriptibles.

L'article est adopté avec l'amendement de M. Jollivet.

561. Les îles et attérissemens qui se forment dans les rivières non navigables et non flottables, appartiennent aux propriétaires riverains du côté où l'île s'est formée : si l'île n'est pas formée d'un seul côté, elle appartient

aux propriétaires riverains des deux côtés, à partir de la ligne qu'on suppose tracée au milieu de la rivière.

(Cet article était le XIXe. du projet, il fut adopté sans discussion).

562. Si une rivière ou un fleuve, en se formant un bras nouveau, coupe et embrasse le champ d'un propriétaire riverain et en fait une île, ce propriétaire conserve la propriété de son champ, encore que l'île se soit formée dans un fleuve ou dans une rivière navigable ou flottable.

(Cet article était le XXe. du projet, il fut adopté sans discussion).

563. Si un fleuve ou une rivière navigable, flottable ou non, se forme un nouveau cours en abandonnant son ancien lit, les propriétaires des fonds nouvellement occupés prennent, à titre d'indemnité, l'ancien lit abandonné, chacun dans la proportion du terrain qui lui a été enlevé.

(Cet article était le XXIe. du projet).

M. GALLI observe que cet article est contraire au droit romain, à l'équité, enfin à l'usage reçu, sur-tout dans la 27e. division militaire où il produirait des effets fâcheux.

La loi *adeò* 7. ff. *de acquir. rer. dom.* §. *quod si toto* 5º. décidant sur la propriété du lit abandonné par un fleuve, la donne à ceux *qui juxta alveum habent sua prædia*. Les instituts disent, *de rer. divis.* §. *quod si naturali* 23º. disent également : *prior quidem alveus eorum est qui propè ripam ejus prædia possident : pro modo scilicet latitudinis cujusque agri quæ propè ripam sit. Novus autem alveus ejus juris esse incipit cujus et ipsum flumen est, id est publicus.*

Ces décisions sont fondées sur ce que les riverains ayant souffert les incommodités des inondations et les autres dommages qu'entraîne le voisinage du fleuve, il est juste de leur en donner la compensation, en leur abandonnant le lit que le fleuve a délaissé. Ce n'est pas qu'il ne fût aussi à souhaiter qu'on pût accorder une indemnité aux propriétaires des héritages desquels le fleuve s'empare dans son cours nouveau ; mais cette indemnité ne doit pas être assignée sur l'ancien lit au préjudice du droit antérieur qu'y ont les riverains.

Le consul CAMBACÉRÈS dit que l'usage invoqué par M. Galli n'était pas universel. La jurisprudence du parlement de Toulouse, par exemple, était conforme au système de la Section. L'équité milite surtout pour ceux que le changement du cours du fleuve dépouille de leur propriété.

M. TREILHARD dit que les incommodités purement accidentelles et passagères, que le voisinage du fleuve donne aux riverains, sont compensées avec usure par les avantages qu'il leur procure, ne fût-ce que la facilité des transports.

M. MALEVILLE dit que la jurisprudence n'a pas confirmé les dispositions du droit romain sur ce sujet. Dans les pays de coutume, on adjugeait le lit abandonné au domaine ou au seigneur haut-justicier, selon que la rivière était ou n'était pas navigable; dans les pays de droit écrit, on était assez partagé entre la rigueur du principe qui réclamait pour les riverains, et la faveur que méritaient les propriétaires des fonds sur lesquels la rivière établissait son nouveau lit; mais on convenait généralement qu'il serait plus équitable de se décider en faveur des derniers: maintenant qu'il s'agit de faire une loi nouvelle, c'est cette équité qu'il faut suivre.

L'article est adopté.

564. Les pigeons, lapins, poissons, qui passent dans un autre colombier, garenne ou étang, appartiennent au propriétaire de ces objets, pourvu qu'ils n'y aient point été attirés par fraude et artifice (1).

(Cet article, le XXIIe. du Projet, fut adopté sans discussion).

---

(1) Le tribunal d'appel d'Orléans demandait s'il n'en devait pas être de même des essaims d'abeilles, sauf le droit de suite, pourvu qu'il fût exercé dans les vingt-quatre heures.

SECTION II.

DU DROIT D'ACCESSION RELATIVEMENT AUX CHOSES MOBILIÈRES.

565. Le droit d'accession, quand il a pour objet deux choses mobilières appartenant à deux maîtres différens, est entièrement subordonné aux principes de l'équité naturelle.

Les règles suivantes serviront d'exemple au juge pour se déterminer, dans les cas non prévus, suivant les circonstances particulières.

(Cet article, le XXIIIe. du Projet, fut adopté sans discussion).

566. Lorsque deux choses appartenant à différens maîtres, qui ont été unies de manière à former un tout, sont néanmoins séparables, en sorte que l'une puisse subsister sans l'autre, le tout appartient au maître de la chose qui forme la partie principale, à la charge de payer à l'autre la valeur de la chose qui a été unie.

(Cet article, le XXIVe. du projet, fut adopté sans discussion).

567. Est réputée partie principale, celle à laquelle l'autre n'a été unie que pour l'usage, l'ornement ou le complément de la première.

XXV. *Est réputée partie principale celle à laquelle l'autre n'a été unie que pour l'usage, l'ornement ou le complément de l'autre.*

Ainsi le diamant est la partie principale relativement à l'or dans lequel il a été enchâssé;

L'habit, relativement au galon, à la doublure et à la broderie.

M. Ségur dit que cet article, ne contenant que des exemples, doit être retranché.

M. Dupuy ajoute que loin de prévenir les difficultés, l'article les ferait naître.

Qu'on suppose une tabatière au lieu d'une bague; s'il s'agit de déterminer l'étendue d'un legs de la totalité des meubles, les diamans exceptés, on prétendra d'un côté que la tabatière y doit être comprise, parce que le diamant n'y est employé que comme ornement : tandis qu'on soutiendra de l'autre qu'elle en doit être exceptée, parce que le diamant, d'après l'article, est toujours la partie principale : on mettra donc en contradiction le principe et l'exemple.

M. Tronchet répond que les exemples ne sont employés que pour guider dans l'application du principe, auquel tout le reste est subordonné ; ce serait donc par le principe qu'on jugerait la contestation dont il vient d'être parlé.

Mais l'article y est absolument étranger ; il n'a pas été rédigé pour servir à interpréter les testamens ; son objet unique est de présenter une règle pour prononcer entre deux propriétaires, dont l'un a employé les matières de l'autre. Si, par exemple, un bijoutier s'est servi pour enrichir son travail, de diamans qui ne lui appartenaient pas, il y aura lieu à appliquer l'article ; on jugera alors lequel est le plus précieux des diamans ou du travail auquel ils sont adaptés.

M. Regnaud (de Saint-Jean-d'Angely) dit que cette considération prouve qu'il suffit du principe posé dans l'article 566 ; que les autres articles sont inutiles. Les décisions qu'ils présentent sur l'application du principe général aux cas particuliers, se trouvent dans les livres des jurisconsultes. D'ailleurs, nonobstant ces articles, ce seront toujours les circonstances qui régleront l'application du principe, et presque toujours aussi elles s'éloigneront des exemples qu'on propose ; ainsi, qu'on se borne ou non à énoncer le principe général, il sera nécessairement le régulateur unique dans ces sortes de contestations.

Le consul Cambacérès dit que le principe général, établi par l'article 566, serait insuffisant. Il est, en effet, beaucoup d'espèces qui doivent être décidées par des motifs particuliers : telle est celle, par exemple, où les deux choses unies peuvent être séparées.

Ces principes particuliers sont tous connus et suivis dans l'usage. Les omettre pour s'en tenir au principe général de l'article 566, ce serait livrer de nouveau à la controverse des questions depuis long-tems décidées : on peut retrancher les exemples, s'en tenir à poser les principes, et s'abandonner pour le surplus à l'équité des juges.

M. Tronchet observe que l'article discuté est le seul qui contienne des exemples, que les autres établissent les principes particuliers dont le Consul vient de parler.

L'article est adopté avec la suppression des exemples.

568. Néanmoins, quand la chose unie est beaucoup plus précieuse que la chose principale, et quand elle a été employée à l'insu du propriétaire, celui-ci peut demander que la chose unie soit séparée pour lui être rendue, même quand il pourrait en résulter quelque dégradation de la chose à laquelle elle a été jointe.

(Cet article, le XXVI°. du Projet, fut adopté sans discussion).

569. Si de deux choses unies pour former un seul tout, l'une ne peut point être regardée comme l'accessoire de l'autre, celle-là est réputée principale qui est la plus considérable en valeur, ou en volume si les valeurs sont à-peu-près égales.

(Cet article, le XXVII°. du Projet, fut adopté sans discussion).

570. Si un artisan ou une personne quelconque a employé une matière qui ne lui appartenait pas, à former une chose d'une nouvelle espèce, soit que la matière puisse ou non reprendre sa première forme, celui qui en était le propriétaire a le droit de réclamer la chose qui en a été formée, en remboursant le prix de la main-d'œuvre.

(Cet article, le XXVIII°. du Projet, fut adopté sans discussion).

571. Si cependant la main-d'œuvre était tellement importante, qu'elle surpassât de beaucoup la valeur de la matière employée, l'industrie serait alors réputée la partie principale, et l'ouvrier aurait le droit de retenir la chose travaillée, en remboursant le prix de la matière au propriétaire.

(Cet article, le XXIX°. du Projet, fut adopté sans discussion).

572. Lorsqu'une personne a employé en partie la matière qui lui appartenait, et en partie celle qui ne lui

appartenait pas, à former une chose d'une espèce nouvelle, sans que ni l'une ni l'autre des deux matières soit entièrement détruite, mais de manière qu'elles ne puissent pas se séparer sans inconvénient, la chose est commune aux deux propriétaires, en raison, quant à l'un, de la matière qui lui appartenait; quant à l'autre, en raison à la fois et de la matière qui lui appartenait, et du prix de sa main-d'œuvre.

(Cet article, le XXXe. du Projet, fut adopté sans discussion).

573. Lorsqu'une chose a été formée par le mélange de plusieurs matières appartenant à différens propriétaires, mais dont aucune ne peut être regardée comme la matière principale; si les matières peuvent être séparées, celui à l'insu duquel les matières ont été mélangées, peut en demander la division.

Si les matières ne peuvent plus être séparées sans inconvénient, ils en acquièrent en commun la propriété dans la proportion de la quantité, de la qualité et de la valeur des matières appartenant à chacun d'eux.

(Cet article, le XXXIe. du Projet, fut adopté sans discussion).

574. Si la matière appartenant à l'un des propriétaires était de beaucoup supérieure à l'autre par la quantité et le prix, en ce cas le propriétaire de la matière supérieure en valeur pourrait réclamer la chose provenue du mélange, en remboursant à l'autre la valeur de sa matière.

(Cet article, le XXXIIe. du Projet, fut adopté sans discussion).

575. Lorsque la chose reste en commun entre les propriétaires des matières dont elle a été formée, elle doit être licitée au profit commun.

(Cet article, le XXXIIIe. du Projet, fut adopté sans discussion).

576. Dans tous les cas où le propriétaire dont la matière a été employée, à son insu, à former une chose d'une autre espèce, peut réclamer la propriété de cette chose, il a le choix de demander la restitution de sa matière en même nature, quantité, poids, mesure et bonté, ou sa valeur.

(Cet article, le XXXIVe. du Projet, fut adopté sans discussion).

577. Ceux qui auront employé des matières appartenant à d'autres, et à leur insu, pourront aussi être condamnés à des dommages et intérêts, s'il y a lieu, sans préjudice des poursuites par voie extraordinaire, si le cas y échoit.

(Cet article, le XXXVe. du Projet, fut adopté sans discussion).

TITRE

TITRE III.

DE L'USUFRUIT, DE L'USAGE ET DE L'HABITATION.

Décrété le 9 Pluviose an 12, promulgué le 19 du même mois.

CHAPITRE PREMIER.

DE L'USUFRUIT.

578. L'usufruit est le droit de jouir des choses dont un autre a la propriété, comme le propriétaire lui-même, mais à la charge d'en conserver la substance.

(Cet article, le Ier. du Projet, fut adopté sans discussion).

Séance du 27 Vendémiaire an 12.

579. L'usufruit est établi par la loi, ou par la volonté de l'homme (1).

(Cet article, le IIe. du Projet, fut adopté sans discussion).

580. L'usufruit peut être établi, ou purement, ou à certain jour, ou à condition.

(Cet article, le IIIe. du Projet, fut adopté sans discussion).

581. Il peut être établi sur toute espèce de biens meubles ou immeubles (2).

(Cet article, le IVe. du Projet, fut adopté sans discussion).

---

(1) Pour l'usufruit accordé par la loi, voyez les articles 384, 385, 386, 387, 754, 1549, 1562.

(2) Le tribunal d'appel de Lyon proposait d'ajouter : *il ne peut être établi qu'au profit des personnes vivantes.* A la vérité, disait il, l'article XXXIX du projet soumis aux tribunaux (617) porte que l'usufruit cesse par la mort de l'usufruitier ; mais cette disposition serait aisément éludée, s'il était permis d'établir un usufruit au profit des personnes à naître ; on verrait perpétuer la division de l'usufruit et de la propriété,

SECTION PREMIERE.

DES DROITS DE L'USUFRUITIER (1).

582. L'usufruitier a le droit de jouir de toute espèce de fruits, soit naturels, soit industriels, soit civils, que peut produire l'objet dont il a l'usufruit (2).

(Cet art. était le VIe. du projet ; il a été adopté sans discussion).

583. Les fruits naturels sont ceux qui sont le produit spontanée de la terre. Le produit et le croit des animaux sont aussi des fruits naturels.

Les fruits industriels d'un fonds sont ceux qu'on obtient par la culture.

(Cet art., le VIIe. du projet, fut adopté sans discussion).

584. Les fruits civils sont les loyers des maisons, les intérêts des sommes exigibles, les arrérages des rentes.

Les prix des baux à ferme sont aussi rangés dans la classe des fruits civils.

(Cet article, le VIIIe. du projet, fut adopté sans discussion).

585. Les fruits naturels et industriels, pendans par branches ou par racines au moment où l'usufruit est ouvert, appartiennent à l'usufruitier.

Ceux qui sont dans le même état au moment où finit l'usufruit, appartiennent au propriétaire, sans récom-

---

qui est toujours funeste ; on verrait déguiser, sous le nom d'usufruit, une foule de contrats, qu'il a été essentiel de prohiber.

(1) Voyez sur l'article 621 une observation du consul *Cambacérès*.

(2) V. *Il peut être accordé à tous ceux qui peuvent posséder des biens, même à des communes.*

Sur l'observation de M. *Miot*, les mots *même à des communes* sont retranchés, afin de ne rien préjuger sur la question que fait naître l'article 516.

Ensuite l'article a été retranché sans discussion.

pense de part ni d'autre des labours et des semences, mais aussi sans préjudice de la portion des fruits qui pourrait être acquise au colon partiaire, s'il en existait un au commencement ou à la cessation de l'usufruit.

(Cet article était le IXe. du projet).

M. JOLLIVET attaque la disposition de cet article dans les effets qu'elle aurait par rapport à la communauté. L'usufruit qui appartient à l'un des époux tombe dans la communauté; elle fait donc les frais de culture : or il serait très-rigoureux de la priver de la récolte, sans lui faire raison de ses impenses. Aussi, dans l'usage, lui en a-t-on toujours accordé la récompense.

M. TRONCHET dit qu'en pareil cas on n'a jamais accordé de récompense au mari. Comme administrateur, il était tenu de cultiver et d'ensemencer : et même en général tout usufruitier est tenu d'entretenir la chose et d'en jouir en bon père de famille. Le bénéfice qui en peut résulter pour lui est subordonné aux effets du hasard. Mais on ne peut s'écarter, en faveur de la communauté, du principe qui déclare immeubles les fruits pendans par les racines.

M. TREILHARD ajoute que, d'ailleurs, si l'usufruitier est exposé à ne pas recueillir ce qu'il a semé, il peut arriver aussi qu'il profite d'une récolte que d'autres ont préparée; car la disposition porte sur l'entrée en jouissance comme sur la cessation de l'usufruit : la chance est donc égale.

M. JOLLIVET répond qu'il y a cette différence que, quand la communauté commence, les parties peuvent modifier la disposition de la loi, au lieu que leur volonté ne peut écarter son influence au moment où la communauté finit.

M. TREILHARD observe que l'article proposé étant emprunté du projet de la commission, a été communiqué aux tribunaux, et n'a excité aucune réclamation, quant au principe. Les tribunaux ont seulement demandé, pour le colon partiaire, la restriction que la section propose.

M. TRONCHET dit que cette approbation tacite et unanime des tribunaux dépose contre l'usage qu'on a prétendu exister.

La proposition de M. Jollivet est rejetée, et l'article adopté.

586. Les fruits civils sont réputés s'acquérir jour par jour, et appartiennent à l'usufruitier, à proportion de la durée de son usufruit. Cette règle s'applique au prix

des baux à ferme, comme aux loyers des maisons et aux autres fruits civils.

(Cet article était le Xe. du projet).

M. Muraire pense que la seconde partie de l'article est inutile, attendu que l'article VIII (584) met les prix des baux à ferme au nombre des fruits civils qui tombent dans l'usufruit.

M. Tronchet dit que cette explication a paru nécessaire à la section pour mieux effacer quelques préjugés anciens. En effet, comme les fruits pendans par les racines sont immeubles, on a quelquefois jugé que le prix de la ferme n'appartient à l'usufruitier que lorsque la récolte des fruits est faite pendant sa jouissance.

M. Defermon craint qu'il ne s'élève des difficultés lorsque le prix des fermes ne doit être payé, comme dans certains pays, que dix-huit mois après la récolte.

M. Tronchet répond que toute difficulté est applanie par la règle qui donne à l'usufruitier le prix de la ferme pour la portion de tems que son usufruit a duré. Il ne pourrait s'élever de difficultés que dans le cas où l'on ferait dépendre le droit de l'usufruitier au prix de la ferme, de l'époque où la récolte qu'il représente aurait été faite : car comme les fruits de diverses natures ne sont pas récoltés dans le même tems, il faudrait des ventilations et des expertises pour déterminer dans quelle mesure chaque récolte, faite pendant la durée de l'usufruit, devrait être comptée dans le prix total de la ferme. La règle simple que l'article établit prévient tous ces débats.

L'article est adopté.

587. Si l'usufruit comprend des choses dont on ne peut faire usage sans les consommer, comme l'argent, les grains, les liqueurs, l'usufruitier a le droit de s'en servir, mais à la charge d'en rendre de pareille quantité, qualité et valeur, ou leur estimation, à la fin de l'usufruit.

(Cet art., le XIe. du Projet, fut adopté sans discussion).

588. L'usufruit d'une rente viagère donne aussi à l'usufruitier, pendant la durée de son usufruit, le droit

d'en percevoir les arrérages, sans être tenu à aucune restitution.

XII. *L'usufruit d'une rente viagère donne aussi le droit d'en percevoir les arrérages, et de les employer à l'usage de l'usufruitier, sans charge de restitution à l'extinction de l'usufruit.*

M. MURAIRE observe que, dans les départemens méridionaux, on attache au mot *arrérages* une idée différente de celle qu'il présente ailleurs : là il exprime les arrérages arriérés, c'est-à-dire ceux dus pour les années antérieures à l'année courante. Il paraît nécessaire de faire cessser cette équivoque.

Cette observation est renvoyée à la section pour y avoir égard dans la rédaction : le principe de l'article est adopté.

589. Si l'usufruit comprend des choses qui, sans se consommer de suite, se détériorent peu-à-peu par l'usage, comme du linge, des meubles meublans, l'usufruitier a le droit de s'en servir pour l'usage auquel elles sont destinées, et n'est obligé de les rendre, à la fin de l'usufruit, que dans l'état où elles se trouvent, non détériorées par son dol ou par sa faute.

XIII. *Si l'usufruit comprend des choses qui, sans se consommer de suite, se détériorent peu-à-peu par l'usage, comme du linge, des meubles meublans, l'usufruitier a le droit de s'en servir pour l'usage auquel elles sont destinées, et n'est obligé de les rendre à la fin de l'usufruit, que dans l'état où elles se trouvent, non détériorées par son dol où par sa faute.*

Si quelqu'une de ces choses se trouve entièrement consommée par l'usage, aussi sans dol et sans faute de la part de l'usufruitier, il est dispensé de les représenter à la fin de l'usufruit.

M. TRONCHET dit qu'il est difficile que les meubles soumis à l'usufruit soient tellement consommés par l'usage, qu'il n'en reste absolument rien ; que cependant on donnerait à l'usufruitier la facilité de les soustraire à son profit, si on ne l'obligeait pas à représenter ce qui en reste.

M. TREILHARD, adoptant ces considérations, propose de retrancher la dernière partie de l'article.

L'article est adopté avec ce retranchement (1).

---

(1) L'article XIV a été retranché; il était ainsi conçu : *L'usufruit peut être établi sur les animaux ; il peut être établi sur un seul animal, sur un cheval, par exemple, ou sur un troupeau entier.*

590. Si l'usufruit comprend des bois taillis, l'usufruitier est tenu d'observer l'ordre et la quotité des coupes, conformément à l'aménagement ou à l'usage constant des propriétaires, sans indemnité toutefois en faveur de l'usufruitier ou de ses héritiers, pour les coupes ordinaires, soit de taillis, soit de baliveaux, soit de futaie, qu'il n'aurait pas faites pendant sa jouissance.

Les arbres qu'on peut tirer d'une pépinière sans la dégrader, ne font aussi partie de l'usufruit qu'à la charge par l'usufruitier de se conformer aux usages des lieux pour le remplacement.

XV. *L'usufruit comprend les coupes des bois taillis, à la charge par l'usufruitier d'observer l'ordre et la quotité des coupes, conformément à l'aménagement ou à l'usage constant des propriétaires; sans indemnité toutefois en faveur de l'usufruitier ou de ses héritiers, pour les coupes ordinaires, soit de taillis, soit de baliveaux, soit de futaie, qu'il n'aurait pas faites pendant sa jouissance.*

Les arbres qu'on peut tirer d'une pépinière sans la dégrader font aussi partie de l'usufruit, mais à la charge du remplacement.

M. PELET dit qu'il est contre la nature des choses d'imposer à l'usufruitier l'obligation de remplacer les arbres qu'il tire d'une pépinière; ces arbres sont les fruits même dont on fait la récolte après trois ans; les remplacer, c'est créer une pépinière nouvelle.

M. BIGOT-PRÉAMENEU dit que, puisque sur la jouissance des bois taillis l'on s'en est référé à l'usage, on peut également laisser l'usage déterminer les conditions de l'usufruit établi sur une pépinière.

L'article est adopté avec cet amendement.

591. L'usufruitier profite encore, toujours en se conformant aux époques et à l'usage des anciens propriétaires, des parties de bois de haute futaie qui ont été mises en coupes réglées, soit que ces coupes se fassent périodiquement sur une certaine étendue de terrain, soit qu'elles se fassent d'une certaine quantité d'arbres pris indistinctement sur toute la surface du domaine.

(Cet article, le XVIe. du Projet, fut adopté sans discussion).

592. Dans tous les autres cas, l'usufruitier ne peut toucher aux arbres de haute futaie : il peut seulement employer, pour faire les réparations dont il est tenu, les arbres arrachés ou brisés par accident; il peut même, pour cet objet, en faire abattre s'il est nécessaire, mais à la charge d'en faire constater la nécessité avec le propriétaire.

(Cet article, le XVIIe. du Projet, fut adopté sans discussion).

593. Il peut prendre dans les bois, des échalas pour les vignes; il peut aussi prendre sur les arbres, des produits annuels ou périodiques; le tout suivant l'usage du pays ou la coutume des propriétaires.

(Cet article, le XVIIIe. du Projet, fut adopté sans discussion).

594. Les arbres fruitiers qui meurent, ceux même qui sont arrachés ou brisés par accident, appartiennent à l'usufruitier, à la charge de les remplacer par d'autres.

(Cet article, le XIXe. du Projet, fut adopté sans discussion).

595. L'usufruitier peut jouir par lui-même, donner à ferme à un autre, ou même vendre ou céder son droit à titre gratuit. S'il donne à ferme, il doit se conformer, pour les époques où les baux doivent être renouvelés, et pour leur durée, aux règles établies pour le mari à l'égard des biens de la femme, au titre *du Contrat de mariage et des Droits respectifs des époux.*

(Cet article, le XXe. du Projet, fut adopté sans discussion).

596. L'usufruitier jouit de l'augmentation survenue par alluvion à l'objet dont il a l'usufruit (1).

(Cet article, le XXIe. du Projet, fut adopté sans discussion).

---

(1) L'usufruitier a-t-il l'usufruit des îles qui se forment vis-à-vis la propriété ?

597. Il jouit des droits de servitude, de passage, et généralement de tous les droits dont le propriétaire peut jouir, et il en jouit comme le propriétaire lui-même.

(Cet article, le XXIIe. du Projet, fut adopté sans discussion).

598. Il jouit aussi, de la même manière que le propriétaire, des mines et carrières qui sont en exploitation à l'ouverture de l'usufruit; et néanmoins, s'il s'agit d'une exploitation qui ne puisse être faite sans une concession, l'usufruitier ne pourra en jouir qu'après en avoir obtenu la permission du Gouvernement.

Il n'a aucun droit aux mines et carrières non encore ouvertes, ni aux tourbières dont l'exploitation n'est point encore commencée, ni au trésor qui pourrait être découvert pendant la durée de l'usufruit.

XXIII. *Il jouit aussi, de la même manière que le propriétaire, des mines de fossiles, et des carrières qui sont en exploitation à l'ouverture de l'usufruit; mais il n'a aucun droit aux mines et carrières non ouvertes à cette époque, ni au produit des mines de métaux, ni au trésor qui pourrait être découvert pendant la durée de l'usufruit.*

M. DEFERMON demande que les mines de métaux ne soient point soustraites à la jouissance de l'usufruitier; car rien ne s'oppose à ce que les fruits d'une concession n'y soient sujets.

M. TREILHARD répond que la jouissance des mines n'est conférée que par l'autorité publique : ces sortes de propriétés doivent être surveillées par elle, afin que l'exploitation en soit confiée à ceux-là seuls qui ont, et les connaissances propres, et les facultés nécessaires pour réussir dans de semblables entreprises. La préférence n'est même due au propriétaire du fonds, que lorsque toutes choses sont d'ailleurs égales entre lui et ses concurrens.

M. DEFERMON pense que cependant, lorsque le propriétaire a obtenu la concession, il doit lui être permis d'en donner l'usufruit comme celui de tout autre bien.

M. TREILHARD dit que l'article ne s'applique pas même à ce cas, mais à celui où une mine a été ouverte pendant la durée de l'usufruit.

M. DEFERMON

M. Defermon dit qu'alors il est nécessaire d'en changer la rédaction, afin qu'il n'y ait point de méprise sur l'intention de la loi.

M. Tronchet partage cette opinion ; car l'article, dans les termes qu'il est présenté, pourrait introduire l'exclusion absolue de l'usufruitier. Cependant comme les principes rappelés par M. Treilhard doivent être respectés, et qu'en laissant au propriétaire la faculté indéfinie de disposer de l'usufruit de la mine, il serait possible que l'exploitation tombât dans des mains incapables de la diriger, la prudence exige que l'usufruitier ne puisse profiter du don sans l'approbation du Gouvernement.

M. Regnaud (de Saint-Jean-d'Angely) dit que déjà les lois et réglemens ont établi les précautions qu'on propose ; ils veulent que les héritiers du concessionnaire ne puissent profiter de la concession qu'autant qu'elle leur serait confirmée par le Gouvernement, et même qu'en général la concession soit censée révoquée, si l'exploitation a été interrompue pendant un tems qu'ils déterminent.

M. Treilhard dit qu'il faut distinguer l'usufruit du fonds où la mine est placée, de celui de la concession. On ne peut les confondre que lorsque les terrains, sous lesquels la mine s'étend, appartiennent au même propriétaire, ce qui est très-rare, l'usufruit de la concession ne doit, en effet, être déféré qu'avec la confirmation du Gouvernement.

L'article est adopté avec cet amendement.

599. Le propriétaire ne peut, par son fait, ni de quelque manière que ce soit, nuire aux droits de l'usufruitier.

De son côté, l'usufruitier ne peut, à la cessation de l'usufruit, réclamer aucune indemnité pour les améliorations qu'il prétendrait avoir faites, encore que la valeur de la chose en fût augmentée.

Il peut cependant, ou ses héritiers, enlever les glaces, tableaux et autres ornemens qu'il aurait fait placer, mais à la charge de rétablir les lieux dans leur premier état.

(L'article XXIVe. du projet a formé le premier paragraphe de l'article adopté sans discussion. Dans la suite les deux derniers paragraphes ont été ajoutés tels qu'ils sont dans le texte, à l'exception des mots *ou ses héritiers*, qui n'étaient pas dans le troisième paragraphe).

(Cet article fut d'abord adopté, et ensuite augmenté.)

610 DISCUSSIONS DU CODE CIVIL.

Séance du 4 Brumaire an 12.

M. TREILHARD dit qu'on a cru devoir faire une addition à cet article, adopté sans discussion le 27 vendémiaire, afin de prévenir les difficultés qui pourraient s'élever, lors de la cessation de l'usufruit, sur les améliorations faites à la chose par l'usufruitier.

L'article augmenté est adopté.

Le consul CAMBACÉRÈS propose de comprendre textuellement dans la disposition les héritiers de l'usufruitier.

Cet amendement est adopté.

SECTION II.

DES OBLIGATIONS DE L'USUFRUITIER.

600. L'usufruitier prend les choses dans l'état où elles sont; mais il ne peut entrer en jouissance qu'après avoir fait dresser, en présence du propriétaire, ou lui dûment appelé, un inventaire des meubles et un état des immeubles sujets à l'usufruit (1).

(Cet art. était le XXVe. du projet.)

Séance du 27 Vendémiaire an 11.

M. REGNAUD (de Saint-Jean-d'Angely) demande quel serait l'effet de la clause par laquelle un testateur aurait dispensé l'usufruitier de faire inventaire et de donner caution, et déclaré que, dans le cas où l'on voudrait exiger l'accomplissement de ces conditions, il lègue la chose en toute propriété. Un jugement récent du tribunal d'appel de Paris a décidé que, dans ce cas, le légataire est néanmoins tenu de faire inventaire, mais aux frais de l'héritier qui le requiert, pour éviter la contestation après le décès dudit légataire, et les embarras d'un inventaire par commune renommée.

M. TREILHARD doute que le jugement dont on a parlé ait été précisément rendu dans la même espèce. Il est évident, en effet, qu'une telle clause est valable; car le testateur, qui pouvait d'abord donner la propriété de la chose, peut, à plus forte raison, dispenser son légataire des conditions ordinaires imposées à la jouissance de l'usufruitier, et ordonner que le legs d'usufruit deviendra un legs en toute propriété, si ses intentions ne sont point respectées.

---

(1) Le tribunal d'appel de Grenoble demandait qu'on ajoutât un article pour décider que l'usufruitier qui a donné caution peut recevoir et donner décharge d'un capital mobilier compris dans l'usufruit.

Le consul Cambacérès dit qu'une telle clause est certainement valable.

M. Maleville ajoute qu'elle est très-fréquente dans les testamens.

L'article est adopté.

601. Il donne caution de jouir en bon père de famille, s'il n'en est dispensé par l'acte constitutif de l'usufruit : cependant, les père et mère ayant l'usufruit légal du bien de leurs enfans, le vendeur ou le donateur sous réserve d'usufruit, ne sont pas tenus de donner caution (1).

(Cet article, le XXVIe du Projet, fut adopté sans discussion).

602. Si l'usufruitier ne trouve pas de caution, les immeubles sont donnés à ferme ou mis en séquestre ;

Les sommes comprises dans l'usufruit sont placées ;

Les denrées sont vendues, et le prix en provenant est pareillement placé ;

Les intérêts de ces sommes et les prix des fermes appartiennent, dans ce cas, à l'usufruitier.

(Cet art., le XXVIIe. du projet, fut adopté sans discussion.)

603. A défaut d'une caution de la part de l'usufruitier, le propriétaire peut exiger que les meubles qui dépérissent par l'usage soient vendus, pour le prix en être placé comme celui des denrées; et alors l'usufruitier jouit de l'intérêt pendant son usufruit : cependant l'usufruitier pourra demander, et les juges pourront ordonner, suivant les circonstances, qu'une partie des meubles nécessaires pour son usage lui soit délaissée, sous sa simple caution juratoire, et à la charge de les représenter à l'extinction de l'usufruit.

XXVIII. *A défaut d'une caution de la part de l'usufruitier, le pro-*

---

(1) L'acquéreur à titre onéreux d'un usufruit, sera-t-il tenu de donner caution si le titre constitutif garde le silence à cet égard ?

priétaire peut exiger que les meubles qui dépérissent par l'usage, soient vendus, pour le prix en être placé comme celui des denrées; et l'usufruitier jouit de l'intérêt pendant son usufruit.

Le consul CAMBACÉRÈS trouve qu'il est trop rigoureux de priver l'usufruitier même des meubles nécessaires à son usage, lorsqu'il lui a été impossible de fournir une caution.

M. TREILHARD répond que cette rigueur est nécessaire pour la sûreté du propriétaire; qu'au surplus elle ne porte pas préjudice à l'usufruitier, puisqu'il vivra dans l'état où il se trouvait avant la libéralité qui lui a été faite, et qu'il touchera le revenu que produira le prix des meubles.

Le consul CAMBACÉRÈS dit que ces considérations peuvent être d'un grand poids, lorsque l'usufruit est assis sur un mobilier considérable; mais qu'il faut sur-tout calculer l'effet de la disposition, par rapport aux petites fortunes dans les campagnes; par exemple, un mari laisse à sa femme l'usufruit du peu de meubles qui composaient leur ménage, et peut-être tout leur patrimoine; certainement une faible rente ne remplacera pas les avantages que l'usufruitier eût tiré des meubles en nature : cependant il importe, dans ce cas, de se régler par l'intention du testateur, et de maintenir dans leur réalité les avantages qu'il a entendu procurer.

L'article est adopté avec l'amendement que : *l'usufruitier qui n'aura pu fournir caution, conservera néanmoins en nature les meubles nécessaires à son usage, suivant son état et sa condition.*

604. Le retard de donner caution ne prive pas l'usufruitier des fruits auxquels il peut avoir droit; ils lui sont dus du moment où l'usufruit a été ouvert.

(Cet art., le XXIXe. du projet, fut adopté sans discussion.)

605. L'usufruitier n'est tenu qu'aux réparations d'entretien.

Les grosses réparations demeurent à la charge du propriétaire, à moins qu'elles n'aient été occasionnées par le défaut de réparations d'entretien, depuis l'ouverture de l'usufruit; auquel cas l'usufruitier en est aussi tenu.

(Cet art., le XXXe. du projet, fut adopté sans discussion.)

USUFRUIT, USAGE, HABITATION.

606. Les grosses réparations sont celles des gros murs et des voûtes, le rétablissement des poutres et des couvertures entières;

Celui des digues et des murs de soutenement et de clôture aussi en entier.

Toutes les autres réparations sont d'entretien.

(Cet art., le XXXIe. du projet, fut adopté sans discussion.)

607. Ni le propriétaire, ni l'usufruitier, ne sont tenus de rebâtir ce qui est tombé de vétusté, ou ce qui a été détruit par cas fortuit.

(Cet article, le XXXIIe du Projet, fut adopté sans discussion.)

608. L'usufruitier est tenu, pendant sa jouissance, de toutes les charges annuelles de l'héritage, telles que les contributions et autres qui dans l'usage sont censées charges des fruits.

(Cet art., le XXXIIIe. du projet, fut adopté sans discussion.)

609. A l'égard des charges qui peuvent être imposées sur la propriété pendant la durée de l'usufruit, l'usufruitier et le propriétaire y contribuent ainsi qu'il suit:

Le propriétaire est obligé de les payer, et l'usufruitier doit lui tenir compte des intérêts.

Si elles sont avancées par l'usufruitier, il a la répétition du capital à la fin de l'usufruit.

(Cet art., le XXXIVe. du projet, fut adopté sans discussion.)

610. Le legs fait par un testateur, d'une rente viagère ou pension alimentaire, doit être acquitté par le légataire universel de l'usufruit dans son intégrité, et par le légataire à titre universel de l'usufruit dans la proportion de sa jouissance, sans aucune répétition de leur part.

(Cet art., le XXXVe. du projet, fut adopté sans discussion.)

611. L'usufruitier à titre particulier n'est pas tenu des dettes auxquelles le fonds est hypothéqué: s'il est forcé de les payer, il a son recours contre le propriétaire, sauf ce qui est dit à l'article 1020, au titre *des Donations entre-vifs et des Testamens.*

(Cet article était le XXXVIe du Projet).

M. JOLLIVET demande si cet article dispense l'usufruitier d'acquitter la rente constituée sur le fonds.

MM. TRONCHET et TREILHARD répondent qu'une telle rente est une charge de l'usufruit.

L'article est adopté.

612. L'usufruitier, ou universel, ou à titre universel, doit contribuer avec le propriétaire au paiement des dettes, ainsi qu'il suit :

On estime la valeur du fonds sujet à usufruit ; on fixe ensuite la contribution aux dettes à raison de cette valeur.

Si l'usufruitier veut avancer la somme pour laquelle le fonds doit contribuer, le capital lui en est restitué à la fin de l'usufruit, sans aucun intérêt.

Si l'usufruitier ne veut pas faire cette avance, le propriétaire a le choix, ou de payer cette somme, et dans ce cas l'usufruitier lui tient compte des intérêts pendant la durée de l'usufruit, ou de faire vendre jusqu'à due concurrence une portion des biens soumis à l'usufruit.

(Cet art., le XXXVIIe. du projet, fut adopté sans discussion.)

613. L'usufruitier n'est tenu que des frais des procès qui concernent la jouissance, et des autres condamnations auxquelles ces procès pourraient donner lieu.

(Cet art., le XXXVIIIe. du projet, fut adopté sans discussion.)

614. Si, pendant la durée de l'usufruit, un tiers com-

met quelqu'usurpation sur le fonds, ou attente autrement aux droits du propriétaire, l'usufruitier est tenu de le dénoncer à celui-ci; faute de ce, il est responsable de tout le dommage qui peut en résulter pour le propriétaire, comme il le serait de dégradations commises par lui-même.

(Cet art., le XXXIXe. du projet, fut adopté sans discussion.)

615. Si l'usufruit n'est établi que sur un animal qui vient à périr sans la faute de l'usufruitier, celui-ci n'est pas tenu d'en rendre un autre, ni d'en payer l'estimation.

(Cet art., le XLe. du projet, fut adopté sans discussion.)

616. Si le troupeau sur lequel un usufruit a été établi, périt entièrement par accident ou par maladie, et sans la faute de l'usufruitier, celui-ci n'est tenu envers le propriétaire que de lui rendre compte des cuirs ou de leur valeur.

Si le troupeau ne périt pas entièrement, l'usufruitier est tenu de remplacer, jusqu'à concurrence du croit, les têtes des animaux qui ont péri.

(Cet art., le XLIe. du projet, fut adopté sans discussion.)

SECTION III.

COMMENT L'USUFRUIT PREND FIN.

617. L'usufruit s'éteint,

Par la mort naturelle et par la mort civile de l'usufruitier;

Par l'expiration du tems pour lequel il a été accordé;

Par la consolidation ou la réunion sur la même tête, des deux qualités d'usufruitier et de propriétaire;

Par le non-usage du droit pendant trente ans ;

Par la perte totale de la chose sur laquelle l'usufruit est établi.

(Cet art. , le XLIIe. du projet, fut adopté sans discussion.)

618. L'usufruit peut aussi cesser par l'abus que l'usufruitier fait de sa jouissance, soit en commettant des dégradations sur le fonds, soit en le laissant dépérir faute d'entretien.

Les créanciers de l'usufruitier peuvent intervenir dans les contestations, pour la conservation de leurs droits ; ils peuvent offrir la réparation des dégradations commises, et des garanties pour l'avenir (1).

Les juges peuvent, suivant la gravité des circonstances, ou prononcer l'extinction absolue de l'usufruit, ou n'ordonner la rentrée du propriétaire dans la jouissance de l'objet qui en est grevé, que sous la charge de payer annuellement à l'usufruitier, ou à ses ayant-cause, une somme déterminée, jusqu'à l'instant où l'usufruit aurait dû cesser.

(Cet article est composé des articles suivans).

XLIII. *L'usufruit peut aussi s'éteindre par l'abus que l'usufruitier fait de sa jouissance, soit en commettant des dégradations sur le fonds, soit en le laissant dépérir faute d'entretien.*

(Cet article adopté sans discussion a été ensuite refondu avec l'article suivant).

XLIV. *Dans les cas de l'article précédent, les juges peuvent, suivant la gravité des circonstances, ou prononcer l'extinction absolue de l'usufruit, ou n'ordonner la rentrée du propriétaire dans la jouissance de*

---

(1) L'article XLIII du projet soumis aux tribunaux portait : *Si la renonciation est faite en fraude des créanciers de l'usufruitier, ils peuvent la faire annuller.* Le tribunal de cassation proposa de substituer *préjudice* au mot *fraude*, parce qu'il suffit que par l'événement une renonciation porte *préjudice* aux créanciers, quoiqu'elle ne soit pas frauduleuse par l'intention du renonçant, pour qu'il y ait lieu à la faire annuller.

l'objet

USUFRUIT, USAGE, HABITATION.

l'objet qui en est grevé, que sous la charge de payer annuellement à l'usufruitier une somme déterminée, jusqu'à l'instant où l'usufruit aurait dû cesser.

M. PORTALIS observe que l'article ne statue pas sur le sort des créanciers de l'usufruitier. Lorsqu'il y a renonciation de sa part, point de doute qu'ils doivent être admis à réclamer; mais lorsqu'il y a déchéance, il faut ou les écarter, ou faire continuer l'usufruit à leur profit. Il est nécessaire de statuer sur cette question qui s'est souvent présentée. On disait alors que l'expulsion de l'usufruitier suffisait pour mettre à couvert l'intérêt du propriétaire, mais que, comme elle ne devait pas devenir pour lui un bénéfice, il était juste qu'il payât jusqu'à due concurrence les dettes de l'usufruitier : on répondait à la vérité que les créanciers avaient dû prévoir que celui-ci pourrait mal administrer, et par cette raison asseoir leur garantie sur des bases plus solides que son usufruit; mais il restait toujours cette grande considération, que la mauvaise administration de l'usufruitier ne doit pas devenir un profit pour le propriétaire.

M. TRONCHET dit que l'article distingue la privation totale de l'usufruit à raison de dégradations qui attaquent le fonds même de la chose, de la privation partielle dont l'objet est d'employer le revenu à réparer les dégradations moins importantes : dans l'un et l'autre cas, les créanciers ne peuvent avoir droit que sur les fruits qui ne sont point affectés à l'indemnité du propriétaire.

M. TREILHARD dit que les créanciers ne peuvent exercer que les droits de leur débiteur. Il leur est permis d'intervenir et de discuter la demande en extinction d'usufruit formée par le propriétaire, d'offrir des garanties, de demander que la privation de l'usufruit ne soit que partielle; mais quand la contestation est jugée, soit avec eux, soit sans eux (le propriétaire n'étant point obligé de les appeler), il ne leur reste plus de recours; ils doivent s'imputer de n'avoir point surveillé l'usufruitier : avec moins de négligence ils auraient connu la demande du propriétaire et auraient pu intervenir.

Le consul CAMBACÉRÈS dit qu'on peut rédiger l'article de manière qu'il ne préjuge rien contre les créanciers, et qu'il laisse aux juges la liberté d'avoir égard aux circonstances; il suffit d'ajouter : *sans préjudice des droits légitimes des créanciers.* Les circonstances seules doivent décider, car il serait possible qu'un usufruitier présentât de faux créanciers pour conserver sa jouissance sous leur nom.

M. Defermon dit que les intérêts du propriétaire sont suffisamment garantis par la caution que l'usufruitier est tenu de fournir, et par les précautions qui la suppléent ; que d'ailleurs son droit à reprendre l'usufruit est éventuel, tandis que celui que l'usufruitier a de le conserver, est certain.

Le consul Cambacérès répond qu'il ne s'agit pas ici de quelques dommages particuliers, résultant de dégradations peu importantes, mais d'empêcher que le propriétaire ne soit privé de sa chose par une dégradation totale. Une caution ne suffit pas pour lui donner cette dernière garantie : d'abord, elle peut devenir insolvable ; mais, ce qui est bien plus ordinaire, elle contestera sur l'étendue de son engagement.

M. Bigot-Préameneu dit qu'il est possible de pourvoir également à l'intérêt des créanciers et à celui du propriétaire. Le propriétaire n'est pas forcé de les appeler ; le jugement rendu sans eux a toute sa force : mais il semble que si ensuite ils proposent de réparer les dégradations en indemnité desquelles l'usufruit a été ou aboli ou restreint, l'usufruit doit revivre à leur profit.

M. Maleville observe qu'ils ne seraient plus admissibles après la contestation terminée.

M. Treilhard dit que l'extinction de l'usufruit étant tout-à-la fois une peine contre l'usufruitier, et une indemnité pour le propriétaire, on ne peut accorder aux créanciers que la faculté d'intervenir et de faire des offres.

L'amendement de M. Treilhard est adopté.

619. L'usufruit qui n'est pas accordé à des particuliers, ne dure que trente ans.

XLV. *L'usufruit accordé à une commune ne dure que trente ans.*

La rédaction de cet article est changée ainsi qu'il suit : *L'usufruit qui n'est pas accordé à des particuliers, ne dure que trente ans.*

620. L'usufruit accordé jusqu'à ce qu'un tiers ait atteint un âge fixe, dure jusqu'à cette époque, encore que le tiers soit mort avant l'âge fixé.

(Cet article, le XLVIe. du Projet, fut adopté sans discussion).

621. La vente de la chose sujette à usufruit ne fait

aucun changement dans le droit de l'usufruitier ; il continue de jouir de son usufruit s'il n'y a pas formellement renoncé.

(Cet article, le XLVIIe. du Projet, fut adopté sans discussion).

622. Les créanciers de l'usufruitier peuvent faire annuller la renonciation qu'il aurait faite à leur préjudice.

(Cet article, le XLVIIIe. du Projet, fut adopté sans discussion).

623. Si une partie seulement de la chose soumise à l'usufruit est détruite, l'usufruit se conserve sur ce qui reste.

(Cet article, le XLIXe. du Projet, fut adopté sans discussion).

624. Si l'usufruit n'est établi que sur un bâtiment, et que ce bâtiment soit détruit par un incendie ou autre accident, ou qu'il s'écroule de vétusté, l'usufruitier n'aura le droit de jouir ni du sol ni des matériaux.

Si l'usufruit était établi sur un domaine dont le bâtiment faisait partie, l'usufruitier jouirait du sol et des matériaux.

(Cet article, le Le du Projet, fut adopté sans discussion).

CHAPITRE II.

DE L'USAGE ET DE L'HABITATION.

625. Les droits d'usage et d'habitation s'établissent et se perdent de la même manière que l'usufruit.

(Cet article, le LIe. du Projet, fut adopté sans discussion).

626. On ne peut en jouir, comme dans le cas de

l'usufruit, sans donner préalablement caution, et sans faire des états et inventaires.

(Cet article, le LIIe. du Projet, fut adopté sans discussion).

627. L'usager, et celui qui a un droit d'habitation, doivent jouir en bons pères de famille.

(Cet article, le LIIIe. du Projet, fut adopté sans discussion).

628. Les droits d'usage et d'habitation se règlent par le titre qui les a établis, et reçoivent, d'après ses dispositions, plus ou moins d'étendue.

(Cet article était le LIVe. du Projet).

Le consul CAMBACÉRÈS propose de placer également à la tête du chapitre précédent la disposition générale énoncée dans cet article : en conservant le principe que le titre fait loi et que les dispositions du Code civil ne sont destinées qu'à le suppléer, cette disposition lèverait une foule de difficultés, celle, par exemple, qui s'est élevée sur l'effet de la clause qui dispense l'usufruitier de donner caution et de faire inventaire.

Cette proposition est adoptée, (néanmoins on ne trouve aucun article semblable dans le premier chapitre).

629. Si le titre ne s'explique pas sur l'étendue de ces droits, ils sont réglés ainsi qu'il suit.

(Cet article, le LVe. du Projet, fut adopté sans discussion).

630. Celui qui a l'usage des fruits d'un fonds, ne peut en exiger qu'autant qu'il lui en faut pour ses besoins et ceux de sa famille (1).

Il peut en exiger pour les besoins même des enfans qui lui sont survenus depuis la concession de l'usage.

(Cet article, le LVIe. du projet, fut adopté sans discussion).

---

(1) Le tribunal d'appel de Grenoble proposait d'exprimer contre la loi 12, §. 4 et 5, ff. *de usu et habit.* que l'usager d'un troupeau aurait le droit d'user de la laine et du lait propres à ses besoins, mais non du croit.

631. L'usager ne peut céder ni louer son droit à un autre.

(Cet article, le LVIIe. du Projet, fut adopté sans discussion).

632. Celui qui a un droit d'habitation dans une maison, peut y demeurer avec sa famille, quand même il n'aurait pas été marié à l'époque où ce droit lui a été donné.

(Cet article, le LVIIIe. du Projet, fut adopté sans discussion).

633. Le droit d'habitation se restreint à ce qui est nécessaire pour l'habitation de celui à qui ce droit est concédé, et de sa famille.

(Cet article, le LIXe. du Projet, fut adopté sans discussion).

634. Le droit d'habitation ne peut être ni cédé ni loué.

(Cet article, le LXe. du Projet, fut adopté sans discussion).

635. Si l'usager absorbe tous les fruits du fonds, ou s'il occupe la totalité de la maison, il est assujéti aux frais de culture, aux réparations d'entretien, et au paiement des contributions, comme l'usufruitier.

S'il ne prend qu'une partie des fruits, ou s'il n'occupe qu'une partie de la maison, il contribue au prorata de ce dont il jouit.

(Cet article, le LXIe. du Projet, fut adopté sans discussion).

636. L'usage des bois et forêts est réglé par des lois particulières.

(Cet article, le LXIIe. du Projet, fut adopté sans discussion).

TITRE IV.

DES SERVITUDES OU SERVICES FONCIERS.

Décrété le 10 Pluviose an 12, promulgué le 20 du même mois.

637. Une servitude est une charge imposée sur un héritage pour l'usage et l'utilité d'un héritage appartenant à un autre propriétaire.
(Cet art., le Ier. du Projet, fut adopté sans discussion).

638. La servitude n'établit aucune prééminence d'un héritage sur l'autre.
(Cet art., le IIe. du Projet, fut adopté sans discussion).

639. Elle dérive, ou de la situation naturelle des lieux, ou des obligations imposées par la loi, ou des conventions entre les propriétaires.
(Cet art., le IIIe. du Projet, fut adopté sans discussion).

CHAPITRE PREMIER.

DES SERVITUDES QUI DÉRIVENT DE LA SITUATION DES LIEUX.

640. Les fonds inférieurs sont assujétis envers ceux qui sont plus élevés, à recevoir les eaux qui en découlent naturellement sans que la main de l'homme y ait contribué.

Le propriétaire inférieur ne peut point élever de digue qui empêche cet écoulement.

Le propriétaire supérieur ne peut rien faire qui aggrave la servitude du fonds inférieur.
(Cet art., le IVe. du projet, fut adopté sans discussion).

641. Celui qui a une source dans son fonds, peut

en user à sa volonté, sauf le droit que le propriétaire du fonds inférieur pourrait avoir acquis par titre ou par prescription.

642. La prescription, dans ce cas, ne peut s'acquérir que par une jouissance non interrompue pendant l'espace de trente années, à compter du moment où le propriétaire du fonds inférieur a fait et terminé des ouvrages apparens destinés à faciliter la chûte et le cours de l'eau dans sa propriété.

643. Le propriétaire de la source ne peut en changer le cours lorsqu'il fournit aux habitans d'une commune, village ou hameau, l'eau qui leur est nécessaire : mais si les habitans n'en ont pas acquis ou prescrit l'usage, le propriétaire peut réclamer une indemnité, laquelle est réglée par experts.

(Ces trois articles sont le résultat de l'article V et de la discussion à laquelle il a donné lieu).

V. *Celui qui a une source dans son fonds peut en user à sa volonté.*

M. Berlier, en adoptant le principe énoncé dans l'article, craint qu'on n'en rende l'application abusive, si l'on n'ajoute, *sans préjudice néanmoins des droits du propriétaire de l'héritage inférieur, quand il a reçu l'eau de cette source pendant un tems suffisant pour en prescrire l'usage.*

M. Treilhard dit que, pour prescrire, il faut posséder *animo domini*; or le propriétaire du fonds inférieur ne peut ignorer que la source de l'eau qui traverse sa propriété ne lui appartient pas. Cette source est à celui qui possède le terrain où elle se trouve : lui seul a le droit d'en user. S'il lui laisse un cours, il n'en résulte pas qu'il ait entendu donner un droit au propriétaire inférieur par le domaine de qui elle s'écoule.

M. Berlier dit, pour motiver l'amendement qu'il a proposé, que, bien que les eaux soient une propriété, on ne peut se dissimuler que cette propriété est d'une espèce toute particulière : l'article est bon, si on ne l'applique qu'au propriétaire inventeur de la source, lequel lui donnera telle destination qu'il lui plaira, sans nuire à ses voisins, ni sans leur conférer des avantages qu'il ne leur doit point.

Mais si les choses ne sont plus à leur origine, et que, pendant plus de trente ans, ce propriétaire ait laissé à sa source un cours servant aux héritages inférieurs, ne serait-ce pas porter un grand préjudice à ceux-ci, que de supprimer ou détourner ce cours, sur-tout s'il y a eu des ouvrages faits en considération de cet état de choses?

M. Treilhard répond qu'on ne peut l'obliger à changer tous les trente ans la disposition de ses eaux, sous peine de perdre ce droit pour le tems postérieur.

M. Regnaud (de Saint-Jean-d'Angely) dit qu'il partage l'opinion de M. Berlier. Il est incontestable qu'un cours d'eau ajoute à la valeur de l'héritage qu'il traverse. L'usage a établi que la propriété des eaux s'acquiert par la jouissance, toutes les fois qu'il a été fait dans le fonds inférieur des constructions pour en profiter. Si les eaux pouvaient lui être retirées, si le propriétaire du fonds supérieur pouvait en disposer et les vendre, la valeur du fonds inférieur serait diminuée notablement; et tel qui aurait coûté 100 mille francs serait réduit à 50.

Il convient d'observer aussi qu'il est des villages dont les fontaines et les abreuvoirs publics ne sont alimentés que par les eaux qui découlent d'un fonds supérieur dont un particulier est propriétaire.

Au surplus, pour ne pas imposer à l'exercice de la propriété la gêne dont a parlé M. Treilhard, il suffirait de n'établir le principe que pour l'avenir, et de laisser, pour le passé, les choses dans l'état où elles se trouvent.

M. Pelet dit que l'application du principe au passé, troublerait la tranquillité des campagnes. Là on trouve des sources qui, situées dans l'héritage d'un seul, deviennent, par le cours, des eaux communes à plusieurs : l'usage a sanctionné cet ordre de choses ; on ne peut le changer sans dépouiller beaucoup de propriétaires de ce qu'ils regardent, avec raison, comme un droit acquis.

En appuyant l'amendement de M. Regnaud (de Saint-Jean-d'Angely), M. Pelet demande qu'il soit étendu aux deux articles suivans.

M. Maleville dit que l'article est conforme aux maximes du droit. Le tems seul n'affaiblit pas les droits du propriétaire d'une source. Ce principe ne reçoit d'exception que dans le cas où, indépendamment de la possession, le propriétaire du fonds inférieur a fait depuis trente ans des ouvrages pour l'usage des eaux. Mais comme l'application rigoureuse du principe peut quelquefois devenir injuste, elle a été adoucie par la jurisprudence. Un arrêt rapporté par Henrys, prononce contre

un

un propriétaire qui, par malice et sans aucune intention d'en profiter, détournait, des fonds inférieurs, les eaux surgissant de son fonds. L'article VII confirme cette jurisprudence, et permet aux juges de suivre l'équité. Cet article est la meilleure loi qu'on puisse faire sur cette matière où il est dangereux de poser des principes trop abstraits. On a fort bien dit que la propriété des eaux est d'une espèce particulière : sans doute celui dans le fonds duquel l'eau surgit, a le droit de s'en servir, quand même, pendant mille ans, elle aurait coulé dans les fonds du voisin, à moins que celui-ci ne se la fût appropriée par un titre ou par des ouvrages ; mais les besoins de ce premier propriétaire une fois satisfaits, l'équité, l'intérêt public et la destination même de l'eau ne permettent pas que les fonds inférieurs en soient arbitrairement privés : la providence a créé pour l'usage de tous, cet élément nécessaire à tous, et c'est dans ce sens que Justinien a dit dans ses excellens instituts : *Communia sunt omnium hæc, aer, aqua profluens, mare.*

M. Tronchet dit que, pour se fixer, il importe de considérer quel était le droit ancien, et de le comparer avec la proposition faite par M. Berlier.

Dans les pays coutumiers, on ne pouvait prescrire sans titre : ainsi la seule possession des eaux n'en donnait jamais la propriété. Dans les pays de droit écrit, la prescription pouvait avoir lieu sans titre ; mais le propriétaire d'une source avait exclusivement la disposition des eaux ; ainsi, le droit qu'on propose d'établir n'existait sur aucun point de la France. Il en résultait que le propriétaire inférieur ne pouvait prétendre à conserver l'usage des eaux que lorsqu'il avait traité avec le propriétaire supérieur ; autrement il demeurait sous le droit commun, qui lui refusait ce droit.

Maintenant la section propose de rendre les servitudes prescriptibles ; mais, pour profiter de cette disposition, il faut une possession fondée sur des actes qui supposent un titre perdu et que la possession remplace. Il sera donc très-difficile de prescrire, si la possession n'est attestée par des ouvrages extérieurs.

Il peut cependant y avoir des raisons d'équité supérieure, qui, comme dans l'espèce rapportée par Henrys, obligent de s'écarter de la règle générale. L'article VII donne, pour ce cas, aux juges la plus grande latitude.

M. Berlier dit que la législation n'a pas été toujours bien fixée sur le point en discussion. La loi 6, cod. *de Servit. et aquâ*, a été assez long tems diversement interprétée. Bretonier, dans ses questions, Lamoignon, dans ses arrêtés, Davot et d'autres jurisconsultes, pensaient que le propriétaire d'un héritage dans lequel est une fontaine, ne peut disposer de l'eau à l'exclusion de celui qui a des héritages inférieurs. A la vérité, cette opinion a été fortement contredite, et, dans le dernier état de la jurisprudence, le droit de disposer de la source a été reconnu en faveur du propriétaire du fonds où elle prenait sa naissance ; mais du moins, et dans beaucoup de pays, ce n'était que sauf le droit que les propriétaires inférieurs pouvaient avoir acquis par une possession de trente ans : cette modification est attestée par Bannelier, pour le ci-devant duché de Bourgogne.

Au reste, et abstraction faite des anciens principes, il faut aujourd'hui faire ce qui est le plus utile et le plus juste : or, sera-t-il utile et juste de priver l'héritage inférieur d'un bénéfice qu'on pouvait, il est vrai, ne pas lui accorder, mais qui, après un grand laps de tems, ne saurait lui être retiré sans un notable détriment ?

L'on a dit que c'était simple tolérance de la part du propriétaire de la source : mais quelqu'idée que l'on veuille attacher à cette espèce de possession, la loi n'a pas moins le droit d'en fixer les effets de la manière la plus utile à la société.

Le consul CAMBACÉRÈS dit qu'il faut sans doute prévenir l'abus qu'un propriétaire pourrait faire de ses droits, sans néanmoins en entraver l'exercice. On ne peut le forcer, comme il a été dit, à faire signifier, tous les trente ans, un acte aux propriétaires inférieurs, pour empêcher qu'ils ne prescrivent contre lui.

En se réglant donc par les principes, on ne peut mettre en question si une source est une propriété ; et par une suite nécessaire, on ne peut refuser au propriétaire le droit d'en disposer à son gré. L'écoulement naturel des eaux par les fonds inférieurs n'apporte pas de modification à ce droit.

A l'égard du cas particulier proposé par M. Regnaud (de Saint-Jean-d'Angely), il s'agit là de l'intérêt d'une commune entière. Il faut donc chercher à le concilier avec le droit du propriétaire : on y arriverait en laissant à la commune des eaux qui lui sont indispensables, et en la forçant d'indemniser le propriétaire. Hors ce cas d'utilité publique, et lorsqu'il n'y a que l'intérêt des particuliers qui possèdent les fonds inférieurs, rien ne peut plus balancer les droits du propriétaire.

Cependant la modification qu'on a proposé de faire au principe général, est juste. Lorsque le propriétaire a souffert, pendant tout le tems nécessaire pour accomplir la prescription, les ouvrages faits par le propriétaire inférieur, il paraît avoir tacitement concédé des droits à ce dernier. Peut-être cette modification est-elle exprimée au titre de la *Prescription*; mais il serait utile de l'énoncer ici.

A l'égard du passé, il se réglera par les lois antérieures. M. Tronchet les a rappelées. Dans les pays coutumiers, le propriétaire inférieur ne pouvait prescrire qu'avec un titre ; dans les pays de droit écrit, il prescrivait sans titre, mais seulement lorsque sa possession était constatée par des constructions.

M. Regnaud (de Saint-Jean-d'Angely) dit que lorsqu'on réfléchit que nos relations avec d'autres Etats, et en particulier avec la république italienne, ont fait connaître et ont introduit en France, depuis quelque tems, l'usage si utile des irrigations ; la France a joint à son territoire le Piémont, où l'art des irrigations féconde des régions abondantes et de riches prairies, on sent combien la modification admise par le Consul est importante. L'intérêt public exige qu'on conserve aux propriétaires inférieurs l'avantage des irrigations qu'ils se sont ménagées par des travaux ou des constructions : il ne faut pas que le propriétaire supérieur qui les a souffertes, puisse tout-à-coup les rendre inutiles, en vendant, par exemple, les dérivations de sa source à des tiers qui se trouveraient ainsi enrichis par la ruine de celui auquel les eaux seraient enlevées.

L'article est adopté avec les amendemens proposés par MM. Berlier, Regnaud (de Saint-Jean-d'Angely), et par le consul Cambacérès.

644. Celui dont la propriété borde une eau courante, autre que celle qui est déclarée dépendante du domaine public par l'article 538 au titre *de la distinction des biens*, peut s'en servir à son passage pour l'irrigitation de ses propriétés.

Celui dont cette eau traverse l'héritage, peut même en user dans l'intervalle qu'elle y parcourt, mais à la charge de la rendre, à la sortie de ses fonds à son cours ordinaire (1).

---

(1) Il est très-ordinaire que les cours d'eau se divisent entre particuliers, dont l'un

(Cet article était le VI°. du Projet).

M. Pelet dit qu'il est à craindre que l'un des propriétaires supérieurs ne s'empare tellement des eaux, qu'il n'en absorbe l'usage et n'en laisse rien échaper vers les propriétés inférieures.

M. Tronchet répond que cet abus est impossible, parce que dans le cas de contestation, les tribunaux détermineront la jouissance de chacun, par un règlement qui fixe le tems pendant lequel chaque propriétaire usera des eaux, et même l'heure où il pourra s'en servir.

M. Galli dit que la disposition générale de l'article est utile et juste ; que cependant, pour ne point bouleverser les usages dans le ci-devant Piémont, il est nécessaire de la modifier par une exception.

En effet, dans le Piémont, presque tous les terrains sont fécondés à l'aide d'irrigations qui viennent des fonds supérieurs. On les réduirait à être stériles, si ces eaux leur étaient retirées. Mais pour que l'article n'ait, sous ce rapport, aucune conséquence fâcheuse, il suffit d'excepter de son application les eaux acquises à l'irrigation des fonds inférieurs, par titre ou par possession.

M. Treilhard dit que lorsqu'il y a un titre, il prévient toutes les difficultés ; s'il n'y a pas de titre qui fasse un propriétaire, quelle autre règle peut-on suivre que celle qui est établie par l'article ?

M. Tronchet dit qu'en effet, dans ce cas, chacun des propriétaires dans le domaine desquels l'eau passe, est obligé de la rendre à son cours ordinaire.

M. Galli dit que si le propriétaire supérieur profite des eaux pour des irrigations, elles n'arriveront pas aux propriétés inférieures dans toute la quantité qui leur est due par titre ou par possession.

M. Tronchet dit que quand l'eau passe sur plusieurs héritages, sans que personne en soit propriétaire, l'usage en est déterminé entre tous par un règlement.

M. Bigot-Préameneu dit que le cours des eaux intéressant presque

---

doit s'en servir tel jour, et s'en priver tel autre jour en faveur des prés inférieurs aux siens. Dans quelques cantons où les eaux sont peu abondantes, des propriétaires de moulins ont construit des étangs dont l'eau ne parvient aux moulins qu'après avoir passé sur le fonds d'autres individus, qui ne peuvent s'en servir pour l'irrigation de leurs propriétés, lorsque tout son volume est nécessaire pour faire tourner le moulin. Il serait donc nécessaire d'ajouter à l'article cette modification *s'il n'y a titre contraire ou possession immémoriale* ; sans cela, un très-grand nombre de prés et quelques moulins perdraient la moitié de leurs produits. (Observations du tribunal d'appel de Limoges. Voyez les articles 641 et 642).

SERVITUDES OU SERVICES FONCIERS. 629

toujours l'utilité publique, il devient aussi souvent l'objet de réglemens administratifs, différens de ceux que font les tribunaux entre les propriétaires ; qu'il conviendrait donc de subordonner la jouissance de ceux-ci aux dispositions de ces sortes de réglemens.

M. Tronchet dit que ces réglemens ne doivent pas être prévus dans le Code civil.

Le consul Cambacérès pense qu'on pourrait cependant, au lieu de dire que *chacun usera des eaux à sa volonté*, spécifier que la jouissance du propriétaire supérieur sera réglée de manière à ne pas nuire à celle du propriétaire inférieur.

M. Galli dit que cette composition est impossible, parce que le propriétaire superieur ne peut avoir la jouissance des eaux, sans en préjudicier le propriétaire inférieur : cependant ce dernier est le seul qui, par titre ou par possession, ait le droit d'en user dans la totalité qui lui est due.

M. Treilhard observe que l'article ne s'applique pas au cas où il existe un titre de propriété.

M. Galli dit que sa proposition tend à donner à la possession la même force qu'à un titre.

Le consul Cambacérès demande de quelle espèce de possession M. Galli entend parler : si c'est de la possession immémoriale constatée par des constructions.

M. Galli répond qu'il ne demande d'autre exception que celle du titre ou de la possession, qu'il a déjà réclamée.

M. Bigot-Préameneu dit que dans la ci-devant Limagne, une source d'eau qui coule du haut d'une montagne arrose souvent toutes les propriétés inférieures, mais chacune ne jouit que d'un filet ; que c'était par cette raison qu'il avait proposé de subordonner l'application de l'article à ce qui serait déterminé par des réglemens d'administration pour des vues d'utilité publique.

M. Treilhard observe que cette modification ne satisferait pas M. Galli. Sa proposition n'est pas de réduire à un usage modéré des eaux, ceux dont elles traversent les propriétés, mais d'en ôter entièrement la jouissance aux propriétaires supérieurs, pour la donner sans partage aux propriétaires inférieurs, parce que leur héritage ne se compose que de prairies.

Le consul Cambacérès dit que cependant, pour ne pas scinder la proposition de M. Galli, il faut ajouter qu'il ne réserve les eaux aux propriétaires inférieurs que lorsqu'une possession centenaire prouvée par les constructions qu'ils ont faites et par une jouissance publique, leur donne des droits exclusifs à l'usage des eaux ; alors la proposition est incontestable, il faut seulement que la rédaction la consacre.

L'article est renvoyé à la section. (Néanmoins il n'a subi aucun changement).

645. S'il s'élève une contestation entre les propriétaires auxquels ces eaux peuvent être utiles, les tribunaux, en prononçant, doivent concilier l'intérêt de l'agriculture avec le respect dû à la propriété ; et, dans tous les cas, les règlemens particuliers et locaux sur le cours et l'usage des eaux doivent être observés.

(Cet article, le VIIe. du Projet, fut adopté sans discussion).

646. Tout propriétaire peut obliger son voisin au bornage de leurs propriétés contiguës. Le bornage se fait à frais communs.

(Cet article était le VIIIe. du Projet).

M. Regnaud (de Saint-Jean-d'Angely) dit que le bornage et l'obligation de le souffrir ne sont pas une servitude, et que cette disposition serait mieux placée dans le code rural.

M. Treilhard dit que l'obligation de souffrir le bornage est une servitude.

L'article est adopté.

647. Tout propriétaire peut clorre son héritage, sauf l'exception portée en l'article 682.

(Cet article, le IXe. du projet, fut adopté sans discussion).

648. Le propriétaire qui veut se clorre, perd son droit au parcours et vaine pâture, en proportion du terrain qu'il y soustrait.

(Cet article, le Xe. du Projet, fut adopté sans discussion).

CHAPITRE II.

DES SERVITUDES ÉTABLIES PAR LA LOI.

649. Les servitudes établies par la loi ont pour ob-

jet l'utilité publique ou communale, ou l'utilité des particuliers.

(Cet article, le XIe du Projet, fut adopté sans discussion).

650. Celles établies pour l'utilité publique ou communale ont pour objet le marchepied le long des rivières navigables ou flottables, la construction ou réparation des chemins et autres ouvrages publics ou communaux.

Tout ce qui concerne cette espèce de servitude, est déterminé par des lois ou des réglemens particuliers.

(Cet article, le XIIe. du Projet, fut adopté sans discussion).

651. La loi assujétit les propriétaires à différentes obligations l'un à l'égard de l'autre, indépendamment de toute convention.

(Cet article, le XIIIe. du Projet, fut adopté sans discussion).

652. Partie de ces obligations est réglée par les lois sur la police rurale ;

Les autres sont relatives au mur et au fossé mitoyens, au cas où il y a lieu à contre-mur, aux vues sur la propriété du voisin, à l'égout des toits, au droit de passage.

(Cet article, le XIVe. du Projet, fut adopté sans discussion).

SECTION PREMIERE.

DU MUR ET DU FOSSÉ MITOYENS.

653. Dans les villes et les campagnes, tout mur servant de séparation entre bâtimens jusqu'à l'héberge, ou entre cours et jardins, et même entre enclos dans les champs, est présumé mitoyen, s'il n'y a titre ou marque du contraire.

(Cet article était le XVe. du Projet, à l'exception de ces mots, *jusqu'à l'héberge*, qui ne s'y trouvaient pas).

M. BERLIER propose de ne déclarer le mur servant de séparation entre bâtimens mitoyens que *jusqu'à l'héberge*, c'est-à-dire jusqu'au point où deux bâtimens de hauteur inégale, peuvent profiter de mur commun ; la partie du mur qui excède la sommité du bâtiment le plus bas, est évidemment propre en totalité au maître du bâtiment le plus élevé.

L'article est adopté avec cet amendement.

654. Il y a marque de non-mitoyenneté lorsque la sommité du mur est droite et aplomb de son parement, d'un côté, et présente de l'autre un plan incliné ;

Lors encore qu'il n'y a que d'un côté ou un chaperon ou des filets et corbeaux de pierre (1) qui y auraient été mis en bâtissant le mur.

Dans ces cas, le mur est censé appartenir exclusivement au propriétaire du côté duquel sont l'égout ou les corbeaux et filets de pierre (2).

(Cet article, le XVIe. du Projet, fut adopté sans discussion).

655. La réparation et la reconstruction du mur mitoyen sont à la charge de tous ceux qui y ont droit, et proportionnellement au droit de chacun.

(Cet article, le XVIIe. du Projet, fut adopté sans discussion).

656. Cependant tout copropriétaire d'un mur mitoyen peut se dispenser de contribuer aux réparations et recon-

---

(1) Un seul corbeau suffira-t-il pour faire présumer la non-mitoyenneté, ou bien faudra-t-il en poser dans toute la longueur du mur ?

Tel était l'éclaircissement que demandait le tribunal d'appel de Toulouse. Il est d'autant plus nécessaire, ajoute ce tribunal, qu'à Toulouse, par exemple, la mitoyenneté n'est présumée que d'une extrémité du mur jusqu'au corbeau.

(2) Les tribunaux d'appel d'Aix et de Lyon proposaient d'ajouter aux marques de non-mitoyenneté des ouvertures extérieures, telles que portes et fenêtres, ou des signes de ces anciennes ouvertures.

structions

SERVITUDES OU SERVICES FONCIERS.   633

structions en abandonnant le droit de mitoyenneté, pourvu que leur mur mitoyen ne soutienne pas un bâtiment qui lui appartienne.

(Cet article, le XVIIIe. du Projet, fut adopté sans discussion).

657. Tout copropriétaire peut faire bâtir contre un mur mitoyen, et y faire placer des poutres ou solives dans toute l'épaisseur du mur, à cinquante-quatre millimètres (deux pouces) près, sans préjudice du droit qu'a le voisin de faire réduire à l'ébauchoir la poutre jusqu'à la moitié du mur, dans le cas où il voudrait lui-même asseoir des poutres dans le même lieu, ou y adosser une cheminée.

(Cet article, le XIXe. du Projet, fut adopté sans discussion).

658. Tout copropriétaire peut faire exhausser le mur mitoyen; mais il doit payer seul la dépense de l'exhaussement, les réparations d'entretien au-dessus de la hauteur de la clôture commune, et en outre l'indemnité de la charge en raison de l'exhaussement et suivant la valeur.

(Cet article, le XXe. du Projet, fut adopté sans discussion).

659. Si le mur mitoyen n'est pas en état de supporter l'exhaussement, celui qui veut l'exhausser doit le faire reconstruire en entier à ses frais, et l'excédent d'épaisseur doit se prendre de son côté.

(Cet article, le XXIe. du Projet, fut adopté sans discussion).

660. Le voisin qui n'a pas contribué à l'exhaussement, peut en acquérir la mitoyenneté en payant la moitié de la dépense qu'il a coûté, et la valeur de la moitié du sol fourni pour l'excédent d'épaisseur, s'il y en a (1).

(Cet article, le XXIIe. du Projet, fut adopté sans discussion).

(2) Lorsque pour faire l'exhaussement on aura été obligé de reconstruire le mur,

661. Tout propriétaire joignant un mur, a de même la faculté de le rendre mitoyen en tout ou en partie, en remboursant au maître du mur la moitié de sa valeur, ou la moitié de la valeur de la portion qu'il veut rendre mitoyenne, et moitié de la valeur du sol sur lequel le mur est bâti.

(Cet art. était le XXIIIe. du Projet, à cette différence près qu'on n'y trouvait pas ces mots, *ou la moitié de la valeur de la portion qu'il veut rendre mitoyenne*: ce changement n'a donné lieu à aucune discussion).

662. L'un des voisins ne peut pratiquer dans le corps d'un mur mitoyen aucun enfoncement, ni y appliquer ou appuyer aucun ouvrage sans le consentement de l'autre, ou sans avoir, à son refus, fait régler par experts les moyens nécessaires pour que le nouvel ouvrage ne soit pas nuisible aux droits de l'autre.

(Cet article, le XXIVe. du Projet, fut adopté sans discussion).

663. Chacun peut contraindre son voisin, dans les villes et faubourgs, à contribuer aux constructions et réparations de la clôture faisant séparation de leurs maisons, cours et jardins assis èsdites villes et faubourgs: la hauteur de la clôture sera fixée suivant les réglemens particuliers ou les usages constans et reconnus; et, à défaut d'usages et de réglemens, tout mur de séparation entre voisins, qui sera construit ou rétabli à l'avenir, doit avoir au moins trente-deux décimètres (dix pieds) de hauteur, compris le chaperon, dans les villes de cinquante mille ames et au-dessus, et vingt-six décimètres (huit pieds) dans les autres.

---

l'indemnité qui devra être payée par le voisin, si celui-ci veut acquérir la mitoyenneté, devra-t-elle être calculée d'après ce qu'aura coûté l'exhaussement, plus l'excédent d'épaisseur ajouté au mur?

Le tribunal d'appel d'Amiens demandait que la loi décidât textuellement l'affirmative de cette question.

XXV. *Tout mur de séparation entre voisins, qui sera construit ou rétabli à l'avenir, doit avoir au moins trente-deux décimètres (10 pieds) de hauteur, compris le comble, dans les villes de cinquante mille ames et au-dessus, et vingt-six décimètres (8 pieds) dans les autres.*

M. Bérenger dit que la disposition qui détermine la hauteur du mur gêne inutilement la liberté des propriétaires.

M. Treilhard dit que la loi ne fixe la hauteur du mur que pour le cas où l'un des deux propriétaires veut se clorre et y contraint l'autre. Si tous deux sont d'accord, ils peuvent s'écarter de cette disposition, et donner au mur l'élévation qu'il leur plaît.

M. Galli observe qu'à Turin, et dans tout le Piémont, il existe des cours tellement resserrées, que si le mur était nécessairement de la mesure proposée de trente-deux décimètres (dix pieds), elles seraient privées du jour.

Il demande que sur la fixation de la hauteur, la loi renvoie aux usages locaux.

M. Treilhard répond que la section a suivi le droit en vigueur. A Paris, où l'on trouve beaucoup de cours aussi étroites qu'à Turin, les murs de séparation ont toujours été élevés à dix pieds.

M. Regnaud (de Saint-Jean-d'Angely) fait observer, comme fait, que dans les nouvelles constructions, à Paris, les murs de cours et jardins n'ont pas la hauteur exigée par l'article, et il propose de fixer à dix pieds l'élévation des murs sur la rue, et à huit celles des murs de séparation.

M. Treilhard observe que l'on ne peut admettre d'innovation arbitraire dans cette matière; car si l'on veut décider sans avoir des bases, l'imagination ne sait plus où s'arrêter.

Au surplus l'article présenté par la section n'a excité aucune réclamation de la part des tribunaux; mais ils se sont élevés contre le renvoi aux usages locaux. Ils n'y ont vu qu'un principe de doutes et d'incertitudes. Cependant pour ne pas heurter les habitudes des pays nouvellement réunis, on pourrait laisser le Gouvernement leur appliquer la disposition par des réglemens locaux.

Le consul Cambacérès dit que de semblables questions doivent pouvoir être décidées promptement et par des règles familières à tous. Il propose d'admettre la règle générale présentée par la section, en ajoutant : *à moins que l'usage contraire ne soit constant.*

M. Berlier dit que l'article deviendrait d'une exécution plus facile, si on y exprimait que le propriétaire interpellé de contribuer à la clôture peut s'en dispenser en renonçant à la mitoyenneté, et en cédant la moitié de la place sur laquelle le mur doit être construit : cette option était déférée en beaucoup de pays.

M. Tronchet dit que cette modification est exprimée dans l'art. XVIII.

M. Bigot-Préameneu observe que dans les villes d'une population un peu nombreuse, toujours les propriétaires ont été dans l'obligation de se clorre, et que cependant l'article ne rappelle pas cette obligation.

Le consul Cambacérès dit qu'on pourrait donner à la loi la marche suivante :

On imposerait d'abord aux propriétaires des villes un peu considérables l'obligation de se clorre. On ajouterait qu'ils ne pourront être forcés d'élever le mur de séparation à plus de dix pieds. Par là, sans parler des usages locaux, on laisserait néanmoins la facilité de les suivre : le procès-verbal du conseil expliquerait l'intention de la loi. Enfin on admettrait les conventions particulières par lesquelles les propriétaires voisins auraient déterminé la hauteur du mur.

M. Tronchet dit que si la disposition générale est restreinte au cas où l'un des voisins force l'autre, et si d'ailleurs il leur est libre de faire les conventions qu'il leur plaît, il n'y a plus de difficulté à décider que le mur sera d'une hauteur déterminée, suffisante pour la sûreté des deux voisins.

Le Conseil adopte en principe que dans les villes d'une population un peu nombreuse les propriétaires seront forcés de se clorre.

664. Lorsque les différens étages d'une maison appartiennent à divers propriétaires, si les titres de propriété ne règlent pas le mode de réparations et reconstructions, elles doivent être faites ainsi qu'il suit :

Les gros murs et le toit sont à la charge de tous les propriétaires, chacun en proportion de la valeur de l'étage qui lui appartient.

Le propriétaire de chaque étage fait le plancher sur lequel il marche ;

Le propriétaire du premier étage fait l'escalier qui y conduit ; le propriétaire du second étage fait, à partir du premier, l'escalier qui conduit chez lui ; et ainsi de suite.

(Cet article, le XXVI⁰. du Projet, fut adopté sans discussion).

665. Lorsqu'on reconstruit un mur mitoyen ou une maison, les servitudes actives et passives se continuent à l'égard du nouveau mur ou de la nouvelle maison, sans toutefois qu'elles puissent être aggravées, et pourvu que la construction se fasse avant que la prescription soit acquise (1).

(Cet article, le XXVII⁰. du Projet, fut adopté sans discussion).

666. Tous fossés entre deux héritages sont présumés mitoyens s'il n'y a titre ou marque du contraire.

(Cet article, le XXVIII⁰. du Projet, fut adopté sans discussion).

667. Il y a marque de non-mitoyenneté lorsque la levée ou le rejet de la terre se trouve d'un côté seulement du fossé (2).

(Cet article, le XXIX⁰. du Projet, fut adopté sans discussion).

668. Le fossé est censé appartenir exclusivement à celui du côté duquel le rejet se trouve.

(Cet article, le XXX⁰. du Projet, fut adopté sans discussion).

669. Le fossé mitoyen doit être entretenu à frais communs.

(Cet article, le XXXI⁰. du Projet, fut adopté sans discussion).

---

(1) D'après cet article, le propriétaire d'un mur sur lequel une servitude continue est établie, pourra anéantir cette servitude, en négligeant, pendant plus de trente ans, de faire reconstruire son mur détruit.

Le propriétaire de la servitude ne pourrait-il pas, dans ce cas, interrompre la prescription par un acte conservatoire fait avant l'expiration de trente années ?

(2) Les tribunaux d'appel de Lyon et de Toulouse proposaient que nul ne pût creuser un fossé dans son héritage sans laisser entre le fossé et l'héritage voisin un espace égal à la profondeur du fossé.

670. Toute haie qui sépare des héritages est réputée mitoyenne à moins qu'il n'y ait qu'un seul des héritages en état de clôture, ou s'il n'y a titre ou possession suffisante au contraire.

XXXII. *Toute haie qui sépare des héritages en état de clôture, est réputée mitoyenne, s'il n'y a titre de possession suffisante au contraire.*

(La différence qui existe entre le Projet et la loi, n'a donné lieu à aucune discussion).

671. Il n'est permis de planter des arbres de haute tige qu'à la distance prescrite par les réglemens particuliers actuellement existans, ou par les usages constans et reconnus; et, à défaut de réglemens et usages, qu'à la distance de deux mètres de la ligne séparative des deux héritages pour les arbres à haute tige, et à la distance d'un demi-mètre pour les autres arbres et haies vives.

(Cet article était le XXXIIIe. du Projet, il se terminait à ces mots, *ligne séparative des deux héritages*; ce qui suit a été ajouté après la conférence avec le Tribunat).

672. Le voisin peut exiger que les arbres et haies plantés à une moindre distance soient arrachés.

Celui sur la propriété duquel avancent les branches des arbres du voisin, peut contraindre celui-ci à couper ces branches.

Si ce sont les racines qui avancent sur son héritage, il a droit de les y couper lui-même.

(L'article XXXIVe. du Projet ne contenait pas les deux derniers paragraphes qui se trouvent dans la loi, ils n'y ont été ajoutés qu'après la conférence avec le Tribunat).

673. Les arbres qui se trouvent dans la haie mitoyenne, sont mitoyens comme la haie; et chacun des deux propriétaires a droit de requérir qu'ils soient abattus.

(Cet article, le XXXVe. du Projet, fut adopté sans discussion).

SECTION II.

DE LA DISTANCE ET DES OUVRAGES INTERMÉDIAIRES REQUIS POUR CERTAINES CONSTRUCTIONS.

674. Celui qui fait creuser un puits ou une fosse d'aisance près d'un mur mitoyen ou non;

Celui qui veut y construire cheminée ou âtre, forge, four ou fourneau,

Y adosser une étable,

Ou établir contre ce mur un magasin de sel ou amas de matières corrosives,

Est obligé à laisser la distance prescrite par les réglemens et usages particuliers sur ces objets, ou à faire les ouvrages prescrits par les mêmes réglemens et usages, pour éviter de nuire au voisin (1).

Cet art. était le XXXVIe. du Projet, il a été adopté sans discussion).

SECTION III.

DES VUES SUR LA PROPRIÉTÉ DE SON VOISIN.

675. L'un des voisins ne peut, sans le consentement de l'autre, pratiquer dans le mur mitoyen aucune fenêtre ou ouverture, en quelque manière que ce soit, même à verre dormant.

(Cet article était le XXXVIIe. du Projet).

M. Tronchet dit que cette disposition est indispensable, lorsque les

---

(1) Plusieurs tribunaux d'appel proposaient de fixer la distance des ouvrages dans la loi même; ils citaient l'article 458 du projet *Cambacérès*, ainsi conçu : *Nul ne peut construire dans son héritage un puits, une citerne, une fosse d'aisance contre le mur mitoyen, ou appartenant en totalité au voisin, sinon à la distance de deux mètres (environ six pieds deux pouces), à moins qu'il ne fasse du côté de son héritage un mur ou un contre-mur suffisant pour empêcher que ces ouvrages ne soient nuisibles.*

bâtimens du propriétaire voisin sont appuyés au mur, parce qu'alors il faut empêcher que l'autre n'ait des vues dans l'habitation personnelle ; mais cette raison cesse dans le cas contraire.

M. Treilhard répond que l'article repose sur le principe que le mur mitoyen est une propriété commune, qu'ainsi aucun des deux voisins n'en peut disposer sans le consentement de l'autre.

L'article est adopté.

676. Le propriétaire d'un mur non mitoyen, joignant immédiatement l'héritage d'autrui, peut pratiquer dans ce mur des jours ou fenêtres à fer maillé et verre dormant.

Ces fenêtres doivent être garnies d'un treillis de fer, dont les mailles auront un décimètre (environ trois pouces huit lignes) d'ouverture au plus, et d'un châssis à verre dormant.

(Cet art. était le XXXVIIIe. du Projet, à l'exception de la seconde partie qui a été ajoutée après la conférence avec le Tribunat).

677. Ces fenêtres ou jours ne peuvent être établis qu'à vingt-six décimètres (huit pieds) au-dessus du plancher ou sol de la chambre qu'on veut éclairer, si c'est à rez-de-chaussée, et à dix-neuf décimètres (six pieds) au-dessus du plancher pour les étages supérieurs.

(Cet art. le XXXIXe. du Projet, fut adopté sans discussion).

678. On ne peut avoir des vues droites ou fenêtres d'aspect, ni balcons ou autres semblables saillies sur l'héritage clos ou non clos de son voisin, s'il n'y a dix-neuf décimètres (six pieds) de distance entre le mur où on les pratique et ledit héritage (1).

(Cet art. le XLe. du Projet, fut adopté sans discussion).

---

(1) Le tribunal d'appel de Toulouse faisait dans ses observations la question suivante : Lorsque le droit de vues droites ou obliques est acquis par titre ou par prescription, à quelle distance le voisin peut-il bâtir ?

679. On

679. On ne peut avoir des vues par côté ou obliques sur le même héritage, s'il n'y a six décimètres (deux pieds) de distance.

(Cet art., le XLIe. du Projet, fut adopté sans discussion).

680. La distance dont il est parlé dans les deux articles précédens, se compte depuis le parement extérieur du mur où l'ouverture se fait, et, s'il y a balcons ou autres semblables saillies, depuis leur ligne extérieure jusqu'à la ligne de séparation des deux propriétés.

XLII. *La distance dont il est parlé dans les deux articles précédens, se compte depuis le parement extérieur du mur où l'ouverture se fait; et s'il y a balcons ou autres semblables saillies, depuis leur ligne extérieure jusqu'à la moitié du mur opposé de séparation, si ce mur est mitoyen.*

Si ce dernier mur n'est pas mitoyen, l'intervalle doit se compter jusqu'à son parement intérieur.

(Les changemens faits ont eu lieu sans discussion après la conférence avec le Tribunat).

SECTION IV.

DE L'ÉGOUT DES TOITS.

681. Tout propriétaire doit établir des toits de manière que les eaux pluviales s'écoulent sur son terrain ou sur la voie publique; il ne peut les faire verser sur le fonds de son voisin.

(Cet art., le XLIIIe. du Projet, fut adopté sans discussion).

SECTION V.

DU DROIT DE PASSAGE.

682. Le propriétaire dont les fonds sont enclavés, et qui n'a aucune issue *sur la voie publique*, peut ré-

clamer un passage sur les fonds de ses voisins pour l'exploitation de son héritage, à la charge d'une indemnité proportionnée au dommage qu'il peut occasionner (1) (2).

(Cet art., le XLIVe. du Projet, fut adopté sans discussion).

683. Le passage doit régulièrement être pris du côté où le trajet est le plus court du fonds enclavé à la voie publique.

(Cet art., le XLVe. du Projet, fut adopté sans discussion).

684. Néanmoins il doit être fixé dans l'endroit le moins dommageable à celui sur le fonds duquel il est accordé.

(Cet art., le XLVIe. du Projet, fut adopté sans discussion).

685. L'action en indemnité, dans le cas prévu par l'article 682, est prescriptible; et le passage doit être continué, quoique l'action en indemnité ne soit plus recevable.

(Cet art., le XLVIIe. du Projet, fut adopté sans discussion).

CHAPITRE III.

DES SERVITUDES ÉTABLIES PAR LE FAIT DE L'HOMME.

SECTION PREMIERE.

DES DIVERSES ESPÈCES DE SERVITUDES QUI PEUVENT ÊTRE ÉTABLIES SUR LES BIENS.

686. Il est permis aux propriétaires d'établir sur

---

(1) L'indemnité doit être préalablement acquittée. Si le voisin souffre un dommage pour donner passage à un autre, l'indemnité doit être acquittée au moment où ce dommage commence. (Observations du tribunal d'appel d'Aix).

(2) Le tribunal de Lyon proposait d'ajouter à cet article la disposition suivante: *Le passage accordé au fonds enclavé cesse d'être nécessaire par sa réunion à un fonds aboutissant à un chemin, il sera supprimé; s'il a été payé une indemnité, le prix en sera rendu.*

leurs propriétés ou en faveur de leurs propriétés telles servitudes que bon leur semble, pourvu néanmoins que les services établis ne soient imposés ni à la personne, ni en faveur de la personne, mais seulement à un fonds et pour un fonds, et pourvu que ces services n'aient d'ailleurs rien de contraire à l'ordre public.

L'usage et l'étendue des servitudes ainsi établies se règlent par le titre qui les constitue ; à défaut de titre, par les règles ci-après.

(Cet art., le XLVIIIe. du Projet, fut adopté sans discussion).

687. Les servitudes sont établies ou pour l'usage des bâtimens, ou pour celui des fonds de terre.

Celles de la première espèce s'appellent *urbaines*, soit que les bâtimens auxquels elles sont dues soient situés à la ville ou à la campagne ;

Celles de la seconde espèce se nomment *rurales*.

(Cet art., le XLIXe. du Projet, fut adopté sans discussion).

688. Les servitudes sont ou continues, ou discontinues.

Les servitudes continues sont celles dont l'usage est ou peut être continuel sans avoir besoin du fait actuel de l'homme : tels sont, les conduites d'eau, les égouts, les vues et autres de cette espèce.

Les servitudes discontinues sont celles qui ont besoin du fait actuel de l'homme pour être exercées : tels sont les droits de passage, puisage, pacage et autres semblables (1).

(Cet art. le L^e. du Projet, fut adopté sans discussion).

---

(1) Les servitudes discontinues sont assimilées aux servitudes continues, quand, pour leur exercice, il a été fait des ouvrages sur le fonds servant. (Observation du tribunal d'appel d'Aix.)

689. Les servitudes sont apparentes, ou non apparentes.

Les servitudes apparentes sont celles qui s'annoncent par des ouvrages extérieurs, tels qu'une porte, une fenêtre, un aqueduc.

Les servitudes non apparentes sont celles qui n'ont pas de signe extérieur de leur existence, comme, par exemple, la prohibition de bâtir sur un fonds, ou de ne bâtir qu'à une hauteur déterminée.

(Cet art. était le LIe. du Projet, avec la différence qu'on trouvait dans celui-ci, *les servitudes sont visibles et apparentes, ou non apparentes, etc.* Le mot *visible*, n'a été supprimé qu'après la conférence avec le Tribunat).

SECTION II.

COMMENT S'ÉTABLISSENT LES SERVITUDES.

690. Les servitudes continues et apparentes s'acquièrent par titre, ou par la possession de trente ans.

(Cet art., le LIIe. du Projet, fut adopté sans discussion).

691. Les servitudes continues non apparentes et les servitudes discontinues, apparentes ou non apparentes, ne peuvent s'établir que par titres.

La possession même immémoriale ne suffit pas pour les établir; sans cependant qu'on puisse attaquer aujourd'hui les servitudes de cette nature déjà acquises par la possession, dans les pays où elles pouvaient s'acquérir de cette manière (1).

(Cet art., le LIIIe. du Projet, fut adopté sans discussion).

---

(1) Le tribunal d'appel de Besançon demandait qu'on déterminât un mode, et qu'on

SERVITUDES OU SERVICES FONCIERS. 645

692. La destination du père de famille vaut titre à l'égard des servitudes continues et apparentes.
(Cet art., le LIVe. du Projet, fut adopté sans discussion).

693. Il n'y a destination du père de famille que lorsqu'il est prouvé que les deux fonds actuellement divisés ont appartenu au même propriétaire, et que c'est par lui que les choses ont été mises dans l'état duquel résulte la servitude.
(Cet art., le LVe. du Projet, fut adopté sans discussion).

694. Si le propriétaire de deux héritages entre lesquels il existe un signe apparent de servitude dispose de l'un des héritages sans que le contrat contienne aucune convention relative à la servitude, elle continue d'exister activement ou passivement en faveur du fonds aliéné ou sur le fonds aliéné.
(Cet art., le LVIe. du Projet, fut adopté sans discussion).

695. Le titre constitutif de la servitude, à l'égard de celles qui ne peuvent s'acquérir par la prescription, ne peut être remplacé que par un titre récognitif de la servitude, et émané du propriétaire du fonds asservi (2).
(Cet art., le LVIIe. du Projet, fut adopté sans dissussion).

696. Quand on établit une servitude, on est censé accorder tout ce qui est nécessaire pour en user.

---

fixât un délai, pour faire constater les servitudes qui auraient été régulièrement prescrites par la seule possession immémoriale avant la publication du Code civil, afin qu'on ne puisse pas penser, dit ce tribunal, que la preuve de la prescription d'une servitude discontinue peut être encore admise après un tems indéfini, lorsqu'on articule qu'elle a été acquise avant la publication du Code.

(2) Le tribunal de cassation proposait d'ajouter à cet article ces mots : *ou par un jugement ayant acquis l'autorité de la chose jugée.*

Ainsi la servitude de puiser de l'eau à la fontaine d'autrui, emporte nécessairement le droit de passage.

(Cet art., le LVIIIe. du Projet, fut adopté sans discussion).

SECTION III.

DES DROITS DU PROPRIÉTAIRE DU FONDS AUQUEL LA SERVITUDE EST DUE.

697. Celui auquel est due une servitude, a droit de faire tous les ouvrages nécessaires pour en user et pour la conserver.

(Cet art., le LIXe. du Projet, fut adopté sans discussion).

698. Ces ouvrages sont à ses frais, et non à ceux du propriétaire du fonds assujéti, à moins que le titre d'établissement de la servitude ne dise le contraire.

(Cet art. le LXe. du Projet, fut adopté sans discussion).

699. Dans le cas même où le propriétaire du fonds assujéti est chargé par le titre de faire à ses frais les ouvrages nécessaires pour l'usage ou la conservation de la servitude, il peut toujours s'affranchir de la charge, en abandonnant le fonds assujéti au propriétaire du fonds auquel la servitude est due.

(Cet art., le LXIe. du Projet, fut adopté sans discussion).

700. Si l'héritage pour lequel la servitude a été établie vient à être divisé, la servitude reste due pour chaque portion, sans néanmoins que la condition du fonds assujéti soit aggravée.

Ainsi, par exemple, s'il s'agit d'un droit de passage, tous les copropriétaires seront obligés de l'exercer par le même endroit.

(Cet art., le LXIIe. du Projet, fut adopté sans discussion).

701. Le propriétaire du fonds débiteur de la servitude ne peut rien faire qui tende à en diminuer l'usage ou à le rendre plus incommode.

Ainsi, il ne peut changer l'état des lieux, ni transporter l'exercice de la servitude dans un endroit différent de celui où elle a été primitivement assignée.

Mais cependant, si cette assignation primitive était devenue plus onéreuse au propriétaire du fonds assujéti, ou si elle l'empêchait d'y faire des réparations avantageuses, il pourrait offrir au propriétaire de l'autre fonds, un endroit aussi commode pour l'exercice de ses droits, et celui-ci ne pourrait pas le refuser.

(Cet art., le LXIIIe. du Projet, fut adopté sans discussion).

702. De son côté, celui qui a un droit de servitude, ne peut en user que suivant son titre, sans pouvoir faire ni dans le fonds qui doit la servitude, ni dans le fonds à qui elle est due, de changement qui aggrave la condition du premier.

(Cet art., le LXIVe. du Projet, fut adopté sans discussion).

SECTION IV.

COMMENT LES SERVITUDES S'ÉTEIGNENT.

703. Les servitudes cessent lorsque les choses se trouvent en tel état qu'on ne peut plus en user.

(Cet art., le LXVe. du Projet, fut adopté sans discussion).

704. Elles revivent si les choses sont rétablies de manière qu'on puisse en user; à moins qu'il ne se soit déjà écoulé un espace de tems suffisant pour faire présumer l'extinction de la servitude, ainsi qu'il est dit à l'article 707.

(Cet art., le LXVIe. du Projet, fut adopté sans discussion).

705. Toute servitude est éteinte lorsque le fonds à qui elle est due et celui qui la doit, sont réunis dans la même main.

(Cet art. était le LXVIIe. du Projet, avec la différence qu'il y avait *est censée éteinte*, le mot *censée* a été supprimé après la conférence avec le Tribunat).

706. La servitude est éteinte par le non-usage pendant trente ans.

(Cet art. était le LXVIIIe. du Projet. (Même observation que sur le précédent).

707. Les trente ans commencent à courir selon les diverses espèces de servitudes, ou du jour où l'on a cessé d'en jouir, lorsqu'il s'agit de servitudes discontinues, ou du jour où il a été fait un acte contraire à la servitude, lorsqu'il s'agit de servitudes continues.

(Cet art., le LXIXe. du Projet, fut adopté sans discussion).

708. Le mode de la servitude peut se prescrire comme la servitude même, et de la même manière.

(Cet art., le LXXe. du Projet, fut adopté sans discussion).

709. Si l'héritage en faveur duquel la servitude est établie, appartient à plusieurs par indivis, la jouissance de l'un empêche la prescription à l'égard de tous.

(Cet art., le LXXIe. du Projet, fut adopté sans discussion).

710. Si parmi les copropriétaires il s'en trouve un contre lequel la prescription n'ait pu courir, comme un mineur, il aura conservé le droit de tous les autres.

(Cet art., le LXXIIe. du Projet, fut adopté sans discussion).

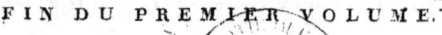

FIN DU PREMIER VOLUME.

www.ingramcontent.com/pod-product-compliance
Lightning Source LLC
Chambersburg PA
CBHW050325240426
43673CB00042B/1533

they must have been regular members of the club which they represent, for thirty days prior to the match. No change or substitution shall be made after the game has been commenced, unless for reason of illness or injury. Positions of players shall be determined by captains, previously appointed for that purpose by the respective clubs.

Sec. 28. Any player holding membership in more than one club, at the same time, shall not be permitted to play in the matches of either club.

Sec. 29. The umpires in all matches shall take care that the regulations respecting the ball, bats, bases, and the pitcher's position, are strictly observed; they shall be the judges of fair and unfair play; and shall determine all differences which may occur during the game; they shall take especial care to declare all foul balls and baulks immediately upon their occurrence. They shall together select a referee, from whose decision — in case of a disagreement between them — there shall be no appeal.

Sec. 30. No person engaged in a match, either an umpire, referee or player, shall be either directly or indirectly interested in any bet upon the game. Neither umpire, referee, nor player shall be changed during a match, unless with the consent of both parties, except for a violation of this law, and except as provided in Section 27, and then the referee may dismiss any transgressor.

Sec. 31. The umpire and referee in any match, shall determine when play shall be suspended; and if the game cannot be concluded, it shall be decided by the last even innings, provided five innings have been played; and the party having the greatest number of runs shall be declared the winner.

Sec. 32. Clubs may adopt such rules respecting balls knocked beyond or outside of the bounds of the field, as the circumstances of the ground may demand; and these rules shall govern all matches played upon the ground; provided that they are distinctly made known to every player and umpire, and the referee, previous to the commencement of the game.

Sec. 33. No person shall be permitted to approach or to speak with the referee, umpire or players, or in any manner to interrupt or interfere during the progress of the game, unless by the special request of the umpires or referee.

Sec. 34. No person shall be permitted to act as umpire or referee in a match, unless he shall be a member of a Base Ball Club, governed by these rules.

Sec. 35. Whenever a match shall have been determined upon between two clubs, play shall be called at the exact hour appointed; and should either party fail to produce their players within fifteen minutes thereafter, the party so failing shall admit a defeat.

Source: *New York Clipper,* May 2, 1857

Appendix C: Location of Grounds

Grounds	Clubs
New York, Brooklyn, and Hoboken, New Jersey	
14th Street and 3rd Ave., South Brooklyn	
16th and 17th Sts., 3rd and 4th Aves., Brooklyn	E Pluribus Unum
1st Street and 7th Avenue, Brooklyn	Powhatan
25th and 4th, Brooklyn	Hudson
3rd Ave., between 11th and 12th Streets	Vigilant
3rd Avenue and 16th and 17th Streets, Gowanus, Western District, Brooklyn	E Pluribus Unum
48th Street and Lexington Avenue	Defiance
4th Avenue and Bergen Street, S. Brooklyn	Silver Star, Favorita, Mohawk
4th Avenue and Warren Street	
53rd Street and 3rd Avenue	New York Club
5th and Pacific	Young Mechanics
5th Avenue between Wycoff and Warren Sts., Brooklyn	Hiawatha
63rd Street and 3rd Avenue	
65th Street and 4th Avenue (Hamilton Square)	Metropolitan, Champion, Monument, Stuyvesant, Manhattan, Lexington
81st Street and 2nd Avenue	Independent, Baltic, Monument
86th Street and 2nd Avenue	Baltic
9th Street and 3rd Avenue, Brooklyn	Vigilant
Bedford St., between Penn and Butler, Brooklyn	Phoenix, Arctic
Between Green and Gates, near Broadway, Brooklyn	Putnam
Bond St., between 2nd and 3rd, Brooklyn	Mechanics
Capitoline Grounds	Atlantic
Carroll Hill, near Smith Street, Brooklyn	Marion, Star
Clinton and Union, Brooklyn	Peconic
Corner of 5th Ave. and Dean Street, Brooklyn	Niagara, Osceola, Exercise

Location of Grounds

Grounds	Clubs
New York, Brooklyn, and Hoboken, New Jersey	
Corner of Bedford Ave. and Rutledge St., Brooklyn	Brooklyn
Corner of Broadway and Union Ave., Brooklyn	Olympic
Corner of Lafayette Ave. and Broadway, Brooklyn	Putnam
Corner of Park Ave. and Hamilton Street	Active, National, Morphy
Cumberland and Willoughby, Brooklyn	Nassau
Degraw Street and 9th Avenue, Brooklyn	Bedford
DeGraw, Sackett, Hoyt and Smith Streets, Brooklyn	Charter Oak, Independent
DeKalb and Clermont, Brooklyn	
Elysian Fields, Hoboken	Knickerbocker, Gotham (from 1857), Eagle, Empire, St. Nicholas, Mutual, Washington, Jefferson and Hoboken
Flatbush and 9th, Brooklyn	Tippecanoe
Flushing and Lee Avenues and Hewes St., Brooklyn	Oriental
Foot of W. 22nd St., New York	Chelsea
Fox Hill, Hoboken	Amity, Ashland
Fulton Ave., opposite Ryerson, Brooklyn	Muffin
Gates and Marcy Avenues, Brooklyn	Atlantic, Enterprise
Grand and Gates Avenue	Hamilton
Grand and Hickory, Brooklyn	Jackson
Hewes Street and Broadway, Brooklyn	
Lee and Bedford Aves., Ross and Hewes Streets, Eastern District, Brooklyn	Putnam
Long Island Cricket Ground, Bedford	Pastime
Manor House Grounds, Greenpoint	Eckford, Columbia
Marcy Avenue and Penn, Brooklyn	
Mount Morris, 123rd Street and 5th Ave.	Harlem
Myrtle and Division Sts., Brooklyn	Harmony
Near Melrose RR Station, Morrisania	Union of Morrisania
Oxford and Lafayette, Brooklyn	
Park and Ryerson, Brooklyn	Union
Park Avenue and Spencer Street, Brooklyn	Columbia
Penn St., between Bedford and Lee, Brooklyn	Forrest
Prospect Avenue, Woodstock, Morrisania	Unions of Morrisania
Red House, Harlem	Tigers, Baltic, Harlem, Gotham (1855 and 1856)
Smith, Hoyt, President and Union Sts., Brooklyn	Olympic of S. Brooklyn, Excelsiors 1858, Waverly

Grounds	Clubs
New York, Brooklyn, and Hoboken, New Jersey	
Union Ave., between E and F Sts., Brooklyn	Oriental
Union Grounds	Eckford, Putnam, Constellation, Resolute
Washington and Park	National
Wheat Hill, Brooklyn	Continental, Nassau, Excelsior, Putnam
Willoughby St., near Broadway, Brooklyn	Harmony
Philadelphia	
11th and Wharton (Public Parade Ground)	
15th and Columbia	
17th and Master Streets	Columbian and Mercantile
25th and Jefferson Streets	
25th and Girard Streets	Mercantile
38th Street North of Market	
4th and Mifflin	
422 Market Street, Camden, New Jersey	Olympics prior to 1857
Camac's Woods (Columbia between 15th and 17th Streets)	Athletics, Olympics after 1857
Fairmount Park	
Ridge and Columbia between 24th and 25th Streets	Equity

Source: Information for this appendix was compiled from various newspaper accounts of games and their locations. All newspapers are listed in the bibliography.

Appendix D: Extended Box Score, Brooklyn Picked Nine vs. Philadelphia Picked Nine, July 1, 1862

BATTING

Brooklyn Nine	H.L.	Runs	Philadelphia Nine	H.L.	Runs
Pearce ss	2	3	Gaskill rf	1	4
Crane 2b	5	1	Wilkins 3b	2	3
Massey p	3	1	T. Bomeisler c	4	1
Smith 3b	3	2	Woods ss	4	0
Meigs cf	4	0	Richards 1b	4	1
Chapman c	4	2	Paul 2b	3	2
Waddell rf	4	1	C. Bomeisler lf	4	1
Joe Oliver lf	2	3	Croasdale p	2	2
M. O'Brien 1b	0	5	Brattan cf	3	1
Total		18	*Total*		15

RUNS MADE IN EACH INNING

	1st	2nd	3rd	4th	5th	6th	7th	8th	9th	
Brooklyn	1	6	1	2	3	0	2	3	0	— 18
Philadelphia	0	0	0	2	4	7	1	1	0	— 15

FIELDING

	Fly	Bound	Base	Total		Fly	Bound	Base	Total
Pearce	0	3	0	3	Gaskill	0	4	0	4
Crane	1	1	0	2	Wilkins	2	0	1	3
Massey	2	2	2	6	T. Bomeisler	0	3	0	3
Smith	2	0	1	3	Woods	2	0	0	2
Meigs	1	0	0	1	Richards	0	0	10	10
Chapman	0	1	0	1	Paul	0	0	1	1
Waddell	0	2	0	2	C. Bomeisler	1	1	0	2

FIELDING (cont.)

BROOKLYN NINE	Fly	Bound	Base	Total	PHILADELPHIA NINE	Fly	Bound	Base	Total
Joe Oliver	1	0	0	1	Croasdale	0	0	0	0
M. O'Brien	1	0	2	3	Brattan	1	1	0	2
Total	8	9	5	22		6	9	12	27

HOW PUT OUT

	Fly	Bound	1B	2B	3B	Foul		Fly	Bound	1B	2B	3B	Foul
Pearce	0	0	1	0	0	1	Gaskill	0	1	0	0	0	0
Crane	0	3	1	0	0	1	Wilkins	1	0	0	0	0	1
Massey	0	1	1	0	0	1	T. Bomeisler	2	1	0	0	1	0
Smith	2	0	1	0	0	0	Woods	2	0	1	0	0	1
Meigs	2	0	2	0	0	0	Richards	0	2	1	0	0	0
Chapman	1	2	1	0	0	0	Paul	2	0	1	0	0	0
Waddell	0	0	3	1	0	0	C. Bomeisler	0	1	1	0	0	0
Joe Oliver	0	0	0	0	1	1	Croasdale	1	0	0	0	0	1
M. O'Brien	0	0	0	0	0	0	Brattan	0	1	0	0	0	0
Totals	5	6	10	1	1	4	*Totals*	8	6	4	0	1	3

Passed balls — Chapman, 4; Pearce, 2; T. Bomeisler, 8; Woods, 2.
Struck out — C. Bomeisler, 2; Brattan, 2
Run out between bases — Richards by Smith
Fly catches missed — Crane, 1; Waddell, 1; Massey, 1; Paul, 1.
Bound catches missed — Chapman, 1; Pearce, 2; Richards, 1; Paul, 1.
Left on bases — Pearce, 1; Massey, 2; Smith, 1; Meigs, 1; Woods, 1; Paul, 1.
Time of game — four hours and twenty minutes
Umpire — M. P. Masten of the Excelsior Club
Scorers — Messrs. Broughton and Benson

Source: *New York Clipper,* July 12, 1862

Appendix E: Records of Top Teams, 1857–1864

Atlantic (Brooklyn)	
1857	7-1-1
1858	7-0-0
1859	11-1-0
1860	12-2-2
1861	5-2-0
1862	2-3-0
1863	8-3-0
1864	20-0-1

Eckford (Brooklyn)	
1857	2-5-0
1858	5-1-0
1859	11-3-0
1860	15-2-0
1861	8-4-0
1862	14-2-0
1863	10-0-0
1864	1-4-0

Mutual (New York)	
1858	11-1-0
1859	3-5-0
1860	1-8-2
1861	8-2-0
1862	8-5-0
1863	10-4-0
1864	20-3-0

Union (Morrisania)	
1857	3-2-0
1858	1-1-0
1859	2-3-0
1860	3-7-0
1861	3-1-0
1862	5-5-0
1863	3-3-0
1864	4-3-0

Empire (New York)	
1857	5-5-0
1858	8-1-1
1859	4-4-0
1860	3-4-0
1861	2-3-0
1862	1-0-0
1863	2-6-0
1864	7-13-2

Athletic (Philadelphia)	
1860	2-2-0
1861	2-2-0
1862	2-2-0
1863	7-5-0
1864	8-1-0

Excelsior (Brooklyn)	
1857	1-2-0
1858	8-5-0
1859	12-3-0
1860	18-2-1
1861	0-0-0
1862	4-1-1
1863	5-4-0
1864	8-3-0

Gotham (New York)	
1857	4-2-0
1858	1-6-0
1859	4-5-0
1860	8-1-4
1861	1-2-0
1862	6-3-0
1863	3-4-0
1864	3-7-1

Eagle (New York)	
1857	5-5-0
1858	2-3-0
1859	6-3-0
1860	4-4-1
1861	2-3-0
1862	1-3-0
1863	1-4-0
1864	3-6-0

Star (Brooklyn)	
1859	8-1-0
1860	0-5-1
1861	4-2-0
1862	4-2-1
1863	5-5-0
1864	3-4-0

Source: *The National Association of Base Ball Players 1857–1870*, Marshall D. Wright; *When Johnny Came Sliding Home*, William J. Ryczek (Athletics' records).

Appendix F: Knickerbocker Rules, September 23, 1845

1st Rule. Members must strictly observe the time agreed upon for exercise, and be punctual in their attendance.

2nd Rule. When assembled for exercise, the President, or in his absence the Vice-President, shall appoint an Umpire, who shall keep the game in a book provided for that purpose, and note all violations of the By-Laws and Rules during the time of exercise.

3rd Rule. The presiding officer shall designate two members as Captains, who shall retire and make the match to be played, observing at the same time that the players put opposite to each other should be as nearly equal as possible; the choice of sides to be then tossed for, and the *first in hand* to be decided in like manner.

4th Rule. The bases shall be from "home" to second base, forty-two paces; from first to third base, forty-two paces, equidistant.

5th Rule. No stump match shall be played on a regular day of exercise.

6th Rule. If there should not be a sufficient number of members of the Club present at the time agreed upon to commence exercise, gentlemen not members may be chosen in to make up the match, which *shall not be broken up* to take in members that may afterwards appear; but, in all cases, members shall have the preference, when present, at the making of a match.

7th Rule. If members appear after the game is commenced they may be chosen in if mutually agreed upon.

8th Rule. The game to consist of twenty-one counts, or aces; but at the conclusion an equal number of hands must be played.

9th Rule. The ball must be pitched, and not thrown, for the bat.

10th Rule. A ball knocked out of the field, or outside the range of the first and third base, is foul.

11th Rule. Three balls being struck at and missed and the last one caught, is a hand out; if not caught is considered fair, and the striker bound to run.

12th Rule. If a ball be struck, or tipped, and caught, either flying or on the first bound, it is a hand out.

13th Rule. A player running the bases shall be out, if the ball is in the hands of an adversary on the base, or the runner is touched with it before he makes his base; it being understood, however, that in no instance is a ball to be thrown at him.

14th Rule. A player running who shall prevent an adversary from catching or getting the ball before making his base, is a hand out.

15th Rule. Three hands out, all out.

16th Rule. Players must take their strike in regular turn.

17th Rule. All disputes and differences relative to the game, to be decided by the Umpire, from which there is no appeal.

18th Rule. No ace or base can be made on a foul strike.

19th Rule. A runner cannot be put out in making one base, when a balk is made by the pitcher.

20th Rule. But one base allowed when a ball bounds out of the field when struck.

WILLIAM R. WHEATON
WILLIAM H. TUCKER

Committee on By-Laws

Source: Charles A. Peverelly, *The Book of American Pastimes* (New York: self-published, 1866) pp. 341–42.

Appendix G: Knickerbocker Matches with Other Clubs

JUNE 17, 1851, VS. WASHINGTON

Knickerbocker	HL	Runs	Washington	HL	Runs
Tucker	5	2	W. Van Cott	5	1
Adams	4	2	Trenchard	5	2
Plunkett	3	4	Barnes	2	2
Talman	6	0	Burney	3	2
Stevens	4	2	Davis	3	2
DeBost	3	3	Nirstorr	4	2
Dick	1	5	Case	2	4
Murray	3	2	Jackson	4	2
Davis	1	2	T. Van Cott	2	3
	30	22		30	20

JULY 1 & 5, 1853, VS. GOTHAM

Knickerbocker	HL	Runs	Gotham	HL	Runs
DeBost	1	4	Vail	2	3
Dick	1	5	W. H. Van Cott	2	2
Adams	2	4	T. Van Cott	2	2
Niebuhr	2	3	Pinckney	1	3
Dupignac	4	1	Cudlipp	2	1
Tyson	4	2	Winslow, Jr.	4	0
Parisen	1	3	Winslow	3	0
Tucker	3	2	Wadsworth	3	1
Waller	2	2	Dalor	1	2
	20	26		20	14

OCTOBER 14, 1853, VS. GOTHAM

Knickerbocker	HL	Runs	Gotham	HL	Runs
Adams	4	3	T. Van Cott	5	0
Tucker	3	2	W. Van Cott	2	2

Knickerbocker	HL	Runs	Gotham	HL	Runs
DeBost	6	0	Moiller	4	1
Niebuhr	3	3	Cudlipp	2	2
Tyson	1	3	Demilt	5	0
Dick	3	2	Pinckney	3	2
Brotherson	3	2	Wadsworth	2	3
Davis	1	4	Saltzman	1	3
Eager	3	2	Winslow	3	1
	27	21		27	14

JUNE 30, 1854, VS. GOTHAM

Knickerbocker	HL	Runs	Gotham	HL	Runs
Adams	5	1	T. Van Cott	7	2
Talman	6	2	Vail	5	2
DeBost	5	2	Demilt	5	2
Murray	7	0	W. Van Cott	5	2
Davis	4	2	McFarlan	7	0
Tryon	7	1	Saltzman	5	3
Stevens	3	3	Turner	4	4
Parisen	5	3	Sheridan	5	2
Winslow	6	2	Cudlipp	4	4
	48	16		47	21

SEPTEMBER 20, 1854, VS. GOTHAM

Knickerbocker	HL	Runs	Gotham	HL	Runs
DeBost	3	4	T. Van Cott	5	1
Davis	2	5	McFarlan	5	0
Wadsworth	2	4	Cudlipp	4	0
Adams	6	1	Tunnes	3	2
Stevens	0	5	Saltzman	2	2
Parisen	4	2	Sheridan	2	2
Curry	2	1	Vail	3	2
Murray	4	1	W. Van Cott	1	3
Dupignac	4	1	Jackson	2	1
	27	24		27	13

OCTOBER 26, 1854, VS. GOTHAM

Knickerbocker	HL	Runs	Gotham	HL	Runs
DeBost	3	2	T. Van Cott	4	2
Curry	4	2	Demilt	5	0
Dupignac	4	2	Saltzman	3	3
Winslow	4	1	Sheridan	4	2
Adams	5	1	Cudlipp	5	1

Knickerbocker	HL	Runs	Gotham	HL	Runs
Dick	5	1	Ewen	5	0
Wadsworth	5	1	Jackson	4	1
Davis	3	1	McFarlan	3	1
Kissam	3	1	Vail	3	2
	36	12		36	12

NOVEMBER 10, 1854, VS. EAGLE

Knickerbocker	HL	Runs	Eagle	HL	Runs
Brown of	2	0	Hyatt	3	2
Eager 3b	2	0	Place	0	5
_____ c	2	1	Winterbottom	1	3
Curry ss	2	0	Gibbs	1	4
Talman p	1	1	Leonard	1	2
Dupignac 2b	2	0	Houseman	4	0
_____ of	1	1	T. Smith	2	1
Kissam of	2	0	Colgate	1	2
Neibuhr of	1	1	Cothan	2	2
	15	4		15	21

NOVEMBER 17, 1854, VS. EAGLE

Knickerbocker	HL	Runs	Eagle	HL	Runs
Niebuhr 2b	3	2	Gibbs	1	4
Dupignac of	1	4	Winterbottom	2	2
Eager 1b	1	3	Place	4	2
Talman p	4	1	Hyatt	3	0
Curry of	2	1	T. Smith	1	3
Winslow c	1	3	Goleate	0	3
Birney 3b	2	1	Leonard	2	2
Simpkins of	1	0	Colgate	1	3
Kissam of	0	3	Housman	1	3
	15	18		15	22

JUNE 1, 1855, VS. GOTHAM

Knickerbocker	HL	Runs	Gotham	HL	Runs
Adams	3	3	McFarland	2	3
Kissam	4	1	Marshall	4	3
Wadsworth	5	1	Case	3	2
Eager	5	0	Cudliff	4	3
DeBost	2	2	Teed	5	2
Dupignac	3	1	Saltzman	4	2
Stevens	5	0	_____	4	2

Knickerbocker	HL	Runs	Gotham	HL	Runs
Davis	3	2	Van Cott	2	3
Connors	3	2	Vail	4	1
	33	12		32	21

JUNE 5, 1855, VS. EAGLE

Knickerbocker	HL	Runs	Eagle	HL	Runs
Adams	2	2	Winterbottom	2	2
Kissam	1	4	Place	2	1
DeBost	0	5	Gibbs	2	0
Talman	4	1	Hyatt	0	2
Dupignac	2	2	Houseman	2	2
Davis	1	3	Baker	0	3
Eager	0	4	T. Smith	2	1
Wadsworth	1	3	Leonard	2	1
Conover	1	3	Connor	0	2
	12	27		12	14

SEPTEMBER 13, 1855, VS. GOTHAM

Knickerbocker	HL	Runs	Gotham	HL	Runs
Adams	2	3	W.H. Van Cott	3	0
Conner	0	5	Vail	2	1
DeBost	1	4	Case	2	0
Dupignac	2	2	T.G. Van Cott	2	1
Davis	3	1	Sheridan	2	1
McLaughlin	2	1	McFarland	1	1
Kissam	1	2	Cudlipp	0	2
Wadsworth	2	2	Teed	1	1
Stevens	2	2	Burns	2	0
	15	22		15	7

AUGUST 20, 1856, VS. EMPIRE

Knickerbocker	HL	Runs	Empire	HL	Runs
Adams ss	3	3	Leary	2	2
DeBost c	2	2	R. H. Thorne	3	3
Davis	4	2	R. Mandell	3	2
Carle	6	0	H.H.R. Smith	2	3
Stevens	1	4	Tice	5	1
Conover	2	3	Magen	2	3
McLaughlin	3	2	Scott	3	2
Wadsworth	1	3	Miller	3	2
Welling	2	2	Hoyt	1	3
	24	21		24	21

SEPTEMBER 19, 1856, VS. EAGLE

Knickerbocker	HL	Runs	Eagle	HL	Runs
Adams	1	2	Place	2	2
Conover	0	3	Bixby	2	2
Kissam	2	1	Frye	1	3
Davis	2	1	Houseman	1	3
Yates	0	3	Armfield	0	4
Wadsworth	1	1	Brinkerhoff	0	4
McLaughlin	1	2	Gelston	1	2
Welling	1	2	Williams	2	2
Vredenburg	1	2	Baker	0	2
	9	17		9	24

SEPTEMBER 25, 1856, VS. EMPIRE

Knickerbocker	HL	Runs	Empire	HL	Runs
Stevens p	2	3	Wardell	4	1
DeBost c	0	4	Thorne	2	3
Vredenburg 2b	4	0	Hoyt	2	1
Davis of	3	2	Leavey	2	2
Wadsworth 1b	3	2	Tice	1	1
Yates 3b	3	2	Miller	2	0
Kissam of	2	3	Smith	3	1
Welling of	2	2	Moore	3	1
Adams ss	2	3	Goff	1	2
	21	21		20	12

OCTOBER 9, 1856, VS. EAGLE

Knickerbocker	HL	Runs	Eagle	HL	Runs
Adams	1	2	Housman	2	3
Conover	4	0	Place	1	4
Davis	3	1	Brinkerhoff	2	2
Stevens	2	1	Armfield	0	3
Carle	3	0	Bixby	3	2
Wadsworth	1	1	Gelston	3	1
Kissam	3	0	Gilman	4	0
Welling	0	3	————	0	3
McLaughlin	1	2	Williams	1	3
	18	10		16	21

JUNE 8, 1857, VS. EAGLE

Knickerbocker	HL	Runs	Eagle	HL	Runs
Stevens p	2	2	Place	2	3
Welling c	3	2	Housman	1	3

Knickerbocker	HL	Runs	Eagle	HL	Runs
Stansbury 3b	2	2	Yates	3	2
Adams ss	2	2	Brinkerhoff	2	3
McLaughlin 2b	1	3	Williams	0	4
Kissam of	1	1	Bixby	1	4
Grenelle 1b	2	1	Welling	2	2
Tucker of	1	2	Baker	3	1
Davis of	1	2	Gelston	1	3
	15	17		15	25

JUNE 24, 1857, VS. EMPIRE

Knickerbocker	HL	Runs	Empire	HL	Runs
Adams 1b	2	6	Thorne p	3	3
Welling 2b	2	6	Leavey 1b	4	2
DeBost c	2	5	Scott 3b	4	2
Kissam of	3	4	Miller 2b	1	5
Davis of	4	3	Wardell c	4	2
Vredenburgh ss	4	2	Hoyt of	3	3
McLaughlin p	4	3	Goff of	4	1
Lasak of	4	3	Tice ss	2	3
Niebuhr 3b	2	5	Benson of	2	2
	27	37		27	23

SEPTEMBER 10, 1857, VS. EMPIRE

Knickerbocker	HL	Runs	Empire	HL	Runs
Adams ss	0	2	Leavey	4	3
DeBost c	5	1	Miller	2	4
Tucker of	6	0	Smith	4	3
Welling p	5	1	Thorne	4	2
Stephens 1b	3	2	Goff	2	4
Mott 2b	2	3	Moore	3	3
Vredenburgh of	2	3	Benson	1	5
Niebuhr 3b	3	2	Hoyt	3	2
Davis of	2	3	Newkirk	4	2
	28	17		27	28

SEPTEMBER 15, 1857, VS. EAGLE

Knickerbocker	HL	Runs	Eagle	HL	Runs
Adams ss	4	2	Williams	3	3
DeBost c	4	2	Place	2	3
Mott 3b	4	1	Bixby	5	0
Stevens 2b	4	2	Wardell	3	2
McLaughlin p	1	3	Gilman	1	3

Knickerbocker	HL	Runs	Eagle	HL	Runs
Stephens 1b	2	2	Brinkerhoff	4	1
Davis of	4	1	Gelston	1	4
Welling of	1	3	Smith	3	1
Conover of	3	2	Winslow	5	0
	27	18		27	17

JULY 8, 1858, VS. EXCELSIOR

Knickerbocker	HL	Runs	Excelsior	HL	Runs
DeBost	4	1	Holder lf	4	2
Vredenburgh	3	2	Leggett c	1	6
Davis	3	2	Russell 1b	4	3
Adams	3	2	Dayton p	3	4
Wright	3	3	Young 3b	3	3
Welling	2	2	Reynolds 2b	3	4
Stephens	1	1	Markham rf	2	4
Morrow	4	0	Kissam cf	3	2
Mott	4	0	Cole ss	3	3
	27	13		26	31

JULY 29, 1858, VS. EAGLE

Knickerbocker	HL	Runs	Eagle	HL	Runs
Davis cf	3	2	Williams	3	6
Vredenburgh ss	3	3	Yates	2	6
Wright c	3	2	Brinkerhoff	1	7
Adams 2b	2	3	Place	4	5
Grenelle rf	3	2	Winslow	6	3
Welling p	3	0	Hazard	2	5
Niebuhr 3b	2	2	Smith	2	5
Kissam lf	2	2	Gelston	2	4
Stephens 1b	3	1	Bixby	2	4
	24	17		24	45

AUGUST 20, 1858, VS. EXCELSIOR

Knickerbocker	HL	Runs	Excelsior	HL	Runs
DeBost c	3	2	Holder lf	4	2
Welling 2b	3	2	Dayton p	4	2
Adams 3b	4	1	Russell 1b	1	3
Davis lf	1	3	Young 3b	4	2
Vredenburgh rf	3	2	Kissam rf	3	2
McLaughlin p	3	1	Cole ss	0	2
Morrow cf	3	2	Reynolds 2b	4	0

Knickerbocker	HL	Runs	Excelsior	HL	Runs
Stephens 1b	3	1	Wells cf	4	0
Wright ss	4	0	Leggett c	3	2
	27	14		27	15

SEPTEMBER 22, 1858, VS. EMPIRE

Knickerbocker	HL	Runs	Empire	HL	Runs
DeBost c	4	3	Ward	3	3
Stephens 1b	3	4	Miller	4	1
Welling 2b	0	5	Hoyt	3	3
Davis cf	4	3	Thorne	2	4
Adams ss	3	3	Benson	3	3
Clarke 3b	3	3	Fahey	2	4
McLaughlin p	3	2	Goff	3	2
Morrow lf	4	3	Culgan	2	3
Vredenburgh rf	3	2		3	2
	27	28		25	25

OCTOBER 6, 1858, VS. EMPIRE

Knickerbocker	HL	Runs	Empire	HL	Runs
Wenman 2b	3	6	Cameron	3	5
Montgomery 3b	2	5	Bloomfield	0	8
Woodhull ss	2	4	Chalmers	1	7
Leggett 1b	2	4	Ellis	2	4
Thomas lf	3	3	Starr	4	4
Belloni p	2	5	Carlton	3	4
A. Slote rf	3	4	McGrath	4	4
Florence cf	5	2	Myers	5	3
Botsford c	2	5	Moore	2	6
	24	38		24	45

OCTOBER 14, 1858, VS. EMPIRE

Knickerbocker	HL	Runs	Empire	HL	Runs
Wenman 2b	3	5	Cameron p	4	5
Montgomery 3b	1	6	Bloomfield 2b	1	8
Woodhull ss	3	4	Chalmers c	2	8
Leggett 1b	2	3	Ellis rf	1	7
Thomas lf	3	4	Storer 1b	3	6
Belloni p	3	3	Burd 3b	2	5
A. Slote rf	1	5	McGrath cf	3	6
Florence cf	3	4	A. Myers lf	1	5
Botsford c	2	4	Garms ss	2	5
	21	38		19	55

Source: Knickerbocker Scorebooks

Chapter Notes

In the notes, I have cited Protoball as a source, with the original document in parentheses. Many of the original sources are difficult to locate, while Protoball can be readily found at retrosheet.org/Protoball/chron. When I have quoted from Freyer and Rucker's reprint of the Charles Peverelly classic history of baseball, I have cited Freyer as the author.

Preface

1. J.H. Powell, *Bring Out Your Dead* (Philadelphia: University of Pennsylvania Press, 1949), p. 229.
2. William Manchester, *The Last Lion: Winston Spencer Churchill: Visions of Glory, 1874–1932* (Boston: Little, Brown, 1983), p. 20.

Prologue

1. *Brooklyn Eagle*, October 26, 1864.
2. Information on the history and growth of vintage baseball can be found at www.19cbaseball.com.
3. Peter Morris, *A Game of Inches: The Game on the Field* (Chicago: Ivan R. Dee, 2006), p. 55.
4. For an excellent analysis of fair-foul hitting, see Robert H. Schaefer, "The Lost Art of Fair-Foul Hitting," *The National Pastime*, no. 20 (2000). Foul balls did not count as strikes until 1901 in the National League and 1903 in the American League. (See Morris, *Game of Inches*, p. 88.)
5. *New York Atlas*, October 16, 1859.
6. www.vintagebbf.com.

Chapter 1

1. en.wikipedia.org/wiki/National_Baseball_Hall_of_Fame_and_Museum.
2. David Detzler, *Allegiance: Fort Sumter, Charleston, and the Beginning of the Civil War* (New York: Harcourt, 2001), p. 39.
3. Quoted in Detzler, *Allegiance*, p. 40.
4. Patricia Millen, *From Pastime to Passion: Baseball and the Civil War* (Westminster, Md.: Heritage, 2004), pp. 55–56.
5. Letter from Harry Wright to Allcock, March 24, 1874 (Harry Wright Correspondence).
6. The trip to England is covered in William J. Ryczek, *Blackguards and Red Stockings: A History of Baseball's National Association 1871–1875* (Jefferson, N.C.: McFarland, 1992), Chapters 17 and 19, and in the Henry Chadwick Scrapbooks, held at the New York Public Library and available on microfilm.
7. Albert G. Spalding, *America's National Game* (New York: American Sports Publishing, 1911), p. 5.
8. Spalding, *America's National Game*, p. 7.
9. *Ibid.*, p. 9.
10. *New York Clipper*, November 27, 1858.
11. Tom Melville, "Cricket and Mr. Spalding," *The National Pastime*, no. 16 (1996).
12. Chadwick Scrapbooks.
13. *Ibid.*
14. *Ibid.*
15. Andrew J. Schiff, *The Father of Baseball: A Biography of Henry Chadwick* (Jefferson, N.C.: McFarland, 2008), p. 101.
16. *New York Sun*, May 14, 1905.
17. *Spalding's Official Base Ball Guide, 1905*, reprinted in Dean A. Sullivan (ed.), *Early Innings: A Documentary History of Baseball, 1825–1909* (Lincoln, Neb.: University of Nebraska Press, 1995), p. 282.
18. Sullivan, *Early Innings*, p. 290.
19. Letter from Hiram Waldo to Spalding, July 7, 1905 (John T. Doyle Scrapbooks).
20. Thomas Heitz, "In Our Past," *Cooperstown* (N.Y.) *Crier*, September 9, 1999.
21. Doyle Scrapbooks.
22. Descriptions of the banquet can be found in the Chadwick Scrapbooks.
23. Newspaper clipping, Alfred Reach player file, A. Bartlett Giamatti Research Center, National Baseball Hall of Fame and Museum, Cooperstown, N.Y.
24. *Ibid.*
25. Letter from Young to Spalding, March 29, 1905 (Doyle Scrapbooks).
26. Letter from Mills to Spalding, January 10, 1905 (Doyle Scrapbooks).
27. Letter from Mills to Spalding, March 1, 1905 (Doyle Scrapbooks).

28. Tom Shieber and Ted Spencer, "Spalding's Commission," in *Baseball As America: Seeing Ourselves Through Our National Game* (Washington, D.C.: National Geographic, 2002), pp. 42–43.
29. *Ibid.*, p. 42.
30. David Block, *Baseball Before We Knew It: A Search for the Roots of the Game* (Lincoln, Neb.: University of Nebraska Press, 2004), p. 13.
31. Shieber and Spencer, "Spalding's Commission," p. 43.
32. Letter from Spalding to Murnane, November 28, 1906 (Doyle Scrapbooks).
33. Letter from Mills to Spalding, March 1, 1905 (Doyle Scrapbooks). Someone, apparently Sullivan, drew a thick black line through the sentence.
34. William Rankin Scrapbooks.
35. Schiff, *The Father of Baseball*, pp. 192–194.
36. Rankin Scrapbooks and letter from Ward to Spalding, June 19, 1907, reprinted in Sullivan, *Early Innings*, pp. 292–293.
37. Quoted in Millen, *From Pastime to Passion*, p. 52.
38. The attendance figure of 40,000 is reported in many sources. It is unlikely, however, that the number of soldiers watching the game was anywhere near 40,000.
39. James Mallinson, "Abraham Gilbert Mills," in Frederick Ivor-Campbell, Robert L. Tiemann, and Mark Rucker (eds.), *Baseball's First Stars* (Cleveland, Oh.: Society for American Baseball Research, 1996), p. 114, and James Mallinson, "A.G. Mills," http://bioproj.sabr.org/bioproj.cfm?a=v&v=l&bid=741&pid=16947. Both provide excellent profiles of Mills.
40. *The Sporting News*, April 8, 1905.
41. Shieber and Spencer, "Spalding's Commission," p. 43.
42. Letter from Waldo to Spalding, April 8, 1905 (Doyle Scrapbooks). The month of Waldo's letter is difficult to decipher, but I believe it is April.
43. John Thorn, *Two Roads Diverged*, address delivered March 2006 at NINE conference.
44. Millen, *From Passion to Pastime*, p. 54.
45. Doyle Scrapbooks.
46. Shieber and Spencer, "Spalding's Commission," p. 43.
47. Letter from Chadwick to the Mills Commission, August 1, 1907, reprinted in Sullivan, *Early Innings*, pp. 288–289.
48. Letter from Mills to James Sullivan, December 30, 1907, reprinted in Sullivan, *Early Innings*, pp. 293–295.
49. Spalding, *America's National Game*, p. 7.
50. Letter from Mills to James Sullivan, December 30, 1907, reprinted in Sullivan, *Early Innings*, pp. 293–295.
51. Letter from Graves to *Akron Beacon Journal*, April 3, 1905, reprinted in Block, *Baseball Before We Knew It*, pp. 252–253.
52. Rankin Scrapbooks.
53. Letter from Spalding to Graves, November 10, 1905. Graves' letters are reprinted in Block, *Baseball Before We Knew It*, pp. 252–256.
54. Block, *Baseball Before We Knew It*, pp. 16–17.
55. Letter from Graves to Spalding, November 17, 1905 (Doyle Scrapbooks). Also in Block, pp. 254–256.
56. Block, *Baseball Before We Knew It*, pp. 52–53.
57. *Ibid.*, pp. 55–56.
58. Letter from Spalding to the Mills Commission, July 28, 1907, reprinted in Sullivan, *Early Innings*, pp. 289–291.
59. *The Sporting News*, December 2, 1905.
60. *Ibid.*, January 14, 1909.
61. Millen, *From Passion to Pastime*, p. 62. Hall of Fame curator Tom Shieber said the Doubleday baseball is clearly not related to Doubleday and may not even be a baseball.
62. Millen, *From Passion to Pastime*, pp. 62–63.
63. Peter Morris in *Nineteenth Century Notes*, the newsletter of the Nineteenth Century Committee of the Society for American Baseball Research, Spring, 1999, p. 6.
64. Block, *Baseball Before We Knew It*, p. 32.
65. Letter from Spalding to Graves, November 10, 1905 (Doyle Scrapbooks).
66. Block, *Baseball Before We Knew It*, p. 40.
67. www.theosophicalsociety.com.
68. Doubleday's connection to the Theosophical Society is covered in Block, *Baseball Before We Knew It*, pp. 35–42.
69. Letter from Chadwick to Mills, March 20, 1908, quoted in Thorn, *Two Roads Diverged*.

Chapter 2

1. Monica Nucciarone, "Alexander Cartwright," http://bioproj.sabr.org/bioproj.cfm?a=v&v=l&bid=741&pid=16947.
2. Harold Peterson, *The Man Who Invented Baseball* (New York: Charles Scribner's Sons, 1973), p. 2.
3. William Rankin Scrapbooks.
4. *Ibid.*
5. *Ibid.*
6. Both Nucciarone's biography in the Society for American Baseball Research's Baseball Biography Project (bioproj.sabr.org) and Peterson, *The Man Who Invented Baseball*, are excellent portraits of Cartwright.
7. Anne Cartwright, "Cartwright's Trip West," *The National Pastime*, no. 18 (1998), p. 14.
8. The background of Cartwright's family can be found in Peterson, *The Man Who Invented Baseball*, pp. 90–100.
9. Cartwright's early life in New York is described in Peterson, *The Man Who Invented Baseball*, pp. 102–105.
10. Knickerbocker Scorebooks.
11. Cartwright, "Cartwright's Trip West," p. 14.
12. Many of the Knickerbockers ended up in California, including Cartwright, Turk, Wheaton, Charles Case, William Tucker, Edward Ebbets and Walter Avery. (See Angus Macfarlane, "The Knickerbockers, San Francisco's First Baseball Team?" *Base Ball* 1:1 [Spring 2007], p. 10).
13. Cartwright, "Cartwright's Trip West," pp. 14–16. Peterson also covers Cartwright's journey to California. Apparently, Cartwright's possessions also included the Knickerbocker ball, for he noted having it while in Hawaii.
14. Peterson, *The Man Who Invented Baseball*, p. 165.
15. The date of Cartwright's arrival in Oahu was August 17 according to the *Hawaiian Gazette*, July 19, 1892.

16. Peterson, *The Man Who Invented Baseball*, pp. 171–172.
17. Nucciarone, "Alexander Cartwright," p. 4.
18. Cartwright, "Cartwright's Trip West," p. 16. An excellent profile of Cartwright can also be found in the *Hawaiian Gazette,* July 19, 1892.
19. Letter from Cartwright to DeBost, n.d., Alexander Cartwright player file, A. Bartlett Giamatti Research Center, National Baseball Hall of Fame and Museum, Cooperstown, N.Y.
20. *Wall Street Journal,* December 9, 1997.
21. Letter from Bruce Cartwright to Hall of Fame, November 4, 1935, Cartwright player file.
22. Patricia Millen, *From Pastime to Passion: Baseball and the Civil War* (Westminster, Md.: Heritage, 2004), p. 65.
23. newspaper clipping, Cartwright player file.
24. newspaper clippings, Cartwright player file. Cartwright posthumously became a pioneer once more, for the game at which he was honored was the first televised major league contest. (See Nucciarone, "Alexander Cartwright," p. 5.)
25. Peterson, *The Man Who Invented Baseball*, p. 112.
26. George B. Kirsch, *Baseball in Blue and Gray: The National Pastime During the Civil War* (Princeton, N.J.: Princeton University Press, 2003), pp. 6–7.
27. Frederick Ivor-Campbell, "Alexander Joy Cartwright Jr.," in Frederick Ivor-Campbell, Robert L. Tiemann, and Mark Rucker (eds.), *Baseball's First Stars* (Cleveland, Oh.: Society for American Baseball Research, 1996), p. 24.
28. Thorn, *Two Roads Diverged*, address delivered March 2006 at NINE conference.
29. Tom Shieber, "The Evolution of the Baseball Diamond," *Baseball Research Journal*, no. 23 (1994) and a subsequent email from Shieber clarifying his position.
30. The Wheaton interview is reported in Randall Brown, "How Baseball Began," *The National Pastime*, no. 24 (2004).
31. John Thorn, "Doc Adams," http://bioproj.sabr.org/bioproj.cfm?a=v&v=l&bid=639&pid=16943. Further information was obtained from an interview with Adams in *The Sporting News,* February 29, 1896.
32. A copy of the letter from Roger C. Adams, dated August 1939, and titled "Nestor of Ball Players" can be found in the Knickerbocker Club Books, a part of the Spalding Collection, New York Public Library, also available on microfilm.
33. Brown, "How Baseball Began," p. 52.
34. www.Protoball 1840s.21 (The Evolution of the Baseball up to 1872, March 2007).
35. For an excellent explanation of the evolution of the baseball, see Peter Morris, *A Game of Inches: The Game on the Field* (Chicago: Ivan R. Dee, 2006), chapter 9.
36. John Thorn, "Daniel Lucius Adams," in Ivor-Campbell *et al., Baseball's First Stars*, p. 1.
37. Minutes, March 26, 1862, Knickerbocker Club Books.
38. Thorn, "Daniel Lucius Adams," p. 1.
39. *The Sporting News,* February 29, 1896.
40. Henry Chadwick, ed., *Beadle's Dime Base-Ball Player* (New York: Irwin P. Beadle and Co., 1860), p. 6.

Chapter 3

1. Old cat was often used as a warmup for ball clubs, including the Knickerbockers, when only a few players were present. Once a sufficient number of men were on hand, they began playing baseball.
2. Protoball 824.1 (Waaey, Arthur, *The Life and Times of Po Chu-I, 772–846* (London: Allen and Unwin, 1949), p. 157).
3. David Block, *Baseball Before We Knew It; A Search for the Roots of the Game* (Lincoln, Neb.: University of Nebraska Press, 2004), pp. 101–102.
4. David Block, "The Story of William Bray's Diary," *Base Ball* 1:2 (Fall 2007), pp. 5–11. Block believes the Bray entry may be the earliest extant reference to baseball. The original Lady Hervey letter referring to the Prince of Wales has been lost as has any other prior reference.
5. Protoball 1600c.1 (photocopy in the Origins of Baseball file at the Baseball Hall of Fame).
6. Protoball 1300s.3 (Wikipedia entry on stoolball).
7. Protoball 1621.1 (William Bradford, *Of Plymouth Plantation*, ed. Harvey Wish (New York: Capricorn, 1962), pp. 82–83).
8. For a good article on current-day stool ball, see Martin Hoerchner, "Stoolball: Alive and Well in Sussex," *Baseball Research Journal*, no. 28 (1999).
9. A copy of the letter from Roger C. Adams, dated August 1939, and titled "Nestor of Ball Players" can be found in the Knickerbocker Club Books, a part of the Spalding Collection, New York Public Library, also available on microfilm.
10. Rules of Rounders, adapted from *American Boys Book of Sports and Games* c. 1863 and *The Ancient History of Baseball* by Henry Chadwick, in *The Ball Players' Chronicle,* July 18, 1867, presented at the Vintage Base Ball Association Convention, April 17–18, 1999, Cincinnati, Ohio.
11. John T. Doyle Scrapbooks.
12. Statement of Henry Sargent, May 23, 1905 (Doyle Scrapbooks).
13. Personal note to author from Frederick Ivor-Campbell.
14. John Thorn, "1791 and All That," *Base Ball* 1:1 (Spring 2007), pp. 119–125.
15. George A. Thompson, Jr., "New York Baseball, 1823," *The National Pastime*, no. 21 (2001).
16. Delhi (N.Y.) *Gazette,* July 13, 1825, reprinted in Dean A. Sullivan (ed.), *Early Innings: A Documentary History of Baseball, 1825–1908* (Lincoln, Neb.: University of Nebraska Press, 1995), pp. 1–2.
17. Patricia Millen, *From Pastime to Passion: Baseball and the Civil War* (Westminster, Md.: Heritage, 2004), p. 74.
18. Protoball 1745c.1 (David McCullough, *John Adams* (New York: Simon and Schuster, 2001), p. 31.)
19. Protoball 1824.1 (Letter from Henry Wadsworth Longfellow to his father, Stephen Longfellow, April 11, 1824.)
20. Protoball 1839.3 (Williams, C.R., ed, *Diary and Letters of Rutherford Birchard Hayes: Nineteenth President of the United States,* Volume I (Columbus, Oh.: Ohio State Archeological and Historical Society, 1922).
21. Protoball 1848c.9 (*Life and Public Services of*

Hon. Benjamin Harrison, Sedgewood Publishing Company, 1892.)

22. Protoball 1830.3 (Bonney, Franklin, "Memoir of Joseph Hooker," *Springfield Republican*, May 8, 1895.) Since Hooker also thought he was quite good at leading an army, his baseball claim must be taken with reservations.

23. *New York Morning News*, October 22 and 25, 1845, reprinted in Sullivan, *Early Innings*, pp. 11–13.

24. Hoerchner, "Stoolball," p. 61.

25. Henry Chadwick Scrapbooks.

26. Frederick Ivor-Campbell, "Knickerbocker Base Ball: The Birth and Infancy of the Modern Game," unpublished paper, p.1.

27. *Ibid.*, p. 2.

Chapter 4

1. James M. DiClerico and Barry Pavelec, *The Jersey Game: The History of Modern Baseball from its Birth to the Big Leagues in the Garden State* (New Brunswick, N.J.: Rutgers University Press, 1991), p. 53.

2. Henry Chadwick Scrapbooks.

3. *The Sporting News*, February 29, 1896.

4. Knickerbocker Score Books.

5. William Rankin Scrapbooks.

6. Knickerbocker Club Books, Minutes of April 7, 1855.

7. *Ibid.*, Minutes of August 22, 1855. Historians perhaps wish that Davis had been allowed to vacate the position of secretary, for his handwriting was nearly illegible, rendering research painfully difficult.

8. *Ibid.*, Minutes of June 1, 1857.

9. *Ibid.*, Minutes of May 21, 1857.

10. *Ibid.*, Minutes of June 7, 1860.

11. John Freyer and Mark Rucker, *Peverelly's National Game* (Charleston, S.C.: Arcadia, 2005), p. 16.

12. *Ibid.*, p. 8.

13. Protoball 1838.1 (Henderson p. 150).

14. Chadwick Scrapbooks.

15. *New York Times*, August 23, 1858.

16. *Spirit of the Times*, September 22, 1855.

17. Knickerbocker Club Books, Minutes of September 24, 1855.

18. Freyer and Rucker, *Peverelly's National Game*, p. 13.

19. Harold Seymour, *Baseball: The Early Years* (New York: Oxford University Press, 1960), p. 68.

20. Knickerbocker Club Books, Minutes of April 4, 1854.

21. *Ibid.*, Minutes of April 7, 1855.

22. *Ibid.*, Minutes of April 5, 1856.

23. Melvin Adelman, *A Sporting Time: New York City and the Rise of Modern Athletics, 1820–70* (Urbana and Chicago, Ill.: University of Illinois Press, 1986), p. 122.

24. Statement of Duncan Curry, Alexander Cartwright player file, A. Bartlett Giamatti Research Center, National Baseball Hall of Fame and Museum, Cooperstown, N.Y.

25. John Thorn has uncovered a source indicating there were two clubs playing in Manhattan in 1832. One evolved into the New York Club, which split into the Knickerbockers and Gothams. The other became the Washington Club, which then merged into the Gothams. As the source (William Wood, *Manual of Physical Exercise* [New York: Harper Brothers, 1867]) is uncorroborated by primary sources and Wood does not cite *his* source, the assertion cannot be accepted without further investigation. Peverelly, who published his book a year earlier, did not mention this information. Thorn also found a reference to the formation of a baseball club in Brooklyn in 1846 (*Brooklyn Eagle*, July 6, 1846) but nothing further was heard from them.

26. Protoball 1840.6 (Eagle Base Ball Club Constitution of 1852).

27. Some of the original Gothams had been members of the New York Club that played the Knickerbockers in 1846. (See Freyer and Rucker, *Peverelly's National Game*, p. 21.)

28. *New York Atlas*, September 2, 1855.

29. *Waterbury Republican*, February 7, 1920.

30. *New York Times*, December 19, 1854.

31. *Spirit of the Times*, December 8, 1855.

32. The other game was against the Empire Club. For the box scores of most of the Knickerbocker matches, see Appendix G.

33. Knickerbocker Club Books, Minutes of May 21, 1857.

34. *Ibid.*, Minutes of March 14, 1857, and June 18, 1860.

35. *New York Clipper*, November 22, 1856.

36. Knickerbocker Club Books, Minutes of April 4, 1857.

37. Frederick Ivor-Campbell, "Knickerbocker Base Ball: The Birth and Infancy of the Modern Game," unpublished paper, p. 3.

38. The list of clubs and their delegates, along with the list of officers, can be found in *Porter's Spirit of the Times*, January 31, 1857, reprinted in Dean A. Sullivan (ed.), *Early Innings: A Documentary History of Baseball, 1825–1908* (Lincoln, Neb.: University of Nebraska Press, 1995), p. 23. Information on the Knickerbocker committee can be found in *Porter's Spirit of the Times*, January 3, 1857.

39. *Porter's Spirit of the Times*, January 31, 1857.

40. *Ibid.*

41. A complete list of rules was printed in *New York Clipper*, May 30, 1857.

42. Ivor-Campbell, "Knickerbocker Base Ball," p. 4.

43. According to Peverelly, the name of the organization was proposed by Dr. Jones of the Excelsiors. (See Freyer and Rucker, *Peverelly's National Game*, p. 53.)

44. *New York Clipper*, March 20, 1858, and May 8, 1858.

45. thirteen.org/tenement/eagle.html.

46. James L. Terry, *Long Before the Dodgers: Baseball in Brooklyn, 1855–1884* (Jefferson, NC: McFarland, 2002), p. 8.

47. Harold Peterson, *The Man Who Invented Baseball* (New York: Charles Scribner's Sons, 1973), p. 101. Peterson also presents an idyllic vision of Cartwright's New York on pp. 58–66.

48. *Ibid.*, p. 121.

49. Andrew J. Schiff, *The Father of Baseball: A Biography of Henry Chadwick* (Jefferson, N.C.: McFarland, 2008), p. 21.

50. *Brooklyn Daily Times*, June 29 and July 26, 1859.

51. Cartwright player file.

52. Schiff, *Father of Baseball*, p. 36.

53. *New York Times,* July 7, 1856.
54. *Ibid.,* July 7, 1857.
55. *Ibid.,* November 27, 1857.
56. *Ibid.,* December 3, 1858.
57. *New York Clipper,* June 14, 1862.
58. *Ibid.,* August 13, 1864.
59. *Ibid.,* October 19, 1861.
60. *Spirit of the Times,* July 15, 1854.
61. *New York Clipper,* March 22, 1862.
62. *Ibid.,* April 22, 1854.
63. Ivor-Campbell, "Knickerbocker Base Ball," p. 6.
64. *New York Clipper,* July 15, 1865.
65. *Ibid.,* April 16, 1864.
66. *Ibid.,* May 14, 1864.
67. *Ibid.,* July 28, 1866.
68. William Rankin Scrapbooks.

Chapter 5

1. John Freyer and Mark Rucker, *Peverelly's National Game* (Charleston, S.C.: Arcadia, 2005), p. 106.
2. *Ibid.,* p. 61.
3. *Ibid.,* p. 71.
4. *Ibid.,* p. 75.
5. *New York Clipper,* February 18 and March 10, 1860.
6. *Ibid.,* March 10, 1860.
7. *Ibid.,* February 18, 1860.
8. Olympic Club Constitution and Bylaws, Preamble.
9. Bylaws of Harlem BBC.
10. Knickerbocker Score Books.
11. Knickerbocker Club Books, Minutes of July 5, 1860.
12. *Ibid.*
13. In 1860, the Amity Club of Philadelphia wrote to the pioneer organization requesting a copy of its bylaws, intending to use them as a model for their own. (See Knickerbocker Club Books, Minutes of April 26, 1860.)
14. Knickerbocker Club Books, Minutes of April 4, 1857.
15. *Ibid.,* Minutes of September 6, 1860.
16. *Ibid.,* Minutes of December 6, 1856.
17. *New York Clipper,* March 10, 1860.
18. *Ibid.*
19. *New York Clipper,* November 9, 1861.
20. *Ball Players' Chronicle,* October 31, 1867, reprinted in Dean Sullivan (ed.), *Early Innings: A Documentary History of Baseball, 1825–1908* (Lincoln, Neb.: University of Nebraska Press, 1995), p. 67.
21. Harold Seymour, *Baseball: The Early Years* (New York: Oxford University Press, 1960), p. 17.
22. Henry Chadwick Scrapbooks.
23. *Ibid.*
24. *New York Clipper,* November 3, 1860.
25. *New York Atlas,* October 21, 1860.
26. *Brooklyn Daily Times,* July 7, 1860.
27. *Brooklyn Eagle,* August 27, 1863.
28. *Ibid.*
29. *Brooklyn Eagle,* August 28, 1863.
30. *Ibid.,* October 30, 1861.
31. *Ibid.,* August 18, 1862.
32. *Ibid.,* August 13, 1864.
33. *Ibid.,* November 4, 5, and 7, 1861.
34. *Ibid.,* November 9, 1861.
35. *Brooklyn Daily Times,* August 2, 1860.
36. *Brooklyn Eagle,* August 27, 1863.
37. *New York Clipper,* August 21, 1858.
38. *Ibid.,* September 4, 1858.
39. *Brooklyn Eagle,* August 25, 1863.
40. *Ibid.,* August 23, 1864.
41. *Wilkes' Spirit of the Times,* March 2, 1861.
42. *Brooklyn Eagle,* April 25, 1862.
43. *Ibid.,* September 9, 1864.
44. The first club in Michigan found the selection of a name such a daunting task they did not choose the name Franklin until the second year of their existence. (See Peter Morris, *A Game of Inches: The Game on the Field* (Chicago: Ivan R. Dee, 2006), p. 28.)
45. *New York Clipper,* February 18, 1860.
46. *Porter's Spirit of the Times,* October 16, 1858.
47. John Shiffert, *Base Ball in Philadelphia: A History of the Early Game* (Jefferson, N.C.: McFarland, 2006), p. 58.
48. *Brooklyn Eagle,* September 5, 1864.
49. *Wilkes' Spirit of the Times,* September 15, 1860.
50. *New York Clipper,* June 2, 1860.
51. *Ibid.,* September 24, 1864.
52. *Porter's Spirit of the Times,* February 12, 1859.
53. *Brooklyn Eagle,* September 20, 1860.
54. Shiffert, *Base Ball in Philadelphia,* p. 19.
55. Seymour, *Baseball: The Early Years,* p. 68.
56. Knickerbocker Club Books, Minutes of July 5, 1860.
57. *Ibid.,* date illegible.
58. *Wilkes' Spirit of the Times,* May 28, 1864.
59. Terry, *Long Before the Dodgers,* p. 6.
60. *New York Clipper,* May 14, 1864.
61. *Wilkes' Spirit of the Times,* March 9, 1861.
62. Terry, *Long Before the Dodgers,* p. 17.
63. Freyer and Rucker, *Peverelly's National Game,* p. 71.
64. *New York Clipper,* November 17, 1860, and September 16, 1864.
65. *Ibid.,* November 17, 1860.
66. *Ibid.,* September 17, 1859.
67. *Ibid.,* August 22, 1864.
68. *Wilkes' Spirit of the Times,* May 28, 1864.
69. *Ibid.,* July 2, 1864.
70. *Brooklyn Eagle,* July 7, 1864.
71. *New York Times,* August 28, 1860.
72. John Chapman Scrapbooks.
73. *New York Clipper,* March 17, 1860.
74. Freyer and Rucker, *Peverelly's National Game,* p. 10.
75. Terry, *Long Before the Dodgers,* p. 13.
76. The name Elysian is derived from the Greek *Elysion,* the blissful place to which mythological heroes are transported after death.
77. The section on the Elysian Fields is drawn, except as otherwise noted, from William A. Mann, "The Elysian Fields of Hoboken, New Jersey," *Base Ball* 1:1 (Spring 2007). Mann provides a detailed description of the park and an analysis of the social and economic factors affecting its creation and operation. See also James M. DiClerico and Barry Pavelec, *The Jersey Game: The History of Modern Baseball from its Birth to the Big Leagues in the Garden State* (New Brunswick, N.J.: Rut-

gers University Press, 1991), pp. 53–57, and the Chadwick Scrapbooks.

78. While Stevens planned his residential community that would become the town of Hoboken, his unoccupied property served as a dueling site for New Yorkers who brought their grievances across the river. The most famous duelists were Alexander Hamilton and Aaron Burr, whose fatal 1804 battle took place at Weehauken.

79. DiClerico and Pavelec, *The Jersey Game*, p. 8.
80. Chadwick Scrapbooks.
81. *Brooklyn Eagle*, October 7, 1859.
82. *Spirit of the Times*, May 12, 1855.
83. *Brooklyn Eagle*, July 30, 1862.
84. *New York Clipper*, May 4, 1872.
85. *Brooklyn Eagle*, August 26, 1859.
86. *Ibid.*, May 12, 1862.
87. *New York Times*, August 21, 1860.
88. DiClerico and Pavelec, *The Jersey Game*, p. 175.
89. *New York Atlas*, July 15, 1860.
90. *New York Clipper*, July 21, 1860.
91. *Porter's Spirit of the Times*, January 24, 1857.
92. *Ibid.*, January 31, 1857.
93. *New York Times*, December 11, 1858.
94. *Wilkes' Spirit of the Times*, April 18, 1863.
95. *New York Clipper*, March 26, 1864.
96. *Wilkes' Spirit of the Times*, March 28, 1863.
97. *Brooklyn Eagle*, August 29, 1863.
98. *Ibid.*, September 28, 1864.

Chapter 6

1. William Rankin Scrapbooks.
2. Terry, *Long Before the Dodgers*, p. 15.
3. *Brooklyn Daily Times*, July 15, 1856. In fairness, it should be noted that the club had been weakened by the defection of some of its best players to the Atlantics.
4. *Brooklyn Eagle*, July 16, 1857.
5. The box score can be found in the Henry Chadwick Scrapbooks.
6. George Phelps also played for the Atlantics, but he was not one of the 1857 regulars.
7. *New York Clipper*, June 8, 1857.
8. Chadwick Scrapbooks.
9. A profile of Pearce can be found in Duane A. Smith, "Dickie Pearce: Baseball's First Great Shortstop," *The National Pastime*, no. 10 (1990), pp. 38–42.
10. Chadwick said in an 1894 article that he was the one who, in 1864, suggested the technique to Pearce. (See Robert H. Schaefer, "The Lost Art of Fair-Foul Hitting," *The National Pastime*, no. 20 (2000), p. 4.)
11. Others believe the honor belongs to Pearce's teammate, Tommy Barlow. (See Schaefer, *The Lost Art of Fair-Foul Hitting*, pp. 8–9.)
12. Peter Morris, *A Game of Inches: The Game on the Field* (Chicago: Ivan R. Dee, 2006), p. 47.
13. Frank V. Phelps, "Dickey Pearce" in Robert L. Tiemann and Mark Rucker (eds.), *Nineteenth Century Stars* (Kansas City, Mo.: Society for American Baseball Research, 1989), p. 101.
14. *New York Clipper*, June 9, 1860.
15. *Porter's Spirit of the Times*, November 27, 1858.
16. *New York Atlas*, July 22, 1860. For a comprehensive analysis of the occupations of New York and Brooklyn ballplayers, see Melvin Adelman, *A Sporting Time: New York City and the Rise of Modern Athletics, 1820–70* (Urbana and Chicago, Ill.: University of Illinois Press, 1986), chapters Six and Seven.
17. Rankin Scrapbooks.
18. *New York Times*, December 19, 1854.
19. The most energetic cheer of all was referred to as "three times three a tiger" a description which, to my knowledge, has never been adequately described, other than as a particularly vibrant and ebullient form of salutation.
20. *New York Clipper*, July 3, 1858.
21. *Ibid.*, September 17, 1859.
22. *Brooklyn Eagle*, August 21, 1858.
23. *Porter's Spirit of the Times*, October 23, 1858.
24. *Wilkes' Spirit of the Times*, July 4, 1863.
25. Joseph M. Overfield, "Al Reach" in Robert L. Tiemann and Mark Rucker (eds.), *Nineteenth Century Stars* (Kansas City, Mo.: Society for American Baseball Research, 1989), p. 58.
26. *Wilkes' Spirit of the Times*, November 2, 1861.
27. The Eckford collection, with each ball painted gold, is exhibited at the Baseball Hall of Fame.
28. *New York Clipper*, July 3, 1858.
29. *Ibid.*
30. *Brooklyn Eagle*, October 9, 1860.
31. Overfield, "Al Reach," p. 58.
32. In New York, which was heavily Democratic, McClellan continued to be a popular figure even after his continual defeats and inactivity had frustrated Lincoln and led to the general's replacement.
33. *Brooklyn Daily Times*, October 13, 1860. Maybe they'd heard of his predecessor playing baseball in 1748.
34. *New York Clipper*, September 3, 1864.
35. *Ibid.*, October 20, 1860.
36. *Ibid.*, August 28, 1858.
37. *Ibid.*, May 2, 1863.
38. John Freyer and Mark Rucker, *Peverelly's National Game* (Charleston, S.C.: Arcadia, 2005), p. 14.
39. Knickerbocker Club Books, date illegible.
40. *Ibid.*, Minutes of June 1, 1857.
41. *New York Times*, August 23, 1858.
42. Knickerbocker Club Books, Minutes of August 20, 1858.
43. *Ibid.*, Minutes of September 27, 1858.
44. *Brooklyn Daily Times*, August 30, 1860.
45. *New York Clipper*, October 6, 1860.
46. *Ibid.*
47. *Porter's Spirit of the Times*, October 9, 1858.
48. *Wilkes' Spirit of the Times*, April 27, 1861.
49. *Ibid.*, October 18, 1862.
50. Human nature being less than perfect, good sportsmanship was not always practiced on the baseball field. As early as 1856, the *Clipper* reported a game in which a member of the Enterprise Club, owing to a dispute with a teammate, intentionally tried to cause his team to lose. (See *New York Clipper*, December 6, 1856.)
51. *New York Clipper*, December 22, 1860.
52. Henry Chadwick, ed., *Beadle's Dime Base-Ball Player* (New York: Irwin P. Beadle and Co., 1860), p. 38.
53. *New York Clipper*, November 26, 1859.
54. *Wilkes' Spirit of the Times*, February 9, 1861.
55. *Porter's Spirit of the Times*, March 27, 1858.
56. Melvin Adelman, *A Sporting Time* (Urbana and Chicago, Ill.: University of Illinois Press, 1986), p. 178.

57. Chadwick Scrapbooks.
58. *New York Clipper,* June 27, 1863.
59. Chadwick Scrapbooks.
60. Rankin Scrapbooks.
61. Chadwick Scrapbooks.
62. Adelman, *A Sporting Time,* p. 125.
63. James M. DiClerico and Barry Pavelec, *The Jersey Game: The History of Modern Baseball from its Birth to the Big Leagues in the Garden State* (New Brunswick, N.J.: Rutgers University Press, 1991), p. 56.
64. Rankin Scrapbooks.
65. *New York Clipper,* September 25, 1858.
66. Freyer and Rucker, *Peverelly's National Game,* p. 52.
67. Mark D. Rucker, "James Creighton" in Robert L. Tiemann and Mark Rucker (eds.), *Nineteenth Century Stars* (Kansas City, Mo.: Society for American Baseball Research, 1989), p.32.
68. *New York Times,* August 23, 1858.
69. Many of the early clubs continued in existence for many years, but, after the late '50s, none was taken seriously as a competitive nine. In 1870, the Eagles played their first game of the season against the Star Club in June and lost 96–0. (See *New York Clipper,* July 2, 1870.)
70. Robert H. Schaefer, "The Great Base Ball Match of 1858: Base Ball's First All-Star Game," *NINE: A Journal of Baseball History and Social Policy Perspectives* 14 (Fall 2005), p. 50.
71. *New York Atlas,* July 25, 1858.
72. Information on the Fashion Course facility and its history is taken from Schaefer, "The Great Base Ball Match," pp. 51–53.
73. *Porter's Spirit of the Times,* July 17, 1858.
74. *New York Times,* July 12, 1858.
75. *Brooklyn Eagle,* July 10, 1858.
76. Reported at ten cents in several accounts.
77. Jules Tygiel, *Past Time: Baseball as History* (New York: Oxford University Press, 2000), p. 13. Ford references an increase in admission fees for cricket matches at the Artillery Grounds from tuppence to sixpence in 1744. (Protoball 1744.3) (Ford p. 17.)
78. *New York Clipper,* July 24, 1858.
79. The first game of the Fashion Course Series was reported in all of the sporting papers, including *New York Clipper,* July 24, 1858, and *Brooklyn Eagle,* July 21, 1858. Schaefer, "The Great Base Ball Match," provides an excellent account drawn from numerous sources.
80. Schaefer, "The Great Base Ball Match," p. 53.
81. *Brooklyn Eagle,* July 21, 1858.
82. *Ibid.,* July 22, 1858.
83. Schaefer, "The Great Base Ball Match," p. 54.
84. *New York Times,* July 14 and 27, 1858.
85. *Brooklyn Eagle,* October 20, 1858; *New York Times,* August 2, 1858; and Schaefer, "The Great Base Ball Match," pp. 54–55.
86. In later years, the pecuniary implications of Holder's blast would become the subject of several interesting tales. Henry Chadwick, on different occasions, wrote that (i) Holder bet someone $75 he would hit a home run and (ii) someone else bet $75 that Holder would hit a home run, and just before the outfielder went to the plate, offered him a $25 share if he delivered. (See Schaefer, "The Great Base Ball Match," p. 56.)
87. Schaefer, "The Great Base Ball Match," p. 55.
88. *Brooklyn Eagle,* August 18, 1858, and *New York Atlas,* August 22, 1858.
89. *Brooklyn Daily Times,* September 11, 1858.
90. *Porter's Spirit of the Times,* September 18,1858.
91. Schaefer, "The Great Base Ball Match," p. 53.
92. *Brooklyn Eagle,* August 12, 1858.
93. *Ibid.,* September 1, 1858.
94. *New York Atlas,* October 16, 1859.
95. *New York Clipper,* April 3, 1858.
96. *Brooklyn Eagle,* September 3, 1860.
97. *New York Clipper,* September 10, 1859.

Chapter 7

1. John Rickards Betts, *America's Sporting Heritage, 1850–1950* (Reading, Mass.: Addison-Wesley, 1974), p. 5.
2. *Ibid.,* pp.11–12.
3. *New York Clipper,* October 9, 1858.
4. *Ibid.*
5. *Ibid.,* June 25, 1859.
6. *Ibid.,* December 16, 1854.
7. *Ibid.,* June 25, 1859.
8. *Spirit of the Times,* October 29, 1853.
9. *New York Clipper,* November 26, 1859. In 1861, Jennings opened New York Shades, what would now be referred to as a "sports bar," on Sudbury Street in Boston, where patrons could drink and read the sporting papers. The *Clipper* published a somewhat cryptic article indicating that Jennings had fallen on hard times, encountered difficulties not of his own making and was looking to sell the White Street facility. He perhaps fled rather than relocated to Boston. (See *New York Clipper,* December 21, 1861.)
10. *New York Clipper,* June 25, 1859.
11. *Wilkes' Spirit of the Times,* February 4, 1860.
12. *Ibid.*
13. *New York Clipper,* April 3, 1858.
14. *Ibid.,* November 22, 1856.
15. In addition to his fondness for horse racing, Andrew Jackson was a fan of cock-fighting. He turned his back on it only when he became a public figure and worried that it might hurt his image. (See Betts, *America's Sporting Heritage,* p. 17.)
16. *Wilkes' Spirit of the Times,* February 1, 1862.
17. *Ibid.,* April 20, 1860.
18. *New York Clipper,* June 7, 1884.
19. Buddha-fist.com.
20. *New York Clipper,* June 28, 1884.
21. *New York Atlas,* July 25, 1858.
22. *New York Clipper,* February 8, 1862.
23. *Ibid.,* September 18, 1858.
24. *Ibid.,* November 8, 1856.
25. *Ibid.,* October 30, 1858.
26. When Wilkes returned to America, he was given a large testimonial banquet at the Astor House, an event proudly reported in his columns in great detail. (See *Wilkes' Spirit of the Times,* July 14, 1860.)
27. *New York Clipper,* April 28, 1860.
28. Wherever gambling was to be found, Morrissey was not far behind. He was instrumental in bringing thoroughbred racing to Saratoga in 1863 (See Betts, *America's Sporting Heritage,* p. 89).
29. The Heenan-Sayers match was covered in round-

by-round detail in the *New York Clipper,* May 5, 1860. For months before and after the fight, articles concerning the battle can be found in virtually every issue of the *Clipper* and *Wilkes'.*
  30. *New York Times,* May 22, 1860. Frank Queen donated $100.
  31. *New York Clipper,* January 2, 1864.
  32. sfmuseum.com.
  33. *Ibid.*
  34. *New York Clipper,* May 10, 1862.
  35. Staggernation.com.
  36. The Heenan-King match is covered in the *New York Clipper,* January 2, 1864.
  37. Buddha-fist.com.
  38. *New York Clipper,* March 16, 1861.
  39. Terry, *Long Before the Dodgers,* p. 92.
  40. *New York Times,* December 5, 1862.
  41. *New York Clipper,* February 1, 1862.
  42. *New York Times,* December 5, 1862.
  43. *The Brooklyn Daily Times,* November 15, 1862.
  44. Chadwick Scrapbooks.
  45. *New York Atlas,* October 16, 1859.
  46. *Boston Herald,* quoted in *New York Clipper,* November 19, 1859.
  47. *New York Clipper,* January 25, 1862.
  48. Chadwick Scrapbooks.
  49. *Ibid.*
  50. *Ibid.*
  51. *Brooklyn Eagle,* April 13, 1864.
  52. *Ibid.,* February 9, 1862.
  53. *New York Clipper,* February 15, 1862 and Chadwick Scrapbooks.
  54. *New York Clipper,* February 15, 1862.
  55. Chadwick Scrapbooks.
  56. *Brooklyn Daily Times,* February 13, 1862.
  57. *Ibid.,* February 12, 1862.
  58. *Brooklyn City News,* March 1, 1862.
  59. *Brooklyn Eagle* clipping in Chadwick Scrapbooks.
  60. Chadwick Scrapbooks.
  61. *Brooklyn Daily Times,* February 24, 1862.
  62. Trotting took place in Canton, New York. (See Chadwick Scrapbooks and *Porter's Spirit of the Times,* February 6, 1858.)
  63. Peter Morris, *Baseball Fever: Early Baseball in Michigan* (Ann Arbor, Mich.: University of Michigan Press, 2003), p. 62.
  64. *New York Clipper,* February 16, 1861.
  65. Terry, *Long Before the Dodgers,* p. 93.
  66. *New York Clipper,* February 29, 1862.
  67. *Brooklyn Eagle,* December 18, 1865.
  68. *Ibid.,* March 22, 1862.
  69. *New York Clipper,* December 24, 1853.
  70. *Ibid.,* January 4, 1862.
  71. *Ibid.,* January 8, 1859.
  72. Protoball 1712.1 (Ford, John, *Cricket: A Social History 1700–1835,* David and Charles, 1972).
  73. *Ibid.* 1743.1 (Ford p. 17) City dwellers, both in Europe and America, had a condescending view of their country brethren, generally attributing to them coarser desires and more base activities.
  74. *Ibid.* 1795.1 (Marr, Harriet Webster, *The Old New England Academies Founded Before 1826,* Comet, New York, 1959 p. 142).
  75. *Ibid.* 1796.3 (Ford p.20).
  76. John Shiffert, *Base Ball in Philadelphia: A History of the Early Game* (Jefferson, N.C.: McFarland, 2006), p. 17.
  77. Protoball 1816.1 (*Otsego Herald,* June 6, 1816).
  78. *Ibid.* 1839.2 (*By-Laws and Ordinances of the Mayor, Alderman, and Commonality of the City of New York, Revised 1838–1839,* William B. Townsend, New York, 1839).
  79. *Brooklyn Eagle,* July 23, 1846. Whitman also did a little baseball reporting, providing an account of an Atlantic-Putnam match in 1858. (See Protoball 1858.25, *Brooklyn Daily Times,* June 1858.)
  80. *New York Times,* June 22, 1855.
  81. *New York Clipper,* November 15, 1856.
  82. *Ibid.,* June 4, 1859.
  83. *Brooklyn Eagle,* March 22, 1858.
  84. *Ibid.,* July 12, 1858.
  85. *Ibid.,* October 7, 1859.
  86. Chadwick Scrapbooks.
  87. *New York Atlas,* August 30, 1857.
  88. *Brooklyn Daily Times,* June 27, 1860.
  89. *New York Times,* September 27, 1856.
  90. *Porter's Spirit of the Times,* January 31, 1857.
  91. *New York Clipper,* November 15, 1856.
  92. *Brooklyn Daily Times,* June 27, 1860.
  93. Protoball 1330.1 (Henderson p. 74).
  94. *Ibid.* 1385.1 (Crow, Martin M., and Clair C. Olson, eds, *Chaucer's World,* Columbia University Press, New York, 1948 pp. 48–49).
  95. David Block, *Baseball Before We Knew It: A Search for the Roots of the Game* (Lincoln, Neb.: University of Nebraska Press, 2004), p. 171.
  96. Protoball 1638.1 (Barret, Jay Botsford, *English Society in the Eighteenth Century as Influenced from Overseas,* Macmillan, New York, 1924 p. 221).
  97. Block, *Baseball Before We Knew It,* p. 173.
  98. Protoball 1830s.11 (Lee, John Doyle, *Confessions of John D. Lee, Mormonism Unveiled,* 1877).
  99. *Ibid.* 1858.17 (*Atlantic Monthly,* March 1858).
  100. Chadwick Scrapbooks.
  101. Priscilla Astifan, "Baseball in the 19th Century," *Rochester History* LII (Summer 1990), p. 20.
  102. *New York Clipper,* June 6, 1857.
  103. *Ibid.,* November 22, 1856.
  104. *Ibid.,* May 28, 1859.
  105. Chadwick Scrapbooks.
  106. *Brooklyn Eagle,* August 22, 1859.
  107. *New York Clipper,* February 14, 1857.
  108. *Ibid.,* June 20, 1857.
  109. *Ibid.,* December 29, 1860.
  110. Betts, *America's Sporting Heritage,* p. 56.
  111. *Spirit of the Times,* December 24, 1853.
  112. Knickerbocker Club Books, Minutes of August 22, 1855.
  113. *New York Clipper,* August 16, 1856.
  114. *Ibid.,* June 20, 1857.
  115. *Ibid.,* February 18, 1860.
  116. *Ibid.,* January 14, 1860.
  117. John Freyer and Mark Rucker, *Peverelly's National Game* (Charleston, S.C.: Arcadia, 2005), p. 9.

Chapter 8

  1. Protoball 1550 (Photocopy in Origins of Baseball File at Baseball Hall of Fame).

2. *Ibid.* 1743.1 (Ford, p. 17).
3. John A. Lester, *A Century of Philadelphia Cricket* (Philadelphia: University of Pennsylvania Press, 1951).
4. Protoball 1709.1 (Wright, Louis B. and Marion Tinling, *The Secret Diary of William Byrd of Westover 1709–1712*, Dietz, Richmond, 1941).
5. *Ibid.* 1737.3.
6. *Ibid.* 1751.1 (*New York Gazette Revived*, May 6, 1751).
7. Tom Melville, *The Tented Field: A History of Cricket in America* (Bowling Green, Oh.: Bowling Green State University Popular Press, 1998), p. 5.
8. Chadwick Scrapbooks.
9. *Ibid.*
10. *Ibid.*
11. *New York Times,* July 9, 1860.
12. *Ibid.,* September 25, 1863.
13. Melville, *Tented Field*, p. 11. Many members of the St. George Club included those who played in the 1838 game contested between the former residents of Nottingham and those of Sheffield.
14. Melvin Adelman, *A Sporting Time: New York City and the Rise of Modern Athletics, 1820–70* (Urbana and Chicago, Ill.: University of Illinois Press, 1986), p. 102.
15. *New York Clipper,* July 19, 1856.
16. Protoball 1842.2 (Reminiscence of a Man About Town, *New York Clipper*).
17. Melville, *Tented Field*, pp. 18–20.
18. *Brooklyn Eagle,* April 7, 1862.
19. *Ibid.*
20. *Ibid.*
21. *Ibid.*
22. *Brooklyn Eagle*, October 22, 1861.
23. *Ibid.*, April 25, 1862.
24. Chadwick Scrapbooks.
25. Despite American journalists' carping about the late start of cricket matches, baseball games frequently began anywhere from 30 to 90 minutes after the time appointed due to late arriving players, the lack of an umpire, or other difficulties.
26. Chadwick Scrapbooks.
27. *Brooklyn Eagle,* March 22, 1858.
28. *New York Atlas,* October 16, 1859.
29. Adelman, *Sporting Time*, p. 104.
30. *Washington Star,* June 18, 1855.
31. Melville, *Tented Field,* p. 22.
32. Chadwick Scrapbooks and Adelman, *Sporting Time*, p. 108.
33. Chadwick Scrapbooks.
34. *Brooklyn Eagle,* October 19, 1859.
35. *Brooklyn Daily Times,* October 19, 1859.
36. *Ibid.*, October 22, 1859.
37. *Ibid.*, October 26, 1859.
38. *New York Times,* October 24, 1859.
39. *Ibid.*
40. Melville, *Tented Field*, p. 51.
41. *New York Times,* September 25, 1863.
42. *Brooklyn Eagle,* September 13 and 22, 1860.
43. *Ibid.*, April 25, 1862.
44. Chadwick Scrapbooks.
45. John Rickards Betts, *America's Sporting Heritage, 1850–1950* (Reading, Mass.: Addison-Wesley, 1974), p. 31.
46. The Germantown Club had its grounds in lyrically named Nicetown.
47. *New York Clipper,* May 24, 1862.
48. Adelman, *Sporting Time*, p. 109.
49. Chadwick Scrapbooks.
50. Letter from George Newhall to Henry Chadwick, October 8, 1901 (Chadwick Scrapbooks).
51. Chadwick Scrapbooks.
52. Excellent profiles of the Newhall brothers can be found in the Chadwick Scrapbooks.
53. *American Chronicle of Sports and Pastimes,* July 16, 1868.
54. *Brooklyn Eagle,* September 10, 1861.
55. *Ibid.*, September 23, 1861.
56. *New York Clipper,* November 5, 1864.
57. Chadwick Scrapbooks.
58. Adelman, *Sporting Time*, p. 92.

Chapter 9

1. Dale A. Somers, *The Rise of Sports in New Orleans, 1850–1900* (Baton Rouge, La.: Louisiana State University Press, 1972), p. 4. Most of the background information on New Orleans was taken from Somers.
2. *Ibid.*, p. 11.
3. Thomas Altherr, "Chucking the Old Apple: Recent Discoveries of Pre–1840 North American Ball Games, *Base Ball* 1:1 (Spring 2007), p. 29.
4. *Ibid.*, pp. 37–38.
5. Patricia Millen, *From Pastime to Passion: Baseball and the Civil War* (Westminster, Md.: Heritage, 2004), pp. 4–5.
6. *Porter's Spirit of the Times,* June 12, 1858.
7. *Spirit of the Times*, August 19, 1854.
8. Protoball 1676.1 (Laws of the City of New York).
9. *Ibid.* 1801.5 (*New York Evening Post*, December 23, 1801).
10. *Brooklyn Eagle,* October 11, 1858.
11. "Memoir of Hannah Ripley, a Member of a Sabbath-school in Boston," *The American Sunday School Magazine,* January 1830, pp. 1–5.
12. Somers, *The Rise,* p. 25.
13. *Ibid.*, p. 42.
14. Quoted in Somers, *The Rise,* p. 43.
15. Somers, *The Rise,* pp. 43–46.
16. *Ibid.*, pp. 46–47.
17. *Ibid.*, pp 54–55.
18. *Ibid.*, p. 71.
19. Protoball 1801.4 (*New York Gazette and General Advertiser,* March 18, 1801).
20. *Ibid.* 1818.4 (Bailey, Bob, *Beginnings; From Amateur Teams to Disgrace in the National League*, 1999).
21. *Ibid.* 1821.2 (*Charleston Southern Patriot*, January 23, 1821).
22. *New York Clipper,* March 17, 1860.
23. Protoball 1850s.4 (Rader, *American Sports: From the Age of Folk Games to the Age of Spectators,* Englewood Cliffs, N.J.: Prentice Hall, 1983, p. 93).
24. *New Orleans Daily Crescent,* August 8, 1859.
25. *Ibid.*, September 28 and August 20, 1859.
26. *Ibid.*, August 20, 1859.
27. *New York Clipper,* October 22, 1859.
28. Chadwick Scrapbooks.

Chapter 10

1. John Shiffert, *Base Ball in Philadelphia: A History of the Early Game, 1831–1900* (Jefferson, N.C.: McFarland, 2006), p. 39.
2. Census.gov/population/www/documentation/twp:0027.html#citypop.
3. www.teacherscollege.edu/faculty/waite/teach/texts/txt01.htm.
4. J. Matthew Gallman, *Mastering Wartime: A Social History of Philadelphia During the Civil War* (New York: Cambridge University Press, 1990), p. 1.
5. Protoball 1817.1 (Palmer, John, *Journal of Travels in the United States of America and in Lower Canada, Etc.*, London, 1818).
6. Richard Hershberger, "A Reconstruction of Philadelphia Town Ball," *Base Ball* 1:2 (Fall 2007), p. 38.
7. *Ibid.*, p. 28.
8. Email from Richard Hershberger, December 13, 2006.
9. Shiffert, *Base Ball*, pp. 16–18.
10. *Ibid.*, p. 20.
11. Chadwick Scrapbooks.
12. Shiffert, *Base Ball*, p. 14.
13. *Ibid.*, p. 18.
14. Hershberger, "A Reconstruction," p. 29.
15. Shiffert, *Base Ball*, p. 21.
16. *New York Clipper*, November 27, 1858.
17. Chadwick Scrapbooks.
18. *New York Clipper*, January 28, 1860. There is a German saying, based upon their penchant for organization, that states, "Two Germans — a conversation. Three Germans — a club." Apparently baseball clubs had the same urges, for the rush to form associations was rapid in all venues and moved along most expeditiously in Philadelphia, where the formation of an association preceded the playing of a single inter-club game.
19. Shiffert, *Base Ball*, p. 18. The Olympics continued to play town ball occasionally. (*Philadelphia Inquirer*, May 21, 1862.)
20. *New York Clipper*, July 14, 1860.
21. Philadelphia Athletics Scrapbooks.
22. Fisler interview with *Philadelphia Press* quoted in Shiffert, *Base Ball*, p. 202.
23. Shiffert, *Base Ball*, p. 144.
24. Newspaper clipping, Weston Fisler file, A. Bartlett Giamatti Research Center, National Baseball Hall of Fame and Museum, Cooperstown, N.Y.
25. Shiffert, *Base Ball*, p. 204.
26. *Wilkes' Spirit of the Times*, December 15, 1860.
27. *New York Clipper*, November 23, 1861.
28. Philadelphia Athletics Scrapbooks.
29. *New York Clipper*, May 10, 1862.
30. Shiffert, *Base Ball*, p. 24.
31. *Wilkes' Spirit of the Times*, February 9, 1861.
32. Ryan Feeney, "The Power of One: Thomas Fitzgerald and the Origins of Interracial Baseball," academic paper, pp. 10–12, on file at the Giamatti Research Center.
33. In 1871, at the age of 40, Berkenstock played a key role in the final game of the Athletics' first season in the professional National Association, a win which gave the club the first official championship in the history of professional baseball. It was the only major league game of Berkenstock's career. In 1885, at the age of 54, he played in an old timers' game between the old Atlantic and Athletic nines. (See Chadwick Scrapbooks.)
34. Chadwick Scrapbooks.
35. Robert L. Tiemann, "Thomas J. Pratt," in Frederick Ivor-Campbell, Robert L. Tiemann, and Mark Rucker (eds.), *Baseball's First Stars* (Cleveland, Oh.: Society for American Baseball Research, 1996), p. 129.
36. Chadwick Scrapbooks.
37. *Ibid.*
38. Philadelphia Athletics Scrapbooks.
39. Chadwick Scrapbooks.
40. *Ibid.*
41. Shiffert, *Base Ball*, p. 31.
42. Chadwick Scrapbooks.
43. Shiffert, *Base Ball*, p. 56.
44. There is an excellent profile of Hayhurst in Shiffert, *Base Ball*, pp. 211–215.
45. Shiffert, *Base Ball*, p. 25.
46. The Athletics played an earlier match against the Mercantile Club, which was not official because they played a member of the Olympic Club in their nine. During that game, Nathan Berkenstock of the Athletics scored ten runs and hit four home runs. (See Philadelphia Athletics Scrapbooks.)
47. Philadelphia Athletics Scrapbooks.
48. *Ibid.*
49. *New York Clipper*, November 24 and December 8, 1860.
50. *Ibid.*, May 24, 1862.
51. *Ibid.*
52. *Ibid.*, May 31, 1862.
53. *Ibid.*
54. *Ibid.*, June 7, 1862.
55. Philadelphia Athletics' Scrapbooks.
56. *New York Clipper*, November 22, 1862.
57. *Ibid.*, May 24, 1862.
58. *Ibid.*, June 4, 1864.
59. Joel Spivak claimed that the park was actually at 52nd and Jefferson Streets, as 25th Street was too far from the center of the city to attract a crowd. He believed that the two numbers were transposed, despite the fact that the grounds were cited in many instances as being on 25th Street. Jerrold Casway's research led him to believe that the popular baseball ground was located at 25th Street, while the facility at 52nd Street that was known as the "Athletic Grounds" was the site known as the Pennsylvania Railroad/YMCA Athletic Grounds, the site of baseball and cricket matches in the 1890s. (See Joel Spivak, "Where Was the Jefferson Street Grounds," *The National Pastime*, no. 11 [1991] and Jerrold Casway, "Locating Philadelphia's Historic Ballfields," *The National Pastime*, no. 13 [1993].)
60. Shiffert, *Base Ball*, p. 106.
61. *Wilkes' Spirit of the Times*, June 4, 1864.
62. *New York Clipper*, July 14, 1860.
63. *Brooklyn Eagle*, June 3, 1862.
64. *New York Clipper*, June 7, 1862.
65. *Ibid.*, June 14, 1862.
66. *Ibid.*
67. Chadwick continued his punning toasts and in 1866, upon the occasion of a visit of the Nationals of Washington to Brooklyn, offered the following: "May the *Athletic* game of Base Ball be the *Keystone* in build-

ing up the physique of America; may *Excelsior* be the motto of our National Game, and may the fraternity be ever ready to defend the *Union* and uphold *Liberty* from the *Gotham* to the *Pacific*." (Schiffert, *Base Ball*, p. 106.)
68. *Brooklyn Eagle*, June 17 and 24, 1862.
69. *New York Clipper*, July 12, 1862.
70. The latter nine included 18-year-old Ned Cuthbert, who became one of the finest players in Philadelphia by mid-decade.
71. *Wilkes' Spirit of the Times*, May 23, 1863.
72. *Brooklyn Eagle*, June 18, 1863.
73. *Ibid.*, August 6, 1864.
74. *Ibid*. The Olympics frequently played baseball, and the reference to their being a mere town ball organization may have been a calculated insult in the wake of an incident involving the Olympics' captain of the first nine, Charles Bomeisler.
75. *Brooklyn Eagle*, August 6, 1864.
76. *New York Clipper*, August 20, 1864. Fitzgerald tendered his resignation in August, but the club members laid it on the table. It was withdrawn in December. (See Philadelphia Athletics Scrapbooks.)
77. *New York Clipper*, August 6, 1864.
78. *Brooklyn Eagle*, August 2, 1864.
79. *New York Clipper*, August 6, 1864.
80. *Brooklyn Eagle*, August 2, 1864.
81. *Ibid.*, August 3, 1864.
82. *Ibid.*, August 10, 1864.

Chapter 11

1. *New York Clipper*, October 10, 1857.
2. *Porter's Spirit of the Times*, May 30, 1857.
3. *New York Clipper*, July 16, 1859.
4. James D'Wolf Lovett, *Old Boston Boys and the Games They Played* (Boston: Little, Brown, 1908), p. 131.
5. Chadwick Scrapbooks.
6. *New York Atlas*, October 30, 1859.
7. Protoball 1859.25 (*Buffalo Morning Express*, October 20, 1859).
8. Phil Lowry, "I Don't Care If I Ever Get Back: Marathons Lasting 20 Innings or More," *Baseball Research Journal*, no. 33 (2004).
9. *New York Clipper*, May 15, 1858.
10. Henry Chadwick, ed., *Beadle's Dime Base-Ball Player* (New York: Irwin P. Beadle and Co., 1860), p. 33.
11. *Porter's Spirit of the Times*, May 22, 1858.
12. *New York Clipper*, August 13, 1859.
13. *Ibid.*, October 22, 1859.
14. *Ibid.*, October 15, 1859.
15. John T. Doyle Scrapbooks.
16. It is ironic that Williams participated in the first intercollegiate match, for in 1805 the school had banned ball playing as too dangerous. (Protoball p. 33.) (*The Laws of Williams College*, H. Willard, Stockbridge, 1805, p. 40.)
17. Patricia Millen, *From Pastime to Passion: Baseball and the Civil War* (Westminster, Md.: Heritage, 2004), p. 6.
18. Protoball 1760s.1 (Willard, Sidney, *Memories of Youth and Manhood*, John Bartlett, Cambridge, 1855, Vol. I pp. 31 and 316, and Bentley et al., *American College Athletics*, Carnegie Foundation for the Advancement of Teaching, New York, 1929, pp. 14–15).

19. *Ibid.* 1771.1 (Quint, W.D., *The Story of Dartmouth College*, Little, Brown, Boston, 1914 p. 246).
20. *Ibid.* 1780.3 (*Dartmouth College Laws and Regulations*, 1780).
21. *Ibid.* 1784.1 (*Rules for the Good Government and Discipline of the School in the University of Pennsylvania*, Francis Bailey, Philadelphia, 1784).
22. *Ibid.* 1787.1 (Couzens, Gerald S., *A Baseball Album*, Lippincott and Crowell, New York, 1980 p. 15).
23. *Ibid.* 1824.5 (Lord, John K., *A History of the Town of Hanover, New Hampshire*, Dartmouth Press, Hanover, 1928 p. 23).
24. *Ibid.* 1837.3 (Letter from Josiah D. Whitney to his sister, March, 1837).
25. *New York Clipper*, May 15, 1858.
26. *Ibid.*, April 9, 1859.
27. *Pittsfield (Mass.) Sun*, July 7, 1859, reprinted in Dean A. Sullivan (ed.), *Early Innings: A Documentary History of Baseball, 1825–1908* (Lincoln, Neb.: University of Nebraska Press, 1995), pp. 32–34.
28. *The National Pastime*, no. 16, p. 54. The article first appeared in the *Amherst Graduates Quarterly*, vol. 6 (February 1917). No authorship was attributed in the reprint.
29. Troy Soos, *Before the Curse: The Glory Days of New England Baseball, 1858–1918* (Hyannis, Mass.: Parnassus, 1997), p. 61.
30. Millen, *From Passion to Pastime*, p. 6.
31. Protoball 1786.1 (Couzens p. 15).
32. James M. DiClerico and Barry Pavelec, *The Jersey Game: The History of Modern Baseball from its Birth to the Big Leagues in the Garden State* (New Brunswick, N.J.: Rutgers University Press, 1991), p. 173.
33. *Brooklyn Eagle*, October 20, 1863.
34. DiClerico and Pavelec, *The Jersey Game*, p. 175.
35. Lovett, *Old Boston Boys*, pp. 155–156.
36. *Ibid.*, p. 157.
37. Doyle Scrapbooks.
38. *New York Clipper*, June 13, 1857.
39. Soos, *Before the Curse*, p. 4.
40. *New York Clipper*, June 29, 1867.
41. Lovett, *Old Boston Boys*, p. 143.
42. *New York Clipper*, May 28, 1859.
43. *Ibid.*, September 17, 1859.
44. Soos, *Before the Curse*, p. 61.
45. Lovett, *Old Boston Boys*, p. 145.
46. *Wilkes' Spirit of the Times*, October 22, 1864.
47. *New York Clipper*, June 21, 1862.
48. In 1867, the ball was melted down and sold. (See Lovett, *Old Boston Boys*, p. 160.)
49. Noted historian John Thorn is a dissident from conventional thinking in that he believes the Massachusetts game was in many ways superior to the New York version. The ease of reaching first base due to its proximity to the striker led to more action, and Thorn believes that the game lends itself to more strategy than the surviving version. (See John Thorn, "1791 and All That," *Base Ball* 1:1 (Spring 2007), pp. 119–125.)

Chapter 12

1. The 1858 meeting at which the NA was formed is not counted as an annual meeting. The 1860 gathering would therefore be the second.

2. Peter Morris, *A Game of Inches: The Game on the Field* (Chicago: Ivan R. Dee, 2006), p. 94.
3. *Brooklyn Eagle,* August 6, 1860.
4. According to Henry Chadwick, in a piece written many years later, it was he who first suggested Creighton be used as a pitcher. (See Chadwick Scrapbooks.)
5. *Brooklyn Eagle*, August 24, 1863.
6. *Ibid.*, August 11, 1864.
7. *Ibid.*, June 30, 1862.
8. *Ibid.*, May 19, 1864.
9. Chadwick Scrapbooks.
10. *Ibid.*
11. *New York Clipper,* February 2, 1861.
12. *Brooklyn Eagle,* April 30, 1860.
13. *Ibid.*, June 30, 1860.
14. *Ibid.*, July 9, 1860.
15. Terry, *Long Before the Dodgers*, p. 29.
16. Chadwick Scrapbooks.
17. Polhemus reportedly became quite wealthy after his playing days, and in the mid–1870s, was a director of the Brooklyn City Gas Company (See *New York Clipper,* September 4, 1875.)
18. *New York Times,* September 18, 1860.
19. *Brooklyn Eagle,* August 6, 1860.
20. Morris, *Game of Inches*, p. 223.
21. *Brooklyn Eagle,* July 28, 1862.
22. William Rankin Scrapbooks.
23. *New York Clipper,* July 28, 1860.
24. *Ibid.*, July 21, 1860.
25. *Porter's Spirit of the Times,* October 30, 1858.
26. *New York Clipper,* November 5, 1859.
27. *Wilkes' Spirit of the Times,* August 20, 1864.
28. The non-partisan attitude so strongly encouraged by the press apparently did not include them. In 1863, the headline in the *Eagle* read, "Athletic of Philadelphia vs. Atlantic of Brooklyn — Our Side Victorious." (See *Brooklyn Eagle,* June 19, 1863.)
29. Rankin Scrapbooks.
30. *New York Clipper,* June 2, 1860.
31. *The Sunday Mercury,* August 24, 1862.
32. *Brooklyn Eagle,* September 2, 1864.
33. *Ibid.*, October 22, 1861.
34. *Ibid.*, August 24, 1860.
35. *Ibid.*, August 10, 1860.
36. John Rickards Betts, *America's Sporting Heritage, 1850–1950* (Reading, Mass.: Addison-Wesley, 1974), p. 16.
37. Knickerbocker Club Books, Minutes of May 30 and June 3, 1867.
38. On one occasion, a reporter suggested that the ladies' accommodations be moved, as they were in an area subject to being peppered with foul balls. (See Rankin Scrapbooks.)
39. *Brooklyn Daily Times,* June 13, 1860.
40. *New York Clipper,* July 18, 1857.
41. *Ibid.*, June 30, 1866.
42. *Ibid.*, September 10, 1864.
43. *Brooklyn Daily Times,* June 14, 1860.
44. *Ibid.*, July 20, 1860.
45. Chadwick Scrapbooks.
46. *New York Clipper,* July 28, 1860.
47. *New York Atlas,* August 12, 1860.
48. *Ibid.*, July 22, 1860.
49. *New York Times,* August 10, 1860.
50. *New York Clipper,* August 18, 1860.
51. *Brooklyn Eagle,* August 22, 1860.
52. *New York Atlas,* August 19, 1860, and *Brooklyn Daily Times,* August 22, 1860.
53. Chadwick Scrapbooks.
54. Accounts of the third Atlantic-Excelsior match can be found in *New York Clipper,* September 1, 1860, *Wilkes' Spirit of the Times,* September 1, 1860, *Brooklyn Eagle,* August 24, 1860, and *New York Times,* August 24, 1860.
55. *New York Clipper,* September 1, 1860.
56. *Ibid.*, September 8, 1860.
57. *New York Times,* August 24, 1860.
58. Undated clipping from *Porter's Spirit of the Times* in Chadwick Scrapbooks.
59. Chadwick Scrapbooks.
60. *New York Atlas,* August 26, 1860.
61. *Ibid.*
62. Chadwick Scrapbooks.
63. *Brooklyn Eagle,* August 27, 1860.
64. *Ibid.*, August 28, 1860.
65. *Wilkes' Spirit of the Times,* September 8, 1860.
66. Chadwick Scrapbooks.
67. *Wilkes Spirit of the Times,* September 1, 1860.
68. *Brooklyn Eagle,* August 24, 1860.
69. *Ibid.*, September 5, 1860. In 1866, six years after the fateful game on the Putnam Grounds, the Excelsiors infuriated the Atlantics by enticing three of their star players, Pearce, Frank Norton and Fred Crane, to leave the champion club and join the Excelsiors. The piracy initiated a second Atlantic-Excelsior feud. (See William J. Ryczek, *When Johnny Came Sliding Home: The Post-Civil War Baseball Boom, 1865–1870* (Jefferson, N.C.: McFarland, 1998), p. 80.)
70. *New York Clipper,* February 2, 1861.
71. *New York Atlas,* August 26, 1860. In mid–September, in an incident unrelated to the Atlantic match, Dr. Jones was attacked on the street in an apparent robbery attempt. He and a police officer apprehended the assailants, but Jones refused to press charges, for reasons he wouldn't disclose. (See *New York Times,* September 18, 1860.)
72. *Brooklyn Eagle,* August 27, 1864.
73. *New York Atlas,* September 23, 1860.
74. *Ibid.*, October 30, 1860.
75. *Brooklyn Daily Times,* October 5, 1860.
76. George B. Kirsch, *Baseball in Blue and Gray: The National Pastime During the Civil War* (Princeton, N.J.: Princeton University Press, 2003), p. 20.
77. James H. Bready, *Baseball in Baltimore: The First Hundred Years* (Baltimore, Md.: Johns Hopkins University Press, 1998), p. 3.
78. *Ibid.*
79. John Freyer and Mark Rucker, *Peverelly's National Game* (Charleston, S.C.: Arcadia, 2005), p. 111.
80. Chadwick Scrapbooks.
81. Bready, *Baseball in Baltimore*, p. 6.
82. Chadwick Scrapbooks.
83. *New York Clipper,* October 6, 1860.
84. Bready, *Baseball in Baltimore*, p. 7.
85. Yes, there were two Champions, neither of which was a champion, within just a few miles of each other.
86. *New York Clipper,* July 21, 1860.
87. Freyer and Rucker, *Peverelly's*, p. 86.
88. Protoball 1855c.14 (*Rochester Union and Advertiser*, March 21, 1903).

89. The information on baseball in Buffalo was gathered from Joseph Overfield, "Baseball in Buffalo Before the Civil War," *Niagara Frontier* (Summer, 1964), pp. 53–61.
90. *New York Clipper*, September 25, 1858, and October 27, 1860.
91. Protoball 1850s.15 (19th Century Baseball posting by Paula Krimsky, October 26, 2006).
92. Freyer and Rucker, *Peverelly's*, p. 7.
93. *New York Clipper*, August 4, 1860.
94. *Ibid.*, September 3, 1859, and June 30, 1860.
95. *Ibid.*, April 28, 1860.
96. Chadwick Scrapbooks.
97. Morris, *Game of Inches*, p. 22, and Morris, *Baseball Fever: Early Baseball in Michigan* (Ann Arbor, Mich.: University of Michigan Press, 2003), pp. 15, 22.
98. Morris, *Baseball Fever*, p. 22.
99. *Ibid.*, p. 34.
100. *Ibid.*, p. 41.
101. *New York Clipper*, June 25, 1859.
102. *Ibid.*, December 24, 1859.
103. Protoball 1851.2 (*Alta California*, March 25, 1851, and *San Francisco Herald*, March 1, 1851).
104. Angus Macfarlane presents an interesting hypothesis in an article in *Base Ball*, speculating that there were a significant number of former Knickerbocker players in San Francisco in 1851, at the time of a newspaper report of baseball being played at Portsmouth Plaza in that city. Macfarlane made many educated guesses as to the whereabouts of the old Knickerbockers, and he was able to provide convincing evidence that many of them may have been participants in the games and possibly were the organizers. (See Angus Macfarlane, "The Knickerbockers: San Francisco's First Baseball Team?" *Base Ball* 1:1 Spring, 2007.)
105. *Porter's Spirit of the Times*, December 19, 1857.
106. *New York Clipper*, March 20, 1858. In the early years of the twentieth century, William Babcock, who claimed to be the founder of the Atlantics, said he had also formed the first club in California. (See Rankin Scrapbooks.)
107. *Ibid.*, March 10, 1860.
108. Macfarlane, "The Knickerbockers," p. 8.
109. *New York Clipper*, June 9, 1860.
110. California did not have telegraphic communication with the East Coast until 1861, and all news had to be transmitted through the mail.
111. *New York Clipper*, October 20, 1860.
112. *Wilkes' Spirit of the Times*, April 27, 1861.
113. Kirsch, *Baseball in Blue and Gray*, p. 82.
114. Dean A. Sullivan (ed.), *Early Innings: A Documentary History of Baseball, 1825–1908* (Lincoln, Neb.: University of Nebraska Press, 1995), p. 34.
115. *Brooklyn Eagle*, October 30, 1860.

Chapter 13

1. John Rickards Betts, *America's Sporting Heritage, 1850–1950* (Reading, Mass.: Addison-Wesley, 1974), p. 8.
2. *Brooklyn Eagle*, February 7, 1861.
3. *New York Clipper*, June, 16, 1861.
4. *Ibid.*, April 27, 1861.
5. *Ibid.*, May 25, 1861.
6. *Ibid.*
7. *Brooklyn Eagle* from Chadwick Scrapbooks.
8. *New York Clipper*, June 1, 1861.
9. *Ibid.*, September 5, 1863.
10. *Brooklyn Daily Times*, April 11, 1861.
11. *New York Clipper*, April 20, 1861.
12. *Brooklyn Daily Times*, May 29, 1861.
13. *New York Clipper*, May 18, 1861.
14. Patricia Millen, *From Pastime to Passion: Baseball and the Civil War* (Westminster, Md.: Heritage, 2004), p. 10.
15. The attendance of three thousand was reported by the *Clipper*. The *New York Atlas* in its June 9, 1861, issue reported the attendance as 1500, of which only about 200 remained after the Eckfords broke the game open in the sixth inning.
16. *New York Clipper*, June 15, 1861.
17. *Brooklyn Eagle*, June 6, 1861.
18. *New York Clipper*, January 11, 1862.
19. *Ibid.*, June 22, 1861.
20. Knickerbocker Club Books. Minutes of March 4, 1862.
21. *Brooklyn Eagle*, July 30, 1861.
22. *Ibid.*, September 9, 1862.
23. *New York Clipper*, August 31, 1861.
24. *Brooklyn Eagle*, April 7, 1862.
25. John Freyer and Mark Rucker, *Peverelly's National Game* (Charleston, S.C.: Arcadia, 2005), p. 113.
26. Peter Morris, *Baseball Fever: Early Baseball in Michigan* (Ann Arbor, Mich.: University of Michigan Press, 2003), pp. 66, 71.
27. *Ibid.*, p. 68.
28. *Ibid.*, pp. 68–69.
29. *Ibid.*, p. 66.
30. *Wilkes' Spirit of the Times*, June 15, 1861.
31. *Brooklyn Eagle*, August 14, 1862.
32. *The Sunday Mercury*, June 29, 1862.
33. Chadwick Scrapbooks.
34. Terry, *Long Before the Dodgers*, p. 14.
35. Chadwick Scrapbooks.
36. Terry, *Long Before the Dodgers*, p. 154 and *Patchogue Advance*, May 26, 1905.
37. *Wilkes' Spirit of the Times*, October 15, 1864.
38. *New York Times*, September 19, 1962.
39. *Brooklyn Eagle*, August 24, 1863.
40. Terry, *Long Before the Dodgers*, p. 47.
41. James D'Wolf Lovett, *Old Boston Boys and the Games They Played* (Boston: Little, Brown, 1908), p. 145.
42. *Brooklyn Eagle*, May 29, 1933.
43. Moore later served with the Union Army, returning to the Athletics in late 1863. (See *New York Clipper*, September 19, 1863.)
44. Taken from statistics in Marshall D. Wright, *The National Association of Base Ball Players, 1857–1870* (Jefferson, N.C.: McFarland, 2000).
45. After the war, Pearsall became a practicing physician in Montgomery, AL. (See *New York Clipper*, September 4, 1875.) In 1869, he came to New York from Alabama to play in a game matching the 1869 Excelsiors against those of the 1859 club. He returned to the south and the following year performed for the Bonnie Blue Club in Alabama. Pearsall was eventually forgiven his military service and in 1871 was referred to by the

Clipper as "the prince of first base players." (See *New York Clipper*, November 4, 1871.)

46. *Brooklyn Eagle*, May 20, 1861.
47. *New York Times*, September 4, 1862.
48. W.A. Swanberg, *Sickles the Incredible* (Gettysburg, Pa.: Stan Clark Military, 1956), pp. 116–117.
49. Leo Hershkowitz, *Tweed's New York: Another Look* (Garden City, N.Y.: Anchor/Doubleday, 1977), p. 82.
50. *New York Clipper*, September 3, 1864.
51. www.teachingamericanhistory.com.
52. Vallandingham was not at the rallies. He spent most of his time in Canada, for he faced arrest for treason if he was apprehended in the United States. He died in 1879 in most unusual fashion. Vallandingham, an attorney, was defending a man in a murder case, and he was demonstrating to fellow attorneys how the victim had accidentally shot himself. He thought the pistol he was using in his demonstration was unloaded, when, unfortunately, it was not. He shot himself in the head and died (en.wikipedia.org).
53. An excellent article on the meetings, with numerous quotes, can be found in *New York Times*, June 4, 1863.
54. *New York Clipper*, December 6, 1856.
55. *Brooklyn Eagle*, October 4, 1861.
56. In the 1860s, what we would now refer to as an all-star team was called a "picked nine." A nine of no particular distinction that was formed to play against a club in a practice game was called a "field nine."
57. This match shows how localized baseball remained, for an all-star contest was played not between the eastern and western parts of the United States, or the north and south, but the north and south ends of the same field in Hoboken.
58. endex.com/gf/buildings/bbridgefacts.htm.
59. *New York Clipper*, October 19, 1861.
60. The success of the Silver Ball match stimulated imitation, as all-star junior nines from Brooklyn and New York faced each other in an exciting game won by Brooklyn, 15–14.
61. *New York Clipper*, January 11, 1862.
62. Protoball 1775.1 (*Journal of Simeon Lyman of Sharon*, August 10 to December 28, 1775, Collections of the Connecticut Historical Society, Volume 7, *Journal of Lieutenant Ebenezer Elmer, Of the Third Regiment of New Jersey Troops in the Continental Service, and A Relic of the Revolution, Containing a Full and Particular Account of the Sufferings and Privations of All the American Prisoners Captured on the High Seas and Carried to Plymouth, England, During the Revolution of 1776*, Charles S. Pierce, Boston, 1847). There are a number of other references to ball play during the Revolution, many of which are cited in Protoball. The most noted, perhaps, is the *Military Journal of George Ewing*, in which he describes playing ball at Valley Forge.
63. *Ibid.*, 1779.4 (*Our Revolutionary Forefathers: The Letters of Francois Marquis de Barbe-Marbois during his residence in the United States as Secretary of the French Legation 1779–1785*, Duffield, New York, 1929 p. 114).
64. *Ibid.*, 1815c.1 (G.M. Fairchild, *Journal of an American at Fort Malden and Quebec in the War of 1812*, private printing, Quebec, date unknown).
65. *Ibid.*, 1847.2 (*The Second Illinois in the Mexican War: Mexican War Letters of Adolph Engelmann, 1846–1846, Journal of the Illinois State Historical Society*, Vol. 26, No. 34, January, 1934 p. 435). Protoball p. 1847.7 (*It Happened in Old Santa Barbara, Baseball Began Here in 1847*).
66. *Brooklyn Eagle*, February 19, 1864.
67. *Ibid.*, June 7, 1861.
68. *Wilkes' Spirit of the Times*, July 13, 1861.
69. William Rankin Scrapbooks.
70. *New York Clipper*, October 26, 1861.
71. *Ibid.*, January 11, 1862.
72. *Ibid.*, July 12, 1862.
73. *Ibid.*, June 13, 1863.
74. *Wilkes' Spirit of the Times*, March 26, 1864.
75. *New York Clipper*, May 7, 1864 and May 14, 1864.
76. *Ibid.*, April 29, 1865. Soldiers continued to play baseball after the war. The cavalry forces of George Custer had an organized team and played a number of games during their Black Hills expedition in 1874 and 1875. Many of the players were later killed at Little Big Horn. (See Tim Wolter, "Bats and Saddles," *The National Pastime*, no. 18 (1998), pp. 25–28.)
77. Thomas Altherr, "Chucking the Old Apple: Recent Discoveries of Pre-1840 North American Ball Games," *Base Ball* 2:1 (Spring 2008), pp. 38–39.
78. *Ibid.*, pp. 31–32.
79. The best source for the game is John Husman, "Ohio's First Baseball Game, Played by Confederates and Taught to Yankees," *Base Ball* 2:1 (Spring 2008), who describes the contest and its background in great detail.
80. George B. Kirsch, *Baseball in Blue and Gray: The National Pastime During the Civil War* (Princeton, N.J.: Princeton University Press, 2003), pp. 46–47.
81. *Ibid.*
82. For an excellent account of baseball in the armed services, see Kirsch, *Baseball in Blue and Gray*, Chapter Two.
83. Patricia Millen, *From Pastime to Passion: Baseball and the Civil War* (Westminster, Md.: Heritage, 2004), p. 22.
84. *Ibid.*, p. 23.
85. Young, in a letter to the Mills Commission, stated that the first game of baseball he ever played was at White Oak Church, Virginia, in the spring of 1863, which, if his recollection is correct, means he could not have played in the game the prior Christmas. (See John T. Doyle Scrapbooks.)
86. *Wilkes' Spirit of the Times*, May 30, 1863.
87. *Ibid.*
88. Kirsch, *Baseball in Blue and Gray*, p. 39.

Chapter 14

1. *Porter's Spirit of the Times*, September 4, 1858.
2. Melvin Adelman, *A Sporting Time: New York City and the Rise of Modern Athletics, 1820–70* (Urbana and Chicago, Ill.: University of Illinois Press, 1986), p. 103.
3. John Rickards Betts, *America's Sporting Heritage, 1850–1950* (Reading, Mass.: Addison-Wesley, 1974), p. 53.
4. *Wilkes' Spirit of the Times*, September 10, 1859.
5. *Porter's Spirit of the Times*, September 4, 1858.
6. In the initial issue of his paper (September 10, 1859), Wilkes set forth the circumstances of his depar-

ture from Porter's and his intentions for his new publication.
  7. *Wilkes' Spirit of the Times,* January 3, 1863.
  8. The *Clipper* covered sports through 1894, after which it became exclusively a theatrical journal, eventually taking the name of *Variety.* (See Betts, *America's Sporting Heritage,* p. 67.)
  9. Betts, *America's Sporting Heritage,* p. 55.
  10. *New York Clipper,* August 20, 1853.
  11. *Ibid.,* July 16, 1853.
  12. *Ibid.,* September 14, 1861.
  13. Chadwick was not bashful about putting clippings about himself in the Chadwick Scrapbooks, and many profiles of the legendary reporter can be found therein.
  14. Andrew J. Schiff, *The Father of Baseball: A Biography of Henry Chadwick* (Jefferson, N.C.: McFarland, 2008), pp. 19, 25.
  15. Frederick Ivor-Campbell, "Henry Chadwick," in Frederick Ivor-Campbell, Robert L. Tiemann, and Mark Rucker (eds.), *Baseball's First Stars* (Cleveland, Oh.: Society for American Baseball Research, 1996), p. 26.
  16. Schiff, *Father of Baseball,* p. 30.
  17. Chadwick Scrapbooks.
  18. Mac Souders, "Baseball's First Publicist—Henry Chadwick," *Baseball Research Journal,* no. 15 (1986), p. 85.
  19. Chadwick Scrapbooks.
  20. William Rankin Scrapbooks.
  21. Schiff, *Father of Baseball,* p. 6.
  22. *Ibid.,* p. 221.
  23. Protoball 1737.1 (Ford p. 16).
  24. *Ibid.* 1774.2 (Ford p. 18).
  25. Adelman, *A Sporting Time,* p. 103.
  26. Patricia Millen, *From Pastime to Passion: Baseball and the Civil War* (Westminster, Md.: Heritage, 2004), p. 75.
  27. *New York Clipper,* July 21, 1860.
  28. Chadwick Scrapbooks.
  29. *Ibid.*
  30. *New York Clipper,* September 15, 1860.
  31. *Brooklyn Eagle,* October 4, 1861.
  32. *Ibid.,* June 28, 1864.
  33. *New York Clipper,* July 21, 1860.
  34. Terry, *Long Before the Dodgers,* p. 21.
  35. Chadwick Scrapbooks.
  36. *New York Clipper,* November 12, 1859.
  37. Chadwick Scrapbooks.
  38. *New York Clipper,* October 18, 1862.
  39. *Ibid.,* February 1, 1862.
  40. *Ibid.,* October 18, 1862.
  41. *Ibid.,* February 20, 1864.
  42. *Ibid.,* February 13, 1864.
  43. *Brooklyn Eagle,* October 17, 1863.
  44. *Spirit of the Times,* November 11, 1854.
  45. *Brooklyn Eagle,* December 5, 1863.
  46. *Porter's Spirit of the Times,* June 11, 1859.
  47. *New York Atlas,* July 31, 1859.
  48. *Ibid.,* October 10, 1861, and October 21, 1861.
  49. Chadwick Scrapbooks.
  50. *New York Atlas,* October 20, 1861.
  51. *Ibid.,* October 27, 1861.
  52. *Ibid.,* July 3, 1859.
  53. *Ibid.,* July 31, 1859.
  54. *Porter's Spirit of the Times,* December 11, 1858.
  55. *Ibid.,* December 18, 1858.
  56. Randall Brown, "How Baseball Began," *The National Pastime,* no. 24 (2004), p. 54.
  57. *Brooklyn Eagle,* June 12, 1858.
  58. *Ibid.,* July 21, 1860.
  59. *Ibid.,* September 10, 1861.
  60. *New York Atlas,* July 29, 1860.
  61. For an excellent analysis of the growing importance of statistics in the mid-nineteenth century, see Jules Tygiel, *Past Time: Baseball as History* (New York: Oxford University Press, 2000), Chapter Two.
  62. Knickerbocker Scorebooks.
  63. Schiff, *Father of Baseball,* p. 75.
  64. *New York Clipper,* March 23, 1861.
  65. *Ibid.,* March 3, 1860.
  66. Schiff, *Father of Baseball,* p. 79.
  67. *Brooklyn Eagle,* August 19, 1863.
  68. *Ibid.,* May 23, 1864.
  69. Chadwick Scrapbooks.
  70. *New York Clipper,* November 5, 1859.
  71. *Ibid.,* November 12, 1859.
  72. *Ibid.,* April 27, 1867.
  73. *Ibid.,* January 14, 1860.
  74. *Ibid.,* September 8, 1860.
  75. Chadwick Scrapbooks.
  76. *Brooklyn Eagle,* May 30, 1864.
  77. *Porter's Spirit of the Times,* September 18, 1858.
  78. *New York Clipper,* May 26, 1860.

Chapter 15

  1. The press was almost united in favor of the fly rule, but the level of their vehemence is deceiving since Chadwick, who felt strongly on the issue, wrote for several journals.
  2. Knickerbocker Club Books, Minutes of May 8, 1858.
  3. *Ibid.,* Minutes of May 17, 1858.
  4. *New York Clipper,* March 19, 1859.
  5. Knickerbocker Club Books, Minutes of May 4, 1859.
  6. *New York Clipper,* July 9, 1859.
  7. *Porter's Spirit of the Times,* July 9, 1859.
  8. *Ibid.,* August 20, 1859.
  9. *New York Clipper,* July 30, 1859.
  10. *Ibid.,* August 13, 1859.
  11. *Ibid.,* August 27, 1859.
  12. *New York Atlas,* July 3, 1859.
  13. *Ibid.,* August 14, 1859.
  14. *New York Clipper,* March 24, 1860.
  15. *Ibid.,* June 30, 1860.
  16. *Wilkes' Spirit of the Times,* December 19, 1863.
  17. *Brooklyn Eagle,* August 10, 1864.
  18. *Ibid.,* August 1, 1864.
  19. *New York Clipper,* November 5, 1864.
  20. Protoball 1750c.1 (Scholefield, Peter, *Cricket Laws and Terms,* Axiom Publishing, Kent Town, Australia p. 34).
  21. *New York Clipper,* May 2, 1857.
  22. Statement of Duncan Curry, Alexander Cartwright player file, A. Bartlett Giamatti Research Center, National Baseball Hall of Fame and Museum, Cooperstown, N.Y.

23. Peter Morris, *A Game of Inches: The Game on the Field* (Chicago: Ivan R. Dee, 2006), p. 25.
24. *Spirit of the Times*, July 24, 1858, reprinted in Dean A. Sullivan (ed.), *Early Innings: A Documentary History of Baseball, 1825–1908* (Lincoln, Neb.: University of Nebraska Press, 1995), p. 229.
25. Robert H. Schaefer, "The Great Base Ball Match of 1858: Base Ball's First All-Star Game," *NINE: A Journal of Baseball History and Social Policy Perspectives* 14 (Fall 2005), p. 60.
26. *Ibid.*, p. 61.
27. *New York Clipper*, August 14, 1858.
28. *Ibid.*, August 21, 1858.
29. Chadwick Scrapbooks.
30. *Ibid.*
31. *New York Clipper*, September 29, 1860.
32. Patricia Astifan, "Baseball in the 19th Century," *Rochester History* LII (Summer, 1990), p. 14.
33. Chadwick Scrapbooks.
34. *New York Clipper*, August 4, 1860.
35. *Ibid.*, September 8, 1860.
36. *Ibid.*, July 20, 1861.
37. Chadwick Scrapbooks.
38. Henry Chadwick, ed., *Beadle's Dime Base-Ball Player* (New York: Irwin P. Beadle and Co., 1860), p. 22.
39. *Brooklyn Eagle*, July 28, 1862.
40. *Ibid.*, October 9, 1862.
41. *Ibid.*, August 17, 1863.
42. *Ibid.*, October 24, 1863. Hannegan eventually became the shortstop of the Union Club with Charley Pabor becoming the pitcher.
43. Chadwick Scrapbooks.
44. *New York Clipper*, October 29, 1864.
45. Alphonse Martin Scrapbooks.
46. Even after the rule was changed, many pitchers threw swiftly by skirting the rules and using an underhanded snap throw. In 1866, the Unions of Morrisania placed an advertisement in the *Sunday Mercury* declaring they would refuse to play the Mutual and Active clubs because their pitchers, McSweeney and Walker, respectively, were using the underhand throw. The communication was signed by the Secretary of the Union Club, whose name, ironically, was Charles Swift. (See Martin Scrapbooks.)
47. *Brooklyn Eagle*, October 7, 1863.
48. *Ibid.*, September 9, 1863.
49. Chadwick Scrapbooks.
50. Morris, *Game of Inches*, p. 26.
51. Schaefer, "The Great Baseball Match," pp. 47–66.
52. *Wilkes' Spirit of the Times*, May 21, 1864.
53. *Brooklyn Eagle*, December 10, 1863.
54. *New York Times*, July 12, 1865.
55. *Ibid.*, May 6, 1864, and July 22, 1864.
56. *New York Clipper*, June 18, 1864.
57. *Ibid.*, August 10, 1864.
58. *Ibid.*, June 13, 1864. At the end of the season, the rules committee defined an unfair ball as one that passed more than four feet from the hip of the striker, less than one foot from his body, or struck the ground in front of the plate. (See *Brooklyn Eagle*, November 29, 1864.)
59. William Rankin Scrapbooks.
60. *New York Clipper*, September 26, 1863.
61. *Brooklyn Eagle*, September 21, 1864.
62. *Wilkes' Spirit of the Times*, October 22, 1864.
63. *Brooklyn Eagle*, July 28, 1862.
64. Chadwick Scrapbooks.
65. *Wilkes' Spirit of the Times*, October 22, 1864.
66. *Ibid.*, August 15, 1863.
67. *Brooklyn Eagle*, July 14, 1864.
68. *New York Clipper*, July 14, 1860.

Chapter 16

1. *New York Clipper*, March 15, 1862.
2. *Brooklyn Eagle*, April 7 and 25, 1862.
3. *Ibid.*, April 25, 1862.
4. *Ibid.*, April 7, 1862.
5. *New York Clipper*, April 5, 1862.
6. Prior to the construction of the Union Grounds, an enclosed cricket field had been used for some baseball games in Philadelphia (See Ed Maher and Frederick Ivor-Campbell, "William Henry Cammeyer," in Frederick Ivor-Campbell, Robert L. Tiemann, and Mark Rucker (eds.), *Baseball's First Stars* (Cleveland, Oh.: Society for American Baseball Research, 1996, p. 21).
7. Cammeyer's energy was demonstrated by the fact that he and his wife had thirteen children, although only about half survived until adulthood.
8. Terry, *Long Before the Dodgers*, p. 36.
9. There are a number of articles in the Chadwick Scrapbooks taken from various New York newspapers, describing the construction of and opening day at the Union Grounds.
10. www.brownstoner.com.
11. *Brooklyn City News*, May 16, 1862.
12. *Brooklyn Eagle*, September 7, 1863.
13. Chadwick Scrapbooks.
14. *Ibid.* In 1863, in an action frequently rendered necessary by the manpower shortage of the war years, the Favorita and Constellation clubs merged, and the Resolutes replaced the Constellation club at the facility. (See *Brooklyn Eagle*, May 16, 1862.)
15. *Brooklyn Eagle*, May 16, 1862.
16. *Ibid.*, April 3, 1861. The Knickerbockers voted to decline to enter the contest for the silver ball and so notified the Continental Club in writing. (See Knickerbocker Club Books, Minutes of June 18, 1861.)
17. *Ibid.*, August 4, 1863.
18. *Ibid.*, June 12, 1862.
19. *Ibid.*, July 10, 1856.
20. In 1864, the Atlantics held what was probably the first old timers game in the history of baseball. The veterans of the 1861 champion nine, some of whom were still playing with the 1864 club, took on the new players, those who had joined the club since 1861. Veterans Pearce, Charley Smith and Peter O'Brien, still on the first nine, combined with former stars Hamilton, John Price, Joe Oliver, Boerum, Mattie O'Brien and Lord to form the old time nine. (See *Brooklyn Eagle*, October 14, 1864.)
21. *New York Atlas*, August 21, 1859.
22. *New York Clipper*, June 30, 1866.
23. Peter Morris, *A Game of Inches: The Game on the Field* (Chicago: Ivan R. Dee, 2006), p. 211.
24. *New York Clipper*, May 7, 1874.

25. *New York Clipper,* April 1, 1865.
26. Chadwick Scrapbooks.
27. Terry, *Long Before the Dodgers,* p.138.
28. John Chapman Scrapbooks.
29. *Brooklyn Eagle,* July 22, 1862.
30. Warren Goldstein, *Playing for Keeps: A History of Early Baseball* (Ithaca, N.Y.: Cornell University Press, 1989), p. 63.
31. Chadwick Scrapbooks.
32. Several months after the game was played, the question arose as to whether the funds had ever been forwarded to the Sanitary Commission. In November, it was determined that they had not. Alex Babcock, treasurer of the Atlantics, said he did not know what had become of the money, but that none had found its way into the Atlantics' treasury. On November 5, 1862, the day after Babcock had his letter published in *The Brooklyn Eagle,* "An Admirer of Baseball" responded, indicating that he had received confirmation from the Cashier of the Relief Fund of Kings County that $188.79 had been received for the benefit of wounded and sick soldiers. (See Chadwick Scrapbooks.)
33. Chadwick Scrapbooks.
34. *Ibid.*
35. Terry, *Long Before the Dodgers,* p.14.
36. Andrew J. Schiff, *The Father of Baseball: A Biography of Henry Chadwick* (Jefferson, N.C.: McFarland, 2008), p. 49.
37. Chadwick Scrapbooks.
38. *Ibid.*
39. *Brooklyn Eagle,* October 30, 1860.
40. philadelphiaathletics.org.
41. Terry, *Long Before the Dodgers,* p. 150.
42. Overfield, "Alfred James Reach," in Robert L. Tiemann and Mark Rucker (eds.), *Nineteenth Century Stars* (Kansas City, Mo.: Society for American Baseball Research, 1989), p. 106.
43. Chadwick Scrapbooks. Befitting to one who was implicated in baseball's first scandal, Devyr later entered New York politics and was elected a supervisor from the Seventeenth Ward in 1870.
44. *Spirit of the Times,* September 27, 1856.
45. *New York Clipper,* July 18, 1874.
46. William Rankin Scrapbooks.
47. Chadwick Scrapbooks.
48. *Brooklyn Eagle,* July 30, 1862.
49. *Ibid.,* June 15, 1884.
50. *New York Clipper,* December 3, 1859.
51. *Porter's Spirit of the Times,* January 31, 1857.
52. Terry, *Long Before the Dodgers,* p. 88.
53. *Brooklyn Eagle,* June 16, 1884.
54. Much of the information on Pidgeon is taken from "Frank Pidgeon of the Brooklyn Eckfords," an address by Dr. Trey Strecker delivered June 27, 2008, at the Annual Convention of the Society for American Baseball Research. Thorn, *"Play's the Thing," Woodstock Times,* July 15, 2004, and *New York Clipper,* June 21, 1884.
55. *Brooklyn Eagle,* September 23, 1862.
56. *New York Times,* July 27, 1862.
57. *Brooklyn Eagle,* October 6, 1862.
58. *Ibid.,* September 7, 1863.
59. John Thorn, "James Creighton," http://bioproj.sabr.org/bioproj.cfm?a=v&v=l&bid=741&pid=16947.
60. Schiff, *Father of Baseball,* p. 95.
61. *Wilkes' Spirit of the Times,* March 7, 1863.

62. The probable cause of Creighton's death was obtained from Thorn's biographical sketch of Creighton in the SABR BioProject and from a conversation with Tom Shieber, who has done extensive research into the life of Creighton. Shieber, after discussing his findings with a physician of his acquaintance, believes that a ruptured inguinal hernia was the most likely cause of Creighton's demise.
63. *New York Clipper,* October 25, 1862.
64. *Wilkes' Spirit of the Times,* March 7, 1863.
65. *Ibid.,* November 8, 1862.
66. *The Sunday Mercury,* June 29, 1862.
67. *New York Atlas,* September 16, 1860.
68. *New York Clipper,* September 6, 1862.
69. *Wilkes' Spirit of the Times,* March 7, 1863.
70. *Brooklyn Eagle,* September 9, 1863.
71. *The Sunday Mercury,* August 9, 1863.

Chapter 17

1. *Brooklyn Eagle,* March 17, 1864.
2. Chadwick Scrapbooks.
3. *New York Clipper,* May 21, 1864.
4. *New York Times,* December 5, 1862.
5. *Brooklyn Eagle,* March 24, 1863.
6. Terry, *Long Before the Dodgers,* p. 45.
7. *New York Times,* May 7, 1864.
8. Terry, *Long Before the Dodgers,* p. 45.
9. Eagerness was not the only reason that made the Stars the perennial leaders in beginning play. The location of their grounds caused it to drain and dry more quickly than others. The Union and Capitoline Grounds, both of which were used for skating during the winter, took more work and time to put into condition for baseball.
10. *Brooklyn Eagle,* July 12, 1864.
11. Ironically, the Excelsiors, icons of the halcyon days, refused to permit their members to participate, publishing announcements to that effect in the *Eagle.* (See *Brooklyn Eagle,* May 14, 1864.)
12. *Brooklyn Eagle,* May 21, 1864.
13. *Ibid.,* May 31, 1864.
14. *Ibid.,* June 27, 1864.
15. *Ibid.,* June 28, 1864.
16. *Ibid.,* October 7, 1863.
17. Chadwick Scrapbooks.
18. *Brooklyn Eagle,* January 25, 1864.
19. *Ibid.,* August 23, 1864. Beach later returned to play with the Eckfords and appeared with them as late as 1868.
20. *Ibid.,* August 8, 1864.
21. *Ibid.,* August 19, 1864.
22. *Ibid.,* August 31, 1864.
23. Mattie O'Brien had a serious illness during the 1863 season, which rendered him bedridden for some time. (See *Brooklyn Eagle,* June 19, 1863.) He recovered and played occasionally in 1864. The following winter, though, he caught a very bad cold leaving a ball and died of consumption in October 1865. O'Brien's death caused a cancellation of a key game between the Atlantics and the Athletics, who were challenging for the championship. Brother Peter died a few years later, at a relatively young age, when a gun he was cleaning accidentally discharged. Peter's death was first reported as a

suicide, attributable to his melancholy following the death of his wife, but relatives who were home when he died convinced an inquest that the death was accidental. (See *Brooklyn Eagle,* October 13, 1874.)

24. *Brooklyn Eagle,* August 23, 1864.
25. *Ibid.,* June 29, 1864. The Atlantics, with their new-found sense of good fellowship, even developed a hospitable relationship with the New York Cricket Club. The Atlantics hosted the cricketers in a game of baseball, and provided food and socializing afterward. The cricketers planned to reciprocate in kind, scheduling a game with the Atlantics, and planning a sumptuous repast to follow. Only one thing marred the enjoyment of the carefully planned event. The Atlantics didn't show up. Old habits die hard. (See *Brooklyn Eagle,* July 23, 1864.)
26. *New York Clipper,* July 9, 1864.
27. *Brooklyn Eagle,* June 1, 1864.
28. *Ibid.,* June 28, 1864.
29. *Ibid.,* September 17, 1864.
30. William Rankin Scrapbooks.
31. Peter Morris, *Baseball Fever: Early Baseball in Michigan* (Ann Arbor, Mich.: University of Michigan Press, 2003), pp. 74–79.
32. *New York Clipper,* June 27, 1863.
33. *Brooklyn Eagle,* July 18, 1864.
34. Robert L. Tiemann, "Joseph Bowne Leggett," in Frederick Ivor-Campbell, Robert L. Tiemann, and Mark Rucker (eds.), *Baseball's First Stars* (Cleveland, Oh.: Society for American Baseball Research, 1996), p. 95.
35. Chadwick Scrapbooks.
36. *Brooklyn Eagle,* October 22, 1863.
37. *Ibid.,* November 28, 1864.
38. *New York Times,* August 4, 1860.
39. *Brooklyn Eagle,* June 16, 1864.
40. Chadwick Scrapbooks.
41. The first recorded cricket match in Canada had taken place only four years earlier, in 1834. (Protoball 1834.4, Lester, John A. ed, *A Century of Philadelphia Cricket*, University of Pennsylvania Press, Philadelphia, 1951.) Given the brief interlude, cricket was far from an established sport, and baseball had ample opportunity to gain popularity.
42. William Humber, "It's Our Game, Too, Neighbor," in *Dominionball*, p. 5.
43. David Block, *Baseball Before We Knew It: A Search for the Roots of the Game* (Lincoln, Neb.: University of Nebraska Press, 2004), pp. 62–66.
44. Humber, "It's Our Game," p. 7, and *New York Clipper,* September 27, 1856.
45. An article in the *Clipper* of May 22, 1858, referenced the organization of a Young Canadian Club at that time, but all subsequent articles state that the Woodstock club was founded in 1860. As in the United States, there were multiple Canadian teams with the same name, which leads to confusion. Despite the fact there were only a handful of teams in Canada, they could not seem to find unique names. The first club in Hamilton was also called the Young Canadians. (See Humber, "It's Our Game," p. 7.)
46. *New York Clipper,* September 15, 1860. The first U.S.-Canada game was earlier in 1860, when the Burlington Club of Hamilton lost to the Niagaras. (Humber, "It's Our Game," p. 7.)
47. *Brooklyn Eagle,* April 7, 1862.

48. *Ibid.,* August 8, 1864, and September 21, 1864.
49. *New York Clipper,* April 16, 1864.
50. *New York Atlas,* September 4, 1859.
51. *Wilkes' Spirit of the Times,* March 25, 1865.
52. *New York Times,* August 7, 1862.
53. *Wilkes' Spirit of the Times,* May 2, 1863.
54. *Ibid.,* June 18, 1864.
55. *Ibid.,* May 14, 1864.
56. *New York Clipper,* May 28, 1864.
57. *Wilkes' Spirit of the Times,* November 19, 1864.
58. *Ibid.,* June 14, 1862.
59. *The Sunday Mercury,* July 13, 1862.
60. *New York Times,* March 6, 1871.
61. *Ibid.,* March 13, 1871.
62. Chadwick Scrapbooks.
63. *Ibid.*
64. Undated newspaper clipping, Alfred Reach player file, A. Bartlett Giamatti Research Center, National Baseball Hall of Fame and Museum, Cooperstown, N.Y.
65. Chapman Scrapbooks.
66. *Ibid.*
67. James D'Wolf Lovett, *Old Boston Boys and the Games They Played* (Boston: Little, Brown, 1908), pp. 166–167.
68. Chadwick Scrapbooks.
69. *Brooklyn Eagle,* March 17, 1864.

Chapter 18

1. John Rickards Betts, *America's Sporting Heritage, 1850–1950* (Reading, Mass.: Addison-Wesley, 1974), p. 36.
2. Melvin Adelman, *A Sporting Time: New York City and the Rise of Modern Athletics, 1820–70* (Urbana and Chicago, Ill.: University of Illinois Press, 1986), p. 148.
3. *New York Atlas,* July 22, 1860.
4. *Brooklyn Daily Times,* July 20, 1860.
5. William Rankin Scrapbooks.
6. *Brooklyn Eagle,* November 1, 1861.
7. *New York Clipper,* November 16, 1861.
8. *Ibid.,* October 22, 1859.
9. *Ibid.,* July 21 and October 13, 1860.
10. *Ibid.,* October 20, 1860.
11. *Ibid.,* October 22, 1864.
12. Chadwick Scrapbooks.
13. *Brooklyn Eagle,* September 12, 1863.
14. *New York Clipper,* October 22, 1864.
15. *Brooklyn Eagle,* August 16, 1864.
16. *New York Atlas,* October 9, 1859.
17. Adelman, *Sporting Time,* p. 151.
18. Chadwick Scrapbooks.
19. *Ibid.*
20. *New York Clipper,* November 19, 1859.
21. *Brooklyn Eagle,* September 28, 1861.
22. *New York Clipper,* August 3, 1861.
23. *Ibid.,* December 21, 1861.
24. Terry, *Long Before the Dodgers,* p. 101.
25. John Freyer and Mark Rucker, *Peverelly's National Game* (Charleston, S.C.: Arcadia, 2005), p. 25.
26. Chadwick Scrapbooks.

Bibliography

Newspapers

American Chronicle of Sports and Pastimes, 1868
Brooklyn City News, 1862
Brooklyn Daily Times, 1855–1861
Brooklyn Eagle, 1855–1864
New Orleans Daily Crescent, 1859–1860
New Orleans Times Picayune, 1859–1860
New York Atlas, 1855–1861
New York Clipper, 1853–1876
New York Times, 1851–1875
Patchogue Advance, 1905
Porter's Spirit of the Times, 1856–1859
Spirit of the Times 1852–1856
Sunday Mercury, 1862
Wilkes' Spirit of the Times, 1852–1856

Articles

Altherr, Thomas. "Chucking the Old Apple, Recent Discoveries of Pre–1840 North American Ball Games." *Base Ball*, 2:1 (Spring 2008).

Alvarez, Mark. "The Year 2 A.D. (After Doubleday)." *The National Pastime*, no. 11 (1992).

"Amherst Graduates Quarterly, February, 1917, The First Collegiate Baseball Game." *The National Pastime*, no. 16 (1996).

Astifan, Priscilla. "Baseball in the 19th Century," *Rochester History* LII (Summer 1990).

Barash, Allison Caveglia. "Base Ball in the Civil War." *The National Pastime*, no. 21 (2001).

Bergen, Phil. "Lovett of the Lowells." *The National Pastime*, no. 16 (1996).

Block, David. "A Peek into the Pocket-book." *Base Ball*, 2:1 (Spring 2008).

_____. "The Story of William Bray's Diary." *Base Ball*, 1:1 (Fall 2007).

Brown, Randall. "How Baseball Began." *The National Pastime*, no. 24 (2004).

Cartwright, Anne. "Cartwright's Trip West." *The National Pastime*, no. 18 (1998).

Casway, Jerrold. "Locating Philadelphia's Historic Ballfields." *The National Pastime*, no. 13 (1993).

Dyja, Thomas. "America's Rites of Passage," *Civil War Times*, May 1998.

Feeney, Ryan. "The Power of One: Thomas Fitzgerald and the Origins of Interracial Baseball," academic paper on file at the A. Bartlett Giamatti Research Center, National Baseball Hall of Fame and Museum, Cooperstown, N.Y.

Heitz, Thomas. "In Our Past." *Cooperstown Crier*, September 9, 1999.

Hershberger, Richard, "A Reconstruction of Philadelphia Town Ball." *Base Ball*, 1:2 (Fall 2007).

Hoerchner, Martin. "Stoolball: Alive and Well in Sussex." *Baseball Research Journal*, no. 28 (1999).

Humber, William. "It's Our Game, Too, Neighbor." *Dominion Ball*, The Society for American Baseball Research, 2005.

Husman, John. "Ohio's First Baseball Game, Played by Confederates and Taught to Yankees." *Base Ball*, 2:1 (Spring 2008).

Ivor-Campbell, Frederick. "Alexander Joy Cartwright." In *Baseball's First Stars*, edited by Frederick Ivor-Campbell, Robert L. Tiemann, and Mark Rucker, 24. Cleveland, Oh.: Society for American Baseball Research, 1996.

_____. "How Baseball Became America's National Game." unpublished article.

_____. "Knickerbocker Base Ball: The Birth and Infancy of the Modern Game." Draft article provided prior to publication by the author.

Lowry, Phil. "I Don't Care If I Ever Get Back: Marathons Lasting 20 Innings or More. *Baseball Research Journal*, no. 33 (2004).

Macfarlane, Angus. "The Knickerbockers, San Francisco's First Baseball Team?" *Base Ball*, 1:1 (Spring 2007).

Maher, Ed, and Ivor-Campbell, Frederick. "William Henry Cammeyer." In *Baseball's First Stars*, edited by Frederick Ivor-Campbell, Robert L. Tiemann, and Mark Rucker, 21. Cleveland, Oh.: Society for American Baseball Research, 1996.

Mallinson, James. "Abraham Gilbert Mills." In *Baseball's First Stars*, edited by Frederick Ivor-Campbell, Robert L. Tiemann, and Mark Rucker, 114.

Cleveland, Oh.: Society for American Baseball Research, 1996.

_____. "Abraham Mills," SABR Baseball Biography Project, 2006. Bioproj.sabr.org/bioproj.cfm?a=v&v=/&bid=741&pid=16947.

Mann, William A. "The Elysian Fields of Hoboken, New Jersey." *Base Ball*, 1:1 (Spring 2007).

Martin, Beth. "Hey, Blue!" *The National Pastime*, no. 17 (1998).

Melville, Tom. "Cricket and Mr. Spalding." *The National Pastime*, no. 16 (1996).

Nucciarone, Monica. "Alexander Cartwright." SABR Baseball Biography Project, 2006. Bioproj.sabr.org/bioproj.cfm?a=v&v=/&bid=727&pid=2205.

Overfield, Joseph. "Baseball in Buffalo Before the Civil War." *Niagara Frontier*, Summer 1964.

Schaefer, Robert H. "The Great Base Ball Match of 1858." *Nine: A Journal of Baseball History and Social Policy Perspectives* 14 (Fall 2005).

_____. "The Lost Art of Fair-Foul Hitting." *The National Pastime*, no. 20 (1999).

Shieber, Tom. "The Earliest-known Baseball Photograph." *The National Pastime*, no. 17 (1997).

_____. "The Evolution of the Baseball Diamond." *Baseball Research Journal*, no. 23 (2003).

_____, and Spencer, Ted. "Spalding's Commission." In *Baseball as America, Seeing Ourselves Through the National Game*. Washington, D.C.: National Geographic Society, 2002.

Smith, Duane A. "Dickie Pearce: Baseball's First Great Shortstop." *The National Pastime*, no. 10 (1990).

Souders, Mac. "Baseball's First Publicist — Henry Chadwick." *Baseball Research Journal*, no. 15 (1986).

Spivak, Joel. "Where Was the Jefferson Street Grounds." *The National Pastime*, no. 11 (1992).

Thompson, George A., Jr. "New York Baseball, 1823." *The National Pastime*, no. 21 (2001).

Thorn, John. "Daniel Lucius Adams." In *Baseball's First Stars*, edited by Frederick Ivor-Campbell, Robert L. Tiemann, and Mark Rucker, 1. Cleveland, Oh.: Society for American Baseball Research, 1996.

_____. "Doc Adams." SABR Baseball Biography Project, 2006. Bioproj.sabr.org/bioproj.cfm?a=v&v=/&bid=639&pid=16943.

_____. "Finding Frank Pidgeon," *Woodstock Times*, July 15, 2004.

_____. "James Creighton." SABR Baseball Biography Project, 2006. Bioproj.sabr.org/bioproj.cfm?a=v&v=/&bid=770&pid=16900.

_____. "James Leon Wood." In *Baseball's First Stars*, edited by Frederick Ivor-Campbell, Robert L. Tiemann, and Mark Rucker, 174. Cleveland, Oh.: Society for American Baseball Research, 1996.

_____. "1791 and All That, Baseball and the Berkshires." *Base Ball*, 1:1 (Spring 2007).

_____. "Thomas J. Pratt." In *Baseball's First Stars*, edited by Frederick Ivor-Campbell, Robert L. Tiemann, and Mark Rucker, 129. Cleveland, Oh.: Society for American Baseball Research, 1996.

Tiemann, Robert L. "James Leon Wood." In *Baseball's First Stars*, edited by Frederick Ivor-Campbell, Robert L. Tiemann, and Mark Rucker. Cleveland, Oh.: Society for American Baseball Research, 1996.

_____. "Joseph Bowne Leggett." In *Baseball's First Stars*, edited by Frederick Ivor-Campbell, Robert L. Tiemann, and Mark Rucker. Cleveland, Oh.: Society for American Baseball Research, 1996.

_____. "Thomas J. Pratt." In *Baseball's First Stars*, edited by Frederick Ivor-Campbell, Robert L. Tiemann, and Mark Rucker. Cleveland, Oh.: Society for American Baseball Research, 1996.

Wolter, Tim. "Bats and Saddles." *The National Pastime*, no. 18 (1998).

The following articles are from *Nineteenth Century Stars*, published in 1989 by the Society for American Baseball Research:

Subject	Author
Asa Brainard	Joseph M. Overfield
John Chapman	Mark D. Rucker
Jim Creighton	Mark D. Rucker
Weston Fisler	Joseph M. Overfield
Dickey Pearce	Frank V. Phelps
Al Reach	Joseph M. Overfield
Joe Start	Frederick Ivor-Campbell

Books

Adelman, Melvin. *A Sporting Time: New York City and the Rise of Modern Athletics, 1820–70*. Urbana, Ill.: University of Illinois Press, 1986.

Alvarez, Mark, Tom Shieber, and Mark Rucker. *Baseball for the Fun of It*. Cleveland, Oh.: Society for American Baseball Research, 1997.

Betts, John Rickards. *America's Sporting Heritage 1850–1950*. Reading, Mass.: Addison-Wesley, 1974.

Block, David. *Baseball Before We Knew It*. Lincoln, Neb.: University of Nebraska Press, 2004.

Bready, James. H. *Baseball in Baltimore: The First Hundred Years*. Baltimore, Md.: Johns Hopkins University Press, 1998.

Detzler, David. *Allegiance: Fort Sumter, Charleston, and the Beginning of the Civil War*. New York: Harcourt, 2001.

DiClerico, James M., and Barry Pavelec. *The Jersey Game: The History of Modern Baseball from its Birth to the Big Leagues in the Garden State*. New Brunswick, N.J.: Rutgers University Press, 1991.

Dorward, Jane Finnan (ed.) *Dominionball, Baseball Above the 49th*. Cleveland, Oh.: Society for American Baseball Research, 2005.

Freyer, John, and Mark Rucker. *Peverelly's National Game*. Charleston, S.C.: Arcadia, 2005.

Gallman, J. Matthew. *Mastering Wartime: A Social History of Philadelphia During the Civil War.* New York: Cambridge University Press, 1990.

Goldstein, Warren. *Playing for Keeps: A History of Early Baseball.* Ithaca, N.Y.: Cornell University Press, 1989.

Henderson, Robert W. *Bat, Ball and Bishop: A History of Early Ball Games.* New York: Rockport, 1947.

Hershkowitz, Leo. *Tweed's New York: Another Look.* Garden City, N.Y.: Anchor/Doubleday, 1977.

Kirsch, George B. *Baseball in Blue and Gray: The National Pastime During the Civil War.* Princeton, N.J.: Princeton University Press, 2003.

Lester, John A. *A Century of Philadelphia Cricket.* Philadelphia: University of Pennsylvania Press, 1951.

Lovett, James D'Wolf. *Old Boston Boys and The Games They Played.* Boston: Little, Brown, 1908.

Manchester, William. *The Last Lion: Winston Spencer Churchill, Visions of Glory, 1874–1932.* Boston: Little, Brown, 1983.

Melville, Tom. *The Tented Field: A History of Cricket in America.* Bowling Green, Oh.: Bowling Green State University Popular Press, 1998.

Millen, Patricia. *From Pastime to Passion: Baseball and the Civil War.* Westminster, Md.: Heritage, 2004.

Morris, Peter. *Baseball Fever: Early Baseball in Michigan.* Ann Arbor, Mich.: University of Michigan Press, 2003.

_____. *A Game of Inches: The Game on the Field.* Chicago: Ivan R. Dee, 2006.

Orem, Preston D. *Baseball 1845–1881 from the Newspaper Accounts.* Altadena, Calif.: self-published, 1962.

Peterson, Harold. *The Man Who Invented Baseball.* New York: Charles Scribner's Sons, 1973.

Powell, J. H. *Bring Out Your Dead.* Philadelphia: University of Pennsylvania Press, 1949.

Ryczek, William J. *Blackguards and Red Stockings: A History of Baseball's National Association, 1871–1875.* Jefferson, N.C.: McFarland, 1992.

_____. *When Johnny Came Sliding Home: The Post–Civil War Baseball Boom, 1865–1870.* Jefferson, N.C.: McFarland, 1998.

Schiff, Andrew J. *The Father of Baseball: A Biography of Henry Chadwick.* Jefferson, N.C.: McFarland, 2008.

Seymour, Harold. *Baseball: The Early Years.* New York: Oxford University Press, 1960.

Shiffert, John. *Base Ball in Philadelphia: A History of the Early Game, 1831–1900.* Jefferson, N.C.: McFarland, 2006.

Somers, Dale A. *The Rise of Sport in New Orleans, 1850–1900.* Baton Rouge, La.: Louisiana State University Press, 1972.

Soos, Troy. *Before the Curse: The Glory Days of New England Baseball, 1858–1918.* Hyannis, Mass.: Parnassus, 1997.

Spalding, Albert G. *America's National Game.* New York: American Sports, 1911.

Sullivan, Dean A. (ed.). *Early Innings: A Documentary History of Baseball, 1825–1909.* Lincoln, Neb.: University of Nebraska Press, 1995.

Swanberg, W.A. *Sickles the Incredible.* Gettysburg, Pa.: Stan Clark Military, 1956.

Terry, James L. *Long Before the Dodgers: Baseball in Brooklyn, 1855–1884.* Jefferson, N.C.: McFarland, 2002.

Tygiel, Jules. *Past Time: Baseball as History.* New York: Oxford University Press, 2000.

Voigt, David. *American Baseball: From Gentleman's Sport to the Commissioner System.* Reprint. University Park, Pa.: Pennsylvania State University Press, 1983.

Wright, Marshall D. *The National Association of Base Ball Players, 1857–1870.* Jefferson, N.C.: McFarland, 2000.

Other

Alphonse Martin Scrapbooks (available at the Giamatti Research Center at the Baseball Hall of Fame in Cooperstown, N.Y.).

Chadwick, Henry, ed. *Beadle's Dime Base-Ball Player.* New York: Irwin P. Beadle and Co., 1860.

"Frank Pidgeon of the Brooklyn Eckfords," presentation by Dr. Trey Strecker at the Annual Convention of the Society for American Baseball Research, June 27, 2008.

Harry Wright Correspondence (available on microfilm from the Society for American Baseball Research Lending Library).

Henry Chadwick Scrapbooks (available on microfilm from the Society for American Baseball Research Lending Library).

John Chapman Scrapbooks (available at the Giamatti Research Center at the Baseball Hall of Fame in Cooperstown, N.Y.).

John T. Doyle Scrapbooks (available at the Giamatti Research Center at the Baseball Hall of Fame in Cooperstown, N.Y.).

Philadelphia Athletic Scrapbooks (available at the Giamatti Research Center at the Baseball Hall of Fame in Cooperstown, N.Y.).

Rules of Rounders, adapted from *American Boys Book of Sports and Games*, 1863, and The Ancient History of Baseball, by Henry Chadwick, in *The Ball Players Chronicle*, July 18, 1867, presented at the Vintage Baseball Association Convention, Cincinnati, Ohio, April 17–18, 1999.

"Two Roads Diverged," speech by John Thorn, delivered at the annual NINE conference at Tucson, Ariz., March 2006.

William Rankin Scrapbooks (preserved on microfilm, kindly loaned to the author by Tom Shieber).

Index

Aaron, Hank 15
Acme Club 81
Active Club 62, 72, 81, 182
Adams, Daniel (Doc) 3, 34–36, 38, 41, 43, 47–48, 67, 69, 175, 181
Adams, John 40
Adams, Roger C. 34, 38, 41
Adriatic Club (New York) 80
Adriatic Club (Philadelphia) 118, 120–123
Albion Club 80
Alert Club 81
All-England Eleven 104, 112
Allcock, Charles 17–18
Alpine Club 57, 65
American Club (Dedham, MA) 128
American Club (New York) 80–81
American Cricket Club 105
American Eagle Club 80
American Star Club 80
Amherst College 127, 129–130
Anderson, Maj. Robert 16
Andrews, James 48
Anthony, ____ 183
Ariel Club 81
Armfield, W.W. 47
Astor, John Jacob 64
Athletic Club (Newark) 60
Athletic Club (Philadelphia) 18, 53, 115–116, 118, 120–125, 130, 155, 182, 191, 198, 204, 207–211
Athletics (Philadelphia League Alliance Club) 119
Atlantic Club (Brooklyn) 4, 12–13, 46–48, 52–53, 58–59, 62, 65, 67–71, 74–78, 80–82, 94–95, 105–106, 113, 116, 121–125, 127, 130, 134, 136, 138–144, 145, 150, 155, 157–159, 167, 169–170, 172, 177–178, 180, 184–185, 187–190, 192–194 196–209, 212
Atlantic Club (Chicago) 60, 147
Atlantic Club (Jamaica, NY) 159
Atlantic Club (Philadelphia) 121
Atlantics (vintage club) 12
Atwater Club 131–132
Auld Lang Syne Club 81

Babcock, A.G. 159
Babcock, W. 48
Bach, ____ 147

Bagot, Thomas 48
Baltic Club 46–48, 67, 73, 176, 191
Barber, John T. 94
Barnum, P.T. 64
baseball on ice 95
Bay State Club 128
Bayard, William 64
Beach, Waddy 10, 191, 201
Beadle's Dime Base Ball Player 75, 172, 180
Beam, George 145–146
Beasley, Tom 85
Bedford Club 48, 80
Beers, ____ 211
Bell, William 181
Benedict Club 118
Benicia Boy Club 61, 185
Benson, ____ 79
Bergen, L. M. 68, 187
Berkenstock, Nathan 118
Birdsall, Dave 205
Bixby, A.J. 47, 72, 79
Blavatsky, Petrovna 26
Block, David 1, 2, 26, 37, 39, 41, 205
Block, Phillip 2, 26
Blow Pipe Jr. Club 61, 73
Boerum, Rapeleye 68, 138, 187, 206
Boetticher, Otto 160
Bomeisler, Charles 124–125
Bomeisler, Theodore 115
Borax Club 73
Bouton, Jim 13
Bowdoin Club 131–132, 134
Bowdoin College 130
boxing 85–92, 99–100
Boyd, ____ 211
Bradford, Governor William 38
Brainard, Asa 105, 137, 146, 187, 203–204
Bray, W.H. 165
Bray, William 37
Brientnall, ____ 155
Brock, Darryl 7
Brooklyn Club 81, 94
Brooklyn Yacht Club 140
Brother Jonathan Club 148, 154, 205
Broughton, F.K. 144
Brown, ____ 184

Brown, E.H. 48–49
Brown, James 48
Brown Stockings Club (St. Louis) 70, 189
Brown University 130
Bryant, William Cullen 40
Buccleuch, Duke of 19
Buckeye Club 148
Buffalo Club 147
Buffalo Club (National League) 189
Bulkeley, Morgan 21
Bunsby, ____ 169
Bunyan, John 98
Burns, Simon 155
Burnside Club 61
Burr, A.E. 79
Burtis, ____ 72
Butler, Gen. Benjamin 113
Butler, H.S. 130
Butterworth, John 154

Camden Club 124, 211
Camden Town Ball Club 115
Cammeyer, William 92, 94, 152, 185–186, 210
Campbell, Hugh 203
Campbell, Mike 204
Campbell, Wesley 191
Canadian baseball 205
Canfield, ____ 179
canine sport 83–84
Capitoline Association 199
Capitoline Grounds 65, 167, 202
Capitoline Pond 92, 200
Carr, Frank 48
Cartwright, Alexander, Jr. 3, 27–36, 41, 43–45, 48–49, 86, 98, 165, 192
Cartwright, Alexander, Sr. 30
Cartwright, Alexander, IV 32
Cartwright, Alfred 31
Cartwright, Anne 32
Cartwright, Bruce 32
Cauldwell, William 23, 29, 167
Centennial Club 119
Central Park 65, 92, 128, 151
Chadwick, Edwin 165
Chadwick, Henry 4, 5, 17, 19–23, 26–28, 36, 38–39, 41, 53, 56–60, 62, 65, 69, 72, 74, 78–79, 97–98, 103, 106–107

257

121–125, 135, 140–141, 143, 145, 152, 158, 162, 164–167, 170–173, 175–182, 184, 187, 192, 194, 200–204, 207–208 212
Chadwick, James 165
Chadwick, Jane 152
Chadwick, P.R. 48
Champion Club (Albany, NY) 136, 146
Champion Club (New York) 59, 81, 198
Champion Club (Troy) 146
Chandler, Horace 131
Chapman, John 22, 72, 155, 187–189, 207
Charles, King of England 98
Charter Oak Club (Hartford, CT) 130
Charter Oak Club (New York) 62, 65, 80, 82, 94–95, 136, 141, 154, 173, 179, 207
Charter Oak Club (Rochester) 147
Chelsea Club 61, 177
Chicago Cricket Club 19
Churchill, Winston 4
Cinderella Club 61
Clark, Stephen 25
Clarke, Beverly 153
Clay, Cassius Marcellus 40
Clemens, Roger 8
Cleveland, Grover 46
Clinton Club 60
Clipper, New York 60, 72, 97, 164–165, 167–169, 171
Cobb, Ty 8
cock fighting 85
Collins, Jimmie 189
Columbia Club (Chicago) 147
Columbia Club (New York) 47, 67, 80
Columbian Club 118, 121
Commerford, Charles 46
Constant, John 48
Constellation Club 72, 76, 80, 94, 122, 187, 207
Continental Club (New York) 46, 48, 62, 67, 69, 71, 140, 157, 187, 190
Continental Club (Philadelphia) 115
Contoit, John 49
Conway, Bridget 65
Cooper, Dr. Charles 48
Cooper, James Fenimore 15
Cooperstown, New York 15, 96
Cornell, Robert 48
Costigan, John 94
Cozans, P.J. 67, 72, 199
Crane, Fred 72, 155
Creighton, James 3, 8, 77, 82, 105–106, 118, 122, 134, 135, 137, 140–142, 146, 158, 179–180, 185, 187, 192, 194–198, 203, 205, 208–209
Crescent City Base Ball Club 112
Crescent City Cricket Club 112
Crystal Club 80–81
Cudlip, Rueben 47, 48
Curry, Duncan 22–23, 29, 43–45, 55, 178

Dakin, Thomas 49, 105, 155
Dartmouth College 129
Davenport, ___ 59
Davis, James Whyte 32, 43, 45, 48, 52, 55–56, 73, 153
Davis, W. Bolivar 104
Day, William 79
Daybreak Club 148, 203
DeBost, Charles 31, 44, 79, 169–170
Deerfield Academy 96
Delachasie Grounds 112
Delhi Club 39–40, 166
Demarest, ___ 72
Detroit Club 134, 148, 154
Detroit Club (National League) 189
Devyr, Tom 191, 198, 201, 203
Dickens, Charles 64
DiClerico, James 64
DiMaggio, Joe 41
Dineen, Bill 189
Dobson, H.A. 172
Doubleday, Abner 1–3, 15–16, 23–28, 30, 36, 98, 151, 156, 165, 205
Doubleday, Abner Demas 25
Douglas, Stephen 148, 157
Douglass, Alderman 110
Dowling, ___ 89–90
Dreadnought Club 80
Drummond, Alex 55, 175
Duffy, ___ 124
Duffy, Ed 201
Dyja, Thomas 160

E Pluribus Unum Club 80, 177
Eagle Club 46–47, 49, 53, 64, 67–68, 71–72, 75–78, 106–107, 122, 138, 140, 149, 158, 165–167, 177, 185, 199, 201–202, 206, 212
Earl, ___ 180
Early Risers Club 148, 154
Ebbets, Charles 30
Ebbets, Daniel 30
Eckford Club (Albany) 60
Eckford Club (Brooklyn) 4, 12, 47–48, 52–53, 58–60, 67–69, 74–75, 78, 80–82, 94, 122–123, 127, 134, 139, 145, 153 155, 157–158, 176–177, 184, 187, 190–194, 196–198, 200–202, 206–210, 212
Eckford, Henry 190
Eclipse Club 81, 148
Ellsworth, Elmer 61
Elm Tree Club 128
Elmira Club 63
Elysian Fields 35, 40, 45, 47, 62–65, 69, 73, 99, 104, 139, 149, 153, 165, 185–186
Empire Club (New Orleans) 112–113
Empire Club (New York) 46–47, 49, 59, 62, 64, 77–79, 95, 139, 142, 158, 177, 180, 182, 185, 201–202
Endeavor Club 80
Englewood Club 177
Enterprise Club 59, 61, 98, 122–123, 130, 140, 153, 180, 187–188, 200–201, 206, 211
Equity Club 115–116, 118–119

Erie Club 147
Eton School 96
Eureka Club 74, 121–123, 154–155, 204
Everest, the Reverend C.H. 98
Excelsior Club (Baltimore) 116, 134, 146, 159, 176
Excelsior Club (Brooklyn) 4, 12–13, 46–49, 52–53, 58, 60–61, 62, 67, 70–78, 80–82, 104, 113, 116, 118, 121–123, 130, 132–144 147, 150, 153–155, 157–158, 167–168, 170, 173–179, 185, 187, 190, 192–194, 196, 198, 200–204, 206, 208–209, 212
Excelsior Cub (Chicago) 16, 147, 154
Excelsior Club (Cincinnati) 148
Excelsior Club (Michigan) 148
Excelsior Club (Philadelphia) 119, 121
Excelsior Club (Upton, MA) 129, 209
Excelsior Jr. Club 81
Excelsior Grounds 65, 140, 143
Excelsior Town Ball Club 115
Exercise Club 74, 81, 122–123, 157, 192, 207

Fashion Race Course Series 44, 77–80, 158, 173, 179, 181
Favorita Club 81, 94, 106, 185
Fear Naught Club 61
Ferguson, Bob 205
Figg, James 85
Fijux's 46, 62, 71
Fisler, Lorenzo 116
Fisler, Lorenzo, Jr. 116
Fisler, Weston 116–117, 189, 201, 211
Fitzgerald, Col. Thomas 118, 120, 124, 155, 182
Flanly, George 82, 134–135, 137, 187, 192, 208
Flour City Club (Rochester) 73, 136, 147, 196
Ford, Adam 205
Fordham University 130
Forest City Club (Rockford, IL) 16, 19
Forrest Club 81
Franklin, Benjamin 101
Franklin, George 47
Franklin Club (Detroit) 148
Franklin Club (New York) 61, 80–81
Franklin Club (Philadelphia) 121
Franklin Club (St. Joseph, MO) 148
Free and Easy Club 61, 211
Freethinking Club 61
Frontier Club 147, 205
Fulton Club 80

Gallo, Joey 194
Garibaldi Club 61
Gelston, M.E. 79, 149
Germantown Cricket Club 105
Giddings, Joshua 149
Gorman, Arthur 21–22, 146
Gorman, Roger 96
Gotham Jr. Club 75

Index

Gothams 4, 12, 33–35, 44, 46–47, 49, 50, 53, 64, 67–73, 76–78, 95, 122, 131, 138, 140, 147, 158–159, 164–167, 177 185, 190, 193, 202, 206, 210, 212
Grammercy Club 81
Grant, Frank 189
Grasshopper Club 81
Graves, Abner 24–25, 205
Gray, James 48
Greeley, Horace 40, 194
Green Mountain Club 128
Greene, J. 79
Grenelle, William 47
Grum, John 184, 191

Haggerty, ____ 72
Hamilton, Alexander 46
Hamilton, Elizabeth 46
Hamilton, Tice 155, 187, 206
Hamilton Club (Brooklyn) 59–61, 94, 207
Hamilton Club (Jersey City) 60
Hamilton Club (Ontario) 154
Hamilton Club (Philadelphia) 116, 118, 121
Handel and Hadyn Music Society 118
Hannegan, Bernard 155, 180
Harlem Club 48, 55, 140, 179, 191
Harmony Club 47–48, 67, 187
Harrison, Benjamin 40
Harrison, William Henry 24
Hartford Dark Blues 188
Harvard College 129–130
Hayes, Bill 88
Hayes, Rutherford B. 40
Hayhurst, Elias (Hicks) 119
Heenan, John 4, 61, 86–92, 168
Heenan, Tim 91
Heitz, Tom 2
Henderson, Robert 1, 26–27, 32, 37, 41
Henry, Mike 62
Henry Eckford Club 58, 60, 81, 154–155, 181, 206
Hiawatha Club 179
Hickory Club 81
Hicks, Nat 207
Hicks, S.P. 94
Higginson, Thomas Wentworth 98
Highland Club 146
Hoboken Club 71
Hoerchner, Martin 40
Holder, John 79, 80, 105, 137, 142
Holmes, Oliver Wendell 40
Holt, Guy 154
Hooker, Joseph 40
horse racing 83
Houston Club 149
Howe, Aaron 31
Howell, William 48
Hoyt, ____ 79
Hoyt, B.H. 129
Hudson Club 80–81
Hudson River Club 63, 74, 130, 137, 146
Hugo, Victor 46
Hulbert, William 17, 22
Husman, John 7

Hyer, Jacob 85–86
Hyer, Thomas 86–87, 91
Hygeia Club 105

Independent Club 70, 80, 196
Invisible Club 61
Irving, Washington 64
Irvington Club 170, 204
Irwin, Will 26
Ivanhoe Club 80
Ivor-Campbell, Frederick 33, 39, 41, 52

Jackson, Theodore 48
Jackson Club (Michigan) 154, 203
Jackson Club (New York) 80, 191
J.C. Brevoort Club 61
Jefferson, Thomas 157
Jefferson Club 61, 65, 74, 81, 155, 185
Jem Baggs Club 81
Jennings, Harry 84
Jennings, Hughie 189
Jerome, ____ 179
Johnson, Jacob 94
Johnson, Walter 180
Johnson's Island prison camp 160–161
Jolly Bachelor's Club 61
Jones, Dr. J.B. 49, 72, 104, 137, 145, 173, 194
Junietta Club 81
Justin, R., Jr. 48

Katy-did Club 61, 177
Keeler, David 55
Kenyon College 129
Keystone Club 115, 118–121, 123–124, 204
King, Tom 61, 90–91, 168
Kirsch, George 2, 33, 161
Kleinfelder, Dan 119
Knickerbocker Club (Albany) 60, 146, 183, 209
Knickerbocker Club (New York) 3–4, 12, 23–24, 28–30, 32–36, 40–47, 49–50, 52–53, 55–57, 61–62, 64–65, 67–68, 70–71, 73, 75–78, 97, 100, 103, 120, 122, 131, 138, 140, 142, 145, 148, 153–154, 158, 164, 168–171, 174–177, 183, 185 190, 193, 194, 200, 204, 206, 210, 212
Koufax, Sandy 180

Lady Washington Club 81
Law, Nathaniel 48
Leary, Thomas 47
Lee, James 33
Leggett, Joseph 10, 52, 60, 65–66, 76–77, 79, 134–135, 137–138, 140–146, 153, 155, 158–159, 194, 196–197, 203–204
Leonard, Andy 204
Lewis, Sam 74
Liberty Club (New Brunswick, NJ) 157
Liberty Club (New York) 81, 154
Lilly, Chris 111
Lilly Club 81

Lincoln, Abraham 40, 73, 122, 148, 156–157
Lincoln, Mary Todd 169
Little Zephyrs Club 59
Live Oak Club (California) 149
Live Oak Club (Cincinnati) 148
Live Oak Club (Rochester) 137, 147
Lombardi, Vince 71
Lone Star Club (New Orleans) 113
Lone Star Club (New York) 59
Lone Star Club (Rochester) 147
Long Island Cricket Club 105
Longfellow, Henry Wadsworth 40, 129
Loughrey, ____ 122
Louisiana Base Ball Club 112–113
Louisville Club 148
Louisville Grays (National League) 189
Lovett, James 130, 131, 207
Lowell, John 21, 131–133, 184
Lowell Club 131–132

Mace, Jem 91
Madden, Mike 88
Madison Club 61, 81
Magnolia Club 112–113
Malone, Ferguson 119
Malthus, Thomas 165
Manhattan Club 57–58, 61, 65, 81
Manolt, Harry 191
Mansion Club 81
Mantague, Bishop 98
Margot, Augustus 131
Marion Club 81
Marriott, John 84
Marshall, Jim 30
Martin, Alphonse 10, 155, 180, 189
Maryland Cricket Club 105
Marylebone Cricket Club 17, 102–103
Massey, ____ 124
Masten, ____ 79
Mattano Club 81, 159
McBride, Dickson (Dick) 119, 125, 155
McClellan, Gen. George 73, 122, 156–157
McClellan Club 61
McCray, Larry 2
McDonald, John 91, 168
McGinnity, Joe 207
McLaughlin, ____ 84
McMahon, Archie 142, 144
McMahon, Billy 182, 198
McNamara, Michael 161
Mechanics Club 81
Medway Club 128
Melville, Thomas 2, 102, 104
Menken, Adah Isaacs 91
Mercantile Club 118, 121, 124
Metropolitan Club 49, 57
Middletown Mansfields (vintage club) 11–13
Mill, John Stuart 165
Millen, Patricia 2, 161
Miller, Ephraim 48
Miller, Stu 180
Mills, Abraham 21–26, 162, 191
Mills, Charley 201

Mills Commission 2, 23, 26, 32, 39
Milwaukee Club (National League) 189
Minerva Club 115, 121
Mobile Cricket Club 112
Moore, Col. DeWitt C. 118, 121–124, 155, 184
Moore, William 162
Morphy Club 81
Morrill, John 207
Morris, Peter 2, 187
Morrissey, John 85–91, 152, 164
Morse, Samuel 194
Mott, John W. 47–48
Mudge, Lewis 130
Muffin Club 61, 81
Mulford, Ren 166
Murnane, Timothy 22
Murphy, John 33
Mutual Club 4, 12, 47, 59, 62, 65, 67, 76–77, 105, 122–123, 130, 134, 139, 155, 157–158, 166–167, 169, 182, 185–186, 190, 193, 197–198, 201–203, 206–207, 209, 210
Mystic Club 81, 185

Nassau Club (New York) 48, 71, 80, 81
Nassau Club (Princeton) 65, 130, 203–204
National Association of Base Ball Players 49, 60, 75, 80–81, 103, 118, 134, 155, 159, 172, 175, 177, 183, 197, 199 208–212
National Association of Junior Base Ball Players 60
National Club (New York) 80, 81, 192, 211
National Club (Washington, D.C.) 16, 146, 159, 204, 209
Neptune Jr. Club 81
New York Club 40, 45, 178
New York Club (Players' League) 70
New York Cricket Club 102, 106–107
New York University 129
New York Yacht Club 63, 153
Newark Club 121–122, 157
Newberry, John 37
Newhall, Charles 106
Newhall, Daniel 106
Newhall, George 106
Newhall, Robert 106
Newhall, Walter 106
Niagara Club (Buffalo) 72–73, 136, 147, 205
Niagara Club (New York) 71, 77, 82, 179
Niagara Club (Philadelphia) 121
Nixon, Richard 50
Nonpareil Club 115
North Adams Club 130
North Star Club 71
Nourse, C.H. 94

Oakland Club 80
Oatman, Oscar 92
O'Brien, Conan 9
O'Brien, Mattie 69, 70, 75–76, 79, 142–143, 179, 184, 187, 201

O'Brien, Peter 8, 66, 69, 72, 75–77, 79, 140, 142–143, 170, 184, 187–188, 202
O'Donnell, Tom 87
Old Bethpage Village 9
Oliver, ___ 147
Oliver, Joe 142, 144, 187, 189
Oliver, John 70, 72, 76, 189
Olympic Club (Boston) 127–129
Olympic Club (Philadelphia) 19, 40, 53–55, 61, 114, 118–124, 130, 211
Olympic Club (Rochester) 14
Oraton Club 185
Oriental Club 80, 211
O'Rourke, Sam 111
Osborn, Charles 48
Osborne, ___ 122
Osceola Club 179

Pacific Club 61
Page, J. Seaver 199
Pagula, William 97
Paine, Thomas 165
Parr, George 014?
Pastime Club (Baltimore) 146, 204
Pastime Club (New York) 81, 185, 211
Patchen Sam 015
Pavelec, Barry 64
Pearce, Dickie 3, 69, 70, 76, 105, 119, 124, 142, 158, 209
Pearsall, Aleck 105, 137, 141, 155, 188
Peck, Andrew 19
Peconic Club 81
Pelican Base Ball Club 112
Pelican Cricket Club 112
Pennsylvania Club 115, 119
Pennsylvania Tigers Club 115
Peterson, Harold 28–29, 32–33, 49–51
Peverelly, Charles 100, 167
Phantom Club 57
Phelps, George 48, 187
Philadelphia Cricket Club 105
Phinney, Elihu 28
Phoenix Club 80
Pidgeon, Frank 3, 48, 75, 79, 179, 190–193, 201, 209
Pierce, Charles 161
Pinckney, S.R. 79, 210
Poe, Edgar Allan 64
Polhemus, Harry 137, 146
Porter, William 163–164, 167
Portland Club (New York) 81
Postley, J.Ross 49
Potomac Club 134, 145, 154, 159, 176
Powell, J.H. 3
Powhatan Club 57, 154, 189, 190, 211
Pratt, Thomas 118–119, 155, 201, 209
Price, John 22, 79, 142, 187, 206
Princeton University 129
Providence Grays (National League) 188
Pullis, Miss ___ 94
Purdy, Jack 75

Putnam Club 46–49, 58, 68–69, 73, 78–79, 94, 122, 149, 154–155, 159, 170, 176, 179, 184, 187, 206
Pythian Club 119

Quaker City Club 189
Queen, Frank 60, 97, 152, 155, 157–158, 164, 167–169, 197
Queen City Club 147
Quincy Club 70
Quinnipiac Club 134

Radbourn, Hoss 180
Rankin, William 22, 24–25, 28–29, 76
Ransom, ___ 45
Reach, Alfred 21, 189, 191, 207–208, 210
Red House Grounds 46, 65, 206
Red Rover Club 149
Red Stockings Club (Boston) 18, 206
Red Stockings Club (Cincinnati) 28, 61, 208
Red, White and Blue Club 148
Reindeer Club 81
Resolute Club 58, 61, 94, 122, 124, 130, 155, 179, 198, 206
Reynolds, ___ 137, 146
Reynolds, Gen. John 16
Rhodes, Greg 7
Rickey, Branch 59
Riker, John 48
Rip Van Winkle Club 61
Ripley, Eliza 111
Roanoke Club 121
Robinson, E.N. 149
Rogers, James 48
Rogers, Mort 61, 124–125
Roosevelt, Theodore 20, 165
Rosenquest, J.R. 48
Ross, Harvey 35
Rough and Ready Club (New York) 61, 81
Rough and Ready Club (South Walpole, MA) 128
Rusie, Amos 180
Russell, Ed 141–142
Russell, William "Owl" 31
Ruth, Babe 8, 15
Ryan, Johanna 65
Ryan, Nolan 8, 180

Sacramento Club 149
St. George Cricket Club 44, 65, 102, 106, 115, 194, 196, 208
St. Nicholas Club 65, 79
Salisbury prison camp 160–161
Saltzman, Edward 131, 133
Sampson, Henry 130
San Francisco Club 149
Sargent, Henry 23, 39
Sayers, Tom 61, 89–92
Schiff, Andrew 166, 171, 194
Schultz, Theresa 64
Scott, Walter 47–48
Scott, Gen. Winfield 165
Seminole Club 81
Semper Paratus Club 61, 81
Senior, Tom 105

Seward, William 157
Seymour, Harold 1, 44
Seymour, Horatio 157
Sharp, Henry 194, 196
Shawmut Club 132
Shieber, Tom 2, 7, 15, 34
Shields, John 77, 179
Sickles, Daniel 156
Sidway, ___ 72
Silsby, John 48
skating 92–95
Smith, Charley 76, 142, 187, 198
Smith, James 48
Smith, Sid 187
Sniffen, Caleb 48
Social Club 154
Southern Club 112–113
Spalding, Albert 2, 16–26, 28, 38–39, 107, 172, 191
Spalding, Elizabeth Mayer 26
Spalding, Josie 26
Sprague, Joe 155, 192, 201, 211
Star Club (Brooklyn) 58–59, 62, 66, 82, 98, 122–123, 130, 134, 154, 158, 172, 177–178, 185, 189, 190, 192, 196, 200 206, 208–209
Star Club (Buffalo) 147
Star Club (New Brunswick, NJ) 130
Start, Joe 3, 155, 187–188, 207, 211
Stebbins, John 179
Stevens, ___ 101
Stevens, Edwin 64
Stevens, Col. John 63–64
Stevens, John, III 64
Stevens, R.F. 115, 120, 178
Stimson, ___ 179
Stockton Club 149
Strecker, Trey 193
Stuyvesant Club 70
Sullivan, James 21, 23
Sullivan, James (Yankee) 85–87, 91, 100
Suydam, John H. 76
Swamp Frogs of Sylvania, Ohio 11–12
Swandell, Marty 191
Sylvan Club 81
Syracuse Club 147

Tassie, Thomas 22–23, 29, 48
Taylor, Anson 203
Theosophical Society 2, 26
Thomas, Charles 122, 204
Thompson, George 89
Thompson, George, Jr. 39
Thorn, John 2, 33–34, 39, 194
Thorne, R.H. 47, 142–144
Tippecanoe Club 81
Tomlinson, Theodore 164
town ball 40, 114–115
Trainor Club 81
Trent, Harrison 164
Tri-Mountain Club 131–132

Troy Club (National League) 191
Tsung, Ching 37
Tucker, William 29, 33, 43–44
Turk, Frank 31
Twain, Mark 20
Tweed, William 123
Tyrrell, Ian 107

uniforms 61–62
Union Club (California) 149
Union Club (Chicago) 147
Union Club (Lowell, MA) 198
Union Club (Medway, MA) 129, 209
Union Club (Morrisania, NY) 46, 61, 76, 78–79, 82, 139, 155, 180, 191, 193–194, 198, 206, 210
Union Club (New York) 81
Union Club (Newark) 75
Union Club (Washington, D.C.) 204
Union Cricket Club (Cincinnati) 148
Union Cricket Club (New York) 101, 105
Union Grounds 12, 65, 152, 186–187, 190, 200, 210
Union Pond 92, 186
Union Star Cricket Club 40, 102
United Club (New York) 81
United Club (Philadelphia) 118–119
University of Pennsylvania 129
Unknown Club 80, 149
Upton Club 128
Usher, Mrs. ___ 49
Utica Club 147, 183

Vallandingham, Clement 157
Van Buren, Martin 64
Van Cott, Theodore 159
Van Cott, Thomas 79, 179
Van Cott, William 47, 49, 67, 147
Van Horn, John 35
Van Valkenburgh, ___ 159
Van Voorhis, C.M. 48
Van Wie, Eliza Ann Gerrits 30
Victoria, Queen 165
Victory Club 136, 146
Vintage Base Ball Federation 13
Vredenburgh, Alfred 175

Wadsworth, Louis 29, 47, 79
Waldo, Hiram 20, 23, 28
Walton, Edward 48
Wansley, William 198, 203
Ward, John Montgomery 22, 38–39
Warren, Joseph 73
Washington, George 157, 159
Washington Club (National League) 188
Washington Club (New York) 45–46, 73, 103
Washington Club (Rochester) 147

Waverly Club (Baltimore) 146
Waverly Club (New York) 75, 81, 154, 185
Wayne Club 76
Webster, Daniel 40, 64
Weed, Thurlow 40
Weeks, Phillip 48
Welling, Charles 48
Welling, Norman 55
Wells, the Reverend ___ 94
Wenman, ___
Westminster School 96
Wheaton, William 3, 29, 33–36, 41, 43–44, 86
Wheeler, Eleazar 129
White Stockings (Chicago) 17, 188, 191
Whiting, John 105, 142, 146, 155, 187
Whitman, Walt 96
Wide Awake Club 61
Wild Rover Club 61
Wild Wave Club 61
Wildey, John 139, 203
Wilkes, George 89–90, 163–164
Wilkins, Isaac 119
Will Try Club 61
Williams College 127, 129–130
Willock, J.C. 149
Willow Cricket Club 194, 196
Wilson Club 81
Winn, ___ 183
Winona Club 115–116, 118–119
Winslow, ___ 45
Winthrop Club 129
Wood, Fernando 157
Wood, Jimmy 191
Worcester Club (National League) 189, 191
Wright, George 8, 21, 102, 106–107
Wright, Harry 8, 16–18, 44, 61, 76–77, 79, 102, 106, 148, 172, 201
Wright, Marshall 2
Wright, Sam 102
Wyandank Club 81
Wyoming Club 81

Xavier College 130

Yale University 129–130
Yorston, Matthew 148
Young, Nicholas 21, 162
Young America Club 47, 61, 77
Young America Cricket Club 105–106
Young Canadian Club 205
Young Heenan Club 61
Young Mechanics Club 81

Zettlein, George 155
Zouave Club 61–62, 81

www.ingramcontent.com/pod-product-compliance
Lightning Source LLC
Chambersburg PA
CBHW081158230426
43666CB00016B/2855